后浪

史记今释

杨家骆 编著

北京联合出版公司

目 录

序 例………………………………………… 1

甲 编

项羽本纪……………………………………… 3
十二诸侯年表序……………………………… 60
六国年表序…………………………………… 64
秦楚之际月表序……………………………… 68
汉兴以来诸侯王年表序……………………… 70
高祖功臣侯者年表序………………………… 73
建元以来侯者年表序………………………… 76
留侯世家……………………………………… 77
平原君虞卿列传……………………………… 106
魏公子列传…………………………………… 123
廉颇蔺相如列传……………………………… 142
屈原贾生列传………………………………… 173
刺客列传……………………………………… 211
李斯列传……………………………………… 264
淮阴侯列传…………………………………… 316
万石张叔列传………………………………… 361
魏其武安侯列传……………………………… 381
李将军列传…………………………………… 421
游侠列传……………………………………… 452

乙 编

平准书 …………………………………………… 479
孔子世家 ………………………………………… 493
陈涉世家 ………………………………………… 516
萧相国世家 ……………………………………… 525
老子韩非列传 …………………………………… 530
伍子胥列传 ……………………………………… 537
仲尼弟子列传 …………………………………… 546
苏秦列传 ………………………………………… 563
张仪列传 ………………………………………… 582
孟子荀卿列传 …………………………………… 599
乐毅列传 ………………………………………… 604
田单列传 ………………………………………… 611
鲁仲连邹阳列传 ………………………………… 614
儒林列传 ………………………………………… 624
货殖列传 ………………………………………… 634
太史公书序略 …………………………………… 647

附 编

《史记》名称探源 ……………………………… 663
太史公世系、太史公父子年谱及著《史》年代考 …… 669
《史记今释》参考资料 ………………………… 702

出版后记 ………………………………………… 721

序 例

一

　　陶方琦《许君年表》曰："《史记》《汉书注》中引许君（慎）说，有出《说文》《淮南注》外者，王西庄（鸣盛）以为许君有《汉书注》（骆按，见《十七史商榷》），方琦以为乃《史记注》。"此皆揣测之辞。柳宗元《龙城录》曰："沈休文有《龙山史记注》，即张昶著。昶后汉末大儒，而世亦不称誉。余少时在江南，李育之来访余，求借此文，后为火所焚，更不复得，岂斯文天欲秘之耶？"《龙城录》本伪书，其言岂足采信？司马贞《史记索隐后序》曰："太史公之书，……古今为注解者绝省，音义亦希，始后汉延笃，乃有《音义》一卷，又别有《音隐》五卷，不记作者何人，近代鲜有二家之本。"然则《史记》之有注，实托始于东汉。其后诸史艺文志及补志，于笺史之作，虽代不绝书，然今传世所习见者，实仅宋裴骃《集解》、唐司马贞《索隐》、张守节《正义》之三家注本，宋高似孙《史略》记其父炳如绩功二十年，成《太史公书注》五百万言，惜亦不传。清儒如王念孙、梁玉绳辈，于《史记》考辨极精，其他诸贤，或析篇以分治，或裁题为专著，即刊行于世者，已无虑百数十家，然终未遍注全史。非无有也，稿成未刊，世人不之知也。其书即张森楷之《史记新校注》，是注创稿于光绪五年（公元一八七九年），至民国十七年（公元一九二八年）而六稿成，先后致力五十载，其五六稿即达八百万言，藏骆行笈，今已就手迹影印行世。日本泷川资言于大正二年（公元一九一三年），始有志于《史记会注考证》之作，至昭和九年（公元一九三四年）刊成，亦约三百六十万言，其后水泽利忠复为之撰校补。泷川创稿后于张氏三十余年，而刊行先于张氏三十余年，故世人多知有泷川，而不知有张氏，良可慨也。一九五六年张其昀先生任台湾教育事务主管部门负责人时，约集时贤，共为《史记今注》，由劳幹先生主其事，仅成数卷而止。一九六八年台湾"中央研究院"历史语言研究所集刊载王叔岷先生《史记斠证》，亦仅发表数卷。近十余年骆率各大学研究生整理张氏《新校注》并撰《史记疏证》，就已成之六十一卷言（已成或已印各卷篇目，经发表于《幼狮学志》五卷二期），已达九百万言，今以其文字过繁，不适于大中学生之研读，因另选三十五篇，别撰《今释》，即本书也。

二

《史记》初名《太史公书》，世多知之。王叔岷先生《史记名称探源》列证最有条理，兹转载于本书《附编》中。本书仍题《史记今释》者，徇世所习见之名也。至《史记》末篇《太史公自序》，骆就文中考定原称实为《太史公书序略》，自篇首迄"至于麟止"句为《序》，其下"自黄帝始"迄篇末为《略》，盖本于《荀子》之《大略》及《淮南王书》之《要略》，后刘歆撰《七略》，其命名曰"略"，亦本于此。洎班固《汉书》录此篇《序》部全文，复删《略》仅存其目，继曰"迁之自叙云尔"，后世遂据以改题此篇为"自序"，显系为讹误，今本书《乙编》选此文，自不能不予以改正。

三

《太史公书序略》自言其书凡百三十篇，五十二万六千五百字。卷帙既繁，初学难以遍读，后汉时即有节选之本。《后汉书·杨终传》称"终为校书郎，受诏删太史公书为十余万言"，其后节选之本，可考者无虑百种，骆所藏今存选本，亦达十六种，至总集之选录《史记》文字者尤多，今就《史记》选本及总集三十五种统计去取，诸本共选《史记》七十二篇，其中互选达十八次以上者三十五篇，此三十五篇中互选达二十四次以上者十九篇，录之为本书《甲编》，其余十六篇录为本书《乙编》。

四

司马迁《报任少卿书》谓："上计轩辕，下至于兹，为十表、本纪十二、书八章、世家三十、列传七十，凡百三十篇。"可证迁本以表列纪前。盖"时""空""类""名"四者既为史事构成之条件，复为史籍叙次之体型：本纪以时间相次，世家以空间区分，书就事类立目，传就专题（名）成篇，而表则综合时空类名于一体，故应列于前，与司马光《资治通鉴》之以表为"目录"，其意虽与迁书不尽同，然实本于迁也。此就大体立论，至于升孔子于世家，自为例外。而曲阜孔氏，其后果能世其家，尤证迁之远见。列传有大传、有合传、有分主从、有依族系、有立类分述、有专叙外夷，而以《序略》终编。盖列传非仅为人物而设，实以专题（名）为主，人物特专题之一端，不过为数特多耳，此点正显示司马迁历史哲学之邃密，惜效颦者袭貌而遗神，余探研既久，乃得发其覆，于此但言其略，余详拙著《正史学》。至此编循今本选文，于本纪、表、书、世家、列传皆有入录，俾读者得识史体，不仅取其文也。惟《表》仅录序文，《序略》仅录《序》之全部及《略》之末节，取便诵读，至于他篇，凡所录皆系全文，不加删节。

五

《史记》之有刊本，始于北宋淳化五年（公元九九四年），其后景德元年（公元一〇〇四年），覆校补刊，《玉海》称"景祐元年（公元一〇三四年）九月癸卯，诏选官校正《史记》，今台湾"中央研究院"历史语言研究所所藏即是本，本书文字悉以是本为据。凡有校改，必于注释中叙明。民国二十五年（公元一九三六年）国立北平研究院史学研究会排印之顾、徐二氏点校《史记》白文，本书于《史记》正文标点分段时会取以参考，惟亦未尽从。甲编以注释文详，故注释列于每段之后，正文每段首行不再低二格书；乙编以注释文简，故注释列于全篇之后，正文每段首行仍照通例低二格书；亦有数篇于分段处仅空一格者。

六

《史记》书成于二千余年前，但有刊本则仅千年，其前千年，辗转抄传，脱误难免。其经骆考订改正者以《屈贾列传》及《序略》二篇为最著，因与刊本不同，希读者稍加留意。至《刺客列传》一篇，以之与《左传》《公羊传》《战国策》《燕丹子》分栏比列，以见史料来源之异同，复以见史籍、小说之有别，特为示例，故格式亦遂不同。

七

《史记》为我国第一部通史，司马迁以历史哲学构建史体，以历史艺术复活史实，亘古杰作，后无其匹！故其书为治史第一要籍，其辞亦文章之首选。吕祖谦《史记详节》主存事实，姚苧田《史记菁华录》重在文辞，本书则史与文兼筹并顾，既为读史之初阶，亦为习文之楷模。早年世界书局延秦同培辑《史记精华》，附以广注语译，今台湾中华文化复兴委员会所主《古籍今注今译》，此实为其先声，然所注仅释文字音义，罕记史实之详略异同，而逐句语译，全失历史语言之神采，且亦难免有牵强敷衍之处。本书鉴于前失，《甲编》于文字事实，无不详为注释，考订必有所据。除引文外，所注力求近于口语，难解之句，则以今语译之，不译全文，所有注释及语译，务期易懂，避免模仿新文艺口吻，致贻作态之讥。凡系创说，必注明创说者为谁，但不繁征博引，以免使人有支离破碎之感。其循文解意，人之所同，虽出前人，不复更标原见书名，此类情形，以取于梁述任《选注》者为多，谨于此作一总说明，不再逐条标出。至于《乙编》，则仅于古今字之通假、难读字之音义、古地名之今在等简注之，使读时了无疑滞，其所以不似《甲编》之详尽者，因此为副选，将使读者涵咏以自得，并于附编后开列各篇详细参考资料，俾其自行检注。苟无《甲编》之详尽，则无以供其精读时之需求；苟无《乙编》之简略，又无以训练其治学细心之功夫，意各有当，故无取于一致也。

八

司马迁上承父谈，两世继业，始得成书。谈、迁事迹，略见迁所撰《太史公书序略》，而其行踪、交游，散见于《史记》他篇者尤多。班固作《汉书》，仅录《序》而删《略》，加迁《报任安书》原文，合为《司马迁传》（《汉书》卷六十二），史汉诸注能补且发明之者亦少。自唐迄清，别集、札记中，间有考证，又皆语焉不详。近人王国维作《太史公行年考略》，张鹏一作《司马太史公年谱》，张惟骧作《太史公疑年考》，郑鹤声作《司马迁年谱》，始有传记专书。至于补正王、郑、二张四书之缺误，散见于诸籍及期刊中者，指不胜屈，骆于一九四九至一九五〇年尝撰《太史公世系及太史公父子年谱》，兹亦列于本书《附编》中，以备参考。

九

骆垂髫之龄，即读《史记》，其后五十年间，几于无日不与《史记》接，而以《史记》讲授于诸大学者亦十余次，近十数载复指导研究生分编撰作疏证，以为硕士、博士学位论文。正中书局因约撰是书，以为大学教本，会拙著《中华大辞典》方在改定付排，每日于工作十时后，始以余力督诸生采旧注以事此，所成自视殊不理想，尚望邦人君子，匡其不逮，庶逐版改正，可将错误减至最少，则不仅骆所深谢，初学之士，亦将同拜其惠矣！

一九六九年九月九日　杨家骆　谨识

史记今释 甲编

项羽本纪

项籍者，下相①人也，字羽②。初起时③，年二十四。其季父④项梁。梁父即楚将项燕，为秦将王翦所戮者也。⑤项氏世世为楚将；封于项⑥，故姓项氏。

①下相：秦县名。故址在今江苏省宿迁县西七里。按《正义》以为即故址在今安徽宿州西北之相县，误，张森楷辨正之，说详《新校注》。　②字羽：据《史记·太史公书序略》："秦失其道，豪杰并扰；项梁业之，子羽接之。"又："子羽暴虐，汉行功德。"则项籍的字又作"子羽"。说据《索隐》。　③初起时：指项梁、项羽初起兵时。据下文，知项氏叔侄起兵时是秦二世元年，即公元前二〇九年。　④季父：犹言"四叔父"。据《索隐》引崔浩说。　⑤"梁父"二句：上句，"项燕"的"燕"读平声。《汉纪》谓项羽为楚将项燕之孙。下句，"王翦"，秦始皇时名将，为秦灭燕，屡立战功。杀项燕事在秦始皇二十四年（公元前二二三），详见《史记·秦始皇本纪》及《白起王翦列传》。但《秦始皇本纪》谓项燕系自杀。司马贞《史记索隐》："盖燕为王翦所围，逼而自杀。"则此二说并无矛盾。《索隐》"此云为王翦所杀，与《楚汉春秋》同"，可证司马迁写此文，多据《楚汉春秋》。　⑥项：本古国名，春秋时为鲁所灭。其后楚灭鲁，乃以项封项燕的先人。其故城在今河南省项城县东北。

项籍少时，学书①不成，去②，学剑，又不成。项梁怒之。籍曰："书，足以记名姓而已；剑，一人敌，不足学——学万人敌！"于是项梁乃教籍兵法③。籍大喜，略知其意，又不肯竟学④。

①学书：《史记今注》："案学书谓学为文吏也；学剑谓学为武吏

也",与下文"书足以记姓名而已;剑一人敌,不足学"不合。旧注又有谓"书"指文字,"学书"犹言"学认字"者,亦似是而非,盖如项籍认不得字,项梁岂能教以兵法?《会注考证》引雨森精翁说:"考《东方朔传》,书即文史,言识古人姓名";此则近之,因古人著书不离事以言理,记言记事必涉人名,籍鄙薄之,故曰:"书足以记名姓而已",其实书自不止于记名姓也。　②去:犹言"抛开""舍去",指半途而废。　③兵法:《汉书·艺文志·兵书略》有孙吴诸家兵法,当即项梁所教。在《兵书略·形势家》有"项王一篇",虽不必出于项籍笔下,亦当系其部下记其言其事而成,亦可为项籍会学兵法之证。　④竟学:完成其学业。

项梁尝有栎阳逮捕①,乃请蕲狱掾曹咎书抵栎阳狱掾司马欣,以故,事得已②。项梁杀人,与籍避仇于吴中,吴中贤士大夫皆出项梁下③。每吴中有大繇役及丧④,项梁常为主办⑤,阴以兵法部勒宾客及子弟⑥,以是知其能⑦。

①"项梁尝有"句:"尝",曾经;"栎阳",秦县名,故城在今陕西省临潼县东北七十里,"栎"音药;"逮"作"及"解,谓有罪相连及(用《索隐》说)。此句言项梁受人牵连,为栎阳县的官吏所追捕。　②"乃请"三句:"蕲"音祁,本楚邑,秦置县,故城在今安徽省宿县南三十六里;"狱掾",秦、汉时掌管狱讼的小官,"掾"音缘,去声,亦读如"砚";"书",信。此言项梁求蕲县的狱掾曹咎写了一封托情的信。"抵",送至。杨树达说:"书谓作书,乃动字,非如书札之书为名字也。书抵司马欣,犹今人言作书与司马欣。书抵二字当连读,否则文义不顺。"(见《汉书窥管》)旧以"乃请蕲狱掾曹咎书"为句,误,今改。第二句,"以故"犹言"因此之故";第三句,"已",止息。裴骃《史记集解》引韦昭说:"谓梁尝被栎阳县逮捕,梁乃请蕲狱掾曹咎书至栎阳狱掾司马欣,事故得止息也。"按,曹咎后为楚海春侯大司马,司马欣后为秦长史,从章邯降楚,项羽封欣为塞王,均见下文。　③皆出项梁下:犹言"皆不及项梁"。　④"每吴中"句:"繇"同"徭",古代民众为政府出人力服劳役,如筑城、造桥等,叫作"徭役";"丧"读平声,办丧

事。　⑤辨：古与"办"通；下同。　⑥"阴以"句："阴"，暗中；"兵法"，此处指治理军队的法度；"部勒"，组织，指挥，调度；"宾客"，指依附在项梁手下的客籍游士；"子弟"，青年人。按，《太平御览》卷三百八十六引《楚汉春秋》："项梁阴养士，最高者多力拔树以击地。"又《太平御览》卷八百三十五引同书："梁项阴养死士九十人。参木者，所与计谋者也。木佯疾于室中，铸大钱，以具甲兵。"可备考。　⑦以是知其能："以是"，由此，因此；"知其能"，日人泷川资言说："项梁知宾客子弟之能也。"（见《会注考证》）

秦始皇帝游会稽①，渡浙江②，梁与籍俱观。籍曰："彼可取而代也！"③梁掩其口："毋妄言！族④矣！"梁以此奇籍⑤。籍长八尺余⑥，力能扛鼎⑦，才气过人，虽吴中子弟，皆已惮籍矣。

①会稽：秦郡名。今江苏东部和浙江西部皆其地，郡治即今之江苏省吴县。　②浙江：清洪颐煊说："浙江南江。《水经·沔水》注：《地理志》曰：'江水自石城东出，径吴国南为南江。'会稽郡治吴，浙江在吴县南，故梁与籍于始皇既渡时得观之。"（见其所著《读书丛录》）按，洪说近是。旧以此"浙江"为钱塘江，疑非是。　③"彼可"句："彼"，指秦始皇。此言"始皇的地位是可以夺取过来由自己代替的"。　④族：灭族。《汉书》颜师古注："凡言族者，谓族诛之。"　⑤梁以此奇籍："奇"作动词用，作"赏识"解，"奇籍"谓"以项籍为不凡之人"。　⑥籍长八尺余：张森楷说："汉传作八尺二寸"（见《新校注》）。　⑦扛鼎："扛"，音"缸"，段玉裁说："凡大物而两手对举之曰'扛'。项羽力能扛鼎，谓鼎有鼏（按，"鼏"，音"扃"，《说文》：'以木横贯鼎耳而举之'。此指鼎上之耳），以木横贯鼎耳而举其两端也。即无横木，而两手举之，亦曰'扛'；即两人以横木对举一物，亦曰'扛'。"（见《说文解字注》）按，段说甚精辟。此指项羽膂力过人。

（以上是第一大段，写项梁、项羽微时之事。）

秦二世元年七月，陈涉等起大泽中①。其九月，会稽守通②谓梁曰："江西③皆反，此亦天亡秦之时也！吾闻：先，即制人；后，则为人所制④。吾欲发兵，使公及桓楚⑤将。"是时，桓楚亡在泽中⑥，梁曰："桓楚亡，人莫知其处，独籍知之耳。"梁乃出诫籍，持剑居外待。梁复入，与守坐，曰："请召籍，使受命召桓楚。"守曰："诺。"梁召籍入。须臾，梁眴⑦籍曰："可行矣！"于是籍遂拔剑斩守头。项梁持守头，佩其印绶。门下大惊，扰乱。籍所击杀数十百人⑧，一府中皆慑伏，莫敢起⑨。梁乃召故所知豪吏，谕以所为起大事⑩。遂举吴中兵，使人收下县⑪，得精兵八千人。梁部署吴中豪杰，为校尉、候、司马⑫。有一人不得用，自言于梁。梁曰："前时某丧，使公主⑬某事，不能办，以此不任用公。"众乃皆伏。

①"陈涉"句："陈涉"即陈胜，字涉，颍川阳城人（阳城在今河南省登封县东南三十五里）。秦二世元年七月，被遣发远戍渔阳，胜与吴广为屯长；行至大泽乡，因雨失期，法当斩首，胜乃与吴广发难。事见《史记·陈涉世家》。"大泽"，乡镇名，当时属蕲县，在今安徽省宿县西南。　②通：人名。《集解》引徐广说："尔时未言太守，《楚汉春秋》曰：'会稽假守殷通。'"《正义》引《汉书》："按言假者，兼摄之也。"《会注考证》引中井积德说："假者，资望轻而未即真耳，非兼摄。"王骏观《史记旧注平议》："假者，权摄之义也，若今署事者然；曰守、曰摄、曰假、曰试、曰权、曰署皆是也。与一人兼摄两职者不同。"《汉书》颜注引晋灼说："《楚汉春秋》云姓殷。"按荀悦《汉纪》亦作"殷通"。张文虎《史记札记》："御览八十七通作商通，盖本作殷通，宋人讳改后并删之。"梁玉绳《史记志疑》说："案《汉书》籍传作项梁谓，非通谓梁也，叙事迥异，未知孰实？"　③江西：长江中下游，自今安徽省境至今江苏省镇江，是由南向北流的，故此处是指长江西北岸之地，即今皖北一带及淮河下游。顾炎武说："考之六朝以前，其称'江西'者，并在秦郡（原注：今六合）、历阳（原注：今和州）、庐江（原注：今庐州

府。按，以上三地皆在今安徽境内）之境；盖大江自历阳斜北下京口，故有东、西之名。……今之所谓'江北'，昔之所谓'江西'也。"（见其所著《日知录》）按，顾说是。而下文"江东已定"之"江东"，则指今南京、镇江、苏州、常州、松江、嘉兴等地。　④"吾闻"句至"为人所制"："先"，指先举兵；"即"，犹"则"；"制"，控制。按，此即"先下手为强"之意。又按，《汉书·项羽传》："……通素贤梁，乃召与计事。梁曰：'方今江西皆反秦，此亦天亡秦时也。先发，制人；后发，制于人。'守叹曰：'闻夫子楚将世家，唯足下耳！'梁曰：'吴有奇士桓楚，亡在泽中，人莫知其处，独籍知之。'……"与本篇文字出入颇大，录以备考。　⑤桓楚：楚人。下文项羽杀宋义，曾使其报命怀王，此外别无所见。　⑥亡在泽中："亡"，逃亡；"泽中"，泛指荒野草泽之中。　⑦眴：音玄，去声，又音舜，目动。此指项梁用目光向项羽示意。　⑧数十百人：《史记索隐》："此不定数也。自百以下，或至八十九十，故云'数十百'。"犹今言"一百来人"。　⑨"一府中"二句：上句，"慴"，音折，因畏惧而噤不出声；"伏"，服帖从命。下句，"起"，动。　⑩"梁乃召"二句：上句，"故所知"，以前所熟识的；"豪"本指统帅、酋长，此处的"豪吏"则指当地官吏中的首脑人物。下句，"谕"同"喻"，《汉书》颜注："晓告之。""起大事"是"所为"的同位语，也是"所为"的补语，用以解释"所为"的。　⑪收下县："收"，收服，攻取；"下县"，《汉书》颜注："四面诸县也。非郡所都，故谓之'下'也。"指属于会稽郡所统辖的各县。　⑫"为校尉"句："候"，军候；"司马"，军司马；"校尉、候、司马"，皆秦代军官名。"校尉"的职位相当于二千石，是将级以下的军官；"军司马"相当于千石，是执行军法的审判官；"军候"相当于六百石，军中处理事务的官。　⑬主：主持，负责办理。

于是梁为会稽守；籍为裨将①，徇下县②。

①裨将："裨"，音脾，作"辅助"解；"裨将"，即偏将，副将。　②徇下县："徇"，攻夺，占领。此言"攻下了附近的一些属县"。《汉纪》作"下邳县"，非。

广陵①人召平②于是为陈王③徇广陵④未能下⑤；闻陈王败走，秦兵又且至，乃渡江矫陈王命⑥，拜梁为楚王上柱国⑦。曰："江东⑧已定，急引兵西击秦！"项梁乃以八千人渡江而西。

①广陵：杭世骏说："《水经注》，广陵城，楚汉之间为东阳郡，汉武帝元狩三年曰广陵，此纪言广陵者，盖史家追书之也。"故地在今江苏省江都县东北。　　②召平：王鸣盛《十七史商榷》："《项羽本纪》称广陵人召平，矫陈涉命封项梁；《吕后本纪》称齐相召平举兵欲围王；《萧何世家》称有故秦东陵侯召平，种瓜城东等：三人皆同姓名，非一人，《通鉴》十三卷胡三省注已言之。杨慎曰：'召平上有广陵人三字，以别于东陵召平也。'"　　③陈王：即陈胜。　　④徇广陵：梁玉绳《史记志疑》："案广陵，楚汉之间为东阳郡，而斯时陈婴已下东阳，疑召平以凌人为陈王徇凌，非广陵也，观《汉书·陈胜传》凌人秦嘉事自见。凌县属泗水，《陈涉世家》作陵人秦嘉，古字通用。下文《集解》引《世家》作广陵人，乃误增一广字。"张森楷《史记新校注》："梁说是。凌本汉泗水国县，后汉属徐州广陵郡，晋属徐州下邳国，齐属南徐州临淮郡，后废，故址在江苏徐州府宿迁县东南五十里。"骆按，荀悦《汉纪》作陵人召平，亦一证。　　⑤下：张守节《史记正义》："以兵威服之曰下。"即攻克。　　⑥矫陈王命：假传陈王的命令。　　⑦楚王上柱国：一本无"王"字。"上柱国"，战国时楚官名，其职位略似后世的丞相。《史记集解》引徐广说，以为事在二世之二年（公元前二〇八年）正月。　　⑧江东：与上文"江西"为对文，即今所谓"江南"。

闻陈婴已下东阳①，使使与连和俱西②。陈婴者，故东阳令史③，居县中，素信谨④，称为长者。东阳少年杀其令，相聚数千人，欲置长⑤；无适用⑥，乃请陈婴。婴谢不能，遂强立婴为长；县中从者得二万人。少年欲立婴便为王，异军苍头特起⑦。陈婴母谓婴曰："自我为汝家妇，未尝闻汝先古⑧之有贵者。今暴⑨得大名，不祥；不如有所属⑩。事成，犹得封侯；事败，易以亡⑪，非世所指名也⑫。"婴乃不敢为王。谓其军吏曰："项氏世世将家，有名于楚；今欲举大事，将非其人不可⑬。我倚名族⑭，亡秦必矣！"于是众从其言，以兵属项梁。

  ①东阳：秦县名，故城在今安徽省天长县西北七十里。　②"使使"句：上"使"字是动词，作"派遣"解；下"使"字读去声，是名词，指使臣、使者；"连"，联络；"和"，和好；"连和"有联合在一起之意；"俱西"，一同往西去。　③令史：《史记今注》："令史，县令之属员，主文书事。"《史记正义》引《楚汉春秋》作"东阳狱史陈婴"。　④信谨：信"指言而有信，"谨"指行为谨慎。　⑤欲置长：想推出一个首领。　⑥无适用："适"音狄，作"主"解。此句犹言"没有能够主持一切的人"。　⑦"异军"句："异军"，成立一支与众不同的军队；"苍头"，士卒用青色的头巾裹头，作为标识，以别于其他的军队；"特起"，特殊的，与众不同的。　⑧先古：犹言很早以前之各代。　⑨暴：突然，骤然。　⑩有所属：犹言"有所依附"，指受他人率领。　⑪易以亡：容易逃走。　⑫"非也"句："指名"，犹言"注目"；此句言不至于成为被世人指名道姓来捉拿的人物。　⑬"将非"句："将"，助动词；"其人"，指项梁。　⑭倚名族："倚"，依靠，依属；"名族"，有名望的世家，指项氏。

  项梁渡淮，黥布①、蒲将军②亦以兵属焉。凡六七万人③，军下邳④。

  ①黥布："黥"，音擎，古墨刑，即在罪犯的面额上刺了字，然后用墨染黑。黥布本姓英，因犯罪被黥，改名黥布。初归项羽，后降汉，封淮南王。韩信、彭越等见诛，布惧祸及己，乃发兵拒刘邦，为邦所杀。《史记》有《黥布列传》。　②蒲将军：人名，姓蒲，名不详。吴仁杰《两汉刊误补遗》则谓蒲将军是吕臣之号。　③凡六七万人：郭嵩焘《史记札记》："案项梁初起八千人，约陈婴兵二万，此云六七万，则黥布、蒲将军各以二万人属之。"　④军下邳："军"，是动词，作"驻屯"解；"下邳"，秦县名，故城在今江苏省邳县东，距徐州很近。

当是时，秦嘉已立景驹为楚王①，军彭城②东，欲距③项梁。项梁谓军吏曰："陈王先首事④，战不利，未闻所在⑤。今秦嘉倍⑥陈王而立景驹，逆无道！"乃进兵击秦嘉。秦嘉军败走，追之至胡陵⑦，嘉还战一日⑧。嘉死，军降。景驹走死梁地。

①"秦嘉"句："秦嘉"，凌县人（按，凌县在今江苏省宿迁县东南五十里，《史记集解》误为广陵人），秦末起兵者之一；"景驹"，楚之同族，姓景，名驹。　②彭城：即今江苏省之徐州。　③距：同"拒"，抗拒也。　④先首事：最初出头发难。　⑤未闻所在：《史记今注》："景驹立时，陈涉已死，而项梁不知，故曰未闻所在。"　⑥倍：古同"背"字，谓背叛。　⑦胡陵：地名，一名湖陵，故城在山东省鱼台县东南六十里。　⑧嘉还战一日：秦嘉掉转头来，战了一天。

项梁已并秦嘉军，军胡陵，将引军而西。

章邯军至栗①，项梁使别将朱鸡石、馀樊君与战。馀樊君死；朱鸡石军败，亡走胡陵。项梁引兵入薛②，诛鸡石。项梁前使项羽别攻襄城③，襄城坚守不下。已拔④，皆坑之⑤，还报项梁。

①章邯军至栗："章邯"，秦之大将，后降项羽；《汉书·地理志》沛郡"栗"下注云侯国，非县也。故地在今河南省夏邑县。　②薛：故地在今山东省滕县东南四十四里。　③襄城：即今河南省襄城县。　④拔：攻克。　⑤皆坑之：《汉书》颜注："陷之于坑，尽杀之。"即活埋。此言项羽把襄城所有的人都活埋了。

项梁闻陈王定死①，召诸别将，会薛计事②。此时沛公亦起沛③，往焉。

①定死：的确死了。张森楷《史记新校注》引余有丁说："此定字及上便为王之便字皆俗语，今犹然。"　②会薛计事：在薛地聚

会，讨论大事。　　③"此时"句："沛公"，即刘邦；"沛"，秦县名，故城在今江苏省沛县东。

居鄛①人范增——年七十，素居家②，好奇计——往说项梁曰："陈胜败固当③。夫秦灭六国，楚最无罪。自怀王入秦不反④，楚人怜之至今，故楚南公曰：'楚虽三户，亡秦必楚也⑤！'今陈胜首事，不立楚后而自立，其势不长。今君起江东，楚蜂起之将⑥皆争附君者，以君世世楚将，为能复立楚之后也。"于是项梁然其言⑦，乃求楚怀王孙心——民间为人牧羊——立以为楚怀王，从民所望也。

①居鄛：秦县名，在今安徽省巢县东北五里。"鄛"，音巢，亦音剿。《史记索隐》引荀悦《汉纪》："范增，阜陵人也。"按今本《汉纪》作居巢。阜陵在今安徽省全椒县东南，与居巢非一地也。　　②素居家：一向家居，不曾出仕。　　③固当：本是应当的。　　④"自怀王"句："怀王"即楚怀王；"怀王入秦"，事在公元前二九九年。至公元前二九六年，怀王死于秦。余详见《史记·屈原贾生列传》。"反"同"返"，指返回楚国。　　⑤"故楚南公"三句：第一句，"南公"，楚国的预言家，《汉书·艺文志·诸子略》著录其书三十篇，列于阴阳家者流，谓是六国时人。第二句，"三户"，有三解：一，地名（《左传》杜预注、《史记正义》引服虔说）；二，指楚三大姓：昭、屈、景三族（《史记索隐》引韦昭说）；三，三户人家（《史记集解》引臣瓒说、《汉书》颜注引苏林说）。今按，以文义言，后说近是。沈钦韩说："以为地名，固有实征；然……苏林望文为解，于辞顺也。"日人泷川资言说："'三户'者，言其少耳，乃虚设之辞，瓒说为是。若以为地名，'虽'字不通。"第三句，"亡"，是及物动词，作"灭"解。此言楚人最恨秦人，即使楚国只剩下三户人家，灭秦的一定还是楚人。诸家辩论"三户"之文过繁，不必详引。　　⑥楚蜂起之将：《汉书》颜注："蜂起，如蜂之起，言其众也。"此指楚地起义诸将纷杂众多之状。按一本"蜂起"作"蜂午"，"午"，纵横交错貌。王念孙以为作"午"是。录以备考。　　⑦然其言：认为范增之言合理。

陈婴为楚上柱国，封五县，与怀王都盱台①。项梁自号为武信君。

①盱台：音吁怡，秦县名，今作"盱眙"，故城在今江苏省盱眙县东北。

居数月，引兵攻亢父①，与齐田荣、司马龙且军救东阿②，大破秦军于东阿。田荣即引兵归，逐其王假③。假亡走楚，假相田角亡走赵；角弟田间，故齐将，居赵不敢归。田荣立田儋子市④为齐王。项梁已破东阿下军，遂追秦军。数使使趣齐兵⑤，欲与俱西。田荣曰："楚杀田假，赵杀田角、田间，乃发兵。"项梁曰："田假为与国之王⑥，穷来从我⑦，不忍杀之。"赵亦不杀田角、田间以市于齐⑧，齐遂不肯发兵助楚。

①亢父：秦县名，故城在今山东省济宁县南五十里。　②"与齐田荣"句：田荣，齐人田儋的弟弟。陈胜起义以后，田儋即自立为齐王，后儋为章邯所杀，田荣乃收儋余兵，退守东阿。章邯又追围之，项梁乃引兵破章邯军于东阿城下，事详《史记·田儋列传》。司马龙且，齐人；"且"，音祖。"东阿"，古县名，即今山东省阳谷县东北之阿城镇。　③假：即田假。《史记·田儋列传》："齐人闻王田儋死，乃立故齐王建之弟田假为齐王，田角为相，田间为将，以距诸侯。……而田荣怒齐之立假，乃引兵归，击逐齐王假。"可与本篇互参。　④市：音佛。此与街市的"市"字不同。此字是"巾"上加一横，篆文作"巿"；街市的"市"是"巾"上加"亠"，篆文作"ᕁ"。　⑤"数使使"句："数"，音朔，屡次；"趣"同"促"，催促。　⑥与国之王："与国"，《史记索隐》引《战国策》高诱注"同祸福之国也"，指彼此友好之国。此犹言"同盟国的国君"。　⑦穷来从我："穷"，指处窘困危急之境，走投无路。此言"齐王因无所归而投奔我"。　⑧以市于齐：《汉书》颜注："市者，以角、间市取齐兵也。直言赵不杀角、间以求齐兵耳。"今按，"市"者，应作"交易条件"解。

项梁使沛公及项羽别攻城阳①,屠之。西破秦军濮阳②东,秦兵收入濮阳。沛公、项羽乃攻定陶③,定陶未下。去,西略地④,至雍丘⑤,大破秦军,斩李由⑥。还攻外黄⑦,外黄未下。

①别攻城阳:"别",指另外分兵;"城阳",应作"成阳",古地名,故城在今山东省雷泽县东北六十里。一说在今山东省莒县。　②濮阳:古地名,即今山东省濮县境;王先谦《汉书补注》以为是今河北省的濮阳县,疑非是。　③定陶:县名,故城在今山东省定陶县西北四里。　④略地:"略",夺取,攻占。　⑤雍丘:古地名,即今河南省杞县治。　⑥李由:秦将,秦丞相李斯之子。　⑦外黄:古县名,故城在今河南省杞县东北六十里。

项梁起东阿西,北至定陶①,再破秦军,项羽等又斩李由,益轻秦,有骄色。宋义乃谏项梁曰:"战胜而将骄卒惰者败!今卒少惰矣②,秦兵日益③,臣为君畏之!"项梁弗听。乃使宋义使于齐。道遇齐使者高陵君显,曰:"公将见武信君乎?"曰:"然。"曰:"臣论④武信君军必败。公徐行即免死;疾行则及祸⑤。"秦果悉起兵益⑥章邯,击楚军,大破之定陶。项梁死。

①"项梁起东阿"二句:旧本此二句写作"项梁起东阿,西北至定陶",王念孙以为"西"字是衍文,"北"应依《汉书》作"比"。他说:"考《水经·济水篇》:'济水至定陶县东北,流至寿张县西,与汶水会;又北过谷城西。'谷城故城,即今东阿县治,东阿故城在其西北。而定陶故城,在今定陶县西北。是定陶在东阿之西南,不得言'西北至定陶'也。'比''北'字相近,故'比'误为'北';后人以上文云'……欲与俱西',因于'北'上加'西'字耳。《文选》王命论注引《史记》,无'西'字。"今按,王说是。"比"读去声,作"及"解。此处断句则依《史记选注》本。　②"今卒"句:"少",稍稍。此言"现在士兵们已经有点怠惰了"。　③益:增加。　④论:推断,预料。　⑤"公徐行"二句:大意是:你

如果慢慢走，则不等到达时，项梁已败，战事既停，你就可以免死了；如果快走，将赶上项梁吃败仗，那就要受祸了。　⑥益：此处是动词，作"增援"解。

沛公、项羽去外黄，攻陈留①，陈留坚守，不能下。沛公、项羽相与谋曰："今项梁军破，士卒恐。"乃与吕臣②军俱引兵而东，吕臣军彭城东，项羽军彭城西，沛公军砀③。

①陈留：县名，秦所置，故地即今河南省陈留县。　②吕臣：本楚将，为司徒，后从刘邦，封宁陵侯，谥夷侯。见《史记·高祖功臣侯者年表》。《史记今注》："吕臣军，军字疑衍文。"　③砀：音荡，秦郡名，以境内有砀山而得名，故治在今江苏省砀山县南。

章邯已破项梁军，则以为楚地兵不足忧，乃渡河击赵①，大破之。

①乃渡河击赵："河"指黄河。按，秦二世元年陈胜起义后，陈人武臣渡河至邯郸，自立为赵王，戍四月，为部将李良所杀，至二世二年正月，赵之张耳、陈馀始立赵王歇。此处章邯所围击者为赵王歇。

当此时，赵歇①为王，陈馀为将②，张耳③为相，皆走入钜鹿④城。章邯令王离⑤、涉间⑥围钜鹿。章邯军其南，筑甬道而输之粟⑦。陈馀为将，将卒数万人而军钜鹿之北，此所谓河北之军也。

①赵歇：战国时赵之后裔，为张耳、陈馀所立。后项羽徙封歇为代王，未几，复为赵王，终为汉所灭。　②"陈馀为将"句：陈馀，魏之大梁人，与张耳本刎颈之交，俱号为魏之名士。陈胜发难后，两人从武臣至赵。武臣死，两人共立赵王歇。章邯围钜鹿，陈馀军在钜鹿北，不救赵，于是张耳始怨馀。后张耳从项羽，复降汉；陈馀则一直辅佐赵王歇。终为韩信所斩。《史记》有《张耳陈馀列传》。张森楷《史记新校注》："考证云：或曰此处馀、耳皆走

入城，下云馀军于外，岂入而复出耶？据张耳传云，耳与歇走入钜鹿城，王离围之，陈馀北收常山兵，得数万人，军钜鹿，则馀固未尝入城也。盖下文陈馀为将句，与此处王相二句照应，此'陈馀为将'句，当是刊落未尽耳。" ③张耳：魏之大梁人，年较陈馀为长。归项羽后，受封为常山王，及降汉，封为赵王。汉高祖五年病死。 ④钜鹿：秦县名，即今河北省平乡县。 ⑤王离：秦将，王翦之孙。 ⑥涉间：秦将，姓涉名间。 ⑦"筑甬道"句："甬道"，在大道的两面筑起夹墙，不使外面看见。《史记集解》引应劭说："恐敌抄辎重，故筑墙垣如街巷也。""输"，输送。"粟"，泛指粮食。《汉书》颜注："章邯为甬道而运粟，以饟（同'饷'，馈送食物）王离、涉间之军。"

（以上是第二大段，写项梁起兵后因骄惰而败死，秦军转败为胜。）

楚兵已破于定陶，怀王恐，从盱台之①彭城，并项羽、吕臣军，自将之②。以吕臣为司徒③，以其父吕青为令尹；以沛公为砀郡长，封为武安侯，将砀郡兵。

①之：往，去到。 ②自将之："将"，率领。 ③司徒：近人王伯祥说："疑系掌管财政的军需官。"（见其所注《史记选》）。

初，宋义所遇齐使者高陵君显在楚军，见楚王曰："宋义论武信君之军必败，居数日，军果败。兵未战而先见败征，此可谓知兵矣！"王召宋义与计事，而大说之，因置以为上将军；项羽为鲁公，为次将；范增为末将：救赵，诸别将皆属宋义，号为"卿子冠军"①。

①卿子冠军："卿子"，当时对人的尊称，犹言"公子"（用《史记集解》引文颖说）；"冠军"，《汉书》颜注："言其在诸军之上"。按，宋义时为上将，故称"冠军"。

行至安阳①，留四十六日不进。项羽曰："吾闻秦军围赵王钜鹿；疾引兵渡河，楚击其外，赵应其内，破秦军必矣！"宋义曰："不然；夫搏牛之虻，不可以破虮虱②。今秦攻赵：战胜，则兵罢③，我承其敝④；不胜，则我引兵鼓行而西⑤，必举⑥秦矣。故不如先斗秦、赵⑦。夫被坚执锐，义不如公⑧；坐而运策⑨，公不如义。"因下令军中曰："猛如虎，很如羊，贪如狼，强不可使者，皆斩之⑩！"乃遣其子宋襄相齐，身送之至无盐⑪，饮酒高会⑫。天寒，大雨，士卒冻饥。项羽曰："将戮力⑬而攻秦，久留不行，今岁饥民贫，士卒食芋、菽⑭，军无见粮⑮，乃饮酒高会；不引兵渡河，因赵食⑯与赵并力攻秦，乃曰承其敝！夫以秦之强，攻新造之赵⑰，其势必举赵；赵举而秦强，何'敝'之'承'！且国兵新破⑱，王坐不安席，埽境内而专属于将军⑲，国家安危，在此一举。今不恤士卒而徇其私⑳，非社稷之臣！"项羽晨朝上将军宋义，即其帐中斩宋义头㉑，出，令军中曰："宋义与齐谋反楚，楚王阴㉒令羽诛之。"当是时，诸将皆惧服，莫敢枝梧㉓；皆曰："首立楚者，将军家也。今将军诛乱。"乃相与共立羽为假㉔上将军，使人追宋义子，及之齐杀之㉕。使桓楚报命于怀王。怀王因使项羽为上将军。当阳君㉖、蒲将军皆属项羽。

①安阳：地名，在今山东省曹县东南五十里（用《史记正义》及沈钦韩说），《汉书》颜注以为是河南省的安阳县，非是。　②"夫搏牛"二句："虻"，音萌，一种口能刺螫牲畜的吸血昆虫，其寄生于牛身者名"牛虻"，长五分余，灰黑色，上有淡黄色细毛翅，呈黑色；"虮"音几，虫卵。此二句有二解，但所喻之义则大体相近：一，"搏"作"击"解，指人用手击牛。《汉书》颜注："言以手击牛之背，可以杀其上虻，而不能破其内虮，喻今将兵方欲灭秦，不可尽力，与章邯即战，或未能擒，徒费力也。"二，"搏"音附，作击取解。盖谓虻所搏取的对象是牛，本不拟破其上之虮虱，以言志在大不在小（《史记索隐》引邹氏说，沈钦韩、王先谦说同）。今按，依颜说则

以人喻楚，以虮喻秦，以虮虱喻章邯；依邹说则以虮喻楚，以牛喻秦，可两存其说。　③罢：同疲。　④承其敝："承"，犹言伺；"敝"，疲惫。此言伺秦兵疲敝之时而攻之。　⑤鼓行而西：《汉书》颜注："谓击鼓而行，无畏惧也"。按，此指公开地向前进军。　⑥举：攻克，攻下。　⑦先斗秦、赵：让秦、赵先打起来。　⑧"夫被坚"二句："被"同披；"坚"，指坚厚的铠甲；"锐"，指锐利的兵器。宋义谓项羽："冲锋陷阵，我不如你。"　⑨运策：运用谋略。　⑩"猛如虎"句至"皆斩之"，前四句暗喻项羽。"很"，今写作"狠"；"强"，倔强；"强不可使者"，倔强、不听命令的人。　⑪无盐：古地名，在今山东省东平县东二十里。　⑫高会：《史记索隐》引服虔说："大会也。"犹今言"盛会"。　⑬戮力："戮"与"勠"通；"戮力"，并力。　⑭芋、菽："芋"指薯类植物；"菽"，豆类。　⑮见粮："见"同现；"见粮"，存粮。　⑯因赵食："因"，利用，依靠。此言楚军应急趋赵地，借赵地之粮草以为军需。　⑰新造之赵：新建立起来的赵国。　⑱国兵新破："国兵"，楚人自称其本国的军队；"新破"，犹言"新败"，指楚军大败于定陶之事。　⑲"埽境内"句："埽"，今写作"扫"，扫数；"埽境内"，谓把国内全部军力扫数集中在一起；"属"，音烛，委托。　⑳"今不恤"句："恤"，体恤；"徇"，作营解（《史记索隐》引崔浩说）。"私"，私心。《史记索隐》："谓使其子相齐，是徇其私情"。　㉑"项羽晨朝"二句："朝"，谒见；"帐"，营幕；"即其帐中"，犹言"就在他的营帐中"。　㉒阴：秘密。　㉓枝梧：犹今言抗拒。　㉔假：作摄解，犹今言"代理"。　㉕"及之齐"句："及"，赶上。此言赶到齐国才赶上并且杀掉他。　㉖当阳君：黥布（即英布）的封号。

项羽已杀卿子冠军，威震楚国，名闻诸侯。乃遣当阳君、蒲将军将卒二万，渡河①救钜鹿。战少利②，陈馀复请兵。项羽乃悉引兵③渡河。皆沉船，破釜甑，烧庐舍，持三日粮，以示士卒必死，无一还心。于是，至，则围王离，与秦军遇，九战，绝其甬道，大破之；杀苏角④，虏王离。涉间不降楚，自烧杀。

①河：此指漳河。按，漳河发源于山西，流经河北省南部，故楚军渡漳河始至钜鹿。　②少利：胜利不多。　③悉引兵：犹言"带领所有的军队"。　④苏角：秦将。

当是时，楚兵冠诸侯①。诸侯军救钜鹿下者十余壁②，莫敢纵兵③。及楚击秦，诸将皆从壁上观。楚战士无不一以当十，楚兵呼声动天，诸侯军无不人人惴恐④。于是已破秦军，项羽召见诸侯将，诸侯将入辕门⑤，无不膝行而前⑥，莫敢仰视。项羽由是始为诸侯上将军，诸侯皆属焉。

①冠诸侯：位居诸侯军队之上。　②"诸侯军"句："下"，指钜鹿城下；"壁"，营垒；"十余壁"，十几座营垒。　③纵兵：出动军队。　④惴恐：战栗畏惧。"惴"音赘。　⑤辕门：即营门。按《周礼·掌舍》："设车宫辕门。"郑玄注："……仰车以其辕表门。"贾公彦疏："谓仰两乘，车辕相向以表门，故名为'辕门'。"　⑥膝行而前：跪着向前走。

（以上是第三大段，写项羽杀宋义、解赵围，为楚强大之始。）

章邯军棘原①，项羽军漳南②，相持未战。秦军数却，二世使人让③章邯。章邯恐，使长史欣请事④至咸阳，留司马门⑤三日，赵高不见，有不信之心。长史欣恐，还走其军，不敢出故道⑥。赵高果使人追之，不及。欣至军，报曰："赵高用事于中，下无可为者⑦。今战能胜，高必疾⑧妒吾功；战不能胜，不免于死；愿将军孰计⑨之。"陈馀亦遗⑩章邯书曰："白起⑪为秦将，南征鄢、郢，北坑马服⑫，攻城略地，不可胜计，而竟赐死。蒙恬⑬为秦将，北逐戎人，开榆中地⑭数千里，竟斩阳周⑮。何者？功多，秦不能尽封，因以法诛之。今将军为秦将三岁矣，所亡失以十万数，而诸侯并起滋益多⑯。彼赵高素谀日久，今事急，亦恐二世诛之，故欲以法诛将军以塞责，使人更代将军以脱其祸。夫将军居外久，多内郤⑰。有功亦诛，无功亦诛。且天之亡秦，无愚智皆知之。今将军内不能直谏，外为亡国将，孤特独立而欲常存，岂不哀哉！将军何不还兵，与诸侯为从⑱，约共攻秦，分王其地，南面称孤⑲？此孰与身伏铁质⑳，妻子为僇㉑乎？"章邯狐疑，阴使候始成使项羽，欲约㉒。约未成，项羽使蒲将军日夜引兵度三户，军漳南㉓，与秦战，再破之。项羽悉引兵击秦军汙水㉔上，大破之。章邯使人见项羽，欲约。项羽召军吏谋曰："粮少㉕；欲听其约。"军吏皆曰："善。"项羽乃与期洹水南殷虚上㉖。

①棘原：地名，在今河北省平乡县南。　②漳南：地名，在漳河南岸，即今河北省临漳县附近。　③让：读上声，责难。　④使长史欣请事："欣"，即与项梁相识的司马欣；"请事"，请示公事。　⑤司马门：指皇宫的外门。《史记集解》："凡言'司马门'者，宫垣之内，兵卫所在，四面皆有司马，主武事，故总言宫之外门为'司马门'也。"　⑥"还走"二句：上句，"走"读去声，奔逃。此言欣奔回自己的军队。下句，言不敢走来时走过的路。　⑦"赵高用事"二句：上句，"赵高用事"，见后《史记·李斯列传》正文；"用事"，擅权；"中"，指皇帝宫禁之内。下句，"下"，指位在赵高之下的百官大臣；"无可为者"，无事可作，无法可想。　⑧疾：同嫉。　⑨孰计："孰"同"熟"；"熟计"，反复详尽地考虑。　⑩遗：读去声，送给。　⑪白起：秦昭王时大将，为秦攻伐六国，多建战功。后昭王听范雎之言，赐剑令其自杀。事见《史记·白起王翦列传》。　⑫"南征"二句：上句，指秦昭王二十八年（公元前二七九年）白起攻楚拔鄢、邓五城及二十九年（公元前二七八年）击楚攻陷郢都之事。见《秦本纪》《楚世家》及《白起王翦列传》。下句，指秦昭王四十七年（公元前二六〇年）白起破赵于长平之事。"马服"，指赵将赵括。详见后《史记·廉颇蔺相如列传》。　⑬蒙恬：秦始皇时大将，曾率兵三十万，北筑长城，威震匈奴。始皇死，赵高、李斯欲立二世胡亥，恐恬不服，乃矫始皇命，令恬自

杀。事见《秦始皇本纪》《李斯列传》及《蒙恬列传》。 ⑭开榆中地："开"，开辟，开垦；"榆中"，《索隐》："崔浩云：'蒙恬树榆为塞也。'"疑指鄂尔多斯黄河北岸之地。 ⑮竟斩阳周："阳周"，秦县名，故城在今陕西子长县北。"斩"，犹言死。指秦二世迫令蒙恬在阳周饮药自杀之事。 ⑯滋益多：愈来愈多。 ⑰内郤："郤"同隙，怨隙，裂痕。此言章邯同朝廷内部关系产生裂痕，有矛盾。 ⑱"将军"二句：上句，"还兵"，犹言倒戈。《汉书》颜注："'还兵'，谓回兵内向，以攻秦也。"下句，"诸侯"指秦末起兵的人；"从"同纵，指合纵以攻秦。 ⑲"分王"二句：上句，言瓜分秦地以自立为王，下句，古代帝王座位向南，故称"南面"；"孤"，帝王自称之谦辞，此犹言"为帝称王"。 ⑳伏铁质："铁"，音肤，斧也；"质"同锧，《汉书》颜注："谓锧（按，同砧）也。古者斩人，加于锧上而斫之也。""铁质"，本腰斩之刑，一般泛指严酷的死刑；"伏铁质"，犹言"受死刑"。 ㉑僇：同戮。 ㉒"阴使"二句："阴使"，暗中派遣；"候"，官名，即军候；"始成"，人名，姓始名成；"约"，谈条件，订降约。 ㉓"项羽使蒲将军"二句：上句，"度"同渡；"三户"，地名，指三户津，是漳河的一个渡口，在今临漳县西。下句，"漳南"，《史记会注考证》引日人中井积德说："前称'羽军漳南'，此遣军渡三户，则往至漳北也。此'漳南'当作'漳北'。"按，此说近是，录以备考。 ㉔汙水：在临漳县西南，源出武安山，流入漳河，今已涸绝。"汙"音于。 ㉕粮少：指楚军粮少。 ㉖"项羽乃与期"句："期"，约定时间在某处见面；"洹水"，水名，在今河南安阳县北，"洹"音袁或恒；"虚"同墟。殷墟是殷代都城的故址，即今河南省安阳县西小屯村。

已盟，章邯见项羽而流涕，为言赵高。项羽乃立章邯为雍王，置楚军中。使长史欣为上将军，将秦军，为前行①。到新安②。诸侯吏卒异时故繇使屯戍，过秦中，秦中吏卒遇之多无状③。及秦军降诸侯，诸侯吏卒乘胜，多奴虏使之④，轻折辱秦吏卒⑤。秦吏卒多窃言曰："章将军等诈吾属⑥降诸侯，今能入关破秦，大善；即不能，诸侯虏吾属而东⑦，秦必尽诛吾父母妻子。"诸将微闻其计⑧，以告项羽。项羽乃召黥布、蒲将军计曰："秦吏卒尚众，其心不服。至关中不听，事必危。不如击杀之，而独与章邯、长史欣、都尉翳⑨入秦。"于是楚军夜击，坑秦卒二十余万人新安城南。

①前行：先锋部队。　②新安：地名，在今河南省渑池县东，今名搭泥镇。　③"诸侯吏卒"三句："异时"，指从前；"秦中"，指陕西境内之地；"无状"，犹今言无礼貌、不像样。此二句大意是："这些起兵的诸侯所率领的吏卒，从前都是曾经替秦王服徭役、屯兵戍守的人，他们路过秦中，当地的吏卒对待他们多半是非常无礼的。"　④奴虏使之："之"，指秦中吏卒。此连上文言"诸侯吏卒因为打了胜仗，就把投降的秦兵当奴隶、俘虏使唤"。　⑤"轻折辱"句："轻"，随意；"折"，折磨；"辱"，侮辱。此言诸侯吏卒随意侮辱秦兵。　⑥诈吾属：犹言"欺骗我等"。　⑦"即不能"二句：此言"诸侯如不胜秦，则将把我等（指秦兵）掳回东方"。　⑧微闻其计：暗中听到秦兵私相计议的话。　⑨都尉翳：指秦将董翳。

（以上是第四大段，写章邯降楚及项羽坑杀秦降卒。）

行略定秦地函谷关，有兵守关，不得入。又闻沛公已破咸阳。项羽大怒，使当阳君等击关。项羽遂入，至于戏西①。沛公军霸上②，未得与项羽相见。沛公左司马曹无伤使人言于项羽曰："沛公欲王关中，使子婴③为相，珍宝尽有之。"项羽大怒曰："旦日飨士卒④，为击破沛公军！"当是时，项羽兵四十万，在新丰鸿门⑤，沛公兵十万，在霸上，范增说项羽曰："沛公居山东时，贪于财货，好美姬；今入关，财物无所取，妇女无所幸⑥，此其志不在小。吾令人望其气，皆为龙虎，成五采，此天子气也，急击勿失！"

①戏西："戏"，水名，在陕西省临潼县东三十里，源出骊山，流入渭水。　②霸上：地名，在灞水之西，即白鹿原，在陕西省长

安县东,接蓝田县界。　③子婴:秦二世胡亥的堂兄弟。赵高既逼杀胡亥,因立子婴为王,子婴乃与其二子谋杀赵高。子婴为秦王四十六天,武关为刘邦所破,子婴遂降,后为项羽所杀。见《史记·秦始皇本纪》。参阅后文《李斯列传》注释。　④旦日飨士卒:"旦日",明天;"飨",用酒食犒劳。　⑤新丰鸿门:"新丰",地名,秦时名骊邑,刘邦称帝后,才改称新丰。其地在今陕西省临潼县东。"鸿门",坂口名,在新丰东十七里,今名项王营。　⑥幸:指同妇女亲近,发生关系。

楚左尹项伯①者,项羽季父也,素善留侯张良。张良是时从沛公。项伯乃夜驰之沛公军,私见张良,具告以事②,欲呼张良与俱去,曰:"毋从,俱死也③。"张良曰:"臣为韩王送沛公④,沛公今事有急,亡去,不义,不可不语⑤。"良乃入,具告沛公。沛公大惊曰:"为之奈何?"张良曰:"谁为大王为此计者?"曰:"鲰生⑥说我曰:'距关毋内诸侯,秦地可尽王也⑦。'故听之。"良曰:"料大王士卒足以当项王乎?"沛公默然,曰:"固不如也!且为之奈何?"张良曰:"请往谓项伯,言沛公不敢背项王也。"沛公曰:"君安与项伯有故⑧?"张良曰:"秦时与臣游,项伯杀人,臣活之。今事有急,故幸来告良。"沛公曰:"孰与君少、长⑨?"良曰:"长于臣。"沛公曰:"君为我呼入,吾得兄事之⑩。"张良出,要⑪项伯。项伯即入见沛公。沛公奉卮酒为寿⑫,约为婚姻。曰:"吾入关,秋毫不敢有所近⑬,籍吏民、封府库而待将军⑭。所以遣将守关者,备他盗之出入与非常也⑮。日夜望将军至,岂敢反乎!愿伯具言臣之不敢倍德也。"项伯许诺,谓沛公曰:"旦日不可不蚤⑯自来谢项王。"沛公曰:"诺。"于是项伯复夜去,至军中,具以沛公言报项王;因言曰:"沛公不先破关中,公岂敢入乎!今人有大功而击之,不义也。不如因善遇之！"项王许诺。

①左尹项伯："左尹"，官名，令尹之佐；"项伯"，项羽的族叔，名缠，后封射阳侯。　②具告以事："具"，完全，全部；"事"，指项羽欲攻刘邦之经过。　③"毋从"二句："从"，王念孙说："当为'徒'。项伯以张良不去，则徒与沛公俱死，故曰'毋徒俱死也'。《汉书·高祖纪》作'毋特俱死'，苏林曰：'特，但也'，师古曰：'但，空也。死而无成名也。''特''但''徒'，一声之转，其义一也。隶书'从（從）'字……形与'徒'相似，故'徒'误为'从'。"按此可备一说，故详录之，但如依王说，则两句应作一气读，此处依一般读法断句。　④"臣为韩王"句：事见《史记·留侯世家》。　⑤语：告诉，通知。　⑥鲰生：有三解：一、"鲰"，音邹，上声，作浅陋解；"鲰生"，犹言"浅陋无知的小人"（《史记集解》引服虔说）。二、"鲰"是姓（《集解》引臣瓚说）。三、"鲰"是人名，姓解（《史记索隐》引《楚汉春秋》）。今按，以"鲰"为姓，恐非是。第三说则与第一说无矛盾。疑应从服虔说。　⑦"距关"二句：上句，"距"同拒；"内"同纳，言"把住函谷关，不要放诸侯进来"。下句，言"可以占领整个的秦地而称王"。　⑧"君安与"句：你何以同项伯有旧交呢？　⑨"孰与君"句：比起你来，年纪谁小谁大？　⑩兄事之：以侍奉哥哥的礼节来侍奉项伯。　⑪要：同邀。　⑫奉卮酒为寿："卮"，酒器；"卮酒"，犹言"一杯酒"；"为寿"，《汉书》颜注："凡言'为寿'，谓进爵（酒器）于尊者，而献无疆之寿。"按，此犹今敬酒时祝人健康长寿之意。　⑬"秋毫"句："秋毫"，《孟子》齐桓晋文之事章："明足以察秋毫之末。""秋毫之末"有二解：一、秋天走兽毫毛的尖端；二、秋天谷粒的壳外生长着的芒刺的尖端。此犹言"一丝一毫之物都不敢据为己有"。　⑭"籍吏民"句："籍"，注册，登记；"籍吏民"，指把户口调查清楚；"封府库"，指把财物封存保管起来；"将军"，指项羽，下同。　⑮"备他盗"句："备"，防范；"非常"，意外的变故。　⑯不蚤："不"字，景祐本脱，兹从今本补之。"蚤"，同"早"。

沛公旦日从百余骑①来见项王，至鸿门，谢曰："臣与将军戮力而攻秦，将军战河北，臣战河南；然不自意②能先入关破秦,得复见将军于此。今者,有小人之言,令将军与臣有郤。"项王曰:"此沛公左司马曹无伤言之。不然,籍何以生此。"项王即日因留沛公与饮。项王、项伯东向坐;亚父③南向坐——亚父者,范增也;沛公北向坐;张良西向侍。范增数目项王④,举所佩玉玦以示之者三⑤,项王默然不应。范增起,出,召项庄⑥,谓曰:"君王为人不忍。若⑦入,前为寿,寿毕,请以剑舞,因击沛公于坐,杀之。不者⑧,若属皆且为所虏。"庄则入为寿。寿毕,曰:"君王与沛公饮,军中无以为乐,请以剑舞。"项王曰:"诺。"项庄拔剑起舞,项伯亦拔剑起舞,常以身翼蔽⑨沛公,庄不得击。于是张良至军门见樊哙。樊哙曰:"今日之事何如?"良曰:"甚急。今者项庄拔剑舞,其意常在沛公也。"哙曰:"此迫矣!臣请入,与之同命⑩。"哙即带剑拥盾入军门。交戟之卫士欲止不内⑪,樊哙侧其盾以撞,卫士仆地,哙遂入,披帷⑫西向立,瞋目⑬视项王,头发上指,目眦尽裂⑭。项王按剑而跽⑮,曰:"客何为者⑯?"张良曰:"沛公之参乘⑰樊哙者也。"项王曰:"壮士!赐之卮酒!"则与斗卮酒⑱。哙拜谢,起,立而饮之。项王曰:"赐之彘肩⑲!"则与一生彘肩。樊哙覆其盾于地,加彘肩上,拔剑切而啗之⑳。项王曰:"壮士!能复饮乎?"樊哙曰:"臣死且不避,卮酒安足辞!夫秦王有虎狼之心,杀人如不能举,刑人如恐不胜㉑,天下皆叛之。怀王与诸将曰:'先破秦入咸阳者王之。'今沛公先破秦入咸阳,毫毛不敢有所近,封闭宫室,还军霸上,以待大王来,故遣将守关者,备他盗出入与非常也。劳苦而功高如此,未有封侯之赏,而听细说㉒,欲诛有功之人,此亡秦之续㉓耳,窃为大王不取也!"项王未有以应,曰:"坐!"樊哙从良坐。

①从百余骑:犹言"带着一百多骑兵"。　②不自意:自己

没有料到。　③亚父："亚"，次于。此是项羽对范增的尊称，谓增之行辈与自己的父亲相同，故尊之仅次于父。　④数目项王："数"，音朔，屡次；"目"，作动词用，谓用目示意。此言范增频频向项羽使眼色。　⑤"举所佩"句："玦"与"决"同音，玉器名。元胡三省《资治通鉴注》："玦如环而有缺，增举以示羽，盖欲其决意杀沛公也。""示之者三"，用玦示意三次。　⑥项庄：项羽的堂兄弟。　⑦若：同"汝"，犹"你"。下文"若属"，犹言"你等""你们"。　⑧不者："不"同"否"；"否者"，犹言"不然的话"。　⑨翼蔽：掩护。　⑩与之同命："之"，指项羽；"同命"，犹言"共命""拼命"。　⑪"交戟"句："交戟"，卫士守门时把戟交叉着，以禁止出入；"止"，阻止；"内"，同"纳"；"不内"，不放樊哙进去。　⑫帷：帷幕。　⑬瞋目：《汉书》颜注："张目也。""瞋"，音嗔。此指瞪目怒视。　⑭"目眦"句："眦"，音"自"，眼角；"裂"，绽开。按，此是形容樊哙异常愤怒的夸张之辞。　⑮跽：音忌，长跪，即耸身挺腰而跪。按，古人席地而坐，两膝着地，以臀部加于足跟之上为坐；直身，股不着脚跟为跪。此处写项羽紧张戒备，故按剑而长跪。　⑯客何为者：这个陌生人是做什么的。　⑰参乘："参"同"骖"。　⑱斗卮酒：近人李笠说："卮受四升，不得云'斗卮酒'也。……上云'赐之卮酒'，下云'卮酒安足辞'，此非泛言可知。上文'项伯见张良，沛公奉卮酒为寿'；魏其侯传，'窦婴引卮酒进上'，与此一例；'斗'盖衍字。《汉书》樊哙传曰：'赐之卮酒'。'赐'，即与也，而无'斗'字。"（见其所著《史记订补》）按，李说是，谨录以备考。　⑲彘肩：猪腿。　⑳"加彘肩上"二句：上句，言把猪腿放在盾牌的上面。下句，"啗"，音谈，上声，吃也。　㉑"杀人"二句：上句，"举"，尽；此犹言"杀人多得数不过来"。下句，"刑人"，惩罚人；"胜"，作尽解，引申有极之意。此犹言"用刑唯恐不重"。　㉒细说：小人之谗言。　㉓续：继承者。

坐须臾，沛公起如厕，因招樊哙出。沛公已出，项王使都尉陈平召沛公。沛公曰："今者出，未辞也，为之奈何？"

樊哙曰："大行不顾细谨，大礼不辞小让①。如今人方为刀俎，我为鱼肉②，何辞为③？"于是遂去。乃令张良留谢。良问曰："大王来何操④？"曰："我持白璧一双，欲献项王；玉斗一双，欲与亚父⑤。会⑥其怒，不敢献。公为我献之。"张良曰："谨诺。"当是时，项王军在鸿门下，沛公军在霸上，相去四十里。沛公则置车骑⑦，脱身独骑，与樊哙、夏侯婴、靳强、纪信⑧等四人持剑盾，步走⑨，从郦山⑩下，道芷阳⑪，间行⑫。沛公谓张良曰："从此道至吾军，不过二十里耳。度⑬我至军中，公乃入。"沛公已去，间至军中；张良入谢，曰："沛公不胜杯杓⑭，不能辞；谨使臣良奉白璧一双，再拜献大王足下⑮；玉斗一双，再拜奉大将军足下。"项王曰："沛公安在？"良曰："闻大王有意督过之⑯，脱身独去，已至军矣。"项王则受璧，置之坐上；亚父受玉斗，置之地，拔剑撞而破之，曰："唉⑰！竖子⑱不足与谋！夺项王天下者，必沛公也！吾属今为之虏矣！"沛公至军，立诛杀曹无伤。

①"大行"二句：上句，"大行"，大事，"行"读去声；"细谨"，细微末节。此言干大事的人不可拘泥小节。下句，"大礼"，指讲求大节；"辞"，此处作"避"解；"小让"，琐细的礼貌。此言讲求大节者不必计较琐细的礼貌。　②"如今"二句："俎"，切肉的砧板。此言"人家是宰割者，我们是被宰割的鱼肉"。　③何辞为：犹言"还告辞做什么呢？"。按，"为"置句末，是古语中疑问句法。　④来何操：犹言"带了什么来？"，意指礼物。　⑤白璧、玉斗："璧"字景祐本讹为"壁"，今改之。"斗"，酒器。　⑥会：犹言"适逢""恰值"。　⑦置车骑："置"，胡三省说："留也。留车骑于鸿门，不以自随。"　⑧"夏侯婴"至"纪信"：三人皆汉将。夏侯婴，沛人，与刘邦有旧谊，从邦起兵，为太仆，号滕公，后封汝阴侯。靳强，从刘邦于阳夏，以击项羽有功，后封汾阳侯。纪信，见后文。　⑨步走："走"读去声，急趋。　⑩郦山：即骊山，在临潼县东南。　⑪芷阳：秦县名，故治在今陕西省长安

县东霸川上的西阪。　⑫间行：胡三省说："间，空也，投空隙而行。"按，此指抄近路而言，"间"读去声。　⑬度：音夺，估量，揣测。　⑭沛公不胜杯杓："杓"，音勺，皆酒器，此处作为酒的代称。此言沛公酒量有限，不能再喝了。　⑮足下：古时对尊者的敬称。秦、汉以前，多用以称人主，后乃泛称一般人。　⑯有意督过之："督过"，责备；此言存心找岔子。　⑰唉：音嘻，或音海，平声，叹恨时所发出的声音。　⑱竖子：骂人的话，犹言"奴才""小子"。日人泷川资言说："竖子，斥项庄辈，而暗讥项羽也。若以为直斥项羽，则下文'项王'二字不可解。"

（以上是第五大段，写项羽、刘邦鸿门之会。）

居数日，项羽引兵西屠咸阳，杀秦降王子婴；烧秦宫室，火三月不灭；收其货宝、妇女而东。

人或说项王①，曰："关中阻山河，四塞②，地肥饶，可都以霸③。"项王见秦宫室皆以烧残破④，又心怀思⑤欲东归，曰："富贵不归故乡，如衣绣夜行，谁知之者⑥！"说者曰："人言楚人沐猴而冠耳，果然⑦。"项王闻之，烹⑧说者。

①"人或"句：按，此处未确指向项羽进言者为何人，《汉书》作"韩生"，扬雄《法言·重黎篇》又作"蔡生"。"说"音税。　②"关中"二句：上句，言关中之地，有山河为之屏障。下句，《史记集解》引徐广说："东函谷，南武关，（在今陕西省商县东一百八十里）。西散关（即大散关，在今陕西省宝鸡西南），北萧关（在今甘肃省环县西北）。"则四面皆有要塞可守，故云"四塞"。"塞"音赛。　③可都以霸："都"，建都。此言可建都于关中以成霸业。　④皆以烧残破：都因为被焚烧而残破了。　⑤怀思：怀念，犹言"放心不下"。　⑥"如衣绣"二句："衣"读去声，是动词，作"穿着"解。此连上句言："富贵之后而不归故乡，好像穿了极漂亮的锦绣服装在夜里行走，有谁能知道他已经富贵了呢！"　⑦"人言"二句：沐猴，《史记集解》引张晏说："猕猴也。"《史记索隐》："言猕猴不任久著冠带，以喻楚人性躁暴。'果然'，言果如人言也。"按，此盖讥项羽如猴子戴了人的帽子，徒具人形而已，终难

成事。　⑧烹：投在汤锅里煮死，是古代酷刑之一种。

项王使人致命怀王①。怀王曰："如约②。"乃尊怀王为义帝③；项王欲自王，先王诸将相④；谓曰："天下初发难⑤时，假立诸侯后⑥以伐秦。然身被坚执锐首事⑦，暴露于野三年⑧，灭秦定天下者，皆将相诸君与籍之力也。义帝虽无功，故当分其地而王之⑨。"诸将皆曰："善。"乃分天下，立诸将为侯王⑩。

①使人致命怀王："致命"，犹言"报命"，即报告。此言项羽使人把入关破秦的经过禀报怀王。　②如约："约"，指前怀王与诸将所言"先破秦入咸阳者王之"的诺言。　③义帝：明谢肇淛《文海披沙》："今谓假父曰义父，假子曰义子义女，故项羽尊怀王为义帝犹假帝也。"王伯祥说："不称楚帝而称义帝，意味着仅得名义耳。此'义'字犹义父、义子、义发、义齿的'义'字。"按，谢、王说近是。"义父"之称始见于《洛阳伽蓝记》，唐陆广微《吴地记》载余杭山有夫差义子坟十八所，则以"义"训"假"，当是古人语，或自秦汉时已然。　④"项王欲自王"二句：此处的两个"王"字都作动词用。上句言项羽想自封为王，下句言因此他就先封手下的诸将相为王。　⑤发难：起兵。"难"读去声。　⑥"假立"句："假"有权且、姑且之意；"立诸侯后"，指立六国之后。　⑦"然身被坚"句："被"同披，"披坚"，指身穿铁甲；"执锐"，手执锐利的兵器；"首事"，首举大事，与上文"初发难"同义。景祐本误刻为"百事"，兹从今本改之。　⑧"暴露"句："暴露"，显露，"暴"音仆；"暴露于野"，指在外行军，风餐露宿。"三年"，自秦二世元年起兵，至此时恰为三年。　⑨"故当"句："故"与固通；"固当"，犹言"本该"。此言分地封义帝为王本是应该的。　⑩侯王：犹言"诸侯"。

项王、范增疑沛公之有天下，业已讲解，又恶负约，恐诸侯叛之①，乃阴谋曰："巴、蜀道险，秦之迁人皆居蜀②。"乃曰："巴、蜀亦关中地也。"故立沛公为汉王，王巴、蜀、汉中③，都南郑④。而三分关中，王秦降将，以距塞汉王⑤。

①"项王、范增"句至"恐诸侯叛之"：第一句，"有天下"，犹言"统一天下"。第二句，"业"，既；"讲解"，和解。以上二句言项羽、范增疑心刘邦志在统一中国，是个有野心的人；但双方的误会既已和解，自无法再找借口。第三句，"恶"读为"务"，嫌恶；"约"，指"先入关者王之"的诺言。此连下句言："项羽心想，如果把刘邦杀掉或者不封他在关中，又恐自己要担一个违反诺言的恶名，致使诸侯背叛自己。" ②"巴、蜀道险"二句：上句，"巴、蜀"，秦时分四川为巴、蜀二郡，巴郡地约当今之四川省东半部，蜀郡地约当今之四川省西半部及旧西康之东部；"道险"，指交通不便，路径难走。下句，"迁人"，指被强迫迁移的罪民。此言秦时视四川为恶地，故流放罪人，多使居巴、蜀。 ③汉中：秦郡名，在汉水上游，约当今陕西省秦岭以南地带及湖北省西北部。此句言项羽以巴、蜀、汉中三郡封刘邦为汉王。 ④南郑：即今陕西省南郑。 ⑤以距塞汉王："距"与"拒"通；"距塞"，犹言遮断、堵塞。此言使章邯等三人居关中之地，以遮断刘邦东出的途径。

项王乃立章邯为雍王，王咸阳以西，都废丘①。长史欣者，故为栎阳狱掾，尝有德于项梁；都尉董翳者，本劝章邯降楚，故立司马欣为塞王②，王咸阳以东，至河，都栎阳；立董翳为翟王③，王上郡④，都高奴⑤。

①废丘：即西周时之犬丘，周懿王自镐迁都于此。秦改名废丘，故城在今陕西省兴平县东南十里。 ②塞王："塞"，指桃林塞，在长安东（用《史记集解》引韦昭说）。 ③翟王："翟"同"狄"，因其封境本春秋时白狄之地，故取以为号。 ④上郡：秦郡名，今陕西省北部及旧鄂尔多斯左翼即其故地。 ⑤高奴：秦县名，故城在今陕西省肤施县东，俗语呼为高楼城。

徙魏王豹为西魏王①，王河东②，都平阳③。

①"徙魏王豹"句：据《陈涉世家》及《魏豹彭越列传》：陈胜初立魏宁陵君咎为魏王，咎死，其弟魏豹奔楚，楚怀王心使复定魏地，下二十余城，立为魏王，后豹从项羽入关，欲据梁地；而项羽欲自为梁、楚之王，故封豹为西魏王。　②河东：秦郡名，今山西省西南部黄河以东即其故地。　③平阳：地名，故城在今山西省临汾县南。

瑕丘申阳①者，张耳嬖臣②也；先下河南郡③，迎楚河上④，故立申阳为河南王，都雒阳⑤。

①瑕丘申阳："瑕丘"，县名，故城在今山东省滋阳县西二十五里。按，《汉书·项籍传》及《史记集解》引徐广说："瑕丘"皆作"瑕丘公"。钱大昕《二十二史考异》："春秋之世，楚县令皆僭称公。楚、汉之际，官名多沿楚制。故汉王起沛，称沛公。楚有萧公、薛公、郯公、留公、拓公；汉有滕公、戚公，皆县令之称。此瑕丘公亦是瑕丘县令。"今按，钱说是。"申阳"，人名，姓申名阳。当是此人曾为瑕丘县令。　②张耳嬖臣：为张耳所宠幸的贱臣。"嬖"音闭。　③先下河南郡：先已把河南郡攻下。"河南郡"即秦之三川郡，今河南省西北大部皆其故地。　④迎楚河上：在郡境的黄河岸上迎接楚军。　⑤雒阳：即洛阳。

韩王成因故都①，都阳翟②。

①因故都：仍居旧都。　②阳翟：县名，战国时为韩之国都，即今河南省禹县。"翟"，音宅。

赵将司马卬定河内①，数有功，故立卬为殷王，王河内，都朝歌②。

①河内：本大河以北的总称，此指河南省黄河以北、山西省东南部及河北省南端这一块地方而言。汉时置河内郡。　②朝歌：本殷商之国都，故城在今河南省淇县东北。

徙赵王歇为代王①。

①"徙赵王歇"句:"代",本古国名,战国时为赵国的一郡。地跨今山西、河北两省的北部。项羽意欲以赵国故地分封赵王歇和张耳两人,故徙歇为代王。

赵相张耳素贤,又从入关,故立耳为常山王①,王赵地,都襄国②。

①常山王:"常山",郡名,战国时亦为赵地,本名"恒山",因汉文帝名恒,故避讳改为常山,今河北省中部、山西中东部之一部分即其故地。　②襄国:县名,故城在今河北省邢台县西南。

当阳君黥布为楚将,常冠军,故立布为九江王①,都六②。

①九江王:"九江",秦郡名,今江苏、安徽二省长江以北、淮河以南的地带,以及江西全省,都是九江郡故地。但项羽封黥布为九江王时,江苏境内之地已划归西楚了。　②六:秦县名,后汉改名六安,故城在今安徽省六安县北十三里。

鄱君吴芮①率百越②,佐诸侯,又从入关,故立芮为衡山王③,都邾④。

①鄱君吴芮:"鄱"音婆,本为楚之番邑("番",亦读为"婆"),秦时改鄱阳县,即今之江西省鄱阳县。《史记集解》引韦昭说:"初,吴芮为鄱令,故号曰鄱君。"　②百越:种族名,是春秋越国的遗族。楚灭越,越族退居五岭一带山地中,更移徙福建、广东各地(如战国末尚有浙江南部的瓯越,福建的闽越,广东的杨越等),随地立君,故称"百越",以示其族非一元之意。余详后《李斯列传》注释。此处的"率百越"则指率领百越族的人民。　③衡山王:"衡山",在湖南省,为我国五岳之一。吴芮的封地,包有今湖南省全部,南至广东北境,北至湖北东部,而衡山在其境内,故以为称号。　④邾:音朱,汉县名,故城在今湖北省黄冈县西北二十里。

义帝柱国共敖①将兵击南郡②，功多，因立敖为临江王③，都江陵④。

①共敖：人名，姓共名敖。"共"读为"恭"。 ②南郡：郡名，其地约当今湖北省襄阳以南的地带。 ③临江王："临江"，南郡地临长江，故以为称号。 ④江陵：本楚之郢都，即今湖北省江陵县。

徙燕王韩广①为辽东王②。

①韩广：本为赵王武臣之将，领兵北略燕地，乃自立为燕王。事见《史记·陈涉世家》。 ②辽东王："辽东"，秦郡名，今辽宁省及河北省东北部皆其故地。

燕将臧荼①，从楚救赵，因从入关，故立荼为燕王，都蓟②。

①臧荼：燕王韩广之将，项羽因臧荼从己救赵入关，故分燕地为二，把辽东封给韩广，把燕蓟一带封给臧荼。 ②蓟：秦县名，至金代改为大兴县，故城在今北京市西南。

徙齐王田市为胶东王①。

①胶东王："胶东"，今山东省东部。按，项羽分齐地为三：中部仍为齐，东为胶东，西北为济北。故称"三齐"。

齐将田都从共救赵，因从入关，故立都为齐王，都临菑①。

①临菑："菑"与"淄"通，音滋，即今山东省临淄县。

故秦所灭齐王建孙田安，项羽方渡河救赵，田安下济北数城①，引其兵降项羽，故立安为济北王，都博阳②。

①济北数城：济水以北的若干城池。 ②博阳：《史记正义》："在济北"。王伯祥说："从来多以山东省泰安县东南三十里之博县故城当之。按博县故城本为春秋时齐之博邑。……地在济渎之南，且

与临淄相近，恐楚、汉时济北王所都。疑博阳为齐之博陵邑，……故城即今山东省博平县西北三十里之博平镇。按以地位和方向（在河之北），似当以此为济北国都。"按王说近是，录以备考。

田荣者，数负项梁，又不肯将兵从楚击秦，以故不封。

成安君陈馀弃将印去，不从入关；然素闻其贤，有功于赵，闻其在南皮①，故因环封三县②。

①南皮：秦县名，故城在今河北省南皮县东北八里。　②环封三县：把环绕南皮的三个县封给陈馀。

番君将梅鋗功多①，故封十万户侯②。

①"番君"句："番君"，即鄱君吴芮，已见前注。"梅鋗"，吴芮别将，曾从刘邦攻降析、郦等地，又从邦入武关。事见《史记·高祖本纪》。"鋗"，音宣。　②十万户侯：食采邑十万户的侯爵。

项王自立为西楚霸王①，王九郡②，都彭城。

①西楚霸王："西楚"，指彭城以西的地方。钱大昕说："……项羽都彭城，而东有吴、广陵、会稽郡，乃以'西楚霸王'自号者，羽兼有梁、楚地，梁在楚西，言西楚，即楚地亦在其中也。又考三楚之分，大率以淮为界，淮北为西楚，淮南为南楚，唯东楚跨淮南北，吴、广陵在淮南，东海在淮北；彭城亦在淮北；而介乎东西之间。故彭城以东，可称东楚；彭城以西，亦可称西楚也。"（见其所著《十驾斋养新录》"霸王"条。）有自居诸侯盟主之意。　②王九郡：《汉书·项籍传》作"王梁、楚地九郡"。按，"九郡"之目，旧注不详，据《汉书》，但知为梁、楚之地而已。明陈仁锡《史记考》（明程一枝《史诠》略同）、清全祖望《经史问答》（王先谦《汉书补注》略同）、钱大昕《二十二史考异》、姚鼐《惜抱轩文集》，各以意说，互有异同。梁玉绳《史记志疑》从钱氏之说，以泗水、东阳、东海（即郯郡）、砀、薛、鄣、吴、会稽、东郡为九郡，其说较有权威。而清恽敬说："乃者项王自王，盖九郡焉。自淮以北，为泗水，为薛，

为郯,为琅琊,为陈,皆故楚地;为砀,为东郡,皆故梁地,是时彭越未国,地属西楚,自淮以南,为会稽,会稽之分为吴——《灌婴传》'得吴地'是也——亦故楚地。九郡者,项王所手定也。——"(见其所著《大云山房文集·西楚都彭城论》),虽与钱氏略有出入,而其说尚属缜密。又姚鼐论九郡之范围,则谓:"……大抵西界故韩,东至海;北界上则距河,下则距泰山;南界上则距淮,下则包逾江东。……"(见其所著《惜抱轩文集·项羽王九郡考》,亦较明确。)今并录以备考。

汉之元年四月①,诸侯罢戏下②,各就国③。

①汉之元年四月:"汉之元年",即公元前二〇六年。是年二月,刘邦称汉王,按司马迁为汉臣,故于秦之后接用汉之纪年,其实当时刘邦尚未统一,诸侯是各自有自己的纪元的。 ②诸侯罢戏下:"戏下"有二解。一、"戏",指戏水。《史记索隐》:"'戏',音义,水名也,言'下'者,如'许下''洛下'然也。"二、"戏"同"麾","戏下"即"麾下"。《汉书》颜注:"戏,谓军之旌麾也。……先是诸侯从项羽入关者,各帅其军,听命于羽。今既受封爵,各使就国,故总言'罢戏下'也。"意谓诸侯受封之后,各于旌麾之下罢兵归国。今按,前一说顾炎武《日知录》、王先谦《汉书补注》引王先慎说,近人杨树达《汉书窥管》从之;后一说日人泷川资言《史记会注考证》,近人王伯祥《史记选》从之。王伯祥驳《史记索隐》说:"一说'戏下'之'戏',即前'至于戏西'之'戏',谓'戏下'与'洛下''许下'同列。即指戏水而言。其实不然,按鸿门会后,明言'项羽引兵西屠咸阳',并无还军戏西之文,那么项羽分封诸侯,不必定在戏下了。且洛下、许下都指城而言,犹云洛城之下,许城之下;若指水言,当云戏上,不得云戏下。看前文'汙水上''霸上'和后文'睢水上''汜水上'等自明。"按,以"戏下"为"麾下",《史》《汉》屡见。本篇后文"麾下壮士骑从者八百余人",《汉书》即作"戏下骑从者八百余人";《史记·淮阴侯列传》:"居戏下,无所知名","戏"即是"麾"。颜注宜可信。然《史记·樊郦滕灌列传》及《汉书·樊哙传》皆言"项羽在戏下,欲攻沛公",此处

的"戏下"似明指戏水之下,不宜解为"麾下"。故只有两存其说较妥。　③各就国:各自到所封的领地做王侯。

　　项王出之国①,使人徙义帝,曰:"古之帝者地方千里,必居上游②。"乃使使徙义帝长沙郴县③,趣④义帝行。其群臣稍稍背叛之⑤,乃阴令衡山、临江王击杀之江中⑥。

　　①之国:犹言"就国"。"之"作"往"解。　②"古之帝者"二句:王伯祥说:"'地方千里,必居上游',乃项羽设辞。'千里',明言封地有限;'上游',河川上游,言当在内地山僻之区。"　③长沙郴县:"长沙",秦郡名,今湖南省资水以东全部及广东省北部偏西,皆其故地。"郴县"是当时长沙郡属县,即今湖南省郴县,"郴",音琛。按,长沙本战国时楚之南荒地带,项羽徙义帝于彼,无异于流放。　④趣:同"促",催促,迫胁。　⑤"其群臣"句:"其",指义帝;"群臣",指义帝手下的从官。"稍稍",犹言"渐渐",不作稍微解,详段玉裁《说文解字注》;"稍",音哨,不读平声。"之",亦指义帝。王伯祥说:"左右既多离去,项羽乃得暗中令人加害他。"　⑥"乃阴令"句:"之",指义帝。按此处言项羽密令吴芮、共敖截杀义帝于江中,而《史记·高祖本纪》则谓:"乃阴令衡山王、临江王击之,杀义帝江南。"至《史记·黥布列传》则又谓:"项氏立怀王为义帝,徙都长沙,乃阴令九江王布等行击之。其八月,布使将击义帝,追杀之郴县。"(《汉书·高帝纪》《汉书·项籍传》《汉书·英布传》所载皆与此同。)项羽派遣的人和义帝被杀的地点,说法都有不同。考《汉书》颜注:"说者或以为《史记·(项羽)本纪》及汉注云'衡山、临江王杀之江中'谓《汉书》言黥布杀之为错,然今据《史记·黥布传》'四月,阴令九江王等行击义帝。其八月布使将追杀之郴',又与《汉书》项羽、英布传相合。是则衡山、临江,与布同受羽命,而杀之者,布也。非班氏之错。"清人洪亮吉也说:"案,义帝徙长沙,道盖出九江、衡山、临江,故羽阴令二王及九江王布杀之。《黥布传》言'遣将追杀之郴县',明二王虽受羽命而不奉行,故布独遣将击杀耳。使二国欲杀义帝,当其

道出衡山、临江时何以不杀，而使之至郴县乎？布传从事后实书，故《汉书·高帝本纪》等皆从之。此纪及下《高帝纪》，本羽之始谋而言。皆史法之可以互见者。"（见其所著之《四史发伏》。）其说近是。近人崔适《史记探源》，以为《史记》本与《汉书》异指，而《史记·黥布列传》之文则后人从《汉书》窜入者，并谓颜师古欲为《史》《汉》调人。其说虽不为无见，然实缺乏有力证据，兹不从。

韩王成无军功，项王不使之国，与俱至彭城，废以为侯，已①又杀之。

①已：过了不久。

臧荼之国，因逐韩广之辽东。广弗听，荼击杀广无终①，并王其地。

①无终：秦县名，其故治即今河北省蓟县。

田荣闻项羽徙齐王市胶东，而立齐将田都为齐王，乃大怒，不肯遣齐王之胶东，因以齐反，迎击田都。田都走楚。齐王市畏项王，乃亡之胶东就国。田荣怒，追击杀之即墨。荣因自立为齐王，而西击杀济北王田安，并王三齐。荣与彭越将军印，令反梁地①。

①"荣与彭越"二句：上句，彭越，字仲，昌邑（秦县名，故治在今山东省金乡县西北四十里）人。事见《史记·魏豹彭越列传》，是时彭越有兵众万余人，故田荣招诱之。下句，言使彭越在梁地反叛项羽。

陈馀阴使张同、夏说①说齐王田荣曰："项羽为天下宰，不平②。今尽王故王于丑地③，而王其群臣诸将善地，逐其故主赵王④，乃北居代，余以为不可。闻大王起兵，且不听不义⑤，愿大王资⑥余兵，请以击常山，以复赵王，请以国为扞蔽⑦。"齐王许之，因遣兵之赵。陈馀悉发三县兵，与齐并力击常山，大破之。张耳走归汉。陈馀迎故赵王歇于代，反之赵。赵王因立陈馀为代王。

①张同夏说：据《高祖本纪》及《张耳陈馀列传》，皆无"张同"之名。"夏说"的"说"，音悦。杨树达《汉书窥管》："馀怨羽不王己，故为此。" ②"项羽为天下宰"二句："宰"主宰。此言项羽分封诸侯，处理得不公道。 ③丑地：坏地方。 ④"逐其"句："其"字据梁玉绳说，当是衍文。因为赵王歇是陈馀的故主，赵王乃居代。……亦可通。录以备考。 ⑤不听不义：犹言"不听从不义之言"，指田荣违抗项羽之命，自为三齐之王。 ⑥资：资助，接济。 ⑦"请以国"句：请你允许我用我的疆土作为你们齐国的外围掩蔽。

（以上是第六大段，写项羽封诸侯、杀义帝的前后经过。）

是时，汉还定三秦①。项羽闻汉王皆已并关中，且东②；齐、赵叛之③。大怒，乃以故吴令郑昌为韩王以距汉；令萧公角④等击彭越。彭越败萧公角等。汉使张良徇韩，乃遗项王书曰："汉王失职⑤，欲得关中，如约即止，不敢东⑥。"又以齐梁反书遗项羽曰："齐欲与赵并灭楚。"楚以此故，无西意，而北击齐。征兵九江王布⑦，布称疾不往⑧，使将将数千人行⑨。项王由此怨布也。

①汉还定三秦：据《高祖本纪》《留侯世家》及《淮阴侯列传》，汉元年八月，刘邦用韩信计，自汉中暗出陈仓，袭破雍王章邯。二年，塞王欣、翟王翳皆降汉。"还"，指刘邦从汉中回到关中。"三秦"，指雍王章邯、塞王欣、翟王翳三人封地的合称，因其地原是秦国的本土。此与上文"三分关中，王秦降将以距塞汉王"之语相呼应。 ②且东：将要带兵东来。 ③齐、赵叛之：此指上文齐田荣、赵陈馀并叛项羽之事。"之"指项羽。 ④萧公角："萧"秦县

名,故城在今江苏省萧县西北。楚制,县令皆称公,此指萧县县令名"角"者。　　⑤失职:失去了应得的封职。按,如果依怀王旧约,刘邦应封在关中,而项羽改封刘邦为王,自然是剥夺了他应得的权利。故下文言"欲得关中"。　　⑥"如约"二句:言刘邦只希望得到关中,实现以前楚怀王的约言,就可以满足而停止进兵了,并不敢再向东来。按,此是刘邦为"还定三秦"所找的借口。　　⑦"征兵"句:向黥布征调兵力。　　⑧"布称疾"句:黥布借口生病,推托不去。　　⑨"使将将"句:上"将"字读去声,指将官;下"将"字读平声,作"率领"解。

　　汉之二年冬①,项羽遂北至城阳,田荣亦将兵会战。田荣不胜,走至平原②,平原民杀之。遂北烧夷③齐城郭、室屋,皆坑田荣降卒,系虏④其老弱妇女。徇齐,至北海⑤,多所残灭⑥。齐人相聚而叛之。于是田荣弟田横收齐亡卒⑦,得数万人,反城阳⑧。项王因留,连战未能下。

　　①汉之二年冬:"汉之二年",指公元前二〇五年。但汉在此时尚沿用秦历,以十月为岁首,故先过冬天。下文所谓"春,汉王部五诸侯兵"的"春",仍旧是汉二年的春天。　　②平原:古地名,故城在今山东省平原县南二十五里。　　③烧夷:"烧",焚烧;"夷",作"平"解,指把建筑物毁坏,使城郭房屋都变成平地。　　④系虏:"系",指用绳索捆缚俘虏;"虏",此处作动词用,即掠取。　　⑤北海:古地名,指今山东省临淄以东,掖县以西的地带。　　⑥多所残灭:"残",破坏;"灭",消灭。此指项羽毁坏了很多齐地的城池,屠杀了很多齐国百姓。　　⑦亡卒:逃散的兵卒。　　⑧反城阳:据城阳之地以背叛项羽。

　　春,汉王部五诸侯兵①,凡五十六万人,东伐楚。项王闻之,即令诸将击齐,而自以精兵三万人南从鲁②出胡陵。四月,汉皆已入彭城,收其货宝、美人,日置酒高会。项王乃西从萧晨击汉军,而东至彭城③;日中④,大破汉军,汉军皆走，相随入谷、泗水⑤，杀汉卒十余万人，汉卒皆南走山⑥，楚又追击至灵璧东睢水上⑦。汉军却，为楚所挤，多杀⑧，汉卒十余万人皆入睢水，睢水为之不流。围汉王三匝⑨。于是⑩大风从西北而起，折木发屋⑪，扬沙石，窈冥昼晦⑫，逢迎⑬楚军。楚军大乱，坏散⑭，而汉王乃得与数十骑遁去。欲过沛，收家室而西⑮；楚亦使人追之沛，取汉王家。家皆亡⑯，不与汉王相见。汉王道逢得孝惠、鲁元⑰，乃载行⑱。楚骑追汉王，汉王急，推堕孝惠、鲁元车下⑲；滕公常下，收载之⑳。如是者三㉑。曰："虽急，不可以驱？奈何弃之㉒。"于是遂得脱。求太公、吕后不相遇㉓。审食其从太公、吕后间行㉔，求汉王，反遇楚军。楚军遂与归㉕，报项王，项王常置军中㉖。

①部五诸侯兵："部"，一本作"劫"（据《史记集解》引徐广说），《史记·高祖本纪》及《汉书·高帝纪》《汉书·项籍传》亦皆作"劫"，当以作"劫"为是。王伯祥说："'部'是部勒，'劫'是强制，其为率领则同。其实'劫'乃事实，'部'则体面话。"至于"五诸侯"之说，自汉、晋之应劭、韦昭、徐广以来，已各执一意；由唐、宋至清，众说愈益纷纭。今但录唐以前的说法以备考：一，《史记集解》徐广曰："塞、翟、魏、殷、河南。"（今按，《汉书》如淳注说与此同。）骃按应劭曰："雍、翟、塞、殷、韩也。"韦昭曰："塞、翟、殷、韩、魏。雍时已败也。"二，《史记索隐》："鄙意按韩王郑昌拒汉，汉使韩信击破之（今按，韩信破郑昌事见《史记·高祖本纪》《汉书·高帝纪》。据《汉书》，韩信是韩王信，不是淮阴侯韩信）。则是韩兵不下而已破散也。韩不在此数。'五诸侯'者，塞、翟、河南、魏、殷也。"三，《汉书》颜注："诸家之说皆非也。张良遗羽书云：'汉欲得关中，如约即止，不敢复东。''东'谓出关之东。今羽闻汉东之时，汉固已得三秦矣。'五诸侯'者，谓常山、河南、韩、魏、殷也。此年十月，常山王张耳降，河南王申阳降，韩王郑昌降。二月，魏王豹降，虏殷王卬（今按，以上

见《汉书·高帝纪》)皆在"汉东"之后。故知此为五诸侯。时虽未得常山之地，据《功臣表》云：'张耳弃国与大臣归汉。'则亦有士卒也。又《叔孙通传》云：'二年，汉王从五诸侯入彭城。'尔时雍王犹在废丘被围，即非五诸侯之数也。寻此纪文，昭然可晓，前贤注释，并失指趣。"今按，综观诸说，颜注近是。此外如《史记正义》用颜注并加以解释考证，宋刘攽（见吴仁杰《两汉刊误补遗》引）、吴仁杰、清全祖望（见《经史问答》)、汪中（见《述学》)、赵翼（见《陔余丛考》)、洪颐煊（见《读书丛录》)、梁玉绳（见《史记志疑》)、王骏观（见其所著《史记旧注平议》）等亦皆有说，兹不赘录。　②鲁：即今山东省曲阜县。此句言从曲阜绕出胡陵（即鱼台县，已见前注）取包围之势。　③"项王乃西"二句：上句，"乃西"指由胡陵引兵西出，包围彭城；"从萧晨击汉军"言引兵西抵萧县之后，即于某一天的破晓时向汉军发动攻势。下句，言楚军向东推进，直抵彭城。　④日中：指当天正午。《史记集解》："张晏曰：'一日之中也。'或曰：'且击之，至日中大破'。"(《汉书》颜注所引与此全同。）颜注："或说是也。"王伯祥说："此与上'晨'字紧接，形容他的兵势竟疾如风雨也。"　⑤"相随"句：相随，指楚军在后紧相追逐；"谷、泗水，二水名。谷水在今江苏省砀山县南，泗水源出山东泗水县，古时皆流经彭城东北。　⑥南走山："走"读去声，奔赴，趋向。王伯祥说："汉军为楚所破，截成两橛。北半既被迫入水，其南半欲据山地自固，故皆南走山。"　⑦"楚又追击"句："灵璧"，地名，故城在今安徽省宿县西北。"睢水"，在河南省，旧自河南杞县流经睢县北，东流入江苏，经萧县，又经安徽之宿县、灵璧，再入江苏境，至宿迁县南入泗水，今已大半湮塞。此处言"睢水上"，当是指在灵璧故城以东的一段。　⑧"为楚"二句：上句"挤"，推挤；下句，言汉军多被楚军杀害。　⑨围汉王三匝：用军队围了汉王三层。　⑩于是："是"，表"这时"，犹言"在这时候"。　⑪发屋：掀去屋顶。　⑫窈冥昼晦："窈冥"，幽深昏黑貌，是形容"昼晦"的状语。"晦"，暗也，此言大风骤起，吹得天昏地暗，虽白昼亦如黑夜。　⑬逢迎：指大风骤起，扑面而来。　⑭坏散：崩溃。　⑮收家室而西："收"，整顿，接取；"西"，指向西逃走。按，刘邦原籍沛县，故有家属在彼处。　⑯家皆亡："家"，指刘邦的家属；"亡"，奔逃走散。　⑰孝惠、鲁元："孝惠"，刘邦嫡子，名盈，为刘邦嫡妻吕雉所生，后嗣位为帝，"孝惠"是他即帝位死后的谥号，其事迹见《史记·吕后本纪》及《汉书·惠帝纪》。"鲁元"，即鲁元太后，刘邦之女，亦吕雉所生，盈之姊，后嫁张耳之子张敖，生子张偃，封为鲁王；母以子贵，遂为鲁太后，死谥元，故称"鲁元太后"。此处是作者从后追书之辞，故称其谥，并非当时即有此称谓。　⑱乃载行：刘邦途中既遇到他的子女，于是就把他们载在车上同行。　⑲"推堕"句：刘邦恐为追兵所及，嫌车重不能疾行，故把子女推落在车下。　⑳"滕公"二句："滕公"，即夏侯婴。因他曾为滕县县令，故称"滕公"。此时婴为汉之太仆，为刘邦驾车，故能经常下车把刘盈姊弟抱回车上，仍载之同行。　㉑如是者三：此指刘邦一连三次推刘盈姊弟下车，夏侯婴也一连三次把他们抱上车去。　㉒"虽急"至"弃之"："驱"，指疾驱马车前进。此三句大意是："事虽紧急，难道不可以把车赶得快些吗？怎么能抛弃孩子呢？"　㉓"求太公"句："求"，寻访；"太公"，刘邦之父；"吕后"，即刘邦之妻吕雉。　㉔"审食其"句："审"，姓；"食其"，名，音异基。此人是吕后的幸臣，后为丞相，封辟阳侯（辟阳故城在今河北省冀县南三十里），汉文帝时被淮南王刘长所杀。　㉕楚军遂与归：楚国的军队就把太公、吕后等一同带回去了。　㉖常置军中：经常把太公、吕后等留置在军营里。

　　是时吕后兄周吕侯①为汉将兵居下邑②，汉王间往从之③，稍稍收士卒。至荥阳④，诸败军皆会⑤；萧何亦发关中老弱未傅⑥悉诣⑦荥阳：复大振。

　　①周吕侯：此人姓吕名泽；"周吕"，封爵名（用颜师古说）。按，此亦事后追记之辞，当时吕泽尚未封侯。　②为汉将兵居下邑："下邑"，秦县名，故城在今江苏省砀山县东。此句言吕泽为汉王带着兵驻扎在下邑地方。　③间往从之：从小路暗中到下邑去依附吕泽。　④荥阳：本战国韩邑名，故城在今河南省旧荥泽县西南十七里。"荥"读如"形"。　⑤"诸败军"句："诸败军"，指刘邦所统率的军队。此言这些溃败的军队都重新聚集在荥阳。　⑥"萧何"句：萧何，是刘邦的同乡。从刘邦起兵，入关后先收秦宫中所藏的图籍，因此知道天下形势和户口多少。后经常坐镇关中，为刘邦调

兵筹饷，佐汉统一天下，封酂侯（酂音纂，又音瓒，县名，故城在今河南省永城县西南）。其事迹见《史记·萧相国世家》。"传"，著录，登记；"老弱未传"，未载入名册的老者、弱者，亦即不合役龄的老年人和幼年人，此言萧何把关中的老弱人丁都派遣出来了。　⑦诣：音艺，前往，到达。

楚起于彭城，常乘胜逐北①，与汉战荥阳南京、索间②，汉败楚，楚以故不能过荥阳而西。

①乘胜逐北："北"，古同"背"字，此言乘着打了胜仗，跟在敌人的背后追赶败走的敌人。　②京、索间："京"，本春秋时郑邑，故城在今河南省荥阳县东南。"索"，即索亭，亦称大索城，即今河南省荥阳县治。此指京邑、索亭之间。

项王之救彭城，追汉王至荥阳，田横亦得收齐，立田荣子广为齐王。

汉王之败彭城，诸侯皆复与楚而背汉①。

①与楚而背汉："与"读去声，归附。按，据《史记·高祖本纪》《史记·张耳陈馀列传》及《汉书·高帝纪》，塞王欣、翟王翳于此时又叛汉降楚，陈馀亦于此时背汉；魏王豹以归视亲疾为名，亦叛汉与楚和，故此句言，诸侯皆复与楚而归汉。

汉军荥阳，筑甬道属之河①，以取敖仓粟②。

①"筑甬道"句："属"，音烛，连缀。此言筑甬道把荥阳和黄河南岸连接起来。　②敖仓粟："敖"，山名，在旧荥泽县西北。秦在此山上筑城修仓，以储粮粟，故名"敖仓"。

汉之三年①，项王数侵夺汉甬道，汉王食乏，恐，请和，割荥阳以西为汉②，项王欲听之。历阳侯③范增曰："汉易与耳④。今释弗取⑤，后必悔之！"项王乃与范增急围荥阳。汉王患之,乃用陈平计,间项王⑥。项王使者来,为太牢具⑦。举欲进之⑧;见使者,详⑨惊愕曰:"吾以为亚父使者,乃反项王使者⑩!"更持去,以恶食食项王使者⑪。使者归报项王,项王乃疑范增与汉有私,稍夺之权⑫。范增大怒曰:"天下事大定矣,君王自为之!愿赐骸骨归卒伍⑬!"项王许之,行未至彭城,疽发背而死⑭。

①汉之三年:即公元前二〇四年。 ②"割荥阳以西"句:此言以荥阳为界,荥阳以东为楚,以西为汉。 ③历阳侯:范增的封爵。"历阳",秦县名,故城即今安徽省和县治。 ④汉易与耳:"与",犹言"打交道"。此言"汉是容易应付的"。 ⑤释弗取:放弃而不征服。 ⑥间项王:"间",挑拨离间。此言刘邦用陈平的计谋,以期离间范增和项羽的关系。 ⑦为太牢具:"太牢",本指有一全牛、一全羊、一全豕的筵席。此处则泛指盛馔(用日人泷川资言说)。"具",设备。此言汉营特备了丰盛的筵席。 ⑧举欲进之:"举",陈设;"进",进献。此言把酒筵摆好,要献给使者,请他享用。 ⑨详:与"佯"通,假意地。 ⑩"吾以为"二句:"亚父",即范增,已见前。此二句大意是:"我们还以为是范增派来的使者,没有想到反而是项王的使者。" ⑪"更持去"二句:上句,言把原来陈设的筵席撤走了。下句,言把不好的食物给使者吃。第二个"食"是及物动词,音义同"饲"。 ⑫稍夺之权:逐渐把范增的权柄剥夺过去。 ⑬"愿赐"句:"愿赐骸骨",是年老请求退休的意思,谓希望君王准予退休,使自己的骸骨得归葬于田里。"卒伍",即"士伍",指有军籍的平民;"归卒伍"犹言"恢复平民身份"。 ⑭疽发背而死:"疽",音苴,有脓的毒疮,最严重时能深附于骨。"疽发背",毒疽穿背,俗呼"搭背疮"。

汉将纪信说汉王曰:"事已急矣!请为王诳楚为王①,王可以间出②。"于是汉王夜出女子荥阳东门,被甲二千人③,楚兵四面击之。纪信乘黄屋车④,傅左纛⑤,曰:"城中食尽,汉王降。"楚军皆呼万岁⑥。汉王亦与数十骑从城西门出,走成皋⑦。项王见纪信,问:"汉王安在?"信曰:"汉王已出矣!"项王烧杀纪信。

①"请为王"句:第一个"王"指刘邦;"诳"同"诓",欺诈,诓骗;"诳楚为王",假充汉王去哄骗楚人。　②间出:乘机逃走。　③"于是汉王"二句:上句,言"于是汉王在夜间把一群女子放出荥阳东门"。"出"在此处作及物动词用。下句,指披甲的军士有二千人。"被"同"披"。　④黄屋车:天子所乘之车,以黄绘为车盖的里子。　⑤傅左纛:"傅",附着;"纛",音导,又音督,用羽毛做成的旗类;"左纛",《史记集解》引李斐说:"在乘舆车衡左方上柱之。""柱"犹言插。日人泷川资言说:"汉王未为天子,何以黄屋左纛?盖纪信用引耳目,楚人遂为其所诳。"　⑥呼万岁:按赵翼《陔余丛考》:"'万岁'本古人庆贺之词。……《史记》:'优旃悯楣郎雨立,有顷,殿上上寿,称万岁。''田单伪降燕,燕军皆呼万岁。''纪信诳楚曰,食尽,汉王降;楚军皆呼万岁。''项羽归太公、吕后为汉,汉军皆呼万岁。'……盖古人求饮酒,必上寿称庆曰'万岁'。其始上下通用,为庆贺之词,犹俗所云'万福''万幸'之类耳。因殿陛之间用之,后乃遂为至尊之专称。"据此,则此处所呼,亦楚军见汉王出降而自相称庆之词,并非呼汉王为万岁。　⑦成皋:古地名,在荥阳附近,本春秋时郑邑,又名虎牢。

汉王使御史大夫周苛、枞公、魏豹守荥阳①,周苛、枞公谋曰:"反国之王,难与守城②。"乃共杀魏豹。

①"汉王使御史大夫"句:"御史大夫",秦、汉官名,相当于副丞相。时周苛在刘邦手下任此职。"枞公",失其名。"枞",音纵,姓也。"魏豹",本叛汉,此时又降汉,故与周苛等同守荥阳。　②"反国"二句:一个已经叛变过的分封国的君王,我们是难以同他在一起守城的。

楚下荥阳城,生得周苛,项王谓周苛曰:"为我将,我以公为上将军,封三万户。"周苛骂曰:"若不趣降汉,汉今虏若。若非汉敌也①。"项王怒,烹周苛,并杀枞公。

①"若不趣降汉"三句："若"同"汝"，指项羽；"趣"同"促"，犹言"赶快"；"今"作"即将"解（用王先谦说）。此三句言："你如果不赶快降汉，汉就要把你擒住，你并不是汉的敌手。"

汉王之出荥阳，南走宛、叶①，得九江王布，行收兵②，复入保成皋。

①宛、叶："宛"，秦县名，即今河南省南阳市。"叶"音涉，本楚邑名，故城在今河南省叶县南三十里。　②行收兵：逐渐收编已溃败的兵士。

汉之四年，项王进兵围成皋，汉王逃，独与滕公出成皋北门。渡河走修武①，从张耳、韩信军。诸将稍稍得出成皋，从汉王。楚遂拔成皋，欲西，汉使兵距之巩②，令其不得西。

①修武：古地名，即今河南省获嘉县之小修武。　②距之巩："距"，通"拒"，抗拒也；景祐本讹"距"为"单"，兹从今本改之。"巩"，秦县名，故城在今河南省巩县西南三十里。

是时，彭越渡河击楚东阿，杀楚将军薛公。项王乃自东击彭越。

汉王得淮阴侯兵①，欲渡河南②。郑忠说汉王，乃止壁河内③。使刘贾④将兵佐彭越，烧楚积聚⑤。项王东击破之，走彭越，汉王则引兵渡河，复取成皋，军广武，就敖仓食。

①汉王得淮阴侯兵：据《史记·淮阴侯列传》："六月，汉王出成皋，东渡河，独与滕公俱，从张耳军修武。至，宿传舍。晨，自称汉使，驰入赵壁。张耳、韩信未起，即其卧内上夺其印符，以麾召诸将，易置之。信、耳起，乃知汉王来，大惊。汉王夺两人军，即令张耳备守赵地，拜韩信为相国，收赵兵未发者击齐。"此处即指夺韩信兵权事。是时韩信尚未封侯，此处称"淮阴侯"，是史家事后追书之辞。　②欲渡河南：打算渡过了河而南行。　③"郑忠"

二句：上句，据《史记·高祖本纪》："郎中郑忠乃说止汉王，使高垒深堑，勿与战，汉王听其计。"此处的"说汉王"，即指此事。下句，"止"，停留；"壁"，是动词，作"驻扎"解；"河内"，指黄河以北。此言汉王听了郑忠的话，把军队屯驻在黄河的北岸。　　④刘贾：刘邦的从兄，后封荆王，为黥布所杀。在刘邦派遣刘贾的时候，还有卢绾同行，领兵二万人及骑兵数百渡白马津（在河南滑县北，旧为河水分流处，今已湮塞），入楚地，佐彭越共击楚军，攻下梁地十余城。事见《史记·高祖本纪》。　　⑤积聚："积"，通"穧"，音资，禾粟薪刍的总称。此指粮秣辎重。

项王已定东海①，来，西，与汉俱临广武而军②，相守数月。

①东海：泛指东方，与上文"自东击彭越""东击破之"相呼应。　　②"与汉俱临"句："广武"，城名，在敖仓西三皇山（一作"三宝山"）上。《史记正义》："《括地志》云：'东广武，西广武，在郑州荥阳县西二十里。'戴延之《西征记》云：'三皇山上有二城，东曰东广武，西曰西广武，各在一山头，相去百步，汴水从广涧中东南流，今涸无水。城各有三面，在敖仓西。'"郭缘生《述征记》云："一涧横绝上过，名曰广武，相对皆立城堑，遂号东、西广武。"今按，据《水经注》所载，西广武城为汉所筑，东广武城为楚所筑，中有绝涧，名广武涧。楚、汉临涧筑城。

当此时，彭越数反梁地，绝楚粮食。项王患之，为高俎，置太公其上，告汉王曰："今不急下①，吾烹太公。"汉王曰："吾与项羽俱北面受命怀王，曰：'约为兄弟。'吾翁即若翁。必欲烹而翁②，则幸分我一杯羹③。"项王怒，欲杀之。项伯曰："天下事未可知；且为天下者不顾家，虽杀之，无益，只益祸④耳。"项王从之。

①今不急下："下"，在此处指"投降"而言。下文"争下"项王句的"下"字与此同义。　　②而翁："而"与"若""汝""尔"同。此犹言"你的父亲"。　　③一杯羹："羹"，汁也。　　④益祸：增

加祸患。

楚、汉久相持未决，丁壮苦军旅，老弱罢转漕①。项王谓汉王曰："天下匈匈②数岁者，徒以吾两人耳。愿与汉王挑战，决雌雄，毋徒苦天下之民父子为也③。"汉王笑谢曰："吾宁斗智，不能斗力④。"项王令壮士出挑战。汉有善骑射者楼烦⑤，楚挑战，三合，楼烦辄射杀之。项王大怒，乃自被甲，持戟，挑战。楼烦欲射之，项王瞋目叱之⑥，楼烦目不敢视，手不敢发，遂走还入壁，不敢复出。汉王使人间问之⑦，乃项王也。汉王大惊。于是项王乃即汉王，相与临广武间而语⑧。汉王数之⑨。项王怒，欲一战，汉王不听。项王伏弩射中汉王。汉王伤，走入成皋。

①"丁壮"二句：上句，"丁壮"，指成年可服兵役的人。言服兵役的壮丁苦于久居军旅，长期作战。下句，"罢"同"疲"；"转"，指陆运；"漕"指水运。言衰老和弱小的人也疲于水陆运输军备的劳役。　②匈匈：同"汹汹"，犹言扰扰，纷乱不宁。　③"毋徒苦"句：此是倒装式的古文句法。"为"字应置于"毋"字下，"毋为"犹言"不要"；"徒"，空空，白白；"民父子"，犹言"老小百姓"。此句大意是："不要让天下的老小百姓白白地受苦了！"　④"吾宁"二句：此言"我宁肯同你用智谋相斗，不能同你用实力相拼"。"宁"一本作"能"，亦可通。　⑤楼烦：本北方种族名，此处有二解。一，以楼烦族人为士兵。顾炎武说："楼烦，乃赵西北边之国。其人强悍，习骑射，《史记·赵世家》：'武灵王行新地，遂出代西，遇楼烦王于西河，而致其兵。'致云者，致其人而用之也。是以楚、汉之际，多用楼烦人别为一军。《高祖功臣侯年表》：'阳都侯丁复，以赵将从起邺，至霸上，为楼烦将。'而《项羽本纪》：'汉有善骑者楼烦。则汉有楼烦之兵矣。……'"（见《日知录》）二，因楼烦人善射，故士卒取以为号，不一定是楼烦人。《汉书》颜注引李奇说："……此县人善骑射，谓士为楼烦，取其称耳，未必楼烦人。"按，颜师古及日人中井积德（见《史记会注考证》引）皆从

后说，而顾说亦言之成理，今两存以备考。　⑥叱之："叱"，呵斥。"叱"，音七，又音赤，从"七"，不从"匕"，见《说文》。　⑦间问之：《汉书》颜注："间，微问之也。"犹言"乘机打听"。　⑧"于是项王"句："即"，作"就"解。此言项羽迁就刘邦。"间"，据梁玉绳《史记志疑》、周寿昌《汉书注校补》、张文虎校刊《史记札记》等书所考证的结果，应作"涧"。此指刘邦、项羽二人隔涧而语。　⑨数之："数"读上声，作"斥责"解。按，《史记·高祖本纪》载刘邦斥责项羽十罪的全文，今录于下："汉王数项王曰：'始与项羽俱受命怀王，曰：先入定关中者王之，项羽负约，王我于蜀、汉，罪一；项羽矫杀卿子冠军而自尊，罪二；项羽已救赵，当还报，而擅劫诸侯兵入关，罪三；怀王约，入秦无暴掠，项羽烧秦宫室，掘始皇帝冢，私收其财物，罪四；又强杀秦降王子婴，罪五；诈坑秦子弟新安二十万，王其将，罪六；项羽皆王诸将善地，而徙逐故主，令臣下争叛逆，罪七；项羽出逐义帝彭城，自都之，夺韩王地，并王梁、楚，多自予，罪八；项羽使人阴弑义帝江南，罪九；夫为人臣而弑其主，杀已降，为政不平，主约不信，天下所不容，大逆无道，罪十也。吾以义兵从诸侯诛残贼，使刑余罪人，击杀项羽，何苦乃与公挑战！'"

项王闻淮阴侯已举河北，破齐、赵①，且欲击楚，乃使龙且往击之。淮阴侯与战骑将灌婴击之，大破楚军，杀龙且。韩信因自立为齐王。

①破齐、赵：破齐时间在后，指定临淄、逐田广事；破赵时间在前，指背水列阵斩陈馀事。均详见后文《淮阴侯列传》。

项王闻龙且军破，则恐，使盱台人武涉往说淮阴侯①，淮阴侯弗听。是时，彭越复反，下梁地，绝楚粮。项王乃谓海春侯大司马曹咎等曰："谨守成皋，则②汉欲挑战，慎勿与战，毋③令得东而已。我十五日必诛彭越，定梁地，复从将军④。"

①"使盱台人"句："盱台"见前注。武涉劝韩信背汉结楚，三

分中国。详见《淮阴侯列传》。　②则：此处作"即使"解。　③毋：景祐本误刻为"母"，兹从今本改之。　④复从将军：指项羽回兵复与曹咎等会合。

乃东行，击陈留、外黄。外黄不下；数日，已降①，项王怒，悉令男子十五已上诣城东，欲坑之。外黄令舍人儿年十三②，往说项王曰："彭越强劫外黄，外黄恐，故且降，待大王。大王至，又皆坑之，百姓岂有归心③！从此以东，梁地十余城皆恐，莫肯下矣。"项王然其言，乃赦外黄当坑者。东至睢阳，闻之，皆争下项王。

①已降：此句主语是"外黄"。　②"外黄令"句：外黄县县令门客的儿子，年纪才十三岁。王伯祥说："'年十三'与上'年十五以上'相应，明其不在当坑之内。"　③归心：归附的心意。

汉果数挑楚军战，楚军不出；使人辱之，五六日，大司马怒，渡兵汜水①。士卒半渡，汉击之，大破楚军，尽得楚国货赂②。大司马咎、长史翳、塞王欣皆自刭③汜水上。大司马咎者，故蕲狱掾；长史欣亦故栎阳狱吏。两人尝有德于项梁，是以项王信任之。

①汜水：在河南省荥阳县境内，北流入黄河。"汜"，音祀。　②货赂："货"，物资；"赂"，财物。景祐本"赂"误刻为"略"，兹从今本改之。　③"大司马"句：景祐本"长史"下脱"翳"字，兹从今本补之。自刭，以刀自刎颈项；"刭"，音径。

当是时，项王在睢阳，闻海春侯军败，则引兵还。汉军方围钟离眜①于荥阳东；项王至，汉军畏楚，尽走险阻②。

①钟离眜：楚之勇将，事详《史记·淮阴侯列传》。"钟离"是复姓，"眜"是名，音末。俗本作"昧"，非是。　②尽走险阻："走"，逃往；"险阻"，险要而多障碍之地，此处指荥阳附近的山区。

是时，汉军盛，食多；项王兵罢①，食绝。汉遣陆贾说项王请太公②，项王弗听。汉王复使侯公③往说项王，项王乃与汉约，中分天下，割鸿沟④以西者为汉，鸿沟而东者为楚。项王许之，即归汉王父母妻子⑤。军皆呼万岁。

①罢：同"疲"。　②"汉遣"句：陆贾，楚人，从刘邦定天下，多才善辩，会办外交，《史记》有《郦生陆贾列传》。此言刘邦派遣陆去劝说项羽，请求释放太公。　③侯公："侯"，姓也，名字失传。　④鸿沟：在今河南省中牟县，为古汴水的支流，即今贾鲁河。　⑤即归汉王父母妻子：按，赵翼《二十二史札记》："……羽与汉王约，中分天下，以鸿沟为界，遂归汉王家属。据《史记》，谓'归汉王父母妻子'，而班书亦但言'归太公、吕后'而不言父母妻子。盖以高祖之母，久已前死（原注："高祖起兵时，母死于小黄。"），羽所得者，但有太公、吕后。而以《史记》所云'父母妻子'者，不过家属之通称，非真有母与子在项羽军中，故改言'太公、吕后'也。不知高祖母虽已前死，而楚元王为高祖异母弟，则高祖尚有庶母也。（原注：《史记》谓'同母少弟'，《汉书》则谓'同父少弟'。颜师古注：'言同父，则知其异母也。'按《吴王濞传》，晁错曰：'高帝大封同姓，庶弟元王王楚四十余城。'则元王乃异母弟无异。陆机汉高功臣颂：'侯公伏轼，皇媪来归。'正指侯公说项羽，羽归汉王家属之事。曰'皇媪来归'，明言汉高之母也。"）孝惠帝尚有庶兄肥，后封鲁，为悼惠王。当高祖道遇孝惠帝时，与孝惠偕行者，但有鲁元公主，则悼惠未偕行可知也。悼惠既未偕行，又别无投归高祖之事，则必与太公、吕后同为羽所得，故高祖有子在项军也。然则《史记》所谓'父母妻子'，乃无一字虚设；而《汉书》改云'太公、吕后'，转疏漏矣。"则知"母"指刘邦的庶母，"子"指刘肥。

汉王乃封侯公为平国君，匿，弗肯复见①。曰："此天下辩士，所居倾国②，故号为平国君③。"

①匿，弗肯复见："匿"，隐避。此二句主语是"汉王"，言汉王避而不肯再见侯公。　②"此天下"二句：言侯公是天下善辩之

士,他所到之处是会颠覆人的国家的。　③故号为平国君:"平国",《汉书》颜注:"以其善说,能和平邦国。"《史记会注考证》引日人中井积德说:"故号为平国君,取其反称也。"意谓其人能颠覆人的国家,所以给他一个相反的称号。

（以上是第七大段,写楚、汉战争互有胜负的过程。）

项王已约,乃引兵解而东归。

汉欲西归,张良、陈平说曰:"汉有天下太半①,而诸侯皆附之。楚兵罢②食尽,此天亡楚之时也。不如因其机③而遂取之。今释弗击,此所谓'养虎自遗患'也。"汉王听之。

①太半:犹言过半、大半。《史记集解》引韦昭说:"凡数三分有二为太半,一为少半。"　②罢:同"疲"。　③因其机:"因",乘着,趁着。"机",机会（用周寿昌、王先谦说）。"机",一本作"饥",北宋景祐本则作"饥",皆可通。但《汉书·高帝纪》则作"几",与"机"本为一字,疑此应作"机"为是。　④养虎自遗患:"虎",以喻项羽;"遗",遗留。此言姑息项羽,如畜养猛虎,终留后患。

汉五年,汉王乃追项王至阳夏①南,止军②;与淮阴侯韩信、建成侯③彭越期会④而击楚军。至固陵⑤,而信、越之兵不会。楚击汉军,大破之。汉王复入壁,深堑而自守⑥。谓张子房曰:"诸侯不从约⑦,为之奈何?"对曰:"楚兵且破,信、越未有分地,其不至固宜。君王能与共分天下,今可立致也⑧。即不能,事未可知也⑨。君王能自陈以东傅海⑩,尽与韩信,睢阳以北至谷城⑪,以与彭越;使各自为战,则楚易败也。"汉王曰:"善。"于是乃发使者,告韩信、彭越曰:"并力击楚,楚破,自陈以东傅海与齐王,睢阳以北至谷城与彭相国。"使者至,韩信、彭越皆报曰:"请今进兵。"韩信乃从齐往。刘贾军从寿春⑫并行,屠城父⑬,至垓下⑭。大司马周殷叛楚,以舒屠六⑮,举九江兵⑯,随刘贾、彭越,皆会垓下:诣项王⑰。

①阳夏:汉县名,即今河南省太康县。此处的"夏"读为贾。　②止军:屯军不进。　③建成侯:梁玉绳说:"越为魏相国,未闻封侯,盖所赐名号。"今《汉兴以来诸侯王年表》及《魏豹彭越列传》皆不载此封号。　④期会:约期会合。　⑤固陵:地名。即今河南者淮阳县西北四十三里之固陵聚。　⑥"深堑"句:"堑"读如倩,壕沟。此言刘邦深掘战壕,坚守自卫。　⑦从约:遵从诺言。　⑧今可立致也:"致",招致,犹言"使其到来"。此句言"可以立即使韩信、彭越等引兵前来。"　⑨"即不能"二句:大意是:"假使不能这样做,事情的成败就不敢说了。"　⑩自陈以东傅海:"陈",今河南省淮阳县。"傅",附着,此处引申有靠近、临近之意。此言"从陈地以东至靠近海边一带"。按,其地包有安徽、江苏两省淮河以北的地区。　⑪"睢阳以北"句:"谷城",秦地名,本春秋时齐之谷邑。故治在今山东省东阿县南十二里。此句指自河南商丘以北至东阿一带地方。按,其地包有今河南省东部及山东省西部。　⑫寿春:战国时楚国后期的国都,亦称为郢。秦置寿春县,即今安徽省寿县。　⑬城父:春秋时陈之夷邑,即今安徽省亳州县东南的城父村。此处的"父"读上声。　⑭垓下:地名,在今安徽省灵璧县东南。　⑮"大司马"二句:据《高祖本纪》及《荆燕世家》,周殷叛楚是由于刘邦使人招降。"舒",即今安徽省舒城县,时为周殷所据。"六",即今安徽省六安县,详已见前注。下句言周殷带领着舒地的兵卒屠杀六地的军民。　⑯举九江兵:"九江兵",指黥布所率领的军队。梁玉绳说:"案,此段颇有缺误。当云:韩信乃从齐往,彭越乃从魏往,刘贾军从寿春迎黥布,并行,屠城父;大司马周殷叛楚,以舒屠六,举九江兵,随刘贾、黥布,皆会垓下。"谨录以备考。　⑰诣项王:"诣",往,到。此言诸路兵马都集中到项羽所在的地方。据《史记·高祖本纪》,在项羽被围以前,楚、汉尚有一场大战,此处乃从略。兹录其文如下:"五年,高祖与诸侯兵共击楚军,与项羽决胜垓下。淮阴侯将三十万,自当之,孔将军居左,费将军居右;皇帝在后,绛侯、柴将军在皇帝后。项羽之卒可十万。淮阴先合,不利,却。孔将军、费将军纵,楚兵不利,淮阴侯复乘

之,大败垓下。"

项王军壁垓下,兵少食尽,汉军及诸侯兵围之数重。夜闻汉军四面皆楚歌①,项王乃大惊曰:"汉皆已得楚乎?是何楚人之多也!"项王则②夜起,饮帐中。有美人名虞,常幸从③;骏马名骓④,常骑之。于是项王乃悲歌慷慨⑤,自为诗曰:"力拔山兮气盖世,时不利兮骓不逝⑥。骓不逝兮可奈何⑦,虞兮虞兮奈若何⑧!"歌数阕⑨,美人和之⑩。项王泣数行下,左右皆泣,莫能仰视。

①楚歌:即楚国人用方音、土语所唱的歌。《汉书》颜注:"楚歌者,为楚人之歌,犹言吴讴、越吟耳。" ②则:犹"乃"。 ③"有美人"二句:上句,"名虞",《史记集解》引徐广说:"一云,姓虞氏。"今《汉书·项籍传》即作"姓虞氏"。梁玉绳说:"是《汉书》全袭《史记》。"周寿昌说:"案,妇人从夫姓,即以己姓为名,后世犹然。《后书》(按,即《后汉书》)曹世叔妻班昭,字曰'曹班';晋李恒妻卫铄,称名曰'李卫',赵孟𫖯妻管道升,称名曰'赵管'皆是。"今按,周说近是,"虞"当是美人的姓氏。下句虞美人为项羽所宠幸,经常跟着项羽。 ④骓:毛呈苍白杂色的马。《汉书》颜注:"盖以其色名之。" ⑤慷慨:愤激悲欢貌。 ⑥逝:向前行进。 ⑦可奈何:犹言"将怎么办呢!"。 ⑧"虞兮"句:"若",你。大意是:"虞啊,虞啊!我将怎么安排你呢!" ⑨歌数阕:"阕",音缺,乐歌终了一次叫作"一阕","数阕",几遍。 ⑩和:读去声,指应和着一同歌唱,按《史记正义》引《楚汉春秋》载美人所和的歌词是:"汉兵已略地,四面楚歌声。大王意气尽,贱妾何聊生!"前人或疑出于依托,姑录以备考。

于是项王乃上马骑①,麾下壮士骑从者八百余人,直夜溃围南出②驰走。平明,汉军乃觉之,令骑将灌婴以五千骑追之。项王渡淮,骑能属者百余人耳③。项王至阴陵④,迷失道，问一田父⑤，田父绐⑥曰："左。"左，乃陷大泽中⑦。以故汉追及之。

①乃上马骑：此处的"骑"读去声，音寄，是名词，后文同。《史记正义》，凡单乘曰"骑"。按，"单乘"即一人独乘一马之意。 ②"直夜"句："直"，作"当"解，"直夜"犹言"当天夜里"；"溃围"，突破重围。 ③"骑能属者"句："属"，读为烛，随从。此言"能跟随项羽的骑士不过百余人而已"。 ④阴陵：秦县名，故治在今安徽省定远县西北。 ⑤田父：农夫。 ⑥绐：音殆，欺骗。 ⑦左，乃陷大泽中："左"，指向左行；"陷大泽中"，陷入泥泞低洼之地。王伯祥："今安徽省全椒县东南三十里有地名迷沟（去阴陵五里），相传就是项王所陷入的大泽。"

项王乃复引兵而东，至东城①，乃有二十八骑。汉骑追者数千人。项王自度不得脱②，谓其骑曰："吾起兵至今八岁矣，身七十余战③，所当者④破，所击者服，未尝败北，遂霸有天下，然今卒困于此。此天之亡我，非战之罪也。今日固决死，愿为诸君快战⑤，必三胜之，为诸君溃围、斩将、刈旗⑥，令诸君知天亡我，非战之罪也。"乃分其骑以为四队，四向⑦。汉军围之数重。项王谓其骑曰："吾为公取彼一将。"令四面骑驰下⑧，期山东为三处⑨。

①东城：秦县名，故治在今安徽省定远县东南五十里。 ②自度不得脱："度"音夺，揣测，估计。"脱"，脱身。 ③身七十余战："身"，在此处作动词用。此言自己亲身参加七十余次战役。 ④所当者："当"，敌；"所当者"，指所遇到的敌方。 ⑤快战：一本作"决战"。王伯祥说："按：'决战'有胜负难分、决一雌雄的想法，犹存幸胜的希望。'快战'则但求取快一时，痛痛快快打一个出手而已。项王既'自度不得脱'，而且上有'固决死'之言，前后又迭作'天亡我'之叹，其为不求幸胜，昭然明白。自当以'快战'为合适。"按王说是。 ⑥"为诸君"句：指"溃围""斩将""刈旗"三事，即上文的"三胜"。"刈"，音意，割，砍；"刈旗"，把敌方的

军旗砍倒。　⑦四向：向着四面。按，《汉书》此处作"圜阵"，即"圆阵"，颜注："四周为之也。""外向"，颜注："谓兵刃皆在外也。"指四队骑兵，背皆向内，成一圆阵，分头向四面杀去。可与此文互参。　⑧驰下：按，此处当指自山头奔驰而下，观下句"山东"字样可知。《汉书》明言"因四隤山"，亦可为证。　⑨"期山东"句："期"，约定。"山"即"四隤山"，在今安徽省和县北七十里。"期山东"，指约定冲过山的东面；"为三处"，分三处集合。

于是项王大呼驰下，汉军皆披靡①，遂斩汉一将。是时，赤泉侯②为骑将，追项王，项王瞋目而叱之，赤泉侯人马俱惊，辟易数里③。与其骑会为三处。汉军不知项王所在，乃分军为三，复围之。项王乃驰，复斩汉一都尉，杀数十百人。复聚其骑，亡其两骑耳。乃谓其骑曰："何如？"骑皆伏④曰："如大王言⑤。"

　　①披靡：日人泷川资言说："谓草木不禁风而散乱也。因以状兵士溃散。"　②赤泉侯：即杨喜。按，杨喜因斩项羽有功，封赤泉侯。此时尚未封侯，当是史家追书之辞。"赤泉"，地名。《史记索隐》："南阳有丹水县，疑赤泉后改。"谓赤泉即丹水，名称系后来所改。丹水故城在今河南省淅川县西。　③辟易数里："辟"同"闢"，作"开"解；"易"，变更。《史记正义》："言人马俱惊，开张易旧处，乃至数里。"王伯祥释"开张易旧处"为"控制不了，离开原地"，甚是。此指项羽怒叱杨喜，杨喜竟吓得连人带马倒退了好几里。　④伏：与"服"通，犹言"心服"。　⑤如大王言：正如大王所说。

于是项王乃欲东渡乌江①。乌江亭长舣船待②，谓项王曰："江东虽小，地方千里，众数十万人，亦足王也。愿大王急渡。今独臣有船，汉军至，无以渡。"项王笑曰："天之亡我，我何渡为！且籍与江东子弟八千人渡江而西，今无一人还，纵江东父兄怜而王我，我何面目见之？纵彼不言，籍独不愧于心乎？"乃谓亭长曰："吾知公长者③。吾骑此马五岁，所当无敌，尝一日行千里，不忍杀之，以赐公！"乃令骑皆下马步行，持短兵接战④。独籍所杀汉军数百人。项王身亦被十余创⑤。顾见汉骑司马吕马童⑥，曰："若非吾故人⑦乎？"马童面之⑧，指王翳曰："此项王也⑨！"项王乃曰："吾闻汉购⑩我头千金，邑万户，以为若德⑪。"乃自刎而死。王翳取其头，余骑相蹂践，争项王，相杀者数十人⑫。最其后⑬，郎中骑杨喜、骑司马吕马童、郎中吕胜、杨武各得其一体；五人共会其体，皆是⑭。分其地为五⑮：封吕马童为中水侯⑯，封王翳为杜衍侯⑰，封杨喜为赤泉侯，封杨武为吴防侯⑱，封吕胜为涅阳侯⑲。

①乌江：即今安徽省和县东北四十里江岸的乌江浦。　②"乌江亭长"句："亭长"，据应劭《风俗通》，秦、汉时的制度，十里一亭，设亭长一人。《汉书》颜注："亭长者，主亭之吏也。'亭'谓停留行旅宿食之馆。"《史记正义》："《国语》有'寓室'，即今之亭也。亭长，盖今里长也。民有讼诤，吏留平辨，得成其政。"则知亭长之职责有二：一、负责照料行旅之人的食宿；二、负责治理当地人民的诤讼。至东汉时，亭长更负有防禁盗贼的责任。但秦末时亭长似尚无此职责。"舣"，音蚁，《史记集解》引孟康说："附也，附船着岸。"又引如淳说："南方人谓整船向岸曰舣。"此言乌江亭长摆船靠岸，以待项羽。　③长者：谨厚者之称。　④短兵：短小轻便的兵器。　⑤被十余创："被"，受；"创"，伤。言项王受伤十余处。　⑥"顾见"句："顾见"，回头看见；"骑司马"，官名，属于骑兵队伍。王伯祥说："吕马童当系项王旧部反楚投汉者，故以'故人'呼之。"　⑦故人：旧相识。　⑧面之：面向项羽。洪颐煊说："'面'，向也。谓向视之，审知为项王，因以指王翳。"王伯祥说："马童为汉追逼项王，正以故人之故，不好意思劈面相看。及为项王顾见相呼，只得面对着项王，不免显出忸怩之态。"　⑨"指王翳"二句：上句言吕马童把项羽指给王翳看。下句，王伯祥解释说："曰此项王也，正见吕马童的难为情。"　⑩购：悬赏。　⑪以为

若德：若，你也；《史记会注考证》引日人中井积德说："'为德'，犹言'施恩'也。"此句犹言"就拿我的性命送你个人情吧！""以为若德"，今本多作"吾为若德"，亦可通。　⑫"余骑"三句："余骑"，指吕、王以外骑马的战士。此三句言大家为了争夺项羽的死尸，互相纵马蹂躏践踏，竟致自相残杀，死了好几十人。　⑬最其后：即"最后"之意。《汉书》无"其"字。　⑭"五人"二句：言杨喜等五人把夺到的部分尸体拼合到一处，证明他们所抢的一部分的确都是项羽的残骸。　⑮分其地为五：梁玉绳说："'分其地'，《通鉴》作'分其尸'，非。'分其地为五'当属下文，谓分地以封吕马童等五人为侯耳。其地不必定泥（拘泥）作禁地。"日人中井积德也说："'其地'，谓万户邑也，元无定处，非指项王之地。"（见《史记会注考证》引。）今按，此说是。一本"分"上有"故"字。　⑯中水侯："中水"，汉县名，其地在今河北省献县西北三十里。　⑰杜衍侯："杜衍"，汉县名，其地在今河南省南阳县西南二十三里。　⑱吴防侯："吴防"，汉县名，其地即今河南省遂平县。本名吴房。《史记正义》引孟康说："吴王阖庐弟夫概奔楚，楚封于此……本房子国，以封吴，故曰'吴房'。"　⑲涅阳侯："涅阳"，汉县名，其地在今河南省镇平县南。"涅"，音捏。

项王已死，楚地皆降汉，独鲁不下。汉乃引天下兵，欲屠之。为其守礼义，为主死节①，乃持项王头视鲁②。鲁父兄乃降。

　　①"为其"二句：因为鲁人笃守礼义之道，宁为其君牺牲也不肯丧失节操。　②视鲁：言把项王的头拿到鲁地去示众。

始，楚怀王初封项籍为鲁公；及其死，鲁最后下，故以鲁公礼葬项王谷城。汉王为发哀①，泣之而去。

　　①发哀：犹言举哀、发丧。

诸项氏枝属①，汉王皆不诛。乃封项伯为射阳侯②。桃侯、平皋侯、玄武侯皆项氏③，赐姓刘氏。

①枝属：宗族旁枝。　②射阳侯："射阳"，汉县名，其地在今江苏省淮安县东南。　③"桃侯"句："桃侯"，名襄；"桃"，汉县名，其地在今河北省冀县西北（用王骏观《史记旧注平议》引《水经注》说）。"平皋侯"，名佗；"平皋"，汉县，其地在今河南省温县东二十里。"玄武侯"，《史记集解》引徐广说："《诸侯表》中不见。"明陈子龙《史记测议》："诸侯中不见，岂始封而废欤？"（见《史记志疑》引。）按"诸侯表"指《高祖功臣侯者年表》，余三人表内皆有。

（以上是第八大段，写项羽败亡的经过。）

太史公曰①：吾闻之周生②曰"舜目盖重瞳子③"，又闻项羽亦重瞳子，羽岂其苗裔邪？何其兴之暴也④！夫秦失其政，陈涉首难，豪杰蜂起，相与并争，不可胜数。然羽非有尺寸⑤，乘势起陇亩之中⑥，三年，遂将五诸侯灭秦⑦，分裂天下，而封王侯，政由羽出⑧，号为霸王，位虽不终⑨，近古以来未尝有也。及羽背关怀楚⑩，放逐义帝而自立，怨王侯叛己⑪，难矣⑫。自矜功伐⑬，奋其私智而不师古⑭，为霸王之业，欲以力征经营天下⑮，五年卒亡其国，身死东城，尚不觉寤，而不自责，过矣⑯。乃引"天亡我，非用兵之罪也！"，岂不谬哉！

①太史公曰："太史公"，即太史令。《史记正义》："司马迁自谓也。……迁为太史公官，题赞首也。"梁玉绳说："《史记·天官书》'太史公推古天变'，及《封禅书》两称'太史公'，自序前篇六称'太史公'，指司马谈（按，迁之父），文义显白；余皆自谓。"日人泷川资言说："愚按，太史令，官名。太史令之称太史公，犹太仓令之称太仓公，自是当时官府通称。"王伯祥说："'太史公曰'以下皆司马迁论赞之辞。论赞自是史中的一体。史家撰述本主叙事，不须议论，其所以在篇末另缀论赞者，大抵为总结语，或特地阐明立篇之意，或补充篇中所未及之事，很像《离骚》篇末的'乱曰'云云。自太史公创立此体，后世史家，都沿用不改。与后世一般的史

论不可同等看待。"按，以上所引诸说或释词义，或明体例，皆甚精审，谨录以备考。　②周生：汉时儒者，姓周（《史记正义》引孔文祥说）。　③"舜目"句："盖"，孔颖达《礼记正义》："是疑辞"。近人杨树达《词诠》："于所言之事无确信时用之。"按，此字用法相当于口语的"可能是"。"重瞳"，《史记集解》引《尸子》："舜两眸子，是谓重瞳。"今按，此是古代的一种传说。　④何其兴之暴也："兴"，兴起；"暴"，作"骤然""突然"解，不作"残暴"解。日人泷川资言说："'暴'猝也。《黥布传》：'何其拔兴之暴哉。'亦言崛起于陇亩也。"　⑤尺寸："微少"之意。王伯祥说："言无尺寸之柄（些微的权柄）可以凭籍。"　⑥"乘势"句：言乘秦末大乱的局势从田野间兴起。王伯祥说："'起陇亩之中'，崛起于草野之间，犹言起自民间。"　⑦"遂将"句："将"，率领；"五诸侯"，指战国时的齐、赵、韩、魏、燕五国（见《史记集解》）。按，战国七雄，六国皆为秦所灭；及秦灭亡，则六国中以楚为首，故言"将五诸侯"。　⑧政由羽出："政"，指政令。此言当时的政令都由项羽颁布。　⑨位虽不终："位"，指项羽的政权地位。"不终"，犹言"没有好结果"。　⑩背关怀楚："背关"，《史记正义》引颜师古说，以为指项羽背弃关中之约，非是。顾炎武《日知录》："'背关怀楚'，谓舍关中形胜之地而都彭城。如师古之解，乃背约，非背关也。"按，顾说是。"背"，本有"弃"意，"背关"犹言"放弃关中"。"怀楚"，《史记正义》引颜师古说："谓思东归而都彭城。"　⑪己：景祐本误刻为"已"，兹从今本改之。　⑫难矣：言项羽在这种情况下还希望成大事，未免太不易了。　⑬自矜功伐："自矜"，自夸、自负。"伐"，一般用法，与"功"同义，区别而言，亦微有异。据《史记·高祖功臣侯者年表序》："古者人臣，功有五品。以德立宗庙、定社稷曰勋；以言曰劳；用力曰功；明其等曰伐；积日曰阅。"则"勋""劳""功""伐""阅"皆有所不同。此处则指项羽以灭秦定诸侯之故而自负有功。　⑭"奋其"句："奋"，逞；"私智"，私心、私欲；"师古"，以古代成功立业者为师。　⑮"欲以"句："力征"，指用武力征服诸侯；"经营"，治理，整顿。此言项羽想凭借武力来控制天下。　⑯过矣：言"项羽的言行实在是太错误了"。

（以上是第九大段，作者依据当时形势，评定项羽的功劳。）

十二诸侯①年表序

　　史公读《春秋》、历、谱谍②，至周厉王，未尝不废书而叹也，曰：呜呼，师挚③见之矣！纣为象箸④，而箕子唏⑤。周道缺，诗人本之衽席，《关雎》作⑥。仁义陵迟，《鹿鸣》刺焉⑦。及至厉王，以恶⑧闻其过，公卿惧诛，而祸作，厉王遂奔于彘⑨；乱自京师始，而共和⑩行政焉。是后或力政⑪，强乘⑫弱，兴师不请天子。然挟⑬王室之义，以讨伐为会盟主⑭，政由五伯⑮，诸侯恣行，淫侈不轨，贼臣、篡子⑯滋起矣。齐、晋、秦、楚，其在成周⑰微甚，封或百里，或五十里。晋阻三河⑱，齐负⑲东海，楚介⑳江、淮，秦因㉑雍州之固；四国迭兴，更㉒为伯主，文、武所褒大封㉓，皆威而服焉。是以孔子明王道，干七十余君㉔，莫能用，故西观周室，论史记旧闻，兴于鲁而次㉕《春秋》：上记隐㉖，下至哀㉗之获麟；约其辞文，去其烦重㉘，以制义法㉙，王道备，人事浃㉚。七十子之徒口受其传指，为有所刺讥、褒讳、挹损之文辞，不可以书见也㉛。鲁君子左丘明惧弟子人人异端，各安其意，失其真，故因孔子史记具论其语，成《左氏春秋》㉜。铎椒㉝为楚威王传，为㉞王不能尽观《春秋》，采取成败，卒四十章为《铎氏微》㉟。赵孝成王时，其相虞卿上采《春秋》，下观近世，亦著八篇，为《虞氏春秋》㊱。吕不韦者，秦庄襄王相，亦上观尚古，删拾《春秋》，集六国时事，以为八览、六论、十二纪，为《吕氏春秋》㊲。及如荀卿、孟子、公孙固、韩非之徒㊳，各往往捃摭㊴《春秋》之文以著书，不可胜纪。汉相张苍历谱五德㊵，上大夫董仲舒推《春秋》义，颇著文焉㊶。

①十二诸侯：是表分周、鲁、齐、晋、秦、楚、宋、卫、陈、蔡、曹、郑、燕、吴十四栏，除周为天子，余十三国皆诸侯，《史记索隐》谓："案，篇言十二、实叙十三者，贱夷狄，不数吴；又霸在后故也。不数而叙之者，阖闾（张森楷《新校注》以为应是夫差，其说是）霸盟上国故也。"　②《春秋》、历、谱谍：春秋，各国史籍之共名；历，年历也（见《索隐》）；谱谍，乃记述氏族世系之籍。　③师挚：为鲁太师，《集解》引郑玄说："周道衰微，郑卫之音作，正乐废而失节，鲁太师挚识《关雎》之声，首理其乱。"　④象箸：箸，音柱。象箸即象牙做的筷子。　⑤箕子唏：唏，音希，叹声。纣王使用象筷，箕子叹道"为象箸，必为玉杯"（见《索隐》），盖箕子深知欲海难填，纣王势将得寸进尺矣。　⑥"周道缺"三句："衽席"，喻夫妇之道；"关雎"，《诗经》首篇名。此三句意谓：周朝政治有缺失的时候，诗人于是从夫妇之道开始，作了《关雎》。　⑦"仁义"二句："鹿鸣"，《诗经》篇名，是刺诗。此二句意谓：仁义衰落的时候，诗人就作了《鹿鸣》来讽刺当时的君臣。　⑧恶：音务，作动词用。　⑨霍：音志，在今山西霍县。　⑩共和：周厉王出奔，周公、召公共理国政，号曰共和，自公元前八四一年至公元前八二八年，共十四年。此据《周本纪》。《竹书纪年》则以为由于共伯和摄行天子事，故以共和纪年。　⑪力政：背弃礼义，专以武力相征伐；同"力征"。　⑫乘：陵也，欺也。　⑬挟：《索隐》说："挟，音协也。"即"持"也。　⑭"以讨伐"句：意谓：以尽到讨伐的责任，而做了诸侯盟会的主人。　⑮五伯：即五霸。齐桓公、晋文公、秦穆公、宋襄公、楚庄王（说见《索隐》）。　⑯篡子：《会注考证》引冈白驹说："篡子，弑父兄自立者。"　⑰成周：《会注考证》说："成周，盖言周盛时。"《新校注稿》引梁玉绳说："案，成周乃洛阳，非镐京也。"　⑱三河：自裴骃《集解》至钱穆《史记地名考》，于"三河"皆无释，今存以备考。　⑲负：背向也。　⑳介：《会注考证》引冈白驹说："介，犹据也。"又引王念孙说："介，恃也；介江淮，言恃江、淮之险也。"　㉑因：凭借。　㉒更：音耕，输流

也。　㉓大封：封，与"邦"通；大封，谓大国也。　㉔干七十余君：《会注考证》引梁玉绳曰："《史》言孔子干君，犹子禽之言求尔。七十余君尤妄，……《论衡·儒增篇》云：'孔子所至不能十国也，此盖战国时诬说，《史》漫述之……'然乎哉！"　㉕次：编次。　㉖隐：鲁隐公，名息姑。　㉗哀：即鲁哀公。　㉘烦重：重，音崇；烦重即繁多重复。《索隐》解"重"字说："言约《史记》，修《春秋》，去其重文也。"　㉙义法：《会注考证》说："'义法'二字，始见乎此，自方苞揭出此二字，近时作古文者，奉为圭臬。"按，方苞揭此二字，谓为文章之准则，在此犹言历史之准则也。　㉚浃：音接，或音夹，《会注考证》引钱大昕说："浃与匝同。"按，即"周全"也。　㉛"七十子"三句：传指，传谓记载，指谓旨意。此指孔子撰《春秋》的旨意。挹，音邑，抑也。损，贬也。此三句意谓孔子七十弟子那班人，只从孔子嘴中接受了孔子撰著《春秋》的旨意，并不会继孔子之后，再撰著出类似《春秋》那种寓褒贬于文辞的作品来。《会注考证》引吴汝纶说："此史公以《春秋》自况，其所写《史记》，刺讥、褒讳、挹损之文辞，略同之也。此下历道继《春秋》者，皆不足以继《春秋》，所以隐寄自任之旨。"　㉜《左氏春秋》：《会注考证》引梁玉绳说："《汉书·艺文志·刘歆传》《后汉书·陈元传》《论语疏》《左穀二序疏》，皆称作传者为左丘明，与圣同耻，亲受经于仲尼，刘知幾所云语世则并生，论才则同体也。乃自赵宋以来诸儒，或谓左丘明在孔子前，《左传》非左丘明作；或言作《春秋传》者，别有左氏，失其名，六国时人，楚左史倚相之后，作《国语》者左丘氏，鲁左丘明之后；或又称左氏世为史官，末年传文，是其子孙所续。诸家之说颇异，未定所从。"　㉝铎椒：音度焦。　㉞为：音谓。　㉟《铎氏微》：《索隐》说："铎椒所撰。名'铎氏微'者，《春秋》有微婉之词故也。"而《会注考证》引颜师古说："微，谓释其微指。"　㊱《虞氏春秋》：梁玉绳曰："此与《虞卿传》并言八篇，而《艺文志》是十五篇，又有《虞氏微传》二篇，溢数甚多，疑《史》误。抑岂汉人别其篇为十五，复摘其中合于《春秋》经义者为微传邪？"　㊲《吕氏春秋》：撰述经过详见《史记》卷八十五《吕不韦列传》。　㊳"及如荀卿"句：《索隐》说："荀况、孟轲、韩非，皆著书自称子，宋有公孙固，无所述，此固，齐人韩固传诗者。"《会注考证》则说："《索隐》：'韩固'当作'辕固'。"

其说是。　㊴捃摭：音眉只，搜集也。　㊵"汉相"句：《索隐》案，张苍著终始五德传也。　㊶"上大夫"二句：上句，《索隐》说："作《春秋繁露》是。"下句，"著文"，就是"著成文字"。《会注考证》引徐孚远说："唯董生所作，推《春秋》之旨，其余虽沿其名，自别记事，不属《春秋》也。"

　　太史公曰：儒者断其义，驰说者骋其辞，不务综其终始；历人取其年月，数家隆于神运①，谱谍独记世谥，其辞略，欲一观诸要，难。于是谱十二诸侯，自共和讫孔子，表见《春秋》《国语》，学者所讥盛衰大指著于篇，为成学治古文者要删焉②。

　　①"数家"句：数家，谓阴阳术数之家也。隆，《会注考证》引冈白驹说："犹尚也。"神运，《集解》引徐广曰："运，一作通也。"　②"表见"二句：表见，谓"列表使见"。讥，《会注考证》谓："犹察也。"下句，《索隐》说："言表见《春秋》《国语》，本为成学之人，欲览其要，故删为此篇焉。"

六国①年表序

　　太史公读《秦记》②，至犬戎败幽王，周东徙洛邑，秦襄公始封为诸侯③，作西畤④，用事上帝，僭端见矣⑤！礼曰："天子祭天、地；诸侯祭其域内名山、大川。"今秦杂戎、翟⑥之俗，先暴戾，后仁义，位在藩臣而胪⑦于郊祀，君子惧焉⑧。及文公⑨踰陇⑩，攘夷狄，尊陈宝⑪，营岐、雍⑫之间，而穆公修政，东竟⑬至河，则与齐桓、晋文中国侯伯侔⑭矣。是后陪臣⑮执政，大夫世禄⑯，六卿⑰擅晋权，征伐、会盟，威重于诸侯，及田常杀简公⑱而相齐国，诸侯晏然而弗讨，海内争于战攻矣。三国⑲终之卒分晋，田和⑳亦灭齐而有之：六国之盛自此始。务在强兵并敌，谋诈用而从衡、短长之说㉑起。矫称蜂出，誓盟不信，虽置质剖符㉒，犹不能约束也。秦始小国，僻远，诸夏宾㉓之，比于戎、翟，至献公之后，常雄诸侯。论秦之德义，不如鲁、卫之暴戾者；量秦之兵，不如三晋之强也：然卒并天下，非必险固便形势利也，盖若天所助焉㉔。

　　①六国：表分八栏，周、秦、魏、韩、赵、楚、燕、齐，以六国事分年系周、秦下，故称六国也。　②《秦记》：《索隐》说：即秦国之史记也，故下云"秦烧诗书，诸侯史记尤甚，独有《秦记》，又不载日月"，是也。　③"秦襄公"句：襄公以兵送平王东迁，遂被封为诸侯，其邑在秦地。　④作西畤：畤，音止或音峙，封土而祀也。秦居西陲，自谓主少昊之神，乃作西畤，祠白帝。　⑤僭端见矣：《会注考证》说："事见《秦本纪》《封禅书》。愚按，是与天子南郊祭天者异，盖依土俗祭祀耳。此时秦襄始封，岂可有

蔑周之事！自汉武事封禅，儒生方士附会为说，史公亦为其所误也。" ⑥翟：通"狄"。 ⑦胪：音闾，《索隐》说："案胪字训陈也，出《尔雅》文，以言秦是诸侯，而陈天子郊祀，实僭也，犹季氏旅于泰山然。" ⑧君子惧焉：《会注考证》引冈白驹说："惧其俗尚无所顾忌，僭端已见，不至伐周不已也。" ⑨文公：秦襄公之子。 ⑩陇：今陕西陇县。 ⑪陈宝：《列异传》说："陈仓人得异物，道遇二童云：'此名为媦，在地下食死人脑。'媦乃言："彼二童子名陈宝，得雄者王，得雌者霸。"乃逐童子，化为雉。秦穆公大猎，果获其雌，为立祠。" ⑫"营岐雍"句：岐，今陕西岐山县。雍亦在今陕西省境内。事见《秦本纪》《封禅书》。 ⑬竟：《新校注稿》说，与"境"通用。 ⑭"则与齐桓"句：齐桓、晋文皆处中原，不比秦处西陲也，故称为中国侯伯。侔音谋，齐等之谓。 ⑮陪臣：诸侯之大夫是为天子之陪臣。 ⑯世禄：世代为官受禄。 ⑰六卿：即范氏、中行氏、知氏及韩、赵、魏。 ⑱田常：即陈恒；简公，名壬。 ⑲三国：即韩、赵、魏。 ⑳田和：田常之曾孙。 ㉑从衡短长之说：《会注考证》："《主父偃传》，学长短纵横之术；《汉书·张汤传》注，应劭云：'短长术兴于六国时，长短其语，隐谬用相激怒也。'张晏云：'苏秦、张仪之谋，趋彼为短，归此为长，《战国策》名短长术也。'" ㉒置质剖符："置质"，设置人质；"剖符"，古时以竹片作信符，剖为两半，当事人各执一半，以资信守。"置质剖符"，即：设置人质并且立了信符。 ㉓宾：音、义与"摈"同。 ㉔"非必"二句：《会注考证》："《魏世家赞》云：'说者皆曰魏以不用信陵君，故国削弱至于亡；余以为不然。天方令秦平海内'……与此同意。"故此二句乃言秦之兴起，地理位置的险要并不是其必要条件，而实在说起来，上天之有意帮助它才是最重要的因素。

或曰：东方物所始生，西方物之成孰①。夫作事者必于东南，收功实者常于西北。故禹兴于西羌②；汤起于亳③，周之王也，以丰、镐④伐殷；秦之帝，用雍州兴；汉之兴，自蜀、汉⑤。

①"东方"二句：因为东方是日出的方向，所以象征物的刚刚生出来，西方是日落的方向，所以象征物的成熟。　②禹兴于西羌：《正义》说："禹生于茂州汶川县，本冉駹国，皆西羌。"　③亳：今河南省商丘县。　④丰、镐：二地名。周文王邑于丰，即今陕西省邠县东；武王邑于镐，在今陕西省长安县西南。　⑤"秦之帝"四句：《会注考证》引方植之曰："辞虽论秦，意乃指汉，而'汉之兴自蜀汉'句，径将汉事揭出为宾。"蜀指蜀郡，在今四川省中部；汉指汉中，在今陕西省南郑县东。

秦既得意，烧天下《诗》《书》，诸侯史记尤甚，为其有所刺讥也。《诗》《书》所以复见者，多藏人家；而史记独藏周室，以故灭①。惜哉！惜哉！独有《秦记》，又不载日月，其文略不具。然战国之权变亦有可颇采者，何必上古②？秦取天下多暴，然世异变，成功大③。传曰"法后王④"，何也？以其近己而俗变相类，议卑而易行也⑤。学者牵于所闻，见秦在帝位日浅，不察其终始，因举而笑之，不敢道⑥，此与以耳食无异⑦。悲夫！

①"而史记独藏"二句：梁玉绳曰："《天官书》言'余观史记，考行事。'《自序》云'䌷石室金匮之书'，汉《艺文志》所载《世本》《青史子》等尤多，则史记未尝灭也；或残缺不具，史公甚言之耳。"而张森楷曰："史公所观所䌷者，未必出《秦记》外，《青史子》等晚出，史公或未见之，故云灭，非甚言之也。"　②"然战国"二句：《会注考证》说："《秦本纪》多《左传》《国语》《国策》所不记载，史公盖取之《秦记》也。"　③"秦取天下"三句：《会注考证》引方苞说："言秦取天下虽多暴，然世变既与古异，而秦混一海宇，革古制法，成功甚大。"《索隐》则解"世异变，成功大"为："以言人君制法，当随时代之异而变易其政，则其成功大。"其义亦通。　④法后王：《会注考证》说："《荀子·非相篇》：欲观圣王之踪，则于其粲然者，后王是也。彼后王者，天下之君也；舍后王而道上古，譬之，是犹舍己之君而事人之君也。"　⑤"以其近

己"二句:《会注考证》说:"己,音纪;俗,风俗;变,变故。冈白驹曰:'议卑易行,免迂阔之弊。'" ⑥"学者"五句:第一句,所闻,《会注考证》引冈白驹说:"先王仁义之说。"第二句,日浅,日子短。第三句,终始,所以灭亡及所以兴起的原因。第四句,《会注考证》引冈白驹说:"举而笑之,举秦以暴取天下事以笑也。"第五句,不敢道,谓不敢谈论秦朝的法制。 ⑦此与以耳食无异:《索隐》案:"言俗学浅识,举而笑秦,此犹耳食不能知味也。"

余于是因《秦记》,踵《春秋》之后,起周元王①,表六国时事,讫二世;凡二百七十年②,著诸所闻兴、坏之端,后有君子以览观焉。

①"踵《春秋》"二句:《春秋》记事讫于周元王八年,而此表则起自周元王元年。 ②"讫二世"二句:《会注考证》引崔适曰:"周元王元年乙丑至秦二世三年甲午,计二百七十年。"

秦楚之际月表①序

太史公读②秦、楚之际，曰：初作难，发于陈涉；虐戾灭秦，自项氏；拨乱诛暴、平定海内，卒践帝祚，成于汉家；五年之间，号令三嬗③。自生民以来，未始有受命若斯之亟④也。昔虞、夏之兴，积善累功数十年，德洽百姓，摄行政事，考之于天⑤，然后在位；汤、武之王，乃由契、后稷⑥修仁行义十余世，不期而会孟津⑦八百诸侯，犹以为未可，其后乃放弑⑧；秦起襄公，章于文、缪⑨，献、孝之后，稍以蚕食六国，百有余载，至始皇，乃能并冠带之伦⑩。以德若彼⑪，用力如此⑫，盖一统若斯之难也。

①秦楚之际月表：《索隐》案："秦、楚之际，扰攘僭篡，运数又促，故以月纪事名表也。"《会注考证》则引陈仁锡曰："史表或以世，或以年，或以月。世者何？三代远矣，远则略，略，故世也。月者何？秦、楚之际近焉，近则详，详，故月也。若十二诸侯、六国，远不及三代，近不及秦、楚，故纪其年而已。" ②读：《会注考证》说：犹观也。 ③"五年之间"二句：梁玉绳说："陈涉称王至高祖即帝位，凡八年，序传称'征伐八年之间'，是也，此'五'字误。"而三嬗则指陈涉、项氏、汉高祖（见《索隐》）。 ④亟：音棘，急也。 ⑤考之于天：《会注考证》引凌稚隆曰："考，验也；考之于天，即孟子所谓'人归天与'者。" ⑥契、后稷：契为商之始祖，后稷则为周之始祖。 ⑦孟津：在今河南省孟县。 ⑧放弑：《索隐》："谓汤放桀，武王讨纣也。" ⑨章于文、缪：在文公、缪公（即穆公）的时候显达。 ⑩"乃能"句：冠带，顶冠束带；伦，辈也；冠带之伦，指中原习于礼教之民。此句意谓才能够统一中原。 ⑪彼：《索隐》说："即契、后稷及秦襄公、文公、穆公

也。"　⑫此:《索隐》说:"谓汤、武及始皇。"

秦既称帝,患兵革不休,以①有诸侯也。于是,无尺土之封;堕坏名城,销锋镝②、钼③豪杰,维④万世之安。然王迹之兴,起于闾巷;合从讨伐,轶于三代。乡秦之楚,适足以资贤者为驱除难耳⑤,故愤发其所为天下雄,安在"无土不王⑥"!此乃传之所谓大圣乎?岂非天哉!岂非天哉!非大圣,孰能当此受命而帝者乎!

①以:因为。　②销锋镝:锋,刀刃;镝,音的(低激切),箭镞;锋镝,盖言刀箭之属。《索隐》案:"秦销锋镝,作金人十二,以弱天下之兵也。"　③钼:音、义同"除"。　④维:系也(见《会注考证》引中井积德说)。　⑤"乡秦"二句:乡,音向,昔时也。楚,当为"禁"之误,今本作"禁",禁兵也。此谓秦前时之禁兵及不封树诸侯,适足以资后之贤者(指汉高祖)驱除患难(参见《索隐》说)。　⑥"故愤发"二句:上句,其,指汉高祖;所,可也。下名,"无土不王",是古语(见《会注考证》);《集解》引《白虎通》说:"圣人无土不王,使舜不遭尧,当如夫子老于阙里也。"此二句意谓:只要汉高祖能自奋,就能成为天下之雄主,又哪像虞舜等一般圣人一样,有"无土不王"的困难存在!

汉兴以来诸侯王年表序

太史公曰：殷以前尚矣；周封五等：公、侯、伯、子、男。然封伯禽、康叔①于鲁、卫，地各四百里，亲亲之义，褒有德也；太公于齐，兼五侯地，尊勤劳也。武王、成、康所封数百，而同姓五十五②；地上不过百里，下三十里，以辅卫王室。管、蔡、康叔、曹、郑③，或过或损。厉、幽之后，王室缺，侯伯强国兴焉，天子微，弗能正④；非德不纯⑤，形势弱也。

①伯禽、康叔：伯禽为周公子，康叔乃武王弟。　②同姓五十五：《索隐》说：兄弟之国十有五人，姬姓之国四十人。　③"管、蔡"句：管在今河南郑县，封叔鲜；蔡在今河南新蔡县，封叔度；康叔虞至成王时始封，地在今山西境；曹在今山东定陶县，封叔振铎；郑在今陕西南郑县，封厉王庶子友。　④正：音、义皆与"征"同。　⑤纯：《索隐》说：纯，善也；亦云纯一。

汉兴，序二等①。高祖末年，非刘氏而王者，若无功，上所不置而侯者，天下共诛之。高祖子弟同姓为王者九国②，唯独长沙③异姓；而功臣侯者百有余人。自雁门、太原④以东至辽阳⑤，为燕、代国⑥；常山⑦以南、大行⑧左转，度河、济、阿、甄⑨以东薄⑩海，为齐、赵国⑪；自陈⑫以西，南至九疑⑬，东带江、淮、谷、泗⑭，薄会稽，为梁、楚、吴、淮南⑮、长沙国：皆外接于胡、越。而内地北距⑯山以东，尽诸侯地；大者或五、六郡，连城数十，置百官、宫观，僭于天子。汉独有三河、东郡、颍川、南阳⑰，自江陵⑱以西至蜀，北自云中至陇西⑲，与内史⑳，凡十五郡㉑，而公主列侯颇食邑其中。何者？天下初定，骨肉同姓少，故广强庶孽，以镇抚四海，用承卫天子也。

①序二等:《集解》引韦昭曰:"汉封功臣，大者王，小者侯也。"　②九国:《集解》引徐广曰:"齐、楚、荆、淮南、燕、赵、梁、代、淮阳。"　③长沙：今湖南长沙县，吴芮封此。　④雁门、太原：雁门，今山西代县。太原，今山西太原县。　⑤辽阳：今辽东辽阳县。　⑥燕、代国：燕国，初为卢绾地，后绾入匈奴，遂立子刘建为燕王。代国，初封韩王信，信后降匈奴，乃立子恒。　⑦常山：即山西恒山，避文帝讳，改常。　⑧大行：山名，在山西东部。　⑨阿、甄：阿，即阿泽，在今山东阳谷县。甄，在今山东濮县。　⑩薄：近也；下同。　⑪齐、赵国：齐国，初封韩信，后封子刘肥。赵国，初封张耳，后封子刘如意。　⑫陈：今河南淮阳县。　⑬九疑：山名，在湖南宁远县南。　⑭谷、泗：谷，在江苏沛县。泗，在今山东泗水县。　⑮梁楚吴淮南：梁，初封彭越，后立子刘恢；楚，初封韩信，后立弟刘交；吴，封兄子刘濞；淮南，初封英布，后立子刘长。　⑯距：《会注考证》引冈白驹说："距，至也。"　⑰"三河"至"南阳"：三河，河南，为旧河南府及郑州、汝州之地；河东，今山西安邑县等地；河内，今河南汲县等地。东郡，今河北大名县及山东聊城县、临清县等地。颍川，本河南旧许州、陈州、汝州、汝宁、阳武等地。南阳，今河南南阳县等地。　⑱江陵：今湖北江陵县。　⑲云中、陇西：云中，今山西大同县北。陇西，今甘肃陇西县。　⑳内史：《正义》说："京兆也。"按，即今陕西地。　㉑凡十五郡：《会注考证》引钱大昕说："十五郡，谓河东、河南、河内、东郡、颍川、南阳、南郡、汉中、巴郡、蜀郡、陇西、北地、上郡、云中并内史也；五原郡，元朔二年始置，故不数。"

汉定百年之间，亲属益疏，诸侯或骄奢，忕①邪臣计谋为淫②乱：大者叛逆，小者不轨于法，以危其命，殒身亡国。天子观于上古，然后加惠，使诸侯得推恩分子、弟国邑③，故齐分为七④，赵分为六⑤，梁分为五⑥，淮南分三⑦；及天子支庶子为王，王子支庶为侯，百有余焉。吴、楚时前后诸侯或以適⑧削地，是以燕、代无北边郡；吴、淮南、长沙无南边郡；齐、赵、梁、楚支郡名山、陂⑨海，咸纳于汉。诸侯稍微，大国不过十余城，小侯不过数十里；上足以奉贡职，下足以供养祭祀，以蕃辅京师。而汉郡八九十，形错诸侯间，犬牙相临⑩，秉其厄塞⑪地利，强本干，弱枝叶之势也；尊卑明而万事各得其所矣。

①忕：音誓，习也（见《索隐》）。景祐本为"怵"，今从索隐本注改。　②淫：过分。　③"使诸侯"句：《索隐》案："武帝用主父偃言，而下推恩之令也。"　④齐分为七：《集解》引徐广曰："城阳、济北、济南、菑川、胶西、胶东（并齐），是分为七。"　⑤赵分为六：《集解》引徐广曰："河间、广川、中山、常山、清河（及赵）。"《会注考证》则说："颜师古曰：'赵、平干、真空、中山、广川、河南也。'全祖望曰：'景帝时尚未有真空、平干，二王乃武帝所封，徐广是。'愚按上文言武帝推恩事，则颜说不可易。"　⑥梁分为五：济川、济东、山阳、济阴、梁等五国（见《集解》引徐广说）。　⑦淮南分三：衡山、卢江及淮南三国（见《集解》引徐广说）。　⑧適：音、义与"谪"通。　⑨陂：音碑，池也。　⑩"形错"二句：《索隐》说："错，音七各反；错谓交错、相衔如犬牙，故云犬牙相制，言犬牙参差也。"　⑪厄塞：即要塞，险要之地也。

臣迁①谨记高祖以来至太初诸侯，谱其下益、损之时，令后世得览：形势虽强，要之以仁义为本②。

①臣迁：《会注考证》说："事系汉事，故曰臣迁，不曰太史公。"　②"形势"二句：《会注考证》引陈仁锡说："汉诸侯表叙，以'形势'二字为主，至末云'形势虽强，要之以仁义为本'二句，乃一篇归宿，而垂戒之意深矣。"

高祖功臣侯者年表序

太史公曰：古者人臣功有五品：以德立宗庙，定社稷，曰勋；以言，曰劳；用力，曰功；明其等，曰伐；积日，曰阅。封爵之誓曰："使河如带，泰山如厉；国以永宁，爰及苗裔①。"始未尝不欲固其根本，而枝叶稍陵夷衰微②也。

① "使河如带"四句：此乃汉高祖封臣以爵时的誓言。"带"，衣带；"厉"，通"砺"，即磨刀石也；"爰"，于是。此四句大意谓：只要使黄河像衣带一般没有断缺处，使泰山像磨刀石一般坚硬而挺立，国家就可以因此而永享太平，于是到了你们（指臣子）的后代时，也就仍然还可以封爵受禄。　② "始未尝"二句：《会注考证》引吴汝纶曰："所云欲固根本，而枝叶稍陵夷衰微者，皆言汉事。根本，谓封国之功为后世祖者；枝叶，指其子孙也。"

余读高祖侯功臣，察其首封所以失之者，曰：异哉所闻！《书》曰："协和万国。"迁于夏、商，或数千岁。盖周封八百。幽、厉之后，见于《春秋》。《尚书》有唐、虞之侯伯，历三代千有余载①，自全以蕃卫天子，岂非笃于仁义，奉上法哉②！汉兴，功臣受封者百有余人③。天下初定，故大城、名都散亡，户口可得而数者十二三④。是以大侯不过万家⑤，小者五六百户。后数世，民咸归乡里，户益息⑥；萧、曹、绛、灌⑦之属或至四万，小侯自倍⑧，富厚如之⑨。子孙骄溢，忘其先，淫嬖⑩；至太初百年之间，见侯五⑪，余皆坐法陨命，亡国，耗矣⑫；罔亦少密⑬焉！然皆身无兢兢于当世之禁云⑭。居今之世，志古之道，所以自镜也⑮，未必尽同帝王者⑯；各殊礼而异务，要以成功为统纪，岂可绲⑰乎？观所以得尊宠及所以废辱，亦当世得失之林也⑱，何必旧闻⑲？于是谨其终始，表见其文，颇有所不尽本末，著其明，疑者阙之。后有君子欲推而列之，得以览焉。

① "历三代"句：《会注考证》引柯维骐曰："虞舜之子商均，禹封之于虞，少康时有虞思，至殷封遂，周封满，并于陈其后也；皋陶之后为英六；二国至周尚存。……所谓唐、虞之侯伯也，历三代，或绝或续，其世足征矣。" ② "岂非"二句：《会注考证》说："与（下文所言）子孙骄溢，忘其先，淫嬖，身无兢兢于当世之禁者异。" ③ "功臣受封"句：《索隐》："案下文，高祖功臣百三十七人，兼外戚及王子，凡一百四十三人。"《会注考证》引梁玉绳说："高帝功臣，有表不尽载者：功臣之封，始乎六年十二月，故吕公之封临泗侯，利几之封颍川侯，卢绾之封长安侯，表均不载，盖吕公以四年先卒，利几以五年九月反诛，卢绾以五年后九月为王也。若在六年以后者，《项羽纪》玄武侯与射阳、桃、平皋三侯皆封，而表无之；《刘敬传》敬为建信侯，而表无之；《黥布传》高帝十一年，封故楚令尹薛公千户，《陈豨传》封赵将四人各千户，《朱建传》梁父侯导黥布反，而表俱无之；讵非封而失书欤？" ④ 十二三：《索隐》说："言十分才二、三在耳。" ⑤ 大侯不过万家：梁玉绳说："表载曹参封一万六千户，刘泽封一万二千户，萧何封一万五千户：则不过万家之说未可信。愚按表曰万五千，曰万六千，依借言之；此曰不过万家，以实言之。" ⑥ 益息：谓越来越多。 ⑦ 萧、曹、绛、灌：《会注考证》说："萧何、曹参、灌婴皆称其姓，而绛侯周勃独以封土者，盖当时有此称。" ⑧ 小侯自倍：《索隐》说："倍其初封时户数也。" ⑨ 富厚如之：富厚，谓财物丰多。如，随也。 ⑩ "子孙骄溢"三句：骄溢，谓骄傲过度。《会注考证》说："与（上所言）笃于仁义者异。" ⑪ 见侯五：《正义》说："谓平阳侯曹宗、曲周侯郦终根、阳阿侯齐仁、戴侯秘蒙、谷陵侯冯偃也。"而梁玉绳说："'五'当作'六'，以尚有江邹侯靳石在《正义》所举五人外也。" ⑫ "余皆坐法"三句：耗，尽也。《会注考证》说："与

（上文言）自全以蕃卫天子者异。" ⑬罔亦少密:"罔"即"网",指法网;"少",即稍稍也。中井积德说:"是时四方征伐,有功者不得不封,而天下无复地可封焉,故不得不减旧封,是势之所必至,虽孝武之残忍寡恩,亦少（稍）有可恕者,要之,处之之道失宜耳。" ⑭"然皆"句:"兢兢",恐惧也。《会注考证》说:"与（上文言）奉上法者异。" ⑮"居今之世"三句:《索隐》说:"居今之代,志识古之道,得以自镜当代之存亡也。" ⑯"未必"句:"帝王",即指古代之帝王。《会注考证》引冈白驹说:"未必今尽同于古。" ⑰绲:音衮,同"混",乱也。 ⑱"观所以"二句:林,凡丛聚之处谓林。《索隐》说:"言观今人臣所以得尊宠者必由忠厚,被废辱者亦由骄淫;是言见在兴废,亦当代得失之林也。" ⑲何必旧闻:《会注考证》说:"承上文'异哉所闻',冈白驹曰:'观其得侯与失侯,皆有所以致之,何必专求之古？'"

建元以来侯者年表①序

　　太史公曰：匈奴②绝和亲，攻当路塞③；闽越④擅伐，东瓯⑤请降；二夷交侵，当盛汉之隆⑥，以此知功臣受封侔⑦于祖考矣！何者？自《诗》《书》称三代"戎、狄是膺⑧，荆、荼是征⑨"；齐桓越燕伐山戎⑩；武灵王以区区赵服单于⑪；秦缪用百里霸西戎⑫，吴、楚之君以诸侯役百越：况乃以中国一统，明天子在上，兼文、武，席卷四海，内辑⑬亿万之众，岂以晏然⑭不为边境征伐哉！自是后遂出师北讨强胡，南诛劲越，将卒⑮以次封矣。

　　①建元以来侯者年表：建元，武帝年号。《索隐》说："七十二国，太史公旧；余四十五国，褚先生补也。"　②匈奴：古獯鬻，至秦曰匈奴；汉时屡和屡叛，武帝大举伐之。　③路塞：谓边界也。　④闽越：今福建闽县地，王号曰无诸，乃越勾践裔，其后数世，于武帝建元三年，发兵攻东瓯，东瓯因举国内附。　⑤东瓯：今浙江永嘉县，其王名摇，亦勾践后。　⑥"二夷"二句：二夷，指匈奴、闽越。盛汉，犹言大汉（说见《索隐》）。　⑦侔：相等也。　⑧膺：惩罚也。　⑨荆荼是征：《索隐》说："荼，音舒；征，音澄。"《会注考证》说："《毛诗·鲁颂·閟宫篇》，荼作舒，征作惩。"荼，在今安徽怀宁县。征，即惩也。　⑩"齐桓"句：《会注考证》说："事见《左传·庄公三十年》。"　⑪"武灵王"句：单于，匈奴王号。《会注考证》说："事见《赵策》：武灵盖却匈奴耳，未至服单于也。"　⑫"秦缪"句：秦缪，即秦缪（穆）公。百里，即百里奚。事详见《史记·秦本纪》。　⑬辑：和也，作动词用。　⑭晏然：即安然也。　⑮卒：《新校注稿》引王念孙曰："卒当为'率'，率即帅字；卒非。"

留侯世家

留侯张良者①,其先韩人也②。大父开地③,相韩昭侯④、宣惠王⑤、襄哀王⑥;父平,相釐王⑦、悼惠王⑧。悼惠王二十三年⑨,平卒。卒二十岁,秦灭韩⑩。良年少,未宦事韩⑪。韩破,良家僮三百人,弟死不葬,悉以家财求客刺秦王⑫,为韩报仇。——以大父、父五世相韩故⑬。

①"留侯"句:"留",秦县名,本春秋时宋邑,故治在今江苏省沛县东南三十五里。良封为留侯,《汉书·张良传》首句云:"张良字子房。"而本文篇首未载。梁玉绳说:"案,下有子房之称,何以此不书良之字?班史补之矣。" ②其先韩人也:"韩",战国七雄之一。关于张良的先世问题有二说:一,东汉王符《潜夫论·志氏姓篇》:"……留侯张良,韩公族,姬姓也。秦始皇灭韩,……良散家资千万,为韩报仇,击始皇于博浪沙中,误椎副车。秦索贼急,良乃变姓为张,匿于下邳。"晋皇甫谧《高士传》即从其说。二,《史记正义》:"按,《张氏谱》云:良,张仲三十代孙,仲见《毛诗》。张老十七代孙。老见《春秋》《礼记》。"(《正义》此条,今本《正义》无,见《史记会注考证》引;《张氏谱》又见宋王应麟《困学记闻》。)今按,《荀子·臣道篇》有"张去疾",《韩非子·说林》有"张谴",皆为显臣,虽未必为张良之先世,但可证明张氏在韩国确为大族。则良之先世可能即以张为氏者。 ③大父开地:"大父",祖父;"开地",良祖父名。 ④韩昭侯:即韩昭釐侯(见《庄子》《吕氏春秋》及《战国策》),或单称釐侯(见《竹书纪年》及《史记索隐》),或单称昭侯(梁玉绳说)。据《史记索隐》《竹书纪年》,谓昭侯名武。他是韩国第六代国君,在位二十六年(公元前三五八至公元前三三)。 ⑤宣惠王:亦作宣王,昭侯子,史失其名。韩自宣惠王始称王,在位二十一年(公元前三三二

至公元前三一二)。　⑥襄哀王：亦作襄王，名仓，宣惠王子，在位十六年（公元前三一一至公元前二九六）。　⑦釐王："釐"与"僖"同，故一作"僖王"，名咎，襄哀王子，在位二十三年（公元前二九五至公元前二七三）。　⑧悼惠王：亦作桓惠王，史失其名，釐王子，在位三十四年（公元前二七二至公元前二三九）。　⑨悼惠王二十三年：即公元前二五〇年。一本不重出"悼惠王"三字。　⑩"卒二十岁"二句：指张平死后二十年，当韩王九年（公元前二三〇年，即秦王政十七年），韩为秦始皇所灭。　⑪未宦事韩：不曾出仕为韩国的官吏。　⑫"悉以"句："求客"，觅求有本领的人。按，战国时贵族多有养士之风，如孟尝君、平原君等皆有食客数千人。此处的"客"即指游侠、刺客之流。"秦王"，即秦始皇。按，秦王嬴政二十六年（公元前二二一）始改号称帝，故张良求客时尚称秦王。　⑬"以大父"句："五世"，指韩国的五代国君，非谓张良的先世。"以………故"，犹今言"因为………的缘故"。

良尝学礼淮阳①。东见仓海君②。得力士，为铁椎③重百二十斤。秦皇帝东游④，良与客狙击秦皇帝博浪沙中⑤，误中副车⑥。秦皇帝大怒，大索天下⑦，求贼甚急，为张良故也。良乃更名姓，亡匿下邳⑧。

　　①"良尝学礼"句：礼，指当时的典章制度。淮阳，今河南省淮阳县。　②仓海君：《汉书》颜师古注："盖当时贤者之号也。良既见之，因而求得力士。"　③铁椎："椎"同"锤"。铁锤有柄，一端状如瓜，是用以击人的武器。　④秦皇帝东游：按，《史记·秦始皇本纪》："二十九年，始皇东游，至阳武博浪沙中，为盗所惊，求弗得，乃令天下大索十日。"即指此处东行遇刺事。二十九年即公元前二一八年；"阳武"，今河南省原阳县。　⑤"良与客狙击"句：狙音租或诅，作"伺"解，指伏在暗中伺探；"狙击"，犹言"袭击"。"博浪沙"，地名，张森楷谓故地在今河南省祥符县西北；"浪"，《史记·秦始皇本纪》作"狼"。　⑥误中副车："中"读去声，打中。《史记索隐》引《汉官仪》："天子属车三十六乘。"汉沿袭秦制，所谓"属车"即"副车"，扈从皇帝的车辆。　⑦"大

索"二句：上句，"索"，搜索；"大索"犹后世所谓"通缉"。下句，"贼"，指刺客。　⑧亡匿下邳："亡"，逃亡；"匿"，隐藏；"下邳"，已见前《项羽本纪》注释。

　　良尝闲从容步游下邳圯上①，有一老父②，衣褐③，至良所④，直堕其履圯下⑤，顾谓良曰："孺子下取履⑥！"良愕然，欲殴⑦之。为其老，强忍⑧，下取履。父曰："履我⑨！"良业⑩为取履，因长跪履之。父以足受⑪，笑而去。良殊⑫大惊，随目之⑬。父去里所⑭复还，曰："孺子可教矣！后五日平明，与我会此！"良因怪之⑮，跪曰："诺。"五日平明，良往。父已先在，怒曰："与老人期⑯，后⑰，何也？去！"曰："后五日早会！"五日鸡鸣，良往，父又先在，复怒曰："后，何也？去！"曰："后五日复早来！"五日，良夜未半往⑱，有顷⑲，父亦来，喜曰："当如是。"出一编书⑳，曰："读此，则为王者师矣㉑！后十年，兴㉒。十三年，孺子见我，济北谷城山㉓下黄石，即我矣。"遂去无他言，不复见㉔。

　　①"良尝闲"句："尝"，曾经；"闲"，闲暇；"从容"，形容"闲"的状语。《史记索隐》："'从容'，闲暇也。……谓从任其容止，不矜庄也。""圯"，桥，从土巳，音怡。《说文》："东楚谓桥谓'圯'。"（另有"圮"字，从土己，音痞，作坍毁解，与"圯"非一字）。"圯上"，指下邳地方跨于沂水之上的桥梁（用《汉书》颜注引文颖说及王念孙《读书杂志》说）。按，"圯"，一本作"汜"，音矣，段玉裁《说文解字注》解为干涸了的水沟。（"水"部"汜"字条："一曰，'汜'，穷渎也。"清沈钦韩《汉书疏证》据《淮南子·道应训》则解为"水厓"。皆可通，谨录以备考。旧注或以"汜"为汜水，则非是。因汜水根本不流过下邳。　②老父：犹言老丈，指年老的男子。"父"读上声。　③衣褐："衣"读去声，作"穿"解；"褐"，粗布短衣。　④至良所："所"，处所。此言老父走到张良所立的地方。　⑤"直堕"句："直"有二解：一、作"正"解

（《史记索隐》及《汉书》颜注的又一说），犹言"恰值"，意谓"老父恰巧把自己的鞋子堕在桥下"。二、作"特"解。王念孙说："念孙案，老父堕其履于桥下，而使良取之，欲以观其能忍与否耳。如小司马（按，司马贞）说，则是堕履出于无意，失其指矣。……案'直'之言'特'也，谓特堕履于桥下，而使良取之也。《韩诗外传》：'……姑乃直使人追去妇还之。'此'直'字与'直堕其履'之'直'同义，亦谓特使人追还之也。《史记·梁孝王世家》：'平王襄直使人开府取罍樽，赐任王后。'亦谓特使人取罍樽赐之也。'直'与'特'，古同声而通用。"此犹言"老父特意地把自己的鞋子堕在桥下"。　⑥"顾谓"二句：上句，"顾"，回顾；下句，"孺子"，犹言小孩子。王伯祥说："直呼'孺子'，表示他傲而无礼。"　⑦殴：音欧，殴打，敲击。　⑧强忍：勉强忍耐。　⑨履我：此处"履"作动词用，犹言"给我把鞋穿上"。下文"履之"的"履"与此同义。　⑩业：既然，已经。　⑪以足受：伸着脚让张良给他穿上鞋。　⑫殊：犹言"极其、其实"。　⑬随目之：此处"目"作动词用，犹言"注视"。此言张良用目光追随着老父的行踪。　⑭里所：犹言"一里多地"。"所"同"许"，作"余"解。　⑮良因怪之："因"，于是；"怪"，诧异。此言张良于是感到诧异。　⑯期：订约会。　⑰后：后到，来迟了。　⑱良夜未半往：《汉书·张良传》此句作"良夜半往"，梁玉绳以为"未"字者近是。　⑲有顷：过了不久。　⑳出一编书：按，古代的书籍，都是用牛皮切成的条子或丝带把一片片的竹简联缀起来而成的，故称为"编"。"一编书"，犹今言"一册书"。　㉑"则为"句："王者师"，帝王之师。意谓张良习此书后，可以佐人成帝王之业。　㉒后十年，兴："后十年"，犹言"今后十年"。指后于博浪沙事件的十年，即秦二世元年（公元前二〇九年）。下文"后十三年"仿此，指公元前二〇六年，"兴"，作"起"解，犹言"发作"，指时局有变动。　㉓谷城山：名黄山，在山东省东阿县东北五里。　㉔"遂去"三句：都是指老父。

　　旦日视其书，乃《太公兵法》也①。良因异②之，常习诵读之③。居下邳，为任侠④。项伯尝杀人，从良匿⑤。

①《太公兵法》：书名。相传为太公姜尚所遗，刘歆《七略·兵权谋》原有《太公兵法》，班固《汉书·艺文志》省入道家，道家著录《太公书》二百三十七篇，内凡《谋》八十一篇，《言》七十一篇，《兵》八十五篇。　②异：珍异，重视。　③常习诵读之：王伯祥说："经常熟读此书，反复学习。"按，"习"，温习；"诵"，熟读；"读"，研读。　④任侠：《史记集解》："如淳曰：'相与信为任，同是非为侠。'所谓权行州里，力折公侯者也。"日人中井积德说："'任'以人之缓急为己之任；'侠'者，好立节义之谓也。"（见《史记会注考证》引。）王伯祥说："任侠就是重然诺，轻死生，为人打抱不平。"　⑤从良匿：仗了张良的帮助，躲避起来。

（以上是第一大段，写张良的身世及其少年时不平凡的行为。）

后十年，陈涉等起兵，良亦聚少年百余人。

景驹自立为楚假王①，在留。良欲往从之，道遇沛公——沛公将数千人，略地下邳西——遂属焉②。沛公拜良为厩将③。良数以《太公兵法》说沛公，沛公善之，常用其策。良为他人言，皆不省。良曰："沛公殆天授④！"故遂从之，并⑤去见景驹。

①楚假王："假王"，暂居王位。王伯祥："盖暂假楚名以资号召。"　②遂属焉：言张良往依沛公，居其属下。　③厩将：军中管理马匹的官。按，此言疑是楚国旧制。沈钦韩说："犹楚官厩尹之职。"　④殆天授："殆"，作"近"解，犹言"大约是""大概是"。"天授"，犹言"天赋"。此言张良所策划的谋略，别人都不能理解，只有刘邦能懂，所以张良说他是得天所授。　⑤并：各本作"不"，从张森楷说改。按《汉书·高帝纪》谓高祖道得张良，遂与俱见景驹，张说是。

及沛公之薛，见项梁。项梁立楚怀王。良乃说项梁曰：

"君已立楚后,而韩诸公子横阳君成①贤,可立为王,益树党②。"项梁使良求韩成,立以为韩王,以良为韩申徒③。与韩王将千余人西略韩地。得数城,秦辄复取之④。往来为游兵颍川⑤。

①横阳君成:即韩王成。"横阳",地名,不详在今何处。钱穆《史记地名考》缺此条。　②益树党:"益",增益;"树",树立,建立;"党",犹言"同盟国"。此言楚如果助韩立国,则更可以增加楚国的同盟力量。　③申徒:即"司徒",官名。本为掌教化之官,此则相当于楚之令尹,为执政之官(用王伯祥说)。　④秦辄复取之:"辄",每每;"取",夺回。此言每当韩王攻下城池,秦国总是又把它夺取回去。　⑤"往来"句:"颍川",本韩故地,秦灭韩后,置颍川郡,约在当今河南省东南大部分的地方。此言韩兵在颍川地面往来打游击。

沛公之从雒阳南出轘辕①,良引兵从沛公,下韩十余城,击破杨熊②军。沛公乃令韩王成留守阳翟,与良俱南,攻下宛,西入武关③。

①"沛公之从"句:"雒阳",即洛阳;"轘辕",山名,在河南省偃师县东南,接巩县、登封界,东汉末年,因山筑关,今其地犹称轘辕关。　②杨熊:秦将,名"杨",一本作"扬"。　③武关:秦之南关,在今陕西省丹凤县东南。

沛公欲以兵二万人击秦峣下军①,良说曰:"秦兵尚强,未可轻。臣闻其将屠者子,贾竖易动以利②。愿沛公且留壁③,使人先行,为五万人具食④,益为张旗帜诸山上,为疑兵⑤,令郦食其⑥持重宝啖秦将⑦。"秦将果畔⑧,欲连和俱西袭咸阳⑨。沛公欲听之,良曰:"此独其将欲叛耳,恐士卒不从。不从必危,不如因其解击之⑩。"沛公乃引兵击秦军,大破之,逐北至蓝田⑪。再战,秦兵竟败。遂至咸阳。

秦王子婴降沛公。

①峣下军:"峣",音尧,关名,在陕西省蓝田县东南,一名蓝田关,简称蓝田。此言"峣关之下的秦军"。　②"其将"二句:上句言守关的秦将是屠户的儿子。下句,"贾竖",犹言"做买卖的家伙",即指上句的屠者子。"易动以利",容易用财帛买动。　③留壁:留守自己的营垒。意指坚守壁垒,严阵以待。　④为五万人具食:预储五万人的粮饷。　⑤"益为"二句:"益",格外,更加;"张",陈设,布满;"疑兵",军事术语,指虚设兵阵以迷惑敌人。此言增设旗帜在山上,故布疑阵,乱敌耳目。　⑥郦食其:音"利异基",人名,曾为刘邦谋臣,后游说齐王田广,被广烹死。《史记》有《郦生陆贾列传》。　⑦啖秦将:"啖",音谈,上声,本作"吃"解,此处引申作"诱"解。言以值钱的珍宝诱买秦将。　⑧畔:同"叛"。　⑨"欲连和"句:言秦将要同刘邦合作讲和,乘秦不备,袭取咸阳。　⑩"不如"句:"因",犹"乘","解"同"懈"。此言秦将得利,自然疏于防备,不如乘懈怠之际打败他。　⑪逐北至蓝田:蓝田,秦县名,故城在今陕西省蓝田县西三十里。逐,本作"遂",从张森楷改。北,古同"背"字。

沛公入秦宫,宫室、帷帐、狗马、重宝、妇女以千数,意欲留居之。樊哙谏沛公出舍①。沛公不听。良曰:"夫秦为无道,故沛公得至此。夫为天下除残贼,宜缟素为资②;今始入秦,即安其乐③,此所谓'助桀为虐④'。且'忠言逆耳利于行,毒药苦口利于病⑤',愿沛公听樊哙言。"沛公乃还军霸上。

①"樊哙"句:"樊哙",已见前《项羽本纪》注释。"谏沛公出舍",劝刘邦出居于秦宫之外。"舍",动词,作"住宿"解。按,《史记集解》引徐广说:"一本哙谏曰:'沛公欲有天下耶?将欲为富家翁耶?'沛公曰:'吾欲有天下。'哙曰:'今臣从入秦宫,所观宫室、帷帐、珠玉、重宝、钟鼓之饰,奇物不可胜极;入其后宫,美人妇女以千数;此皆秦所以亡天下也。愿沛公急还霸上,无留宫

中!'沛公不听。"今本全缺。梁玉绳疑是后人据《汉书·张良传》妄删。今补录以备参考。　②"夫为天下"二句：上句，"残贼"，指害民的暴君。《孟子·梁惠王下》："贼仁者谓之'贼'，贼义者谓之'残'，残贼之人，谓之一夫。"朱熹《四书集注》："害仁者，凶暴淫虐，灭绝天理，故谓之贼；害义者，颠倒错乱，伤败彝伦，故谓之残。"释此义甚详，录以备考。下句，"缟素"，指生活作风朴素；"资"，凭借。《史记集解》引晋灼说："欲沛公反秦奢泰，服俭素，以为借（凭借）也。"　③安其乐：耽溺于享乐。"其"，指秦宫所有的享乐事物。　④助桀为虐：按，《史记·田单列传》亦有与此类似的话，疑是古代成语，为张良所引用。喻以恶济恶之意。　⑤"忠言"二句：也是古代成语，亦见《史记·淮南衡山列传》。又，今本《孔子家语·六本篇》《说苑·正谏篇》皆载此语，唯"毒药"作"良药"。上句，"行"，行为，读去声，与下句"病"字叶韵。下句，"病"，疾病。

项羽至鸿门下，欲击沛公。项伯乃夜驰入沛公军，私见张良，欲与俱去。良曰："臣为韩王送沛公，今事有急，亡去不义。"乃具以语沛公。沛公大惊，曰："为将奈何①？"良曰："沛公诚欲倍项羽邪？"沛公曰："鲰生教我距关无内诸侯，秦地可尽王，故听之。"良曰："沛公自度能却项羽乎？"沛公默然良久，曰："固不能也。今为奈何？"良乃固要②项伯，项伯见沛公。沛公与饮，为寿，结宾③婚。令项伯具言沛公不敢倍项羽；所以距关者，备他盗也。及见项羽后解④。——语在项羽事中⑤。

　　①为将奈何："将"，语助词，有"且"的作用。《汉书·张良传》此句"将"作"之"，则意义较显豁。　②固要：犹言"坚邀"。"要"读平声。　③宾：中井积德说："盖结为友之义。"　④解：指解除刘邦鸿门之难。　⑤"语在"句：此是司马迁插叙的话，为《史记》体例之一。盖《史记》全书本为一整体，故叙事每有详

略；凡此有所略而别详于他篇者，皆用此类插叙标明。

（以上是第二大段，写张良初佐刘邦破秦入关的情况。）

汉元年正月，沛公为汉王，王巴、蜀。汉王赐良金百溢①，珠二斗，良具以献项伯。汉王亦因令良厚遗②项伯，使请汉中地③；项王乃许之，遂得汉中地。

①溢：同"镒"。古以二十两为一镒。一说，二十四两为一镒。今按，秦、汉之际，"一镒"实即一斤。周制盖以"斤"为金属重量的单位，秦乃改称为"溢"。《汉书·食货志下》："秦兼天下，币为二等。黄金以'溢'为名。……"颜注："改周一斤之制，更以'溢'为斤之名数也。高祖初赐张良金百溢，尚秦制也。"及汉统一天下，乃又把"溢"改为"斤"，《史记·平准书》和《汉书·食货志下》都有"一黄金，一斤"（《汉书》"黄"上无"一"字）的记载。《史记索隐》引臣瓒说："秦以一镒为一金，汉以一斤为一金。"颜注："复周之制，更以'斤'名金。"都解得非常清楚。日人中井积德说："'一黄金'谓黄金一锭也。……盖秦一镒金值万钱，而汉一斤金值万钱云。"（《史记会注考证》引）又按，颜师古以张良受金百镒之事来解释《食货志》，可见此处的"百溢"即"百斤"。　②厚遗："遗"读去声，作馈赠解。厚赠项伯，实即行贿。　③使请汉中地："汉中"，已见前篇。此言刘邦让项伯替他向项羽请求，得汉中以为封地。

汉王之国①，良送至褒中②，遣良归韩。良因说汉王曰："王何不烧绝③所过栈道④，示天下无还心，以固项王意⑤！"乃使良还，行，烧绝栈道⑥。

①之国：去到自己封境以内。此下记事，与本书《高纪》及《汉书》有异同，不详举。　②褒中：即古褒国。故治在今陕西省褒城县东南十里。　③烧绝：烧断，烧毁。　④栈道：即"阁道"。王伯祥说："山路奇险之处，傍凿山岩，施架板木以通行人的道路，叫作'栈道'。"　⑤"示天下"二句：上句，言故意表示给天下人

看，自己确无东归的意图。下句，"固"，动词，稳固，坚定。言这样做可以使项羽对刘邦放心，不怀疑他有东来之意。　⑥行，烧绝栈道："行"，应断句。指张良一面走一面把所过的栈道都烧断。

良至韩，韩王成以良从汉王故，项王不遣成之国，从与俱东。良说项王曰："汉王烧绝栈道，无还心矣。"乃以齐王田荣反书告项王。项王以此无西忧汉心，而发兵北击齐。项王竟不肯遣韩王，乃以为侯，又杀之彭城①。

良亡，间行归汉王②。汉王亦已还定三秦矣，复以良为成信侯③，从东击楚。至彭城，汉败而还。至下邑，汉王下马踞鞍④而问曰："吾欲捐关以东等弃之，谁可与共功者⑤？"良进曰："九江王黥布，楚枭将⑥，与项王有郤⑦；彭越与齐王田荣反梁地，此两人可急使⑧。而汉王之将独韩信可属大事⑨，当一面。即欲捐之，捐之此三人⑪，则楚可破也。"汉王乃遣随何⑫说九江王布，而使人连彭越⑬。及魏王豹反，使韩信将兵击之，因举燕、代、齐、赵⑭。然卒破楚者，则三人力也⑮。张良多病，未尝特将也⑯，常为画策臣⑰，时时从汉王。

①杀之彭城：《汉书》良传叙此事于汉还定三秦前，与月表合。　②"良亡"二句：言韩王成被杀之后，张良乃逃亡，偷偷地从项羽处跑到刘邦那里去。　③成信侯："成信"是封号，不是地名。王伯祥说："嘉其去楚归汉，能守信义。"　④下马踞鞍："踞鞍"，蹲踞着坐在马鞍上。按，鞍可解下，故刘邦下马以后，仍可踞鞍而坐。　⑤"吾欲捐关"二句：上句，"捐"与"弃"同义；"关以东等"，指函谷关以东一带地方。下句，"与共功"，同我共图大事。《汉书》颜注："'捐关以东'，谓不自有其地，将以与人，令其立功共破楚也。"　⑥枭将："枭"，《汉书》颜注："谓最勇健也。"此言"猛将"。　⑦郤：同"隙"，间隙，此指意见不和或彼此不满。按，黥布与项羽不和的经过，详见《项羽本纪》和《黥布列传》。　⑧急

使：赶紧利用。　⑨可属大事："属"同"嘱"，委任，嘱托。此言可以大事相托。　⑩当一面：犹今言"独当一面"。"当"，承担，担当。　⑪"即欲"二句："捐之"，指把土地放弃。此二句大意是："即使要放弃土地，也把土地给这三个人。"　⑫随何：汉臣，有辩才，与陆贾齐名。刘邦使他劝黥布归汉事见《史记·黥布列传》。　⑬连彭越：同彭越联合，结约共谋破楚。　⑭"因举"句：事详《史记·淮阴侯列传》。　⑮"然卒"二句：此是作者以第三者的语气插入之语。言外指张良所举之人，皆堪任用。　⑯未尝特将也："特"，单独。此言张良并不曾自率一军，独当一面。　⑰画策臣：制定策略的谋臣。

　　汉三年，项羽急围汉王荥阳，汉王恐忧，与郦食其谋挠楚权①。食其曰："昔汤伐桀，封其后于杞②；武王伐纣，封其后于宋③。今秦失德弃义，侵伐诸侯社稷，灭六国之后，使无立锥之地。陛下④诚能复立六国后世⑤，毕已受印⑥，此其君臣百姓必皆戴陛下之德⑦，莫不乡风慕义⑧，愿为臣妾。德义已行⑨，陛下南乡称霸⑩，楚必敛衽而朝⑪。"汉王曰："善！趣刻印，先生因行佩之矣⑫。"

　　食其未行，张良从外来谒⑬。汉王方食⑭，曰："子房前⑮，客有为我计桡楚权者。"具以郦生语告，曰："于子房，何如⑯？"良曰："谁为陛下画此计者？陛下事去矣！"汉王曰："何哉？"张良对曰："臣请借前箸为大王筹之⑰。"曰⑱："昔者汤伐桀，而封其后于杞者，度能制桀之死命也⑲，今陛下能制项籍之死命乎？"曰："未能也。""其不可一也⑳。武王伐纣，封其后于宋者，度能得纣之头也；今陛下能得项籍之头乎？"曰："未能也。""其不可二也。武王入殷，表商容之闾㉑，释箕子之拘㉒，封比干之墓㉓；今陛下能封圣人之墓，表贤者之闾，式智者之门乎㉔？"曰："未能也。""其不可三也。发钜桥之粟㉕，散鹿台之钱㉖，以赐贫穷；今陛下能散府库以赐贫穷乎？"曰："未能也。""其不可四矣。殷事已毕，偃革为轩㉗，倒置干戈，覆以虎皮㉘，以示天下不复用兵；今陛下能偃武行文㉙，不复用兵乎？"曰："未能也。""其不可五矣。休马华山之阳，示以无所为㉚；今陛下能休马无所用乎？"曰："未能也。""其不可六矣。放牛桃林之阴㉛，以示不复输积㉜，今陛下能放牛不复输积乎？"曰："未能也。""其不可七矣。且天下游士离其亲戚㉝，弃坟墓，去故旧，从陛下游者，徒欲日夜望咫尺之地㉞。今复六国，立韩、魏、燕、赵、齐、楚之后，天下游士各归事其主，从其亲戚，反其故旧、坟墓㉟，陛下与谁取天下乎？其不可八矣。且夫楚唯无强㊱，六国立者复桡而从之，陛下焉得而臣之㊲！诚用客之谋，陛下事去矣！"汉王辍食吐哺㊳，骂曰："竖儒几败而公事㊴！"令趣销印㊵。

① "汉王恐忧"二句：上句，"恐忧"，恐惧忧愁。下句，"郦食其"，人名，音读已见前篇注释；"挠"音闹，作"削弱"解。或写作"桡"，下同。"权"，权势，力量。此言刘邦心中忧惧，同郦食其商量如何削弱楚国的力量。　　② "昔汤"二句："杞"音起，即今河南省杞县。按，《史记·陈杞世家》："杞东楼公者，夏后禹之后苗裔也。殷时或封或绝。周武王克殷纣，求禹之后，得东楼公，封之于杞，以奉夏后氏祀。"此处则谓杞为汤时所封，与《陈杞世家》所载不合。王伯祥说："盖策士随口凑说，不一定尽符史实。"录以备考。　　③ "武王"二句：据《史记·宋微子世家》，武王灭殷，封纣子武庚以续殷祀。后武庚叛周，周公旦奉成王之命诛武庚，乃封纣之庶兄微子启于宋（故都在今河南省商丘县南），为宋公，奉其先祀。此处则谓宋为武王所封，亦与《宋微子世家》不合。　　④ 陛下：按，梁玉绳说："案，天子称陛下，自秦始也。然是时汉王未即天子位，而郦食其、张良凡称'陛下'者十五，非也。"周寿昌说："高帝五年即皇帝位。此三年，犹为汉王。'陛下'之称，史臣进书之。"今按，周

说是。下文记张良之言,仍有"大王"字样,可见"陛下"之称,是史臣追书。　⑤后世:后代子孙。　⑥毕已受印:"毕"作"尽"解。此犹言"都已受印"。又按,《新序·善谋篇》作"毕授印已",语气较顺。　⑦戴陛下之德:"戴",感激;"德"恩惠。　⑧乡风慕义:"乡"同"向",对着,临着;"风"指封六国之后的消息;"慕义",钦慕德义。此言六国的后裔听到受封的消息,自然感激刘邦对他们的好处。　⑨行:施行,推广。　⑩南乡称霸:犹言"南面称尊"。"乡"同"向"。　⑪敛衽而朝:"敛",收束;"衽",旧注解为"衣襟",王念孙《读书杂志》则据《广雅》释为"衣袖",均可通。此指项羽将整肃衣服来朝见刘邦。　⑫"趣刻印"二句:上句,"趣"读为"促",催促。下句大意是:"趁着您往封六国之便,就可以把印信带去分发给他们了。"　⑬从外来谒:"外",外面;"来谒",指谒见刘邦,宾语省去。　⑭方食:正在进餐。　⑮子房前:呼张良之字而使他到跟前来。　⑯于子房,何如:犹今言:"子房,就你的见解看,以为怎样?"此句与上句,原作:"具以郦生语先于子房,曰何如?"从王念孙改。王氏以为'子房'为良之字,迁本文叙事皆称'良',至'子房',则高祖语中之称谓,故'曰'字应在上,《汉书·张良传》及《新语·善谋篇》记此事,皆可证。　⑰"臣请"句:"箸"音住,吃饭用的筷子;"前箸",指刘邦面前的筷子借作算筹,实指策划而言。《史记集解》引张晏说:"求借所食之箸,用画画也。"　⑱曰:主语是张良。　⑲"度能制"句:"度",音夺,估计,预料;"制",控制。　⑳其不可一也:此下是张良说的话,因张良紧接刘邦发言,故略去"曰"字,以示语气紧凑。下仿此。　㉑"表商容"句:"表",《汉书》颜注:"谓显异之。""间",里门。指用特殊的标志把商容居住的里门标榜出来,表示对商容的尊敬。"商容",纣时贤人。相传商容欲感化纣王而未能,遂去而隐伏于太行山。周武王欲以为三公,商容固辞不受。　㉒"释箕子"句:"箕子",纣之同宗伯叔,谏纣不听,佯狂为奴,为纣所囚,武王灭纣,才把箕子释放出来。"拘"犹"囚"。按,王念孙《读书杂志》和王先谦《汉书补注》,皆谓此句当作"式箕子门"。　㉓"封比干"句:"封",墓上积土,加以修整之意。"比干"亦纣之同宗伯叔,谏纣三日不去,纣乃剖视其心。故武王封修其墓。　㉔"今陛下"三句:"圣人",指比干;"贤者",指商容;

"智者",指箕子。第三句,"式"即"轼",车前横木。《汉书》颜注引一说:"至其门而抚车式(轼),所以敬之。"盖古人在乘车时以抚车轼为致敬的表示。上文"式箕子之门"(见前注㉒),即指武王乘车过箕子之门,抚轼以致敬。此处张良意谓:"如果当今有圣、贤和智者,你能像武王一样,对他们表示敬意么?"　㉕"发钜桥"句:"发",散发;"钜桥",仓名,纣积粟之地,故址在今河北省曲周县东北。　㉖散鹿台之钱:"鹿台",纣储财之地,一名南单台,故址在殷都朝歌城中("朝歌"即今河南省淇县)。《汉书》颜注引刘向说:"鹿台大三里,高千尺也。"　㉗偃革为轩:"偃"作息解,犹言"罢息""废除";"革",兵车;"轩",平时乘人所用之车,有朱轩和皮轩。此言把军用的革车废而不用,改成了普通的乘人用的朱轩或皮轩。　㉘"倒置"二句:"覆",覆盖,蒙罩。此言把兵器都倒转头来搁置在库中,上面用虎皮蒙罩起来。　㉙偃武行文:偃息武备而推行文教。　㉚"休马"二句:上句,"华山",即今陕西省华阴县南的西岳华山。"阳",山的南面。下句,"无所为",指不再用兵。按,此与下文"放牛"等句皆承上文"殷事已毕"而言。　㉛"放牛"句:"桃林",即桃林塞,其山谷在今河南省阌乡县西("阌"音文),接陕西省潼关县界。"阴",山的北面。　㉜"以示"句:"输",运输;"积",屯聚粮草。按,牛是运输军需辎重用的,放牛归山,正表示不再运输或屯聚军需品。　㉝"且天下游士"句:"游士",即战国时游说之士;"亲戚",指家人、眷属。　㉞"徒欲日夜"句:"徒",不过;"咫",八寸;"咫尺之地",不足一尺的土地,盖极言土地之狭小。此句大意是:"这些游士不过整天想着得到一小块土地而已。"　㉟"天下游士"三句:第一句言:这些游士都回到本国去侍奉他们各个人的君主。第二句言:这些游士去到他们的家人亲属那里;"从",犹"赴"(用近人李笠说)。第三句言:返回他们故旧和祖先坟墓所在之地;"反"同"返"。　㊱且夫楚唯无强:"唯"同"惟",疑作谓语"是"解。"楚唯无强",泷川资言说:"倒语,犹言'唯无强于楚',与孟子'晋国天下莫强焉'同一句法。""无强",犹言"无敌"(用清沈家本说,见其所著《史记琐言》)。此句犹言"况且楚国是无敌的"。　㊲"六国立者"二句:上句,李笠说:"'从'犹'赴'。言天下唯楚最强,若立六国者,是复令其折挠而赴楚也。"意谓"即使六国立了之后，仍将被楚削弱而追随着楚国"。下句，"之"，指楚国；"焉得而臣之"，大意是：又怎么能够使楚国臣服呢！　㊳辍食吐哺："辍食"，中止进食；"吐哺"，把吃的东西从口中吐出来。　㊴"竖儒"句："竖儒"，王伯祥说："谓此儒生乃竖子耳。犹直言'这小子'。""而公"，王伯祥说："犹俚语'你老子'。""而"与"尔"通。此句大意是："这小子几乎把你老子的事弄糟了！"　㊵令趣销印：刘邦下命令赶快把六国印信销毁掉。

汉四年，韩信破齐，而欲自立为齐王。汉王怒。张良说汉王，汉王使授齐王信印。——语在淮阴事中①。

①语在淮阴事中：详见《史记·淮阴侯列传》。

其秋①，汉王追楚至阳夏南，战不利而壁固陵。诸侯期不至②，良说汉王，汉王用其计，诸侯皆至。——语在项籍事中。

①其秋：梁玉绳说："案事在五年十月，此云四年之秋，误。"　②诸侯期不至："诸侯"，指韩信、彭越；"期"，约会。事已见《项羽本纪》。

（以上是第三大段，写张良自韩归汉后，辅佐刘邦破楚的种种策划。）

汉六年正月①，封功臣。良未尝有战斗功，高帝曰："运筹策帷帐中，决胜千里外②，子房功也。自择齐三万户③！"良曰："始臣起下邳，与上会留④，此天以臣授陛下。陛下用臣计，幸而时中⑤，臣愿封留足矣，不敢当三万户。"乃封张良为留侯，与萧何等俱封。

①汉六年：即公元前二〇一年，是刘邦即帝位的第二年。梁玉绳说："《侯表》及《汉书·高纪》封功臣在十二月，非正月也。"　②"运筹策"二句：上句，"运"，运用；"筹策"，犹言

"计谋";"帷帐",指行军时主帅所居的营幕。下句言张良的计谋可使千里以外的战争获得必胜的把握。意谓立战功不必冲锋陷阵,在后方运谋定计也同样有功劳。　③"自择齐"句:令张良选择故齐国境内三万户的地方作为自己的封邑。按,故齐国地在今山东省,靠近海岸,有鱼盐之利,最为富饶。此写刘邦特意对张良表示优厚。　④与上会留:"上",对皇帝的敬称,此指刘邦。"留",已见前注。　⑤幸而时中:"幸而",侥幸地;"时中",偶然料得准。"中"读为"仲"。

六年①,上已封大功臣二十余人,其余日夜争功不决,未得行封。上在雒阳南宫,从复道②望见诸将,往往相与坐沙中语③。上曰:"此何语?"留侯曰:"陛下不知乎?此谋反耳。"上曰:"天下属安定④,何故反乎?"留侯曰:"陛下起布衣,以此属取天下⑤。今陛下为天子,而所封皆萧、曹故人所亲爱⑥,而所诛者皆生平所仇怨。今军吏计功,以天下不足遍封⑦,此属畏陛下不能尽封,恐又见疑平生过失及诛⑧,故即相聚谋反耳。"上乃忧曰:"为之奈何?"留侯曰:"上平生所憎,群臣所共知,谁最甚者⑨?"上曰:"雍齿与我故⑩,数尝窘辱我,我欲杀之;为其功多,故不忍。"留侯曰:"今急先封雍齿以示群臣。群臣见雍齿封,则人人自坚⑪矣。"于是上乃置酒,封雍齿为什方侯⑫,而急趣丞相、御史定功行封。群臣罢酒,皆喜曰:"雍齿尚为侯,我属无患矣。"

①六年:此二字与上文重,应从《汉书》删。　②复道:洛阳南宫上下有道,故称"复道"。又据《史记集解》引韦昭之说,"复道"即宫中的阁道。　③"往往"句:"往往",孔颖达说:"言其非一二处也。"(见《毛诗正义》。)段玉裁说:"'往往',历历也。"(见《说文解字注》。)"历历",乃形容星罗棋布的状词。李笠说:"盖谓高祖见诸将坐沙中语,历历非一处也。""坐沙中",坐在沙土地上。　④天下属安定:"属"音烛,作适才解(用清刘淇《助字辨

略》说)。杨树达《汉书窥管》:"树达按,《国语》韦昭注云:属,适也;属安定,犹今语云'才安定'。" ⑤"以此属"句:"以"作"用"解,此处有凭借之意;"此属"犹言"此辈",与上文"属安定"的"属",音义都不同。 ⑥"而所封"句:"故人"和"所亲爱"都是"萧、曹"的补语。言刘邦所封之臣,都是萧何、曹参这一班旧人,这些人都是刘邦所亲爱的。 ⑦"今军吏"二句:上句:"计",统计;"功",战功。下句言土地有限,如果所有的人都封,则天下将不敷分配。 ⑧"恐又见疑"二句:"见疑",指被刘邦疑心;"平生过失",生平对刘邦所犯的错误;"及诛",受到波及而被诛杀。按,张良以诸将坐沙中相语为谋反,唐刘知幾(见《史通》)、明王世贞(见《弇州山人四部稿》)、清邵泰衢(见《史记疑问》)等人皆疑是史家装点附会之辞。明茅坤说:"窃谓沙中偶语,未必谋反也。谋反乃族灭事,岂野而谋者!当汉之剖符封诸侯王时,虽多出高帝独见,未必非萧、曹从中上下,而间有失诸将心者。子房于此,不言之恐有后患,言之又恐与萧、曹生隙,故特假此恐喝高帝。及急封雍齿,则群疑定矣。……"(见明凌稚隆《史记评林》引,《史记志疑》引明李维桢《史记评》与此所见略同。)此说疑近事实,谨录以备考。 ⑨"上平生"三句:第二句"群臣所共知"是第一句"所憎"的补语。大意是:"您平生最憎恨的,而群臣又尽知您是最憎恨他的,那个人是谁?" ⑩"雍齿"二句:上句,"雍齿",沛人,本是当地豪民,从刘邦起兵。公元前二〇八年(即秦二世二年),刘邦命雍齿守丰邑(今河南丰县,在沛县之西,是刘邦出生之地);魏人周市(音弗)攻丰,雍齿不但降魏,且为魏守丰以拒刘邦。刘邦引兵还攻,竟不能下。后刘邦从项梁处借兵破丰,雍齿乃奔魏。后雍齿复归刘邦,从战有功,事见《高祖本纪》和《高祖功臣侯者年表》。"与我故",《汉书·张良传》作"与我有故怨"。颜注引服虔说:"未起之时,与我有故怨也。"王念孙说:"案,(《汉书》)'怨'字因注文而衍。……'有故'即'有怨'。《吕氏春秋·精谕篇》:齐桓公……曰:'吾与卫无故,子曷为请?''无故'即'无怨'也。"盖即以"故"字作"故怨"解。近人王伯祥则释"故"为"有旧谊"。今按,《史记·高祖本纪》:"雍齿雅(素来)不欲属沛公,及魏招之,即反为魏守丰。"则雍齿在降魏以前,已与刘邦有嫌隙，故疑旧注近是。下句，刘邦说："雍齿曾经屡次使我受窘受辱。"《汉书》颜注："每以勇力困辱高祖。"疑即指刘邦攻丰不下之事。　⑪坚：心情稳定。　⑫什方侯："什方"，《史记·高祖功臣侯者年表》作"汁邡"，汉县名，故城在今四川省什邡县南，又名雍齿城。

刘敬①说高帝曰②："都关中。"上疑之。左右大臣皆山东人③，多劝上都雒阳："雒阳东有成皋，西有殽、黾④，倍河⑤，向伊、雒⑥，其固亦足恃⑦。"留侯曰："雒阳虽有此固，其中小⑧，不过数百里，田地薄，四面受敌，此非用武之国也。夫关中左殽函，右陇蜀⑨，沃野千里⑩，南有巴蜀之饶，北有胡苑之利⑪，阻三面而守，独以一面东制诸侯⑫。诸侯安定，河、渭漕挽天下，西给京师⑬，诸侯有变，顺流而下，足以委输⑭。此所谓金城千里，天府之国也⑮！刘敬说是也。"于是高帝即日驾⑯，西都关中。留侯从入关。

①刘敬：齐人，本姓娄，汉高祖赐姓刘氏。后封建信侯。　②曰：一本无"曰"字，《汉书·张良传》此句亦无"曰"字，故张文虎疑是衍文。按，张说是。　③皆山东人：王伯祥说："时汉帝左右大臣多丰、沛故旧及齐、楚之人，故云'皆山东人'。"按，顾炎武说："古所谓'山东'者，华山以东。……《后汉（书）·陈元传》言'陛下不当都山东'（原注：谓光武都雒阳）。盖自函谷关以东，总谓之山东，而非若今之但以齐、鲁为山东也。"（见《日知录》卷三十一。）此处的"山东"恰如顾说。　④殽黾："殽"，即崤山，在今河南省洛宁县西北六十里，东西绵亘三十五里，跨接河南省的渑池、陕县两县界。"黾"即渑池水，源出河南省熊耳山，流至宜阳县西，东南流入洛水。"渑"音泯，又音免。　⑤倍河："倍"同"背"。此言洛阳北面有黄河。　⑥向伊、雒：面向着伊水和洛水。意谓伊、洛二水皆在洛阳之南。　⑦"其固"句："固"指地势险要，坚固易

守。杨树达《古书疑义举例续补》："按，'雒阳东有成皋'四语上无'曰'字，初若史家记事之词；然细按之，实是左右大臣劝都雒阳之语。下文留侯曰'雒阳虽有此固……'，正是驳难左右大臣之词，可以证矣。" ⑧其中小："小"指地势狭小。洛阳四面被山河所包围，城在中间，故言"其中"。 ⑨"夫关中"二句：上句，"左"指东面。下句，"右"指西面。"陇"指陕西省陇县以西的陇山。陇山西接甘肃，为西北险要之地。"蜀"在陕西的西南以西，亦与陇山相连，故称"陇蜀"。 ⑩沃野千里："沃野"，土壤肥美的原野。《汉书》颜注："沃者，灌溉也。言其土地皆有灌溉之利，故云'沃野'。""千里"，泛指地势广阔。 ⑪胡苑之利："苑"，牧场。《史记正义》："按，上郡、北地之北，与胡接，可以牧养禽兽，又多致胡马，故谓'胡苑之利'也。"今按，"上郡"，秦郡名，今陕西省西北部及鄂尔多斯左翼皆其地。"北地"亦秦郡名，今甘肃省东北部（包括宁夏全部为其地。此二郡在秦、汉时，皆北与匈奴接境）。又"苑"一本作"宛"，指大宛（"宛"音鸳），汉西域诸国之一，自古以产良马著称。李笠说："案，'苑'当……作'宛'，谓大宛也。'胡苑'字并与上'巴蜀'作对也。注家谓牧养禽兽之苑，未然。"今按，以上文的句法相比，李说近是。但据《史记·大宛列传》："大宛之迹，见自张骞。"张骞是汉武帝时人，于公元前一二二年（汉武帝元狩元年）出使西域，至公元前一一五年（武帝元鼎二年），西域始通。刘邦之时，似不及知大宛之名。今两存其说。 ⑫"阻三面"二句：上句言西、南、北三面皆可恃险要而踞守。下句言独以东面控制诸侯。 ⑬"河、渭"二句：上句，"河、渭"指黄河和渭水；"漕"，已见前《项羽本纪》注释；"挽"，作"引"解。下句，"给"，供应。此二句言"利用黄河和渭水漕运的方便，可以引导全中国的物资向西部输送，以供应京都的消费"。 ⑭"顺流"二句：上句，凡水皆由西向东流，故言"顺流而下"。下句，"委输"，指输送军队和军需品。 ⑮"此所谓"二句：据《史记索隐》："金城""天府"两句皆当时流行的古语。上句，"金城"，《史记会注考证》引《史记正义》："'金'，刚，坚固也。""刚"即"钢"。言关中之地坚固得像钢城一样。下句，"天府"，天然的府库。《汉书》颜注："财物所聚谓之'府'。言关中之地，物产饶多，可备赡给，故称'天府'也。" ⑯即日驾:"驾",预备车马,等待出发。《史记索隐》:"……高祖即日西迁者,盖谓其当即定计,非即日遂行也。"按西都关中,事在五年,在此云六年,误。初都关中,系居栎阳宫,七年徙长安,唯二地皆在关中。

（以上是第四大段,写刘邦统一后用张良所献的分封功臣和定都关中之策以巩固政权。）

留侯性多病①,即道引不食谷②,杜门不出③,岁余。

①留侯性多病:"性"指体格,体质。周寿昌说:"案,'性'犹'生'也。……亦犹'体'也。《三国志·魏（志）·吴质传》注:"'上将军真性肥,中领军朱烁性瘦。'即此'性'字。" ②即道引"句:"即",《词诠》:"副词,与'便'同。""道引",泷川资言说:"即'导引',道家养生之术。谓呼吸俯仰,屈伸手足,使气血充足,身体轻举也。"《黄帝内经·素问》注:"谓摇筋骨动肢节也。"王伯祥说:"犹今作呼吸及柔软体操。""不食谷"道家称为"辟谷"。（"辟"音壁,作"屏除"解）,即指不食谷物熟食,犹今言"不吃烟火食"。 ③杜门不出:"杜","殿"之假借字,作"闭"解。此言张良闭门家居,不与人通往来。

上欲废太子①立戚夫人子赵王如意②。大臣多谏争,未能得坚决者也③。吕后恐,不知所为。人或谓吕后曰:"留侯善画计策④,上信用之。"吕后乃使建成侯吕泽劫留侯④,曰:"君常为上谋臣,今上欲易太子,君安得高枕而卧⑥乎?"留侯曰:"始上数在困急之中,幸用臣策。今天下安定,以爱欲易太子⑦,骨肉之间,虽臣等百余人何益⑧!"吕泽强要⑨曰:"为我画计。"留侯曰:"此难以口舌争也。顾上有不能致者⑩,天下有四人。四人者年老矣,皆以为上慢侮人⑪,故逃匿山中,义不为汉臣⑫。然上高⑬此四人。今公诚能无爱金玉璧帛⑭,令太子为书⑮,卑辞安车⑯,因使辩士固请⑰,宜来⑱。

来,以为客⑲,时时从入朝,令上见之,则必异而问之⑳。问之,上知此四人贤,则一助也㉑。"于是吕后令吕泽使人奉太子书,卑辞厚礼,迎此四人。四人至,客建成侯所㉒。

①上欲废太子:"太子"即汉惠帝刘盈。　②戚夫人子赵王如意:"戚夫人",定陶人,刘邦的宠姬。刘邦死,吕后杀戚夫人,以尸体投厕中,号为"人彘"。赵王如意,戚夫人所生子,刘邦封之于赵。刘邦死,吕后设计诓如意入都,用毒酒鸩毙。事皆见《史记·吕后本纪》。　③"大臣"二句:上句,"争"同"诤",谏止;下句,"未能得坚决",未能得到明确的决定。　④善画计策:"画",筹画。　⑤"吕后乃使"句:建成侯吕泽,据《史记·高祖功臣侯者年表》:"建成侯"是吕释之,"吕泽"则封为"周吕侯",司马光《资治通鉴·考异》以为此处的"吕泽"应该是"吕释之"(明程一枝《史诠》说与此同)。梁玉绳说:"案,《史诠》谓'误以释之为泽'是也。盖建成侯名释之,周吕侯名泽,此文之误,因'泽''释'字通,而又脱'之'字耳。"按,此说是。此两人都是吕后之兄,俱封于公元前二〇一年(高祖六年),下同。"劫",胁迫,强制。　⑥高枕而卧:本安闲无事之态,此处隐喻张良不得置身事外。　⑦"以爱"句:由于偏爱而想改立太子。　⑧"骨肉"二句:大意是"家庭骨肉之间的事情,本非外人所能干涉;纵有一百多个大臣也没有用,何况我一个人呢!"　⑨强要:勉强地要挟。"强"读上声,"要"读平声。　⑩"顾上"句:"顾"作"但"解;"致",招致,犹言"邀请得到"。　⑪慢侮人:"慢",怠慢;"侮",侮辱。此犹言"任意地轻慢别人,侮辱别人"。　⑫"义不为"句:"义"指明是非之理。此言四人因刘邦待人没有礼貌,所以不屈节对汉称臣。按,此四人即商山四皓,姓名见下文。　⑬高:动词,尊重。　⑭"令公"句:"爱",吝惜;"金玉璧帛",古代聘请贤者的礼物。　⑮为书:写信。　⑯卑辞安车:"卑辞",谦逊的言词;"安车",舒适的车辆,用车辆所以聘请年老的贤人。　⑰固请:坚决地邀请。　⑱宜来:犹言"应当会来的"。　⑲客:受到优礼的上宾。　⑳则必异而问之:刘邦一定会感到惊异而打听这四人的来历。　㉑则一助也:"一助",一种帮助。言四人之来,对于巩

固太子的地位是一种帮助。　　㉒客建成侯所：“客”，做客人；"所"，音疏，上声，作"处所"解。此言四人住在建成侯府中做客。

　　汉十一年①，黥布反；上病，欲使太子将②，往击之。四人相谓曰："凡来者，将以存太子③，太子将兵，事危矣。"乃说建成侯曰："太子将兵，有功，则位不益太子④；无功还，则从此受祸矣。且太子所与俱诸将，皆尝与上定天下枭将也⑤，今使太子将之，此无异使羊将狼⑥也，皆不肯为尽力，其无功必矣。臣闻'母爱者子抱⑦'。今戚夫人日夜侍御，赵王如意常抱居前。上曰：'终不使不肖子居爱子之上⑧。'明乎其代太子位必矣，君何不急请吕后承间⑨为上泣言：'黥布，天下猛将也，善用兵；今诸将皆陛下故等夷⑩，乃令太子将此属，无异使羊将狼，莫肯为用。且使布闻之，则鼓行而西耳⑪。上虽病，强载辎车，卧而护之⑫，诸将不敢不尽力。上虽苦，为妻子自强⑬。'"于是吕泽立夜见吕后⑭。吕后承间为上泣涕而言，如四人意⑮。上曰："吾惟竖子固不足遣，而公自行耳⑯。"于是上自将兵而东。群臣居守，皆送至灞上。留侯病，自强起，至曲邮⑰，见上曰："臣宜从，病甚；楚人剽疾⑱，愿上无与楚人争锋⑲。"因说上曰："令太子为将军，监关中兵⑳。"上曰："子房虽病，强卧而傅太子㉑。"——是时叔孙通为太傅㉒，留侯行少傅事㉓。

　　①汉十一年：公元前一九六年。　　②"欲使"句：打算令太子为将。　　③"凡来者"二句："凡"，副词，旧解作"总括"之意，此处似宜作大凡、大抵解（参用近人裴学海《古书虚字集释》说）。按，《史记·高祖本纪》："凡吾所以来，为父老除害，非有所侵暴；无恐。""凡吾所以来"与"凡来者"同义。此二句言："大抵我们到这里来的用意，无非为了要保全太子。"　　④则位不益太子："益"，增加。《汉书》颜注："太子嗣君，贵已极矣；虽更立功，位无加益

矣。"意谓纵使太子征战有功,地位也无法再高了。　⑤"且太子"二句:上句,"俱"作"偕"解,言太子所偕往击黥布的诸将领。下句,"与上",辅佐刘邦;"枭将",猛将,勇将。　⑥羊将狼:"将",率领。使羊率领着狼,自然极为危险。　⑦"母爱"句:语出《韩非子·备内篇》。言宠爱其母,则必时时抱其子。　⑧"终不使"句:"不肖"作"不似"解。《礼记·杂记下》"某之子不肖"句郑玄注:"不似,言不如人。"此指太子刘盈。"爱子",指赵王如意。按"不肖"之义,秦、汉以前,似专指"不如其父"解,后乃泛指子弟不贤。相传尧舜之子皆不肖,即指不如尧、舜之贤。《汉书·外戚传》:"后汉王得定陶戚姬爱幸,生赵隐王如意,太子为人仁弱,高祖以为不类己,常欲废之,而立如意:'如意类我'……""类"与"肖""似"同义,可以与此互参。　⑨承间:乘机。　⑩"今诸将"句:"故",从前,当初;"等""夷"皆作"平"解,此指行辈相等。此言诸将都是刘邦的旧部下,和刘邦是平辈。　⑪"且使布"二句:上句言假使黥布听说太子做了统帅。下句言黥布即将公然击鼓而西来。言外指黥布是不怕刘盈的。　⑫"强载"二句:上句,"强"读上声,勉强,下与此同;"辎车",有帷帐蔽护的车,言勉强卧在辎车里。下句,"护",监护,监督。"之"指诸将。　⑬为妻子自强:为了妻、子的利益而勉强自己挣扎一下。　⑭立夜见吕后:"立",立即;"夜",当夜。　⑮如四人意:按照四人所出的主意。　⑯"吾惟"二句:上句,"惟",思想;"竖子",犹言"这小子",指太子;"不足遣",不配当这差使。下句,"而公",犹言"汝父""你老子";"自行耳",自己走一趟罢。　⑰曲邮:地名,在今陕西省临潼县东七里。按,"邮"即驿站、集镇之类的地方,是供行人歇脚的。　⑱楚人剽疾:"楚人"指黥布的部下兵士;"剽疾",勇悍而轻捷。"剽",音票。　⑲"愿上"句:"无与楚人争锋",王伯祥说:"不必与楚人争一日之利。"　⑳"令太子"二句:按,《汉书·高帝纪》:"上乃发……中尉卒三万人,为皇太子卫,军霸上。""关中兵"当即指这三万人。明徐孚远《史记测议》:"太子监关中兵,一以固根本,亦以安太子,解不击黥布之事也。"张森楷以为"因说上"下"曰"字应删,下二句皆上施于下之语,必不出良口,而为叙事之辞也。　㉑傅太子:"傅",辅助,翼护。　㉒"是时"句：叔孙通，薛人，原官奉常；"太傅"，官名，即"太子太傅"，是太子的师傅。据《史记·刘敬叔孙通列传》，通为太傅在公元前一九八年（高祖九年）。　㉓行少傅事："少傅"，官名，即太子少傅，位次于太傅。但据《后汉书·百官志》，太子太傅不领官属，少傅却是主领东宫官属的，故少傅较有实权。"行少傅事"，指张良兼摄少傅之职。泷川资言说："'行'，行、守之'行'，位高职卑也。"按，唐、宋官制，以小衔摄大官，叫作"守某官"；以大兼小，则叫作"行某官事"。今泷川氏以唐、宋用语释汉制，似未尽洽，姑录以备考。

汉十二年①，上从击破布军归，疾益甚②，愈欲易太子。留侯谏，不听，因疾不视事。叔孙太傅称说引古今③，以死争太子。上详许之④，犹欲易之。及燕⑤置酒，太子侍，四人从太子，年皆八十有余，须眉皓白⑥，衣冠甚伟⑦。上怪之，问曰："彼何为者？"四人前对，各言名姓，曰东园公、角里先生、绮里季、夏黄公。上乃大惊曰："吾求公数岁，公辟逃我⑧，今公何自从吾儿游乎⑨？"四人皆曰："陛下轻士善骂，臣等义不受辱，故恐而亡匿。窃闻太子为人仁孝，恭敬爱士，天下莫不延颈欲为太子死者⑩，故臣等来耳。"上曰："烦公幸卒调护太子⑪。"

①汉十二年：公元前一九五年。　②疾益甚：据《史记·高祖本纪》，刘邦在征黥布的战役中为流矢所伤，所以病愈加沉重了。　③称说引古今：称引古今史实以劝谏刘邦。据《史记·刘敬叔孙通列传》，叔孙通是称引晋献公宠骊姬、废申生和秦始皇废扶苏、立胡亥的事实来劝说刘邦的。"古"指晋献公事，"今"指秦始皇事（参阅李慈铭《汉书札记》和杨树达《汉书窥管》）。　④上详许之："详"同"佯"。此言刘邦假意答应叔孙通。　⑤及燕："燕"同"宴"，宴会。　⑥须眉皓白："皓"应作"暠"，本形容日出之貌，引申有光明洁白之义，俗遂改为从"白"。"皓白"，犹言"雪白"。因四人须眉皆白，所以称为"四皓"。四皓事及姓名，论者以为皆不

足据。　⑦伟：奇异，古怪。　⑧辟逃我：犹言"躲着我"。"辟"同"避"。　⑨"今公何自"句："自"作"从"或"由"解；"何从""何由"犹言"何故"；"从吾儿游"，同我的儿子来往。　⑩"莫不"句："延颈"，伸长了脖子，此以喻企盼之意；"欲为太子死"，愿为太子出死力。　⑪"烦公"句："幸"，副词，犹言"好好地"；"卒"，有始有终；"调护"，照应，看顾。《汉书》颜注："'调'谓和平之，'护'谓保安之。"

四人为寿已毕，趋去①。上目送之②，召戚夫人指示四人者③，曰："我欲易之，彼四人辅之，羽翼已成④，难动⑤矣。吕后真而主矣⑥！"戚夫人泣。上曰："为我楚舞，吾为若楚歌⑦。"歌曰："鸿鹄高飞，一举千里。羽翮已就，横绝四海⑧。横绝四海，当可奈何，虽有矰缴，尚安所施⑨！"

①"四人"二句：上句，"为寿"指向刘邦敬酒，祝其长寿；下句，"趋"，急行。一本"趋"作"起"，指四人起身辞去。　②上目送之：《汉书》颜注："以目瞻之，讫其出也。"言刘邦用目光直送四人走了出去。　③"召戚夫人"句："指示四人者"，把这四个人指给戚夫人看。　④羽翼已成："羽翼"指辅佐太子的力量。按，君之有臣，如鸟之有羽翼。　⑤动：移动，更改。　⑥吕后真而主矣："而"同"尔"。此言"吕后真是你的主人了"。李笠说："案，高祖以吕后为戚夫人主者，盖母以子贵之义也。赵王不立，则吕后不废。故云'真而主'也。"　⑦"为我"二句：按戚姬是定陶人，刘邦是沛人，都是故楚地，所以刘邦令戚姬依照其乡俗而舞，而己以乡音唱歌。　⑧"羽翮"二句：上句，与上文"羽翼已成"同义，"翮"音何，指鸟羽中的大茎。下句，"绝"作"渡"解，"横渡四海"，喻往来飞越，无所阻碍。　⑨"虽有"二句：上句，矰（音增）缴为捕鸟之具。下句，"施"读如"蛇"，与上"当可奈何"句的"何"字叶韵，作"用"解。此喻己虽有废易太子之心，但也无能为力。

歌数阕，戚夫人嘘唏①流涕。上起去，罢酒。竟不易太子者，留侯主招此四人之力也②。

①嘘唏：与"歔欷"通，音虚希，叹息声。　②"竟不易"二句：按，此是作者插入之语，言刘邦终于没有废易太子，是张良主张聘请这四个人出山的力量。"主"原作"本"，从张森楷改。

（以上是第五大段，写张良设法保全太子的经过。）

留侯从上击代①，出奇计马邑下②，及立萧何相国③，所与上从容言天下事甚众④，非天下所以存亡，故不著⑤。留侯乃称⑥曰："家世相韩⑦，及韩灭，不爱万金之资为韩报仇强秦⑧，天下振动。今以三寸舌为帝者师⑨，封万户，位列侯，此布衣之极⑩，于良足矣。愿弃人间事，欲从赤松子游耳⑪。"乃学辟谷，道引轻身⑫。

①"留侯从上"句：按，公元前一九七年（汉高祖十年）秋，代相陈豨（音希）反，自立为代王，刘邦往征豨，于此年斩之。此处"击代"即指征豨事。见《高祖本纪》及《韩信卢绾列传》。　②"出奇计"句：据《史记集解》引徐广说："一云：'出奇计下马邑'。"《汉书·张良传》亦作"下马邑"。按，《史记·高祖本纪》："太尉周勃……定代地，至马邑。马邑不下，即攻残之。"则攻下马邑，当是出于张良的计策。疑作"下马邑"近是。马邑，汉县名，故治在今山西省朔县东北四十里桑干河北岸。　③"及立"句：《汉书》颜注引服虔说："何时未为相国，良劝高祖立之。"按，此与上句为并列成分，"及"是连接词。意谓攻下马邑和立萧何为相国二事都是张良筹划，然后冒起下文。郭嵩焘《史记札记》："此特据留侯在一年中事言之。"　④"所与"句：此句承上二句而来。大意是："张良平时对刘邦从容地谈到天下大事（像上述这类的事件），是很多的。"　⑤"非天下"二句：此承上文而言，是作者插话。"著"，著录，指载明于史册。此二句大意是："但这些都不是有关天下存亡的重要事件，所以就不一一著录了。"　⑥称：对外扬言。　⑦"家世"句：我家世世代代辅佐韩国。　⑧"不爱"二句：上句，"爱"，吝惜；"万金之资"，指张良的家财。下句，"报仇"，本动宾短语，此处作及物动词，而以"强秦"为宾语。大意是："为了韩国的仇恨而向强大的秦国进行报复。"　⑨"今以"句：指靠口才为刘

邦出谋划策。　⑩"此布衣"句：按，此与本篇第一段"未宦事韩"句相呼应。张良既未做韩国的官，故自称布衣之士。"极"，指富贵显达已到极点。　⑪"欲从"句："赤松子"，传说中的仙人，或谓是神农氏时的雨师。王伯祥说："'称曰'以下都是留侯委宛避祸之辞。时韩信、彭越、黥布、陈豨诸人都已被诛，故良处处表示知足，并假托求仙以期自脱。"　⑫"乃学"二句："辟谷""道引"已见前注。"轻身"，相传凡人修行成仙则身轻，可以白日飞升。

　　会高帝崩①，吕后德留侯，乃强食之②，曰："人生一世间，如白驹过隙③，何至自苦如此乎？"留侯不得已，强听而食。

　　①会高帝崩："会"，适逢，恰值。《礼记·曲礼下》："天子死曰'崩'。"按，古人忌讳"死""丧"字样，故以"崩"作为皇帝死亡的代称。　②"吕后德留侯"二句：上句，"德"，感激。下句，"强"读上声，下文同；"食"同"饲"。此言吕后坚劝张良进食。杨树达说："高祖所谓三杰，淮阴见诛，萧何械击；良之辟谷，所以自全耳。及高祖已崩，良固可以食矣，不必全由吕后之强也。"按，此可与上文王伯祥说互参。　③白驹过隙：当是古代流行的譬喻。此话又见《庄子·知北游篇》及《史记·魏豹彭越列传》。"白驹"有三解：一，日影。（颜师古说："言其速疾也。'白驹'，谓日影也；'隙'壁际也。"）二，与《庄子·逍遥游篇》"野马者，尘埃也"的"野马"同义，指纤细的尘埃（《史记正义》）。三，白马（沈钦韩、王先谦说）。今按，古书引此为喻，屡见不鲜。《墨子·兼爱下》："人之生乎地上之无几何也，譬之犹驷驰而过隙也。"《庄子·盗跖篇》："天与地无穷，人死者有时；操有时之具，而托于无穷之间，忽然无异骐骥之驰过隙也。"《礼记·三年问》："若驷之过隙。"（孔颖达《礼记正义》："驷马骏疾，空隙狭小，以骏疾而过狭小，言急速之甚。"）都是以奔马之迅疾比喻时间之迫促，疑第三说近是。"隙"，《说文》"壁际孔也"，即墙缝。

　　后八年卒①，谥为文成侯②，子不疑代侯③。

①后八年卒:"后八年",指刘邦死后八年。王伯祥说:"据《高祖功臣侯者年表》,良以高帝六年封,卒于吕后二年,距高帝之崩恰九年。此云'后八年卒',……当存疑。"按,此说本于梁玉绳,所疑甚是,谨录以备考。　②"谥为"句:王伯祥说:"按谥法,施德为'文',立政安民曰'成'。留侯之谥'文成',意盖取此。"　③"子不疑"句:"代",袭封。言良子不疑继承了张良的爵位。

子房始所见下邳圯上老父与太公书者,后十三年,从高帝过济北,果见谷城山下黄石,取而葆祠之①。留侯死,并葬黄石冢②。每上冢伏腊③,祠黄石。

①取而葆祠之:"葆"同"宝",珍爱,谓视黄石如珍宝;"祠",《说文》:"春祭曰'祠'。"此处泛指一般的祭祀。　②"并葬"句:"冢",坟。据《史记正义》引《括地志》:"汉张良墓,在徐州沛县东六十五里。"按,《汉书》此句无"冢"字。王念孙说:"'并葬黄石'下不当有'冢'字。此涉下文'上冢'而误衍也。《汉书》作'并葬黄石'。……"王先谦说:"《史记》衍'冢'字,当依此订。"但杨树达《汉书窥管》则谓:"《史记》作'并葬黄石冢'者,谓并葬之于良冢,……省去'于'字耳。王不得其解而以《史记》'冢'字为衍文,非。"今按,杨说近是,故并录以备考。　③伏腊:两种祭祀的名称。按,"伏"指夏日的三伏天(初伏、中伏、末伏);"腊",冬季的腊月(夏历的十二月)。古代于冬、夏两季,皆行祭祀之礼,故称"伏腊"。

留侯不疑,孝文帝五年①,坐不敬,国除②。

①孝文帝五年:孝文帝名恒,刘邦的中子,邦庶妻薄姬所生。初封代王。吕后死,大臣以恒为人仁厚,故迎立之。在位二十三年(公元前一七九至公元前一五七年)。"五年",即公元前一七五年。　②"坐不敬"二句:上句,"坐"作由于、因为解。此犹言"因犯不敬之罪"。下句,"国除",指削去其封爵。按,《史记·高祖功臣侯者年表》:"五年,侯不疑坐与门大夫(按,'门大夫'《汉书》颜注:'侯之属官也。'据《史记集解》引徐广说,此大夫名吉)谋杀

故楚内史，当死，赎为城旦（按，'城旦'是一种刑罚的名称，犯法者被罚作筑城等劳役）。国除。"则与此所言"坐不敬"异。兹录以存疑。又据《汉书·高惠高后文功臣表》，良玄孙之子千秋，于汉宣帝元康四年（公元前六二年）"受诏复家（恢复身家）"。

（以上是第六大段，写张良晚年及身后诸琐事，总结全篇。）

太史公曰："学者多言无鬼神，然言有物①。至如留侯所见老父予书②，亦可怪矣，高祖离困者数矣，而留侯常有功力焉③，岂可谓非天乎！上曰：'夫运筹策帷帐之中，决胜千里之外，吾不如子房。'余以为其人，计魁梧奇伟④，至见其图⑤，状貌如妇人好女⑥。盖孔子曰：'以貌取人，失之子羽⑦。'留侯亦云⑧。"

① "学者"二句："物"，指精怪。此言一般的学者多不承认人死后能变成鬼神，但是都说物质能够成精。　② "至如"句："予书"，"予"同"与"，指授与兵书。此句大意是：至于张良所遇到的授与他兵书的老者。　③ "高祖"二句：上句，"离"同"罹"，遭遇；"数"音朔，屡次。此言刘邦遭遇的困难不止一次了。下句，"功力"，"功"，指功劳；"力"指助力。　④ 计魁梧奇伟："计"，揣测之辞，有大概、可能之意；"魁"，《说文》作"䯯"，"梧"，《说文》作"俣"（以上用杨树达说），都是形容壮大的状词；"奇""伟"两词，义亦相近，犹言雄伟。此连上句言："我以为张良这个人可能是高大雄伟的模样。"　⑤ 图：画像。　⑥ 妇人好女："好"，《方言》卷二："自关而西，秦、晋之间，凡美色或谓之'好'。""好女"犹言美女。按，此指张良像貌娇柔如美女，与作者的想象恰好相反。　⑦ "以貌"二句：语出《韩非子·显学篇》。"取人"犹言论人、看人；"失之"，估计错误；"子羽"，孔子弟子澹台灭明（"澹台"是姓，"灭明"是名）的字。此人貌丑而有贤德，所以孔子说："只凭外貌来看人，我就把子羽给看错了。"　⑧ 留侯亦云：大意是："我对于留侯，也可以这样说。"意谓如果只看外貌，也会把张良估计错误的。

（以上是第七大段，是作者对张良的评论之辞。）

平原君虞卿列传

平原君赵胜者，赵之诸公子也①。诸子中，胜最贤。喜宾客，宾客盖至者数千人②。平原君相赵惠文王及孝成王③，三去相，三复位④，封于东武城⑤。

①"平原君"二句：上句，平原君，赵胜的封号，胜初封于平原，故以其地为号。平原，地名，本齐邑，后属赵国，汉置平原县，故治在今山东省平原县南二十五里。下句，诸公子，犹言群公子，一般指国君的兄弟子侄辈。赵胜是赵惠文王之弟，故称赵之诸公子。　②"宾客盖至者"句：盖，与前《项羽本纪》"舜目盖重瞳子"句的"盖"同义。此言宾客到平原君处来的前后约有数千人。　③"平原君相"句：赵惠文王名何，武灵王之子，是赵国第七代国君，在位三十三年（公元前二九八年至公元前二六六年）。孝成王名丹，惠文王之子，继惠文王为君，在位二十一年（公元前二六五年至公元前二四五年）。　④"三去相"二句：三次去相位，然后又三次恢复相位。梁玉绳说："案，本传不载平原三相三去之事，似平原相赵四十八年者。《六国表》于惠文王元年，书'平原为相'，孝成王元年，又书'平原为相'：两书而已。考惠文以相国印授乐毅，孝成割济东地与齐，求田单为将，遂留相连赵。故《赵世家》惠文十四年，有毅攻齐事（原注当在十五年），孝成元年有单攻燕、二年有单为相之事。则平原之三相三去，固有征矣。孝成二年相单，是平原复相，逾年而罢；迨单去赵归齐之后，不再书平原复位者，《史》略之也。"按，此可备一说。但赵惠文王元年平原君始为相，不能算作"三复位"中的一次。诚如梁氏所说，乐毅、田单皆曾代平原君为赵相，则去位和复位，亦只各有两次。另一次去位的经过，于史无征，只好阙疑。　⑤东武城：赵邑，据《新校注稿》说，其故城在今山东省武城县西十里。按，时赵国西北部另有一武城邑，故此处加"东"字以示区别。

平原君家楼临民家①。民家有躄者，槃散行汲②。平原君美人居楼上，临见③，大笑之。明日，躄者至平原君门④，请⑤曰："臣闻君之喜士，士不远千里而至者，以君能贵士而贱妾⑥也。臣不幸有罢癃之病⑦，而君之后宫临而笑臣，臣愿得笑臣者头。"平原君笑应曰："诺。"躄者去，平原君笑曰："观此竖子⑧，乃欲以一笑之故，杀吾美人，不亦甚⑨乎？"终不杀。

①"平原君家楼"句：临，指居高临下。此言平原君家有楼，楼上的人可以俯视邻舍民家。　　②"民家"二句：上句：躄者，跛足的人。躄，音辟。下句：槃散，与蹒跚同，跛行貌，指跛者行走时身体倾斜的样子。行汲，出外汲水。　　③"平原君美人"二句：上句：美人，指姬妾。下句：临见，从高处俯视。　　④"躄者"句：跛足的人亲自登门来找平原君。　　⑤请：诉说，请求。　　⑥贵士而贱妾：以有才能的士人为贵，以侍妾为贱。按，此与下文"爱色而贱士"句相照应。　　⑦罢癃之病："罢"与"疲"通，"癃"音隆，疲癃，指身体有残疾。《周礼·地官·小司徒》郑玄注："废疾，谓癃病也。"段玉裁说："罢者，废置之意。凡废置不能事事（担任工作）曰'罢癃'。《平原君传》，躄者自言'不幸有罢癃之病'，然则凡废疾皆得谓之'罢癃'也。"（见《说文解字注》。）　　⑧观此竖子：轻蔑之辞。犹今言看这小子、看这家伙。　　⑨甚：过分。

居岁余，宾客、门下舍人稍稍引去者过半①，平原君怪之，曰："胜所以待诸君者，未尝敢失礼②，而去者何多也？"门下一人前对曰："以君之不杀笑躄者，以君为爱色而贱士，士即去耳。"于是平原君乃斩笑躄者美人头，自造门进躄者③，因谢焉④。其后门下乃复稍稍来。是时齐有孟尝⑤，魏有信陵⑥，楚有春申⑦，故争相倾以待士⑧。

①"宾客"句：按，战国时王公贵族门下，多养食客；宾客与门下舍人不尽同。王伯祥说："宾客指以客礼相待的人，或临时作客并

无固定职事的人。门下舍人则指食客中派有差使的人。"稍稍，犹言渐渐。段注："凡有言稍稍者，皆渐进之谓。"引去，犹言退去、离去。按，《礼记·玉藻》："侍坐则必退席。不退，则必引去君之党。"郑玄注："引，却也。""却"与"退"同义。此句言门下食客逐渐离去了半数以上。　②"未尝"句："尝"，景祐本认为"常"，兹从今本改。"失礼"，指接待宾客礼貌不周到。　③"自造门"句：平原君亲自登门，把所斩美人头献给那个跛足的人。　④因谢焉：因，犹言顺便。谢，谢罪。此言平原君顺便向躄者谢罪。　⑤孟尝：即齐之孟尝君田文。　⑥信陵：即魏公子信陵君无忌。　⑦春申：即楚之春申君黄歇。按，以上三人与平原君并称"战国四公子"，皆以养士著称。　⑧"故争相"句：倾，作"竞"解。此言当时养士之风甚盛，因此这四人乃争相竞赛，看谁最能礼贤下士。王伯祥说："正因为故意相竞，平原君乃作此矫情杀人的举动来骇人听闻，邀取声誉。"

（以上是第一大段，通过杀美人一事写平原君好客。）

　　秦之围邯郸①，赵使平原君求救，合从于楚②，约与食客门下有勇力、文武备具者二十人偕③。平原君曰："使文能取胜，则善矣④；文不能取胜，则歃血于华屋之下⑤；必得定从⑥而还。士不外索⑦，取于食客门下足矣。"得十九人，余无可取者，无以满二十人。门下有毛遂者，前⑧，自赞⑨于平原君曰："遂闻君将合从于楚，约与食客门下二十人偕，不外索。今少一人，愿君即以遂备员而行矣⑩。"平原君曰："先生处胜之门下几年于此⑪矣？"毛遂曰："三年于此矣。"平原君曰："夫贤士之处世也，譬若锥之处囊中，其末立见⑫。今先生处胜之门下，三年于此矣，左右未有所称诵⑬，胜未有所闻，是先生无所有也⑭。先生不能⑮，先生留⑯。"毛遂曰："臣乃今日请处囊中耳。使遂蚤得处囊中，乃颖脱而出，非特其末见而已⑰。"平原君竟与毛遂偕，十九人相与目笑之，而未发也⑱。

①秦之围邯郸：按，赵孝成王六年（公元前二六〇年），秦将白起大破赵军于长平（详见《廉颇蔺相如列传》正文）。后二年（赵孝成王八年，公元前二五八年），秦兵乃进兵围赵都邯郸。又，据《史记·六国年表》，围邯郸在赵孝成王九年。录以备考。　②合从于楚：合从（"从"读为纵），指山东六国联合抗秦。此言赵拟推楚为盟主，定合从之约以御秦。　③"约与"句："文武备具"，文，指晓礼仪、善辞令的人；武，指勇武有力的人。偕，一同前去。　④"使文"二句：取胜，犹言济事、成功。《史记会注考证》引日人冈白驹说："言以礼文得遂所欲，则善矣。"意谓假使用和平的方式把事情办成，自然再好不过。　⑤"则歃血"句："歃"音煞，用口吸取；歃血，古代订盟誓时的一种仪式。盖古人盟誓，杀牲取血，盛于盘中，用口微吸之，以示守信。华屋，漂亮的堂宇，指朝会或议事的地方。此连上文大意是：如果用和平手段办不成功，那无论如何也得在大庭广众之下把盟约订妥。日人冈白驹说："欲以武劫盟。"谓平原君想靠武力要挟楚王订合从之盟。　⑥定从：意谓订定合从的盟约制度。　⑦士不外索：随带去的文武之士不必到外面去找。　⑧前：径自走到平原君面前。　⑨自赞：自我推荐。　⑩"愿君"句：备员，凑足人员的额数。此言，希望您算上我，凑足二十人一同前往吧！　⑪几年于此："于此"犹"于今"。此言：到如今有几年了？　⑫"譬若"二句：按，锥之为物，其锋端最为尖锐，所以摆在囊中，其尖端立即显现出来。　⑬称诵：称，称赞；诵，口中经常谈到。　⑭"是先生"句：这可见您是一无所长的。　⑮先生不能：犹言您简直不行。　⑯先生留：您还是留下来吧。按以上数句叠用"先生"字样，是作者摹拟当时说话口吻的写法。此类写法在《史记》中甚习见，并非重复。清牛运震《史记评注》："'先生不能。先生留'，叠复，口角得固拒（坚决拒绝）之神。"　⑰"使遂"三句：第一句："蚤"同"早"。第二句：颖，本指禾穗的芒尖，此处指锥子的锋；颖脱而出，指整个的锥锋都露了出来。第三句：不仅露出一点末梢而已。　⑱"十九人"二句：上句：目笑之，《史记索隐》引郑氏说："皆目视而轻笑之。"言十九人彼此用眼光示意，暗笑毛遂。下句：未发，没有把轻视毛

遂的意思说出口来（用王念孙说）。按，"发"一本作废，王念孙以为"废"即"发"之假借字。

　　毛遂比至楚，与十九人论议，十九人皆服①。平原君与楚合从，言其利害；日出而言之，日中不决②。十九人谓毛遂曰："先生上③！"毛遂按剑历阶而上④，谓平原君曰："从之利害，两言而决耳⑤。今日出而言从，日中不决，何也？"楚王⑥谓平原君曰："客何为者也？"平原君曰："是胜之舍人也。"楚王叱曰："胡不下⑦！吾乃与而君言，汝何为者也⑧？"毛遂按剑而前曰："王之所以叱遂者，以楚国之众也。今十步之内，王不得恃楚国之众也⑨，王之命悬于遂手⑩；吾君在前，叱者何也⑪？且遂闻汤以七十里之地王天下，文王以百里之壤而臣诸侯⑫，岂其士卒众多哉？——诚能据其势而奋其威⑬！今楚地方五千里，持戟百万⑭，此霸王之资⑮也。以楚之强，天下弗能当。白起，小竖子耳⑯，率数万之众，兴师以与楚战：一战而举鄢、郢⑰，再战而烧夷陵，三战而辱王之先人⑱。此百世之怨，而赵之所羞，而王弗知恶焉⑲。合从者，为楚，非为赵也。吾君在前，叱者何也？"楚王曰："唯⑳！唯！诚若先生之言㉑，谨奉社稷而以从㉒。"毛遂曰："从定乎㉓？"楚王曰："定矣。"毛遂谓楚王之左右曰："取鸡、狗、马之血来㉔！"毛遂奉铜盘而跪进之楚王㉕曰："王当歃血而定从，次者吾君，次者遂㉖。"遂定从于殿上。毛遂左手持盘血，而右手招十九人曰："公相与歃此血于堂下，公等录录，所谓因人成事者也㉗。"

①"毛遂比至楚"三句：第一句：比读去声，作及解，犹言等到。此言毛遂及至到了楚国。第二句："论议"，讨论。交换意见。第三句：王伯祥说："经过长途行路中的谈话，十九人都对毛遂的看法

大大转变而且佩服了。"　②"日出"二句：日出，指早晨。日中，指正午。大意是：从早晨开始讨论合从之盟究竟有利还是有害，到了太阳正中时还没有解决。　③先生上：上，指登堂。按，平原君以使者的身份在殿堂之上同楚王谈判，二十个随员则立于阶下。故此处写十九人怂恿毛遂上去。　④历阶而上：历阶，泷川资言说："登阶不聚足，急遽之状。"按，聚足，指登阶时每上一级则两足相聚，停顿片刻。此处毛遂则顺着台阶一级一级不停地走上去。　⑤"从之利害"二句：两言，泷川资言："谓利与害。"此二句大意是：合从如果不是有利，就是有害，两句话就可以解决。　⑥楚王：即楚考列王，名熊完，在位二十五年（公元前二六二年至公元前二三八年）。　⑦胡不下：怎么不下去！按，此是楚王斥责之辞。　⑧"吾乃与"二句：而君，犹汝君。此言：我是在同你的主人说话，你是干什么的？　⑨"今十步"二句：毛遂意谓自己现在距楚王甚近，可以用剑把楚王刺死，楚王此时已无法仗恃楚国的人多势众了。　⑩"王之命"句："悬"作"系"解。此言：你的命现在已捏在我手上了。　⑪"吾君"二句：大意是：我的主人就在面前，你为什么这样申斥我？言外谓楚王对平原君很不礼貌，不应该当着平原君的面，斥责他的随员。　⑫"且遂闻"二句：上句：王天下，君临天下；"王"读去声。下句：壤，土地。臣诸侯，使诸侯臣服于文王。按，汤最初的根据地只有七十里，周文王最初的根据地只有百里，孟子屡言之。　⑬"岂其"二句：大意是：汤和周文王之所以兴，并非仗恃人多势众，实在是由于他们善于掌握形势，才能奋扬威力。　⑭持戟百万：持戟，指武装的士兵。此言楚国的军队有百万之多。　⑮霸王之资：资，凭借。此连上文大意是：这样广大的土地和众多的兵卒，乃是争王图霸所凭借的资本。　⑯"白起"二句：上句：白起，已见前《项羽本纪》注释。下句：小竖子，犹言小孩子。泷川资言说："言庸劣无知，如童竖然。"　⑰"一战"句：此指楚顷襄王二十年（公元前二七九年）秦将白起攻下楚国的鄢、郢二都事。见《楚世家》及《白起王翦列传》。　⑱"再战"二句：夷陵，楚先王之墓，在今湖北省宜昌县东。按上句指公元前二七八年，白起拔郢都后烧夷陵事。下句指楚为秦所败，乃徙都于陈（今河南省淮阳县）。考公元前二九九年，楚怀王入秦被拘，后竟死于秦；至此则楚之先人陵庙既被烧毁，又被迫迁都，故概括而言"辱王之先人"。　⑲"此百世"三句：第一句：怨，仇也。言楚国受到这样的耻辱，真是百世不解的深仇大怨。第二句言：赵国都为楚国感到羞耻。第三句："恶"读为"务"，羞恶。大意是：你身为楚国嗣君，反而不觉得羞愧。　⑳唯：杨树达《词诠》："应诺副词。诺也；然也。读上声。"重言"唯唯"就是连声答应。　㉑"诚若"句：犹言"真是如您所说"，或"您说的一点也不错"。　㉒"谨奉"句：谨奉社稷，犹言倾全国之力相助。而以从，来订立合从之约。王伯祥说："此时考烈王已心服毛遂，故有此推诚之言。"　㉓从定乎：犹言从约真的讲定了吗？按毛遂犹恐楚王无诚意，故再追问这句话。　㉔"取鸡"句：《史记索隐》："按盟之所用牲，贵贱不同。天子用牛及马，诸侯用犬及豭（音家，指公猪），大夫已（同"以"）下用鸡。今此总言盟之用血，故云'取鸡、狗、马之血来'耳。"王骏观说："因需三等之血，故令取来耳。下文'遂捧盘进曰："王当歃血而定从，次者吾君，次者遂。"'按，天子、诸侯、大夫之礼用鸡、狗、马也。……楚僭称王，毛遂故以天子之礼尊之。"（见《史记旧注平议》。）按，以上二说，释此句义甚详，录以备考。　㉕"毛遂奉铜盘"句："奉"同"捧"。"进"，进献，呈递。"之"，犹"之于"。　㉖"王当"三句：据上引王骏观说，则楚王用马血，平原君用狗血，毛遂用鸡血，依次进行歃血订盟的仪式。　㉗"公等"二句：碌，《广韵》引《史记》作"媷"，今通写作"碌"。王骏观："言公等皆凡庸无能之辈也。"

　　平原君已定从而归，归至于赵，曰："胜不敢复相士①，胜相士多者千人，寡者百数，自以为不失天下之士，今乃于毛先生而失之也！毛先生一至楚而使赵重于九鼎、大吕②，毛先生以三寸之舌强于百万之师！胜不敢复相士！"遂以为上客。

　　①相士：观察人才。　②九鼎、大吕：九鼎，相传为夏禹所铸，商、周两代皆以为传国之宝。大吕，《史记正义》："周庙大钟。"也是贵重的宝物。此句言：由于毛遂使楚获得了成功，致使赵国的声誉比宝器还要受人尊重。

　　（以上是第二大段，写毛遂随平原君使楚订合从之约的经过。）

平原君既返赵，楚使春申君将兵赴救赵，魏信陵君亦矫夺晋鄙军往救赵①，皆未至。秦急围邯郸。邯郸急，且降，平原君甚患之。邯郸传舍吏子李同②说平原君曰："君不忧赵亡邪③？"平原君曰："赵亡则胜为虏④，何为不忧乎？"李同曰："邯郸之民，炊骨易子而食⑤，可谓急矣！而君之后宫以百数，婢妾被绮縠，余粱肉⑥，而民褐衣不完，糟糠不厌⑦。民困兵尽，或剡木为矛矢⑧；而君器物钟磬自若⑨。使秦破赵，君安得有此⑩，使赵得全⑪，君何患无有！今君诚能令夫人以下编于士卒之间⑫，分功而作⑬，家之所有，尽散以飨士⑭，士方其危苦之时，易德耳⑮。"于是平原君从之，得敢死之士三千人。李遂与三千人赴秦军，秦军为之却三十里。亦会⑯楚、魏救至，秦兵遂罢，邯郸复存。李同战死，封其父为李侯⑰。

①"魏信陵君"句：矫，假借名义。事详后《魏公子列传》。　②邯郸传舍吏子李同：传舍，古代驿站供应过客所设的房舍。《汉书》颜注："传舍者，人所止息。前人已去，后人复来，转相传也。""传"读去声。李同，应作李谈（《战国策》、刘向《说苑》皆作谈），因司马迁避父讳（迁父名谈），故《史记》及迁所作其他文（如《报任少卿书》），凡有"谈"字之处皆改为"同"。此指李谈的父亲是传舍中的小吏。　③邪：同耶，语尾助词。　④虏：俘虏。　⑤"炊骨"句：炊骨，言邯郸之民以死人的枯骨当柴薪，用来烧饭。易子而食，言人民不忍自食其子之肉，互相交换后当饭吃。　⑥"婢妾"二句：上句，婢妾，指平原君家中的侍女。"被"同"披"，犹言穿戴。绮縠，丝织品、绸绢之类。下句，粱，指饭食。肉，指肴馔。言好饭好菜吃不尽，总有剩余。　⑦"而民"二句：上句，褐衣，粗布短衣。不完，衣不遮体。下句，厌，同餍，作饱、足解。言老百姓连吃糟糠都吃不饱。　⑧"民困"二句：上句，兵，指兵器。下句，剡，音掩或染，削物使之尖锐叫剡。此言削木使锐利，以为矛、矢等武器。　⑨"而君器物"句：器物，泛指日常享用之物。

钟：钟磬，乐器也。自若，犹言如常、照旧。 ⑩此：指婢妾的服饰和平原君所享用的器物等。 ⑪"使赵"句：得全，得到保存。此连下句言如果赵国能够不亡，你又何愁没有这些东西呢？ ⑫"今君"句：编，编队。此言平原君果能命令自己的妻子率领婢妾等人参加守城的劳役，编入兵卒的队伍。 ⑬分功而作：功，工作。作，操作。 ⑭飨士：馈赠给士兵。 ⑮"士方"二句：方，犹"当"。德，感恩戴德。此言士兵正当危苦之际，是容易念人的好处的。 ⑯亦会：也是刚刚凑巧。 ⑰李侯：李，地名，今河南省温县西南三十里有故李城。

（以上是第三大段，写李谈为平原君划策，保全邯郸，并以身殉国。）

虞卿①欲以信陵君之存邯郸为平原君请封②。公孙龙③闻之，夜驾④见平原君曰："龙闻虞卿欲以信陵君之存邯郸为君封，有之乎？"平原君曰："然。"龙曰："此甚不可！且王举君而相赵者⑤，非以君之智能为赵国无有也⑥；割东武城而封君者，非以君为有功也⑦而以国人无勋；乃以君为亲戚故也⑧。君受相印不辞无能，割地不言无功者，亦自以为亲戚故也⑨。今信陵君存邯郸而请封，是亲戚受城而国人计功也⑩。此甚不可！且虞卿操其两权⑪：事成，操右券以责⑫；事不成，以虚名德君⑬。君必勿听也。"平原君遂不听虞卿。

①虞卿：事详见下文。 ②欲以……请封：信陵君存邯郸事详见后《魏公子列传》。此言信陵君之救赵，是平原君以亲戚关系坚求其出兵的结果，邯郸之围既解，则平原君亦应有功，故虞卿为平原君请求加封爵位。张森楷以为"请封"，应作"请益封"，后同。 ③公孙龙：赵人，字子秉。余详后注。 ④夜驾：连夜驾车而往，不待天明。 ⑤"且王"句：且，发语词，与"夫"同义。（用王引之说，见《经传释词》。）举君，推选你、任用你。 ⑥"非以"句：大意是，并非因为你的智谋才能是赵国所没有的。 ⑦"割东武城"二句：上句：割，分给、割让给。下句：勋，功。无勋与有功为对

文。顾炎武说："'非以君为有功也而以国人无勋'，当作一句读。言非国人无功而不对，君独有功而封也。"（见《日知录》。）按，此是倒装句，连上句大意是：赵王所以把东武城分割给你以为封邑，并非因为国人都没有功劳而你独有功劳。　⑧"乃以"句：此句承上两层而言。大意是：赵王所以用你为相，并且封你土地，只不过因为你是赵国国君的亲属。　⑨"君受"三句：上文就赵王方面说的，此三句则就平原君方面说。言你之所以受相印而不以自己无能推辞，得到分给你的土地而不说自己无功而不受，也是由于自己是赵国国君的亲属。　⑩"是亲戚"句：泷川资言说："初无功受封，以亲戚之故，今有功又受封，是以国人计报也。"意谓平日因亲戚之故，虽无功也受到封赏；今因邯郸围解，又要照普通人的办法论功计赏。言外指平原君把两面的便宜都占到了，是不合理的。　⑪操其两权：犹言抓住了两方面的把柄或占住了两方面的优势。两权，指下文"事成与事不成"两层。　⑫"事成"二句：券，契券。古代的契券都是一剖为二，双方各执一半。右券是上契（用《史记正义》说），即契券的主要部分，为债权人所执有者。此二句言：如果请封的建议成为事实，那么虞卿就会像债权人拿着右券要求债权一样来向平原君索取报酬了。　⑬"事不成"二句：大意是：如果不成为事实，那么虞卿也可以用曾经建议加封的虚名来博取平原君的感恩。

平原君以赵孝成王十五年卒①。子孙代，后竟与赵俱亡②。

①"平原君以赵孝成王"句：赵孝成王十五年，即公元前二五一年。　②"子孙"二句：上句：言平原君的子孙世代代袭其封爵。下句：言赵国灭亡时，平原君的后嗣也同时中绝。

平原君厚待公孙龙。公孙龙善为坚白之辩①。及邹衍过赵②，言主运③，乃绌④公孙龙。

①公孙龙善为坚白之辩：按，公孙龙的著作有《公孙龙子》，《汉书·艺文志》录十四篇列之于"名家者流"。今存《迹府》《白马》《指物》《通变》《坚白》《名实》六篇。《坚白篇》云："坚白，即坚、

白、石,三。可乎?"曰:"不可。"曰:"二,可乎?"曰:"可。"曰:"得其所曰,不可谓无白;得其所坚,不可谓无坚。而之(此)石也,之于然("然"指"坚""白"两概念)也,非三也(耶)?"曰:"视不得其所坚,而得其所白者,无坚也。拊(抚摸)不得其所白,而得其所坚者,无白也。"(正文据近人王琯《公孙龙子悬解》、陈柱《公孙龙子集解校订》。)所谓"三"和"二",是概念的数目。按照问者第一句问话的意思,认为"坚"是一个概念,"白"是一个概念,"石"又是一个概念,是否可以算作三个概念?而答者(即公孙龙本人的正面意见)却认为只有两个概念。他认为人目视石,但见石之"白"而不见其"坚",是举所见之"白",与"石"为二。人手拊石,但知石之"坚",而不知其"白",是举所知之"坚",与"石"为二。所以说"无白得坚,其举也二。无白得坚,其举也二"(以上用陈柱引近人伍非百说)。但问者根据常识,认为目既见石之白,便不能说"无白",手既知石之坚,便不能说"无坚"。加上"石"本身的概念,仍是三个概念。然后答者又加以阐释,认为目视时只见其白而不觉其坚,手拊时只觉其坚而不见其白。就视觉言,只有"白石";就触觉言,只有"坚石"。"坚"和"白"这两个概念是终不可合而为一的,所以只能是两个概念。把"坚"和"白"这两种概念从"石"中分别抽出来而加以离析,即所谓"离坚白"。 ②"及邹衍"句:邹衍,《史记·孟荀列传》作"驺衍",战国齐人。《孟荀列传》:"(邹衍)适赵,平原君侧行襒席。""襒"音撇,作"拂"解。《史记索隐》:"谓侧而行,以衣襒(拂)席为敬,不敢正坐,当宾主之礼也。"则知邹衍至赵,也受到平原君的优礼。 ③言主运:"主运",原讹为"至道",今改。按,"主运"为邹衍所著书篇名,且为其学说所用之术语,《封禅书》:"邹衍以阴阳主运显于诸侯。"《孟荀列传》:"驺衍……作主运。"《索隐》引刘向《别录》:"邹子书有主运篇。""主运"与"至道"相对,且司马迁非主阴阳家学说者,未必遂称邹衍所言为"至道"也。 ④绌:同"黜",黜退,疏远。

(以上是第四大段,写平原君接受公孙龙的意见,拒绝了虞卿请封的建议,并附带涉及公孙龙在赵的始末。按:《史记》所载平原君的事迹尚见于《赵世家》及其他各篇列传;此篇只着重写平原君的好客及毛遂、李谈、公孙龙等人的言行。张文虎《舒艺室随笔》:"夫罢癃诚贤，乃近在门墙而不知耶！斩头释憾，何不遂引为上客！秦压境，此人安在，数千客又安在！毛遂出下客，李同、公孙龙皆非客。史特写三人，以见数千人乃无一人焉者。"可见司马迁为平原君立传，是颇具褒贬之笔的。)

虞卿者，游说之士也。蹑蹻担簦①说赵孝成王。一见，赐黄金百镒、白璧一双；再见，为赵上卿，故号为虞卿②。

①蹑蹻担簦：蹑，蹈也。蹻，音脚，《集解》引徐广曰："蹻，草履也。"担，负也。景祐本"担"作"檐"，兹依今本改为"担"。簦，《集解》引徐广曰："长柄笠，音登。笠有柄者谓之簦。"按，即今之雨伞。此谓脚踩草鞋，背负雨伞。　②虞卿：虞为邑，卿为官职，其姓名已不传。《新校注稿》说，虞故地在今山西虞卿县西十三里。

秦、赵战于长平，赵不胜，亡一都尉。赵王召楼昌①与虞卿曰："军战不胜，尉复死；寡人使束甲②而趋之，何如？"楼昌曰："无益也。不如发重使为媾③。"虞卿曰："昌言媾者，以为不媾军必破也。而制媾④者在秦，且王之论秦也，欲破赵之军乎？不邪？"王曰："秦不遗余力矣，必且⑤欲破赵军。"虞卿曰："王听臣，发⑥使出重宝以附楚、魏，楚、魏欲得王之重宝，必内⑦吾使；赵使入楚、魏，秦必疑天下之合从，且必恐；如此，则媾乃可为也。"赵王不听，与平阳君为媾⑧，发郑朱入秦，秦内之。赵王召虞卿曰："寡人使平阳君为媾于秦，秦已内郑朱矣。卿以为奚如？"虞卿对曰："王不得媾；军必破矣；天下贺战胜者皆在秦矣！郑朱，贵人也；入秦，秦王与应侯⑨必显重⑩以示天下；楚、魏以赵为媾，必不救王；秦知天下不救王，则媾不可得成也。"应侯果显郑朱以示天下贺战胜者；终不肯媾。长平大败，遂围邯郸，为天下笑。

①楼昌：赵将，详见《赵世家》。　②使束甲：束，整理也。甲，战衣也，以喻军队。使束甲，意即将调遣军队赴战场。　③发重使为媾：发，致送也。重，厚也，此处乃指厚礼。媾，音构，《索隐》说："求和曰媾；媾亦讲，讲亦和也。"　④制媾：此谓操纵和谈的主动力量。　⑤且：将也，下同。　⑥发：派也，下同。　⑦内：同"纳"，下同。　⑧"与平阳君"句：和平阳君商量和谈的事情。平阳君，《会注考证》说："平阳君，惠文王母弟赵豹。"按。即赵孝成王之祖舅。　⑨应侯：即范雎也；秦昭公四十一年，为秦相，封于应，号称应侯。事详见《史记·范雎蔡泽列传》。　⑩显重：表示很显要尊重。

秦既解邯郸围，而赵王入朝，使赵郝约事于秦，割六县而媾①。虞卿谓赵王曰："秦之攻王也，倦而归乎？王以其力尚能进，爱王而弗攻乎？"王曰："秦之攻我也，不遗余力矣；必以倦而归②也。"虞卿曰："秦以其力攻其所不能取，倦而归；王又以其力之所不能取以送之，是助秦自攻也。来年秦复攻王，王无救矣！"王以虞卿之言告赵郝③，赵郝曰："虞卿诚能尽秦力之所至乎？诚知秦力之所不能进；此弹丸之地弗予，令秦来年复攻王，王得无割其内而媾乎？"王曰："请听子割矣，子能必使来年秦之不复攻我乎？"赵郝对曰："此非臣之所敢任④也。他日，三晋之交于秦，相善也⑤；今秦善韩、魏而攻王，王之所以事秦，必不如韩、魏也。今臣为足下解负亲之攻⑥，开关通弊齐⑦，交韩、魏；至来年而王独取攻于秦，此王之所以事秦，必在韩、魏之后也。此非臣之所敢任也。"王以告虞卿，虞卿对曰："郝言不媾，来年秦复攻王，王得无割其内而媾乎？今媾，郝又以不能必秦之不复攻也。今虽割六城，何益？来年复攻，又割其力之所不能取而媾，此自尽之术也，不如无媾！秦虽善攻，不能取六县；赵虽不能守，终不失六城。秦倦而归，兵必罢；我以六城收天下⑧，以攻罢秦，是我失之于天下，而取偿于秦也。吾国尚利，孰与坐而割地，自弱以强秦哉？今郝曰，秦善韩、魏而攻赵者，必以为韩、魏不救赵也，而王之军必孤；有⑨以王之事秦不如韩、魏也。是使王岁以六城事秦也！即坐而城尽。来年秦复求割地，王将与之乎？弗与，是弃前功而挑秦祸也；与之，则无地而给之。语曰：'强者善攻，弱者不能守。'今坐而听秦，秦兵不弊而多得地，是强秦而弱赵也。以益强之秦，而割愈弱之赵，其计故不止矣⑩。且王之地有尽，而秦之求无已；以有尽之地，而给无已之求，其势必无赵矣！"赵王计未定，楼缓从秦来，赵王与楼缓计之⑪曰："予秦地何如毋予，孰吉？"缓辞让曰："此非臣之所能知也。"王曰："虽然，试言公之私⑫。"楼缓对曰："王亦闻夫公甫文伯母⑬乎？公甫文伯仕于鲁，病死，女子为自杀于房中者二人。其母闻之，弗哭也。其相室⑭曰："焉有子死而弗哭者乎？"其母曰："孔子，贤人也，逐于鲁，而是人⑮不随也；今死，而妇人为之自杀者二人。若是者，必其于长者薄，而于妇人厚也！"故从母言之，是为贤母；从妻言之，是必不免为妒妻。故其言一也，言者异，则人心变矣。今臣新从秦来，而言勿予，则非计也；言予之，恐王以臣为为秦也；故不敢对。使臣得为大王计，不如予之。"王曰："诺。"虞卿闻之，入见王曰："此饰说也，王慎勿予！"楼缓闻之，往见王，王又以虞卿之言告楼缓，楼缓对曰："不然！虞卿得其一，不得其二。夫秦、赵构⑯难，而天下皆说⑰，何也？——曰，吾且因⑱强而乘⑲弱矣。今赵兵困于秦，天下之贺战胜者，则必尽在于秦矣。故不如亟[20]割地为和，以疑天下，而慰秦之心；不然，天下将因秦之强怒，乘赵之弊瓜分之。赵且亡，何秦之图乎？故曰虞卿得其一，不得其二。愿王以此决之，勿复计也。"虞卿闻之，往见王曰："危[21]哉！楼子之所以为秦者！是愈疑天下，而何慰秦之心哉！独不言其示天下弱乎？且臣言勿予者，非固勿予而已也！秦索六城于王，而王以六城赂齐；齐，秦之深仇也，得王之六城，并力西击秦，齐之听王，不待辞之毕[22]也！则是王失之于齐，而取偿于秦也！而齐、赵之深仇，可以报矣；而示天下有能为也。王以此发声，兵未窥于境，臣见秦之重赂至赵，而反媾于王也。从秦为媾，韩、魏闻之，必尽重王；重王，必出重宝以先于王，则是王一举而结三国之亲，而与秦易道[23]也！"赵王曰："善！"则使虞卿东见齐王，与之谋秦；虞卿未返，秦使者已在赵矣！楼缓闻之，亡去。赵于是封虞卿以一城。

①"秦既解"四句：梁玉绳曰："《赵策》谓秦破赵长平，归，使人索六城于赵而讲。"鲍注曰："史（《史记》）书此事，在邯郸围解后。邯郸之围，非秦德赵而解；赵赖魏之力尔。何事朝秦而讲以六城！策（《国策》）以长平破，惧而赂之，是也。" ②以倦而归：《会注考证》引中井积德说："考当时事势，秦师之归，实因范雎嫉白起之功，而苏代又沮坏成功也，非倦而归也。" ③赵郝：梁玉绳说："案《新序·善谋上篇》与此同；《国策》皆以赵郝为楼缓，而移'新从秦来'一段在前，未知孰是。"录以备考。 ④任：负责；担保。 ⑤"他日"三句：《会注考证》曰："策（《国策》），'他日'作'昔者'；《新序》，'善'作'若'，'若'犹'同'也；义长。" ⑥负亲之攻：《索隐》说："为足下解其负担而亲自攻之也。"《战国策》鲍注谓赵尝亲秦而复负之，故秦来攻。张森楷以为"较《索隐》谊为长"，是也。 ⑦"开关"句：俗多以"开关通弊"为句，"齐交韩魏"为句，殊难解释，张森楷谓当以"开关通弊齐"为句，"通弊齐"即通疲弊之齐国也。 ⑧收天下：意谓得他国之心使助

己。 ⑨有：与"又"通。王念孙以为"韩魏不救赵也……有以"十五字应删。 ⑩"其计"句：他进攻的计划也就没有止尽了。故，《赵策》作"固"，应从改。 ⑪与楼缓计之：《新校注稿》引顾炎武说："楼昌、楼缓恐是一人，与后进说亦是一事；记者或以为赵王不听，或以为听之。"太史公两收之，而不觉其重耳。 ⑫私：私心也（采《索隐》说）。 ⑬公甫文伯母：《正义》说："季康子从祖母。文伯名歜，康子从父昆弟。" ⑭相室：《正义》说："谓傅母之类也。"《会注考证》引卢藏用说："助引礼者也。" ⑮是人：指公甫文伯。 ⑯构：交也。 ⑰说：音、义同"悦"。 ⑱因：依也。 ⑲乘：陵也；即欺凌也。 ⑳亟：音、义同"急"。 ㉑危：王念孙说："危，读为诡；诡，诈也。"《汉书·董贤传》引史文作"诡"。 ㉒辞之毕：辞，说辞也。毕，完也。 ㉓易道：《正义》说："前取秦攻，今得赂，是易道也。"

居顷之，而魏请为从①，赵孝成王召虞卿谋；过平原君，平原君曰："愿卿之论从也。"虞卿入见王，王曰："魏请为从。"对曰："魏过②。"王曰："寡人固未之许。"对曰："王过。"王曰："魏请从，卿曰魏过；寡人未之许，又曰寡人过。然则，从终不可乎？"对曰："臣闻小国之与大国从③事也，有利则大国受其福，有败则小国受其祸；今魏以小国请其祸，而王以大国辞其福，臣故曰王过魏亦过。窃以为从便。"王曰："善。"乃合魏为从。

①从：即合从也，下同。 ②过：错；不对。与上"过平原君"之"过"不同义；上"过"为"路过"也。与下文之"过"则同义。 ③从：平声；做也。与上、下文之"从"，义不同。

虞卿既以魏齐之故，不重万户侯卿相之印，与魏齐间行，卒去赵，困于梁；魏齐已死，不得意，乃著书①；上采《春秋》，下观近世，曰《节》《义》《称》《号》《揣》《摩》《政》《谋》，凡八篇②，以刺讥国家得失；世传之，曰《虞氏春秋》。

①虞卿既以……著书：虞卿与魏相魏齐友善，魏齐曾对范雎进行过迫害；及范雎为秦昭王相，乃伐魏，求魏齐甚急。魏齐奔赵，虞卿弃官与魏齐同往见信陵君，信陵君犹疑，未即接见，魏齐遂自杀（详见《史记·范雎蔡泽列传》）；虞卿亦穷愁无所归，著书八篇，号《虞氏春秋》。后虞卿再度相赵，却秦将楼缓，赵于是以一城封虞卿。（按本传所叙此事，时间先后颠倒，兹据清儒考订结果，略加排列，述之如上。）　②节义……八篇：世误以"节义"为一篇，"称号"为一篇，"揣摩"为一篇，"政谋"为一篇，是意似司马迁于八篇仅举其四篇之名者。按，《汉书·艺文志》无《鬼谷子》，《鬼谷子》书即杂取《虞氏春秋》等以成者也。今本《鬼谷子》有《揣篇第七》《摩篇第八》《权篇第九》《谋篇第十》，《权篇》疑即《政篇》，皆以一字为篇名。则此云"节""义""称""号""揣""摩""政""谋"为八篇篇名，非其中四篇之篇名可证。

太史公曰：平原君，翩翩①浊世之佳公子也，然未睹大体②。鄙语曰："利令智昏。"平原君贪冯亭邪说，使赵陷长平兵四十余万众，邯郸几亡③。虞卿料事揣情，为赵画策，何其工也；及不忍魏齐，卒困于大梁。庸夫且知其不可，况贤人乎？然虞卿非穷愁，亦不能著书以自见于后世云。

①翩翩：《会注考证》谓：风流文采貌。　②未睹大体：意谓临事尚看不出其重要的义理所在，意即行事未当。　③"平原君贪"三句：《集解》引谯周说："长平之陷，乃赵王信间，易将之咎，何怨平原受冯亭哉？"事详见《史记·赵世家》。

魏公子列传①

　　魏公子无忌者，魏昭王②少子，而魏安釐王异母弟也③。
　　①篇题殿本作《信陵君列传》，此从《太史公书序略》改。　　②魏昭王：名遬（古"速"字），在位十九年（公元前二九五至公元前二七七）。据《史记·魏世家》，昭王为哀王之子；但据《世本》，知"哀"为"襄"字之误，则魏国根本就没有哀王，故昭王当是襄王之子。　　③"而魏安釐王"句：魏安釐王名圉，昭王之子，在位三十四年（公元前二七六至公元前二四三），"釐"，应读为"僖"。异母弟，同父不同母的兄弟。

　　昭王薨①，安釐王即位，封公子为信陵君②。
　　①薨：读如轰，诸侯死叫"薨"（《礼记·曲礼下》）。　　②"封公子"句："信陵"，地名，旧注无考。洪颐煊《读书丛录》引《水经注》："汲水（汲，古"汴"字）又东径葛城北，故葛伯之国也。葛于六国属魏，魏襄王以封公子无忌，号信陵君。其地葛乡，即是城也……"今按，此节引文见《水经注》卷二十三，文字微有不同。"葛乡"，战国时又名宁邑，其故城在今河南省宁陵县北十五里。据《史记·六国年表》，封无忌为信陵君是魏安釐王元年（公元前二七六年）的事。

　　是时，范雎亡魏相秦①；以怨魏齐故②，秦兵围大梁③，破魏华阳下军，走芒卯。魏王及公子患之。
　　①"范雎"句：魏人，字叔，事详见《史记·范雎蔡泽列传》。　　②"以怨"句："以……故"，犹言"因为……的缘故"。　　③"秦兵围大梁"三句：第一句，大梁，魏都，即今河南省

开封市。据《史记·六国年表》及《魏世家》，秦兵围大梁事在公元前二七五年（魏安釐王二年，秦昭王三十二年）。第二句，华阳，亭名，古华国地，战国时属韩，在今河南省新郑县东南。华阳下军，指驻扎在华阳的魏军。据《史记·白起王翦列传》，秦昭王三十四年（公元前二七三年），白起攻魏，拔华阳。第三句，走，及物动词；芒卯，魏将，据《战国策·魏策》及《史记·魏世家》，芒卯曾以智诈之谋受知于魏昭王；走芒卯，言芒卯为秦兵所败走。按，此处叙秦攻魏是由于范雎怨魏齐，时间前后疑有错误。梁玉绳说："案，雎相在秦昭四十二年（按，即公元前二六五年，魏安釐王十二年），秦围大梁及破魏华阳二事，在昭王三十二、三十四两年，其时穰侯（按，即魏冉）相秦也。安得谓因雎怨魏齐而兴兵乎？误矣！"录以备考。

公子为人仁而下士①，士无贤不肖②，皆谦而礼交之，不敢以其富贵骄士，士以此方数千里争往归之③，致④食客三千人，当是时，诸侯以公子贤，多客，不敢加兵谋魏十余年⑤。

①仁而下士：下，及物动词，指降抑身分，与比自己地位低的人交往。 ②"士无"二句：此即上句的说明，言不论贤士或不贤之士，无忌都谦虚地以礼相待。 ③"士以此"句："以此"，因此。"方数千里"，以魏国为中心，周围数千里以内的地方。"争往归之"，踊跃争先地投奔、依附无忌。 ④致：招致，招徕，延揽。 ⑤十余年：张森楷以为应作"二十余年"，说详《新校注》，文繁不录。

公子与魏王博①，而北境传举烽②，言"赵寇至，且入界③"。魏王释博④，欲召大臣谋。公子止王曰："赵王田猎耳，非为寇也。"复博如故。王恐，心不在博。居顷⑤，复从北方来传言曰："赵王猎耳，非为寇也！"魏王大惊曰："公子何以知之？"公子曰："臣之客有能探得赵王阴事者⑥。赵王所为，客辄⑦以报臣，臣以此知之。"是后⑧，魏王畏公子之贤能，不敢任公子以国政。

①博:"簙"之假借字。《说文》:"簙,局戏也。六箸,十二棋也。"王逸《章句》注《楚辞·招魂》:"投六箸,行六棋,故为六簙也。"《后汉书·梁冀传》李贤注引鲍宏《博经》:"用十二棋,六棋白,六棋黑",则知簙是我国古代的一种棋类游戏,可以赌赛。后世言"赌博",义即本此。 ②举烽:犹后世的发警报。"烽"是告急的信号。《汉书》颜注:"文颖曰:边方备胡寇,作高土橹,橹上作桔皋(槔),桔皋头兜零,以薪草置其中。常低之。有寇,即火燃,举之以相告,曰'烽'。又多积薪,寇至,即燃之,以望其烟,曰'燧'。……昼则燔(焚)燧,夜则举烽。"按,《后汉书·光武帝纪》李贤注引《汉书音义》与此略同。"橹",即守卫的望楼;"桔槔",本汲水用具,用木制成,一端为长木臂,可以低昂,用以系物或汲水,较为省力。"兜零",《汉书音义》作"有兜零",李贤注引《广雅》:"笼也。"今按,《广雅·释器》"笭,笼也",与李贤所引不同。"零"当是"笭"的假借字。而"兜"本指盔铠(所谓"兜鍪"),此处作动词用,言以笭兜于桔槔的顶端。李贤据《汉书音义》以"兜零"为一词,疑非是。又据《酉阳杂俎》:"燃烽火用狼粪,以其烟可直上,风吹不斜。" ③"言赵寇至"二句:上句,"寇",《周礼·大宗伯》郑玄注:"兵作于外为'寇'。"下句,"界",指魏之国境,此言"北方传来警报,说赵国以兵犯界,即将入境"。 ④释博:"释",中止,放下。 ⑤居顷:过了不久。 ⑥"臣之客"句:"阴事",不公开的行动。又"探",索隐本作"深";"深得",言深入地探听到,亦可通。 ⑦辄:作"每每"解。 ⑧是后:此后,从此以后。

魏有隐士曰侯嬴,年七十,家贫,为大梁夷门监者①。公子闻之,往请,欲厚遗之②。不肯受,曰:"臣修身絜行③数十年,终不以监门困故而受公子财④。"公子于是乃置酒,大会宾客。坐定,公子从车骑,虚左⑤,自迎夷门侯生⑥。侯生摄敝衣冠⑦,直上载公子上坐,不让,欲以观公子⑧。公子执辔愈恭⑨。侯生又谓公子曰:"臣有客在市屠中⑩,愿枉车骑过之⑪。"公子引车入市。侯生下见其客朱亥,俾倪⑫,故久立与其客语,微察⑬公子。公子颜色愈和⑭。当是时,魏将相宗室宾客满堂,待公子举酒⑮;市人皆观公子执辔⑯;从骑皆窃骂侯生⑰,侯生视公子色终不变,乃谢客就车⑱。至家⑲,公子引侯生坐上坐,遍赞宾客⑳,宾客皆惊。酒酣,公子起为寿侯生前,侯生因谓公子曰:"今日嬴之为公子亦足矣㉑!嬴乃夷门抱关者也㉒,而公子亲枉车骑,自迎嬴于众人广坐之中㉓,不宜有所过㉔,今公子故过之㉕。然嬴欲就公子之名㉖,故久立公子车骑市中㉗,过客,以观公子,公子愈恭。市人皆以嬴为小人,而以公子为长者能下士也。"于是罢酒。侯生遂为上客。

①夷门监者:"夷门",大梁城的东门;"监者",看守城门的役吏,"监"读去声。　②欲厚遗之:要送给侯嬴一份厚礼。"遗"读去声,作"馈赠"解。　③絜行:"絜"同"洁";"行"读去声,品行。"洁行",指行动有操守。　④"终不以"句:到底不能因为看守城门这个职业太穷而接受你的私财。　⑤"公子从车骑"二句:上句,"从车骑",使车骑相从;言"无忌带着随从的车马"。"骑"读去声。下句,"虚",空着;"左",车上面左方的座位。按,古代乘马以左面的位子为尊,故无忌把尊位空着,留给侯嬴坐。　⑥侯生:即侯嬴。按,"生"即"先生"之省称。《史记索隐》:"自汉以来儒者皆号'生',亦'先生'者省字呼之耳。"按《管子·君臣篇》:"是以为人君者,坐(主?)万物之原,而官诸生之职者也。"尹知章注:"生,谓知学之士也。"(戴望《管子校正》引宋翔凤说,释"诸生"为"群生",疑非是。)则以"生"为士人之通称,自先秦已然。侯嬴为战国时士人,故亦可称"生"。汉代称儒者为"生",正是沿袭先秦语例。　⑦摄敝衣冠:"摄",《史记正义》:犹言"敛"者也。即整顿、整理之意。"敝",破旧。　⑧"直上"三句:第一句,"直上",大模大样地径直走上车去;"载"作处、置解;"上坐",指无忌空出来的左首的位子;"载公子上坐",言侯生竟把自己安置在左面的尊位上。第三句,"观",观察,考验,窥测。　⑨执辔愈恭:"执

辔",握着驭马的缰绳;"愈恭",更加恭敬。按,此写无忌亲为侯生驾车,正见其礼贤下士之意。　⑩在市屠中:"市"即"市井",详下第二大段注释。"屠",屠宰牲畜的地方。　⑪"愿枉"句:"枉"本作"曲"解,此处引申有"屈辱"之意;"过"音锅,拜访。此句大意是:"希望您委屈您的车马,随同我绕路去拜访他。"　⑫俾倪:同"睥睨",目斜视貌。王骏观说:"'俾倪'犹'睥睨',傲貌。顾盼自得,若未睹其人也。"　⑬微察:暗中观测。　⑭颜色愈和:"颜",面容。此言无忌面上的神色更加和悦。　⑮待公子举酒:"举酒",犹言"开宴"。按,此写无忌府中情形。　⑯"市人"句:按,此写市上的群众对无忌执辔的举动感到新奇,所以都来观看。　⑰"从骑"句:"从骑",指骑着马的随从,两字皆读去声。按,此写随从者的怨怒心理。以上三层,是作者故作对照的写法。　⑱谢客就车:"谢",辞谢,辞别;"客"指朱亥,"就车",登车。　⑲至家:到了无忌的家中。　⑳"遍赞"二句:上句,"遍",普遍,一一;"赞",称引,赞美。按,此句有二解:一,《史记索隐》:"赞,告也。谓以侯生遍告宾客。"言无忌普遍向宾客介绍侯生并盛称其贤。二,洪亮吉《四史发伏》:"此盖公子遍以宾客名赞于侯生前耳。故下言'宾客皆惊'也"。今按,如解作把宾客的不同情况一一称述于侯生之前,则"遍"字较有着落。疑洪说近是。下句,"皆惊",一本作"雷惊",非是。　㉑"今日"句:《史记集解》引徐广说:"'为'一作'羞'。"王伯祥说:"'为公子亦足矣',难为你也够了。徐广说:'为一作羞',意正与'难为'同。"　㉒"嬴乃"句:"关",《说文》:"以木横持门户也。"段注:"'关'者,横物。即今之门橛(橛,古"栓"字,俗又作"闩")。""抱关者",抱门栓的人,即负责启闭城门的人。　㉓"自迎嬴"句:"广坐",犹言"盛会"。此言"您亲自迎接我到大庭广众之中来"。　㉔不宜有所过:不宜对我有太过分的表示。　㉕今公子故过之:"故"与"固"通,此处作既、已解。刘淇《助字辨略》:"是心诚如此,非有虚假之谓。""故过之",犹言"诚然是太过分了"。　㉖"然嬴"句:"就",成就。此言"但是我为了要成就您的爱士之名"。　㉗"故久立公子"句:"立",在此处作及物动词用;"市中"上省略一"于"字。此犹言"故意使公子车骑久立于市中"。

侯生谓公子曰:"臣所过屠者朱亥,此子贤者,世莫能知,故隐屠间耳①。"公子往数请之,朱亥故不复谢②。公子怪之。

①故隐屠间耳:"故",因此;"屠间",犹"屠中"。此言"因此才藏身于屠者之间"。　②故不复谢:"故",故意地;"复谢",答谢,回拜。

(以上是第一大段,写信陵君善用士人及其礼贤下士的器量和态度。)

魏安釐王二十年①,秦昭王已破赵长平军②,又进兵围邯郸。公子姊为赵惠文王弟平原君夫人,数遗魏王及公子书③,请救于魏。魏王使将军晋鄙将十万众救赵。秦王使使者告魏王曰:"吾攻赵,旦暮且下④;而诸侯敢救者,已拔赵,必移兵先击之。"魏王恐,使人止晋鄙,留军壁邺⑤,名为救赵,实持两端以观望⑥。平原君使者冠盖相属于魏⑦,让⑧魏公子曰:"胜所以自附为婚姻者,以公子之高义,为能急人之困⑨。今邯郸旦暮降秦,而魏救不至,安在公子能急人之困也⑩?且公子纵轻胜,弃之降秦,独不怜公子姊邪⑪?"公子患之⑫,数请魏王,及宾客辨士说王万端⑬;魏王畏秦,终不听公子。

①魏安釐王二十年:即公元前二五七年。这一年是秦昭王五十年,赵孝成王九年。　②"秦昭王"句:按,秦破赵长平军在公元前二六〇年,事详后《廉颇蔺相如列传》。　③"数遗"句:"数"音朔,屡次;"遗"读去声,送给。　④旦暮且下:早晚间即将攻下来。　⑤留军壁邺:"留军",停止进军;"壁",此处是动词,作"驻屯"解;"邺",故地在今河南省临漳县西南。　⑥"实持"句:"两端",两头;"持两端",指对秦、赵双方采取两面手法;"观望",观看风色。　⑦"平原君使者"句:"冠",指使者所穿戴的衣冠;"盖",车盖,指使者乘的车;"冠盖",喻使者的威仪服饰;"属"音烛,连续不断。此言"平原君所派遣的使者络绎不绝地到魏国

来"。　　⑧让：读上声，责难，埋怨。　　⑨"胜所以"三句：第一句，"自附"，是谦词，犹言"自愿地依附"。第二句，"义"同"谊"，"高谊"，对人有高度的友谊。第三句，"急"，此处是动词，犹言"焦虑""操心"；"困"，困难。此三句大意是：我之所以自愿同魏国结为婚姻，乃是由于信陵君待人有高度的友谊，是个能够为别人的困难操心着急的人。　　⑩"安在"句："安在"，犹言"哪里见得"；"也"同"耶"，疑问句尾助词，犹"呢"。　　⑪"且公子"三句：第一句，"纵"，即使；"轻"，轻视。第二句，"之"，指平原君。按，此三句言外谓"即使赵国存亡与魏无干，但赵、魏既有姻戚关系，魏国恐怕也不能幸免于祸"。　　⑫患之："患"，犹"忧"。　　⑬"数请"二句：上句，"请"，请求，指请求魏王出兵。下句，"说"读为税，劝说，游说；"万端"，犹言"万种办法"。此言无忌不仅自己向魏王请求，还命门下宾客辩士想尽各种办法去劝说魏王出兵救赵。

公子自度终不能得之于王①，计不独生而令赵亡②；乃请宾客，约③车骑百余乘，欲以④客往赴秦军，与赵俱死。

　　①"公子自度"句："度"，音夺，估量；"得"，指得到圆满结果；"之"，指援赵的具体措施。此言"无忌自己估量，恐怕终将得不到魏王的允许"。　　②"计不"句："计"，犹言"决计"。王伯祥说："决计不独自苟存而使赵国灭亡。"　　③约：凑集。　　④以：作"与"解。

行过夷门，见侯生，具告所以欲死秦军状，辞决而行①。侯生曰："公子勉之矣！老臣不能从。"公子行数里，心不快，曰："吾所以待侯生者备矣②，天下莫不闻。今吾且死，而侯生曾无一言半辞送我。我岂有所失哉！"复引车还问侯生。侯生笑曰："臣固知公子之还也③。"曰④："公子喜士，名闻天下。今有难，无他端⑤，而欲赴秦军，譬若以肉投馁虎，何功之有哉⑥！尚安事客⑦！然公子遇臣厚，公子往而臣不送，以是知公子恨之复返也⑧。"公子再拜，因问⑨。侯生乃屏人间语⑩曰："嬴闻晋鄙之兵符⑪，常在王卧内⑫；而如姬最幸⑬，出入王卧内，力能窃之。嬴闻如姬父为人所杀，如姬资之三年⑭。自王以下，欲求报其父仇，莫能得，如姬为公子泣⑮，公子使客斩其仇头，敬进如姬。如姬之欲为公子死，无所辞⑯，顾未有路耳⑰。公子诚一开口请如姬，如姬必许诺，则得虎符，夺晋鄙军，北救赵而西却秦，此五霸之伐也⑱。"公子从其计，请如姬，如姬果盗晋鄙兵符与公子。

①辞决而行："辞"，告；"决"同"诀"，别。王伯祥说："说完了话，就分别而行。" ②"吾所以"句："备"，指礼貌周到。下文"我岂有所失哉"的"失"与此为对文，指礼貌有不足不备之处。 ③"臣固知"句："固"，早已，本来就。 ④曰：主语是侯生。这是表示侯生在说完上句话后略作停顿，然后接下去说。 ⑤"今有难"二句：上句，"难"读去声，危难，困难。下句，"他端"，别的方法。 ⑥"譬若"二句：上句，"馁虎"，饥饿的老虎；"馁"音内，上声。下句，"功"，功效，好结果。此二句言"用肉向饿虎投去是不会有好结果的"。 ⑦尚安事客："尚"，犹今口语"那还"；"安"，作"何"解；"事"，用。此言"那还要宾客干什么用呢？"。 ⑧"然公子"三句：第一句，"遇"，待遇。第二句，"送"，不仅指送行，也指临行赠言。第三句，"以是"，因此；"之"，连接词，犹"而"（详见清人吴昌莹《经词衍释》和近人裴学海《古书虚字集释》）；"恨之复返"，犹言"恨而复返"。 ⑨因问：于是向侯生请教。 ⑩屏人间语："屏"，音饼，作"除"解；"屏人"，遣开旁人；"间"读去声，作"私"解；"间语"犹"私语"（用王念孙说），即秘密谈话。 ⑪兵符：又名铜虎符，是古代调遣兵马的一种凭证。此符用铜制成，取上下同心之意（《史记索隐》引张晏说），铸为虎形，取其勇猛威武之意（胡三省、钱大昭说）：中剖为二，可分可合。《史记集解》引应劭说："国家当发兵，遣使者至郡，合符；符合乃听受之。"言国家有战事时，国君即分符为两半，以左边一半给率军的统帅，以右边一半留在坐镇京师的国君手中。及至有新的命令，国君必须把留下的半符交给使者前往传达，左右两半相合，命令乃得施行。 ⑫卧内：寝室，寝宫。 ⑬"而如姬"

句：如姬，魏王的宠姬；"最幸"，最得魏王的宠幸。　⑭资之三年："资"，犹今言"悬赏"。顾炎武说："谓以资财求客报仇。""之"指杀如姬之父的仇人。　⑮为公子泣："为"读去声，杨树达《词诠》："与'与'字用同。"按，"与"，犹今口语"对"。此句言如姬对无忌哭泣。　⑯无所辞：无可推辞，决不会推辞。　⑰顾未有路耳："顾"，只是，但是；"路"，机会。　⑱"此五霸"句："五霸"泛指齐桓公、晋文公等人。"伐"，名词，功业，勋绩。此言无忌仗义出兵，破秦救赵，功绩与齐桓、晋文相同。

公子行，侯生曰："将在外，主令有所不受①，以便②国家。公子即③合符，而晋鄙不授公子兵，而复请之④，事必危矣。臣客屠者朱亥可与俱⑤。此人力士。晋鄙听，大善；不听，可使击之。"于是公子泣。侯生曰："公子畏死耶？何泣也？"公子曰："晋鄙嚄唶宿将⑥，往恐不听，必当杀之，是以泣耳。岂畏死哉！"

　　①"将在外"二句：按《孙子·九变篇》："凡用兵之法：将受命于君，合军聚众，……君命有所不受。"曹操注："苟便于事，不拘于君命也。"意谓国君身居朝内，不了解前方具体战斗形势，为统帅者自不能随意听受君命，致误军机。　②便：便利。　③即：即使。　④而复请之："复请"，重向魏王请示。王伯祥说："此处'请'字有对质的意义。"　⑤可与俱："俱"与"偕"同义，一路同行。　⑥嚄唶宿将："嚄"音获，大笑；"唶"音则，大呼；"嚄唶"，意气豪迈、呼喝示威之貌。《史记评林》引明董份说："'嚄唶'，即项羽'喑恶叱咤'（按，语见后《史记·淮阴侯列传》），状其勇气也。""宿将"，有威望的老将。

于是公子请朱亥。朱亥笑曰："臣乃市井鼓刀屠者①，而公子亲数存之②。所以不报谢者，以为小礼无所用③。今公子有急④，此乃臣效命之秋也⑤。"遂与公子俱。公子过谢侯生。侯生曰："臣宜从，老不能⑥；请数公子行日，以至晋鄙军之日⑦，北乡自刭以送公子⑧！"公子遂行。

①"臣乃"句："市井"，《管子·小匡篇》："处商必就市井。"尹知章注："立市必四方，若造井之制，故曰市井。""鼓"，动词，作"敲击"解；但王逸《楚辞章句》释"鼓刀"的"鼓"作"鸣"解；按，宰杀牲畜必敲击其刀，敲之则有声，故可解为"鸣"。"屠者"，屠夫。　②亲数存之："存"，慰问，恤助；"之"指朱亥。此句言"蒙您屡次亲来问候我"。　③小礼无所用："小礼"，指来往回拜之类的琐碎礼节；"无所用"，没有用处，没有意义。　④有急：有困难。此处的"急"是名词。　⑤"此乃臣"句："效"，呈献；"效命"，献出生命。"秋"，犹"时机"。王伯祥说："'秋'为一年中禾谷收成的季节，引申为适当之时。"　⑥"臣宜从"二句：大意是：我应该跟您同去，但我年老了，不能这样做了。　⑦"请数"二句：上句，"数"读上声，计算；"行日"，指行程。下句，算到抵达晋鄙军中的那一天。按，上句的"日"指路上所费的日数，下句，指到达军中的具体日期。　⑧"北乡"句："乡"同"向"，"北向"，面向北方。按，邺在魏国的北境，所以侯生这样说。"送"，作"致"解，引申有"报答""答谢"之意（参用《汉书》颜注引应劭说及近人王伯祥说）。

至邺，矫魏王令代晋鄙①，晋鄙合符，疑之，举手视公子曰："今吾拥十万之众②，屯于境上，国之重任③。今单车来代之，何如哉④？"欲无听，朱亥袖四十斤铁椎，椎杀晋鄙⑤。公子遂将晋鄙军，勒兵⑥，下令军中曰："父子俱在军中，父归；兄弟俱在军中，兄归；独子无兄弟，归养⑦。"得选兵八万人⑧，进兵击秦军。秦军解去，遂救邯郸存赵。

①"矫魏王令"句：此言无忌假传魏王的命令，以自己代替晋鄙的职位。　②"今吾"句："拥"，作"聚"解。此言"我现在拥有十万大兵"。　③国之重任：此言晋鄙所承担的职务乃是国家的重任。　④"今单车"二句：上句，"单车"，犹言"独车"，指无忌孤身前来，并无随护的兵卒，所以只有他所乘坐的车而无其他的兵车。"之"，指晋鄙本人。下句，犹言"怎么回事呢？"。　⑤"朱亥"二

句:上句,"袖",动词。谓藏物于袖中;"椎",已见前《留侯世家》注释。下句,"椎杀",用椎打死。　⑥勒兵:"勒",本作"控制"解,此处解作驾驭、统辖、约束。　⑦"独子"二句:上句,"独子",独生子;下句,"归养",回家奉养父母。按,古代宗法观念极重,孟子有"不孝有三,无后为大"的说法。此言无忌为了保证魏国人民后嗣的延续,所以命令独生子免服兵役。　⑧"得选兵"句:"选兵",经过挑选的精兵。

赵王及平原君自迎公子于界①,平原君负韣矢②,为公子先引。赵王再拜③曰:"自古贤人未有及公子者也!"当此之时,平原君不敢自比于人④。

①自迎公子于界:"界",疑指邯郸城郊,不指赵国国境。《战国策·魏策》即作"赵王自郊迎"。　②韣矢:"韣"音兰,箭袋;"矢",箭。此指箭袋和箭。　③再拜:连施两拜,是古代较重的礼节。　④不敢自比于人:不敢与他人相比。王伯祥说:"此'人'字指魏公子。本来四君并称,至此,平原君自惭不能比信陵君了。"

公子与侯生决①,至军②,侯生果北乡自刭。

①决:分别,分手。　②至军:无忌到达晋鄙的军中。

魏王怒公子之盗其兵符,矫杀晋鄙,公子亦自知也①。已却秦存赵,使将将其军归魏②,而公子独与客留赵。

①公子亦自知也:言无忌自己也知道这样做得罪了魏王。　②"使将"句:上"将"字是名词,将官;下"将"字是动词,率领。

(以上是第二大段,写无忌用侯嬴之谋窃符救赵的始末。)

赵孝成王德①公子之矫夺晋鄙兵而存赵,乃与平原君计②,以五城封公子。公子闻之,意骄矜而有自功之色③。客有说公子曰④:"物有不可忘,或有不可不忘⑤:夫人有德于公子,公子不可忘也;公子有德于人,愿公子忘之也。且矫魏王令,夺晋鄙兵以救赵，于赵则有功矣，于魏则未为忠臣也。公子乃自骄而功之⑥，窃为公子不取也⑦。"于是公子立自责⑧，似若无所容者⑨。赵王埽除自迎，执主人之礼⑩，引公子就西阶⑪。公子侧行辞让，从东阶上⑫。自言罪过：以负于魏，无功于赵⑬。赵王侍酒至暮⑭，口不忍献五城，以公子退让也。公子竟留赵。赵王以鄗为公子汤沐邑⑮。魏亦复以信陵奉公子。公子留赵。

①德：感激。 ②计：商议。 ③"意骄矜"句："骄"，傲慢；"矜"，夸耀，自以为是；"自功之色"，自以为有功劳的神气。 ④"客有说"句："客"，《战国策·魏策》记其姓名作"唐且"（"且"音租）；"说"音税。按，《魏策》："信陵君杀晋鄙，救邯郸，破秦人，存赵国。赵王自郊迎。唐且谓信陵君曰：'臣闻之曰，事有不可知者，有可不知者；有不可忘者，有不可不忘者。'……"则劝说之事在赵王郊迎之先，与此稍有不同。 ⑤"物有"二句："物"，犹"事"。此二句言"有的事是不应该忘记的，而有的事则是必须忘掉的"。 ⑥自骄而功之：此"功"字作动词用，言"自以背魏救赵为有功而骄傲自满"。"之"，语尾助词，古汉语常附于动词后，没有含义。 ⑦"窃为"句："窃"，作"私"解；"不敢"，犹言"不以为然"。此言"我的私衷是不以你的表现为然的"。 ⑧立自责：立即责备自己。 ⑨"似若"句：好像无地容身似的。 ⑩"赵王埽除"二句：上句，"埽"，今写作"扫"，"扫除"，指扫除道路上的尘土；"自迎"，亲自迎接。下句，"执"，执行。按，《礼记·少仪》："氾扫曰'埽'。""氾"即"泛"。孔颖达《礼记正义》："此一经明主人为宾洒扫之事。""氾扫"者，"氾"，广也，若远路大宾来，主人宜广扫之。谓外内俱扫谓之"埽"。据此，则知古代迎接远路的大宾，主人必须亲自为客人洒扫道路。下句的"执主人之礼"，正是上句"埽除自迎"的说明。 ⑪"引公子"句："就"，凑近之意。按，《礼记·曲礼上》："凡与客人者，……主人就东阶，客就西阶。客若降等（表示降低自己的身份），则就主人之阶。"此言赵王以客礼接待无忌，请无忌从西阶走。 ⑫"公子侧行"二句：上句，"侧行"，侧身前行，

表示谦退礼让。下句,言无忌表示自己不是贵宾,故降等从东阶走。 ⑬"自言"三句:第一句,无忌说自己是有罪过的人;"罪",犯法。第二句,"以",因为;"负",辜负。第三句,言对赵并无功劳,是谦辞。王伯祥说:"此两语为概括的叙述,不是公子自己口头所说的话。" ⑭侍酒至暮:"侍酒",陪着无忌饮酒。 ⑮"赵王以鄗"句:"鄗"音墼,古地名,本春秋时晋邑,战国时属赵,故城在今河北省柏乡县北。"汤沐邑",《礼记·王制》:"方伯(诸侯)为朝天子,皆有汤沐之邑。"郑玄注:"给斋戒自洁清之用"。按,汤沐邑在春秋以前,本是天子赐给诸侯来朝时斋戒自洁的地方;战国以后,名义虽存,实质上已成为国君赐给大臣的临时封邑。

公子闻赵有处士毛公藏于博徒,薛公藏于卖浆家①。公子欲见两人,两人自匿②,不肯见公子。公子闻所在③,乃间步④往,从此两人游⑤,甚欢。平原君闻之,谓其夫人曰:"始吾闻夫人弟公子天下无双⑥;今吾闻之,乃妄从博徒卖浆者游⑦。公子妄人耳⑧!"夫人以告公子。公子乃谢⑨夫人去,曰:"始吾闻平原君贤,故负魏王而救赵,以称平原君⑩。平原君之游,徒豪举耳⑪,不求士也。无忌自在大梁时,常闻此两人贤。至赵,恐不得见。以无忌从之游,尚恐其不我欲也⑫。今平原君乃以为羞,其不足从游⑬!"乃装为去⑭。夫人具以语平原君。平原君乃免冠谢⑮,固留⑯公子。

①"公子闻"二句:上句,"处士",隐居不仕的高士;"处"读上声。"博徒"犹言"赌徒"。下句,"卖浆",卖酒的人家。按,"毛公""薛公",史佚其名。《汉书·艺文志》"名家者流"有赵人毛公,与公孙龙同客平原君之门,疑与此"毛公"不是一人。 ②自匿:主动地藏匿起来。 ③公子闻所在:无忌知道了毛公、薛公隐藏的地方。 ④间步:秘密地步行。 ⑤游:交往。 ⑥"始吾闻"句:"始",当初,从前;"天下无双",犹言"天下第一"。意谓世上再没有比得过无忌的人。 ⑦"乃妄从"句:"妄",犹言"胡乱地"。

此言无忌竟胡乱地跟赌徒和卖酒的交朋友。　⑧公子妄人耳："妄人"，荒唐的人，无知而胡乱行动的人。　⑨谢：辞别。　⑩以称平原君："称"，音乘，作"顺""遂"解，此言"为了满足平原君的心愿"。　⑪"平原君之游"二句：上句，"游"作名词用，指交朋友，好客的行为。下句，"徒"，犹言"不过是""无非是"；"豪举"，一时高兴的举动（用王骏图说，见《史记旧注平议》）。又张文虎说："谓徒以客众为豪耳。"义并通。　⑫"以无忌"二句：大意是：以我这样身份的人同他们来往，尚且怕他们不要我呢。　⑬其不足从游："其"，副词，作"殆"解，犹言"大概是""恐怕是"，于语气不肯定时用之（见杨树达《词诠》）。"不足"，不值得；"从游"，跟他来往。此句大意是：像平原君这样的人，恐怕真不值得同他交朋友了！　⑭乃装为去："装"，整理行装；"为去"，准备动身离开赵国。　⑮免冠谢："免冠"，摘去帽子；"谢"，谢罪。按，古人免冠是赔礼认罪的表示。　⑯固留：坚决挽留。

平原君门下闻之，半去平原君归公子，天下士复往归公子，公子倾平原君客。①

①公子倾平原君客："倾"，犹"尽"。此言无忌这种好客的表现使平原君的门客尽数到自己门下来了。

公子留赵十年不归。秦闻公子在赵，日夜谋①出兵东伐魏。魏王患之，使使往请公子②。公子恐其怒之，乃诫门下："有敢为魏王使通者，死③。"宾客皆背魏之赵，莫敢劝公子归④。毛公、薛公两人往见公子曰："公子所以重于赵⑤，名闻诸侯者，徒以有魏也⑥。今秦攻魏，魏急而公子不恤⑦，使秦破大梁而夷先王之宗庙⑧，公子当何面目立天下乎⑨？"语未及卒⑩，公子立变色，告车趣驾归救魏⑪。

①谋：从张森楷增，以《年表》及《魏世家》在此年代中并无秦伐魏事，详见《新校注》。　②"使使"句：上"使"是动词，作"派遣"解，读上声；下"使"字是名词，作"使者"解，读去

声。　　③"有敢"二句：大意是：谁敢替魏王的使者通报，谁就要被处死。　　④"宾客"二句："之"，往，到。王伯祥说："言公子原来的门客都是跟着公子背弃魏国而来到赵国的，故接云'莫敢劝公子归'"。　　⑤重于赵：受到赵国的尊重。　　⑥徒以有魏也："徒"，只是；"以"，因为。此连上文大意是："只是因为你的祖国还存在，所以赵国对你很尊重，你的名声才能传播于诸侯。"言外谓魏国如不存在，无忌便是亡国之人，就不会再受人重视了。　　⑦"魏急"句："急"指有危难之事；"恤"，顾惜。　　⑧"使秦"句："夷"，作"平"解。"夷先王之宗庙"，把魏国先世的宗庙毁成一片平地。　　⑨"公子当何"句："当"，犹"将"。此言"你有什么面目存身于天下呢？"。　　⑩语未及卒：言无忌没有等毛公、薛公把话说完。　　⑪"告车"句："告"，吩咐；"车"，指管驾车的人；"趣"同"促"，催促；"驾"，驾好车马。

魏王见公子，相与泣①，而以上将军印授公子，公子遂将②。

①相与泣：彼此相对哭泣。　　②"而以"二句：上句，"上将军"，官名。战国时各国皆有此职位，是统率军队的最高将领。下句，言无忌乃正式任上将军之职。

魏安釐王三十年①，公子使使遍告诸侯②。诸侯闻公子将，各遣将将兵救魏。公子率五国之兵，破秦军于河外，走蒙骜③；遂乘胜逐秦军至函谷关，抑秦兵④；秦兵不敢出。

①魏安釐王三十年：即公元前二四七年。　　②"公子使使"句：言无忌把自己担任上将军职务的消息普遍地通告各国诸侯。　　③"公子率五国"三句：第一句，"五国"，指齐、楚、赵、韩、燕。第二句，"河外"，指当时黄河以南的地带；第三句，"蒙骜"，秦国的上卿，秦始皇时大将蒙恬的祖父。"骜"音敖，平声。　　④抑秦兵："抑"，《史记索隐》："谓以兵戹之"。"戹"，犹言"逼迫"。《会注考证》引中井积德说："抑，谓按压之不得出也。"

当是时，公子威振天下，诸侯之客进兵法，公子皆名之，故世俗称《魏公子兵法》①。

①"诸侯之客"三句：第一句，"进"，呈献；第二句，"名"，动词，作"署名""命名"解。言无忌把那些兵法署以自己的名字，作为他本人的著作。第三句，"世俗"，指世上一般人。按，《史记索隐》解此三句说："言公子所得进兵法，而必称其名，以言其恕也。"《史记评林》引董份说："客进兵书，而总名于公子。故世称《魏公子兵法》。《索隐》注与本文正相反。"今按，董说是。此称风气在先秦和西汉都很习见；《吕氏春秋》和《淮南子》都是这样成书的。又，《史记集解》："骃案，刘歆《七略》有《魏公子兵法》二十一篇，图七卷。"《汉书·艺文志》作"图十卷"。

秦王患之，乃行金万斤于魏①，求晋鄙客②，令毁公子于魏王曰③："公子亡在外十年矣④！今为魏将，诸侯将皆属⑤。诸侯徒闻魏公子，不闻魏王⑥。公子亦欲因此时定南面而王⑦。诸侯畏公子之威，方欲共立之⑧。"秦数使反间，伪贺公子得立为魏王未也⑨。魏王日闻其毁，不能不信。后果使人代公子将。

①"乃行金"句："行"，指行贿赂；"金"，疑是铜。 ②求晋鄙客："求"，访求；"晋鄙客"，晋鄙的门客。按，因无忌杀死晋鄙，故晋鄙的门客与无忌有仇恨。 ③"令毁"句："毁"，诋毁，指进谗言于魏王。"曰"字以下至"欲共立之"，皆谗毁之言。 ④亡在外：指寄居在他国。 ⑤属：隶属于无忌的麾下。 ⑥"诸侯徒闻"二句：言"各国诸侯只听说魏国有信陵君，谁都不理会有个魏王"。 ⑦"公子亦欲"句："因此时"，趁此机会；"定"，准备；"南面而王"，坐北而面对南，自立为王。 ⑧"诸侯畏"二句："威"，威权。言"诸侯也畏惧无忌握有兵权，正打算共同出面拥立他为魏君"。 ⑨"秦数使"二句：上句，"间"，读去声，指间谍。"反间"，《孙子·用间篇》："反间者，因其敌间而用之。"唐杜牧注："敌有间来窥我，我必先知之。或厚赂诱之，反为我用；或佯为不觉，示以伪情而纵之。则敌人之间反为我用也。……"下句，"伪贺"，

假作不知而表示祝贺；"也"，与"耶"通，"未也"犹言"否耶"。此二句言"魏王的间谍到了秦国，秦国假作不知，向他祝贺，问他无忌是否已立为魏王"。

公子自知再以毁废，乃谢病不朝①。与宾客为长夜饮②，饮醇酒③，多近妇女。日夜为乐饮者四岁④，竟病酒而卒⑤。其岁⑥，魏安釐王亦薨。

①"公子自知"二句：上句，王伯祥说："此与前面'不敢任公子以国政'遥应"。公子本因见忌于魏王而不任国政，及窃符救赵，流亡在外十年，终因秦患紧迫而得返国重为将相。今又因谗而被收兵权，是明明废置不用了。故云'再以毁废。'"下句言无忌辞有病，谢绝向魏王行朝参的礼节。　②长夜饮：通宵达旦地饮酒。　③醇酒：味厚的美酒。　④"日夜"句：昼夜不息地沉溺于行乐和饮酒，这样过了四年。　⑤竟病酒而卒：终因饮酒过多患病而死。　⑥其岁：按，此岁为公元前二四三年，即魏安釐王三十四年，秦王政四年。

秦闻公子死，使蒙骜攻魏，拔二十城①，初置东郡②。

①拔二十城："拔"，夺取，攻克。按，《史记·魏世家》载秦拔二十城事在魏景湣王（安釐王之子，名午）元年，公元前二四二年。　②东郡：秦县名。王先谦《汉书补注》："案，《魏世家》云：'秦拔我二十城，以为秦东郡。'秦在西，故此称'东'。"今河北省南端偏东一小部分和山东省西部一带，即其故地。其郡治则在今河北省濮阳县。

其后秦稍蚕食魏①。十八岁而虏魏王②，屠大梁。

①稍蚕食魏：渐渐地像蚕食桑叶一样侵占魏国的土地。按：《史记·魏世家》："（景湣王）二年，秦拔我朝歌……三年，秦拔我汲。五年，秦拔我垣、蒲阳、衍。"即秦国逐渐蚕食魏土的具体事实。　②"十八岁"句：按，公元前二二五年（秦王政二十二年），秦灭魏，上距无忌之死恰为十八年。"魏王"，魏国最后的一个国王，

名假。

高祖始微少时①，数闻公子贤。及即天子位，每过大梁，常祠公子②。高祖十二年，从击黥布还③，为公子置守冢五家④，世世岁以四时奉祠公子。⑤

①"高祖"句："高祖"，即汉高祖刘邦；"始"，当初；"微少"，犹言"贫贱"；"始微少时"，指刘邦当初还没有得意的时候。　②常祠公子："祠"，已见前《留侯世家》注释。按，《春秋公羊传·桓公八年》何休注："'祠'犹'食'（"食"音寺）也，犹'继嗣'也。春物始生，孝子思亲，继嗣而食之，故曰'祠'。"引申而言，则凡设祭以不绝其祀，都可称之为祠。下文"岁以四时奉祠公子"的"祠"亦与此同义。王伯祥说："'常'与'每'相应，犹言每过大梁即祭公子。"　③从击黥布还：犹言"从击破黥布的前方阵地归来"。按，时在公元前一九五年。　④"为公子"句："冢"，一本作"塚"，"置守冢五家"，拨置了五户人家，专门看守无忌的坟墓。　⑤"世世"句：命令这五户人家；一代一代地每年按照春、夏、秋、冬四季去祭祀无忌。王伯祥说："此与上文'常祠公子'相应，本是临时的，而现在成为经常的了。"

（以上是第三大段，写无忌晚年的生活表现。作者在叙述过程中，强调无忌一身的进退生死，关系到魏国的安危存亡。这正写出了无忌为人的贤能和他对魏国的重大影响。）

太史公曰：吾过大梁之墟①，求问其所谓"夷门"。"夷门"者，城之东门也。天下诸公子亦有喜士者矣②，然信陵君之接岩穴隐者③，不耻下交④，有以也⑤。名冠诸侯，不虚耳⑥。高祖每过之，而令民奉祠不绝也。

①大梁之墟："墟"，废墟。按，大梁自魏亡时为秦兵所屠，经秦末之乱，至汉时犹未恢复。故司马迁经过其地，尚得见其残破毁损的遗迹。　②"天下诸公子"句："诸公子"，指孟尝君、平原君、春申君等；"喜士"，犹言"好客"。　③"然信陵君"句："接"，

交接;"岩穴隐者",本指山居穴处的隐士,此处则指侯嬴、朱亥、毛公、薛公等人,故"岩穴"不必专指深山幽谷,而是泛指一般人所不注意的地方。　④不耻下交:不以降低身份去和民间的卑贱小民交朋友为羞耻侮辱。景祐本误脱"不"字,兹据今本补之。　⑤有以也:"以",此处作"原因"或"道理"解。此连上句言"信陵君的不耻下交,非若诸公子之徒为豪举,实欲得岩穴之士为魏用也"。三字内含蓄不尽。　⑥"名冠"二句:此言:无忌的声誉能够远在当时诸侯之上,确非浪得虚名。

（以上是第四大段,作者就无忌之不耻下交的美德予以热情的表扬。）

廉颇蔺相如列传

廉颇者，赵之良将也。赵惠文王十五年①，廉颇为赵将，伐齐，大破之，取阳晋②，拜为上卿，以勇气闻于诸侯③。

①赵惠文王十五年：即公元前二八四年。十五年原误十六年，照张森楷据《六国年表》考订改。　②阳晋：本卫邑，后属齐，至此时乃为赵所攻取。故城在今山东省曹县。景祐本作"晋阳"，非是。《史记索隐》："晋阳，在太原。虽亦赵地，非齐所取也。"又，《史记·赵世家》作"昔阳"，则又是"晋阳"之误。洪亮吉说："昔阳在并州乐平县（按，即今山西省昔阳县），亦非齐地。"　③"以勇气"句：言廉颇的勇气是诸侯闻名的。按，《后汉书》卷四十八李贤注引《战国策》："廉颇为人，勇鸷而爱士。"可与此互参。

蔺相如①者，赵人也。为赵宦者令缪贤舍人②。

①蔺相如："蔺"有二音：姓氏读吝，革名读练。"相"读平声。　②"为赵宦者令"句："宦者"即宫中的宦官；"宦者令"，宦官的头子。景祐本"宦"字讹为"官"，今改正之。"缪贤"的"缪"音妙。"舍人"，已见前《平原君列传》注释。

赵惠文王时，得楚和氏璧①。秦昭王闻之，使人遗赵王书，愿以十五城请易璧②。赵王与大将军廉颇、诸大臣谋：欲予秦，秦城恐不可得，徒见欺③；欲勿予，即患秦兵之来④。计未定，求人可使报秦者，未得⑤。宦者令缪贤曰："臣舍人蔺相如可使。"王问："何以知之？"对曰："臣尝有罪，窃计欲亡走燕⑥。臣舍人相如止臣⑦，曰：'君何以知燕王⑧？'臣语曰⑨：'臣尝从大王与燕王会境上，燕王私握臣手,曰"愿结友⑩"。以此知之,故欲往。'相如谓臣曰:'夫赵强而燕弱,而君幸于赵王⑪,故燕王欲结于君⑫。今君乃亡赵走燕⑬,燕畏赵,其势必不敢留君,而束君归赵矣⑭。君不如肉袒伏斧质请罪,则幸得脱矣⑮。'臣从其计,大王亦幸赦臣。臣窃以为其人勇士,有智谋,宜可使⑯。"

①楚和氏璧:"和氏",即楚国的著名玉工卞和。《韩非子·和氏》:"楚人和氏(一本作"卞和")得玉璞(美玉包孕在石内叫作"璞")于楚山中,奉而献之厉王。厉王使玉人(琢玉的匠人)相(检视)之,玉人曰:'石也。'王以和为诳(诳,音逛,撒谎),而刖("刖"音月,断足之刑)其左足。及厉王薨,武王即位,和又奉其璞而献之武王。武王使玉人相之,又曰:'石也。'王又以和为诳,而刖其右足。武王薨,文王即位。和乃抱其璞而哭之于楚山之下,三日三夜,泣尽而继之以血。王闻之,使人问其故曰:'天下之刖者多矣!子奚哭之悲也?'和曰:'吾非悲刖也;悲夫宝玉而题之以石(称它为石),贞士而名之以诳(说他是撒谎),此吾所以悲也。'王乃使玉人理(治玉叫"理")其璞,而得宝玉焉。遂命(命名)曰'和氏之璧'。""璧",圆形的玉。周边的玉质叫作"肉",中心的孔叫作"好"。《尔雅·释器》:"肉倍好谓之'璧'(周边的玉宽度比中心的孔的直径大一倍叫作"璧"),好倍肉谓之'瑗'(中心的孔的直径比周边的玉的宽度大一倍叫作"瑗"),肉好若一谓之'环'(周边的玉的宽度和中心的孔的直径尺寸相等叫作"环")。" ②"愿以"句:秦国情愿用十五座城邑向赵国请求换取宝璧。 ③"欲予秦"三句:"予"读上声,同"与",作给与解,下同。"徒",白白地。"见",作被、受解。此言"要把璧给了秦国,秦国的十五座城恐怕得不到,以致白白地受骗"。 ④"即患"句:"即",立即,马上。此言"就怕秦国马上出兵来攻"。 ⑤"求人"二句:想访求一个能够被派往秦国回报的人,但未能找到。 ⑥"窃计"句:我私下打算要亡命到燕国去。 ⑦止臣:犹言"阻止我""劝我不要去"。 ⑧"君何以"句:"知",犹言"了解"。此句大意是:"你怎么知道燕王可以收容你?" ⑨臣语曰:"语"读去声,作告诉、陈述解。此句犹言"我就对他说道"。 ⑩愿结友:愿意同我结为朋友。据王念孙

《读书杂志》考订,"友"字当是"交"字之误。录以备考。　⑪"而君"句:"幸",宠幸;"幸于赵王",受赵王宠幸。　⑫欲结于君:想要结识你。　⑬"今君"句:"乃",作竟解;"亡赵",从赵国出奔;"走燕",逃到燕国去。　⑭"其势"二句:上句,"势",指两国形势和力量的对比。下句,"束",捆缚;"归",送回;"归赵",指引渡归国。此二句大意是:照两国的情况看来,不但燕王一定不会留你,而且会把你捉住送回赵国来。　⑮"君不如"二句:上句,"袒",音坦,脱下衣服叫"袒";"肉袒",脱去上衣,露着肩膊;"伏",匍匐;"斧",指铡刀的刃部;"质",或作"锧",指下面承接斧刃的木座或铁座。此言"解衣露膊,伏在斧下质上,表示认罪,请求处以死刑"。下句,"幸",侥幸;"得脱",得到赦免。　⑯"臣窃"三句:第一句,"其人勇士",犹言"他这人是个勇士"。第三句,"宜",适宜,应该;"可使",可以供您派遣。此句意谓"蔺相如是可以胜任的"。

　　于是王召见,问蔺相如曰:"秦王以十五城请易寡人之璧,可予不①?"相如曰:"秦强而赵弱,不可不许。"王曰:"取吾璧,不予我城,奈何?"相如曰:"秦以城求璧,而赵不许,曲在赵②;赵予璧而秦不予赵城,曲在秦。均之二策,宁许以负秦曲③。"王曰:"谁可使者④?"相如曰:"王必无人,臣愿奉璧往使⑤,城入赵而璧留秦;城不入,臣请完璧归赵⑥。"赵王于是遂遣相如奉璧西入秦。

　　①可予不:"不"同"否"。　②曲在赵:"曲"与"直"为对文,指情屈理亏。此连上文大意是:"秦用城邑来换取宝璧,原是合理的要求;如果不把璧给秦国,则赵国理亏。"　③"均之"二句:上句,"均",衡量,比较;"之",此处作"此"解。此言"把这两种对策衡量一下"。下句,"宁许",宁可答应它;"以",使;"负",担负;"以负秦曲",使理屈的责任由秦国方面担负。　④谁可使者:谁是可以派遣的人。　⑤"臣愿"句:"奉"同"捧","捧璧",表示重视之意;"奉璧往使",捧护宝璧前往出使。按,此句在"往"字断句,作"臣愿奉璧往,使城入赵而璧留秦",亦可通。　⑥臣请完璧归

赵:"请"有"保证"之意;"完",完整无缺。此言"我敢保证把宝璧完整无缺地带回赵国"。

秦王坐章台见相如①。相如奉②璧奏秦王。秦王大喜,传以示美人及左右③,左右皆呼万岁。相如视秦王无意偿赵城,乃前曰④:"璧有瑕⑤,请指示王。"王授璧,相如因持璧,却立,倚柱,怒发上冲冠⑥,谓秦王曰:"大王欲得璧,使人发书至赵王⑦,赵王悉召群臣议,皆曰:'秦贪,负⑧其强,以空言求璧⑨,偿城恐不可得。'议⑩不欲予秦璧。臣以为布衣之交尚不相欺,况大国乎⑪?且以一璧之故,逆强秦之欢⑫,不可。于是赵王乃斋戒五日⑬,使臣奉璧,拜送书于庭⑭。何者⑮?严大国之威以修敬也⑯。今臣至,大王见臣列观,礼节甚倨⑰;得璧,传之美人,以戏弄臣。臣观大王无意偿赵王城邑,故臣复取璧。大王必欲急臣,臣头今与璧俱碎于柱矣⑱!"相如持其璧睨柱⑲,欲以击柱。秦王恐其破璧,乃辞谢固请⑳,召有司案图㉑,指从此以往十五都予赵㉒。相如度秦王特以诈,佯为予赵城㉓,实不可得,乃谓秦王曰:"和氏璧,天下所共传宝也㉔。赵王恐㉕,不敢不献。赵王送璧时,斋戒五日,今大王亦宜斋戒五日,设九宾于廷㉖,臣乃敢上璧㉗。"秦王度之,终不可强夺㉘,遂许斋戒五日㉙,舍相如广成传㉚。

①"秦王坐章台"句:"章台",秦所建,是秦宫的台观之一,其故址位于今陕西省咸阳(旧长安县)故城西南角,在渭水的南岸。按,"章台"不是正式接见外臣的地方,秦王在此召见相如,正是表示对赵国使臣的轻视。　②奉:呈献。　③"传以示"句:把宝璧传递给姬妾和近侍,让他们赏玩。　④乃前曰:于是走上前去说道。　⑤璧有瑕:"瑕"音霞,玉上的小赤点。按,玉以纯白为贵,上有杂色斑点,即为疵病。此处蔺相如故意说璧上

有瑕,借以取回宝璧。　　⑥"却立"三句:第一句,言退行几步,然后站住;第二句,言把身体靠着殿上的柱子;第三句是夸大之辞,言相如因内心愤怒而使头发竖起,竟把帽子也冲开了去。　　⑦发书至赵王:"发"作遣送解。此言"遣使者把书信送到赵王那里"。　　⑧负:仗持。　　⑨以空言求璧:用空话求取宝璧。按,蔺相如此处用间接方式推出秦王以十五城换璧的话只是欺人的空谈。　　⑩议:指群臣的决议。　　⑪"臣以为"二句:上句,"布衣之交",指平民之间的互相交往。下句,"大国",指秦、赵两国,不专指秦;本句"大国"下实省略"之交"二字。此二句大意:我以为老百姓彼此间的交往还不能互相欺骗,何况大国与大国之间的交往呢?　　⑫"逆强秦"句:"逆",拂逆,触犯;"欢",指友好关系。此句犹言"惹得强大的秦国不高兴"。　　⑬斋戒五日:"斋戒",古礼之一种。"斋"本作"齐",即专心一志、肃然致敬之意。古代于祭祀之先,主祭者必沐浴更衣,独宿净室,使心地诚敬纯一,叫作"斋","斋"必有所"戒",包括戒酒、戒荤、戒女色。此处即指严肃恭敬地执行这种礼节并延续五天。按,此是蔺相如随口而谈,表示赵王重视宝璧,未必是事实。　　⑭拜送书于庭:"拜",行下拜之礼;"书",国书,指赵国回报秦国的复信;"庭",与"廷"通,即殿廷,是国王听政的地方。此言赵王亲自在殿廷上恭敬地行礼,送出了国书。　　⑮何者:为什么这样呢?　　⑯"严大国"句:"严",尊重;"威",威望、威信;"修敬",表示敬意。此句大意是:为的是尊重你们大国的威望,更多地表示我们的敬意。　　⑰"大王见臣"二句:"列",犹言"一般的";"观"读去声,台观。"列观"指章台而言,谓礼节甚倨。"倨",傲慢。　　⑱"大王必欲"二句:上句,"急",逼迫,迫害。下句写蔺相如早已料到秦王最厉害的手段,无过于杀掉自己而强取宝璧,所以他说:"现在我的头和宝璧将一齐在殿庭的柱上撞碎。"意谓自己宁死也不受辱,秦王也不可能得到宝璧。　　⑲睨柱:斜视着庭柱。　　⑳乃辞谢固请:"辞谢",道歉;"固请",坚决地请求蔺相如不要这样做。　　㉑召有司案图:"有司",负责的官吏;"案"同"按",依照,依据;"图",地图。此言秦王召来负责的官吏,依照地图指给相如看。　　㉒"指从此"句:"从此以往",由这里到那里;"都",城。此言"指出地图上所画的经界,把从这儿到那儿一共十五座城划给赵国"。　　㉓"相如度秦王"

二句：上句，"度"，音夺，估计；"特"，不过。此承上文，言"蔺相如估计秦王这样的做法不过是用诈术"。下句，"佯为"，假做；"予赵城"，犹言"以城予赵"。　㉔"天下所共"句："共传"，共同传诵。此句犹言"天下所公认的宝物"。　㉕赵王恐："恐"，畏惧，指对秦畏惧。　㉖设九宾于廷："设"，作"备"解；"九宾"即"九仪"，见《周礼·秋官司寇·大行人》，是当时外交上最隆重的仪式。本来只有天子才够资格设九宾，秦僭行天子礼，故亦用之。《会注考证》引中井积德说："宾，傧也（按，'傧'即'傧相'，礼官）。傧九人立廷，以礼（招待）使者也。"王伯祥说："设九宾于廷，就是备大礼相迎。……'九宾'，由傧者（招待员）九人以次传呼，接引上殿。"　㉗上璧："上"，献上。　㉘"秦王度之"二句："强"读上声，勉强。此言秦王估计这情形，知道终将不能从蔺相如手中把宝璧勉强夺取过来。　㉙遂许斋五日："斋"即斋戒。　㉚"舍相如"句："舍"动词，作"留宿"解，"广成"，当是邑里之名（用中井积德说）；"传"读去声，即"传舍"，犹今言"宾馆"。此言秦王款留蔺相如在广成宾馆中住宿。按，"广成传"，景祐本作"广成传舍"。王念孙、张文虎皆以此"舍"字为衍文。王念孙说："'传'下本无'舍'字，此涉《索隐》'传舍'而误衍也。索隐本出'广成传'三字，而释之曰：'广成是传舍之名。'若正文本作'广成传舍'，则《索隐》为赘语矣。……左思《魏都赋》：'广成之传无以畴。'张载注引此作'舍相如广成传'，……足正今本之误。"今按，王说近是，从之。

相如度秦王虽斋，决负约不偿城①，乃使其从者衣褐②，怀其璧，从径道亡，归璧于赵③。

　①"决负约"句："决"，犹"必定"；"负约"，违背信约。　②"乃使"句："从者"，指蔺相如带去的随员，"从"音纵；"衣"读去声，作"穿"解；"褐"指粗布衣服。"衣褐"，指改扮为普通百姓的装束。　③"怀其璧"三句：第一句，言藏璧于怀中。第二句，"径道"，小路，近路；"亡"，逃走。第三句言：把璧安全地送归赵国。

秦王斋五日后，乃设九宾礼于廷，引①赵使者蔺相如。

相如至，谓秦王曰："秦自缪公以来二十余君，未尝有坚明约束者也②。臣诚恐见欺于王而负赵③，故令人持璧归，间至赵矣④。且秦强而赵弱，大王遣一介之使至赵⑤，赵立奉璧来；今以秦之强，而先割十五都予赵，赵岂敢留璧而得罪于大王乎？臣知欺大王之罪当诛，臣请就汤镬⑥。唯大王与群臣孰计议之⑦！"秦王与群臣相视而嘻⑧。左右或欲引相如去⑨，秦王因曰："今杀相如，终不能得璧也，而绝秦、赵之欢⑩，不如因而厚遇之⑪，使归赵。赵王岂以一璧之故欺秦耶！"卒廷见相如，毕礼而归之⑫。

①引：延请。　②"秦自"二句：上句，"缪"同"穆"，"缪公"即春秋时的秦穆公。按，自秦穆公至秦昭王，共历二十一君，故相如言"二十余君"。下句："坚明"是动词，"约束"是宾词。"坚"，坚守；"明"，明确，指说了话可以兑现；"约束"，指盟约之类。此二句言秦国的历代君主从没有坚守信约的。　③"臣诚恐"句："见欺于王"，受秦王的欺骗；"负赵"，对不起赵国。　④间至赵矣：间，顷也，即现在。现在已回到赵国去。　⑤"大王遣"句："介"，古与"个"通，"一介"即"一个"；"遣一介之使"，只派遣一个使臣。　⑥就汤镬："镬"，音获，无足的大鼎；"汤镬"，以镬盛水或油，加水烧沸，用以烹煮犯人。相传此刑始自秦之商鞅（见《汉书·刑法志》）。此处即指受烹刑。　⑦"唯大王"句："唯"，犹"愿"；"孰计议之"，仔细地考察。　⑧相视而嘻：秦王君臣彼此面面相观，发出苦笑的声音。按，《史记索隐》释"嘻"为"惊而怒之辞"，疑非是。王骏图说："'嘻'，无'惊怒'解。观上下文义，秦王如此盛设，而不得诳相如一璧，乃无可如何，转顾群臣而嘻笑耳。若惊怒则不得'相视'。且观下文秦王并不杀相如，亦作无可如何之辞，故知《索隐》解未确。"今按，王说是。"嘻"即苦笑声。　⑨引相如去：把相如拖走。　⑩"而绝"句：反而断绝了两国的友好关系。　⑪"不如"句："因"，趁此；"厚遇之"，优厚地款待他。　⑫"卒廷见"二句：上句，"卒"，终于；"廷见"，在朝廷上正式接见。此言秦王终于设九宾的大礼来接见蔺相如。下句，

"毕礼",犹言"尽礼""完成大礼";"而归之",并把相如送归赵国。按,"毕"本作"异","异礼",指特殊的礼仪,亦可通。

相如既归,赵王以为贤大夫,使不辱于诸侯①,拜相如为上大夫②。秦亦不以城予赵,赵亦终不予秦璧。

①"赵王以为"二句:上句,李笠说:"案,'贤'下'大夫'二字,盖涉下'上大夫',误衍。时相如为缪贤舍人,未为大夫。故廉颇曰'相如素贱人'也。'赵王以为贤'者,特心贤之(只是心里认为他贤能)耳。'大夫'二字,赘而无当,明矣。"但王伯祥却说:"'赵王以为贤大夫使不辱于诸侯',应一贯地读,意即赵王以为相如是个称职的大夫,出使于外国,能够不玷辱他所奉的使命。盖相如奉命使秦,应该已经取得大夫的身份(当时奉使出国的外交官,例须大夫为之,决不能仍看作缪贤的舍人)。"今按,以上下文读之,"大夫"二字疑是衍文,姑不论其是否已受封为大夫。故李说近是。下句,"使",指受命为使臣,应读去声。 ②"拜相如"句:"拜",封官授职之意;"上大夫",大夫中最高一级,其地位仅次于卿。按,这显然是赵王对蔺相如的越级提升。

(以上是第一大段,写蔺相如完璧归赵的始末。)

其后,秦伐赵,拔离石①。明年,复攻赵,杀二万人。

①"秦伐赵"二句:上句,"伐赵"事在赵惠文王十八年(秦昭王二十六年,即公元前二八一年),又见《史记·赵世家》及《六国年表》。下句,"离石"原作"石城",张森楷说:"案在相州之石城是魏地,当依《通鉴》注作离石。"

秦王使使者告赵王①,欲与王为好②,会于西河外渑池③,赵王畏秦,欲毋行④。廉颇、蔺相如计曰:"王不行,示赵弱且怯也。"赵王遂行,相如从。廉颇送至境,与王诀曰⑤:"王行,度道里、会遇之礼毕、还,不过三十日⑥;三十日不还,则请立太子为王,以绝秦望⑦。"王许之,遂与秦王会渑池。

①"秦王使使者"句:据《史记·六国年表》,渑池之会在赵惠文王二十年(公元前二七九年)。所以梁玉绳说:"'秦王'上疑缺'明年'二字。" ②欲与王为好:"好"读去声;"为好",犹言"敦睦邦交",即"联欢"之意。一说,此句应连下文"会"字断句。"好会",友好的会见,亦通。 ③西河外渑池:"西河",地名,相当于今陕西省渭南一带地方,在黄河之西。这一段黄河古称"西河",所以其地亦因之得名。"渑池",战国时韩邑,后属秦,因河南省宜阳县西的渑池水而得名,即今河南省渑池县。故治与渑池水发源处南北相对。"渑池"在"西河"之南,就赵国的方位而言,故称"外"。 ④欲毋行:打算不去。 ⑤与王诀曰:"诀",《一切经音义》引《通俗文》:"与死者辞曰诀。"此写赵王赴会,很可能遭秦王暗算,故廉颇与赵王分手时作诀别之语。 ⑥"度道里"二句:上句,"度",估计;"道里",犹言"路程";"会遇之礼",指秦、赵两国之君见面会谈的礼节。"还",归来。此二句言"估计路上的行程和会见的礼节,包括从渑池回来所需的时间,总共不超过三十天"。 ⑦"三十日不还"三句:此写秦王可能拘留赵王,作为要挟索诈的借口,所以廉颇对赵王说:"如果您过了三十天不回国,那就请求立太子为王,好断绝秦国要挟的念头。"

秦王饮酒酣,曰:"寡人窃闻赵王好音,请奏瑟①!"赵王鼓瑟。秦御史前,书曰②:"某年月日,秦王与赵王会饮,令赵王鼓瑟。"蔺相如前曰:"赵王窃闻秦王善为秦声③,请奏盆缻秦王,以相娱乐④。"秦王怒,不许。于是相如前进缻,因跪请秦王。秦王不肯击缻。相如曰:"五步之内,相如请得以颈血溅大王矣⑤!"左右欲刃相如⑥,相如张目叱之,左右皆靡⑦。于是秦王不怿,为一击缻⑧。相如顾召赵御史书曰⑨:"某年月日,秦王为赵王击缻。"秦之群臣曰:"请以赵十五城为秦王寿⑩。"蔺相如亦曰:"请以秦之咸阳为赵王寿⑪。"秦王竟酒,终不能加胜于赵⑫。赵亦盛设兵以待秦⑬,

秦不敢动。

①"寡人窃闻"二句：上句，"好音"，爱好音乐。下句，"奏"，弹奏；"瑟"，古乐器，名形似琴而身较长大，通常配用二十五弦。②"秦御史前"二句：上句，"御史"，官名，战国时各国都有，是掌管图籍、记录国家大事的史官；"前"，走近前来。按，以上文及此句而言，秦国令御史作记录是早有准备的。下句，"书"，写，指把当时的行事记载在史册上。郭嵩焘《史记札记》："案，(《礼记》)《曲礼》：'史载笔，士载言。'《周礼》：'太史，大会同以书协礼事；外史，掌书外令。'是以凡会盟，史皆从，春秋时犹然。战国相鹜于争战，周以前典礼无复有存焉者矣；独渑池之会，蔺相如传犹见御史书事，是乃三代之遗法也。"录以备考。③善为秦声：善于歌唱秦地的乡土曲调。④"请奏"二句：上句，"奏"，一本作"奉"，义并同，皆作"献"解。此句"盆缻"下省略"与"字。"缻"同"缶"，音否，盛酒浆的瓦器。《史记集解》引《风俗通义》："秦人鼓（敲击）之以节歌（作为歌唱的节拍）也。"此句言"请求把盆缻呈献给秦王"。意谓秦王可以一边敲缻一边唱歌。下句，言赵王、秦王彼此都有表演，以互相酬答取乐。⑤"五步"二句：从字面看，此二句是蔺相如说他距离秦王很近，不过只有五步远；如果相如自杀，颈上的血都可以溅到秦王身上。但言外之意，是说他很有可能把秦王杀死（参用胡三省说）。⑥"左右欲刃"句："刃"本指刀锋，此处作动词用，作"杀"解。此言秦王的侍卫要杀死蔺相如。⑦靡：本作"偃"解，犹今言"倒下"；此处则指倒退，避开。⑧"于是秦王"二句：上句，"不怿"，犹"不悦"；"怿"，音译。下句，言秦王迫于蔺相如的威势，只好为他敲了一下缻。⑨"相如顾召"句："顾"，回过头来；"召"，招呼。按，此与上文"秦御史前"等句相对照，写赵国的御史事先并无准备，所以蔺相如特地回头招呼他，让他记录秦王击缻的事件。⑩"请以赵"句："为秦王寿"，给秦王添寿。下文"为赵王寿"，义仿此。此犹言"请赵国送给秦王十五座城邑作为祝贺的献礼"。⑪"请以秦"句："咸阳"是秦的国都，即今陕西省咸阳市东之渭城故城。按，此语言外之意等于说秦国将被赵国所吞灭。⑫"秦王竟酒"二句："竟"，完毕；"竟酒"，直到饮完了酒宴。下句，"加胜于赵"，占越国的上风。⑬"赵亦"句："盛"，多；"设兵"，准备武装力量；

"以待秦"，防备秦国。

（以上是第二大段，写秦、赵渑池之会及蔺相如在外交方面战胜秦国的情形。）

既罢①，归国，以相如功大，拜为上卿，位在廉颇之右②。廉颇曰："我为赵将，有攻城野战③之大功，而蔺相如徒以口舌为劳④，而位居我上。且相如素贱人⑤，吾羞，不忍为之下⑥。"宣言⑦曰："我见相如，必辱之！"相如闻，不肯与会。相如每朝时，常称病，不欲与廉颇争列⑧。已而⑨相如出，望见廉颇，相如引车避匿⑩。于是舍人相与谏曰⑪："臣所以去亲戚而事君者，徒慕君之高义也⑫。今君与廉颇同列⑬，廉君宣恶言，而君畏匿之⑭，恐惧殊甚⑮。且庸人尚羞之⑯，况于将相乎！臣等不肖，请辞去。"蔺相如固止之⑰，曰："公之视廉将军孰与秦王⑱？"曰："不若⑲也！"相如曰："夫以秦王之威，而相如廷叱之⑳，辱其群臣；相如虽驽㉑，独畏廉将军哉！顾吾念之㉒，强秦之所以不敢加兵于赵者，徒以吾两人在也㉓。今两虎共斗，其势不俱生㉔。吾所以为此者，以先国家之急而后私仇也㉕！"廉颇闻之，肉袒负荆㉖，因宾客至蔺相如门谢罪㉗，曰："鄙贱之人，不知将军宽之至此也㉘。"卒相与欢㉙，为刎颈之交㉚。

①既罢：指渑池之会结束以后。　②"位在"句："右"，《史记正义》："秦、汉以前，用右为上。"王伯祥说："'在廉颇之右'，就是在廉颇之上。那时候廉颇先已拜上卿，蔺相如渑池会后始以功大拜上卿，朝会时的位次乃排在廉颇之右，故引起廉颇的不平。"　③野战：在旷野地方作战。下"大"字，王念孙考定为衍文。　④徒以口舌为劳："劳"，功劳。此言蔺相如只靠口头上的本领立点功劳。　⑤素贱人："素"，素常，本来。此句言蔺相如的出身不过是宦者令的舍人，一向是低贱的。　⑥"吾羞"二句：上句，"羞"，耻辱。下句，"不忍"，受不了，不能容忍；"为之下"，位

居蔺相如之下。此连上文大意是:"我同一个出身低贱的人同位,实在感到耻辱,现在让我位居于他之下,我简直受不了。" ⑦宣言:"宣",宣扬;"宣言",犹言"对外扬言"。 ⑧争列:争位次的先后。 ⑨已而:杨树达《词诠》:"时间副词。……第二事之发生距第一事不久时用之。"犹言"未几""过了不多时"。 ⑩引车避匿:"引",作"却"解。(参阅前《平原君虞卿列传》注释。)"引车",指把车子掉转方向;"避匿",躲避。 ⑪"于是舍人"句:"舍人",指蔺相如的门客;"相与",犹言"一齐""共同"。 ⑫"臣所以"二句:我们所以离开自己的亲眷而来侍奉你,只是因为仰慕你崇高的道义精神。 ⑬同列:同居上卿之位。 ⑭畏匿之:因为害怕而躲避他。"匿之",王念孙以为应作"之匿"。 ⑮恐惧殊甚:"殊甚",太过分,特别过分。 ⑯"且庸人"句:"且",提示性的连接词,与用于句首的虚词"夫"字作用相同,"且庸人"犹"夫庸人"。"庸人",普通的人,平常的人。"之",语末助词,常置于动词后,无含义。此连下文言:"这连一般普通人都感到羞耻,何况身为将相的人呢?" ⑰固止之:坚决地挽留他们。 ⑱"公之视"句:"视"有"两相比较"之意;"孰与",犹言"何如""怎样"。此言"你们看廉将军比秦王怎样?"。 ⑲不若:不如,比不上。 ⑳廷叱之:在朝廷上公开呵斥他。 ㉑驽:愚劣,拙笨。 ㉒顾吾念之:"顾",但。此言"但是我想到"。 ㉓"徒以"句:大意是:只是因为我和廉将军在位。 ㉔"今两虎"二句:上句,"两虎",指廉颇和蔺相如自己。下句,"势",指必然的形势;"不俱生",不能同时活着。此二句犹今言"两虎相争,必有一伤"。 ㉕"吾所以"三句:大意是:我之所以这样做,是由于我把国家的患难优先考虑,而把私人之间的仇怨摆在次要地位。 ㉖负荆:"荆",木名,一名"楚",树干粗如碗口,其枝相对而生,可以樵采为薪,亦可制为打人的鞭子。此写廉颇背着荆木制的鞭子,表示服罪,愿意接受鞭挞的惩罚。 ㉗"因宾客"句:"因",作"依"解;"因宾客",犹言"通过宾客的介绍"。 ㉘"鄙贱"二句:"鄙",犹言"粗野"。按,此是廉颇自谦自愧之辞。下句大意是:没有料到您对我竟宽容到这样地步。王伯祥说:"当时的上卿职兼相,故相如亦得有'将军'之称。" ㉙卒相与欢:"卒",终于;"相与",彼此;"欢",交欢,和好。 ㉚为刎颈之交:《史记索隐》引崔浩说:"言要(共立誓约)

齐生死（同生同死），而刎颈无悔也。"意谓两人从此竟成为誓同生死的好朋友。

是岁，廉颇东攻齐，破其一军①。

①"是岁"二句：上句，"是岁"，这一年，仍指赵惠文王二十年。下句，"一军"，一支军队，一股军队。

居二年①，廉颇复伐齐②几，拔之。

①居二年：过了两年。按，根据《史记·赵世家》，这一年应为赵惠文王二十三年（即公元前二七六年），在渑池之会三年以后；此处疑有误，详下句注。　②廉颇复伐齐几："几"，音祈，魏邑名，故城在今河北省大名县东南。按，《赵世家》："（惠文王）二十三年，楼昌将，攻魏几，不能取；十二月，廉颇将，攻几，取之。"则是几属魏，不属齐。《史记集解》："案，《赵世家》惠文王二十三年，颇将，攻魏之几邑，取之。而《齐世家》及《（六国）年表》，无伐齐拔几之事。疑几是邑名，而或属齐，或属魏耳。……"（《史记正义》略同。）而梁玉绳则谓："案，几是魏邑，《赵世家》言：颇攻魏几，取之。《秦策》亦云：秦败阏与，反攻魏几，廉颇救几。（原注："几已属赵"，又言魏者，因其本魏地而称，故颇救也。）此作'齐几'，误。裴骃谓'或属齐，或属魏'，非也。先是楼昌攻几，不能取，故云'复伐'。又'居二年'乃'居三年'之误。"今按，梁说是，故录以备考。

后三年①，廉颇攻魏之防陵、安阳②，拔之。

①后三年：据《赵世家》："（惠文王）二十四（按，即公元前二七五年），廉颇将，攻房子（按，即防陵），拔之。因城而还。又攻安阳，取之。"则距伐几的时间仅一年，故梁玉绳说："'后三年'当作'后一年'，乃惠文王二十四年事也。"　②防陵、安阳："防陵"，张森楷以为应作"房子"，"房""防"古通，在今河北省高邑县西南十五里，俗呼仓房村。"安阳"，故城在今安阳县东南四十三里。

后四年①，蔺相如将而攻齐，至平邑而罢②。

①后四年：即赵惠文王二十八年（公元前二七一年）。　②至平邑而罢："平邑"，赵邑名，即今河南省南乐县东北的平邑村。"罢"，中止。

其明年①，赵奢破秦军阏与下②。

①其明年：即赵惠文王二十九年（公元前二七〇年）。按，《赵世家》："二十九年，秦、韩相攻，而围阏与。赵使赵奢将，击秦，大破秦军阏与下。"正与此合。　②"赵奢"句："阏与"，战国时韩邑，后属赵。故城在今山西省和顺县西北（用《水经注》说）。"阏"，此处读为"御"。

（以上是第三大段，写廉颇、蔺相如和好团结的经过，并带叙廉颇的战功。）

赵奢者，赵之田部吏①也。收租税，而平原君家不肯出，奢以法治之，杀平原君用事者九人②。平原君怒，将杀奢，奢因说③曰："君于赵为贵公子④。今纵君家而不奉公，则法削⑤；法削则国弱；国弱则诸侯加兵。诸侯加兵，是无赵也，君安得有此富乎？以君之贵，奉公如法，则上下平⑥，上下平则国强；国强则赵固⑦；而君为贵戚，岂轻于天下邪⑧！"平原君以为贤，言之于王。王用之治国赋，国赋大平，民富而府库实⑨。

①田部吏：征收田租的小吏。　②"奢以法"二句：上句，"以法治之"，按照法律处理。下句，"用事者"，当权管事的人。　③奢因说曰："因"，于是；"说"，音税，劝谏。　④"君于赵"句：你在赵国是一位尊贵的公子。　⑤"今纵"二句：上句，"纵"，放任；"奉公"，遵奉公家的指示。下句，"削"，削减，削弱；"法削"，指国家法令的效力受到损害。　⑥"奉公如法"二句：上句，"如法"，指照法令办事。下句，"上"，指国家的上层统治者，包括平原君在内；"下"，指一般的被统治的人。"上下平"，言在上位的人如果能守法，那么下面的人自然也都守法了，这样就可以让一切公平合理。　⑦国强则赵固："国"，指国家的实力；"赵"，指王室

贵族。此言"国家的实力如果强大,赵国执政者的权力也自然巩固了"。 ⑧"而君"二句:此言"你是赵国最尊贵的亲戚,又怎么会被天下人轻视呢?",意谓赵国的地位提高,平原君也会受到诸侯尊重。 ⑨"王用之"三句:第一句,"之",指赵奢;"治国赋",管理全国的赋税。第二句,"大平",大大地公平合理。按,此指一切应该缴纳租税的人都必须依法完税,贵族既不得例外,人民的负担自然相对减轻了。第三句是第二句的结果,言"人民纳税既不过重,自然较为富足,贵族既依法完税,国库也自然充实了"。

秦伐韩,军于阏与。王召廉颇而问曰:"可救不①?"对曰:"道远险狭,难救②。"又召乐乘③而问焉,乐乘对如廉颇言④。又召问赵奢,奢对曰:"其道远险狭,譬之犹两鼠斗于穴中,将勇者胜⑤。"王乃令赵奢将,救之。

①可救不:"不",同"否"。 ②"道远"二句:言阏与距邯郸路程很远,交通又非常困难,兵马必须经过艰险而狭隘的山路,所以不易援救。 ③乐乘:战国名将乐毅的同族,后来赵王封他为武襄君。 ④"乐乘对如"句:乐乘的回答与廉颇相同。 ⑤"譬之犹"二句:"譬之犹",即"譬如"。下文"两鼠"之喻,言两只老鼠在洞里打架,地方极小,没有回旋余地,哪个勇敢些,哪个就能打胜。

兵去邯郸三十里,而令军中曰:"有以军事谏者死①!"秦军军武安西②。秦军鼓噪勒兵,武安屋瓦尽振③。军中候有一人言急救武安④,赵奢立斩之。坚壁⑤,留二十八日不行,复益增垒⑥。秦间来入,赵奢善食而遣之⑦。间以报秦将,秦将大喜,曰:"夫去国三十里而军不行,乃增垒,阏与非赵地也⑧!"赵奢既已遣秦间,乃卷甲而趋之⑨,二日一夜至。令善射者去阏与五十里而军⑩。军垒成,秦人闻之,悉甲而至⑪。军士许历请以军事谏⑫。赵奢曰:"内之⑬!"许历曰:"秦人不意赵师至此⑭,其来气盛⑮,将军必厚集其阵以待之⑯。不然，必败。"赵奢曰："请受令⑰！"许历曰："请就铁质之诛⑱！"赵奢曰："胥后令邯郸⑲！"许历复请谏曰："先据北山上者为胜，后至者败⑳。"赵奢许诺，即发万人趋之㉑。秦兵后至，争山，不得上，赵奢纵兵击之，大破秦军。秦军解而走㉒，遂解阏与之围而归。

①"有以"句：有人敢为军事来进谏的处死刑。按，上文写赵奢出兵，仅距邯郸三十里就停了下来，正是故意示弱于秦。但这样的做法是会引起他的部下怀疑的，所以他下令军中，不许进谏。《史记评林》引茅坤说："不欲人谏者，绝军中哗言也。"　②"秦军军"句：下"军"字是动词，作"驻扎"解；"武安"，赵邑，故城在今河北省武安县西南。按，武安在邯郸之西，秦军恐赵救阏与，所以进军至武安附近，企图牵制赵国的兵力。　③"秦军鼓噪"二句：上句，"鼓噪"，击鼓呐喊；"勒兵"，已见前《魏公子列传》注释，此指操练人马。下句，王伯祥说："极意形容秦军声势的盛大，言他们鼓噪勒兵的时候，连武安城内所有房屋上面盖着的瓦片尽都振动的。"　④"军中候"句："候"，是负责侦查敌情的军职；"军中候有一人"，在军中担任侦查敌情工作的一个军士。按，此人因见武安形势吃紧，所以说要"急救武安"。　⑤坚壁：坚守营盘。　⑥复益增垒："垒"，壁垒，营墙。此写赵奢不但不向前进军，反而更多地增筑营垒，表示久驻之意。　⑦"秦间"二句：上句，"间"，指间谍，下同。此句言秦国的间谍进入赵国的阵地。下句，"食"，音寺；"善食"，好好地用饮食款待；"遣之"，遣送他回去。王伯祥说："赵奢明知间谍，故意纵令还报，所以善食而遣之。"　⑧"夫去国"三句："国"，指赵国的首都邯郸。此三句大意是：赵军离开都城仅三十里就停住不走，而且还增筑营垒，显然是不敢去救阏与，阏与一定不会为赵国所有了。　⑨"乃卷甲"句："卷"，同"捲"；"甲"，军士穿的铁甲；"捲甲"，除去铁甲，轻装进军。"趋"，迅速前进；"之"，指阏与前线。　⑩"令善射者"句：命令善于射箭的军队离阏与五十里扎营。按，前文写赵奢故意停军不进，此又写其兼程而至，正是为了使秦军疏于防备，然后乘势获胜。郭嵩焘说："案，所以留军不行，而诛杀谏者，其蓄谋在此。"　⑪悉甲而至：言秦军全副装备，也赶了来。　⑫"军士许历"句：有个军士名叫许

历的，请求赵奢允许他进言，陈述军事。　⑬内之："内"，同"纳"。此犹言"让他进来"。　⑭"秦人"句：言秦军没有料到赵军这样迅速地来到此地。　⑮其来气盛：他们赶到这里来，士气很旺盛。　⑯"将军"句："厚集"，充分准备，重点集中；"阵"，队伍的阵形；"待"，有"防备"之意。《史记评林》引茅坤说："'厚集其阵'者，严肃其部伍，使敌人不得猝犯也。戒当卷甲而趋之后也。"郭嵩焘说："案，二日一夜驰至，亦梢乏矣，而秦军之气才盛，于此宜有以待之。许历盖微窥知赵奢之兵机，故其言相应如此。"按，茅、郭说是，录以备考。　⑰请受令：大意是："请允许我接受你的指教。"《资治通鉴》即改此句的"令"字为"教"。　⑱"请就"句："就"，此处有"接受"之意；"铁质"同"斧锧"，已见前注。此言"接受死刑的处分"。　⑲胥后令邯郸："胥"与"须"通，作"等待"解；"胥后令"，等待以后的命令。"邯郸"，《史记索隐》以为是"欲战"的误字（中井积德则以为是"将战"的误字），与"胥后令"分为两句，言"临战之时，许历又向赵奢请求进言"。但《资治通鉴》则以"邯郸"属上读。梁玉绳说："钱宫詹（按，即钱大昕）曰：'胥后令邯郸是五字句。赵都邯郸，谓当待赵王之令也。'此解甚惬。《后（汉）书》循吏卫飒传云'须后诏书'语意相似。"王骏图说："此即《左传》'有后令'之意。……《索隐》谓'邯郸'二字当为'欲战'二字，谓临战之时，许历复谏也。反覆思之，'邯郸'句皆误，且误得如此明白！乃知《索隐》断句误矣。当读曰'胥后令邯郸'耳。盖'邯郸'者，赵都也。奢善许历之策，而又不能遽更其军令，故为缓辞，言待凯旋邯郸当有后命耳。许历得此言，故敢复谏。此时并无后令也。"今按，"邯郸"恐非误字，今依《通鉴》断句。梁引钱说及王骏图说近是，故并录以备考。　⑳"先据"二句：王伯祥说："言先能据守阕与北面的山头的可以获胜，后来的便失却险隘而必致失败了。"郭嵩焘说："案，秦军久至而不知据此山者，由赵奢留军军不行，先示怯，是以秦军易（轻视）之，直赵军据此山嵩乃始与争利，此其所以败也。"　㉑"即发"句：立刻派遣一万人急趋那座山头。　㉒解而走："解"，散也。言秦军被击溃，四散而败走。

赵惠文王赐奢号为马服君①，以许历为国尉②。赵奢于是与廉颇、蔺相如同位③。

①马服君:"马服",山名,在邯郸西北十里。此以山名为赵奢封号。　②国尉:官名,职位仅次于将军。　③同位:即"同列"。此言赵奢与廉颇、蔺相如同为上卿。

（以上是第四大段,为赵奢附传。着重写其在阏与破秦军的始末。）

后四年①,赵惠文王卒,子孝成王立。

①后四年:此承上文"其明年,赵奢破秦军阏与下"而言。赵奢破秦军事在赵惠文王二十九年（公元前二七〇年）,至三十三年（公元前二六六年）,惠文王死,相去恰为四年。

七年①,秦与赵兵相距长平②。时赵奢已死,而蔺相如病笃③,赵使廉颇将攻秦。秦数败赵军,赵军固壁不战④。秦数挑战,廉颇不肯⑤。赵王信秦之间——秦之间言曰:"秦之所恶⑥,独畏马服君赵奢之子赵括为将耳。"赵王因以括为将,代廉颇。蔺相如曰:"王以名使括,若胶柱而鼓瑟耳⑦。括徒能读其父书传,不知合变也⑧。"赵王不听,遂将之⑨。

①七年:即公元前二五九年。据《六国年表》和《白起王翦列传》,长平之役在秦昭王四十七年,即赵孝成王六年。而《赵世家》载赵括代廉颇事则在孝成王七年,与此传同。今按,一般的说法,都认为长平之役发生在孝成王六年。　②"秦与赵兵"句:"长平",赵邑名,在今山西省高平县西北二十里。按,长平之役,盖因赵国贪韩上党之地所致。事见《战国策·赵策一》,今录以备考:"（秦伐韩）,韩恐,使阳城君入谢于秦,请效（献）上党之地以为和。……上党之守靳黈（妥殴切）……曰:'……臣请悉发守以应秦。若不能卒（如果不能有好结果）,则死之。'……（韩）王曰:'吾始已诺于应侯（即范雎）矣;今不与,是欺也。'乃使冯亭代靳黈。冯亭守三十日,阴使人请赵王曰:'韩不能守上党,且以与秦;其民皆不欲为秦,而愿为赵。今有城市之邑七十（《史记·赵世家》作"十七",下同）,愿拜内（纳）之于王,惟王才（裁）之。'赵王喜,召平原君

而告之曰：'韩不能守上党，且以与秦；其吏民不欲为秦而皆愿为赵。今冯亭令使者以与寡人，如何？'赵豹对曰：'臣闻圣人甚祸无故之利！'王曰：'人怀吾义，何谓无故乎？'对曰：'秦蚕食韩氏之地，中绝不令相通，故自以为坐受上党也。且夫韩之所以内（纳）赵者，欲嫁其祸也。秦被其劳而赵受其利，虽强大不能得之于小弱，而小弱顾能得之强大乎？今王取之，可谓有故乎？……王自图之。'王大怒曰：'夫用百万之众，攻战逾年历岁，未见一城也。今不用兵而得城七十，何故不为！'赵豹出，王召赵胜、赵禹而告之。……二人对曰：'用兵逾年，未见一城。今坐而得城，此大利也。'乃使赵胜往受地。赵胜至，曰：'敝邑之王使使者臣胜告太守，有诏使臣胜谓曰：请以三万户之都封太守。……'冯亭垂涕而勉曰：'是吾处三不义也：为主守地而不能死，而以与人，不义一也；主内（纳）之秦——不顺主命，不义二也；卖主之地而食之，不义三也。'辞封而入韩，谓韩王曰：'赵闻韩不能守上党，今发兵已取之矣！'韩告秦曰："赵起兵取上党！"秦王怒，令公孙起、王齮（《史记》作王龁）以兵遇赵于长平。"（《赵世家》及《白起王翦列传》所载与此略同。《赵世家》系此事于孝成王四年，即公元前二六二年。下文更有数语云："王悔不听赵豹之计，故有长平之祸焉。"）　③"赵奢"二句：景祐本"奢"讹为"李"，今改正之。病笃，病已临危。　④赵军固壁不战："固壁"，坚守营垒。　⑤"秦数"二句：上句，"挑战"，诱其出战。下句，"肯"作"可"解，犹言"置之不理"。按，《史记·白起王翦列传》："（秦昭王）四十七年，秦使左庶长王龁攻韩，取上党。上党民走赵。赵军长平，以按据（犹言'镇抚'）上党民。四月，龁因攻赵。赵使廉颇将。赵军士卒犯秦斥兵（哨兵），秦斥兵斩赵裨将茄。六月，陷赵军，取二鄣（两座堡寨）、四尉（四个军官）。七月，赵军筑垒壁而守之。秦又攻其垒，取二尉；败其阵，夺西垒壁。廉颇坚壁以待秦。秦数挑战，赵兵不出。赵王以为让（读上声，责问）……"可与此互参。　⑥恶：音务，憎厌，嫌忌。　⑦"王以名"二句：上句，"名"，指虚名，言"赵王仅因赵括有虚名而任用他"。下句，"胶"，动词，指用胶粘物；"柱"，琴瑟上面拧卷弦索的短轴。按，弹奏琴瑟时，为了使调门有高低，必须转动弦柱；柱紧则弦急而调门高，柱松则弦缓而调门低。如果用胶把弦柱粘定，使弦之缓急无法变动，那就只能有一种调门，无法调节声音的高低了。此以喻死守成法,不能活用,指赵王但信片面之言,不知权变。 ⑧"括徒能"二句:"徒能",犹言"只会";"其父书传",他父亲遗留下来的书本。下句,"合",犹"应";"合变",灵活掌握,随机应变;"不知合变",王伯祥说:"言赵括只能读死书。" ⑨遂将之:"将",作及物动词用;"之",指赵括。此言"于是赵王乃以赵括为将"。按,《白起王翦列传》:"秦相应侯又使人行千金于赵为反间,曰:'秦之所恶,独畏马服子赵括为将耳,廉颇易与(容易对付),且降矣!'赵王既怒廉颇军多失亡,数败,又反坚壁不敢战,而又闻秦反间之言,因使赵括代廉颇将以击秦。"可与此互参。

赵括自少时学兵法,言兵事,以天下莫能当①。尝与其父奢言兵事,奢不能难,然不谓善②。括母问奢其故③,奢曰:"兵,死地也④,而括易言之⑤。使赵不将括即已,若必将之,破赵军者必括也!⑥"及括将行⑦,其母上书言于王曰:"括不可使将!"王曰:"何以?"对曰:"始妾事其父,时为将⑧。身所奉饭饮而进食者以十数,所友者以百数⑨;大王及宗室所赏赐者,尽以予军吏士大夫⑩;受命之日,不问家事⑪。今括一旦为将⑫,东向而朝,军吏无敢仰视之者⑬;王所赐金帛,归藏于家,而日视便利田宅,可买者买之⑭。王以为何如其父?父子异心,愿王勿遣⑮!"王曰:"母置之,吾已决矣⑯!"括母因曰:"王终遣之;即有如不称,妾得无随坐乎⑰?"王许诺。

① "以天下"句:言赵括以为天下没有能抵敌得过他的。 ② "奢不能难"二句:上句,"难"读去声,驳难。此言赵奢驳不倒赵括。下句言"但是赵奢并不说赵括好"。 ③ "括母"句:言赵括的母亲问赵奢既不能驳倒赵括但又不肯定他的原因何在。 ④ 兵,死地也:"死地",容易牺牲性命的地方。此句大意是:战争本是极其危险的场合。 ⑤ 而括易言之:可是赵括却把打仗的事说得轻而易举。 ⑥ "使赵"三句:大意是:"假使赵国不用赵括为将就算了,

如果一定用他为将，那么使赵军溃败的必然是赵括了。" ⑦将行：将要带兵出发。 ⑧"始妾"二句：上句，"事"，侍奉，指嫁给赵奢。此言"当初我嫁给他父亲的时候"，下句言"那时他正奉为赵国的大将"。 ⑨"身所奉"二句：上句，"身"，亲自；"奉饭饮"，捧着食物和饮料；"进食"，献给人吃；"以十数"，有几十个人，"数"读上声。下文"以百数"义仿此。下句，"所友者"，当平辈朋友看待的人。此二句大意是：在军中被赵奢当作老师尊敬的，每逢吃饭时必须由他亲自捧着食物去进献的人有几十个，被他当平辈朋友看待的有几百个。按，此指赵奢对将士谦逊有礼貌，能接受群众。 ⑩"大王"二句：言赵王和贵族们赏赐给赵奢的财物，赵奢全部分给部下的军吏和僚属。 ⑪"受命"二句："命"指出征的命令。此言"赵奢只要接到国家的动员令，从那一天起就不再过问家里的私事"。 ⑫一旦为将：骤然做了赵国的大将。 ⑬"东向"二句：上句言赵括坐西向东，接受军吏们的朝见，按，古时帝王最尊，坐北向南；公侯将相则以坐西向东为尊（详见顾炎武《日知录》卷二十八）。下句，言赵括骄气十足，摆出大将的威严，以致他的部下没有敢抬头仰视他的。按，此与赵奢的接受群众恰成尖锐对比。 ⑭"而日视"二句：大意是：而且每天打听哪儿有便宜合适的田地房产，只要可以买的他就买下来。按，与此前赵奢不取赏赐、不问私事又成对比。 ⑮"父子"二句：上句，"异心"，指思想作风截然不同。下句，"勿遣"，不要派赵括出征。 ⑯"母置之"二句：上句，"母"，对赵括母亲的敬称；"置之"与"置之不理"的"置之"同义，作"搁开""撂开"解。下句，"决"，决定。此二句大意是：您撂在一边不要管吧，我已决定派赵括去了。 ⑰"王终"三句："称"读去声，指称职；"坐"，因犯罪而受处分叫"坐"，"随坐"即"连坐"，因受牵累而受处罚。此三句大意是：您最终要派他去；如果他因不称职而受处分，我能够不致受连累吗？

赵括既代廉颇，悉更约束，易置军吏①。秦将白起闻之，纵奇兵②，详③败走，而绝其粮道，分断其军为二④，士卒离心。四十余日，军饿，赵括出锐卒自搏战⑤。秦军射杀赵括。括军败，数十万之众遂降秦，秦悉坑之⑥。赵前后所亡凡四十五万。

①"悉更"二句：上句，"悉"，完全；"更"读平声，改变；"约束"，指军中订立的规章号令。下句，"易置"，撤换。按，此写赵括缺乏战斗经验，在军事紧急时任意更改号令，撤换部下。　②纵奇兵："纵"，本作"放纵"解，此处引申有指挥、调遣之意；"奇兵"，出人意料的军事部署。　③详：古与"佯"通。　④"而绝"二句：上句言白起出兵把赵军输送粮饷的道路截断。下句，详见下注⑥引《白起王翦列传》文。　⑤出锐卒自搏战：亲自带领精锐的队伍冲向敌军，进行肉搏战。　⑥秦悉坑之：言"秦军把赵国的降卒都活埋了"。按，《白起王翦列传》记此次战役甚详，今录以备考："秦闻马服子将，乃阴使武安君白起为上将军，而王龁为尉裨将。令军中：'有敢泄武安君将者斩！'赵括至，则（立即）出兵击秦军，秦军佯败而走，张二奇兵以劫之。赵军逐胜，追造秦壁（直追到秦军营垒），壁坚，拒不得入，而秦奇兵二万五千人绝赵军后，又一军五千骑，绝赵壁间（把赵军截断在秦军营垒附近）。赵军分而为二，粮道绝；而秦出轻兵击之。赵战不利，因筑壁坚守，以待救至。秦王闻赵食道绝，王自之（亲往）河内，赐民爵各一级，发年十五以上，悉诣长平，遮绝赵救及粮食。至九月，赵卒不得食四十六日，皆内阴相杀食（皆在内部暗中彼此相杀，以死尸为粮食）。来攻秦垒，欲出（想突围而出），为四队，四五复之（往返突围四五次），不能出。其将军赵括出锐卒自搏战，秦军射杀赵括。括军败，卒四十万人降武安君，武安君计曰：'前秦已拔上党，上党民不乐为秦而归赵。赵卒反覆，非尽杀之，恐为乱！'乃挟诈而尽坑杀之，遗其小者二百四十人归赵。前后斩首虏四十五万人，赵人大恐。"

明年①，秦兵遂围邯郸，岁余，几不得脱②。赖楚、魏诸侯来救③，乃得解邯郸之围。赵王亦以括母先言，竟不诛也④。

①明年：即赵孝成王八年（公元前二五八年）。今按，秦围邯郸，如据此传，上文既以长平之役系于孝成王七年前则此处自应作"明年"。可见两者各有所本，而未经司马迁统一整理。又按，邯郸解围在赵孝成王九年（公元前二五七年），故下文言"岁余"。　②几不得脱：几乎不能脱险。"几"读平声。　③"赖楚、魏"句："赖"，幸亏。

按,"魏"事指信陵君窃符救赵,"楚"事指春申君出兵声援,即平原君偕毛遂赴楚订约的结果。并详前。　④"赵王亦以"二句:上句,"先言",有言在先。下句,"诛",作处分解。"不诛",不会连坐。

（以上是第五大段,为赵括附传,写秦赵长平之役因用赵括而致惨败。）

自邯郸围解五年①,而燕用栗腹②之谋曰:"赵壮者尽于长平,其孤未壮③。"——举兵击赵。赵使廉颇将,击④,大破燕军于鄗⑤,杀栗腹,遂围燕。燕割五城请和,乃听之。赵以尉文封廉颇为信平君⑥,为假相国⑦。

①"自邯郸"句:按,"邯郸围解"在赵孝成王九年（公元前二五七年）,据《六国年表》及《燕召公世家》,栗腹攻赵在燕王喜四年,即赵孝成王十五年（公元前二五一年）,中间相距不止五年。故梁玉绳、沈家本皆以"五年"为"七年"之误,张森楷则以为应改为"六年"。　②栗腹:人名,燕相。"栗"姓;"腹"名。　③"赵壮者"二句:意谓赵国的壮丁在长平战役中都死光了,他们遗留下来的孤儿还没有壮大,因此军队无法补充。　④击:一字为句,指出击燕军。　⑤"大破"句:"鄗",音霍,又音皓,本为晋邑,后属赵。故城在今河北省柏乡县北。按,栗腹攻赵事又见《战国策·燕策三》:"燕王喜使栗腹以百金为赵孝成王寿。酒三日,反报曰:'赵民其壮者皆死于长平,其孤未壮,可伐也。'王乃召昌国君乐间而问曰:'何如?'对曰:'赵,四达之国也。其民皆督于兵,不可与战。'王曰:'吾以倍攻之,可乎?'曰:'不可。'曰:'以三可乎?'曰:'不可。'王大怒。左右皆以为赵可伐,遽起六十万以攻赵——令栗腹以四十万攻鄗,使庆秦以二十万攻代。赵使廉颇以八万遇栗腹于鄗,使乐乘以五万遇庆秦于代。燕人大败。乐间入赵。"（《燕召公世家》及《赵世家》所载与此略同。）可以参考。　⑥"赵以尉文"句:"尉文",《史记集解》引徐广说:"邑名,而不详其地之所在。"王骏观以为其地在赵之西北境,"信平君",封号。　⑦假相国:代行相国职权。王伯祥说:"其时蔺相如当已死去,故以廉颇代为相国。"

廉颇之免长平归也，失势之时，故客尽去①；及复用为将，客又复至。廉颇曰："客退矣②！"客曰："吁③！君何见之晚也④！夫天下以市道交⑤。君有势，我则从君；君无势，则去⑥。此固其理也，有何怨乎⑦？"

①"失势"二句：言廉颇失去权势的时候，旧时门下的食客都离去了。　②客退矣：此是嫌恶拒绝之辞，犹言"你们都请回吧！"。　③吁：感叹词，犹"唉！"。　④"君何见"句：此是倒装句，犹"君见之何晚也"。"见之"，指看问题；"晚"，不及时，迟钝，落后。此言"你看问题怎么这样迟钝呢？"。　⑤以市道交："市道"，商人做生意的手段，指钻营趋利的方式；此言"用商人做生意的手段交朋友"。　⑥"君有势"四句：大意是"您有势力，我们就依附您，您没有势力，我们就走掉"。　⑦"此固"二句：上句，"固"，本来；"其"，指上文的"市道"。下句，"有"与"又"通（用王引之说，见《经传释词》）。

居六年①，赵使廉颇伐魏之繁阳②，拔之。

①居六年：过了六年。按，自赵孝成王十五年破燕，杀栗腹算起，过了六年，即赵孝成王二十一年（公元前二四五年）。赵孝成王卒于此年。　②繁阳：魏邑名，故城在今河南省内黄县东北二十五里。

赵孝成王卒，子悼襄王①立，使乐乘代廉颇。廉颇怒，攻乐乘，乐乘走，廉颇遂奔魏之大梁。

①悼襄王：名偃，在位九年（公元前二四四至公元前二三六年）。

其明年①，赵乃以李牧为将而攻燕，拔武遂、方城②。

①其明年：据下文，这一年应该是悼襄王元年（公元前二四四年）；但《六国年表》及《赵世家》皆系李牧拔武遂、方城事在悼襄王二年（公元前二四三年）。故张森楷以为"其明年"，应改为"后二年"。　②武遂、方城：皆燕邑名。"武遂"即今河北省徐水县西二十五里的遂城镇。"方城"故城在今河北省固安县南。

廉颇居梁久之,魏不能信用。赵以数困于秦兵,赵王思复得廉颇,廉颇亦思复用于赵。赵王使使者视廉颇尚可用否①。廉颇之仇郭开多与使者金,令毁之②。赵使者既见廉颇,廉颇为之一饭斗米、肉十斤、被甲上马,以示尚可用③。赵使还报王曰:"廉将军虽老,尚善饭④;然与臣坐,顷之,三遗矢矣⑤!"赵王以为老,遂不召。

①视廉颇尚可用否:观察一下廉颇,是否还可以任用。　②"廉颇之仇"二句:言廉颇的一个仇人郭开,送给这个使者很多贿赂,让他在赵王面前诋毁廉颇。　③"廉颇为之"二句:上句,"被",同"披"。按,此句的"一饭斗米、肉十斤、被甲上马"都是"为之"的补语,"为之"二字直贯至"被甲上马";"一饭斗米、肉十斤"和"被甲上马"是并列成分,而"斗米"和"肉十斤"又是并列成分,作为"一饭"的补语。此二句言"廉颇为了对赵王的使者表示自己还很壮健,可以用,所以,一顿饭吃了一斗米,十斤肉,并且还披着甲骑上了马"。　④尚善饭:犹言"饭量还不小"。　⑤"然与"三句:"顷之",一会儿的工夫;"矢",古"屎"字;"三遗矢",中井积德说:"是坐而不觉矢也。"此三句大意是:"但是他和我坐了不多一会儿,就不自觉地大便了三次。"意谓廉颇的生理机能衰退,已不能控制自己消化系统的器官了。是使者毁谤之辞。

楚闻廉颇在魏,阴使人迎之①。廉颇一为楚将,无功②,曰:"我思用赵人③!"廉颇卒死于寿春④。

①阴使人迎之:暗中派人把廉颇迎到楚国来。　②"廉颇一为"二句:"一",有"既已"之义(用近人裴学海说,见《古书虚字集释》);"一为楚将",犹言"既已为楚将"。"无功",无所建树。郭嵩焘说:"案,廉颇入楚,在考烈王东徙寿春之后,其势亦不足以有为矣。"　③"我思"句:廉颇说:"我还是想使用赵国人。"意谓楚国的人不听他使用,所以表示希望回到赵国去。郭嵩焘说:"廉颇喜持重,而楚军剽轻,所以不乐用楚人也。"　④卒死于寿春:"寿春",楚地,即今安徽省寿县。按,楚顷襄王二十一年(公元前二七八年),秦将白起破楚之郢都,顷襄王出亡,乃徙都于陈(今河

南省淮阳县），但仍称它为郢（详见《六国年表》及《楚世家》）。此言廉颇最终没有回到祖国，客死在楚国。

（以上是第六大段，结束廉颇生平的记录。）

李牧①者，赵之北边良将也。常居代雁门，备匈奴②。以便宜置吏，市租皆输入莫府，为士卒费③。日击数牛飨士④，习射骑，谨烽火，多间谍⑤，厚遇⑥战士。为约⑦曰："匈奴即入盗⑧，急入收保⑨，有敢捕虏者，斩⑩！"匈奴每入，烽火谨，辄入收保，不敢战。如是数岁，亦不亡失⑪。然匈奴以李牧为怯，虽赵边兵亦以为吾将怯⑫。赵王让李牧，李牧如故⑬。赵王怒，召之，使他人代将。

①李牧：据《战国策》的《秦策》和《赵策》，李牧一名繓，录以备考。 ②"常居"二句：上句，"代"本古国名，战国时其地属赵；"雁门"，赵郡名，因在代国境内，故称"代雁门"，地当今山西省西北部宁武以北一带，包括大同的东部、北部，皆雁门郡所辖故地，其郡治则在今山西省右玉县南。此言李牧经常驻守在雁门郡。下句，"备"，防备。"匈奴"，古种族名，即周时的獯鬻；战国时始称为匈奴，又叫作胡；其族散居于今甘肃、陕西、山西诸省，后逐渐北移，战国时屡为燕、赵等国边患。秦筑长城，就是为了防御匈奴。 ③"以便宜"三句：第一句，"便宜"，因便而制宜，即根据实际需要而灵活掌握；"置吏"，设置官吏。此言李牧有实权根据具体需要而随时设置官吏。第二句，"市租"，城市的税收；"莫"与"幕"通，将帅出征时，以随地驻屯的营幕为办公的衙署，叫作"幕府"（后世则凡地方最高文武官员的府衙，都统称幕府）。此连下句言"当地所收入的租税都送到李牧的幕府来，作为军队的经费"。 ④"日击"句："击"，指宰杀；"飨"，犒赏，供养。此言"每天杀死好几头牛给军士们吃"。 ⑤"习射骑"三句：第一句，"骑"读去声，此言"教导战士练习射箭和骑马的技术"。第二句，"谨"，有小心、警惕之意；此句写对敌情必须警惕，所以说"小心地看守着烽火台"。第三句，言多派侦察敌情的谍报员。 ⑥厚遇：优待。 ⑦为约：订立守则，发布命令。 ⑧"匈奴"句："即"，即

使;"入盗",犹言"入寇",指侵入赵境,掠夺百姓。 ⑨"急入"句:赶紧把人马物资收拾起来退入营垒,严加保护。 ⑩"有敢"二句:"虏",古时对北族敌人的贬称。此二句言:"有人敢抓捕敌人的,立即处斩!" ⑪亦不亡失:也没有什么丧亡损失。"亡"指人口,"失"指物资,下同。 ⑫"虽赵"句:即使是赵国守边的兵士也以为自己的主将太胆小了。 ⑬"赵王"二句:"让"读上声,责备。此言"赵王因李牧不出兵应战而加以责备,但李牧仍和从前一样"。

岁余,匈奴每来,出战①;出战数不利,失亡多②,边不得田畜③。复请李牧。牧杜门不出,固称疾④。赵王乃复强起使将兵⑤,牧曰:"王必用臣,臣如前,乃敢奉令⑥。"王许之。

①出战:此句的主语是代替李牧为将的"他人"。 ②失亡多:物资损失、人口伤亡都很多。 ③边不得田畜:"田",耕种;"畜",畜牧。此言边境上的人民无法种田和畜牧。 ④"牧杜门"二句:上句言李牧闭门不出,谢绝一切交往;下句言李牧坚决地托言有病。 ⑤"赵王乃复"句:"乃复"犹言"一再地";"强"读上声,勉强;"起",起用。此言"赵王一再勉强起用李牧,让他带兵"。 ⑥"臣如前"二句:大意是:允许我仍照以前的办法,我才敢接受您的命令。

李牧至,如故约①,匈奴数岁无所得,终以为怯。边士日得赏赐而不用,皆愿一战。于是乃具选车得千三百乘,选骑得万三千匹,百金之士五万人,彀者十万人②,悉勒习战③。大纵畜牧,人民满野④。匈奴小入,佯北不胜⑤,以数千人委之⑥。单于闻之,大率众来入⑦。李牧多为奇陈,张左右翼击之⑧,大破杀匈奴十余万骑。灭襜褴⑨,破东胡⑩,降林胡⑪,单于奔走。

①如故约:仍照从前规定的办法。 ②"于是乃具"四句:第一句,"具",具备,齐备。"具"字的宾语是"选车""选骑""百金之士"和"彀者"等四句。"选车",精选出来的战车;"千三百乘",

一千三百辆。第二句,"选骑",精选出来的战马,"骑"读去声。第三句,"百金之士",《史记正义》引《管子》:"能破敌擒将者赏百金。"意指可以冲锋陷阵破敌擒将的敢死之士。第四句,"彀",音够,《史记正义》:"满张弓也,言能满弦张射。""彀者"即善射之士,指能够拉满强弓硬弩的人。　③悉勒习战:"悉",完全;"勒",部勒,指组织起来加以统率;"习战",练习作战。此句是总托前四句,意谓把上述所有入选的人都组织起来练习作战。　④"大纵"二句:上句言把大量的牲畜放了出来任其各处散走。下句言从事畜牧的人民也布满了边境的田野中。　⑤"匈奴小入"二句:上句言匈奴最初并非没有戒心,所以只用少量的人数入侵。下句,"佯北",假败。言李牧行诱敌之计,假作战败。　⑥以数千人委之:"委",弃。言故意把几千人抛弃给匈奴。《史记索隐》:"谓弃之,恣其杀略(任凭匈奴杀伤掠夺)也。"　⑦"单于"二句:上句,"单于",匈奴君主的称号,"单",音蝉。下句言匈奴的君主大举率领人马前来,侵入赵境。　⑧"李牧多为"二句:上句,"陈"同"阵";"奇陈",即前文所谓的奇兵。下句指两侧包抄,像鸟张开左右的翅膀那样痛击敌人。　⑨襜褴:音丹蓝,胡国名,在古代国的地面。　⑩东胡:种族名,为北族乌丸(或作"乌桓")之祖,其别派即后来的鲜卑。今称通古斯族,因在匈奴之东,故称"东胡"。今内蒙古自治区东部、河北北部和辽宁一带,皆其故地。　⑪林胡:种族名,亦北族之别派。今河北省张家口以北及呼和浩特附近,皆其故地。

其后十余岁,匈奴不敢近赵边城。

赵悼襄王元年,廉颇既亡入魏,赵使李牧攻燕拔武遂、方城。居二年,庞煖破燕军①,杀剧辛②。

　①"庞煖"句:"庞煖",赵将,素与剧辛交好,剧辛为燕伐赵,竟为庞煖所杀。"煖",音宣。据《六国年表》及《赵世家》,庞煖擒杀剧辛在赵悼襄王三年(公元前二四二年)。　②剧辛:本赵人,后仕燕为将。

后七年,秦破赵,杀将扈辄于武遂城①,斩首十万。赵乃以李牧为大将军，击秦军于宜安②，大破秦军，走秦将桓齮③。封李牧为武安君④。

①"杀将"句：一本连上句，作"秦破杀赵将扈辄……"，亦适。"扈辄"，赵将。另有与汉张耳同时的扈辄，和这个不是一人。"武遂城"，应作"武城"，"遂"是衍文；景祐本作"武遂"，非是。钱大昕《二十二史考异》："《赵世家》作'武城'。'武遂'在燕赵之交，秦兵未得至其地。恐因上有'武遂''方城'之文，误衍'遂'字耳。"洪颐煊也说："此当作'武城'，'遂'是衍字。《赵世家》幽缪王二年：'秦攻武城，扈辄率师救之，军败，死焉。'《始皇本纪》：'十三年，桓齮攻赵平阳，杀赵将扈辄。……十四年，（桓齮）定平阳、武城。'皆无'遂'字。《后汉书·郡国志》：'魏郡：邺……有平阳城、有武城……'皆其证。"今按，平阳在今河北省临漳县西二十五里，则"武城"自应在其附近；"武遂"在河北省徐水县西，与平阳相去甚远，故钱洪之说是。又按，桓齮杀扈辄在赵王迁二年（公元前二三四年），上距庞煖杀剧辛凡八年，故梁玉绳以为上文的"后七年"应作"后八年"。　②宜安：赵邑名，故城在今河北省藁城县西南。"藁"，同"稿"。　③"走秦将"句："走"，赶走；桓齮，秦将，杀扈辄者即此人。"齮"，音蚁。　④武安君：封号。"武安"，邑名，已见前。

居三年，秦攻番吾①。李牧击破秦军，南距韩、魏②。

①番吾：赵邑名。故城在今河北省平山县南。"番"读为"盘"。按，秦攻番吾在赵王迁四年（公元前二三二年）。　②"南距"句："距"，同"拒"，抵御。王伯祥说："时韩、魏都已听命于秦，威胁赵国，故李牧破秦军后同时抵御韩、魏。"

赵王迁七年①，秦使王翦攻赵，赵使李牧、司马尚②御之。秦多与赵王宠臣郭开金③，为反间，言李牧、司马尚欲反。赵王乃使赵葱④及齐将颜聚代李牧，李牧不受命。赵使人微捕得李牧⑤，斩之。废司马尚。

①赵王迁七年："赵王迁"，悼襄王庶出之子，是赵国最后的国君，

在位八年（公元前二三五至公元前二二八年），为秦所俘虏。据《史记·赵世家》，迁死，谥幽缪王，而《战国策》则作"幽王"，刘向《列女传》又作"幽闵王"。《史记索隐》引徐广说："王迁无谥。今惟此独称'幽缪王'者，盖秦灭赵之后，人臣窃追谥之；太史公或别有所见而记之也。"今按，《世本》及《史记·六国年表》等不载迁之谥，疑徐广说近是。既属后人追谥，自不免以讹传讹，故诸书所记各有不同。"七年"，即公元前二二九年。　②司马尚：赵将，时与李牧同御王翦。及李牧死，尚遂被罢黜废免。　③"秦多与"句：按，《战国策·秦策第四》："（秦王政）乃资万金使（顿弱）……北游于燕、赵而杀李牧。"则顿弱可能是向郭开行贿之人。又按，《战国策·秦策五》更载李牧之死，谓是赵王近臣韩仓所谗，赵王赐牧死，牧乃自杀。而刘向《列女传》卷七载赵悼倡后事云："倡后者，赵悼襄王之后也。……悼襄王以其美，而取之。李牧谏曰：'不可。女之不正，国家所以覆而不安也。此女乱一宗，大王不畏乎？'王曰：'乱与不乱，在寡人为政。'遂娶之。初，悼襄王后生子嘉，为太子；倡后既入为姬，生子迁。倡后既嬖幸于王，阴潜后及太子于王，使人犯太子而陷之于罪。王遂废嘉而立迁，黜后而立倡姬为后。及悼襄王薨，迁立，是为幽闵王。倡后淫佚不正，……多受秦赂，而使王诛其良将武安君李牧。其后秦兵径入，莫能距，迁遂见虏于秦。赵亡大夫怨倡后之谮太子及杀李牧，乃杀倡后而灭其家。……"皆与此传所记不同。但据《史记·赵世家》篇末论赞中引冯王孙（冯唐子，名遂）语，及《张释之冯唐列传》所载冯唐语，可知冯唐的祖父和李牧是朋友，司马迁所记李牧事完全依据冯唐父子的口述，其可靠性是较大的。司马光《资治通鉴》即从《史记》，疑光亦以司马迁之说较近真实，故下采用。　④赵葱：赵之同族。　⑤"赵使人"句："微"，暗中伺探。"微捕得李牧"，伺李牧不备，将他捕获。

（以上是第七大段，为李牧附传，写李牧的战功，并用具体事实证明李牧的生死同赵国的存亡有密切的关系。）

后三月，王翦因急击赵，大破，杀赵葱，虏赵王迁及其将颜聚，遂灭赵。

太史公曰：知死必勇①，非死者难也，处死者难②。方③蔺相如引璧睨柱，及叱秦王左右，势不过诛④，然士或怯懦而不敢发⑤。相如一奋其气，威信敌国⑥，退而让颇，名重太山⑦；其处智勇，可谓兼之矣⑧！

①知死必勇：大意是：既知自己将要身临死地而依旧泰然处之，必然是大勇之人。　②"非死者"二句：此承上句而言。大意是：死并不是难事，在临死之前能从容接受死的来临，才是难事。　③方：犹口语"当……的时候"。按，此处的"方"字贯穿至下文的"左右"。　④势不过诛：此是作者推测蔺相如当时心里的话，言"就当时的形势而论，最多也不过是被秦王杀掉而已"。　⑤"然士"句："发"，发作，表现出来。此言：但是一般的读书人就往往怯懦而不敢有所表现。　⑥"相如一奋"二句：上句，"一"，清吴昌莹以为与"始""初"性质相近。他说："……《广韵》曰：'一，数之始也。'……盖徐言之，曰'初'，曰'始'；捷言之则曰'一'，迅速不待久，不待再之词也。……（《史记》）相如传赞：'相如一奋其气，威信敌国。'……此类'一'，……并迅速之词。"（见《经词衍释》。）今口语有"一……就……"的句法，即与此处的"一"字用法相同。"奋"，奋发，昂扬。下句，"信"同"伸"，伸张，扩大，引申有"压服"之意。此二句言"蔺相如只要一奋扬其英武之气，其威力就可以压倒敌国"。　⑦"退而"二句：上句，"退"，谦退。言蔺相如谦退地向廉颇让步。下句，"太山"与"泰山"同。言相如的声誉比泰山还重。　⑧"其处"二句："处"本作处理、运用解，引申有表现之意。此连下句言"蔺相如所表现的智慧和勇敢，可以说是兼而有之了"。意谓因为蔺相如能够把自己的智勇都运用在最适当的地方，所以其智勇表现得也最为突出。

（以上是第八大段，作者对蔺相如的智勇双全予以热情地赞美。）

屈原贾生列传①

屈原者,名平,楚之同姓②也。为楚怀王左徒③。博闻强志④,明于治乱⑤,娴于辞令⑥。入则与王图议国事,以出号令;出则接遇宾客⑦,应对诸侯。王甚任⑧之。

①屈原贾列传:按,先秦古书皆不载屈原生平事迹,刘安始作《离骚传》,司马迁著《史记》,亦叙屈原与贾谊合传。故屈原部分,有刘安旧文。 ②楚之同姓:楚之王族本姓芈,后乃有屈、景、昭等氏;是皆为楚之同姓。王逸《楚辞章句》:"(楚武王)生子瑕,受屈为客卿(《史记正义》引此文无'客'字),因以为氏。"盖屈本楚邑(按,屈不详为何地。《水经注》引《宜都记》:"秭归,盖楚子熊绎之始国,而屈原之乡里也。"则以今湖北省秭归县为屈原故乡。姑录以备考),自楚武王封瑕于屈,其后嗣乃以屈为姓。屈原即屈瑕的后裔。屈,古音窟,今读如"曲"。 ③左徒:官名。按楚春申君黄歇由左徒为令尹,则知左徒之位相当于上大夫而次于令尹。《史记正义》云:"如今左拾遗。"唐左拾遗乃谏官也。又,黄歇和屈原都是楚之贵族,又是楚君的亲信,故疑当时楚多以贵族近臣任此职(参用钱大昕说)。 ④博闻强志:闻,指学识。志,今通作"识",指记忆力。此言屈原学识广博,记忆力很强,知道的事情很多。 ⑤明于治乱:此谓屈原善理国政,对于国家所以治、所以乱的道理很了解。 ⑥娴于辞令:娴,熟习也。辞令,指外交方面应酬交际的语言。 ⑦"出则"句:出,指对外与诸侯交往。接遇,接见也;招待也。宾客,他国的使节。按,此与下句"应对诸侯"相对为文。 ⑧任:信赖也。

上官大夫与之同列①,争宠而心害其能②。怀王使屈原造为宪令③,屈平属草藁未定④,上官大夫见而欲夺之,屈平不与，因谗之，曰："王使屈平为令，众莫不知，每一令出，平伐其功⑤，曰⑥：以为非我莫能为也。"王怒而疏⑦屈平。

①"上官"句：上官大夫，楚人，"上官"是姓，言"上官大夫"者，史佚其名故。又，旧说以为即后文之靳尚，非是。按，下文有"令尹子兰闻之，大怒，卒使上官大夫短屈原于顷襄王"之语，知上官大夫至顷襄王时犹在位。梁玉绳说："考《楚策》，靳尚为张仪所杀，在怀王世。而此言上官为子兰所使，当顷襄王时，必别一人。故《汉书·（古今）人表》列上官大夫五等，靳尚七等。"录以备考。同列，同位也。按，王逸《楚辞章句·离骚序》云："屈原与楚同姓，仕于怀王，为三闾大夫。"则屈原的爵秩也是大夫，故言与上官同位。　②心害其能："害"，作"患"解，此处引申有忌妒之意。此言上官忌妒屈原的贤能。　③"怀王使屈原"句：《群书治要》"原"作"平"，与下文合，是。造为宪令，谓制定国家的法令。　④属草藁未定："属"，音烛，写作也。"藁"，同"稿"，"草藁"即"草稿"。未定，意谓还没有定稿。　⑤平伐其功：伐，骄傲自满；矜夸。此言屈原自夸有功。　⑥曰：按，此处主语应是屈原，但下句"以为非我莫能为也"的"以为"与自言自语的口吻不合；而《群书治要》引此文即无"曰"字。疑是衍文。张文虎说："今本有者，疑旁注异文误混。"近是。　⑦疏：疏远也。

屈平疾王听之不聪也①，谗谄之蔽明也②，邪曲之害公也③，方正之不容也④，故忧愁幽思⑤而作《离骚》⑥。

①"屈平疾王"句："疾"，作"恨"解；此下自"王听"至"不容也"四句，都是"疾"的宾语。听，听觉也。聪，指听觉十分清楚。此写怀王惑于小人之言，耳不能辨是非，故谓其听觉"不聪"。　②"谗谄"句：谗谄，指进谗毁之言，做谄媚之态的小人。"明"与上句之"聪"为对文，指视觉十分清晰。此言小人混淆黑白，使怀王所见不明，好像视觉被遮蔽了似的。　③"邪曲"句："邪"与"曲"同义，都作邪恶、不公正解。意谓邪恶小人对公正无私的人有所损害。　④"方正"句：此与上句同义而说法不同。意谓端方正直的人不为小人所容。　⑤幽思：幽本作深微、隐曲

隐曲解；此处指内心苦闷、沉郁深思。　⑥《离骚》：屈原所作辞赋之一篇，后人合屈原其他诸作，及宋玉、景差等之辞赋为一编，总称"楚辞"，以文皆楚人之声调也。此下疑系引用刘安《离骚传》，说见后。

"离骚"者，犹离忧①也。夫天者，人之始也；父母者，人之本也②。人穷则反本③，故劳苦倦极④，未尝不呼天也；疾痛惨怛⑤，未尝不呼父母也。屈平正道直行⑥，竭忠尽智以事其君，谗人间之，可谓穷矣⑦！信而见疑，忠而被谤⑧，能无怨乎？

①离忧：离，通"罹"，遭也。离忧，犹言遭忧也。　②"夫天者"四句：前二句：因为古人的宇宙观，以为上天是造物者，所以说"天是人类的原始"。后二句言：人类世代相传，子女皆由父母所生，故父母为人之根本。　③人穷则反本：穷，指处境困难，遭遇艰苦。"反"，同"返"；反本，谓追念本源。按，古人以为上天既是造物者，父母既能生育儿女，则天必能拯救人类，父母必能保护子女，所以，每逢人们遇到处境窘困之际，总是想念上天和父母，希望他们能予以援助。　④"故劳苦"句："极"作"病"解，即困惫之意；与"劳""苦""倦"三字意义相近，不是副词。　⑤疾痛惨怛："疾"与"痛"同义，指人类生理上的疼痛感觉。惨，《史记正义》："毒也。""怛"，音达，作"痛"解。惨怛，指人类心理上的痛苦情绪。　⑥正道直行：正道，指秉持公心。直行，指行为正直。行，读去声。　⑦"谗人"二句：上句：谗人，进谗言之小人。间，读去声，意谓挑拨离间。下句：言屈原的处境可以说是很艰难。　⑧"信而"二句："信""忠"，指屈原对楚怀王守信义、尽忠诚。"见"作"被"解。见疑，谓被楚怀王怀疑。见谤，谓受小人诽谤。

屈平之作《离骚》，盖自怨生也①。《国风》好色而不淫，《小雅》怨诽而不乱②；若《离骚》者，可谓兼之矣。上称帝喾③，下道齐桓④，中述汤、武，以刺世事⑤。明道德之广崇，治乱之条贯⑥，靡不毕见⑦。其文约；其辞微；其志洁；其行廉⑧；其称文小，而其指极大，举类迩而见义远⑨。其志洁，故其称物芳⑩；其行廉，故死而不容⑪。自疏濯淖污泥之中⑫，蝉蜕于浊秽⑬，以浮游尘埃之外⑭，不获世之滋垢⑮，皭然泥而不滓者也⑯。推此志也，虽与日月争光，可也⑰。

①盖自怨生也：盖，杨树达说：："承接连词；承上文而推原其故时用之。"（见《词诠》。）犹今言"原来是"。此处连上句言屈原创作《离骚》是由于怨愤。　②《国风》二句：上句：《论语·八佾篇》："子曰：'《关雎》乐而不淫，哀而不伤。'"当即此语所本。好色，指《国风》所表达的男女恋情。淫作过分解。此言《国风》诸诗虽咏恋情，但并不至于荒嬉无度。下句：怨诽，抱怨诽谤。乱，指对统治者公开进行叛乱。按，《诗经·小雅》自《六月》以后，有若干诗篇是士大夫揭露或斥责西周末年主政者之腐朽残暴的作品，后世称之为"变雅"。孔颖达《毛诗正义》："《小雅》则躁急而局促，多忧伤而怨诽。"即指这一部分诗篇。这些诗篇都是当时当政者内部失意的臣僚所作，虽对贵族当政者进行"怨诽"，但是并没有公然反对那些贵族，所以说"怨诽而不乱"；意谓其怨诽是有一定限度的。下文"若《离骚》者，可谓兼之矣"，谓屈原作《离骚》，兼有《国风》和《小雅》的优点。按，此是从前士大夫对屈原作品的看法。又按，班固《离骚序》云："昔在孝武，博览古文。淮南王安叙《离骚传》，以为'《国风》好色而不淫；《小雅》怨诽而不乱；若《离骚》者，可谓兼之。蝉蜕浊秽之中，浮游尘埃之外，皭然泥而不滓。推此志，虽与日月争光，可也。'斯论似过其真。"从班序引刘安语，大致可证从"离骚者"句起，系司马迁转引刘安的话。　③上称帝喾：上，指远古。称，与下二句的"道""述"同义。帝喾，古帝王名，相传为黄帝曾孙，继颛顼即帝位，号高辛氏，"喾"，音酷。此言在《离骚》中，曾提到远古的帝王帝喾。按，《离骚》："凤凰既受诒兮，怨高辛之先我。"高辛即指帝喾。　④下道齐桓：下，指近古。道，说也。此言在《离骚》中，近古的曾说

到齐桓公。按《离骚》中有"宁戚之讴歌兮，齐桓闻以该辅"之句。　⑤"中述"二句：上句：中，指中古，谓汤、武的时代；在帝喾之后，齐桓之前。汤即商汤；武即周武王姬发。按《离骚》中有"汤、禹俨而祗敬兮，周论道而莫差"之句；更述及商灭夏桀、周灭殷纣之事；皆所谓"述汤、武"。下句：刺，讥刺也。世事，指楚国当时的政局。按，此句承以上三句而言，不专承"中述汤、武"一句。　⑥"明道德"二句：上句，明，阐明也；此下二句都是"明"的宾语。道德，秦、汉以来一般用法有广、狭二义，皆与《老子》《庄子》所说的不同：一、广义的指政治上的具体措施。《礼记·王制》："一道德以同俗。"孔颖达《礼记正义》："德者，得也。恐人不得其所，故以……兴举其民，使之皆得其所也。……道，履蹈而行，谓齐一（划一）所行之道，以同（统一）国之风俗。"二、狭义的指个人的才艺品德。《礼记·曲礼上》："道德仁义，非礼不成。"孔颖达说："此经'道'谓才艺，'德'谓善行。故郑（玄）注《周礼》云：'道，多才艺；德，能躬行。'……然人之才艺善行，得为（可以称为）'道德'者，以身有才艺，事得开通，身为美善，于理为得，故称'道德'也。"按，孔疏释此二字之义甚精详。就《离骚》内容而论，在政治措施方面，屈原强调"举贤授能"的办法；而在个人修养方面，对才艺品德亦极重视。故此处的"道德"当是兼指举贤授能的实际措施和个人才艺品德方面的修养而言。广，大也；崇，高也；广崇，犹今言重要性。下句：治乱，指国家兴亡盛衰的关键。条贯，犹言条理。此言国家治乱的先后因果关系。　⑦靡不毕见："见"，同"现"。此承上文，言《离骚》中所要阐明的道理无不完全表现出来。　⑧"其文约"四句：约，简约也；简练也。微，深微也。"洁"，清高也。廉，本指不贪，此处指行为不苟，做人有锋棱。此言屈原的文章很简练，措辞很深曲，作品里面所显示的屈原志趣高洁、行为不苟。　⑨"其称文"三句：此承上文"其文约"二句而言。前二句：称，犹言"引用"。文，指词汇。小，烦琐，细碎。"指"，同"旨"，指作品中的涵义。此言《离骚》中所引用的一些词汇虽然不免烦琐、细碎，但是作者的用意却极远大。第三句：类，事例也。迩，近也。义，道理也。此言屈原在《离骚》中所举的虽然多为眼前习见的事例，但是这些事例所体现的道理却极为深远。　⑩"其志洁"二句：此下四句承上文"其志洁，其行廉"二句而言。称物芳，指《离骚》中多以香草为喻。《史记会注考证》引日人冈白驹说："称物芳，如称兰蕙茞桂之类。"此二句意谓由于屈原志趣高洁，所以作品中多引用香草之物。　⑪"故死"句：旧本皆以"不容自疏"为句，意谓屈原宁死也不肯自甘疏远。杨树达《古书句读释例》则以"死而不容"为句，而以"自疏"二字属下句。他说："通读以'不容自疏'为句。皇侃以'自疏'二字属下读，是也。《汉书·扬雄传》云：'又怪屈原文过相如，至不容。'王逸《(楚辞)章句序》注引班固《离骚序》云：'忿怼不容，沉江而死。'皆本此文，是其证矣。'不容'，谓不见容。……以'自疏'属上读，则'濯淖污泥之中'六字不成句，以无动字故也。"今按《史记会注考证》亦读至"不容"为句，疑杨说近是。此句言屈原因行为不苟，所以，虽死犹不为楚国的贵族所容。　⑫自疏句：杨树达说："'自疏'，犹言'自远'，下省'于'字耳。'自疏濯淖污泥之中'与'蝉蜕于浊秽'意同。"濯淖污泥，王念孙说："濯字当读直教反（音照）。濯淖，叠韵字。濯淖污泥，四字同义。……《丧大记》：'濡濯弃于坎。'皇侃疏曰：'濯，谓不争之汁也。'《广雅》曰：'淖，浊也。'是'濯''淖'皆污浊之名。"按"濯"即淘米洗菜所余之泔水。"淖"，音闹，湿泥也。"污"，音乌，停滞不流的浊水。此四种浊物喻当时社会，言屈原自远于污浊如泥的世界。　⑬"蝉蜕"句："蜕"，音税，或音退，本蛇、蝉所脱之皮，此处作动词用，犹言"解脱"。浊秽，喻当时社会。此言屈原居浊秽之世而高举自远，如蝉之脱去皮壳（以喻其不同流合污）。　⑭"以浮游"句：此与前二句义同。"浮游"，犹言"超脱"。此言屈原超脱于世俗之外，不为尘埃所染。　⑮"不获"句："获"，作"辱"解。王念孙说："言不为滋垢所辱也。郑（玄）注《士昏礼》曰：'以白造缁曰辱'，是也。下句'泥而不滓'即承'不获'言之。"滋，钱大昕说："与'兹'同。《说文》：'兹，黑也。'《春秋传》：'何故使我水兹！'"滋垢，亦以喻浊世。此言屈原不甘心为黑色泥垢般的浊世所辱。　⑯"皭然"句："皭"与"皎"同义（用王骏观说），音叫；皭然，洁白貌。"滓"，音子,黑泥也。泥而不滓,《史记索隐》:"泥亦音涅;滓亦音淄。"《文心雕龙·辨骚篇》即引作"涅而不淄"。"涅",音捏,可以染成黑色的颜料。"淄",音兹,黑色。此言屈原能出污泥而不染,依旧保持着皎洁的品德。 ⑰"推此志"三句:推,推论也;推断也。此志,指屈原这种高洁的志趣。争,竞赛也;争光,犹言"争辉"。可,可能。《史记正义》:"言屈平之仕浊世,去其污垢,在尘埃之外,推此志意,虽与日月争共光明,斯亦可矣!"

(以上是第一大段,写屈原为楚怀王所疏远,因而创作了《离骚》;作者给予《离骚》极高的评价。按,《离骚》的著作年代,至今未有定论。或根据此篇传记而定之为屈原前期的作品,如朱熹及清人王懋竑等是;或以司马迁为误而以《离骚》为顷襄王时的作品,如清人顾成天是。兹因与此篇文义无涉,故不详述。)

屈平既绌①,其后秦欲伐齐,齐与楚从亲②,惠王患之③,乃令张仪详去秦,厚币委质事楚④,曰:"秦甚憎齐,齐与楚从亲;楚诚能绝齐⑤,秦愿献商於⑥之地六百里。"楚怀王贪而信张仪,遂绝齐,使使如秦受地⑦。张仪诈之曰:"仪与王约六里,不闻六百里⑧。"楚使怒去,归告怀王。怀王怒,大兴师伐秦。秦发兵击之,大破楚师于丹、浙⑨,斩首八万,虏楚将屈匄⑩,遂取楚之汉中地⑪。怀王乃悉发国中兵,以深入击秦,战于蓝田⑫。魏⑬闻之,袭楚至邓⑭。楚兵惧,自秦归。而齐竟怒不救楚,楚大困。

①绌:同"黜",指被罢黜去职。 ②齐与楚从亲:"从",同"纵",指两国合纵。亲,指两国结为姻亲。 ③惠王患之:惠王,即秦惠王,名驷,公元前三三七年即位,在位二十七年。 ④"乃令张仪"二句:上句:张仪,魏人,与苏秦同出于鬼谷子先生门下,习纵横术。后为秦惠文王游说六国,主张"连横"。《史记》有《张仪列传》。"详",与"佯"通。去秦,谓离开秦国。下句:"厚币",丰厚的礼物。委质,洪亮吉《春秋左传》诂僖公二十三年"策名魏

质"句下引服虔注:"古者必先书其名于策,委死之质于君,然后为臣。示必死节也。"(亦见《史记索隐》引)。委,呈献也。"质",与"贽"通(见《国语》韦注及惠栋《左传补注》),作"信物"解。此言秦惠文王令张仪假作离开秦国,带厚礼到楚国,向楚怀王进献信物,表示愿意诚心侍奉怀王。按,张仪入楚在楚怀王十六年(公元前三一三年)。　⑤绝齐:谓与齐国断绝外交关系。　⑥商於:秦地名,其范围约当今陕西省商县至河南省内乡县一带地方,"於",读为"乌"。　⑦"使使"句:下"使"字读去声,作"使臣"解。如,往也。受地,接收秦国所允许割让的土地。　⑧"张仪诈之"三句:诈,欺骗也。按,此事又见《楚世家》及《张仪列传》。兹节录《张仪列传》以供参考:"秦欲伐齐,齐、楚从亲;于是张仪往相楚。楚怀王闻张仪来,虚上舍而自馆之曰:'此僻陋之国,子何以教之?'仪说楚王曰:'大王诚能听臣,闭关绝约于齐,臣请献商於之地六百里,使秦女得为箕帚之妾;秦、楚娶妇嫁女,长为兄弟之国,此北弱齐而西益秦也。计无便此者!'楚王大悦而许之。……于是遂闭关绝约于齐。……齐王大怒,折节而下秦(自屈身份,甘居秦国之下)。秦、齐之交合,张仪乃……谓楚使者曰:'臣有奉(俸)邑六里,愿以献大王左右。'楚使者曰:'臣受令于王,以商於之地六百里,不闻六里!'还报楚王。楚王大怒,发兵而攻秦。"　⑨丹、浙:二水名。钱大昕说:"'浙'当作'淅';《楚世家》作丹阳。"丹水,发源于陕西省商县西北之冢岭山,东南流经商南县,又东入河南,经河南省的内乡、淅川二县,东与淅水会合。淅水,源出河南省卢氏县界,南流经内乡县西南及淅川县,东南与丹水合。"淅",音析。　⑩房楚将屈匄:据《六国年表》及《楚世家》,事在楚怀王十七年(公元前三一二年)。"匄",音盖。　⑪汉中地:汉中,即今陕西省汉中县。此指汉中一带之地。　⑫蓝田:秦县名,故城在今陕西省蓝田县西三十里。　⑬魏:据《楚世家》,此"魏"字,显为"韩"字之误。　⑭袭楚至邓:袭,《淮南子》高诱注:"以兵伐国,不击鼓,密声,曰'袭'。"按,此即乘人不备,暗中进军之意。邓,本古国名,战国时一度属楚,即今河南省邓县。

明年①,秦割汉中地与楚以和。楚王曰:"不愿得地,愿得张仪而甘心焉②！"张仪闻，乃曰："以一仪而当汉中地，臣请往如楚。"如楚，又因厚币用事者臣靳尚③，而设诡辩于怀王之宠姬郑袖④；怀王竟听郑袖，复释去张仪。

①明年：即楚怀王十八年（公元前三一一年）。此处记事与《楚世家》及《张仪传》不合。　②"愿得"句："甘心"，犹言"快意"，即心中感到满足。此句意谓希望得到张仪，这样心里才痛快。　③"又因厚币"句：因，凭借也；依靠也；此处引申有"利用"之意。"厚币"下省"赂"字。用事者，当权的人。臣，指靳尚是楚怀王的臣子。"用事者"和"臣"都是"靳尚"的附加成分。靳尚，楚人，与张仪有私交，每因受张仪的贿赂，出卖楚国的利益。据《战国策》，靳尚后伴张仪一同离开楚国，为魏臣张旄所截杀。　④郑袖：见《战国策》郑袖谗魏美人篇，按《楚世家》及《张仪列传》记张仪再度入楚事甚详，兹节录《张仪列传》以供参考："（张仪）遂使楚。楚怀王至则囚张仪，将杀之。靳尚谓郑袖曰：'子亦知子之贱于王乎？'郑袖曰：'何也？'靳尚曰：'秦王甚爱张仪，而不欲出之；今将以上庸之地六县赂楚，以美人聘楚，以宫中善歌讴者为媵。楚王重地尊秦，秦女必贵，而夫人斥矣！不若为言而出之。'于是郑袖日夜言于怀王曰：'人臣各为其主用；今地未入秦，秦使张仪来，至重王，王未有礼而杀张仪，秦必大怒攻楚。妾请子母俱迁江南，毋为秦所鱼肉也。'怀王后悔，赦张仪。"

是时屈平既疏，不复在位，使于齐；顾反①，谏怀王曰："何不杀张仪②？"怀王悔，追张仪，不及。

①顾反："顾"，作"还"解（用王念孙说），犹言回来。"反"，同"返"。今按，"顾"与"反"同义，两字连用，构成一个复音词，犹遭遇、惩罚之类。　②何不杀张仪：按，此与《张仪列传》所记有出入。据《张仪列传》，张仪被赦后并未立即离去，尚劝楚怀王割黔中地与秦，怀王就要答应他了；屈原说："前大王见欺于张仪。张仪至，臣以为大王烹之。今纵弗忍杀之，又听其邪说，不可！"（见《张仪列传》。）但《楚世家》所记却与此传（《屈贾列传》）相合，仅有"何不诛张仪"一语。故疑《张仪列传》别有所据，致详略互见。

今录以备考。

其后诸侯共击楚,大破之,杀其将唐昧①。

①唐昧:人名。"昧",音末,或音蔑,与"蔑"通。《吕氏春秋》及《汉书·古今人表》都作"唐蔑"。此传景祐本及各本皆作"唐昧",疑误,今据《史记志疑》改(张文虎说同)。据《六国年表》及《楚世家》,此次战役在楚怀王二十八年(公元前三〇一年)。

时秦昭王与楚婚,欲与怀王会。怀王欲行,屈平曰:"秦,虎狼之国,不可信,不如无行①!"怀王稚子子兰劝王行②:"奈何绝秦欢?"怀王卒行。入武关③,秦伏兵绝其后,因留怀王,以求割地。怀王怒,不听。亡走赵,赵不内④。复之秦,竟死于秦而归葬⑤!

①"屈平曰"至"不如无行":无行,一本作"毋行"。按,此数句,《楚世家》作昭雎谏怀王语,而词句亦不同,今具录如下:"昭雎曰:'王毋行,而发兵自守耳!秦,虎狼,不可信,有并诸侯之心。'"《史记索隐》:"《楚世家》昭雎有此言,盖二人同谏王,故彼此各随录之也。" ②"怀王稚子"句:稚子,幼子也。按,下句"奈何绝秦欢",是子兰劝怀王的话;"行"下省去一"曰"字(用杨树达说,见《古书疑义举例续补》)。 ③武关:在陕西省商县东一百八十五里,是秦之南关。 ④赵不内:"内",同"纳"。言赵国拒绝收容楚怀王。 ⑤"复之秦"二句:上句言怀王只好又到秦国去。下句言怀王终于死在秦国,而归葬尸体于楚。按,楚怀王入秦在公元前二九九年(楚怀王三十年);逃亡至赵国而被拒在公元前二九七年,即楚顷襄王二年;死于公元前二九六年,即楚顷襄王三年。

长子顷襄王立①,以其弟子兰为令尹。

①"长子"句:顷襄王,名横,公元前二九八年即位,在位三十六年。

楚人既咎子兰以劝怀王入秦而不反也①；屈平既嫉之②，令尹子兰闻之，大怒③，卒使④上官大夫短屈原于顷襄王，顷襄王怒而迁之⑤。虽放流，眷顾楚国，系心怀王，不忘欲反⑥，冀幸君之一悟，俗之一改也⑦。其存君兴国而欲反覆之⑧，一篇之中三致志焉⑨。然终无可奈何，故不可以反⑩。卒以此见怀王之终不悟也⑪。

① "楚人既咎"句："咎"，音久，去声，憎恶也；抱怨也。以，"由于"之意。此是倒装句，意谓楚人由于子兰劝怀王入秦而终于不归，而对子兰十分不满。　　②屈平既嫉之：此句前人说法甚多，莫衷一是。今以上文语气相较，两句皆有"既"字，自然是并列句；则"之"字亦应指子兰劝怀王入秦事。此言屈原也因为上述原因而对子兰深加嫉恨。　　③"令尹"四句：原在"岂足福哉"句下，今移正，原因如下：明凌稚隆《史记评林》："接上'屈原既嫉之'的事实。"屈原嫉恨子兰，所以子兰听到之后，自然要大怒了。如照原文，屈原似于顷襄王即位之前已被放逐，而下文又有"顷襄王怒而迁之"的话，前后似不相连贯。所以前人如顾炎武、梁玉绳等，皆疑自"虽放流"至下文"岂足福哉"一段应置于"怒而迁之"一句之后（见《日知录》及《史记志疑》）。故将前后文互相易置，使语气稍顺。　　④"卒使"句：终于让上官大夫在顷襄王的面前说屈原的坏话。此处"短"字是动词，作"诋毁"解。　　⑤顷襄王怒而迁之：之，指屈原。据王逸《楚辞章句·离骚章句序》云："其子襄王，复用谗言，迁屈原于江南。"则知王逸亦从此传误本之说，以为屈原于顷襄王时始被迁逐。　　⑥"虽放流"四句：第一句：放流，谓放逐迁徙。第二句："顾"，作"念"解。眷顾、眷恋、关心。第三句：言屈原心里惦记着怀王。第四句：言屈原对祖国始终不能忘怀，一心只希望能回到朝中来。　　⑦"冀幸"二句：上句：冀幸，存有万一的希望。下句：俗，指当时楚国贵族荒淫堕落的生活习俗。　　⑧"其存君"句：存，保护、关怀也。其存君兴国，意谓屈原有爱护君主、振兴国家的愿望。反覆之，指把楚国当时一蹶不振的国势改变过来，一反从前的局面。　　⑨"一篇"句：此承上句而言，谓屈原在自己的一篇作品中，再三表达自己的这种志

愿。按，"一篇"当指屈原的某一篇具体作品，但此篇之名，则无法确指。明人唐顺之以为即指《离骚》（见《史记评林》引），亦无确证。　⑩"然终"二句："反"，同"返"。此言屈原虽在作品中表达了自己的志愿，但终于无法实现，所以再也不能返回朝中。前人或谓下句"不可以反"指怀王入秦不归，疑非是。　⑪"卒以此"句：卒，终于、到底也。以此，谓由于这种情况。见，看出。此言终于由这种情况，看出怀王始终没有了解屈原的忠诚。按，从此句语意推测，又似屈原在怀王时即已被放逐。《史记会注考证》引中井积德说："屈原既疏，然犹在朝；此乃云'放流'，何也？怀王既入秦而不归，则虽悟无益也；乃言冀一悟，何也？"今皆不能尽得其解，只有阙疑而已。下"人君"句至"岂足福哉"，又系议论。

人君无愚、智、贤、不肖，莫不欲求忠以自为①，举贤以自佐；然亡国破家相随属②，而圣君治国累世而不见者，其所谓忠者不忠，而所谓贤者不贤也③！怀王以不知忠臣之分④，故内惑于郑袖，外欺于张仪；疏屈平而信上官大夫、令尹子兰。兵挫地削，亡其六郡⑤，身客死于秦，为天下笑⑥。此不知人之祸也！《易》曰⑦："井渫不食，为我心恻，可以汲⑧。王明，并受其福⑨。"王之不明，岂足福哉⑩！

　　①"莫不欲"句："求忠"与下句之"举贤"为对文，指访求忠臣。"为"，作"治"解。自为，自治其国。　②"然亡国"句：此连上文大意是：人君不论资质的愚或智，不论品德的好或坏，没有不希望得到忠臣或贤士来辅佐自己治理国家的；可是亡国破家的事例却一个连着一个。　③"而圣君"三句：第一句："治国"与"圣君"为对文，指政治上轨道的国家。世，古称三十年为一世；"累世"犹言"历代""多少世代以来"。不见，没有出现过。后面"其所谓"二句是前句的答案。其，指上文的"人君"。忠者、贤者指人君所用的臣。　④忠臣之分：忠臣应尽的职责本分。"分"读去声。　⑤"兵挫"二句：上句：兵挫，战争失利。地削，领土被侵占。下句：亡，丢失也。六郡，指汉中

一带地方。　⑥"身客死"二句：上句：客死，死在他乡。下句意谓被天下人所耻笑。　⑦《易》曰：以下数句是《周易》"井"卦的爻辞。　⑧"井渫"三句：第一句："渫"，音薛，《史记集解》引晋人向秀说："渫者，浚治去泥浊也。"景祐本"渫"讹为"泄"。第二句：犹言使人心里难过（用朱熹《周易本义》说）。第三句：以，今《周易》井卦作"用"。《史记索隐》引汉人京房说："言我之道可汲而用。"按，此三句，以井喻贤人；大意是：把井疏浚得很干净，但是没有人吃井里的水，这是使人心里难过的事。要知井水原是可以供人汲取的，正如贤人所具有的治国之道是可以供人君施用的。　⑨"王明"二句：《史记索隐》引京房说："上有明主，汲我道而用之，天下并受其福。"意谓如果明君肯用贤人，那么，天下将共同得到幸福。　⑩"王之不明"二句：此是司马迁承上文"井"卦之言所下的继语。《史记正义》："言楚王不明忠臣，岂足受福。"意谓楚怀王既无知人之明，哪里配得到幸福呢！《史记索隐》："此已下（指自'人君无愚智'句起至此二句止），太史公伤怀王之不任贤，信谗而不能反国之论也。"

（以上是第二大段，写屈原不为楚怀王所用；又为顷襄王迁逐。其遭际和楚国的命运休戚相关，深为作者所惜。）

屈原至于江滨①，被发行吟泽畔②，颜色憔悴，形容枯槁③。渔父见而问之曰："子非三闾大夫欤？何故而至此④？"屈原曰："举世混浊而我独清，众人皆醉而我独醒⑤，是以见放⑥。"渔父曰："夫圣人者，不凝滞于物，而能与世推移⑦：举世混浊，何不随其流而扬其波⑧？众人皆醉，何不餔饮其糟而啜其醨⑨？何故怀瑾握瑜，而自令见放为⑩？"屈原曰："吾闻之，新沐者必弹冠，新浴者必振衣⑪，人又谁能以身之察察，受物之汶汶者乎⑫！宁赴常流⑬而葬乎江鱼腹中耳，又安能以皓皓之白，而蒙世俗之温蠖乎

⑭!"乃作《怀沙》之赋⑮。其辞曰：

①此下为屈原与渔父对答之词，又见于《楚辞·渔父》，而字句稍有不同。王逸《楚辞章句》云："《渔父》者，屈原之所作也。屈原放逐，在江、湘之间，忧愁叹吟，仪容变易。而渔父避世隐身，钓鱼江滨，欣然自乐。时遇屈原川泽之域，怪而问之，遂相应答。楚人思念屈原，因叙其辞相传焉。"盖以此为后人之作。清人蒋骥以为是实录，而洪兴祖《楚辞补注》则以此为"假设问答以寄意"。疑洪说近是。　②"被发"句："被"，同"披"。行吟，一边走一边吟咏。泽，已见前《项羽本纪》注释。畔，旁边也。据王逸注："履荆棘也。"则知指泽边荒野的地方。　③形容枯槁：身形面容十分瘦弱，如枯干的树木。蒋骥《山带阁注楚辞》："憔悴、枯槁，近死之容色也。"　④"子非"二句：上句：三闾大夫，官名。王逸说："三闾之职，掌王族三姓，曰昭、屈、景。屈原序其谱属（按照宗谱加以安排、调度），率其贤良，以历国士。"则知此官所管是楚国公族三大姓的人事工作。下句：此，指江滨之地。蒋骥《楚辞余论》释此句说："惊绝之辞。盖因武溪蛮蜑之境，而原以王族来此，故耳。……俗称谓怪其颜色形容，则与答辞不应矣。"　⑤"举世"二句：清，即上文所谓的"志洁行廉"。浊，指逸谄小人品质贪鄙。醉，指昏愦糊涂。醒，清醒。按，此以"清""浊""醉""醒"相对比，喻自己不肯同流合污。蒋骥说："没（沉溺）于禄曰'浊'；昧于危亡曰'醉'。"又说："（屈原）怵（警惕）于危亡，所以'独醒'；……超于利禄，所以'独清'。"　⑥是以见放：因此被放逐。　⑦"夫圣人者"三句：第一句：圣人，泛指聪明贤哲的人。第二句：凝滞，犹言固执、拘泥。"物"，泛指社会上一般事物。第三句：与世推移，谓随着潮流转变作风。此三句大意谓聪明人对事物的看法不是一成不变的，而是能够圆通地随着世俗作风转移。　⑧"何不随其流"句：随其流，喻随众人错误的路线走。扬其波，犹言推波助澜。此言你何妨也效法世俗小人，甚至更变本加厉一些。　⑨"何不铺饮其糟"句：铺，音哺，吃也。糟，酒糟也，漉酒以后剩余的渣滓。啜，音辍，喝也。醨，音离，淡酒、薄酒也。按，此以"吃酒糟"和"饮薄酒"比喻对世俗稍作迁就。连上句大意谓世俗小人都愚昧糊涂，你不如也马马虎虎，何必

认真！　　⑩"何故"二句：上句：怀，抱着。握，紧握着。瑾、瑜，都是美玉。此以抱持美玉比喻坚贞不渝的操守。下句：自令，犹言自找、自讨也。为，此处是语尾助词，专用于疑问句末。此二句犹言：为什么你一定要坚持操守而自讨苦吃呢？　　⑪"新沐者"二句：上句：沐，洗头也。弹冠，用手弹去冠上的灰尘。下句：浴，洗澡也。振，挥去或拂去衣上的尘土。蒋骥说："言人之沐浴者，将服衣冠，必弹而振之。诚不愿以身既皎洁，而复受冠衣之垢污也。夫人之清醒，亦犹是矣。虽窜斥不堪，宁誓以死；安能随俗推移，以蒙其垢乎？"释此二句甚精详，录以备考。　　⑫"人又"二句：上句：察察，清洁貌。身之察察，以清洁的身体喻高尚的人格。下句：物，指外界污垢的事物。汶，音门，或音闵。"汶汶"犹言昏暗，以喻使人格玷辱。此言自己的人格既然极为高洁，又岂能受世俗的污辱！蒋骥说："身之察察二语，切沐浴者言；便与皓皓二语不嫌重复。"　　⑬常流：犹长流，指江水。　　⑭"又安能"二句：上句：皓皓，皎洁貌；此以"皓皓之白"喻品质的高贵纯洁。下句：蒙，受到。温蠖，旧作昏愦解；方以智《通雅》："言尘滓深曲之状也。"蠖，音握。此二句意谓：怎么能让自己高洁的品质受到世俗尘滓层层的污染呢？　　⑮《怀沙》之赋：《怀沙》，《楚辞·九章》中的一篇，相传是屈原投水以前的绝笔。"怀沙"二字旧作"怀抱沙砾"解（见汉东方朔《七谏》），亦即下文"怀石"之意。蒋骥用明李陈玉《楚辞笺注》、清钱澄之《庄屈合诂》之说，解为"怀念长沙"。他说："'怀沙'之名，与'哀郢''涉江'同义。'沙'本地名，……即今长沙之地，汨罗所在也。曰'怀沙'者，盖寓怀其地，欲往而就死焉耳。……长沙为楚东南之会（都会），去郢未远，固与荒徼绝异；且熊绎始封，实在于此。原既放逐，不敢北越大江；而归死先王故居，则亦首邱之意，所以惓惓有怀也。……盖原自是不复他往，而怀石沉渊之意，于斯而决，故史于原之死特载之。若以'怀沙'为'怀石'，失其旨矣！"

　　陶陶孟夏兮，草木莽莽①。伤怀永哀兮，汩徂南土②。眴兮窈窈，孔静幽墨③。冤结纡轸兮，离愍之长鞠④；抚情效志兮，俛诎以自抑⑤。刓方以为圜兮，常度未替⑥；易初本由兮，君子所鄙⑦。章画职墨兮，前度未改⑧；内直质重兮，大人所盛⑨。巧匠不斫兮，孰察其揆正⑩？玄文幽处兮，矇谓之不章⑪；离娄微睇兮，瞽以为无明⑫。变白而为黑兮，倒上以为下。凤凰在笯兮，鸡雉翔舞⑬。同糅玉石兮，一概而相量⑭。夫党人之鄙妒兮，羌不知吾所臧⑮。任重载盛兮，陷滞而不济⑯；怀瑾握瑜兮，穷不得余所示⑰。邑犬群吠兮，吠所怪也⑱；诽俊疑桀兮，固庸态也⑲。文质疏内兮，众不知吾之异采⑳；材朴委积㉑兮，莫知余之所有！重仁袭义兮，谨厚以为丰㉒；重华不可牾兮，孰知余之从容㉓？古固有不并兮，岂知其故也㉔！汤、禹久远兮，邈不可慕也！惩违改忿兮，抑心而自强㉕；离湣而不迁兮，原志之有象㉖。进路北次兮，日昧昧其将暮㉗；含忧虞哀兮，限之以大故㉘。

①"陶陶"二句：陶陶，盛阳貌（用王逸说）。孟，始也；孟夏即阴历四月，为夏季之首。"莽"，音姥（木五切）；莽莽，草木茂盛的样子。　②"伤怀"二句：王逸说："永，长也。""汨"应作"汩"，以其形相近，故古多通用，作"疾速"解。"徂"，音殂，往也。《史记会注考证》引朱熹说："徂南土，泝（逆流而上）沅、湘也。"　③"眴兮"二句：上句："眴"，音瞬，作"看不清楚"解。朱熹《楚辞集注》以为"兮"字应在"杳杳"（窈窈）之下。窈，《会注考证》引李笠曰："《楚辞》作杳杳。"姜寅清说："窈窈，深也。……'窈'与'杳'古同音通用。"下句："孔静幽墨"四字一义（用闻一多说法），皆为形容词。《史记正义》谓："孔，甚；墨，无声。言江南山高泽深，视之眴野甚清净，叹无人声。"《楚辞》"墨"作"默"。　④"冤结"二句：《楚辞》"冤"作"忧"，"之"作"而"。按郁结，即积聚不散之谓。纡，音迂，萦也（用《楚辞补注·惜诵》洪兴祖说）。按，音诊，痛也。下句：离，遭也（采洪兴祖说）。愍，音敏，王逸说："病

也"。之，姜寅清说："以屈赋例，之作而为长。"鞠，穷促也。二句意谓：在心理上，那积聚不散的气闷愁结所形成的痛苦萦回着；而在身体上，则罹染病痛，长久处在穷促的境地。　⑤"抚情"二句：上句：抚，循也。情，诚也。效，征验。下句："俛诎以"，《楚辞》作"冤屈而"，姜寅清说："俛、冤、屈、诎，皆声通字。"抑，按也（采王逸说）。此言一切行事举止没有不是循照着诚心去做，期冀达成自己的抱负的；但是，结果却被冤屈而不得不自行压抑。　⑥"刓方"二句：上句：刓，音完，削也。方，物形正直者曰"方"；而人之正直者亦曰"方"。圜，音员，同"圆"。下句：常度，犹言"定法"；姜寅清说："度，法也，即守正不屈之情也。"替，废也。此二句意谓：改一板一眼的正直品格为模棱两可的圆滑态度吗？办不到！因为固有的守正不屈之情仍然存据心底啊！　⑦"易初"二句：上句：闻一多云："案'本'疑当作'变'。变、卞古通，此盖本作'易初卞廸'（《楚辞》"由"作"廸"），变廸即变道。'卞'与草书'本'相似，故误为'本'。'易初变道'与下文'章画志墨'语例皆同，皆二词平列，上一字动词，下一字名词，而义各相同。"今从之。易，改变也。初，始也。鄙，耻贱。此二句言"人遭世遇，变易初行，违离常道，贤人君子之所耻，不忍为也"（闻一多说）。　⑧"章画"二句：章，王逸曰："明也"。画，计划。职，《楚辞》作"志"；志，念也。（上见《史记索隐》）《史记集解》引王逸说："言工明于所画，念其绳墨，修前人之法，不易其道，则曲木直而恶木好。"　⑨"内直"二句：上句：内，指内心。直，《楚辞》作"厚"；则当"敦厚"解。质，性也。重，不轻率。下句：大人，有德者之称。盛，动词，多也，即"赞美"之意。此言内心正直敦厚，本性庄重不轻率，是有德之君子所赞美的。　⑩"巧匠"二句：上句：巧，技也（见《说文》）；巧匠，技工也。斫，音琢，削也。下句：揆，度也。此二句谓：作技工的，不实地去斫削木头，又有谁能知道他度物是否正确呢？引喻一个人如果不实地参与行政，那么，他是否贤能也就没有人能知道了。　⑪"玄文"二句：玄，黑也；玄文，即以白纸黑字写成的文章。幽，暗也。下句：矇，瞎子；《诗·大雅·灵台》"矇瞍"，传云："有眸子而无见曰矇。"与下文之"瞽"皆引申以喻无观察力者。章，明也。　⑫"离娄"二句：离娄，《集解》引王逸曰："古明视者也。"睇，音第，目小衺（斜）视（见《说文》段注）。瞽，音古，瞎子也；无目曰瞽（参见上注）。　⑬"凤凰"二句：上句：笯，音奴，鸟笼也。下句：雉，《楚辞》作"鹜"；鸡、鹜都是凡禽，此处用以比喻凡庸之俗人。按，屈原以凤凰喻己。　⑭"同糅玉石"二句：糅，杂也。"概"，大略也；引申有类推之意。量，音良，度也。此二句喻忠佞不分（采王逸说）。　⑮"夫党人"二句：党，王逸曰："朋也"；党人即朋党，结合成党者。《楚辞》此句作"夫惟党人鄙固兮"。下句："羌"，音强（见《史记正义》），发语词。此言凭那些结合成党众小人的浅陋善妒，又哪里能知道存在我内心里的一片善意啊！　⑯"任重"二句：盛，重也。王逸曰："言己才力盛壮，可任用重载，而身陷没沉滞，不得成其本志也。"　⑰"怀瑾"二句：怀瑾握瑜，见前一小段注⑩。示，王逸曰："语也。"此言自己虽然是才德兼具，但是，却被迫处于穷困之境而致无法实现自己所说的理想。　⑱"邑犬"二句：王逸云："邑里之犬而吠者，怪非常之人而噪之也；以言俗人群众毁贤智者，亦以其行度异，故群而谤之也。"　⑲"诽俊"二句：桀，《楚辞》作"杰"。王逸曰："千人才为俊；一国高为桀，庸，斯贱之人也。"《史记索隐》引《尹文子》云："千人才曰俊；万人曰桀；今乃诽俊疑桀，固是庸人之态也。"　⑳"文质"二句：上句：姜寅清云："内，'讷'之借。文质疏内，言文疏质内。文，谓其外表；疏者，谓其无繁缛之饰也，与'内'正为对文。质，谓其本质本体；内者，谓其木讷不善言也。"下句：采，王逸曰："文采也。"意谓自己既不善表现外表方面，本性又不善于言辞，以致大家不知道自己所独具的异于他人的特出文采。　㉑材朴委积：材，凡物可供器用者曰材。朴，谓木材未成器者。委积，积聚也。　㉒"重仁"二句：上句：重，重视；袭，近也。下句：丰，"风"之假借字。此二句意谓：重仁近义，拿谨慎忠厚作为风范。　㉓"重华"二句：上句：重华，赞美虞舜之词；《史记·五帝本纪》："虞舜者，名曰重华。"《正义》谓："（舜）目重瞳子，故曰重华。"牾，音误，逢也（王逸说法）。下句：从容，作"从容中道"解;即一举一动莫不中道。此言像虞舜那样的圣人是不能再遇到的了;但是,又有谁知道我也具有圣人一举一动莫不中道的德行风范呢? ㉔"古固有"二句:意谓自古以来,圣贤本就是不并时而生的,这其中的道理,难道是可以知晓的吗!洪兴祖说:"此言圣贤有不并时而生者,故重华不可遌(遇),汤、禹不可慕也。" ㉕"惩违"二句:上句:惩,言有所戒而止之也。违,恨也(据王念孙说)。下句:心,性也。自强,意谓自健身心。此二句言要戒止并转化心中所存的恨意,压抑自己的脾性而在自健身心方面下功夫。 ㉖"离滑"二句:离滑,参见此小段注④。象,王逸曰:"法也。"朱熹解此二句之义曰:"不以忧患改其节,欲其志之可为法也。" ㉗"进路"二句:次,舍止也。昧昧,暗也。朱熹曰:"言将北归郢都,而日暮不得前也。" ㉘"含忧"二句:上句:《楚辞》作"舒忧娱哀";王念孙说:"'含'当作'舍'。《楚辞》作'舒';舒、舍古同声通用。"王逸曰:"娱,乐也。"下句:大故,王逸曰:"谓死亡也。"朱熹曰:"将欲舒忧以娱哀,而念人生几何,死期将至,其限有不可得而越也。"

乱①曰:浩浩沅、湘兮,分流汨兮②。修路幽拂兮,道远忽兮③,曾④吟恒悲兮,永叹慨兮!世既莫吾知兮,人心不可谓⑤兮。怀情抱质兮,独无匹兮⑥!伯乐既没兮,骥将焉程兮⑦?人生有命兮,各有所错兮⑧。定心广志,余何畏惧兮?曾伤爱哀⑨,永叹喟兮!世溷不吾知,心不可谓兮⑩!知死不可让兮,愿勿爱兮⑪。明以告君子兮,吾将以为类⑫兮。

①乱:《史记索隐》引王叔师云:"乱者,理也;所以发理辞指,总撮其要,而重理前意也。" ②"浩浩"二句:浩浩,水之广大貌。沅、湘,二水名。《说文》云:"沅水出牂柯东北流入江;湘水出零陵县海山,北至入江。"分,朱熹谓一本作"纷";姜寅清云:"当从一本作'纷流';'纷'正所以形容'汨',亦承上'浩浩'为文。"汨,水流貌,应作'汩',说见前小段注②。 ③"修

路"二句：修，长也。拂，《史记会注考证》本正义："拂，风弗反，言拂郁（"郁"，木林丛生貌）幽蔽也。"此二句即"日暮途远"之意。　④曾：戴注云："重也。"按，通"层"。　⑤谓：王逸曰："犹说也。"　⑥"怀情"二句：怀情抱质，姜寅清云："怀情，怀朕情而不发是也；抱质犹抱朴（守其本真）也。"下句：朱熹曰："'匹'当作'正'字之误也。"姜寅清云："无所取正也。"　⑦"伯乐"二句：伯乐，人名，古之善相马者。下句："程"，朱熹曰："校量才力也。"　⑧"人生"二句：上句：《楚辞》作"民生禀命"；闻一多云："当作'民生禀命'。"王逸曰："言万民禀受王命。"下句："错"，王逸曰："安也。"　⑨曾伤爰哀：《史记新校注稿》引王引之说："'曾吟'四句即'曾伤'（四句）之异文。史公所见《楚辞》本四句在'道远忽兮'之下，与王逸所注《楚辞》本在'余何畏惧兮'下者不同。后人据王本增入，不知已见上文也。"曾，见本段注④。伤，忧思也。爰哀，谓长哀不止也。　⑩"世溷"二句：溷，音混，去声，乱也（采《会注考证》本正义说）。谓，如前作"说"解。　⑪"知死"二句：让，避也（见《史记会注考证》）。此二句谓：明知为了国家，一死是逃避不了的，所以，心甘情愿地不爱惜自己的身子（生命）。　⑫类：王逸曰："法也。"

于是怀石，遂自投汨罗以死①。

①"遂自投"句：投，一本作"沉"，据王念孙考证，应以作"沉"为是。汨罗江，因合汨水、罗水而得名；在今湖南湘潭县北，其地称屈潭，即屈原自沉之处。而春秋时古罗子国即在湘潭附近，这就是应劭之所以说"汨水在罗，故曰汨罗也"的根据。汨，音密。

屈原既死之后，楚有宋玉、唐勒、景差之徒者①，皆好辞，而以赋见称②；然皆祖屈原之从容辞令③，终莫敢直谏。其后楚日以削④；数十年，竟为秦所灭。

①"楚有"句：宋玉，相传为楚顷襄王时人，是屈原的弟子，《汉书·艺文志》著录其所作赋凡十六篇，今《楚辞》中保存之《九

辩》一篇较为可信；至于《文选》中所录《风赋》《高唐》《神女》《登徒子好色》等赋凡四篇，及《古文苑》中所录《大言》《小言》等赋凡五篇，疑皆后人拟作或好事者伪托。唐勒，与宋玉同时，曾为楚大夫，《汉书·艺文志》著录其赋四篇，已亡佚。景差，亦楚人，扬雄《法言》、《汉书·古今人表》都作"景瑳"；今《楚辞》中有《大招》一篇，或谓是景差所作。"之徒"，犹言一班人、一类的人。　②"皆好辞"二句：上句："辞"，文辞；此指文学。言上述这些人都爱好文学创作。下句：以赋见称，谓以善于作赋被人称赞。　③"然皆祖"句："祖"，摹仿、效法；"祖屈原"，犹言以屈原为模范。"从容辞令"，指文章委婉蕴藉，从容不迫。按，这只是屈原作品风格的一方面。此连下句大意是：这些人的作品都是师法屈原，但他们只学会了屈原辞令委婉的一面，再也没有像屈原那样敢于直谏的了。　④楚日以削：楚国的领土一天比一天缩小。明陈仁锡《史记考》："'楚日以削'二句，见屈原之死，系（关系到）楚之存亡也。"

（以上是第三大段，写屈原被放逐而死，及其对楚国的影响。）

自屈原沉汨罗后，百有余年，汉有贾生为长沙王太傅，过湘水，投书以吊屈原。

贾生，名谊，雒阳人也。年十八，以能诵诗属书闻于郡中①。

①"以能诵诗"句：《汉书》作"以能诵诗书属文称于郡中"。属，音烛，写作也。

吴廷尉为河南守，闻其秀才①，召置门下，甚幸爱。

①秀才：秀，《史记正义》言："颜云：秀，美也。"才，《汉书》作"材"。秀才，《会注考证》云："此秀才，言才学秀人，非科目之称。"

孝文皇帝初立，闻河南守吴公①治平②为天下第一，故与李斯同邑而常学事焉③，乃征④为廷尉。

①吴公：《索隐》说："吴，姓；史佚名，故称公。" ②治平：颜师古云："治平，言其政治和平也。" ③"故与"句：故，旧时也。常，尝也。事，治也。 ④征：《会注考证》云："枫、三本（《史记》），《汉书》，'征'下有'以'字。"征，召也；曰："凡士行于微而闻于朝廷即征。"

廷尉乃言贾生年少，颇通诸子百家①之书。文帝召以为博士。

①诸子百家：《汉书》无"子百"二字。

是时贾生年二十余，最为少。每诏令议下①，诸老先生不能言，贾生尽为②之对，人人各如其意所欲③出。诸生于是乃以为能不及也④。孝文帝说之，超迁⑤，一⑥岁中至太中大夫。

①诏令议下：颜师古云："谓有诏令出，下及遣议事。" ②为：音谓。 ③欲：《汉书》无"欲"字。此谓贾谊对答的话，总能说到那些答不出话来的臣子心坎儿里。 ④不及也：《汉书》无此三字。 ⑤超迁：越级升擢。 ⑥一：《汉书》无"一"字。

贾生以为汉兴至孝文二十余年，天下和洽，而固当改正朔①，易服色②，法制度③，定官名，兴礼乐，乃悉草具其事仪法④：色尚黄⑤，数用五⑥，为官名，悉更秦之法⑦。孝文帝初即位⑧，谦让未遑⑨也；诸律⑩令所更定，及列侯悉⑪就国，其说皆自⑫贾生发之。于是天子议：以为⑬贾生任公卿之位。绛、灌、东阳侯、冯敬之属⑭尽害⑮之，乃短贾生，曰："雒阳之人，年少初学，专欲擅权，纷乱诸事。"于是天子后亦疏之，不用其议；乃以贾生为长沙王太傅⑯。

①改正朔：正朔，即正月一日。古时王者易姓，有改正朔之事。此乃改用黄帝庚辰元历也。 ②服色：服御之色也。《礼·大传》

注云:"服色,车马也。"疏云:"服色,车马也者;谓夏尚黑,殷尚白,周尚赤,车之与马,各用从所尚之正色也。" ③法制度:《汉书》唯闽本有"法"字;《汉书补注》云:"闽本是也。此后人不解法字之义而妄删之,赖有闽本,犹存其真。《史记》亦作法制度。法,正也。" ④"乃悉草具"句:《汉书》此句无"悉"字和"事"字。"草",起稿也。"具",陈也。 ⑤色尚黄:《正义》谓:"汉文帝时,黄龙见成纪,故改为土也。"《会注考证》引释幻云曰:"黄龙见成纪,文帝十五年春也;谊谪长沙作《服赋》,文帝六年夏也;而请改服色者,在未为长沙傅之前,《正义》所言恐非。"金荣华在《屈贾列传疏证》此条下言:"考五行有相胜、相二生说,……相生之秩,依金、水、木、火、土,生生不已;相胜之序,顺水、火、金、木、土,循环不息。秦始皇以为周得大德,从其不胜,得水德,色尚黑。汉初言五行,唯有相胜之说耳。以土克水,故汉得土德,色尚黄。是不必待黄龙见成纪始为说,《正义》非是。"今从此论。 ⑥数用五:"数",术也。"五",指五行之说。 ⑦"悉更"句:汉传"秦"作"奏",无"法"字(成"悉更奏之"),与此词义迥异。王念孙曰:"当依《史记》作'悉更秦之法','秦''奏'相似而误,又脱'法'字耳。'色尚黄'以下三句,皆是更秦之法,故言此以总之。" ⑧孝文帝初即位:时当公元前一七九年。《汉书》只"文帝"二字。 ⑨遑:《汉书》作"皇"。暇也。 ⑩诸律:《汉书》"诸"上有"然"字,而"律"作"法"。 ⑪悉:《汉书》无"悉"字。 ⑫自:《汉书》无"自"字。 ⑬为:《汉书》无"为"字。 ⑭"绛、灌"句:《正义》谓:"绛、灌,周勃、灌婴也。东阳侯,张相如。冯敬,时为御史大夫。"属,辈也。 ⑮害:忌妒也。 ⑯"乃以"句:乃,《汉书》无"乃"字。长沙王太傅,《索隐》曰:"谊为傅,是吴芮之玄孙差袭长沙王之时也;非景帝之子长沙王发也。《荆州记》:'长沙城西北隅有贾谊祠及谊坐石床在。'"

贾生既辞往行①,闻长沙卑湿,自以寿不得长;又以适去②,意不自得。及渡湘水,为赋以吊屈原。其辞③曰:

①贾生既辞往行:时当文帝前元三年,公元前一七七年(采鲁实先说法)。 ②又以适去:《汉书》"又"作"既",无上三句及"意

不自得"句。梁玉绳云:"贾生因服鸟入舍,故以为寿不得长,非但因卑湿也,此乃下文之复出者。《汉书》改曰'谊既以適去',甚当,应衍辞以下十五字。《文选》同《汉书》。"適,音折,《会注考证》引中井积德曰:"適,只作贬义。" ③其辞:梁玉绳云:贾赋以《汉书》《文选》校之,辞各不同,当是所传之别,依本书读可也。

共承嘉惠兮,俟罪长沙①。侧闻②屈原兮,自沉③汨罗。造④托湘流兮,敬吊先生。遭世罔极⑤兮,乃殒厥身!呜呼哀哉⑥!逢时不祥。鸾凤伏窜⑦兮,鸱枭⑧翱翔;阘茸⑨尊显兮,谗谀得志;贤圣逆曳兮,方正倒植⑩!世谓伯夷贪兮,谓盗跖廉⑪;莫邪为顿兮,铅刀为铦⑫。于嗟嘿嘿兮,生之无故⑬。斡弃周鼎兮,而宝康瓠⑭,腾驾罢牛兮,骖蹇驴⑮;骥垂两耳兮,服盐车⑯。章甫荐屦兮,渐不可久⑰;嗟苦先生兮,独离此咎⑱!讯⑲曰:已矣!国其莫我知,独堙郁兮其谁语⑳?凤漂漂其高逝兮㉑,夫固自缩㉒而远去。袭九渊之神龙兮,沕深潜以自珍㉓。弥融爚以隐处兮,夫岂从蚁与蛭螾㉔?所贵圣人㉕之神德兮,远浊世而自藏㉖。使骐骥可得系羁兮,岂云异夫犬羊㉗。般纷纷其离此尤兮,亦夫子之辜也㉘。瞝九州而相君兮㉙,何必怀此都也?凤皇翔于千仞之上㉚兮,览德辉焉下之㉛;见细德之险微兮,摇增翮逝而去之㉜。彼寻常之污渎兮,岂能容吞舟之鱼㉝!横江湖之鱣鲟兮,固将制于蝼蚁㉞!

①"共承"二句:共,《集解》引张晏曰:"敬也。"《汉书》作"恭"。嘉惠,《会注考证》本《正义》引颜云:"诏命。"俟,汉传作"竢"。俟罪,待罪也,古时官吏时常害怕以失职获罪,故总谦言待罪。 ②侧闻:汉传"侧"作"厌"。侧闻,从旁处听到。 ③沉:汉传作"湛"。 ④"造托"句:颜师古云:"造,

至也。言至湘水而因托其流也。"　⑤遭世罔极：所遭遇的逆境无有穷时。　⑥哉：《汉书》"哉"下有"兮"字。　⑦伏窜：藏匿也。　⑧鸱枭：音蚩骁。鸱，鹞鹰。枭，属猛禽类。　⑨阘茸：音蹋冗。《索隐》引《字林》云："阘茸，不肖之人也。"　⑩"贤圣逆曳"二句：《索隐》引胡广云："逆曳，不得顺而行也；倒植，贤不肖颠倒而易位也。"植，音稚；"倒植"即"倒置"（采许庆宗说）。　⑪"世谓"二句：《索隐》云："《汉书》作'随夷溷兮跖跻廉'（即世谓随夷溷兮，谓跖跻廉），一句皆兼二人。随，卞随；夷，伯夷；跖，盗跖；跻，庄跻也。"按，卞随乃殷之贤士；盗跖原为黄帝时大盗之名，此处指鲁国柳下惠之弟柳跖；跻则为楚人；跖、跻皆为大盗。　⑫"莫邪"二句：莫邪，《集解》骃案（《新校注稿》本《集解》作"应劭曰"）："莫邪，吴大夫也，作宝剑，因以名（《新校注稿》本《集解》作"因以冠名"）。瓒曰：'许慎曰：莫邪，大戟也。'"顿，《汉书》作"钝"。王先谦云："《史记》钝作顿，借字。"下句，铅，音沿，铅也。铦，音纤，利也。按，铅质甚软，可以爪划伤；铅刀，意即"不利之刀"。《索隐》："（此二句）言其暗惑也。"　⑬"于嗟"二句：嚘嚘，《集解》引应劭曰："不自得意。"《汉书》"兮"字在"故"字下。下句，生，《集解》引王瓒曰："生谓屈原也。"无，《汉书》作"亡"。《会注考证》引邓展曰："言屈原无故遭此祸也。"　⑭"斡弃"二句：斡，音莞，转也（采应劭说）。康瓠，《集解》："《尔雅》曰：'康瓠谓之甀；大瓠也。'应劭曰：'康，容也。'一曰：康，空也。"《索隐》谓："甀音五列反。李巡云：'康，谓大瓠瓢也。'"　⑮"腾驾"二句：腾，乘也。罢，《正义》曰："音皮。"通"疲"。骖，古驾车之马，在中者曰服，在旁者曰骈，亦名骖。蹇，颜师古云："跛也。"　⑯服盐车：《会注考证》本《正义》云："服，犹驾也。"服盐车，喻高才大贤遭屈抑而执污辱之役。《战国策·楚策》："夫骥之齿至矣，服盐车而上大行，蹄申膝折，尾湛胕溃，漉汁洒地，白汗交流，中坂迁延，负辕不能上；伯乐遭之，下车攀而哭之，解纻衣以幂之。"　⑰"章甫"二句：章甫，殷冠也（应劭之说）。《汉书》"甫"作"父"。荐，《会注考证》引刘奉世曰："荐之言借也。"按，乃以物衬垫也。《集解》骃案："刘向《别录》曰：因以自谕自恨也。"　⑱"嗟苦二句:嗟,《集解》引应劭曰:"嗟,咨嗟。"又曰:"苦,劳苦。"《汉书》颜师古注引应劭曰:"劳苦屈原遇此难也。"(据吴见思《史记论文》言,贾谊《吊屈原赋》在此以上为叹世道,此下乃为屈原作解。) ⑲讯:《新校注稿》云:"索隐本、金陵本'讯'作'谇',注同。《汉书》亦是'谇'字。"《集解》引李奇曰:"讯,告也。"引张晏曰:"讯,《离骚》下章乱辞也。"而《索隐》谓:"讯,音信,……讯犹宣也,重宣其意。" ⑳"国其莫我知"二句:《汉书》"我"作"吾";"知"下有"兮于"二字;无"郁"下"兮"字。堙,音因,《索隐》言:"《汉书》作'壹郁',意抑塞貌也。"此二句盖贾生为屈原发感叹之语,甚言知己之难觅,竟连说话的对象也找不到,所以只能将话积在心底而抑郁寡欢了。 ㉑"凤漂漂"句:漂漂,《汉书》作"缥缥"。《会注考证》本《正义》谓:"漂漂,轻举貌。"递,一本作"遰",《汉书》作"逝",义皆同。 ㉒缩:《汉书》"缩"作"引",《文选》同。按,"缩"义即"引"也。 ㉓"袭九渊"二句:袭,《集解》曰:"覆也,犹言察也。"九渊,《会注考证》本《正义》引颜师古曰:"九渊,九旋之渊。言至深也。"下句:沕,《会注考证》本《索隐》引张晏曰:"沕,潜藏也,音密,又音勿也。"深,《汉书》作"渊"。王先谦曰:"上有'渊'字,此当为深。"则知此二句之义乃言:察于神龙,则知藏于深渊之处,可以自珍重也。言君子在乱世可以隐。(见《会注考证》本《正义》引吕向说)。 ㉔"弥融爚"二句:《汉书》"弥融爚"作"俪蝹獭"。梁玉绳云:"案,徐注一云'俪蝹獭',是也。下句'从蚁与蛭螾',故相对。"而《正义》引顾野王云:"弥,远也。融,明也。爚,光也。没深藏以自珍弥,远明光以隐处也。"下句:蚁,《汉书》作"虾"。韦昭曰:"虾,虾蟆也。蛭,水虫。螾,邱螾也。"质言此二句之义,可从《会注考证》《汉书注》引孟康之说:言龙自绝于蝹獭,况从虾与蛭螾也。 ㉕圣人:《汉书》同此,一本无"人"字。 ㉖"远浊世"句:《汉书》一本"浊"上无"远"字。又,《汉书》"藏"作"臧"。朱熹云:"臧,古藏,通。"故按此处之藏作"善"解。 ㉗"使骐骥"二句:上句:《汉书》作"使麒麟可系而羁兮"。此二句之义,犹《正义》所谓"使骐骥可得系缚羁绊则与犬羊无异；责屈原不去浊世以藏隐其文也。" ㉘"般纷纷"二句：般，《会注考证》引王先谦云："经典般、斑、班，皆通用。《离骚》'斑陆离其上下'，注：斑，乱貌。与此般字同。"辜，《汉书》作"故"。金荣华在《屈贾列传疏证》中按此二句之义谓："于此纷乱之世，不知远逝自藏，致罹怨咎，亦夫子自身之过也，亦可历九州而相君，何必怀此都哉？"王先谦云："原眷怀宗国，义不他适，谊为此言，哀吊之甚，无可奈何之辞耳。" ㉙"瞵九州"句：《索隐》言："瞵，音丑知反，谓历观也。"《汉书》作"历九州"，且"相"下有"其"字。 ㉚之上：《汉书》无"之上"二字。 ㉛"览德辉"句：《汉书》"辉"作"煇"。《索隐》谓："言凤凰翔，见人君有德乃下，故礼曰：'德辉动乎内。'是也。"今本"焉"作"而"。 ㉜"见细德"二句：险微，《新校注稿》云："案，《困学纪闻·卷十二》云：'颜注：险厄之证。则'微'当作'徵'。'王说是，《文选》作'微'，则知今本史、汉传伪'微'久矣。"下句：《汉书》"摇"作"遥"，"翮"作"击"，无"逝"字。《正义》言："摇，动也。增，加也。"翮，音核，羽之柱也。此二句意谓：一旦看到那些鄙细德行的险厄之征，就该加速展翅飞离该处而他往。 ㉝"彼寻常"二句：《集解》引应劭曰："八尺曰寻，倍寻曰常。"污渎，《索隐》言："污，潢（积水）也；渎，小渠也。"下句：《汉书》无"能"字。 ㉞"横江湖"二句：鱣，音遭，《集解》引如淳曰："大鱼也。"又引瓒曰："鱣鱼无鳞，口近腹也。"鲟，《汉书》《文选》作"鲸"。此二句之义，《索隐》曰："《庄子》曰：庚桑楚谓弟子曰：吞舟之鱼，荡而失水，则蝼蚁能苦之。《战国策》齐人说靖郭君亦同。按，以喻小国暗主，不容忠臣，而为谗贼小臣之所见害也。"

贾生为长沙王太傅三年，有鵩①飞入贾生舍，止于坐隅②。——楚人命"鵩"曰"服"。——贾生既以適③居长沙，长沙卑湿，自以为寿不得长，伤悼④之，乃为赋以自广⑤。其辞曰：

①鵩：《汉书》作"服"。《会注考证》本正义云："鵩大如斑鸠，绿色，恶鸟也。入人家，凶。"按，即今所谓猫头鹰。 ②坐隅：隅，边侧之地。坐隅，座位的旁边。 ③適：见前注。 ④伤悼：《汉

书》移"伤悼"于"自"(上句首字)下，去"之"字。　⑤"乃为赋"句：广，《索隐》引姚氏云："犹宽也。"《会注考证》引王先慎曰："贾子在长沙作《服鸟赋》。"《西京杂记》："贾谊在长沙，鹏鸟集其承尘，长沙俗以鹏鸟至人家，主人死，谊作《鹏鸟赋》，齐死生，等荣辱，以遣忧累焉。"按，此赋名之曰"服鸟赋"(《昭明文选》"服"作"鹏")，见于《史记》《汉书》和《昭明文选》，三本文字略有出入；今正文据《史记》，而录《文选》《汉书》异文之较重要者于注文内，以备参考。

单阏之岁兮①，四月孟夏；庚子日施兮，服集予舍②。止于坐隅，貌甚闲暇③。异物来集兮，私怪其故④；发书占之兮，策言其度⑤。曰野鸟入处⑥兮，主人将去。请问于服⑦兮，予去何之？吉乎告我，凶言其菑⑧。淹数之度兮，语予其期⑨。服乃叹息，举首奋翼；口不能言，请对以臆⑩。万物变化兮，固无休息。斡流而迁兮，或推而还⑪。形气转续兮，化变而嬗⑫。沕穆无穷兮，胡可胜言⑬？祸兮福所倚；福兮祸所伏⑭。忧喜聚门兮，吉凶同域⑮。彼吴强大兮，夫差以败⑯；越栖⑰会稽兮，句践霸世。斯游遂成兮，卒被五刑⑱；傅说胥靡兮，乃相武丁⑲。夫祸之与福兮，何异纠缨⑳？命不可说兮，孰知其极㉑？水激则旱兮，矢激则远㉒。万物回薄兮，振荡相转㉓。云蒸雨降兮，错缪相纷㉔。大专槃物兮，坱轧无垠㉕。天不可与虑兮，道不可与谋㉖。迟数㉗有命兮，恶㉘识其时？

①"单阏"句：《尔雅·释天》："太岁在卯曰单阏(音蝉遏)。"裴骃《史记集解》引徐广说："文帝六年，岁在丁卯。"据清钱大昕《十驾斋养新录》及《二十二史考异》，则定丁卯为文帝七年，他说："徐氏不知古有超辰之法，故云六年也。"按，钱说是。因此可见贾谊初出为长沙王太傅时，当是文帝五年，及文帝七年，乃作《服鸟赋》，正合为太傅三年之数(参阅清朱珔《文选集释》)。又

《汉书》去"兮"字，以下并同。　②"庚子"二句：上句：庚子，是四月里的一天。施，《汉书》与《文选》皆作"斜"，施与斜同义；日施，即落日西斜之时。下句：集，止也。予舍，我的屋子；指贾谊的居室。　③"止于"二句：坐隅，指座位的旁边。闲暇，指服鸟从容不迫，毫不惊恐。按，此赋自开篇至"胡可胜言"句，都是三韵相叶。"暇"与上文的"夏""舍"（读为沙去声）二字叶韵。　④"异物"二句：异物，犹言怪物，指服鸟。集，《文选》作"萃"，而《汉书》作"崒"，从《汉书》是，作"聚集"解。私，暗自。此言服鸟聚集于己室，自己心里暗暗疑怪，怕是有什么缘故。　⑤"发书"二句：发，犹言"打开"。书，指占卜所用的策数之书。策，《汉书》作"谶"，《文选》亦然；《索隐》谓："此作策，盖谶策之辞。"度，即"数"（用王先慎说，见王先谦《汉书补注》引）。此言打开策数之书占卜一下，书上的谶语就把吉凶的定数指示出来了。　⑥处：《汉书》作"室"，《文选》亦然。　⑦请问于服：于，旧本作"子"。《汉书》作"问于子服"。　⑧"吉乎"二句：下句之"菑"，《汉书》与《文选》皆作"灾"，通。"菑"，古读为"兹"，与上文的"之"字和下文的"期"字叶韵。此二句大意谓：如果有吉事，你就告诉我；即使有凶事，你也要把灾咎对我说明。　⑨"淹数"二句：数，《汉书》作"速"，《文选》亦然；《集解》引徐广曰："数，速也。"淹数，即"淹速"，李善《文选》注："淹，迟也；速，疾也；谓死生之迟疾也。"度，数也。语，音玉，犹今言"告诉"。此言自己的年寿究竟是长是短，希望服鸟把期限指示出来。　⑩请对以臆：李善注："请以臆中之事对也。"臆，犹"胸"，《汉书》作"意"。此言服鸟因口不能言，自己（贾生）只好猜测着作答。　⑪"斡流"二句：斡，音管，景祐本讹为"干"。斡，作"转"解；斡流，犹言"运转"。迁、推，皆指推移变化。还，音旋（见《会注考证》引颜师古说），作"回"解，指循环反复。此连上文大意是：万物之运转推移、循环反复，永远变化进展，而无所休息。何焯说：在"此下乃畅论吉凶倚伏之理。看他……只为吉、凶、生、死字不能洒脱，故以释之，所云'为赋以自广'也。"　⑫"形气"二句：上句：形，指天地间有形体之物。气，指天地间无形体之物。转，互相转化。续，赓续不断。下句：化变，《汉书》与《文选》皆作"变化"。而,与"如"通;嬗,与"蝉"通;《史记索隐》引韦昭说:"而,如也;如蝉之蜕化也。"此言形和气连续着互相转化,其变化有如蝉之蜕化。 ⑬"沕穆"二句:沕,音勿;沕穆,精微深远貌。无穷,《汉书》作"无间",而《文选》则与《史记》同。此言自然之理深微无穷,非言语所能尽。 ⑭"祸兮"二句:此二句见老子《道德经》。倚,因也。伏,藏也。言祸福彼此相因,其来无定,往往福因祸生,而祸藏于福中。 ⑮"忧喜"二句:聚门,聚集在一家之门。域,处所;同域,同在一处。《文选》五臣注吕延济说:"忧喜吉凶,如身影之相随,故云聚门、同域。" ⑯夫差以败:吴王夫差为越所败,事见《国语·越语》。"败",读为"薉",与下文之"世"(读为"戏")字叶韵。 ⑰越栖:《汉书》"越"作"粤",《文选》则与《史记》同。"栖",景祐本误为"捿"。 ⑱"斯游"二句:上句:斯,李斯。游,指游于秦。遂,达到;成,成功;遂成,指身居相位。下句:言李斯在秦二世时,被赵高所谮,终于身受五刑而死。事见《史记·李斯列传》。五刑,详后《李斯列传》注释。 ⑲"傅说"二句:傅说,殷高宗贤相,详见《史记·殷本纪》。胥靡,《汉书》颜师古注:"相随之刑也。"又云:"胥靡,相系而作役。"《荀子》杨倞注:"胥靡,刑徒人也。胥,相;靡,系也。"按,胥靡是古代处分犯轻罪者的刑罚。其法盖用绳索把罪人系在一起,相随而行,以服劳役。武丁,即殷高宗。此言傅说虽身为刑徒,但最终做了武丁的宰相。按,自"彼吴强大"句至此句,引古人为例,申言祸福无常,相因相伏。 ⑳纠缦:纠,三股线捻成的绳子。缦,音墨,绳子(见《说文》)。李善注引应劭说:"祸福相与为表里,如绳索相附会(会作合解)。" ㉑"命不可说"二句:说,解说。极,终极;止境。此言天命是不可以用言语解说的,谁能预知它的终极呢? ㉒"水激"二句:旱,与"悍"通,作"猛疾"解。言水受激则流速,箭受激则行远。按,此指事物在宇宙间运行,各有常度,一遇外力即起意外变化,是下面"万物回薄"二句的比喻。 ㉓"万物"二句:回,《文选》作"廻",反也。薄,逼也、迫也。回薄,犹言往返不停地激荡。振,《汉书》作"震",义同。振荡,犹言动荡摩切。转,转化也。此二句大意是:万物彼此激荡而互为影响,以致引起了种种变化。《文选》五臣注中,李周翰说:"言人因祸之激而至于福,因福之激而至于祸,回薄振荡,相转无常。" ㉔"云蒸"二句:蒸,因热而上升;降,因冷而下降。错缪,《汉书》作"纠错",《文选》亦然;意即错综复杂。按,以上六句申言"命不可说"之理。 ㉕"大专"二句:大专,《汉书》与《文选》皆作"大钧",即"造化"。槃,《文选》作"播",义同,作"运转"解。坱,音昂,上声,或音央;轧,《汉书》作"圠",《文选》亦然;坱轧,无边际貌。垠,音银,边际、界限。此二句意谓自然之造化推动万物,使之运行发展,其范围是广阔无边的。 ㉖"天不可"二句:上下二"与"字,《文选》皆作"预"。与,参与也。此言天和道都高深莫测,只靠人类的思虑谋划是不能对天和道有所理解的。谋,古音迷,与下文"时"字叶韵。 ㉗数:《汉书》作"速",《文选》亦然。数,即"速"也。 ㉘恶:《汉书》作"乌",《文选》作"焉",皆作"何"解。

且夫天地为炉兮,造化为工;阴阳为炭兮,万物为铜①。合散消息兮,安有常则②;千变万化兮,未始有极③。忽然为人兮,何足控搏④;化为异物兮,又何足患⑤!小知自私兮,贱彼贵我⑥;通人大观兮,物无不可⑦。贪夫徇财兮,烈士徇名⑧。夸者死权兮,品庶冯生⑨。怵迫之徒兮,或趋西东⑩;大人不曲兮,亿变齐同⑪。拘士系俗兮,攌若囚拘⑫;至人遗物兮,独与道俱⑬。众人或或兮,好恶积意⑭;真人淡漠兮,独与道息⑮。释知遗形兮,超然自丧⑯;寥廓忽荒兮,与道翱翔⑰。乘流则逝兮,得坻则止⑱;纵躯委命兮,不私与己⑲。其生若浮兮,其死若休⑳;澹乎若深渊之静,氾乎若不系之舟㉑。不以生故自宝兮,养空而游㉒;德人无累兮,知命不忧㉓。细故慹葹兮，何足以疑㉔！

①"且夫天地"四句：前二句：炉，熔炼金属的火炉。工，冶匠。后二句：清顾施祯说："阴阳所以成物，故曰'为炭'；物由阴阳而成，故曰'为铜'。"（见其所著《文选六臣汇注疏解》。）按，此四句以冶铸为喻，以申明下文合散变化之理。何焯说："'且夫'以下，推而言之，以自广也。" ②"合散"二句：合，聚也。消，灭也。息，生也。常则，一定的规律。此言万物或聚或散，或生或灭，本来就没有一定的规律。 ③"未始"句：未始，犹言"未尝"。极，终极。 ④"忽然"二句：上句：忽然，犹言"偶然"；言生而为人，不过是偶然意外的事。下句：控，引持。搏，《汉书》作"揣"。控搏，引申有爱惜贵重之意。此言生命本无足贵，何必爱惜珍重。 ⑤"化为"二句：异物，指人死后身体变质，成为另一种东西。患（读平声，与上文"搏"字叶韵），忧虑。此言人死则化为异物，正是自然之理，不足为虑。 ⑥"小知"二句：知，《汉书》与《文选》皆作"智"，通。此言小智之人眼光短浅，只顾自身利害，以外物为贱，以己为贵。顾施祯说："以下二十句（自"小知"句至"独与道息"句），分言人之情识不同言。" ⑦"通人"二句：通，《文选》作"达"，《汉书》亦然，盖义互通也。通人，指通达知命的人。大观，指所见远大。可，适宜。此二句意谓通达之人深知死生祸福之理，对万物一视同仁，故无所不宜。 ⑧"贪夫"二句：徇，一作"狥"，今通作"殉"；《汉书》颜注引臣瓒说："以身从物曰徇。"烈士，重义轻生之士。此言贪财之人以身殉财，重义轻生之士以身殉名。 ⑨"夸者"二句：夸者，指好虚名、喜权势的人。权，权势。品庶，意即众庶（用王先谦说，见《汉书补注》）。冯，《汉书》与《文选》皆作"每"；贪也。此言夸者为追求权势而牺牲生命，一般人则贪生而恶死。 ⑩"怵迫"二句：怵，同"訹"，音戌，作诱解。《史记集解》引孟康："怵，为利所诱訹也；迫，迫贫贱；西东，趋利也。"王念孙说："孟说是也。《管子·心术篇》：'人之可杀，以其恶死也；其可不利，以其好利也。是以君子不怵乎好，不迫乎恶。'然则怵迫者，怵乎利，迫乎害也。趋西东者，趋利避害也。"此言为利所诱，为贫所逼的人们，总不免东奔西跑，趋利

避害。　⑪"大人"二句：此与上二句为对文。大人，指道德修养极高深之人；李善注："大人者，与天地合其德。"曲，屈也，指为物欲所屈。亿，《汉书》与《文选》皆作"意"；亿变，犹上文言"千变万化"也。亿变齐同，即庄子齐物之旨；齐同，犹言"等量齐观"（用王念孙说）。此二句大意是：大人不为外在的物欲所屈，故万物变化虽多，而在大人看来，却是等同齐一，并无二致。　⑫"拘士"二句：拘，《汉书》与《文选》皆作"愚"。系，牵系、羁绊。俗，指俗累。擓，音皖，《汉书》作"僒"；《文选》作"窘"；困迫也。囚拘，犹"拘囚"。此言一般愚人为俗累所牵绊，一举一动都拘束得像个被囚禁的犯人一样不自在。　⑬"至人"二句：此与上二句为对文。至人，即大人。遗，忘、弃也。物，外界的事物。道，指老、庄一派理想中的大道。此二句意谓至人能遗世弃俗而不为物累，所以独能与大道同在。　⑭"众人"二句：或或，《汉书》与《文选》皆作"惑惑"，义同；王先谦说："《说文》：'惑，乱也。惑惑，谓乱之甚也。'"好、恶，皆读去声。意，《文选》作"億"；同"臆"，作满解；积臆，犹言积满于胸中（用钱大昕、王念孙说）。此言众人惑于世俗之利害，爱憎的情感积满于胸中。　⑮"真人"二句：此与上二句为对文。李善注引《文子》："得天地之道，故谓之真人。"淡，《文选》作"恬"；义同，作"淡泊"解。漠，静也。淡漠，言淡泊无欲，虚静不扰。息，生也，犹言存在。此言真人顺乎自然之理而恬淡无为，所以独独能与大道并存。　⑯"释知"二句：按，以下十六句写作者理想中做人处世的态度，其实质即道家顺天委运的思想。上句：释、遗，都作"弃"解。知，《文选》作"智"，义同。释知，即道家所谓的"绝圣弃智"。遗形，谓忘形。下句：超然，指超脱于万物之外。丧，读去声，亡也，失也。此二句所言，即道家所谓"心如死灰，形如槁木"的情况，老、庄一派认为这是修养最高的境界。　⑰"寥廓"二句：寥，深远。廓，空阔。忽荒，同"恍惚"。李善注："寥廓忽荒，元气未分之貌。"与道翱翔，指人与道合而为一。此言人的修养到了极高深的境界，则精神和宇宙可以浑然为一，无所分别。　⑱"乘流"二句：此以木浮于水喻人生，亦道家顺天委运之意。乘，随着。逝，往也，喻人生向前行进。坻，《汉书》作"坎"，两通；

《集解》骃案引张晏曰:"坻,水中小洲也。"止,停止。意谓人生如木浮于水,随流则行,遇坻则止;而无论行止,完全由自然命运来决定。　⑲纵躯二句:把躯体完全交托给自然命运,不把它看成自己私有的东西而对它有所执着。"己",景祐本误为"巳"。　⑳"其生"二句:《文选》作"其生兮若浮,其死兮若休"。浮,作"寄"解。此言活着就好比把自己寄托在世上,死去就好比自己长久地休息。　㉑"澹乎"二句:上句:澹,作"安定"解。言人之心情平静,应如无波的深渊那样宁静沉寂;意指内心修养应宁谧安定,不怕外在事物的干扰。下句:氾,作"动"解,言人在生活中,应当像一只不系之舟,无论怎样漂浮不定,也应任其自然而不宜有所黏滞。　㉒"不以生故"二句:自宝,犹言"自贵"。游,《汉书》与《文选》皆作"浮"。《汉书注》引服虔说:"道家养空虚若浮舟也。"意谓人不必因为活在世上,就过于看重自己的生命,最好还是养其空虚之性,以浮游人世。　㉓"德人"二句:德人,有修养的人。累,忧也,犹言"顾虑"。此言有修养的人不会顾虑太多;因为他能知天命,所以就没有任何忧愁。　㉔"细故"二句:细故,犹言琐碎的事故。懰薊,《汉书》与《文选》皆作"蒂芥",意即芥蒂也。懰,音士介反(用韦昭说),薊,音介(见《索隐》)。疑读为牛,与上文的"忧"字叶韵。明闵齐华《文选瀹注》:"细故蒂芥,即死生事,因服鸟来舍,而蒂芥于胸中也。"此言祸福死生,实在是小事,所以一点也不足以疑惑忧虑。顾施祯说:"此二句,作赋之本旨。"

后岁余,贾生征见。孝文帝方受釐[①],坐宣室[②]。上因感鬼神事,而问鬼神之本。贾生因具道所以然之状[③]。至夜半,文帝前席[④]。既罢,曰:"吾久不见贾生,自以为过之,今不及也!"

　①釐:《集解》引徐广曰:"祭祀福胙(祭祀之酒肉)也。"王筠谓:"釐者,饮酒受胙之谓。"又,《集解》骃案:"如淳曰:'汉唯祭天地五畤,皇帝不自行,祠还致福。'釐,音僖。"　②宣

室:《集解》引苏林曰:"未央前正室。"《索隐》引三辅故事云:"宣室在未央殿北。"　③状:《新校注稿》云:汉传"状"改"故",是。　④前席:"前"作动词用。前席,将座位移前一点,以便于谈话。此正显出孝文帝与贾生谈得很投机。

居顷之,拜贾生为梁怀王太傅。梁怀王,文帝之少子,爱①而好书,故令贾生傅之。
　　①爱:杨树达说:"爱,谓见爱。"此盖指梁怀王得文帝宠爱。

文帝复封淮南厉王子四人,皆为列侯。贾生谏①,以为患之兴自此起矣②。
　　①贾生谏:贾生谏封淮南厉王子疏,见《汉书》本传。　②自"文帝复封"至"自此起矣":《汉书》无此二十七字。

贾生数上疏①,言诸侯或连数郡,非古之制,可稍削之。文帝不听。
　　①贾生数上疏:梁玉绳云:"贾、屈同传,以渡江一赋耳;不载陈政事疏,与董仲舒传不载贤良策对同。"

居数年,怀王骑,堕马而死①,无后。贾生自伤为傅无状②,哭泣岁余,亦死。贾生之死,时年三十三矣。及孝文崩,孝武③皇帝立,举贾生之孙二人至郡守,而贾嘉最好学,世其家④,与余通书。至孝昭时,列为九卿⑤。
　　①堕马而死:时当文帝十一年,公元前一六九年。　②无状:颜师古注云:"犹言不肖。"　③孝武:《新校注稿》云:"史公不及知孝武之谥,此非元文。且以文崩武立相续,若更无孝景一代者然,非辞也。"　④世其家:能承接他的家风。　⑤"至孝昭"二句:《新校注稿考证》云:"凌稚隆曰:史公卒武帝末,不得云孝昭时,此句盖后人所增。"梁玉绳云:"'至孝昭时'二句当删之。"

太史公曰：余读《离骚》《天问》《招魂》《哀郢》，悲其志；适长沙，观屈原所自沉渊①，未尝不垂涕，想见其为人。及见贾生吊之，又怪屈原以彼其材游诸侯，何国不容，而自令若是！读《服鸟赋》，同死生②，轻去就③，又爽④然自失矣！

①屈原所自沉渊：《索隐》引《荆州记》云："长沙罗县北带汨水，去县四十里，是原自沉处，北岸有庙也。" ②同死生：谓对死和生两件事，一概等闲视之，即贾生在《服鸟赋》中所说的："忽然为人兮，何足控搏；化为异物兮，又何足患！" ③去就：犹言去留。 ④爽：作"伤"解。

屈原年表

公元前	楚纪元	时政纪要	屈原之出处进退
三四三年	宣王二十七年		诞生。陈玚、刘师培据《离骚》以历法推定
三四〇年	宣王三十年	宣王卒，子威王熊商立，次年改为威王元年	四岁
三二九年	威王十一年	威王卒，子怀王熊槐立，次年改为怀王元年	十五岁
三一四年	怀王十五年		三十岁。官拜左徒。遭谗见疏当系稍前数年至是年间事。既疏，作《离骚》以抒怀
三一三年	怀王十六年	张仪佯去秦相楚，诈许楚以秦地使绝齐。怀王遣使随仪入秦受地，秦诈显，楚遂发兵击秦	三十一岁
三一二年	怀王十七年	秦败楚于丹、浙，取汉中地；复战于蓝田，楚军又败；韩、魏复袭楚，至于邓，楚引兵归	三十二岁

续表

三一一年	怀王十八年	秦击楚，楚割两城以和；秦复欲以武关易黔中，楚愿换张仪，仪乃囚楚。后因靳尚等得释，仪乃更使秦、楚亲	三十三岁。使齐返，谏怀王诛张仪，然仪已去
三〇三年	怀王二十六年	齐、韩、魏三国共击楚，楚太子入质于秦请救；秦救楚，三国乃引兵去	四十一岁
三〇二年	怀王二十七年	秦大夫有私与楚太子斗者，太子杀之而亡归	四十二岁
三〇一年	怀王二十八年	秦与齐、韩、魏共击楚，杀楚将唐眛。至次年，秦又攻楚	四十三岁
二九九年	怀王三十年	秦与齐、韩、魏再攻楚，秦昭王以故为婚姻，约怀王会武关，怀王听子兰言往，见留；楚立太子横，子兰为令尹	四十五岁。谏止怀王入秦
二九八年	顷襄王元年	秦要怀王，不可得地，楚更立王以应秦，昭王怒而攻楚，斩楚首五万，取析十五城以去	四十六岁。遭谗去三闾大夫职（为此官当系既绌不在左徒之位以后至是年以前事）而见放，于仲春月甲之朝离郢
二九六年	顷襄王三年	楚怀王死于秦，归葬	四十八岁。作《卜居》
二九〇年	顷襄王九年		五十四岁。作《哀郢》

自此年以后，屈原事迹及其自沉汨罗之年无可考，惟自沉之日期相传为五月五日（详见《隋书·地理志》《太平寰宇记》《续齐谐记》）。故屈原在世时代，应为"公元前三四三至公元前二九〇年？"。

贾谊年表

公元前	汉纪元	时政纪要	贾谊之出处进退
二〇〇年	高帝七年		诞生
一八三年	高后五年		十八岁。以能诵诗书属文称于郡中，河南守吴公召置门下
一七九年	孝文元年	征河南守吴公为廷尉	二十二岁。召为博士，超迁为太中大夫
一七七年	孝文三年		二十四岁。为长沙王傅。作《吊屈原赋》
一七四年	孝文六年		二十七岁。作《服鸟赋》
一七三年	孝文七年	梁怀王入朝	二十八岁。征拜为梁怀王太傅。谏使放铸，谏封淮南厉王子四人
一七二年	孝文八年	封淮南厉王子四人为列侯	二十九岁
一六九年	孝文十一年	六月，梁怀王入朝，堕马死，无后	三十二岁。上疏请举淮南地以益怀阳，而为梁王立后，割淮阳北边二三城与东郡以益梁
一六八年	孝文十二年	徙淮阳王武为梁王，徙城阳王喜为淮南王	三十三岁。卒

刺客列传

曹沫①者,鲁人也。以勇力事鲁庄公;庄公好力。

①曹沫:梁玉绳云:"案曹子之名,《左(传)》《穀(梁传)》及《(汉书)人表》《管子·大匡》皆作刿;《吕览·贵信》作翙;《齐(策)》《燕策》与《史(记)》俱作沫;盖声近而字异耳。"按,沫,音妹或音诲;刿,音贵,翙,音诲。

史记

曹沫为鲁将,与齐战,三败北;鲁庄公惧,乃献遂邑之地以和①;犹复以为将。

战国策

曹沫为鲁君将,三战三北,而丧地千里。使曹子之足不离陈,计不顾后,出必死而不生,则不免为败军禽将。曹子以败军禽将非勇也;功废名灭,后世无称,非知也;故去三北之耻,退而与鲁君计也,曹子以为遭。

公羊传

(庄公)十有三年春,齐侯、宋人、陈人、蔡人、邾娄人,会于北杏。夏六月,齐人灭遂。

秋,七月。

①"与齐战"四句:梁玉绳云:"案庄公自九年败乾时,后至十三年盟柯,中间有长勺之胜;是鲁只一战而一胜,安得有三败之事!齐桓会北杏,遂人不至,故灭之;遂非鲁地,何烦鲁献?此皆妄也。"按,遂邑故地在今山东省肥城、宁阳两县间。

史记

齐桓公许与鲁会于柯①而盟。桓公与庄公既盟于坛上，曹沫执匕首劫齐桓公②，桓公左右莫敢动，而问曰："子将何欲？"曹沫曰："齐强鲁弱；而大国侵鲁，亦以③甚矣！今鲁城坏，即压齐境④，君其图之。"桓公乃许尽归鲁之侵地。既已言，曹沫投其匕首，下坛，北面就群臣之位，颜色不变，辞令如故。桓公怒，欲倍⑤其约；管仲曰："不可。夫贪小利以自快，弃信于诸侯，失天下之援；不如与之。"于是桓公乃遂割鲁侵地，——曹

战国策

齐桓公有天下、朝诸侯。曹子以一剑之任，劫桓公于坛位之上，颜色不变，而辞气不悖；三战之所丧，一朝而反之。天下震动、惊骇，威信吴、楚，传名后世。

公羊传

冬，公会齐侯盟于柯。何以不日？易也！其易奈何？桓之盟不日，其会不致，信之也！其不日何以始乎此？庄公将会乎桓，曹子进曰："君之意何如？"庄公曰："寡人之生，则不若死矣！"曹子曰："然则君请当其君，臣请当其臣。"庄公曰："诺。"于是会乎桓。庄公升坛，曹子手剑而从之。管子进曰："君何求乎？"曹子曰："城坏压竟，君不图与？"管子曰："然则君将何求？"曹子曰："愿请汶阳之田。"管子顾曰："君许诺。"桓公曰："诺。"曹子请盟，

沫三战所亡地——尽复予鲁。

桓公下与之盟。已盟，曹子摽剑而去之。要盟可犯，而桓公不欺；曹子可仇，而桓公不怨；桓公之信著乎天下，自柯之盟始焉！

①柯：《索隐》引杜预曰："济北东阿，齐之柯邑；犹祝柯今为祝阿也。" ②"曹沫执匕首"句：《会注考证》引何焯说："曹沫之事，亦战国好事者为之，春秋无此风也；况鲁又礼义之国乎？"梁玉绳云："案劫桓归地一节，年表、齐、鲁世家、管仲、鲁连、自序传，皆述之，此传尤详。《荆轲传》载燕丹语，仍《国策》并及其事，盖本《公羊》也。《公羊》汉始著竹帛，不足尽信；即如汶阳田在齐顷公时，当鲁成二年，乃《公羊》以为桓公盟柯，因曹子劫而归之，其妄可见。况鲁未尝战败失地（参见前'与齐战'四句注），何用要劫！曹子非操匕首之人，春秋初亦无操匕首之习。"谨录以备考。 ③以：同"已"。 ④"今鲁城坏"二句：《索隐》说："齐、鲁，邻接。今齐数侵鲁，鲁之城坏，即压近齐之境也。"而《会注考证》引中井积德说："城坏，设言之也。鲁国邻城壁即坏，即压齐之境；言齐之境深入，逼鲁之国都也。"按，压，即迫近之谓。 ⑤倍：古"背"字，《索隐》说："倍，音佩。"

其后百六十有七年，而吴有专诸之事。

专诸①者，吴堂邑②人也。伍子胥之亡楚而如吴也③，知专诸之能。

①专诸：《左传》作"鱄设诸。" ②堂邑：其故地在今江苏省六合县北。 ③伍子胥之亡楚而如吴：事详见《史记》卷六十六之《伍子胥列传》。

史记

伍子胥既见吴王僚,说以伐楚之利;吴公子光曰:"彼伍员父兄皆死于楚,而员言伐楚,欲自为报私仇也,非能为吴。"吴王乃止。伍子胥知公子光之欲杀吴王僚,乃曰:"彼光将有内志①,未可说以外事②。"乃进专诸于公子光。

左传

员如吴,言伐楚之利于州于,公子光曰:"是宗为戮而欲反其仇,不可从也。"员曰:"彼将有他志,余姑为之求士,而鄙以待之。"乃见鱄设诸焉,而耕于鄙。

①彼光将有内志:《索隐》谓:"言其将有内难弑君之志。"　②外事:《会注考证》谓:"外事,言伐楚。"

光之父曰吴王诸樊①。诸樊弟三人,次曰馀祭,次曰夷昧,次曰季子札。诸樊知季子札贤,而不立太子,以次传三弟,欲卒致②国于季子札。诸樊既死,传馀祭;馀祭死,传夷昧;夷昧死,当传季子札,季子札逃,不肯立;吴人乃立夷昧之子僚③为王。公子光曰:"使以兄弟次邪?季子当立;必以子乎?则光真適嗣④,当立。"故尝阴养谋臣以求立。

①诸樊:梁玉绳曰:"案,光父一云夷昧。"　②致:委也。　③夷昧之子僚:梁玉绳曰:"案,一说僚是寿梦子。"　④適:同"嫡",正也。

史记

光既得专诸,善客待之。九年①而楚平王死。春②,吴王僚欲因楚丧,使其二弟公

左传

(昭公)廿七年春,……吴子欲因楚丧而伐之,使公子掩馀、公子烛庸师师围潜;使

子盖馀、属庸③将兵围楚之潜④；使延陵季子于晋，以观诸侯之变。楚发兵绝吴将盖馀、属庸路，吴兵不得还。于是公子光谓专诸曰："此时不可失，不求何获！且光真王嗣，当立；季子虽来，不吾废也。"专诸曰："王僚可杀也：母老子弱，而两弟将兵伐楚，楚绝其后；方今吴外困于楚，而内空无骨鲠之臣⑤，是无如我何！"公子光顿首曰："光之身，子之身也！"

四月丙子⑥，光伏甲士于窟⑦室中，而具酒请王僚。王僚使兵陈⑧；自宫至光之家，门户阶陛左右，皆王僚之亲戚⑨也；夹立⑩侍，皆持长铍⑪。酒既酣，公子光详⑫为足疾，入窟室中；使专诸置匕首鱼炙⑬之腹中而进之。既至王前，专诸擘⑭鱼，因以匕首刺王僚；王僚立死。左右亦杀专诸。王人扰乱，公子光出其伏甲⑮以攻王僚之徒，尽灭之。遂自立为王，是为阖

延州来季子聘于上国，遂聘于晋，以观诸侯。楚蒍尹然、工尹麋帅师救潜，左司马沈尹戌帅都君子与王马之属以济师，与吴师遇于穷。令尹子常以舟师及沙汭而还，左尹郤宛、工尹寿帅师至于潜，吴师不能退。

公子光曰："此时也！弗可失也！"告鱄设诸曰："上国有言曰：'不索何获？'我，王嗣也，吾欲求之。事若克，季子虽至，不吾废也！"鱄设诸曰："王可弑也：母老子弱，是无若我何！"光曰："我，尔身也！"

夏四月，光伏甲于堀室而享王。王使甲坐于道，及其门。门阶户席皆王亲也，夹之以铍。羞者，献体改服于门外；执羞者坐行而入，执铍者夹承之，及体以相授也。光伪足疾，入于堀室。鱄设诸置剑于鱼中以进，抽剑刺王，铍交于胸，遂弑王。阖闾以其子为卿。

季子至，曰："苟先君无废祀，民人无废主，社稷有

间。阖闾乃封专诸之子以为上卿。

奉，国家无倾，乃吾君也，吾谁敢怨！哀死事生，以待天命。非我生乱，立者从之，先人之道也。"复命哭墓，复位以待。吴公子掩馀奔徐，公子烛庸奔钟吾。

①九年：《会注考证》引中井积德曰："光得诸之后九年也。"即《索隐》所说："《春秋·昭二十六年》'楚子居卒'是也。……据《表》及《左传》，合在僚之十一年也。" ②春：梁玉绳曰："'春'字衍，当作明年夏。"谨录以备考。 ③盖馀属庸：梁玉绳说："案二公子名多不同。"按，《左传》"盖馀"作"掩馀"，"属庸"作"烛庸"。 ④潜：其故地在今安徽省霍山县。 ⑤骨鲠之臣：谓忠心正直的臣子。 ⑥四月丙子：《索隐》说："僚之十二年夏也。吴系家为十三年，非也。《左氏经传》唯夏四月；《公羊》《穀梁》无其文；此与吴系家皆称丙子，当有所据，不知出何书。" ⑦窟：《集解》引徐广曰："窟，一作空。" ⑧陈：布列也。 ⑨皆王僚之亲戚：《会注考证》引中井积德曰："《左传》云：'门阶户席皆王亲也'。王亲者，谓亲信之人也，不必戚属。史迁添一'戚'字，害文意不小。"近是。 ⑩夹立：谓杂立于王僚众亲信中。 ⑪铍：《会注考证》本《索隐》曰："音披，兵器也；刘逵《吴都赋》注：铍，两刃小刀。"（按，自"王僚使兵陈"至"皆持长铍"，据吴见思《史记论文》所评，谓"写得威严谨密之至；非表王僚之防，正深表专诸之勇也"。） ⑫详：古通"佯"字。 ⑬鱼炙：指举于火上烤熟之鱼也。 ⑭擘：音播，剖也；分开也。 ⑮甲：兵也，指披甲之士。

其后七十余年，而晋有豫让之事①。

①"其后"二句：由《集解》知，徐广以为自阖闾元年至三晋灭智伯，只六十二年。按，豫让于智伯灭后，遁逃山中，后出报仇，皆非必即灭智伯一年之事，或竟迟九年十年也。

史记	战国策
豫让者，晋人也，故尝事范氏及中行氏①，而无所知名。去而事智伯，智伯甚尊宠之。	晋毕阳之孙豫让，始事范、中行氏而不说。去而就知伯，知伯宠之。

①范氏及中行氏："范"下之"氏及"二字景祐本无，今从《群书治要》补。

史记	战国策
及智伯伐赵襄子；赵襄子与韩、魏合谋灭智伯。灭智伯之后而三分其地。赵襄子最怨智伯①，漆其头以为饮器②。豫让遁逃山中，曰："嗟乎！士为知己者死；女为说己者容。今智伯知我，我必为报仇而死，以报智伯③，则吾魂魄不愧矣！"乃变名姓为刑人，入宫涂厕，中挟匕首，欲以刺襄子。襄子如厕，心动，执问涂厕之刑人，则豫让，内持刀兵，曰④："欲为智伯报仇！"左右欲诛之。襄子曰："彼义人也，吾谨避之耳。且智伯亡，无后，而其臣欲为报仇，此天下之贤人也。"卒释去之。	及三晋分知氏，赵襄子最怨知伯，而将其头以为饮器。豫让遁逃山中，曰："嗟乎！士为知己者死，女为悦己者容；吾其报知氏之仇矣！"乃变姓名为刑人，入宫涂厕，欲以刺襄子。襄子如厕，心动，执问涂者，则豫让也；刃其扞曰："欲为知伯报仇！"左右欲杀之，赵襄子曰："彼义士也；吾谨避之耳。且知伯已死，无后，而其臣至为报仇。此天下之贤人也。"卒释之。

①赵襄子最怨智伯：其"怨"的程度，除上文所说的，漆智伯头以为饮器外，《索隐》更说赵襄子"初以酒灌，后又率韩、魏，水灌晋阳城；不没者，三版。"足见赵襄子对智伯的怨恨，已到了失去理智的地步，竟连无辜的百姓也不放过。而由此更预示出，其后豫让之义行，必是已到了动天地、泣鬼神的地步，否则，执着怀恨如赵襄子者，又岂能一再容忍于他？　②饮器：《正义》引刘云："酒器也；每宾会设之，示恨深也。"　③以报智伯：意谓：拿为智伯向赵襄子报仇一事，来报答智伯对自己的知遇之恩。　④曰：吴见思《史记论文》说："此曰字，上问字之对词。"

史记

居顷之，豫让又漆身为厉①，吞炭为哑②，使形状不可知，行乞于市。其妻不识也。行见其友，其友识之，曰："汝非豫让邪？"曰："我是也。"其友为泣③曰："以子之才，委质④而臣事襄子，襄子必近幸子；近幸子，乃为所欲，顾不易邪⑤？何乃⑥残身苦形，欲以求报襄子，不亦难乎？"豫让曰："既已委质臣事人，而求杀之，是怀二心以事其君也。且吾所为者极难耳⑦。然所以为此者，将以愧天下后世之为人臣怀二心以事其君者也⑧！"

既去⑨。顷之，襄子当

战国策

豫让又漆身为厉，灭须去眉，自刑以变其容，为乞人而往乞。其妻不识，曰："状貌不似吾夫，其音何类吾夫之甚也？"又吞炭为哑，变其音。其友谓之曰："子之道甚难而无功。谓子有志，则然矣；谓子智，则否。以子之才而善事襄子，襄子必近幸子；子之得近而行所欲，此甚易而功必成。"豫让乃笑而应之曰："是为先知报后知，为故君贼新君；大乱君臣之义者，无此矣！凡吾所谓为此者，以明君臣之义非从易也！且夫委质而事人，而求弑之，是怀二心以出,豫让伏于所当过之桥下⑩。襄子至桥,马惊,襄子曰:"此必是豫让也!"使人问之,果豫让也。于是襄子乃数⑪豫让曰:"子不尝事范、中行氏乎?智伯尽灭之,而子不为报仇,而反委质臣于智伯;智伯亦已死矣,而子独何以为之报仇之深也?"豫让曰:"臣事范、中行氏,范、中行氏皆众人遇我,我故众人报之⑫;至于智伯,国士遇我,我故国士报之⑬。"襄子喟然叹息而泣曰:"嗟乎!豫子⑭!子之为智伯,名既成矣⑮;而寡人⑯赦子,亦已足矣!子其自为计⑰,寡人⑯不复释子!"使兵围之。豫让曰:"臣闻明主不掩人之美;而忠臣有死名之义。前君已宽赦臣,天下莫不称君之贤。今日之事,臣固伏诛;然愿请君之衣而击之焉,以致报仇之意,则虽死不恨;非所敢望也,敢布腹心⑱!"于是襄子大义之,乃使使持衣

事君也;吾所为难,亦将以愧天下后世人臣怀二心者!"

居顷之,襄子当出,豫让伏所当过桥下。襄子至桥而马惊,襄子曰:"此必豫让也!"使人问之,果豫让。于是赵襄子面数豫让曰:"子不尝事范、中行氏乎?知伯灭范、中行氏,而子不为报仇,反委质事知伯;知伯已死,子独何为报仇之深也?"豫让曰:"臣事范、中行氏,范、中行氏以众人遇臣,臣故众人报之;知伯以国士遇臣,臣故国士报之。"襄子乃喟然叹泣曰:"嗟乎!豫子!豫子之为知伯,名既成矣;寡人舍子亦以足矣!子自为计,寡人不舍子!"使兵环之。豫让曰:"臣闻明主不掩人之义;忠臣不爱死以成名。君前已宽舍臣,天下莫不称君之贤。今日之事,臣故伏诛;然愿请君之衣而击之,虽死不恨。非所望也,敢布腹心!"于是襄子义之,乃使使者持衣

与豫让；豫让拔剑，三跃而击之，曰："吾可以下报智伯矣！"遂伏剑自杀。死之日，赵国志士闻之，皆为涕泣。

与豫让。豫让拔剑，三跃呼天击之，曰："而可以报知伯矣！"遂伏剑而死。死之日，赵国之士闻之，皆为涕泣。

①漆身为厉：《会注考证》本《索隐》谓："厉，音赖。赖，恶疮病也。凡漆有毒，近之，多患疮肿。若赖病然；故豫让以漆涂身，令其若癞然。然厉、赖，声相近，古多假厉为赖，今之癞字从疒。" ②哑：谓变其音，非不能言也。梁玉绳说："案下文豫让与其友及襄子相问答，则不可言哑，当依《（赵）策》作以变其音为是。" ③为泣：为豫让残身苦形的行为感到悲痛而哭泣。 ④委质：见前《屈贾列传》"委质"条注。 ⑤"乃为所欲"二句：乃为所欲，《索隐》言："谓因得杀襄子。"顾不易邪，谓：跟你现在所采取的这个办法比较起来，不是反而更容易些吗？ ⑥乃：如此也；像这样。 ⑦"且吾所为"句：《索隐》引刘氏云："谓今为厉哑也。" ⑧"然所以"二句：《索隐》谓："言宁为厉而自刑，不可求事襄子而行杀；则恐伤人臣之义而近贼，非忠也。" ⑨既去：《会注考证》引中井积德曰："二字冗。" ⑩"豫让伏"句：《正义》说："汾桥下架水，在并州晋阳县东一里。" ⑪数：计也；谓数说豫让之错也。 ⑫"范氏"二句：谓范氏及中行氏都像对待一般人似的对待我，所以我也就跟一般人一样地回报他们。 ⑬"国士"二句：国士，为全国所钦仰的人。此二句谓：既然智伯像对待一个受全国所钦仰的人一样地对待我，所以，我也就必须拿出作为一个国士所应有的节操、态度来报答他。 ⑭豫子：对豫让之尊称。 ⑮"子之为智伯"二句：意谓：你要为智伯报仇、忠于智伯的名声，已经被大家所公认了。 ⑯寡人：《会注考证》说："襄子不为诸侯，不当称寡人。" ⑰子其自为计：其，语中助词，无义。此句意即你自己想办法吧！ ⑱"非所敢望"二句：意谓：不是我敢对您有所希求，只是我斗胆在您面前说出我心底里的话罢了！

其后四十余年①，而轵有聂政之事。

①"其后"句：《集解》骃案："自三晋灭智伯，至杀侠累，

五十七年。"按,如豫让报仇在灭智伯后九年十年时,则此《史记》作四十余年不误也。

史记

聂政者,轵深井里①人也。杀人避仇,与母、姊如齐,以屠为事。

久之,濮阳严仲子事韩哀侯②,与韩相侠累有郤③。严仲子恐诛,亡去;游求④人可以报侠累者。至齐,齐人或言聂政勇敢士也,避仇隐于屠者之间。严仲子至门请⑤,数反⑥,然后具酒自畅⑦聂政母前。酒酣,严仲子奉黄金百溢⑧,前为聂政母寿。聂政惊怪其厚,固谢严仲子。严仲子固进,而聂政谢曰:"臣幸有老母,家贫,客游以为狗屠,可以旦夕得甘毳⑨以养亲。亲供养备⑩,不敢当仲子之赐!"严仲子辟⑪人,因为聂政言曰:"臣有仇,而行游诸侯众矣。然至齐,窃闻足下义甚高,故进百金者,将用为夫人粗

战国策

韩傀相韩,严遂重于君,二人相害也。严遂政议直指,举韩傀之过,韩傀以之叱之于朝,严遂拔剑趋之,以救解;于是,严遂惧诛,亡去,游求人可以报韩傀者。至齐,齐人或言轵深井里聂政勇敢士也,避仇隐于屠者之间。严遂阴交于聂政,以意厚之。聂政问曰:"子欲安用我乎?"严遂曰:"吾得为役之日浅,事今薄,奚敢有请!"于是严遂乃具酒觞聂政母前,仲子奉黄金百镒,前为聂政母寿。聂政惊,愈怪其厚,固谢严仲子。仲子固进,而聂政谢曰:"臣有老母,家贫,客游以为狗屠,可旦夕得甘脆以养亲。亲供养备,义不敢当仲子之赐!"严仲子辟人,因为聂政语曰:"臣有仇,而行游诸侯众矣。然至

齐，闻足下义甚高；故直进百金者，特以为夫人粗粝之费，以交足下之欢；岂敢以有求邪？"聂政曰："臣所以降志辱身，居市井者，徒幸而养老母。老母在，政身未敢以许人也！"严仲子固让，聂政竟不肯受。然仲子卒备宾主之礼而去。

粝之费⑫，得以交足下之欢；岂敢以有求望邪⑬？"聂政曰："臣所以降志辱身⑭，居市井⑮屠者，徒⑯幸以养老母；老母在，政身未敢以许人也⑰！"严仲子固让⑱，聂政竟不肯受也。然严仲子卒备宾主之礼而去。

①轵深井里：《索隐》说："《地理志》：河内有轵县；深井，轵县之里名也。"《正义》又说："在怀州济源县南三十里。" ②严仲子事韩哀侯：梁玉绳曰："案，仲子即严遂，侠累即韩傀，其事在列侯三年；年表、世家所书是也。而此传称哀侯，……殊非事实。" ③"与韩相"句：郤，隙也；仇也。与侠累结仇事，详见所录《战国策》文。 ④游求：游，《新校注稿》曰："游，泛也。《论语》'泛爱众'谓普爱也。"是"游求"即"普求"也。 ⑤请：谒见。 ⑥数反：几次往返也，意即交往了几次。 ⑦畅：《索隐》案："《战国策》作'觞'，近为得也。" ⑧溢：古"镒"字。一镒为二十四两。 ⑨甘毳：毳，"索隐"引邹氏曰："音脆，二义相通也。"按，甘毳即美好的食物。 ⑩亲供养备："供"读四声。备，完备也。此谓用来供养母亲的东西已经足够了。 ⑪辟：避也。 ⑫夫人粗粝之费："夫人"，《正义》本作"大人"。《正义》谓："粝，犹粗米也；脱粟也。韦昭云：'古者名男子为丈夫；尊妇妪为大人。……'"按，此乃严仲子之谦词；意谓百金实在只是小数目，但愿能作为令堂买粗糙米饭的费用。 ⑬"岂敢"句：意谓：哪里敢希望能对你有所要求呢？按，以，拿也。有求，有所要求。 ⑭"臣所以"句：《会注考证》引《索隐》谓："言其心志与身，本应高洁，令乃卑下其志，屈辱其身，《论语》孔子谓柳下惠降志辱身，是也。" ⑮市井：《新校注稿》引《正义》曰："古者相聚汲水，有物便卖，因成市，故云市

井。"《会注考证》引中井积德曰:"邑居如井画,故曰市井。" ⑯徒:但,独,只。 ⑰"老母在"二句:《索隐》云:"《礼记》曰:'父母存,不许友以死。'" ⑱让:《新校注稿》以为"让"当作"请",较通,近是。

史记

久之,聂政母死。既已葬,除服,聂政曰:"嗟乎!政乃市井之人,鼓刀①以屠;而严仲子乃诸侯之卿相也,不远千里,枉车骑而交臣。臣之所以待之,至浅鲜矣:未有大功可以称②者,而严仲子奉百金为亲寿,我虽不受,然是者徒③深知政也!夫贤者以感忿睚眦之意而亲信穷僻之人,而政独安得嘿④然而已乎?且前日要政,政徒以老母;老母今以天年终,政将为知己者用。"乃遂西至濮阳,见严仲子曰:"前日所以不许严仲子者,徒以亲在。今不幸而母以天年终;仲子所欲报仇者为谁,请得从事⑤焉。"严仲子具告曰:"臣之仇韩相侠累,侠累又韩君之季父也,宗族盛多,居处兵卫甚设⑥;臣

战国策

久之,聂政母死,既葬,除服。聂政曰:"嗟乎!政乃市井之人,鼓刀以屠;而严仲子乃诸侯之卿相也,不远千里,枉车骑而交臣。臣之所以待之,至浅鲜矣:未有大功可以称者,而严仲子举百金为亲寿,我虽不受,然是深知政也!夫贤者以感忿睚眦之意,而亲信穷僻之人,而政独安可嘿然而止乎?且前日要政,政徒以老母;老母今以天年终,政将为知己者用。"遂西至濮阳,见严仲子曰:"前所以不许仲者,徒以亲在。今亲不幸;仲子所欲报仇者为谁?"严仲子具告曰:"臣之仇,韩相傀。傀又韩君之季父也,宗族盛,兵卫设;臣使刺之,终莫能就。今足下幸而不弃,请益

欲使人刺之，众终⑦莫能就。今足下幸而不弃，请益其⑧车骑壮士可为足下辅翼者。"聂政曰："韩之与卫，相去中间不甚远⑨。今杀人之相，相又国君之亲，此其势不可以多人。多人，不能无生得失；生得失，则语泄；语泄，是韩举国而与仲子为仇，岂不殆⑩哉！"遂谢车骑人徒。

具车骑壮士，以为羽翼。"政曰："韩与卫中间不远。今杀人之相，相又国君之亲，此其势不可以多人。多人，不能无生得失；生得失，则语泄；语泄，则韩举国而与仲子为仇也，岂不殆哉！"遂谢车骑人徒。

①鼓刀：即意指杀牲之事。 ②称：《新校注稿》谓称其宜也。 ③徒：同前"徒"注。 ④嘿：通"默"。 ⑤从事：谓进行报仇之事。 ⑥兵卫甚设：设，置也，引申有分派、布列之意。此句言分派、布列了很多兵卫。 ⑦众终：《考证》说："众字衍。王念孙曰：'众与终一字；一本作终，一本作众，后人并存耳。'" ⑧其：《会注考证》说："枫、三本'其'作'具'，与《韩策》合；义长。" ⑨"韩之与卫"二句：《索隐》引高诱曰："韩都颍川阳翟；卫都东郡濮阳，故曰间不远也。" ⑩殆：危也。

史记

聂政乃辞，独行剑至韩。韩相侠累方坐府上，持兵戟而卫侍者甚众。聂政直入上阶，刺杀侠累。左右大乱，聂政大呼，所击杀者数十人。因自皮面决眼①，自屠出肠，遂以死。韩取聂政尸暴②于市，购问，莫知谁子；于是

战国策

辞，独行仗剑至韩。韩适有东孟之会，韩王及相皆在焉，持兵戟而卫者甚众。聂政直入上阶，刺韩傀，韩傀走而抱哀侯，聂政刺之，兼中哀侯。左右大乱，聂政大呼，所杀者数十人。因自皮面抉眼，自屠出肠，遂以

韩购县③之：有能言杀相侠累者予千金。久之，莫知也。

死。韩取聂政尸于市，县购之千金。久之，莫知谁子。

①皮面决眼：皮，《广雅》云："离也、剥也。"决，同"抉"。《会注考证》引中井积德曰："皮面，谓剥面皮；屠者熟习，急遽办此，恰好，他人不能学也。"聂政所以出此策，《索隐》说是欲令人不识。　②暴：音 pù。　③购县：王念孙从《战国策》改为"县购"。县，"悬"古字；县购，悬赏以求购获也。

史记

　　政姊荣，闻人有刺杀韩相者，贼不得，国不知其名姓，暴其尸而县之千金；乃于邑①曰："其是吾弟与！嗟乎！严仲子知吾弟！"立起，如②韩之市，而死者果政也。伏尸，哭极哀，曰："是轵深井里所谓聂政者也！"市行者诸众人皆曰："此人暴虐吾国相，王县购其名姓千金，夫人不闻与？何敢来识之也！"荣应之曰："闻之。然政所以蒙污辱、自弃于市贩之间者，为老母幸无恙、妾未嫁也。亲既以天年下世，妾已嫁夫，严仲子乃察举③吾弟困污之中而交之；泽厚矣，可奈何！士固为知己者死，

战国策

　　政姊闻之，曰："弟至贤，不可爱妾之躯，灭吾弟之名；非弟意也！"乃之韩视之，曰："勇哉！气矜之隆！是其轶贲育而高成荆矣！今死而无名；父母既殁矣，兄弟无有，此为我故也！夫爱身不扬弟之名，吾不忍也！"乃抱尸而哭之曰："此吾弟轵深井里聂政也！"亦自杀于尸下。

今乃以妾尚在之故，重自刑以绝从④；妾其奈何畏殁身之诛，终灭贤弟之名！"大惊韩市人⑤。乃大呼天者三，卒于邑⑥、悲哀而死政之旁。

①于邑：《索隐》引刘氏云："烦冤愁苦也。"《会注考证》说："《索隐》是。" ②如：往也。 ③察举：《索隐》："案，察举谓观察其有志行，乃举之。刘氏云：'察，犹选也。'" ④"重自刑"句：《索隐》曰："重，音持用反；重，犹复也。为人报仇死，乃以妾故，复自刑其身，令人不识也。从，音踪，古字少假借，无足旁是。"《会注考证》引中井积德说："政之自刑，以护仲子也。姊已误认矣，又显仲子之踪，是大失政之意。"又引陈子龙曰："政重在报严之德，而姊重在扬弟之名，不能兼顾也。" ⑤"大惊"句：《新校注稿》云："似当作'韩市人大惊'乃合；或云其是倒装句法亦通。" ⑥见注释①。

史记

晋、楚、齐、卫闻之，皆曰："非独政能也，乃其姊亦烈女也！乡使政诚知其姊无濡忍之志①，不重暴骸之难②，必绝险千里，以列其名，姊弟俱僇于韩市者，亦未必敢以身许严仲子也。严仲子亦可谓知人能得士矣！"

战国策

晋、楚、齐、卫闻之，曰："非独政之能，乃其姊者亦列女也！"聂政之所以名施于后世者，其姊不避菹醢之诛以扬其名也！

①濡忍：《索隐》谓："濡，润也；人性湿润，则能含忍，故云濡忍也；若勇躁，则必轻死也。" ②"不重"句：《索隐》谓："重、难，并加字；重，犹惜也。言不惜暴骸之为难也。"

其后二百二十余年①，秦有荆轲之事。

①"其后"句：徐广正二百二十余年为一百七十余年，应从之。殿本《考证》曰："自列侯三年甲申盗杀侠累至始皇甲戌荆轲刺王，共一百七十一年。"至《正义》所计之六百四十三年，实谬不可从。

荆轲者，卫人也。其先乃齐人，徙于卫，卫人谓之"庆卿①"；而之燕，燕人谓之"荆卿②"。

①"其先"三句：第一句：先，祖先、先世。第二句：徙，迁移，此指改变籍贯。第三句："庆卿"，《史记索隐》："轲先齐人，齐有庆氏，则或本姓庆。……卿者，时人尊重之号，犹如相尊美亦称'子'然也。"意谓"庆"或是荆轲的本姓，"卿"是当时一般人对他的敬称。按，此说近是。　②"而之燕"二句：上句：之，往也。下句："荆卿"，《史记索隐》："(轲)至卫而改姓荆；荆、庆声相近，故随在国而异其号耳。"

荆卿好读书、击剑，以术说卫元君①，卫元君不用。

①"荆卿好读书"二句：上句：击剑，古代讲究击刺的剑术。下句：术，即指上句的"剑术"。说，音税，劝说、游说也。卫元君，卫国第四十一君，公元前二五一年即位，在位二十二年（据《史记·六国年表》）。按，此追叙荆轲在卫时旧事。

其后秦伐魏，置东郡①，徙卫元君之支属于野王②。

①置东郡：事在公元前二四二年，东郡已见前《魏公子列传》注释。　②"徙卫元君"句：支属，近支的家族。野王，本春秋时晋邑，即今河南省沁阳县。按，卫国自入战国以来，由公贬称侯，由侯贬称君，且为魏国的附庸。公元前二四一年，秦既夺魏地以为东郡，又拔魏之朝歌（故城在今河南省淇县东北），于是卫元君被迁至野王。梁玉绳说："案，徙野王者，即元君，岂惟支属哉！"但《史记·秦始皇本纪》则称卫君"率其支属徙居野王"，所以本篇也这样记载。又按，此处带叙卫国徙都事，疑即说明荆轲去卫之故。

荆轲尝游过榆次①，与盖聂论剑②。盖聂怒而目之③。荆轲出，人或言复召荆卿④，盖聂曰："曩者吾与论剑，有不称者⑤，吾目之；试往，是宜去⑥，不敢留。"使使往之主人，荆轲则已驾而去榆次矣⑦。使者还报，盖聂曰："固去也，吾曩者目摄之⑧。"

①榆次：战国时赵邑，即今山西省榆次县。　②与盖聂论剑：盖聂，人名。论剑，谓谈论剑术，有彼此较量优劣之意。　③怒而目之：因发怒而瞪眼看他。之，指荆轲。　④"人或言"句：有人或对盖聂说，再把荆轲找来。　⑤"曩者"二句：上句：曩，音 nǎng，作"昔"解；曩者，犹言"不久以前"。吾与论剑的"与"下省去宾语"荆轲"。下句：称读去声；不称，犹言意见不合。　⑥是宜去：是，犹此也。此句言在这种情形下，荆轲应该走掉了。　⑦"使使"二句：上句：主人，指荆轲所住客舍的主人或房东。此言派一个人到荆轲住的地方去。下句：驾，乘车。言荆轲已经乘车离开榆次了。　⑧"固去也"二句：上句：固，犹言当然、一定。此句言他当然得走了。下句：摄，有二解：一，通作"收取"解、引申为收服，降伏之意；意谓刚才我已经用眼光把他降伏了！二，与"慑"（音折）通，作"恐惧"解（王念孙说）；目摄之，指怒目视荆轲，使他畏惧而离去。两说皆可通。

荆轲游于邯郸，鲁句践与荆轲博①，争道②，鲁句践怒而叱之。荆轲嘿而逃去，遂不复会③。

①"鲁句践"句：鲁句践，人名；句，同"勾"；据本文篇末之语，鲁句践当是一个精于剑术的人。博，赌博。　②争道：王伯祥说：在财局上争取赢路。　③"荆轲嘿"二句：上句：嘿，古"默"字。此言荆轲悄悄地溜走了。下句：言荆轲和鲁句践从此不再见面。

荆轲既至燕，爱燕之狗屠及善击筑者高渐离①。荆轲嗜酒，日与狗屠及高渐离饮于燕市。酒酣以往②，高渐离击筑，荆轲和而歌于市中，相乐也③；已而相泣，旁若无人者④。

①"爱燕"句：狗屠，一个以宰狗为业的人。筑，音竹，《索隐》："似琴，有弦，用竹击之，取以为名。"善击筑者，精于弹奏筑的人。　②酒酣以往：以往，即"以后"。此言饮酒至半醉以后。　③相乐也：一本"相"上有"以"字。此连上文，言彼此以饮酒高歌相娱乐。　④"已而相泣"二句：言荆轲等饮酒高歌之后，往往彼此相对哭泣，好像身边没有别人似的。

荆轲虽游于酒人乎①，然其为人沉深②好书；其所游诸侯，尽与其贤豪长者相结③。其之燕，燕之处士田光先生亦善待之，知其非庸人也④。

①"荆轲虽游"句：游，交往。酒人，犹言酒徒。乎，杨树达《词诠》说："语末助词，表推宕。"按，此处的"乎"犹今口语的"啊""呀"，表示语气有抑扬高下。此言"荆轲虽然是爱同酒徒们打交道啊"。　②沉深：沉着稳重，不动声色。下文鞠武说田光为人"智深而勇沉"，可以参看。《燕丹子》载田光称荆轲"神勇之人，怒而色不变"，可以算作"沉深"的表现。　③"其所游"二句：上句：诸侯，指诸侯之国，如卫、赵、燕等国。下句：贤豪长者，贤人、豪杰和德高望重的人。此二句言荆轲到各个诸侯的国家游历，所结交的都是当地的知名之士。　④"燕之处士"二句：上句：善待之，待荆轲很好。下句：言田光知道荆轲不是一个寻常、庸碌的人。

史记	战国策	燕丹子
居顷之，会燕太子丹质秦亡归燕①。燕太子丹者，故尝质于赵；而秦王政生于赵，其少时与丹欢②。及政立为	燕太子丹质于秦，亡归。	燕太子丹质于秦，秦王遇之无礼，不得意，欲求归。秦王不听，谬言曰："令乌白头、马生角，乃可许

秦王，而丹质于秦。秦王之遇燕太子丹不善③，故丹怨而亡归。归而求为报秦王者④；国小，力不能。

耳。"丹仰天叹，乌即白头、马生角，秦王不得已而遣之；为机发之桥，欲陷丹。丹过之，桥为不发。夜到关，关门未开，丹为鸡鸣，众鸡皆鸣，遂得逃归。深怨于秦，求欲复之。奉养勇士，无所不至。

①"会燕太子丹"句：会，适逢、正赶上。燕太子丹，燕王喜之子。质，读去声，作"抵押"解；质秦，留在秦国当抵押品之谓。亡归燕，逃回燕国。据《史记·六国年表》：公元前二三二年，太子丹自秦逃归。王伯祥说："时荆轲已入燕，故云'会太子丹质秦亡归燕'。"又按，《燕丹子》载太子丹自秦逃归事甚详，但为小说家言，不免有所渲染。　②"其少时"句：秦王政年轻时，和太子丹交情很好。　③"秦王之遇"句：秦王对待太子丹很不友好。　④"归而求"句：求，寻求。为报秦王者，为他报复秦王的方法、方式。

史记

其后，秦日出兵山东以伐齐、楚、三晋①，稍蚕食诸侯②，且至于燕。燕君臣皆恐祸之至。太子丹患

战国策

见秦且灭六国，兵以临易水，恐其祸至，太子丹患之；谓其太傅鞠武曰："燕、秦不两立，愿太傅幸而

燕丹子

丹与其傅麴武书，曰：

丹不肖，生于僻陋之国，长于不毛之地，未尝得睹君子雅训、达人之道也。

之，问其傅鞫武。武对曰："秦地遍天下，威胁韩、魏、赵氏。北有甘泉、谷口之固③；南有泾、渭之沃，擅巴、汉之饶；右陇、蜀之山；左关、殽之险；民众而士厉，兵革有余④。意有所出⑤，则长城之南，易水以北⑥，未有所定也⑦；奈何以见陵之怨，欲批其逆鳞哉⑧！"丹曰："然则何由⑨？"对曰："请入图之⑩。"

图之！"武对曰："秦地遍天下，威胁韩、魏、赵氏，则易水以北，未有所定也，奈何以见陵之怨，欲批其逆鳞哉？"太子曰："然则何由？"太傅曰："请入图之。"

然鄙意欲有所陈，幸傅垂鉴之！

丹闻丈夫所耻，耻受辱以生于世也；贞女所羞，羞见劫以亏其节也。故有刎喉不顾，据鼎不避者。斯岂乐死而忘生哉？其心有所守也！

今秦王反戾天常，虎狼其行；遇丹无礼，为诸侯最。丹每念之，痛入骨髓。计燕国之众，不能敌之；旷年相守，力固不足。欲收天下之勇士，集海内之英雄，破国空藏以奉养之，重币甘辞以市于秦。秦贪我赂，而信我辞，则一剑之任，可当百万之师，须臾之间，可解丹万世之耻。若其不然，令丹生无面目于天下，死怀恨于九泉，必令诸侯无以为叹。易水之北，未知谁有此？盖亦子大夫之耻也。谨遣书，愿熟思之！

①三晋：指韩、魏、赵三国。因这三国原是晋国的世卿，后来灭晋而瓜分其地，故称为三晋。　②稍蚕食诸侯：秦国像蚕吃桑叶一样，逐渐侵蚀诸侯各国。　③"北有"句：甘泉，山名，一名鼓原，俗称磨石岭，在今陕西省淳化县西北。谷口，在今陕西省泾阳县西北、醴泉县东北，当泾水出山之处，俗呼为寒门。甘泉、谷口，都是秦国北边的险要之地。　④"民众"二句：上句：民，人民。士，士兵。厉，奋勇。此言秦国人口众多而士卒奋勇。下句：兵，武器。革，用皮革制的甲。兵革，泛指军备。此言秦国军备充裕有余。　⑤意有所出：意，意图。有所出，有所表现，有所向。　⑥"则长城"二句：上句：长城，指战国时燕国北边筑以防胡的长城。据杜佑《通典》，此城西自造阳（今河北省怀来县），东达襄平（今辽宁省辽阳县北），大都在今河北、辽宁两省境内，为当时燕国的北界。下句：易水，古水名，有北易水、中易水、南易水之分，其源皆出于今河北省易县附近，为当时燕国的南界。此二句所言，即指燕国的全部疆土。　⑦未有所定也：不见得能稳定。此连上三句大意是：只要秦国对我们有不利的意图，那么，我们燕国全部的领土都会不稳定的。　⑧"奈何"二句：上句，见陵，犹言被欺。下句：批，音撤，《说文》作"撇"，解为反手击，此处引申有触动之意。逆鳞，相传龙颈上有逆生的鳞片。《韩非子·说难》："夫龙之为虫也，柔（扰）可狎而驯也。然其喉下有逆鳞径尺，若人有婴（同"撄"，作触解）之者，则必杀人。人主亦有逆鳞，说者能无婴人主之逆鳞，则几（差不多）矣！"盖以喻暴君的凶恶。此二句意谓：何苦因为被人侮辱的怨恨，便要去触犯秦国的凶焰，惹得

它同我们作对呢？ ⑨然则何由：那么，我们将从什么地方下手呢？ ⑩请入图之：入，犹言进一步。图，考虑。入图之，即从长计议。

史记

居有间①，秦将樊於期②得罪于秦王，亡之燕③。太子受而舍之④。鞠武谏曰："不可！夫以秦王之暴，而积怨于燕，足为寒心⑤，又况闻樊将军之所在乎⑥！是谓委肉当饿虎之蹊也⑦，祸必不振矣⑧！虽有管、晏，不能为之谋也⑨。愿太子疾遣樊将军入匈奴以灭口⑩。请西约三晋，南连齐、楚，北购于单于⑪，其后乃可图也⑫。"太子曰："太傅之计，旷日弥久⑬，心惛然，恐不能须臾⑭。且非

战国策

居之有间，樊将军亡秦之燕，太子容之。太傅鞠武谏曰："不可！夫秦王之暴，而积怨于燕，足为寒心；又况闻樊将军之在乎？是以委肉当饿虎之蹊，祸必不振矣！虽有管、晏，不能为谋。愿太子急遣樊将军入匈奴以灭口。请西约三晋，南连齐、楚，北讲于单于，然后乃可图也。"太子丹曰："太傅之计，旷日弥久，心惛然，恐不能须臾。且非独于此也：樊将军困穷于天下，归身于丹，

燕丹子

麴武报书曰：

臣闻快于意者，亏于行；甘于心者，伤于性。今太子欲灭悁悁之耻，除久久之恨，此实臣所当糜躯碎首而不避也。私以为智者，不冀侥倖以要功；明者，不苟从志以顺心。事必成，然后举；身必安，而后行。故发无失举之尤，动无蹉跌之愧也。太子贵匹夫之勇，信一剑之任，而欲望功，臣以为疏。

臣愿合从于楚，并势于赵，连衡于韩、魏，然后图秦，秦可破也。且韩、魏与秦，外亲内疏；

独于此也⑮：夫樊将军穷困于天下⑯，归身于丹，丹终不以迫于强秦，而弃所哀怜之交，置之匈奴⑰；是固丹命卒之时也⑱。愿太傅更虑之⑲！"鞠武曰："夫行危欲求安，造祸而求福，计浅而怨深⑳，连结一人之后交，不顾国家之大害㉑，此所谓资怨而助祸矣㉒。夫以鸿毛燎于炉炭之上，必无事矣㉓。且以雕鸷之秦㉔，行怨暴之怒，岂足道哉㉕！燕有田光先生，其为人智深而勇沉㉖，可与谋。"太子曰："愿因太傅而得交于田先生，可乎？"鞠武曰："敬诺。"

丹终不迫于强秦，而弃所哀怜之交，置之匈奴；是丹命固卒之时也。愿太傅更虑之。"鞠武曰："燕有田光先生者，其智深，其勇沉，可与之谋也。"太子曰："愿因太傅交于田先生，可乎？"鞠武曰："敬诺。"

若有倡兵，楚乃来应，韩、魏必从；其势可见。今臣计从，太子之耻除，愚鄙之累解矣。太子虑之！

太子得书，不说，召鞠武而问之，武曰："臣以为太子行臣言，则易水之北，永无秦忧；四邻诸侯，必有求我者矣！"太子曰："此引日缦缦，心不能须也。"鞠武曰："臣为太子计熟矣。夫有秦，疾不如徐，走不如坐。今合楚、赵，并韩、魏，虽引岁月，其事必成。臣以为良。"太子睡卧，不听。鞠武曰："臣不能为太子计，臣所知田光其人，深中有谋，愿令见太子。"太子曰："敬诺。"

①居有间：间，读去声，间隔也。此指过了一段时间。　②樊於期："於"读如"乌"。　③亡之燕：逃亡到燕国。　④受而舍之：受，接纳。舍，馆舍。此处作动词用；舍之，留他住下来。此言太子丹接纳了樊於期，并留他住在燕国。　⑤足为寒心：寒心，《索隐》说："凡人寒甚，则心战（心里战栗）；恐惧亦战。今以惧譬寒，言可为心战（恐惧可以使心里战栗）。"此连上文大意是：秦王本来极其凶暴，并且对燕国久蓄不满的怒意，这已经足够使我们胆战心寒了。　⑥"又况闻"句：又何况听到我们这里是樊於期存身的地方呢！　⑦"是谓"句：委，抛给。蹊，音奚，途径也、小路也。委肉当饿虎之蹊，疑是当时成语，言恰好把肉抛在饿虎出入的路上。按，此以向虎口抛肉喻祸患不能幸免。　⑧"祸必"句：振，作"救"解（用《索隐》说）；不振，无救也。言这个祸患必然是无可挽救的了。　⑨"虽有"二句：此言等到大祸临头，虽有管仲、晏婴那样伟大的政治家，也无法为你出主意解救了。之，指燕国所遭到的不幸后果。　⑩"愿太子"二句：疾遣，马上派遣；立即护送。灭口，消除秦国对燕国侵略的借口。　⑪"请西约"三句：约，缔结条约。连，联合。购，同"媾"，和好。单于，匈奴对君主的称呼。单，音蝉。此三句言燕国必须内与三晋、齐、楚结成六国同盟，外与匈奴的国君和好。　⑫"其后"句：其后，犹言然后。可图，有办法对付。此连上言必须与各国联合，然后才有可能去对付秦国。　⑬旷日弥久：旷，作"空"解，此指白白地耗费。日，日期。弥，拖延。此连上言：您的计划，未免延搁时间太久。　⑭"心惛然"二句：上句：惛然，忧闷烦乱貌。惛，音昏。下句：须臾，犹言片刻、顷刻。《会注考证》引用冈白驹说："言已忧思昏瞀（音茂，目迷乱不明貌）且死，须臾不可待。"意谓鞠武之计要长时间始能实现，自己心已纷乱，可能很快就死去，无法再多等了。　⑮"且非"句：且，况且。非独于此，不仅如此而已。此言况且我的想法还不仅如此而已。　⑯穷困于天下：意谓天下任何地方都不能容纳他，使他受尽窘迫。　⑰"丹终"三句：所哀怜之交，所同情、所怜惜的朋友，此三句大意是：我到底不能由于为强秦所逼迫而牺牲我所怜惜的朋友，把他弃置于匈奴。　⑱"是固"句：是，作"此"解，犹言"这样"。命卒之时，谓生命结束的

时候。此言这实在是我该死的时候了。意谓国家危在旦夕，自己也无法活下去，宁死也要同秦国拼一下。　⑲更虑之：重新考虑。　⑳"夫行危"三句：行危，行动冒险。造祸，惹出祸事。计浅，考虑得很不周到。怨深，把仇恨一天天地加深。此言做危险的事而求国家安定；惹祸端而希望得到幸福；考虑得很肤浅，但仇恨却愈来愈重。　㉑"连结"二句：连结，缔结。后，作"晚"解；后交，犹言新交，指最近才建立的友谊。此言你只愿同樊於期一个人缔结新的友谊，却不考虑因此而给国家带来的巨大危害。　㉒"此所谓"句：资怨，增加了怨恨。助祸，助长了祸患。资怨而助祸，疑是当时成语。　㉓"夫以鸿毛"二句：上句：鸿毛，鸿雁的羽毛，喻燕国力量的微弱。燎，烧。炉炭，喻秦国的兵力强大。下句：无事，犹言不会有什么大不了的事发生的。《史记会注考证》引庆长宽永活字本《史记标记》云："言秦击燕，如燎鸿毛于炉炭，岂有大事乎！谓其轻易也。"　㉔"且以"句：雕，猛禽之一种，此处与鸷相连，作状词用。鸷，音至，凶猛鸟类的通称。雕鸷之秦，犹言凶猛的秦国。此连下句言：以凶猛的秦国，对燕国逞其怨毒残暴的威怒。　㉕岂足道哉：犹言还有什么可说的呢！意谓燕国终必为秦国所灭，根本不消说了。　㉖智深而勇沉：智谋藏于内而勇气潜于心，表面上非常含蓄沉着。《史记评林》引明王世贞说："凡智不深则非智，勇不沉则非勇。深所以藏智而出之使不测，沉所以养勇而发（表现）之使必遂（达到目的）。"

史记	战国策	燕丹子
出见田先生，道"太子愿图国事①于先生也。"田光曰："敬奉教②。"乃造焉③。太子逢迎④，却行为导⑤，跪而蔽席⑥。田光坐定，	出见田光，道："太子曰：'愿图国事于先生。'"田光曰："敬奉教。"乃造焉。太子跪而逢迎，却行为道，跪而拂席。	田光见太子，太子侧阶而迎，迎而再拜。坐定，太子丹曰："傅不以蛮域而丹不肖，乃使先生来降弊邑。今燕国僻在北陲，比

左右无人，太子避席而请曰⑦："燕、秦不两立⑧，愿先生留意⑨也！"田光曰："臣闻骐骥盛壮之时，一日而驰千里⑩；至其衰老，驽马先之⑪。今太子闻光盛壮之时，不知臣精已消亡矣⑫！虽然，光不敢以图国事；所善荆卿可使也⑬。"太子曰："愿因先生得结交于荆卿，可乎？"田光曰："敬诺。"即起，趋出。太子送至门，戒⑭曰："丹所报，先生所言者⑮，国之大事也，愿先生勿泄也！"田光俯而笑，曰："诺。"偻行⑯见荆卿，曰："光与子相善，燕国莫不知。今太子

田先生坐定，左右无人，太子避席而请曰："燕、秦不两立，愿先生留意也！"田光曰："臣闻骐骥盛壮之时，一日而驰千里；至其衰也，驽马先之。今太子闻光壮盛之时，不知吾精已消亡矣。虽然，光不敢以乏国事也；所善荆轲可使也。"太子曰："愿因先生得交于荆轲，可乎？"田光曰："敬诺。"即起，趋出。太子送之至门曰："丹所报，先生所言者，国大事也，愿先生勿泄也。"田光俯而笑，曰："诺。"偻行见荆轲，曰："光与子相善，燕国莫不知。今太子

于蛮域，而先生不羞之。丹得侍左右，睹见玉颜，斯乃上世神灵保祐燕国，令先生设降辱焉。"田光曰："结发立身，以至于今，徒慕太子之高行，美太子之令名耳。太子将何以教之？"太子膝行而前，涕泪横流曰："丹尝质于秦，秦遇丹无礼；日夜焦心，思欲复之。论众则秦多，计强则燕弱。欲曰合从，心复不能，常食不识味，寝不安席。纵令燕、秦同日而亡，则为死灰复燃，白骨更生。愿先生图之！"田光曰："此国事也，请得思之！"于是舍光上馆。太子三时

闻光壮盛之时，不知吾形已不逮也⑰，幸而教之曰：'燕、秦不两立，愿先生留意也！'光窃不自外⑱，言足下于太子也⑲。愿足下过太子于宫⑳。"荆轲曰："谨奉教。"田光曰："吾闻之，长者为行㉑，不使人疑之。今太子告光曰：'所言者国之大事也，愿先生勿泄！'是太子疑光也。夫为行而使人疑之，非节侠㉒也。"欲自杀以激荆卿㉓，曰："愿足下急过太子，言光已死，明不言也。"因遂自刎而死。

闻光壮盛之时，不知吾形已不逮也，幸而教之曰：'燕、秦不两立，愿先生留意也！'光窃不自外，言足下于太子。愿足下过太子于宫。"荆轲曰："谨奉教。"田光曰："光闻长者之行，不使人疑之。今太子约光曰：'所言者，国之大事也，愿先生勿泄也！'是太子疑光也。夫为行使人疑之，非节侠事也！"欲自杀以激荆轲，曰："愿足下急过太子，言光已死，明不言也！"遂自刭而死。

进食，存问不绝。如是三月，太子怪其无说，就光，辟左右，问曰："先生既垂哀恤，许惠嘉谋，侧身倾听，三月于斯。先生岂有意欤？"田光曰："微太子言，固将谒之。臣闻骐骥之少，力轻千里；及其罢朽，不能取道。太子闻臣时，已老矣！欲为太子良谋，则太子不能；欲奋筋力，则臣不能。然窃观太子客，无可用者。夏扶，血勇之人，怒而面赤；宋意，脉勇之人，怒而面青；武阳，骨勇之人，怒而面白。光所知，荆轲神勇之人，怒而色不变，为人博闻强记,体烈骨壮,不拘小节,欲立大功。尝家于卫,脱贤大夫之急,十有余人。其余庸庸不可称。太子欲图事,非此人莫可。"太子下席再拜曰:"若因先生之灵,得交于荆君,则燕国社稷长为不灭,唯先生成之。"田光遂行。太子自送,执光手曰:"此国事,愿勿泄之!"光笑曰:"诺。"遂见荆轲曰:"光不自度不肖,达足下于太子。夫燕太子,真天下之士也。倾心于足下,愿足下勿疑焉。"荆轲曰:"有鄙志,常谓心向意投,身不顾,情有异,一毛不拔。今先生令交于太子,敬诺不违。"田光谓荆轲曰:"盖闻士不为人所疑。太子送光之时,言:'此国事,愿勿泄!'此疑光也。是疑而生于世,光所羞也。"向轲吞舌而死。轲遂之燕。

①图国事:商议国家大事。 ②敬奉教:谨遵您的指教。 ③乃造焉:造,拜访。焉,犹"于彼"。造焉,指拜访于太子之门。 ④逢迎:向前迎接。 ⑤却行为导:太子退着走,引导着田光进入宫中。 ⑥跪而蔽席:蔽,音撇,作"拂拭"解。按,古人席地而坐,每人皆有坐席,此言太子跪了下来给田光拂拭坐席,表示恭敬。 ⑦"太子避席"句:避席,离开自己的坐席,亦表示敬意。请,向田光请教。 ⑧不两立:犹言不能并存。 ⑨留意:多多在念,多多考虑。按,此语有希望田光给予指示、援助之意(用王伯祥说)。 ⑩"臣闻骐骥"二句:骐骥,良马。此以一日能行千里的骏马喻有所作为的豪杰。 ⑪"驽马"句:驽马,笨马,最下马也。先之,跑到骐骥的前面去。 ⑫"不知臣精"句:精,精力。消亡,耗损得净尽。 ⑬"所善"句:大意是:我所熟识的好朋友荆轲是可以担任这个使命的。 ⑭戒:劝告、叮嘱。王伯祥说:"此有禁约之意。" ⑮"丹所报"二句:上句:报,诉说;指太子丹告诉田光的话。下句:指田光所说的推荐荆轲的话。 ⑯偻行:偻,音缕,背脊弯曲。此言田光弯着腰走路;形容年老衰颓之状。 ⑰"不知吾形"句:形,形体,此指体力。不逮,不及从前。 ⑱不自外:自己表示不是外人。王伯祥说:"犹言不客气。" ⑲"言足下"句:在太子面前谈起了你。 ⑳"愿足下"句:过,读平声,拜访也。此言希望你能到宫中去拜访太子。 ㉑长者为行:长者,有高尚品德的人。为行,

所作的行为。　㉒节侠：有节操、有义气的人。　㉓以激荆卿：激，激励。此言使荆轲情感上有大波动。　㉔明不言也：用死来表明自己守信用，不泄露太子的话。

史记

荆轲遂见太子，言田光已死，致光之言①。太子再拜而跪，膝行流涕，有顷而后言曰②："丹所以诫田先生毋③言者，欲以成大事之谋也。今田先生以死明不言，岂丹之心哉！"荆轲坐定，太子避席顿首④曰："田先生不知丹之不肖，使得至前，敢有所道⑤，此天之所以哀燕而不弃其孤也⑥。今秦有贪利之心，而欲不可足也；非尽天下之地，臣海内之王

战国策

轲见太子，言田光已死，明不言也。太子再拜而跪，膝下行，流涕，有顷而后言曰："丹所请田先生无言者，欲以成大事之谋。今田先生以死明不泄言，岂丹之心哉！"荆轲坐定，太子避席顿首，曰："田先生不知丹不肖，使得至前，愿有所道，此天所以哀燕，不弃其孤也。今秦有贪饕之心，而欲不可足也；非尽天下之地，臣海内之王者，其意不餍。今秦已虏韩

燕丹子

荆轲之燕，太子自御、虚左，轲援绥不让。至，坐定，宾客满坐。轲言曰："田光褒扬太子仁爱之风，说太子不世之器，高行厉天，美声盈耳。轲出卫都，望燕路，历险不以为勤，望远不以为遐。今太子礼之以旧故之恩，接之以新人之敬；所以不复让者，士信于知己也。"太子曰："田先生今无恙乎？"轲曰："光临送轲之时，言太子戒以国事，耻以丈夫而不见信，向

者，其意不厌⑦。今秦已虏韩王，尽纳其地⑧，又举兵南伐楚，北临赵⑨。王翦将数十万之众，距漳、邺⑩，而李信出太原、云中⑪。赵不能支秦，必入臣⑫；入臣，则祸至燕。燕小弱，数困于兵，今计举国不足以当秦⑬；诸侯服秦⑭，莫敢合从。丹之私计⑮，愚以为诚得天下之勇士使于秦，窥以重利⑯，秦王贪，其势必得所愿矣⑰。诚得劫秦王⑱，使悉反诸侯侵地⑲，若曹沫之与齐桓公⑳，则大善矣㉑；则不可㉒，因而刺杀之。彼秦大将擅兵于外㉓，而内有乱，则君臣相疑；

王，尽纳其地，又举兵南伐楚，北临赵。王翦将数十万之众，临漳、邺；而李信出太原、云中，赵不能支秦，必入臣；入臣，则祸至燕。燕小弱，数困于兵，今计举国不足以当秦。诸侯惧秦，莫敢合从。丹之私计，愚以为诚得天下之勇士使于秦，窥以重利，秦王贪其贽，必得所愿矣！诚得劫秦王，使悉反诸侯之侵地，若曹沫之与齐桓公，则大善矣；则不可，因而刺杀之。彼大将擅兵于外，而内有大乱，则君臣相疑；以其间，诸侯得合从，其破秦必矣！此丹之上

轲吞舌而死矣。"太子惊愕失色，歔欷饮泪，曰："丹所以戒先生，岂疑先生哉？今先生自杀，亦令丹自弃于世矣！"茫然良久，不怡，昏昏。日后，太子置酒请轲。酒酣，太子起为寿。夏扶前曰："闻士无乡曲之誉，则未可与论行；马无服舆之伎，则未可与决良；今荆君远至，将何以教太子？"欲微感之。轲曰："士有超世之行者，不必合于乡曲；马有千里之相者，何必出于服舆。昔吕望当屠钓之时，天下之贱丈夫也；其遇文王，则为周师。骐骥之在盐车，驽

以其间㉔，诸侯得合纵，其破秦必矣！此丹之上愿㉕，而不知所委命㉖；唯㉗荆卿留意焉！"久之，荆轲曰："此国之大事也。臣驽下，恐不足任使㉘。"太子前顿首，固请毋让㉙，然后许诺㉚。于是尊荆卿为上卿，舍上舍㉛。太子日造门下㉜，供太牢，具异物㉝，间进车骑、美女，恣荆轲所欲，以顺适其意㉞。

愿，而不知所以委命；惟荆卿留意焉！"久之，荆轲曰："此国之大事，臣驽下，恐不足任使。"太子前顿首，固请无让；然后许诺。于是尊荆轲为上卿，舍上舍。太子日日造问，供太牢、异物，间进车骑、美女，恣荆轲所欲，以顺适其意。

之下也；及遇伯乐，则有千里之功。如此在乡曲而后发，善服舆而后别良哉？"夏扶问荆轲何以教太子。轲曰："将令燕继召公之迹，追甘棠之化；高欲令四三王，下欲令六五霸。于今何如也？"坐皆称善，竟酒，无能屈。太子甚喜，自以为得轲，永无秦忧。后日，与轲之东宫临池而观，轲拾瓦投龟，太子令人奉槃金。轲用抵，抵尽复进。轲曰："非为太子爱金也，但臂痛耳。"后复共乘千里马，轲曰："闻千里马肝美。"太子即杀马，进肝。暨樊将军得罪于秦，秦求之急，乃来归太子。太子为置酒华阳之台。酒中，太子出美人能琴者。轲曰："好手琴者。"太子即进之；轲曰："但爱其手耳。"太子即断其手，盛以玉槃，奉之。太子常与轲同案而食，同床而寝。

①致光之言：传达田光死前说的话。　②"有顷"句：过了一会儿，然后说道。　③毋：景祐本讹为"母"，今改正之；下同。　④避席顿首：离开自己的坐席向荆轲行跪拜礼。　⑤"使得至前"二句：此是谦词。大意是：使您能够到我的跟前来，让我敢对您有所倾诉。　⑥"此天"句：其，太子丹自称。孤，本是父亲死后儿子自称之词。《索隐》："案，无父称孤。时燕王尚在，而丹称孤者，或记者失辞。"但赵冀《陔馀丛考》则说："诸侯或遇危难，则亦有称孤者。"梁玉绳引赵氏说："只作穷独竟解。"疑后二说近是。此连上文大意是：我之所以能见到您，正是由于上天哀怜燕国，不因为我在穷独危难之中就抛弃了我。　⑦"非尽"三句：第一句：尽天下之地，把天下的土地完全吞并。第二句：臣海内之王者，征服海内的诸侯（指六国的国君），让他们向秦国称臣。第三句：厌，通"餍"，满足也。　⑧"今秦已虏"二句：上句：韩王，名安，韩国最末一代的国君，在位九年（公元前二三八年至公元前二三〇年）。按，秦灭韩在公元前二三〇年，即秦王政十七年。下句：纳，收取。此言秦国把韩国的土地完全收归己有。　⑨北临赵：临，逼近。　⑩距漳、邺：距，作"至"解，

犹言"抵达"。漳、邺，赵国的南境，即今河北省临漳县和河南省安阳县之间的一带地方。　⑪"而李信"句：李信，秦将。太原，秦郡名，在今山西省太原市西南。云中，秦郡名，故地在今内蒙古自治区托克托县。此言李信从太原、云中两郡出兵侵赵。　⑫"赵不能"二句：上句：支，撑持。言赵人无力抵御秦兵。下句：入，犹言归；入臣，即归降秦国，向秦国称臣。　⑬"今计"句：现在计算一下，即使用整个燕国的兵力也不足以抵挡秦国。　⑭诸侯服秦：言诸侯已被秦征服，十分畏惧。　⑮私计：个人的打算、个人的意见。　⑯窥以重利：窥，作"示"解；《索隐》："言以利诱之。"此言故意让秦王看见丰厚的利益，使他歆羡而上当。　⑰"其势"句：王伯祥说："正因为秦王贪心重，必然上钩，而我就可以取得我心愿的效果了。"　⑱劫秦王：劫，用武力加以要挟、胁迫。　⑲"使悉反"句：命令秦王把侵占的土地完全交还给诸侯。　⑳"若曹沫"句：梁玉绳云："案，曹沫事说见前；以齐桓比始皇，丹之过也。"　㉑则大善矣：那就太好了。　㉒则不可：则，《新校注稿》云："当读为即，古字通用。"王念孙说，与"若"同义。此句犹言"如果办不到"。　㉓擅兵于外：在国境以外独揽兵权。　㉔以其间：间，读去声，间隙也。此言趁着他们国内有乱、君臣相疑的机会。　㉕上愿：最高的愿望。　㉖不知所委命：不知道把这个任务委托给谁。　㉗唯：作愿解。　㉘"臣驽下"二句：此是自谦之词。言自己的才智笨拙低下，不配供太子丹委任、驱使。　㉙固请毋让：坚决请求荆轲不要推辞。　㉚然后许诺：许诺的主语是荆轲。　㉛舍上舍：住上等的馆舍。　㉜日造门下：日，每天。造，到也。言太子丹每天到荆轲的住处问候。　㉝具异物：安排珍异的物品。　㉞"间进"三句：第一句：间，读去声，间隔也。此言隔不多久就进献一批车马、美女给荆轲。第二句：恣，放纵。言：尽量满足荆轲的欲望。第三句言：为的是顺着荆轲的心意，博得他的欢心。

史记

久之，荆轲未有行意①。秦将王翦破赵，虏赵王②，尽收入其地；进兵北略地至燕南界③。太子丹恐惧，乃请荆轲曰："秦兵旦暮渡易水④，则虽欲长侍足下，岂可得哉⑤！"荆轲曰："微太子言，臣愿谒之⑥。今行而毋信，则秦未可亲也⑦。夫樊将军，秦王购之金千斤、邑万家。诚得樊将军首，与燕督亢之地图⑧，奉献秦王，秦王必说见臣，臣乃得有以报⑨。"太子曰："樊将军穷困来归丹，丹不忍以己之私而伤长者之意⑩。愿足下更虑之⑪！"荆轲

战国策

久之，荆卿未有行意。秦将王翦破赵，虏赵王，尽收其地；进兵北略地，至燕南界。太子丹恐惧，乃请荆卿曰："秦兵旦暮渡易水，则虽欲长侍足下，岂可得哉！"荆卿曰："微太子言，臣愿得谒之。今行而无信，则秦未可亲也。夫今樊将军，秦王购之金千斤、邑万家。诚得樊将军首，与燕督亢之地图，献秦王，秦王必说见臣，臣乃得有以报太子。"太子曰："樊将军穷困来归丹，丹不忍以己之私而伤长者之意，愿足下更虑之！"荆轲知太

燕丹子

后日，轲从容曰："轲侍太子三年于斯矣。而太子遇轲甚厚，黄金投龟，千里马肝，姬人好手，盛以玉槃。凡庸人当之，犹尚乐出尺寸之长，当犬马之用。今轲常侍君子之侧，闻烈士之节，死有重于泰山，有轻于鸿毛者，但问用之所在耳。太子幸教之！"太子敛袂正色而言："丹尝游秦，秦遇丹不道，丹耻与俱生。今荆君不以丹不肖，降辱小国。今丹以社稷干长者，不知所谓。"轲曰："今天下强国莫强于秦。今太子力不能威诸侯，

知太子不忍，乃遂私见⑫樊於期，曰："秦之遇将军可谓深矣⑬，父母宗族皆为戮没⑭。今闻购将军首金千斤，邑万家，将奈何？"於期仰天太息流涕曰："於期每念之，常痛于骨髓⑮；顾计不知所出耳⑯！"荆轲曰："今有一言⑰可以解燕国之患，报将军之仇者，何如？"於期乃前⑱曰："为之奈何？"荆轲曰："愿得将军之首以献秦王，秦王必喜而见臣，臣左手把其袖，右手揕其匈⑲；然则将军之仇报，而燕见陵之愧除矣⑳！将军岂有意乎㉑？"樊於期偏袒扼挽而

子不忍，乃遂私见樊於期曰："秦之遇将军可谓深矣；父母宗族皆为戮没。今闻购将军之首金千斤、邑万家，将奈何？"樊将军仰天太息流涕曰："吾每念，常痛于骨髓，顾计不知所出耳！"轲曰："今有一言，可以解燕国之患，而报将军之仇者，何如？"樊於期乃前曰："为之奈何？"荆轲曰："愿得将军之首以献秦，秦王必喜而善见臣，臣左手把其袖，而右手揕其胸；然则将军之仇报，而燕国见陵之耻除矣。将军岂有意乎？"樊於期偏袒扼腕而进，曰："此臣日

诸侯未肯为太子用也。太子率燕国之众而当之，犹使羊将狼，使狼追虎耳。"太子曰："丹之忧计久，不知安出。"轲曰："樊於期得罪于秦，秦求之急。又督亢之地，秦所贪也。今得樊於期首、督亢地图，则事可成也。"太子曰："若事可成，举燕国而献之，丹甘心焉。樊将军以穷归我，而丹卖之，心不忍也。"轲默然不应。居五月，太子恐轲悔，见轲曰："今秦已破赵国，兵临燕，事已迫急。虽欲足下计，安施之？今欲先遣武阳何如？"轲怒曰："何太子所遣！往

而不返者,竖子也!轲所以未行者,待吾客耳。"于是轲潜见樊於期曰:"闻将军得罪于秦,父母妻子皆见焚烧。求将军邑万户、金千斤。轲为将军痛之。今有一言,除将军之辱,解燕国之耻,将军岂有意乎?"於期曰:"常念之,日夜饮泪,不知所出。荆君幸教,愿闻命矣!"轲曰:"今愿得将军之首,与燕督亢地图进之。秦王必喜,喜必见轲,轲因左手把其袖,右手揕其胸,数以负燕之罪,责以将军之仇,而燕国见陵雪,将军积忿之怒除矣。"於期起,

夜切齿拊心者也,乃今得闻教!"遂自刎。

进,曰㉒:"此臣之日夜切齿腐心也,乃今得闻教㉓!"遂自刭。

扼腕执刀曰:"是於期日夜所欲,而今闻命矣!"于是自刭,头坠背后,两目不瞑。

①未有行意:没有动身的表示。 ②虏赵王:事在公元前二二八年,即秦王政十九年。详见前《廉颇蔺相如列传》注释。 ③"进兵"二句:言秦国向北方进兵,扩大侵略地盘,已经到达燕国的南境。 ④"秦兵旦暮"句:旦暮,犹今言早晚间。此言秦兵很快就要渡过易水来了。 ⑤"则虽欲"二句:长侍足下,永久侍奉你。"侍",景祐本讹为"待"。太子丹意谓如果燕国平安无事,我当然可以长久地同你在一起;如果燕国很快就亡国,那我就不能经常同你盘桓了。 ⑥"微太子言"二句:上句:微,无也。下句:谒,请也、告也。言即使没有你这番话,我也要向你请求行动了。 ⑦"今行"二句:上句:行,指出使到秦国去。毋,与"无"通。信,信物。下句:亲,接近。此言秦王贪利,如果不带信物前去,是不易亲近他的。 ⑧督亢之地图:督亢,《集解》引刘向《别录》谓"膏腴之地"。按,《水经注》有督亢沟,流经今河北省房山县、涿县、固安县、新城县各地。其地又有督亢亭。大抵在今河北省易县东南,约当今涿县、定兴、新城、固安一带,地势平坦,多川渠,即战国时督亢之地。 ⑨"秦王必说"二句:上句:说,同"悦"。下句:报,报答、报效。此言秦王一定很高兴地接见我,我就可以为你效劳了。 ⑩"丹不忍"句:己之私,个人的私事。长者,指樊於期。大意是:我不忍为自己的事而使樊於期失去前来投奔我的希望而死去。 ⑪更虑之:另外考虑办法。 ⑫私见:瞒着太子丹去会见。 ⑬"秦之遇"句:遇,对待;待遇。深,苛刻,残酷。言秦王对待樊於期可以说是非常酷毒了。《正义》说:"戮家室及购千金,是遇深也。" ⑭"父母"句:为,被也。戮,杀戮。没,没收。此言樊於期的父母族人,重的被秦王杀戮,轻的被没收入官为奴婢。 ⑮"於期每念之"二句:痛于骨髓,犹痛入骨髓。大意谓:我每一想到自己的家人所遭遇的惨祸,就连心灵

深处也感到极端的痛楚。 ⑯"顾计"句：顾，只是，但是。计不知所出，不知想什么方法才好。 ⑰今有一言：一言，犹言一句话，即下文"愿得将军之头以献秦王"句。 ⑱乃前：挺身向前，走近荆轲。 ⑲"臣左手"二句，上句：把其袖，抓住秦王的袖子。下句：揕，与"扰"通（用王念孙说），作"刺"解，景祐本讹为"椹"；下同。言右手用匕首刺入秦王的胸膛。 ⑳"而燕"句：愧，羞愧、耻辱。除，消除。此言这样做就可以洗雪燕国被秦国欺侮的羞辱。 ㉑岂有意乎：是否打算这样做呢？ ㉒"樊於期偏袒"句：偏袒，脱下一边衣袖，露出半面肩膊。扼，紧紧捏住。捥，古"腕"字。进，走近。大意是：樊於期袒露出半边肩膀，并用一手紧捏着另一只手腕，走近荆轲，说道。按，此极写樊於期愤怒激动的神情。 ㉓"此臣之"二句：上句：切齿，上下牙齿相磨切。腐心，犹言心碎。《会注考证》引中井积德说："忧闷不可忍，则心摧折，若腐烂然。"又，王念孙释"腐"为"拊"之假借字，拊心，犹用手捶胸；亦可通。按，切齿、腐心，皆形容愤怒、激动之状。下句：言：直到今天才听到你的开导指教。

史记

太子闻之，驰往①，伏尸而哭，极哀；既已，不可奈何，乃遂盛樊於期首，函封之②。于是太子豫求天下之利匕首③，得赵人徐夫人匕首④，取之百金，使工以药焠之⑤。以试人，血濡缕，人无

战国策

太子闻之，驰往，伏尸而哭，极哀；既已，无可奈何，乃遂收盛樊於期之首，函封之。于是太子预求天下之利匕首，得赵人徐夫人之匕首，取之百金，使工以药淬之。以试人，血濡缕，人无不立

燕丹子

太子闻之，自驾驰往，伏於期尸而哭，悲不自胜。良久，无奈何，遂函盛於期首，与燕督亢地图，以献秦，武阳为副。

不立死者⑥。乃装为遣荆卿⑦。燕国有勇士秦舞阳⑧,年十三,杀人⑨,人不敢忤视⑩;乃令秦舞阳为副。

死者。乃为装遣荆轲。燕国有勇士秦武阳,年十二,杀人,人不敢忤视;乃令秦武阳为副。

①驰往:赶快驾车跑去。　②"乃遂"二句:上句:盛,音成,装入、置入。下句:函,匣子。封,封闭。此言把樊於期的头颅装进一只匣子里封藏起来。　③"于是太子"句:于是,犹言那时、彼时。豫求,预先访求。匕首,短剑;《索隐》引服虔《通俗文》:"其头类匕(汤匙),故曰匕首;短而便用也。"又,《正义》引《盐铁论》,谓匕首长一尺八寸。天下之利匕首,天下最锋利的短剑。　④"得赵人"句:徐夫人,人名。徐,姓也;夫人,名也。《索隐》以为此是男子的名字;中井积德认为"徐夫人"是收藏匕首的人,因为名气大了,便称这匕首为"徐夫人匕首"。　⑤以药焠之:焠,音粹。此句有二解:一、《史记索隐》:"焠,染也。……谓以毒药染剑锷(剑锋)也。"二、《汉书》颜注:"焠,谓烧而内(纳)水中,以坚之也。"今按,此二说宜互参。当是把匕首投于火中,经过煅制,然后浸入有毒药的液体中,使剑锋染有毒质。　⑥"血濡缕"二句:《会注考证》引中井积德说:"濡缕,谓伤浅血出,仅如丝缕。"此言只要用匕首把皮肤划开极小的伤口,渗出一丝血液,人就会立即死去。　⑦"乃装"句:装,置办行李。此句大意是:因此为了打发荆轲动身置办行李。　⑧秦舞阳:燕国勇士。亦作秦武阳。梁玉绳说:"《国策》、《燕丹子》、《(古今)人表》、《隶续》、武梁画并作'武阳',而《史》独作'舞阳';古字通用。"　⑨"年十三"二句:《会注考证》引中井积德说:"年十三,杀人,以状其栗悍绝人耳,非是时年正十三。"按,此说是。　⑩忤视:用抗拒的眼光看。《索隐》:"忤者,逆也。……不敢逆视,言人畏之甚也。"

史记

荆轲有所待，欲与俱①，其人居远，未来，而为治行②。顷之，未发，太子迟之③，疑其改悔，乃复请曰："日已尽矣④，荆卿岂有意哉？丹请得先遣秦舞阳。"荆轲怒，叱太子曰："何太子之遣⑤？往而不反者，竖子也⑥！且提一匕首入不测之强秦，仆⑦所以留者，待吾客与俱。今太子迟之，请辞决矣⑧！"遂发。

战国策

荆轲有所待，欲与俱，其人居远，未来，而为留待。顷之，未发。太子迟之，疑其有改悔，乃复请之曰："日已尽矣，荆卿岂无意哉？丹请先遣秦武阳。"荆轲怒，叱太子曰："今日往而不反者，竖子也！今提一匕首入不测之强秦，仆所以留者，待吾客与俱。今太子迟之，请辞决矣！"遂发。

①"荆轲有所待"二句：俱，偕行。言荆轲另外等待一个人，希望能同那个人一块儿前去。　②为治行：替他整备行装。　③迟之：嫌他拖延，此处"迟"是动词，"之"指荆轲。　④日已尽矣：犹言已经没有时间了或时间已经很紧迫了。　⑤何太子之遣：惊诧之词。犹言你怎么这样地派遣呢？　⑥"往而"二句：竖子，贬词，犹言无知之辈；旧注或以为竖子是指秦舞阳，疑非是。郭嵩焘说："案，荆轲意谓凡事当出万全，故'有所待，欲与俱'，岂能为竖子之行，一往而不顾哉！"按，郭说近是。此二句意谓只有无知之人才冒失地前往，而不考虑如何完成使命，顺利地回来。　⑦仆：谦称，荆轲自谓。　⑧请辞决矣：决，同"诀"，诀别也。此言：请允许我向你辞行，就此告别了！

史记

太子及宾客知其事者，皆白衣冠以送之①。至

战国策

太子及宾客知其事者，皆白衣冠以送之。至易水

燕丹子

荆轲入秦，不择日而发，太子与知谋者，皆素衣冠，

送之于易水之上。荆轲起为寿,歌曰:"风萧萧兮易水寒,壮士一去兮不复还!"高渐离击筑,宋意和之。为壮声,则发怒冲冠;为哀声,则士皆流涕。二人皆升车,终已不顾也。二子行过,夏扶当车前刎颈以送。二子行过阳翟,轲买肉争轻重,屠者辱之;武阳欲击,轲止之。

上,既祖,取道。高渐离击筑,荆轲和而歌,为变徵之声,士皆垂泪涕泣。又前而为歌曰:"风萧萧兮易水寒,壮士一去兮不复还!"复为慷慨羽声,士皆瞋目,发尽上指冠。于是荆轲遂就车而去,终已不顾。

易水之上,既祖,取道②。高渐离击筑,荆轲和而歌③,为变徵之声④。士皆垂泪涕泣。又前而为歌曰:"风萧萧⑤兮易水寒,壮士一去兮不复还!"复为羽声慷慨⑥,士皆瞋目,发尽上指冠。于是荆轲就车而去,终已不顾⑦。

①"白衣冠"句:白衣冠,本是丧服,王伯祥说:"知其难还,故像送丧那样地送他;同时也存在着激励的意义。" ②"既祖"二句:上句:言太子既给荆轲饯行之后。按,《汉书》颜注:"祖者,送行之祭,因设宴饮焉。"古代人将有远行,必在出发前祭祀道路之神(见《诗经》《礼记》),但远行的人即取饮此祭神之酒,故后世引申之,称饯行为祖道。下句:取道,犹言上路。 ③荆轲和而歌:荆轲随着筑声唱歌。和,读去声。 ④为变徵之声:徵,音止。古代音律,分宫、商、角、变徵、徵、羽、变宫七声,即西乐所用的C、D、E、F、G、A、B七调。变徵,相当于西乐的F调。此调音节苍凉,适于悲歌。 ⑤萧萧:形容风声的状词。 ⑥"复为"句:羽声,相当于西乐的A调。此调音节高亢,故其声激昂慷慨。按,《燕丹子》所载之壮声即指羽声;哀声即上文的变徵之声。 ⑦终已不顾:直到最后,连头也不回一下。终,景祐本讹为"给"。

史记

遂至秦，持千金之资币物①，厚遗秦王宠臣中庶子蒙嘉②。嘉为先言于秦王曰："燕王诚振怖大王之威，不敢举兵以逆军吏③，愿举国为内臣，比诸侯之列④，给贡职如郡县⑤，而得奉守先王之宗庙。恐惧不敢自陈⑥，谨斩樊於期之头，及献燕督亢之地图，函封，燕王拜送于庭，使使以闻大王，唯大王命之⑦。"秦王闻之，大喜，乃朝服，设九宾⑧，见燕使者咸阳宫⑨。荆轲奉⑩樊於期头函，而秦舞阳奉地图匣，以次进⑪。至陛⑫，秦舞阳色变振恐⑬，群臣怪之。荆轲顾

战国策

既至秦，持千金之资币物，厚遗秦王宠臣中庶子蒙嘉。嘉为先言于秦王曰："燕王诚振畏慕大王之威，不敢兴兵以拒大王，愿举国为内臣，比诸侯之列，给贡职如郡县，而得奉守先王之宗庙。恐惧不敢自陈，谨斩樊於期头，及献燕之督亢之地图，函封，燕王拜送于庭，使使以闻大王，唯大王命之。"秦王闻之大喜，乃朝服，设九宾，见燕使者咸阳宫。荆轲奉樊於期头函，秦武阳奉地图匣，以次进。至陛下。秦武阳色变振恐，群臣怪之。荆轲笑

燕丹子

西入秦，至咸阳，因中庶子蒙白曰："燕太子丹畏大王之威，今奉樊於期首与督亢地图，愿为北蕃臣妾。"秦王喜。百官陪位，陛戟数百，见燕使者。轲奉於期首，武阳奉地图。钟鼓并发，群臣皆呼万岁。武阳大恐，两足不能相过，面如死灰色。秦王怪之。轲顾武阳，前谢曰："北蕃蛮夷之鄙人，未见天子。愿陛下少假借之，使得毕事于前。"秦王曰："轲起督亢图进之。"秦王发图，图穷而匕首出。轲左手把秦王袖，右手揕其胸，数之

笑舞阳⑭，前谢⑮曰："北蕃蛮夷之鄙人⑯，未尝见天子，故振慴。愿大王少假借之，使得毕使于前⑰。"秦王谓轲曰："取舞阳所持地图。"轲既取图奏之⑱；秦王发图⑲，图穷而匕首见⑳。因左手把秦王之袖，而右手持匕首揕之。未至身㉑，秦王惊，自引而起㉒，袖绝㉓；拔剑，剑长。操其室㉔。时惶急，剑坚，故不可立拔㉕。荆轲逐秦王，秦王环柱而走㉖。群臣皆愕㉗，卒起不意，尽失其度㉘。而秦法：群臣侍殿上者，不得持尺寸之兵㉙；诸郎中执兵，皆陈殿下，非有诏召，

顾秦武阳，前为谢曰："北蛮夷之鄙人，未尝见天子，故振慴。愿大王少假借之，使得毕使于前。"秦王谓轲曰："起，取武阳所持图。"轲既取图奉之；发图，图穷而匕首见。因左手把秦王之袖，而右手持匕首揕之。未至身，秦王惊，自引而起，绝袖；拔剑，剑长，操其室。时怨急，剑坚，故不可立拔。荆轲逐秦王，秦王还柱而走。群臣惊愕，卒起不意，尽失其度。而秦法：群臣侍殿上者，不得持尺兵；诸郎中执兵，皆陈殿下，非有诏，不得上。方急时，不及召下

曰："足下负燕日久；贪暴海内，不知厌足；於期无罪，而夷其族。轲将为海内报仇。今燕王母病，与轲促期。从吾计则生，不从则死。"秦王曰："今日之事，从子计耳！乞听琴声而死。"召姬人鼓琴。琴声曰："罗縠单衣，可掣而绝；八尺屏风，可超而越；鹿卢之剑，可负而拔。"轲不解音。秦王从琴声，负剑，拔之，于是奋袖超屏风而走。轲拔匕首擿之，决秦王，刃入铜柱，火出。然秦王还断轲两手。轲因倚柱而笑，箕踞而骂曰："吾坐轻易，为竖子所

不得上㉚。方急时，不及召下兵，以故荆轲乃逐秦王；而卒惶急，无以击轲㉛，而以手共搏之㉜。是时，侍医夏无且以其所奉药囊提荆轲也㉝。秦王方环柱走，卒惶急，不知所为。左右乃曰："王负剑㉞！"负剑，遂拔以击荆轲，断其左股㉟。荆轲废㊱，乃引其匕首以擿秦王㊲；不中，中桐柱㊳。秦王复击轲，轲被八创㊴。轲自知事不就㊵，倚柱而笑，箕踞以骂㊶曰："事所以不成者，以欲生劫之，必得约契㊷，以报太子也。"于是左右既前杀轲㊸。秦王不怡者良久㊹。已而论功赏群臣，及当坐

兵，以故荆轲逐秦王；而卒惶急，无以击轲，而乃以手共搏之。是时，侍医夏无且以其所奉药囊提轲也。秦王之方还柱走，卒惶急，不知所为。左右乃曰："王负剑！"王负剑，遂拔以击荆轲，断其左股。荆轲废，乃引其匕首以提秦王；不中，中柱。秦王复击轲，被八创。轲自知事不就，倚柱而笑，箕踞以骂曰："事所以不成者，乃欲以生劫之，必得约契，以报太子也。"左右既前斩荆轲，秦王目眩良久。而论功赏群臣，及当坐者，各有差；而赐夏无且黄金

欺。燕国之不报，我事之不立哉！"

者，各有差㊺；而赐夏无且黄金二百溢㊻，曰："无且爱我，乃以药囊提荆轲也。"

二百镒，曰："无且爱我，乃以药囊提轲也。"

①千金之资币物：犹言价值千金的礼物。千金之资为附加成分，是形容币物（礼物）的状语。　②"厚遗"句：厚遗，厚赠也。遗，读去声。中庶子，官名，秦、汉时所置，为太子官属，掌管宫廷中以及诸臣吏的嫡庶版籍。中，即宫中之意。蒙嘉，秦臣。　③"燕王"二句：上句：振，作动解，引申有战栗之意。怖，恐惧。下句：举兵，兴兵也。逆，抗拒。军吏，指秦王所派遣的将士。此言燕王实在畏惧你的威严，不敢出兵抵抗你的军队。　④"愿举国"二句：上句：举国，犹"全国"。内臣，属下的臣子。下句：比，居于、位于。诸侯，指从属于秦的附属国。列，行列。此二句大意是：燕王愿意献出整个国家，以为你属下之臣，并把他自己排在朝见秦国的诸侯的行列里。　⑤"给贡职"句：给，供应；担负。贡，贡物。职，指徭役一类的职责。此言燕国将像直属于秦国的郡县一样，向秦国纳贡、应差。　⑥不敢自陈：不敢自己直接向秦王陈说。　⑦"使使"二句：大意是：特地派了使臣来报知你，只希望请你示下。　⑧九宾：《正义》引刘云："设文物大备，即谓九宾。"详见前《廉颇蔺相如列传》注释。　⑨咸阳宫：秦国的宫廷。按，《三辅黄图》："始皇穷极奢侈，筑咸阳宫，因此陵宫殿，端门四达，以则紫宫（模仿天上的紫微星座），众帝居（上帝所居之地）。"则知此宫建在咸阳北面高陵地带。　⑩奉："捧"之本字。　⑪以次进：按着次序前进。　⑫陛：殿前的高台阶。　⑬振恐：犹上文的"振怖"。　⑭"荆轲顾笑"句：顾，回过头来。按，荆轲为正使，在前，秦舞阳为副使，在后。故荆轲回过头来讥笑秦舞阳。　⑮前谢：走上前去谢罪。按，此写荆轲先回顾舞阳，然后再向前走去。　⑯"北蕃"句：蕃，同"藩"；北藩，北方的藩属。蛮夷，自贬之词。鄙人，犹粗野之人，指秦舞阳。按，此是荆轲以从属国家的身份对秦王的尊称。　⑰"愿大王"二句：少假借之，稍稍宽容他一下。此二句

大意是希望能原谅他一下，让他能在大王面前完成他做使臣的礼节。 ⑱奏之：呈献给秦王。 ⑲发图：把卷成一轴的地图打开。 ⑳"图穷"句：穷，尽。见，同"现"。此言地图被打开到尽头，露出匕首来了。 ㉑未至身：还没有到秦王的身旁。 ㉒自引而起：自己尽力抽身站起。 ㉓袖绝：把袖子挣断了。 ㉔操其室：提住了剑鞘。按，因剑太长，容易触地，故必须抓着剑鞘。 ㉕故不可立拔：因此不能立即拔出。按，据近世出土的战国时候的剑，其长约当今市尺四、五尺，秦王朝会所佩，其剑当尤为长大。又因这种剑平时极少使用，插得很牢，所以不易拔出。 ㉖"荆轲逐秦王"二句：上句：逐，追赶。下句：环，围绕走；急行。 ㉗愕：因惊慌而发愣。 ㉘"卒起"二句：上句：卒，同"猝"，仓促。下句：度，犹态。此言事起仓促，出人意外，群臣都失了常态。 ㉙尺寸之兵：犹言任何兵器；尺寸言极其微细。按，秦国的这条法律正所以防范大臣谋杀国君。 ㉚"诸郎中"四句：郎中，《史记索隐》："若今宿卫之官，即守卫宫禁的近侍。"执兵，带着兵器。陈，排列。此言许多带兵的侍卫都排列在殿下，没有诏令的宣召是不许上殿的。 ㉛"而卒惶急"二句：卒，同"猝"。按，上文"时惶急"和下文"卒惶急"的主语是秦王，此处"卒惶急"的主语是群臣。言群臣在仓促之间，非常惊慌、急迫，找不到什么武器来打荆轲。 ㉜"而以手"句：因而群臣一齐徒手与荆轲搏斗。 ㉝"侍医"句：侍医，随侍在国君左右的医官。夏无且，人名；且，音租。药囊，盛药的袋子。提，读为底，义同"掷"；投击也。 ㉞王负剑：《史记索隐》王劭说："古者带剑（佩剑）上长（上端较长），拔之不出室（剑鞘）；欲王推之于背（把剑推到身后），令前短，易拔。故云'王负剑'。"按，此处是左右的人提醒秦王之语。 ㉟"遂拔"二句：上句：于是拔出剑来砍伤荆轲。下句：左股，即左腿。 ㊱废：残废。 ㊲"乃引"句：引，举起。擿，音、义同"掷"。 ㊳中铜柱：中，读去声。言匕首投中了殿上的铜柱。按，一本"铜"作"桐"。王伯祥说："匕首掷入铜柱未免夸张，似以桐柱，为近理。"但近人李笠则谓："案，《（史记）正义》引《燕丹子》云：'入铜柱，火出。'则作'铜'者是也。又《文选》卢子谅《览古》诗云：'挥袂睨金柱。'金即铜也。是秦廷以铜为柱，有明征矣。若云'中桐柱'，则不见匕首之利……"疑李说近是。 ㊴轲被八创：被，受。创，创伤。此言荆轲身上有八处受了伤。 ㊵事不就：事情不能成功。　㊶箕踞以骂：蹲坐在地下破口大骂。按，《汉书》颜注："箕踞谓伸其两脚而坐，……其形似箕。"古人以箕踞而坐为倨傲不敬的表现，此处则指荆轲蹲坐于地上。以，犹"而"。　㊷约契：犹"诺言"。此连上下文大意是：事情所以没有成功，只因想生劫秦王，好得到秦王退还诸侯土地的诺言，来回报太子。　㊸前杀轲：走上前去杀死荆轲。　㊹不怡者良久：不愉快了好多时。　㊺"已而论功"二句：已而，事后。及，犹"并"，连接词，用以连接"论功赏群臣"和"当坐者各有差"两个并列成分。论功赏群臣，指评比功劳以赏赐群臣。当坐者，应当办罪的。差，音次，平声；等级也、差别也。各有差，按其轻重分别处分。　㊻溢：同"镒"，二十两为一镒。一说，二十四两为一镒。

史记

于是秦王大怒，益发兵诣赵，诏王翦军以伐燕①；十月而拔蓟城②。燕王喜、太子丹等，尽率其精兵东保于辽东③。秦将李信追击燕王急，代王嘉④及遗燕王喜书，曰：

秦所以尤追燕急者⑤，以太子丹故也。今王诚杀丹，献之秦王，秦王必解⑥，而社稷幸得血食⑦。

其后李信追丹，丹匿衍水中⑧。燕王乃使使斩太子丹，欲献之秦⑨，秦复进兵攻之。后五年⑩，秦卒灭燕，虏燕王喜。其明年⑪，秦并

战国策

于是秦大怒燕，益发兵诣赵，诏王翦军以伐燕；十月而拔燕蓟城。燕王喜、太子丹等，皆率其精兵东保于辽东。秦将李信追击燕王，王急，用伐王嘉计，杀太子丹，欲献之秦，秦复进兵攻之。五岁而卒灭燕国，而虏燕王喜。秦兼天下。

天下，立号为皇帝。于是，秦逐太子丹、荆轲之客，皆亡⑫。

①"益发兵"二句：言秦更增加数量地派兵往赵国去，并命令王翦的军队去伐燕国。　②"十月"句：十月，指秦王政二十一年的十月，即公元前二二六年。蓟城，一名蓟门，又叫蓟丘，是燕国的都城。相传今北京市德胜门外土城关，即其故址。　③东保于辽东：保，守也。辽东，今辽宁省东南境一带地方。　④代王嘉：即赵公子嘉，悼襄王的嫡子。《史记·赵世家》："……悼襄王废適（嫡）子嘉而立（赵王）迁，……秦既虏迁，赵之亡大夫共立嘉为王，王代六岁。秦进兵破嘉，遂灭赵以为郡。"据《六国年表》，代王嘉与燕王喜都在公元前二二二年为秦所俘虏。　⑤"秦所以"句：秦国特别紧急地逼迫燕国的原因。　⑥必解：必然和解。　⑦"而社稷"句：社，土神；稷，谷神；乃代表国家的象征。宰杀牺牲以祭社稷之神，叫作"血食"；因为牺牲是有血的动物。此句犹言：国家的寿命可以侥幸地延续。　⑧丹匿衍水中：匿，隐藏。衍水，在今辽宁省沈阳市附近，俗名太子河，即由太子丹而得名。此言：太子丹藏于衍水境内。　⑨欲献之秦："欲"，疑是衍文（用泷川资言说）。献之秦，把他献给秦国。　⑩后五年：指公元前二二二年，即秦王政二十五年，上距破蓟城之年，头尾共五年。　⑪其明年：即公元前二二一年，秦王政二十六年。　⑫"秦逐"二句：逐，追捕；搜缉。此言秦人追捕太子丹和荆轲的门客党羽，因而他们都四散逃亡了。

史记

高渐离变名姓，为人庸保①，匿作于宋子②。久之，作苦③，闻其家堂上客击筑，傍偟不能去④，每出言曰："彼有善，有不善⑤。"从者以

战国策

其后，荆轲客高渐离以击筑见秦始皇帝，而以筑击秦皇帝，为燕报仇，不中而死。

告其主曰:"彼庸乃知音,窃言是非⑥。"家丈人⑦召使前击筑,一坐称善⑧;赐酒。而高渐离念久隐畏约无穷时⑨,乃退⑩,出其装匣中筑,与其善衣,更容貌而前⑪。举坐客皆惊,下与抗礼,以为上客⑫;使击筑而歌,客无不流涕而去者。宋子传客之⑬。闻于秦始皇,秦始皇召见,人有识者,乃曰:"高渐离也。"秦皇帝惜⑭其善击筑,重赦之⑮,乃矐其目⑯;使击筑,未尝不称善。稍益近之⑰。高渐离乃以铅置筑中⑱,复进⑲,得近,举筑扑秦皇帝⑳,不中。于是遂诛高渐离,终身不复近诸侯之人㉑。

①庸保:庸,同"佣",佣工。保,酒保(用《汉书》及《史记索隐》说)。此言高渐离在卖酒之家当佣工。　②"匿作"句:匿,指隐姓瞒名。作,操作。宋子,地名,本赵邑,故治在今河北省赵县北二十五里。此言高渐离在宋子地方隐姓瞒名替人家帮工。　③作苦:劳作得很辛苦。　④"闻其家"二句:上句:堂上客,指主人的宾客。下句:傍徨,今写作"彷徨",犹言"徘徊"。此言高渐离听到主人的堂上有客人击筑,便徘徊着,舍不得离去。　⑤"每出言"三句:大意是高渐离每每脱口而出地说,那些人击筑,有的好,有的不好。　⑥"从者"三句:第一句:从者,《史记索隐》:"谓主人家之左右也。"第二句:言那个佣工倒是个知音的。第三句:是非,

犹言"好坏"。此言他在背地里评论击筑人的技艺有好有坏。　⑦家丈人：即家主人。丈人是尊称。　⑧一坐称善：坐，今写作"座"。此言所有在座的人都夸高渐离击筑击得好。　⑨"而高渐离"句：念，想到。久隐，长久隐姓埋名。畏约，《史记索隐》："约谓贫贱、俭约。既为庸保常畏人，故云畏约。"无穷时，没有穷尽之时。此句大意是：高渐离心想长久这样畏首畏尾隐藏在贫贱的处境中，究竟到几时才了呢？　⑩乃退：于是他辞工不干了。　⑪"出其"三句：第一句：出，拿出。装匣中筑，久藏在行装里的匣中的筑。第二句：与，和也，连接词，连接上句的"筑"和此句的"衣"。善衣，好衣服（意指不是庸保所穿的服装）。第三句：更容貌，恢复了本来面目。此言高渐离从行装中取出了筑和他的漂亮衣服，改装整容，到了那家主人的面前。　⑫"下与抗礼"二句：抗礼，平行的，不分尊卑的礼节。此言座上的宾客都下堂来用平等的礼节接待高渐离，以他为上客。　⑬宋子传客之：《史记集解》引徐广说："互以为客。"按，"传"读平声，犹言轮流。客，动词，作"款待"解。此言宋子地方的人轮流款待高渐离。　⑭惜：爱也。　⑮重赦之：特别赦免了他的罪。按，高渐离原是荆轲一党，故秦始皇原要办他的罪。　⑯乃矐其目：矐，音霍，动词，使目失明叫矐。此言秦始皇命人把高渐离的眼睛弄瞎了。又《史记索隐》："说者云，以马屎熏，令失明。"可备一说。　⑰稍益近之：渐渐地愈来愈同他接近了。　⑱以铅置筑中：将铅熔化，灌入筑心。（这样可以使筑有了重量，能够打人。）　⑲复进：又遇到进见秦始皇的机会。　⑳"举筑"句：扑，用力撞击。此言高渐离举起筑来向秦始皇打去。　㉑"于是遂诛"二句：主语是秦始皇。

　　鲁句践已闻荆轲之刺秦王，私曰："嗟乎！惜哉其不讲于刺剑之术也①！甚矣吾不知人也！曩者吾叱之，彼乃以我为非人也②！"

　　①"惜哉"二句：讲，讲求；精研。大意是可惜他对于用剑的技术还没有研究得到家啊！　②"甚矣"三句：大意是：我实在是太不了解他了！当初我曾经因为赌博争胜而呵叱过他，他当然不会

把我看成他的同道了！言外之意，盖深悔当时太轻视荆轲，没有把击剑之术传授给他。

太史公曰：世言荆轲①，其称太子丹之命天雨粟、马生角也②，太过。又言荆轲伤秦王，皆非也。始公孙季功、董生与夏无且游，具知其事，为余道之如是③。自曹沫至荆轲五人，此其义或成或不成，然其立意较然④，不欺其志，名垂后世，岂妄也哉！

①"世言"句：犹言：一般谈论到荆轲事迹的（口头传说或文字记载）。　②"其称太子丹"句：参看《燕丹子》载太子丹自秦亡归燕一节。今本《燕丹子》作"令乌白头、马生角"，是与史迁所言之"命天雨粟、马生角"小异。　③如是：如（《史记》）所述的这样——荆轲并不曾伤及秦王。此句承上句"又言荆轲伤秦王，皆非也"。　④较然：明貌（采《索隐》说）。王念孙云，"较"同"皎"。

李斯列传

　　李斯者，楚上蔡人也①。年少时为郡小吏，见吏舍②厕中鼠，食不洁，近人、犬，数惊恐之③；斯入仓，观仓中鼠，食积粟，居大庑之下，不见人、犬之忧④。于是李斯乃叹曰："人之贤、不肖，譬如鼠矣，在所自处耳⑤！"乃从荀卿学帝王之术⑥。

　　①"李斯"二句：元吾丘衍说："斯字通古。"上蔡本古蔡国，后属楚，其故城在今河南省上蔡县西十里。　②吏舍：官吏办公的房子。　③"食不洁"三句：此连上文大意是：那些老鼠在厕所中吃秽物，每逢遇到人或狗，就屡屡受到惊恐。　④"居大庑"二句：庑，音武，本指有廊檐的四合房。此二句言米仓中的老鼠，在大屋檐下的屋子里，从来没有遇到人或狗的危险。　⑤在所自处耳：大意是：就看自己处在什么环境了。意指自己如果处于顺利的环境，就会有好运气。　⑥"乃从"句：荀卿，见《孟子荀卿列传》。帝王之术，指儒家的政治主张。

　　学已成，度楚王不足事①，而六国皆弱，无可为建功者②，欲西入秦。辞于荀卿曰："斯闻得时无怠③，今万乘方争时，游者主事④。今秦王欲吞天下，称帝而治⑤；此布衣驰骛之时，而游说者之秋也⑥。处卑贱之位而计不为者，此禽鹿视肉，人面而能强行者耳⑦。故诟莫大于卑贱，而悲莫甚于穷困⑧。久处卑贱之位，困苦之地，非世而恶利⑨，自托于无为⑩，此非士之情也⑪。故斯将西说⑫秦王矣。"

　　①"度楚王"句：据李斯估计，侍奉楚王是不足以成事的。　②"无可为"句：此连上文言六国的形势都很危弱，已经没

有为它们建功立业的希望了。"为"读去声。　③得时无怠：遇到时机，千万不可疏忽怠惰，以致把机会放过。　④"今万乘"二句：上句：万乘，万乘之君的省略语，指各国诸侯。下句：游者，游说之士。主事，掌握实权。此言现在各国诸侯都正在争取时机，希望能成大事，所以有谋略的游说之士都容易掌握实权。郭嵩焘说："'万乘方争时'，即上承'得时无怠'；言时之所趋，人争赴之；时主于兴事立功，苟有能者，任焉不疑。是以游者主事，相与为游说，以立功名也。"　⑤称帝而治：按，此句与上句"欲吞天下"的助动词"欲"字相连，言：秦王想要用皇帝的身份来治理天下。　⑥"此布衣"二句：上句：布衣，指没有爵禄的游说之士。驰骛，奔走钻营。下句："游说者"与上句"布衣"为互文；"说"读如"税"。秋，犹"时"（用李笠说），即时机也，与上句的"时"为互文。此二句大意是：这正是以游说为事业的布衣之士奔走四方，猎取富贵的时候了。　⑦"处卑贱"三句：第一句：卑贱之位，指布衣之士的低贱身份。计不为，心里总想着有所不为。第二句：禽鹿，旧注多解为禽兽，所以释此句为禽兽但知视肉而食之（详见《史记索隐》，参阅《史记正义》）。此连上文大意是：处于卑贱地位而往往有所不为，以致失去机会的人，未免迂阔愚蠢；就像禽兽一样，只知道看到肉就吃。所以第三句接着说：他们不过是生了一副人的面貌而只能勉强走路的家伙罢了。言外指自己并非有所不为的人，而是遇到机会就往上爬。按，第二句言：禽鹿，鹿并不吃肉，故《会注考证》引中井积德说："鹿不肉食者，乃以肉食喻，是偶然之失。"　⑧"故诟"二句：诟，耻辱。言一个人身份卑贱是最耻辱的处境，穷困是最悲哀的。　⑨非世而恶利：反对当时世俗的风气而憎恶富贵荣利。　⑩自托于无为：把自己的行动寄托在有所不为的原则上。　⑪"此非士"句：这并不是游说之士真正的意愿。郭嵩焘说："案，李斯生平只此一副本领。其辞荀卿游说，务在趋时诡合而已，所以相始皇及为赵高所怵迫，其源皆出于此。"　⑫西说：由楚入秦，是向西去。说，读如"税"。

　　至秦，会庄襄王卒①，李斯乃求为秦相文信侯吕不韦②舍人；不韦贤之，任以为郎。李斯因以得说③，说秦王④曰：

"胥人者去其几也⑤，成大功者，在因瑕衅而遂忍之⑥。昔者秦穆公之霸，终不东并六国⑦者，何也？诸侯尚众，周德未衰，故五伯迭兴⑧，更尊周室。自秦孝公⑨以来，周室卑微，诸侯相兼⑩，关东为六国；秦之乘胜役诸侯，盖六世矣⑪。今诸侯服秦，譬若郡县⑫。夫以秦之强，大王之贤，由灶上骚除⑬，足以灭诸侯，成帝业，为天下一统。此万世之一时也⑭！今怠而不急就⑮，诸侯复强，相聚约从⑯，虽有黄帝之贤，不能并也⑰！"秦王乃拜斯为长史⑱，听其计，阴遣谋士赍持金玉⑲，以游说诸侯。诸侯名士可下以财者，厚遗结之⑳；不肯者，利剑刺之㉑。离其君臣之计㉒，秦王乃使其良将随其后㉓。

①会庄襄王卒：庄襄王，秦王政的父亲，名子楚，死于公元前二四七年。　②吕不韦：本是阳翟（今河南省禹县）的大商人，在赵国结识了秦庄襄王，并设法送庄襄王回国即位，乃拜不韦为丞相，封文信侯。相传吕不韦曾把自己的侍妾献给庄襄王，生嬴政，而政实是不韦之子。及秦王政立，知不韦与其母私通，乃赐不韦死。事见《史记·吕不韦列传》。　③因以得说：因此得到游说的机会。　④秦王：即秦王政。　⑤"胥人"句：王念孙说："胥者，须也。须，待也。去，当为失字之误也。言人有衅可乘，不急乘其衅而待之，是自失其几也。故下文曰：'成大功者，在因瑕衅而遂忍之'，又曰：'今怠而不急就，诸侯复强，虽有黄帝之贤，不能并也。'怠而不急就，即此所谓'胥'也。"按，王说是。惟"去"本可作"失"解，故泷川资言说："去，犹失也，不必改字。"此句大意是：如果秦国安坐以待诸侯之敝，那就会失去机会了（参用郭嵩焘说）。　⑥"成大功者"二句：瑕，缺点。衅，缝隙；漏洞。忍，《会注考证》引中井积德说："谓行惨虐之事也。"此二句意谓：一个成大功的人，就在于他能趁着别的国家有机可乘的时候，进行颠覆性的残忍活动。　⑦六国：六国，系泛指秦穆公时的其他诸侯，但此处说话口气却是根据李斯当时的情况而言。日本泷川资言《史记会注考证》引中井积德说："此言六国，据李斯之时而指他方之

辞。其实不止六国,故曰'诸侯尚众'也。不以辞害志可也。"全段大意是说穆公时不能做的事现在可做了。　⑧五伯迭兴:伯,与"霸"通;五伯即五霸,指齐桓公、晋文公、秦穆公、宋襄公、楚庄王。迭兴,一个接着一个兴起。　⑨秦孝公:名渠梁,公元前三六一年即位,卒于公元前三三八年。按,秦孝公用商鞅,实行变法,秦国始逐渐强大。　⑩相兼:互相兼并。　⑪"秦之乘胜"二句:上句:役诸侯,谓役使诸侯也;指逐渐征服六国。下句:六世自秦孝公历惠文王、武王、昭王、孝文王、庄襄王,共六君。　⑫"今诸侯"二句:言现今诸侯都被秦国征服,好像直接隶属于秦国的郡县一样。　⑬"由灶上"句:王念孙说:"由与犹同;骚与扫同。"《史记正义》言:"秦国欲东并六国,若炊妇除灶上尘垢,言其易也。"(见《史记会注考证》引。)景祐本"由"讹为"田"。　⑭"此万世"句:这是万世难逢的唯一的时机。　⑮"今怠"句:就,作"逐"解,犹今言抓紧。《史记·五帝本纪》:"就时于负夏。"《史记索隐》:"就时,犹逐时。若言乘时射利也。"此言现在如果疏忽怠惰而不赶快抓紧时机。　⑯"诸侯复强"二句:言诸侯实力将渐次恢复,又开始强大起来,彼此互相团结订立合纵的盟约。　⑰"虽有"二句:言秦王虽有黄帝那样的才能,也不能吞并他们了。据《史记·五帝本纪》,黄帝曾"习用干戈,以征不亨(不朝贡的诸侯),诸侯咸(都)来宾从(臣服)",故李斯以黄帝为喻。　⑱长史:官名,是丞相的属官。　⑲赍持金玉:赍,音咨,与"持"同义。　⑳"诸侯名士"二句:上句:诸侯名士,诸侯国家内的知名之士。可下以财者,可以用财货收买过来使他归附秦国的。下句:厚遗,丰厚的馈赠;遗,读去声。结,笼络;拉拢;结识。　㉑"不肯"二句:不肯被收买的人,就用暗杀的方式把他弄死。郭嵩焘说:"案,《田完世家》:'后胜相齐,多受秦间金,为反间,劝王去从(纵)朝秦。'《李牧传》:'秦多与赵王宠臣郭开金,为反间。'皆李斯相秦时事也。……盖秦君臣专务以诈欺诸侯,尤善以反间离其君臣,其由来久矣。"可与此互参。　㉒"离其"句:承上二层而言。意谓无论收买或暗杀,都是离间各国诸侯君臣的手段。　㉓"秦王乃使"句:言秦王先用各种手段破坏各国诸侯君臣的团结,然后就派遣善于用兵的将军前去进攻。

秦王拜斯为客卿①。会韩人郑国来间②秦，以作注溉渠③，已而觉④。秦宗室大臣皆言秦王曰⑤："诸侯人来事秦者，大抵为其主游间于秦耳，请一切⑥逐客！"李斯议⑦亦在逐中，斯乃上书⑧曰：

①客卿：用异国的人士作本国的官，叫作客卿。　②间：谍也；此言做间谍。　③注溉渠：此渠即所谓的郑国渠；《正义》谓："郑国渠首起雍州云阳县西南二十五里，自中山西邸瓠口为渠，傍北山，东注洛，三百余里以溉田；又曰，韩苦秦兵，而使水工郑国间秦作注溉渠，令费人工不东伐也。"　④已而觉：谓不久郑国间谍身份就被秦国发觉了。　⑤皆言秦王曰：《会注考证校补》谓：《详节》本作"皆言于秦王曰"。　⑥一切：《索隐》谓："一切，犹一例；言尽逐之也。言切者，譬若利刀之割，一运斤无不断者。"又《会注考证》引中井积德说："一切，譬如一刀切束刍，自有长短，有巨细，而无所择，唯一刀取齐整也。"　⑦李斯议：此指前面李斯所提出的对付六国诸侯的建议。　⑧斯乃上书：《正义》谓："在始皇十年。"

臣闻吏议逐客，窃以为过矣！昔缪公①求士，西取由余于戎②；东得百里奚于宛③；迎蹇叔于宋④；求丕豹、公孙支于晋⑤：此五子者，不产于秦，而缪公用之，并国二十⑥，遂霸西戎。孝公用商鞅之法，移风易俗，民以殷盛，国以富强，百姓乐用，诸侯亲服，获楚、魏之师，举地千里，至今治强。惠王用张仪之计，拔三川之地，西并巴、蜀⑦，北收上郡⑧，南取汉中，包九夷⑨，制鄢郢⑩，东据成皋⑪之险，割膏腴之壤，遂散六国之从，使之西面事秦，功施到今。昭王得范雎，废穰侯，逐华阳，强公室，杜私门，蚕食⑫诸侯，使秦成帝业。此四君者，皆以客之功。由此观之，客何负于秦哉？向⑬使四君却客而不内，疏士而不用，是使国无富利之实，而秦无强大之名也。

①缪公:《会注考证校补》云:"刍本'缪'作'穆'。" ②"西取"句:由余乃春秋时晋人,亡入戎,后降秦,缪公用其策伐戎,益国十二,拓地千里,遂霸西戎。 ③"东得"句:事详见《史记·秦本纪》。 ④"迎蹇叔"句:事亦见《史记·秦本纪》。 ⑤"求丕豹"句:《索隐》说:"丕豹自晋奔秦,《左氏传》有明文;公孙支所谓子桑也。"《史记志疑》说:"求乃来之讹文。"《索隐》曰:"公孙支是秦大夫,而云自晋来,亦未见所出。"《正义》引《括地志》云:"支游晋,后归秦。" ⑥并国二十:索隐本《秦本纪》:"穆公用由余谋伐戎王,益国十二,开地千里,遂霸西戎。此都言五子之功,故云并国二十;或易为十二,误也。"而《会注考证》引中井积德说:"并国二十,或是有所据,未可知也,或是夸张耳。" ⑦"惠王用张仪"句:《史记志疑》说:"李善《文选注》曰:'通三川是武王,张仪已死,此误也。'善注甚允,《索隐》弥缝其误,言仪先请伐韩,下兵三川,故以为仪计,不免曲说。至伐蜀是司马错,而亦以为仪者,《索隐》谓仪为秦相,虽错灭蜀,归功于相;余考《华阳国志》,伐蜀乃仪为主将,而错副之,岂徒归功已哉!又说在《甘茂传》。" ⑧北收上郡:《正义》说:"惠王十五年,魏纳上郡十五县。" ⑨九夷:《索隐》说:"九夷,即属楚之夷也。"《正义》说:"夷,谓并巴、蜀,收上郡,取汉中,伐义渠丹犂是也。九夷,本东夷九种,此言者,文体然也。"而《会注考证》引中井积德说:"九,称多数之辞。" ⑩鄢郢:《索隐》引《地理志》云:"南郡江陵县云,故楚郢都;又宜城县云,故鄢也。" ⑪成皋:《正义》说:"河南府汜水县也。" ⑫蚕食:意即吃得净尽无余(采《淮南子》说);此处指侵吞他国的土地。 ⑬向:昔也;从前。

今陛下致昆山之玉①;有随、和之宝②;垂明月之珠;服太阿之剑③;乘纤离之马④;建翠凤之旗;树灵鼍之鼓⑤:此数宝者,秦不生一焉,而陛下说之,何也?

①昆山之玉:《正义》说:"昆冈,在于阗国东北四百里,其冈出玉。" ②随、和之宝:《正义》谓:"《括地志》云:'溃山,一

名昆山，一名断蛇丘，在随州随县北一十五里。'《说苑》云：'昔随侯行遇大蛇中断，疑其灵，使人以药封之，蛇乃能去，因号其处为断蛇丘；岁余，蛇衔明珠径寸，绝白而有光，因号'随珠'；卞和璧，始皇以为传国玺也。'"而《会注考证》引中井积德说："《正义》'径寸'之下，脱献随侯一事，而前文失解；又曰，秦玺非和璧，和璧岂可以为玺，愚按《正义》，'玺'做'宝'。"　③服太阿之剑：服，佩带也。太阿之剑，《索隐》说："《越绝书》曰：'楚王召欧冶子、干将，作铁剑三，一曰干将，二曰莫邪，三曰太阿也。'"　④纤离之马：《集解》引徐广说："纤离、蒲梢，皆骏马名。"　⑤灵鼍之鼓：《集解》说："郑玄注《月令》云：'鼍，皮可以冒鼓。'"

必秦国之所生然后可，则是夜光之璧不饰朝廷；犀象之器不为玩好；郑、卫之女不充后宫；而骏良駃騠①不实外厩②；江南金锡不为用；西蜀丹青不为采。所以饰后宫，充下陈③，娱心意，说耳目者，必出于秦然后可，则是宛珠之簪，傅玑之珥④，阿缟之衣⑤，锦绣之饰，不进于前，而随俗雅化⑥，佳冶⑦窈窕赵女不立于侧也。

①駃騠：《索隐》："駃騠，决提二音。《周书》曰：'正北以駃騠为献。'《广雅》曰：'马属也。'郭景纯注《上林赋》云：'生三日而超其母也。'"　②外厩：厩，马舍也。言外，乃与朝廷、后宫对。　③下陈：《索隐》说："下陈，犹后列也。"《正义》说："下陈，谓下等陈列。"　④"宛珠"二句：《索隐》说："宛，音于阮反。傅，音附。宛，谓以珠宛转而装其簪。傅玑者，以玑傅着于珥；珥者，瑱也（珠玉饰耳者）；玑是珠之不圆者，或云，宛珠，随珠也。随在汉水之南，宛亦近汉，故云宛。傅玑者，女饰也，言女傅之珥，以玑为之；并非秦所有物也。"　⑤阿缟之衣：王念孙说："阿作绹，《广雅》：'绹缟，练也。'《楚词·招魂》：'翡阿拂壁'注，阿，细缯也。"　⑥随俗雅化：《索隐》说："谓闲雅变化而能随俗也。"　⑦佳冶：《正义》说："佳冶，佳丽姚冶；佳，音居膁反。"

夫击瓮叩缶①，弹筝、搏髀②，而歌呼呜呜快耳目者③，真秦之声也；《郑》《卫》《桑间》，《昭》《虞》《武》《象》者④，异国之乐也。今弃击瓮叩缶而就《郑》《卫》，退弹筝而取《昭》《虞》。若是者，何也？快意当前，适观而已矣。

①击瓮叩缶：《索隐》引《说文》云："瓮，汲缶也，于贡反。缶，瓦器也，秦之鼓之以节乐；缶音甫有反。"（缶即缶也）。　②搏髀：髀，股骨也。搏髀，即拍股以节乐也。　③"而歌呼"句：王念孙说："《文选》《北堂书钞》《艺文类聚》《太平御览》引此，无目字，案声能快耳，不能快目；目字后人所加。"　④"《郑》《卫》《桑间》"二句：郑音好滥淫志；卫音促速烦志（《礼·乐记》云）。《桑间》乃濮上之音，即亡国之音也。昭即韶也，《史记志疑》说："昭有韶音，故可通借。"《韶》《虞》，乃虞舜之乐。《武》者，周武王所作之乐；其乐必兼舞，故曰《象》。

今取人则不然！不问可否，不论曲直，非秦者去，为客者逐。然则是所重者在乎色乐珠玉，而所轻者在乎人民也。此非所以跨海内、制诸侯之术也。

臣闻地广者粟多；国大者人众；兵强则士勇；是以太山不让土壤，故能成其大；河海不择细流，故能就其深；王者不却众庶，故能明其德①。是以地无四方，民无异国，四时充美，鬼神降服，此五帝、三王之所以无敌也。

①"是以太山"六句：《索隐》引《管子》说："海不辞水，故能成其大；泰山不辞土石，故能成其高。文子曰：圣人不让负薪（贱人）之言，以广其名也。"又，《会注考证》引中井积德曰："择，拣择而取舍也，故有取、舍二义；此择字属舍。"

今乃弃黔首以资①敌国；却宾客以业②诸侯：使天下之士退而不敢西向，裹足不入秦③，此所谓藉寇兵而赍盗粮者也④。

①资：《索隐》说："资，犹给也。" ②业：《新校注稿》引《尔雅·释诂》云："业，大也。" ③"裹足"句：《会注考证》云："裹足，谓足如有所裹，而不前也。《范雎传》：'杜口裹足，莫肯向秦耳。'" ④"此所谓"句：《索隐》说："藉，音积夜反；赍，音子奚反。《说文》曰：'赍，持遗也。'赍或为资，义亦通。"而《会注考证》引张照说："按，此必当时语，故范雎用之，李斯再用之。"此句意谓：这正就是一般所说的，借兵给作乱的人，送粮给强盗啊！

夫物不产于秦者，可宝者多；士不产于秦，而愿忠者众。今逐客以资敌国，损民以益仇，内自虚而外树怨于诸侯，求国无危，不可得也。

秦王乃除逐客之令，复李斯官①，卒用其计谋；官至廷尉②。二十余年，竟并天下③，尊王为皇帝④，以斯为丞相。夷郡县城⑤，销其兵刃，示不复用⑥。使秦无尺土之封，不立子弟为王，功臣为诸侯者⑦，使后无战攻之患。

①复李斯官：《集解》引《新序》曰："斯在逐中，道上上谏书，达始皇；始皇使人逐，至骊邑得还。" ②廷尉：秦官名，掌司法狱讼之事。尉，本军官。《宋书·百官志》："凡狱必质之朝廷，与共之之义，兵狱同制，故曰廷尉。"（按，此说本于应劭。）《汉书》颜注："廷，平也。治狱贵平，故以为号。"其释"廷"字之义，可与《宋书》互参。据王先谦《汉书补注》引《续汉书·百官志》："掌平狱（判决狱讼），奏当所应。凡郡国谳疑罪，皆处当以报。"则廷尉是秦、汉时设置在朝廷的最高司法官员。 ③"二十余年"二句：梁玉绳说："按，始皇十年，有逐客令，至并天下，才十七年也。"按，梁说非是。李斯入秦在庄襄王死后不久，《六国年表》载始皇二十六年（公元前二二一年）初并天下，立为皇帝。则此处的"二十余年"是指李斯初佐秦至始皇称帝的这一段时间。 ④"尊王"句：

王,一本作"主";指秦王政。　⑤夷郡县城:夷,平也,除也;此处似应作"屠杀"解。指始皇大规模屠杀六国人民。　⑥"销其"二句:按,《秦始皇本纪》:"收天下兵(兵刃),聚之咸阳,销以为锺鐻(锺同钟;鐻音巨,置钟的座架)、金人十二。重各千石,置廷宫中。"即指此事。销,销毁;此言把兵刃销熔,表示不再使用武器了。　⑦"使秦无尺土"三句:前二句承上文"夷郡县城"而言,后一句承"销其兵刃"二句而言。但后一句也兼承前二句。言始皇把郡县的城垣工事拆除,连一尺土地也不封给子弟或功臣,并把兵刃销毁;这一切都是为了使今后不再有战争的祸患。

始皇三十四年①,置酒咸阳宫,博士仆射周青臣等②颂称始皇威德。齐人淳于越③进谏曰:"臣闻之,殷、周之王千余岁,封子弟功臣,自为支辅④。今陛下有海内,而子弟为匹夫⑤,卒有田常、六卿之患臣,无辅弼,何以相救哉⑥?事不师古而能长久者,非所闻也⑦。今青臣等又面谀以重陛下过⑧,非忠臣也。"始皇下其议丞相⑨。丞相谬其说,绌其辞⑩,乃上书曰:

①始皇三十四年:即公元前二一三年。　②"博士"句:《汉书·百官公卿表》:"博士,秦官,掌通古今。"仆射,亦秦官名。《汉书·百官公卿表》:"古者重武,官有主射,以督课之。"又:"自侍中、尚书、博士、郎,皆有。"《宋书·百官志》:"仆射者,仆役于射事也。秦世有左右曹,诸吏官无职事,将军大夫以下,皆得加此。"按,博士是由学问渊博的人担任的官职;博士仆射最初是考核博士们习武的官,后乃成为领导博士的官。至东汉以后,改称祭酒(见《续汉书·百官志》)。仆,作主持、掌管解;射,今通读为"夜",如考以《汉书》《宋书》所释之义,则应读如本音。颜师古说:"射,本如字读,今射音夜,盖关中语转为此音也。"而清人黄生《义府》则不同意此说。他说:"按孔衍《史记注》云:'仆射,小官,扶掖左右者也。'余因此乃悟射字当读为扶掖之'掖'(原注:音亦)。仆,附也。(原注:见诗'景命有仆'注。)以其附近人主,

备扶掖之用，故曰仆射。员数既多，后遂命之分颁诸事，故有'谒者仆射''冗从仆射''城门仆射'等名。此既在人主左右，其后渐掌机密，自六朝以来，遂以尚书仆射为宰相之称。与侍中一官，皆以至贱为至贵，名位倒置极矣。"两说皆可通，因录以供参考。周青臣，人名。　　③淳于越：人名。淳于，姓；越，名。　　④"殷、周之王"三句：支，与"枝"同。辅，辅助的力量。此言殷代、周代的王位继承了一千余年，他们都会把领土分封给子弟和功臣，自然形成了多方面的辅翼力量。　　⑤"今陛下"二句：匹夫，犹"平民"。此言始皇虽统一中国，但秦国的宗族子弟却没有爵位，只是平民身份。　　⑥"卒有"三句：上句：卒，音义同"猝"；仓促之间。田常，本是齐国的大夫，杀齐简公而篡齐。六卿，指晋之六卿：范氏、中行氏、智氏、韩氏、魏氏、赵氏，他们的势力日益强大，便把晋国瓜分了。后范氏、中行氏为智氏所灭，韩、魏、赵又灭智氏，于是晋国便分为韩、魏、赵三国。患臣，危险的臣子。下句：辅弼，泷川资言说："犹藩屏也，即上文'支辅'。"按淳于越之意，以为始皇如果不分封宗族和功臣以树立、藩屏王室的力量，一旦国内出了像田常或晋六卿那样的危险分子，就无法相救了。　　⑦"事不师古"二句：大意是：做事情不取法于古代而能行之长久，我是从来没有听说过的。　　⑧以重陛下过：助长您的过失。　　⑨"始皇下其议"句：始皇把这个建议交付给李斯处理。　　⑩"丞相谬其说"二句：上句：谬，及物动词；谬其说，犹言以其说为荒谬。下句：绌，同"黜"，废也。言废弃淳于越的意见而不用。

　　古者天下散乱，莫能相一①，是以诸侯并作，语皆道古以害今，饰虚言以乱实②；人善其所私学，以非上所建立③。今陛下并有天下，辨白黑而定一尊④；而私学乃相与非法教之制⑤，闻令下，即各以其私学议之⑥；入则心非，出则巷议⑦；非主以为名，异趣以为高；率群下以造谤⑧。如此不禁，则主势降乎上，党与成乎下⑨，禁之便⑩。臣请诸有文学、诗、书、百家语者，蠲除去之⑪。

令到，满三十日弗去，黥为城旦⑫。所不去者，医药、卜筮、种树之书⑬。若有欲学者，以吏为师⑭。

①莫能相一：彼此不能统一。　②"语皆"二句：一般的论调都是称引古事来否定当前的局面，装点一些虚夸的言辞来扰乱实际的工作。　③"人善"二句：人人都认为他自己的一套学问最好，并且还用这一套东西来否定他们的君王所建立的法令。　④"辨白黑"句：辨白黑，犹言分别是非。定一尊，《史记索隐》："谓始皇并六国定天下，海内共尊立一帝。"　⑤"而私学"句：私学，指当时诸子的流派及其言论。非，否定；批评。法教之制，指秦统一后所颁布的法律、教育制度。　⑥"闻令下"二句：听说朝廷的命令一颁布，这些人就各自根据他们自己所学到的一套来批评、议论它。　⑦"入则"二句：入，指归而独处。出，指出而群聚。此言有些人看到朝廷的命令，回家去便独自在心中不满，出门来就在街头巷尾纷纷议论。　⑧"非主"三句：言人们每以批评国君来炫耀自己，并借以显名，认为只有以自己的意见来同朝廷的政令对立才算高明，率领着很多下层的人来制造对朝廷的诽谤。　⑨"则主势"二句：党与，小集团。大意是：在上层，君主的威权将要降低；在下层，私人的党与将要形成。　⑩禁之便：把这些私人的言论都严加禁止，对朝廷是有好处的。　⑪"臣请"二句：上句：文学，泛指传播文化的书籍。诗，指《诗经》一类的文学书籍。书，指《尚书》一类的历史文告。百家语，诸子百家的著述。下句：蠲，音捐，与"除"同义。此言我请求您下命令，凡是有收藏书籍著作的一律都要清除干净。　⑫"令到"三句：黥，音擎，古刑法之一；在罪犯面上刺字，然后用墨涂黑，使不脱去。城旦，徒刑的一种。《史记集解》引如淳说："昼日伺寇虏，夜暮筑长城。'城旦'，四岁刑（刑期四年）。"《汉书·惠帝纪》颜注引应劭说："城旦者，旦起行治城（一早就起来筑城）。"此三句大意是：命令到达以后，满了三十天而有人仍不把藏书毁弃，即处以黥刑，并罚他徒刑四年，服筑城的劳役。　⑬"所不去者"二句：言：所不销毁的，只有有关医药、占卜和园艺的书籍。按，"种树"二字，旧注都未加解释；今以上文考之，则此二字实为复合词而非种

植树木之意。树，应是动词，与"种"同义，皆指栽种而言。此处是以名词作动词用。　　⑭"若有"二句：上句：据《史记·秦始皇本纪》，作"若欲有学法令"，《资治通鉴》则作"若有欲学法令者"，知"学"字下省去宾语"法令"二字。下句：言凡有学习法令的人，应以在职的官吏为师，不得私相授受。按，《秦始皇本纪》亦载李斯此奏书，文字详略有所不同，今节录以备考："五帝不相复（重复），三代不相袭（因袭），各以治（都能成为治世）；非其相反，时变异也。今陛下创大业，建万世之功，固非愚儒所知。且越言，乃三代之事，何足法也！异时（不久以前）诸侯并争，厚（广泛地）招游学（游说的学者）；今天下已定，法令出一，百姓当家则力（致力于）农、工；士则学习法令、辟禁（禁令）。今诸生不师今而学古，以非当世，惑乱黔首（人民）。丞相臣斯昧死言：(以下与本篇略同，兹节删。)……臣请史官非秦纪（秦国的史籍）皆烧之；非博士官所职，天下敢有藏诗、书、百家者，悉诣守尉杂（汇集到一处）烧之；有敢偶语诗、书，弃市；以古非今者族（灭族）；吏见知（觉察）不举者，与同罪；令下三十日不烧，黥为城旦。……（以下与本篇略同。)"

　　始皇可其议①，收去诗、书、百家之语，以愚百姓，使天下无以古非今②。明法度，定律令，皆以始皇起③。同文书④，治离宫别馆，周遍天下⑤。明年⑥，又巡狩，外攘四夷；斯皆有力焉⑦。

　　①可其议：批准了李斯的建议。　　②无以古非今：不许用古代的制度来否定今天的法令。　　③"明法度"三句：言修订典章制度，规定具体法令，都是从秦始皇开始做起的。　　④同文书：文书，即文字。按，六国文字体制有所不同，至此始全面统一。　　⑤"治离宫"二句：治，修建。离宫别馆，皇帝巡视全国各地所住的宫室。此言天下各地，都修盖了供皇帝巡行时居住的宫室。　　⑥明年：指秦始皇三十五年（公元前二一二年）。　　⑦斯皆有力焉：此承"明法度"以下若干句而言，谓以上种种措施，李斯都参与其事，为始皇出了力。

斯长男由为三川守①，诸男皆尚秦公主②，女悉嫁秦诸公子③。三川守李由告归④咸阳，李斯置酒于家，百官长皆前为寿⑤，门廷车骑以千数⑥。李斯喟然⑦而叹曰："嗟乎！吾闻之荀卿曰：'物禁太盛⑧。'夫斯乃上蔡布衣，闾巷之黔首⑨，上不知其驽下，遂擢至此⑩。当今人臣之位，无居臣上者，可谓富贵极矣。物极则衰⑪，吾未知所税驾也⑫！"

①三川守：三川，秦郡名，在今河南省境内，因其地有黄河、洛水、伊水三条大水，故名三川；故治在今河南省荥阳县东北，其所辖之地约在当今洛阳县西南一带。守，郡守。 ②"诸男"句：尚，大臣娶国君的女儿为妻。此言李斯的好几个儿子都同秦国的公主结了婚。 ③"女悉嫁"句：李斯的几个女儿都嫁给了秦国皇族的子弟。 ④告归：请假回家。 ⑤"百官长"句：言文武百官都到李斯面前向他敬酒祝贺。 ⑥"门廷"句：言来往于李斯门前的车马约有数千。 ⑦喟然：长叹貌。喟，音愧。 ⑧物禁太盛：物，事物。禁，忌也。太盛，过多，此指富贵权势不宜享受太过。 ⑨"闾巷"句：闾巷，犹言民间黔首，《史记·秦始皇本纪》："更名'民'曰'黔首'。"是黔首即人民的代称。黔，黑；黔首指黑头发的人，犹人民又称黎民（黎也是黑的意思）。此李斯言自己不过是民间一个普通的百姓而已。 ⑩"上不知"二句：上句：上，皇上；指始皇。驽下，李斯自谦之词，言自己资质愚笨，能力低下。下句：擢，提拔。此二句言皇帝实在不知道我是一个没有才能的人，竟把我提拔到这样高的地位。 ⑪物极则衰：事物发展到了极点就要衰弱下来。 ⑫"吾未知"句：税驾，犹言停车；驻足。《史记索隐》："税驾，犹解驾（把车上的马解下辕来），言休息也。李斯言己今日富贵已极，然未知向后（此后）吉凶，止泊在何处也。"按，此李斯言不知自己将来的结果是福是祸。

（以上是第一大段，写李斯佐秦始皇统一天下，并想尽方法加强统治；兼写李斯贵盛达于极点的情况。）

始皇三十七年①十月，行出游会稽②，并海上③，北抵琅邪④。丞相斯、中车府令赵高兼行符玺令事⑤，皆从。始皇有二十余子:长子扶苏以数直谏上⑥,上使监兵上郡⑦,蒙恬为将⑧;少子胡亥,爱,请从⑨,上许之;余子莫从。

①始皇三十七年:即公元前二一〇年。　②会稽:指会稽山,在今浙江省绍兴县东南十三里。　③海上:海,指东海。按,《秦始皇本纪》载始皇过吴地,从江乘(今江苏省句容县)渡海。　④琅邪:山名。在今山东省诸城县。　⑤"丞相斯"句:《汉书·百官公卿表》:"太仆,秦官,掌舆马。……属官有……车府、路轮、骑马、骏马四令、丞。"《史记集解》引伏俨说:"中车府令,主乘舆路车。"据此知"车府令"是太仆的属官,专管皇帝出行时的车舆。因常在宫禁内,故又称"中车府令"。中,即宫禁。赵高,事见《史记·蒙恬列传》:"赵高者,诸赵疏远属也。赵高昆弟数人,皆生隐宫(生而即被阉为宦官,但下文言赵高有女婿,当非生而为宦官者,姑从阙疑)。其母被刑戮,世世卑贱。秦王闻高强力,通于狱法,举以为中车府令。高即私事公子胡亥,喻之决狱。"兼行符玺令事,兼管符玺令所应负的职责。按,符玺令疑是秦官名,掌管皇帝的符玺。《汉续书·百官志》有"符节令",当即秦之符玺令。　⑥"长子扶苏"句:数,读为"朔",屡次。上,指始皇。按,《秦始皇本纪》载始皇三十五年(公元前二一二年)在咸阳坑儒生后,长子扶苏谏始皇说:"天下初定,远方黔首未集。诸生皆诵法(学习效法)孔子,今上皆重法绳之,臣恐天下不安,唯上察之!"始皇乃大怒,可与此互参。　⑦"上使监兵"句:监兵,监督军队。上郡,秦郡名;今陕西省北部及内蒙古鄂尔多斯一带,皆其故地,故治在今陕西省榆林县东南五十里。按,古时帝王多以最亲近的人任监督军队的职务,以防统帅拥兵擅权。至于始皇使扶苏监兵,则为有意疏远。又按,驻军于上郡,所以防御匈奴。　⑧蒙恬为将:蒙恬,本齐人,祖父蒙骜,曾为秦昭王上卿,后屡为将。骜子武。武子即恬,恬弟毅,皆有宠于始皇。蒙恬居上郡,威振匈奴。终以赵高阴谋,被迫吞药自杀。事见《史记·蒙恬列传》。　⑨"少子胡亥"三句:胡亥,即秦二世。《史记集解》:"骃案,辩士隐姓名,遗秦将章邯书曰:'李斯为秦王死,废十七兄,而立今王也。'然则二世是秦始皇第十八子。……"爱,言为始皇所偏爱。请从,请求跟随始皇一同出游。

其年七月①，始皇帝至沙丘②，病甚，令赵高为书赐公子扶苏曰："以兵属蒙恬，与丧会咸阳而葬③。"书已封，未授使者，始皇崩。书及玺皆在赵高所④；独子胡亥、丞相李斯、赵高及幸宦者五六人知始皇崩⑤，余群臣皆莫知也。李斯以为上在外崩，无真太子，故秘之⑥。置始皇居辒辌车中⑦，百官奏事，上食如故⑧，宦者辄从辒辌车中可诸奏事⑨。

①其年七月：其年，指始皇三十七年。按，上文言"三十七年十月，行出游会稽"，此处言"七月"，当是次年的七月，但仍属始皇三十七年这一年份。宋蔡沈说："（商、周、秦）改正朔而不改月数，则于经史尤可考。……秦建亥矣，而《史记》始皇三十一年十二月，更名'腊'曰'嘉平'。夫腊，必建丑月也。秦以亥正，则腊为三月，云'十二月'者，则寅月起数，秦未尝改也。至三十七年，书'十月癸丑始皇出游''十一月行至云梦'，继书'七月丙寅，始皇崩''九月葬郦山'。先书十月、十一月，而继书七月、九月者，知其以十月为正朔而寅月起数，未尝改也。……汉仍秦正，亦书曰'元年冬十月'，则正朔改而月数不改，亦已明矣。"（见《书集传》卷三。）王念孙《读书杂志》引王引之说，以为当时用为颛顼历，故秦及汉初皆改年而不改月，以十月为一岁之首。至汉武帝太初元年（公元前一○四年），始改以正月为岁首，这种情况才有改变。②沙丘：地名，在今河北省平乡县东北。③"以兵"二句：此是命令语气。上句：言把兵权交给蒙恬。属，音烛。下句：言赶快来参与丧事，到咸阳会齐，然后再行葬礼。④"书及玺"句：书，指始皇的遗诏；玺，指皇帝的玺印。所，处所。在赵高所，犹言在赵高那儿。⑤"独子胡亥"句：独，唯独，只有。幸宦者五六人，被始皇所宠幸的五六个宦官。⑥"李斯以为"三句：按，《秦始皇本纪》："丞相斯为上崩在外，恐诸公子及天下有变，乃秘之不发丧。"可与此互参。真太子，肯定确切的太子。秘，隐瞒；保密。⑦"置始皇"句：辒辌，音温凉，车名，《史记集解》引孟康说："如衣车（今按，《释名》：'衣车前户，所以载衣服之车也'）。孙诒让《札迻》卷二：'衣车则后有衣（帷幔）蔽，而前开户，可以启闭。'王先谦《释名疏证补》据《汉书·霍光传》，以为'衣车'是妇人所乘，有窗

有椟,可以隐蔽身形;又兼载衣服,可以卧息,有窗牖,闭之则温,开之则凉,故名之'辒辌车'也。"《汉书》颜注:"辒辌,本安车也,可以卧息。后因载丧,……故遂为丧车耳。"按,这是一种供人卧息的车,既通风而又十分隐蔽,故可用以藏死尸。　⑧"百官奏事"句:言百官照平常一样,向着车子奏事并进呈食物。　⑨"宦者"句:宦官们假托始皇的命令,从辒辌车里批准百官所奏的公事。

赵高因留①所赐扶苏玺书,而谓公子胡亥曰:"上崩,无诏封王诸子②,而独赐长子书;长子至,即立为皇帝,而子无尺寸之地,为之奈何?"胡亥曰:"固也③。吾闻之,明君知臣,明父知子④。父捐命,不封诸子,何可言者⑤?"赵高曰:"不然,方今天下之权,存亡在子与高及丞相耳⑥,愿子图之⑦!且夫臣人与见臣于人,制人与见制于人⑧,岂可同日道哉!"胡亥曰:"废兄而立弟,是不义也;不奉父诏而畏死,是不孝也⑨;能薄而材谫,强因人之功,是不能也⑩:三者逆德⑪,天下不服,身殆倾危,社稷不血食⑫!"高曰:"臣闻汤、武杀其主,天下称义焉⑬,不为不忠;卫君杀其父,而卫国载其德⑭,孔子著之⑮,不为不孝。夫大行不小谨,盛德不辞让⑯,乡曲各有宜,而百官不同功⑰。故⑱顾小而忘大,后必有害;狐疑犹豫,后必有悔⑲;断而敢行,鬼神避之,后有成功⑳。愿子遂之㉑!"胡亥喟然叹曰:"今大行未发,丧礼未终㉒,岂宜以此事干丞相哉㉓!"赵高曰:"时乎时乎,间不及谋㉔;赢粮跃马,唯恐后时㉕。"

　　①留:扣留。　②"无诏"句:没有对诸子为王的遗命。　③固也:犹今言"可不是吗!"。　④"明君"二句:意谓始皇是个很明智的皇帝和父亲,他当然深切了解哪个儿子应该嗣位,哪些儿子不应该受封。　⑤"父捐命"三句:捐,弃置;捐命,犹言不下命令。大意是:父亲既不下命令封赐诸子,那还有什么说的呢!按,《史记会注考证》读此三句为:"父捐命不封,诸子何可言者!"

则谓父亲既不下命令封赐，那么这些做儿子的还说什么呢！亦可通。　⑥"方今"二句：天下之权，即指使天下人生死存亡之权。言现在天下的大权，都在你、我和李斯手中，我们要谁生谁就能生，要谁死谁就必须死。　⑦图之：图，谋也，考虑也。　⑧"且夫"二句：上句：臣人，让别人向自己称臣。见臣于人，向别人称臣。下句：制人，控制别人。见制于人，受别人控制。　⑨"不奉"二句：不奉父诏，言自己不遵从父亲遗命而妄想嗣位为畏死，指扶苏嗣位以后，自己失去宠恃，可能被杀。意谓因为怕死，所以阴谋篡位，这两件事都是不孝的。　⑩"能薄"三句：谫，音翦，作"浅"解。言自己能力薄弱而才智浅陋。第二句：强，读上声，勉强。因，依赖。功，出力。此三句言自己并没有什么能力，勉强靠别人出力帮助，这并不算是能干。　⑪逆德：不合有德的标准。　⑫"身殆"二句：上句：殆，有"将""可能"之意。倾危，危险。言自己的生命可能遇到危险。又，李笠说："殆，疑为逮之声误。"则"逮"作"及"解，谓自身将及于祸；亦通。下句：见前《刺客列传》注释。此处意指国亡宗灭，再没有人祭祀了。　⑬"臣闻"二句：上句的"杀"及下文"卫君杀其父"的"杀"，一本皆作"弑"，疑非是。固古书凡用"弑"字，即表示以下犯上，词含贬义。此处赵高正在鼓励胡亥篡位，自不宜用"弑"字。下文仿此。下句：言天下人认为汤、武的行为是符合正义的。　⑭"卫君"二句：指春秋时鲁哀公三年（即卫出公元年，公元前四九二年）卫人拒蒯聩入国事。据《史记·卫康叔世家》，卫灵公对太子蒯聩不满，蒯聩乃出奔宋。灵公死，卫人立蒯聩子辄为君，是为卫出公。晋人于此时送蒯聩返国。卫人竟发兵击蒯聩。故赵高为此言。后蒯聩终于借孔悝之力入卫为君，是为卫庄公。出公则出奔鲁，但出公虽出兵击蒯聩，并未有杀父之事。所以钱大昕说："然蒯聩未尝死于辄，辄亦无德可载也。"（见《二十二史考异》。）载，推重。　⑮孔子著之：著，记载；著录。按，《春秋·哀公三年》载"卫石曼姑帅师围戚"之事。戚，地名，即蒯聩所在之地。赵高所说，当即指《春秋》记载的话。　⑯"夫大行"二句：与《项羽本纪》樊哙所言"大行不顾细谨，大礼不辞小让"二语意义相仿。参阅《项纪》注释。　⑰"乡曲"二句：乡曲，犹言"乡里"。此二句大意是：乡里间日常发生的事故虽小,但也各有应该办理的事件,百官所负的职责虽大,但每个官员担任的工作不同。言外之意指如果百官办事全用乡里间所行的一套方式方法,则必导致工作上的损失。　⑱故:一本作"胡",非是。　⑲"狐疑"二句:相传狐性多疑,人有遇事犹疑不定,即谓之狐疑。悔,作"咎"解,即灾祸之意。此言遇事犹疑不决,后来必招致不好的后果。　⑳"断而"三句:言遇事有决断,敢放手去做,连鬼神也会因畏惧而逃避,后来必能成功。　㉑愿子遂之:遂,作"从"解。言希望你依照我的意见去做。　㉒"今大行"二句:上句:行,读去声。天子新死,尚未定谥号,称大行皇帝。大行有二解:一、《逸周书·谥法篇》:"谥者,行之迹也。号者,功之表也。……是以大行受大名,细行受细名。行出于己,名生于人。"意谓天子有伟大功业,应得大名,故称大行。二、元陈澔《礼记集说》:"行,乃循行之行,去声,以其往而不返,故曰大行也。"两说并通。此言始皇新死,谥法未定。下句:未终,未毕。　㉓"岂宜"句:干,求。言现在不是向李斯提出这件事的时候。　㉔"时乎"二句:间,读去声,间歇。大意是时机是很要紧的啊!稍一迟缓,就不允许你做任何打算了。　㉕"赢粮"二句:赢粮,裹了干粮。此言就像带着干粮骑着快马赶路一样,唯恐耽误了时机。按,赵高之所以竭力怂恿胡亥篡位,据《史记·蒙恬列传》,是由于赵高同蒙毅有仇。《蒙恬列传》说:"高有大罪,秦王令蒙毅法之。毅不敢阿法,当高死罪,除其宦籍。帝以高之敦于事也,赦之,复其官爵。……赵高恐蒙氏复贵而用事,……因为胡亥忠计,欲以灭蒙氏。"凌稚隆说:"所以著蒙氏之祸,实本于此。"录以备考。

　　胡亥既然高之言①,高曰:"不与丞相谋,恐事不能成,臣请为子与丞相谋之。"高乃谓丞相斯曰:"上崩,赐长子书,与丧会咸阳而立为嗣。书未行,今上崩,未有知者也。所赐长子书及符玺皆在胡亥所②,定太子,在君侯与高之口耳③,事将何如?"斯曰:"安得亡国之言,此非人臣所当议也④!"高曰:"君侯自料:能孰与蒙恬⑤?功高孰与蒙恬?谋远不失⑥孰与蒙恬?无怨于天下孰与蒙恬?长子旧而信之⑦孰与蒙恬？"斯曰："此五者皆不及蒙恬，而君责之何深也⑧？"高曰："高故内官之厮役也⑨，幸得以刀笔之文进入秦宫⑩，管事二十余年，未尝见秦免罢丞相、功臣有封及二世者也，卒皆以诛亡⑪。皇帝二十余子，皆君之所知。长子刚毅而武勇，信人而奋士⑫，即位必用蒙恬为丞相，君侯终不怀通侯之印归于乡里明矣⑬。高受诏教习胡亥，使学以法事数年矣⑭，未尝见过失；慈仁笃厚⑮，轻财重士，辩于心而诎于口⑯，尽礼敬士；秦之诸子未有及此者⑰，可以为嗣。君计而定之⑱！"斯曰："君其反位⑲！斯奉主之诏，听天之命，何虑之可定也⑳？"高曰："安可危也，危可安也㉑；安、危不定，何以贵圣㉒？"斯曰："斯，上蔡闾巷布衣也，上幸擢为丞相，封为通侯，子孙皆至尊位重禄者，故将以存亡、安危属臣也㉓，岂可负哉㉔？夫忠臣不避死而庶几㉕；孝子不勤劳而见危㉖；人臣各守其职而已矣㉗。君其勿复言，将令斯得罪！"高曰："盖闻圣人迁徙无常㉘，就变而从时㉙，见末而知本，观指而睹归㉚；物固有之，安得常法哉㉛？方今天下之权命悬于胡亥，高能得志焉㉜。且夫从外制中谓之惑㉝；从下制上谓之贼㉞。故秋霜降者草花落；水摇动者万物作㉟；此必然之效也㊱。君何见之晚？"斯曰："吾闻晋易太子，三世不安㊲；齐桓兄弟争位，身死为戮㊳；纣杀亲戚，不听谏者，国为丘墟㊴，遂危社稷：三者逆天，庙不血食！斯其犹人哉，安足为谋㊵？"高曰："上、下合同，可以长久㊶，中、外若一，事无表里㊷。君听臣之计，即长有封侯，世世称孤㊸，必有乔松之寿，孔、墨之智㊹。今释此而不从，祸及子孙，足以为寒心㊺！善者因祸为福，君何处焉㊻？"斯乃仰天而叹，垂泪太息曰："嗟乎！独遭乱世，既以不能死，安托命哉㊼！"

于是斯乃听高。高乃报胡亥曰:"臣请奉太子之明命以报丞相,丞相斯敢不奉令㊽!"

①既然高之言:既以赵高之言为是。 ②"所赐"句:徐孚远说:"符玺及书,本在高所,而云胡亥者,亦以劫斯(要挟李斯)也。"按,徐说是。 ③"定太子"二句:大意是决定谁是太子,就看你和我怎么说了。 ④"安得"二句:上句:李斯以为赵高有意图谋不轨,乃是国家灭亡时才会发生的事,故以赵高所说为亡国之言。下句言定太子之事,不是大臣所应讨论的。 ⑤"能孰与"句:孰与,犹言何如。此言你的才能比蒙恬怎样?按,崔适《史记探源》谓此句"能"下脱"多"字,"能多"与下"功高""谋远"相对。可备一说。 ⑥谋远不失:能从长远考虑问题而不致失算。 ⑦长子旧而信之:是扶苏的旧人而且得到扶苏的信任。 ⑧"而君"句:大意是你为什么对我如此苛求? ⑨"高故"句:故,与"固"通。厮役,供人使用的奴役。此句大意是我原来不过是宫禁里面一个服劳役的人罢了。 ⑩"幸得"句:刀笔之文,指赵高娴熟狱法而言。详上文注释。 ⑪"未尝见"二句:上句:大意是:从来没有看到被秦王罢免的丞相,是曾经连封两代的。意谓秦对功臣恩义甚薄,所有的大臣都只是自身受封不久即被罢免,从未见父子相继为相的。下句:言这些大臣最终被诛戮而死。 ⑫"长子"二句:上句:刚毅,指果断。武勇,指有威力。下句:信人,对人信任。奋士,善于鼓励士人,使他们奋发,肯替扶苏出力。按,下文言"扶苏为人仁",一见始皇诏书即自杀,可见赵高此处所言,也是欺骗李斯的话。 ⑬"君侯终不"句:通侯,本叫彻侯,因避汉武帝刘彻的讳,故汉改叫通侯。据《汉书·百官公卿表》,秦置爵凡二十级,其最尊的一级,即彻侯。彻和通同义,颜注:"言其爵位上通于天子。"此连上文大意是,如果蒙恬做了宰相,必然于你不利,你恐怕最终不会有带着通侯的印绶回家享福的可能了。 ⑭"高受诏"二句:据《蒙恬列传》,赵高教胡亥习法令并不是始皇所命,已见前注。唯《秦始皇本纪》载:"赵高故尝教胡亥书及狱律令法事,胡亥私幸之。"则知教习是公开的,彼此关系密切则是不公开的。法事,法律之事。 ⑮"慈仁"句:慈、仁同义。笃、厚同义,是两个复音词。 ⑯"辩于心"句:辩,巧捷明慧。诎,同"拙",笨拙,不善

口才。此言心里非常聪明但口不善于言辞。　⑰"秦之诸子"句：此，指胡亥。　⑱君计而定之：你最好考虑一下，确定立他为太子。　⑲君其反位：犹言你趁早请回吧。反位，回到本来的职位上去，意谓赵高不应越权过问朝政。　⑳"斯奉主"三句：大意是我遵照皇帝的遗嘱，自己的命运听上天的支配，还有什么拿不定的主意吗！　㉑"安可"二句：大意是你自己以为现在的处境很安定，但说不定会很危险；如果你参与我们的计划，也许你以为很危险，但说不定却很平安。言外谓李斯的命运操在赵高手中。　㉒"安、危"二句：言如果不能掌握自己命运的安危，怎么能算是出类拔萃的聪明人呢？　㉓"子孙"二句：大意是皇帝把我的子孙都封以尊位，赐以厚禄（重禄，丰厚的俸禄）的目的，原本（故与固通，犹言本来）是要把国家存亡安危的重担交托给我。属，音烛，与上文"以兵属蒙恬"的"属"同义。　㉔岂可负哉：意谓不能辜负始皇对自己的恩谊。　㉕"夫忠臣"句：庶几，《史记评林》引余有丁说："谓贪生幸利也。"郭嵩焘说"忠臣不避死而庶几，孝子不勤劳而见危"，语自一例。"庶几"，补足"不避死"意，言侥幸以图存也。李笠也说："庶几，谓苟免也。此谓'忠臣不避死而苟免'，与下句'孝子不勤劳而见危'句偶。故曰'各守其职'也。"言忠臣不因怕死而存侥幸于万一之心。　㉖"孝子不勤劳"句：按，此与上句虽属偶句而意义恰相反。上句言忠臣不妨牺牲自己，下句则言孝子不宜过于勤劳而使自己受到危险。《论语·为政篇》："父母唯其疾之忧。"《孝经》开宗明义："身体发肤，受之父母，不敢毁伤，孝之始也。"皆可与此句互参。又，《史记正义》："言哀痛甚则危其身也。"（见《史记会注考证》引。）《史记评林》引董份说："言孝子谨身事亲，不蹈危险也。暗指胡亥。"亦近是。录以备考。　㉗"人臣"句：守其职，犹言尽其职责，安其本分。按，李斯此语亦有讽赵高应安分守己之意。　㉘圣人迁徙无常：言聪明人处世，应灵活变化，不宜固执不移。　㉙"就变"句：就，逐也，乘也（已见上文注释）。就变，犹言抓紧局势变化的关键。从时，顺着潮流。　㉚"见末"二句：上句：言看到事物发展的苗头就能知道事物发展的根本方向。下句：指，动向。言看到事物发展的动向就能知道事物发展最终的结果。　㉛"物固"二句：言事物的发展本来是有这种情况的，怎么能固守着永恒不变的准则呢？　㉜"方今"二句：上句：权命，威权和命运。言天下大局都掌握在胡亥手中。下句：高能得志，本指我能揣摩出胡亥的意志。引申之，则赵高自谓："我可以因胡亥而得志，任所欲为。"　㉝"且夫"句：制，控制。惑，乱。详下注。　㉞"从下"句：按，此二句是反喻。意谓如由内部控制外部，由上面控制下面，乃是正常情况；如由外而制内，由下而制上，就是乱臣贼子。盖扶苏在外，胡亥在内，始皇为上，扶苏为下，用计除去扶苏，自较方便；如错过机会，上下内外的形势转化，再想反对扶苏，就不免成为乱臣贼子了。　㉟"故秋霜"二句：上句：言天寒霜降，则草木零落凋谢。下句：作，生长、兴起。《史记索隐》："水摇者，谓冰泮（融化）而水动也。是春时而万物皆生也。"言天暖冰解，则万物生长，以喻客观形势决定人之行为和取舍。据王念孙考证，此二句应作"故霜降者草花落，水摇者万物作"，秋、动二字是衍文。录以备考。　㊱"此必然"句：效，结果。　㊲"吾闻"二句：晋易太子，指晋献公废申生立奚齐事。献公死，奚齐立，为大夫里克所杀。大夫荀息又立奚齐弟公子卓，复为里克所杀。后公子夷吾自秦归晋，杀里克而为君，故此处言："三世不安。"事见《左传》僖公九年、十年。　㊳"齐桓"二句：上句：兄弟争位，指公子纠和公子小白（即齐桓公）争位为君事。见《左传·庄公九年》。下句：戮，辱。指公子纠被杀事。　㊴"纣杀"三句：第一句：指纣杀比干事。第二句：谏者，劝谏他的人。第三句：国，指国都。丘墟，荒丘，废墟。此指国亡家破之意。　㊵"斯其"二句：上句：斯其犹人，《史记会注考证》引《正义》："犹是人也。"犹今言："我也是一样的人。"下句：谋，指阴谋篡位之事。王骏图说："谓我亦犹以上诸人耳。彼既逆天得祸，我足为谋哉！"按，王说是。　㊶"上、下"二句：言上、下一心，事业就可以长久。按，此句上，指胡亥。下，指李斯；意谓李斯如与胡亥一心，即可保有长久的富贵。　㊷"中、外"二句：上句：中，指宫内之人。外，指百官大臣。意谓赵高和李斯。下句：表里，参差，不一致。此言如果赵高、李斯彼此一心，里应外合，则事情自然顺手，不致有参差出入。　㊸"君听"三句：长，永久。世世称孤，指可以世世代代被封为侯爵。此言如果听我的计策，你就可以永久被封为侯爵，而且延及子孙万代。　㊹"必有"二句：上句：乔松，有二解：一、指高大的松树，松树寿命最长，故用以喻人之年寿。二、谓仙人王子乔和赤松子，二人皆长生不死。今以下句比较观之，疑作人名为是。下句：孔墨，孔丘和墨翟。按，此二句是赵高谀辞。言李斯如能听赵高的话，一定寿命延长，才智增进，同乔、松、孔、墨一样。　㊸"今释此"三句：释，放弃。此，这个计谋；指胡亥篡位的阴谋。寒心，害怕。此言你如果舍此计而不从，则将连累子孙都不免受祸，我实在是替你担心。按，王念孙以为第三句应作"足为寒心"，"以"是衍文。其说似可从。　㊻"善者"二句：大意是一个善于自处的人是能因祸得福的，你打算自居于何地呢？　㊼"既以"二句：上句，以，通"已"（用中井积德说）。下句：托命，寄托自己的生命。此二句大意是我既然不能自杀以报皇帝，又向何处寄托我的生命呢！言外谓自己听从赵高是无可奈何的事。明李光缙增补《史记评林》引屠隆说："按，李斯诈立胡亥，阴弑扶苏，虽由赵高之奸，实其私心所肯也。……彼其初难之，不过饰说以欺高与天下耳。其后扶苏死而斯大喜，真情其微露矣。"录以备考。　㊽"臣请"二句：大意是我是得到您的允许，奉了您的命令去通知李斯的，李斯敢不听从吗！

　　于是乃相与谋，诈为受始皇诏，丞相立子胡亥为太子①。更为书赐长子扶苏曰："朕巡天下，祷祠名山诸神②，以延寿命。今扶苏与将军蒙恬将师数十万以屯边③，十有余年矣，不能进而前④，士卒多耗⑤，无尺寸之功；乃反数上书，直言诽谤我所为，以不得罢归为太子，日夜怨望⑥。扶苏为人子不孝，其赐剑以自裁⑦！将军恬与扶苏居外，不匡正，宜知其谋⑧；为人臣不忠，其赐死。以兵属裨将王离⑨！"封其书以皇帝玺，遣胡亥客奉书赐扶苏于上郡⑩。

　　①"丞相"句：崔适《史记探源》以为此句"丞相"之前应有"诏"字是。此连上文言，大意是李斯假作接受了始皇的遗诏——命丞相立胡亥为太子。　②"祷祠"句：祷，祈祷。祠，祭祀。　③"今扶苏"句：将师数十万，带领着几十万大兵。屯边，驻扎在边

疆。　④"不能进"句：不能向前拓展国家的领土。　⑤多耗：死亡、伤残很多。　⑥"以不得"二句：主语是扶苏。大意是因为不能被解除监兵的职务以便回朝来做太子，所以整天地怨恨不平。　⑦自裁：自杀。　⑧"不匡正"二句：一本"不"下有"能"字。此二句言蒙恬既然不能改正扶苏的错误，显然是有意如此，那他也应该知道扶苏心里的打算。　⑨裨将王离：裨将，已见前《项羽本纪》注释。王离，秦将王翦的孙子。　⑩"封其书"二句：上句：言在诏书的封口处盖上了皇帝的玺印。下句：胡亥客，胡亥手下的亲信。

使者至，发书①，扶苏泣，入内舍②，欲自杀。蒙恬止扶苏曰："陛下居外，未立太子，使臣将三十万众守边，公子为监，此天下重任也。今一使者来，即自杀，安知其非诈？请复请③；复请而后死，未暮也④！"使者数趣之⑤，扶苏为人仁，谓蒙恬曰："父而赐子死，尚安复请⑥！"即自杀。

①发书：拆开了诏书。　②内舍：内宅。　③请复请：我请求你重新去请示一下。　④"复请"二句：等重新请示之后再死也还不迟。　⑤数趣之：数，读为朔，屡次。趣，同"促"，催促、逼迫。　⑥"父而"二句：而，作如解。言父亲如果命令儿子自杀，那还重新请示什么呢。

蒙恬不肯死，使者即以属吏系于阳周①。

①"使者即以"句：属吏，手下的小吏。系，囚禁。阳周，秦县名，故城在今陕西省安定县北。

使者还报，胡亥、斯、高大喜。至咸阳发丧，太子立，为二世皇帝。以赵高为郎中令①，常侍中用事②。

①郎中令：皇帝近臣。《汉书·百官公卿表》："秦官，掌宫殿掖门户。"按，郎，通古"廊"字，指古代宫禁内廊门。郎中，即谓廊门之中。指距君王所在之处甚近之地。参阅王先谦《汉书补注》。　②"常侍中"句：常，经常。中，宫中。侍中，指在宫中

侍奉皇帝，非官名。用事，掌握大权。

（以上是第二大段，写赵高、李斯谋立胡亥为帝的经过。）

二世燕居①，乃召高与谋事，谓曰："夫人生居世间也，譬犹骋六骥过决隙也②。吾既已临天下矣，欲悉耳目之所好，穷心志之所乐③，以安宗庙而乐万姓④，长有天下，终吾年寿⑤，其道可乎⑥？"高曰："此贤主之所能行也，而昏乱主之所禁也⑦，臣请言之，不敢避斧钺之诛，愿陛下少留意焉⑧！夫沙丘之谋⑨，诸公子及大臣皆疑焉；而诸公子尽帝兄⑩，大臣又先帝之所置也⑪。今陛下初立，此其属意怏怏皆不服，恐为变⑫。且蒙恬已死，蒙毅将兵居外⑬，臣战战栗栗唯恐不终⑭；且陛下安得为此乐乎？"二世曰："为之奈何？"赵高曰："严法而刻刑⑮，令有罪者相坐诛⑯，至收族⑰，灭大臣而远骨肉⑱；贫者富之，贱者贵之⑲；尽除去先帝之故臣，更置陛下之所亲信者近之⑳。此则阴德归陛下㉑，害除而奸谋塞㉒；群臣莫不被润泽，蒙厚德㉓，陛下则高枕肆志宠乐矣㉔。计莫出于此㉕。"二世然高之言，乃更为法律㉖。于是群臣、诸公子有罪，辄下高令鞠治之㉗：杀大臣蒙毅等；公子十二人僇死咸阳市㉘；十公主矺死于杜㉙；财物入于县官㉚，相连坐者不可胜数。

①燕居：燕，与"宴"通。《礼记》郑玄注："退朝而处，曰燕居。" ②"譬犹"句：骋，奔驰。六骥，六匹快马。决隙，胡三省《资治通鉴》注："决裂也。裂开之隙，其间不能以寸，喻狭小也。"此言从裂开的墙缝中看快马跑过，与《留侯世家》"白驹过隙"义同。 ③"吾既"三句：第一句：临天下，犹言拥有天下。第二句：悉，尽。耳目之所好，指声色之娱。第三句：穷，极。心志之所乐，心里所喜欢的物质享受。言心中所想的一定要完全享受到。 ④"以安"句：言使宗庙安定，使贵族们生活愉快。按，万姓，指贵族，不指人民。 ⑤"长有"二句：大意是永久享有

天下，直到我寿终命尽为止。　⑥"其道"句：按，胡亥心知个人尽情享乐与国家安定两者之间有矛盾，故问赵高："照道理讲，这样是可能的吗？"　⑦"此贤主"二句：言胡亥所希望实现的事，只要是贤君就可以做到，而昏乱之君就不应该做。　⑧"愿陛下"句：留意，指对赵高的话加以考虑。　⑨沙丘之谋：指始皇死后，赵高、李斯助胡亥篡位的密谋。　⑩"而诸公子"句：诸公子，指秦始皇其他的儿子。尽帝兄，都是胡亥的哥哥。梁玉绳说："此言疑不然。"盖因此传言"始皇有二十余子"，而《史记集解》言胡亥乃始皇第十八子，胡认为胡亥还应有兄弟。今按，下文李斯之言，"有夷其兄弟而自立"和"行逆于昆弟"的话，可见此处只是行文偶有出入。梁说似过于拘泥。　⑪"大臣"句：先帝，指始皇。置，委任、任用。　⑫"此其属"二句：此，犹言"这样"。其属，他们这一班人。怏怏，心中不满足貌。下句：为变，造反。此二句大意是：这样就使得他们这班人心中总是别别扭扭地不服气，恐怕他们要造反。　⑬"且蒙恬"二句：按，此二语与《蒙恬列传》所载事有出入。据《蒙恬列传》，蒙毅先死，蒙恬自杀在后；而在外带兵的是恬而非毅，与此皆不相同。疑原文传写有误（参用梁玉绳说）。　⑭"臣战战"句：栗，同"慄"。战战慄慄，形容心惊胆战的状词。不终，不得善终，不得好结果。　⑮刻刑：苛刻、狠毒的刑罚。　⑯相坐诛：互相牵连而受诛。　⑰收族：逮捕犯法者整个家族。　⑱"灭大臣"句：诛灭大臣，同本皇族的人疏远。　⑲"贫者"二句：贫者、贱者，指胡亥的亲信，原来在政治上并没有地位的人。　⑳"更置"句：另外任用您所亲信的人，并同他们接近。　㉑"此则"句：阴德，指被胡亥所任用的人暗中念胡亥的好处。归陛下，归附于胡亥。　㉒"害除"句：塞，阻止，行不通。言对您有害的人都被消灭，那些人的奸计也就无法实现了。　㉓"群臣"二句：上句：被润泽，受到您的恩赐。下句：蒙，与"被"同义。厚德，深厚的德意。　㉔"陛下则"句：高枕，犹言安睡，即高枕无忧之意。肆志，任所欲为。宠，作"荣"解（用中井积德说），即"大"之意。乐，享受。宠乐，可以纵情享受，充分娱乐。　㉕计莫出于此：出，李笠说："犹逾也，过也。莫过于此者，言无有胜于此也。"意谓这是最高明的主意。　㉖更为法律：把从前的法律都改动了。　㉗"辄下高"句：辄，犹今言"就""便"。下高,把犯人交到赵高那里。鞫,正写应作鞠,《说文》段注:"古言鞫,今言供,语之转也。今法具犯人口供于前,具勘语拟罪于后,即……汉之以辞决罪也。'鞫'与'穷'一语之转,故以'穷治罪人'释'鞫'。"此连上文言凡群臣、宗族有罪,随即把犯人交给赵高,命令他穷究审问。 ㉘"公子十二人"句:僇,同"戮"。僇死咸阳市,即弃市之刑,盖行刑于市,被杀后以尸示众。按,《秦始皇本纪》:"乃行诛大臣及诸公子,以罪过连逮(连坐)少(小官)。近(近侍之臣)官、三郎(中郎、外郎、散郎,皆官名)无得立(脱)者。而六公子戮死于杜,公子将闾昆弟三人,囚于内宫,……皆流涕,拔剑自杀。"与此传所载有出入。 ㉙"十公主"句:矺,音宅。旧注以为与"磔"同。磔,刑法名,裂肢体而杀之,死后更陈尸于市。但郭嵩焘说:"案,秦法无磔刑。……十公主无罪,亦不当施以极刑。……《汉书·刑法志》称秦有凿颠之刑。《小雅》注:'颠,陨也。从上曰陨。'《广韵》:'矺,磓也。'磓与搥同,《广韵》:'搥,擿也。'《荆卿传》:'引匕首以擿秦王。'擿者,投而掷之,盖投掷之杜陵以死,《广韵》亦云:'矺,掷地声。'矺死,即颠刑之类也。"可备一说。录以供参考。杜,秦县名,故城在今陕西省西安市东南。 ㉚入于县官:县官,《史记索隐》:"谓天子也。所以谓国家为县官者,王畿内县,即国都也。王者官天下,故曰县官也。"(文句据张文虎说校订。)胡三省说:"汉谓天子为县官,此县官犹言公家也。"此指把财物充公,置于天子内库。

公子高欲奔①,恐收族,乃上书曰:

先帝无恙时,臣入则赐食,出则乘舆;御府之衣②,臣得赐之;中厩之宝马③,臣得赐之。臣当从死而不能④;为人子不孝,为人臣不忠。不忠者无名以立于世⑤;臣请从死,愿葬郦山之足⑥,唯上幸哀怜之⑦!

书上,胡亥大说,召赵高而示之曰:"此可谓急乎⑧?"赵高曰:"人臣当忧死而不暇,何变之得谋⑨。"胡亥可其书,赐钱十万以葬。

①"公子高"句:公子高,胡亥的弟兄之一。欲奔,想亡命出

奔。　②御府之衣：皇帝内府的衣服。　③"中厩"句：中厩，皇帝宫中的马厩；宝马，珍贵难得的马。　④"臣当"句：从死，跟随始皇一同死去；不能，当时没有能够做到。　⑤"不忠者"句：一本此句无"不忠"二字，连上文读作"为人子不孝，为人臣不忠者，无名以立于世"，近是。此言不忠不孝之人，声名已败，是没有立足在世上的必要了。　⑥郦山之足：郦山，即骊山，在今陕西省临潼县东南，秦始皇即葬于此山。足，山脚下。　⑦"唯上"句：唯，愿。言愿皇帝哀怜我，准我自杀，并能满足我葬在骊山的愿望。　⑧此可谓急乎：急，冈白驹释为"事急"。意谓公子高本怀叛变之心，但见大势已至于此，急切无奈，只好这样做。　⑨"人臣"二句：言在严法刻刑之下，大臣们只忧性命不保尚且不暇，决不会再生叛变之心了。

　　法令诛罚日益刻深①，群臣人人自危，欲畔②者众。又作阿房之宫③，治直、驰道④，赋敛愈重，戍徭无已⑤。于是楚戍卒陈胜、吴广等乃作乱，起于山东，杰俊相立⑥，自置为侯王⑦，叛秦，兵至鸿门而却⑧。李斯数欲请间谏⑨，二世不许；而二世责问李斯曰："吾有私议，而有所闻于韩子也⑩。曰：'尧之有天下也，堂高三尺⑪，采椽不斲⑫，茅茨不翦⑬；虽逆旅之宿，不勤于此矣⑭。冬日鹿裘，夏日葛衣⑮，粢粝之食⑯，藜藿之羹，饭土瓯，啜土铏⑰；虽监门之养，不觳于此矣⑱。禹凿龙门⑲，通大夏⑳，疏九河，曲九防㉑，决渟水致之海㉒，而股无胈，胫无毛㉓，手足胼胝，面目黎黑㉔，遂以死于外，葬于会稽㉕；臣虏之劳，不烈于此矣㉖。'然则夫所贵于有天下者㉗，岂欲苦形劳神㉘，身处逆旅之宿，口食监门之养，手持臣虏之作哉㉙？此不肖人之所勉也，非贤者之所务也㉚。彼贤人之有天下也，专用天下适己而已矣㉛，此所以贵于有天下也。夫所谓贤人者，必能安天下而治万民；今身且不能利，将恶能治天下哉㉜？故吾愿肆志广欲㉝，长享天下而无害㉞，为之奈何？"——李斯子由为三川守，群盗吴广等西略地，过去弗能禁㉟。章邯以破逐广等兵㊱，使者覆案三川相属㊲，诮让斯居三公位，如何令盗如此㊳？——李斯恐惧，重爵禄，不知所出㊴，乃阿二世意㊵，欲求容㊶，以书对曰：

①日益刻深：一天比一天严厉残酷。　②畔：同"叛"。　③阿房之宫：故址在今陕西省西安市西北。据《秦始皇本纪》："于是始皇以为咸阳人多，先王之宫廷小；……乃营作朝宫（朝会的宫廷）渭南上林苑中。先作前殿阿房（按，此句意谓始皇拟修建一座宏大的宫殿供朝会之用，阿房仅为此宫的前殿），东西五百步，南北五十丈，上可以坐万人，下可以建五丈旗。周驰为阁道，自殿下直抵南山（终南山），表南山之巅以为阙。为复道，自阿房渡渭，属之（连接于）咸阳……阿房宫未成。成，欲更择令名（好名称）名之。作宫阿房，故天下谓之阿房宫。"则知阿房本为地名，因在阿房建造宫室，所以暂以地名为宫之名。旧注释"阿房"，每望文生义，今不取。又按，《三辅黄图》："阿房宫，亦曰阿城。惠文王造，宫未成而亡。始皇广其宫，规恢三百余里。离宫别馆，弥山跨谷，辇道相属。……"则知此宫自秦惠文王至秦二世，迄未建成。　④治直、驰道：治，修。直、驰道，即直道和驰道。直道，犹今之公路。《蒙恬列传》谓始皇使蒙恬堑山堙谷（把山削平，把谷填平），通直道。则直道当是长途的公路，一般人都可以走。驰道，《史记集解》引应劭说："天子道也，道若今之中道然。"又说："……于驰道外筑墙，天子于中行，外人不见。"《汉书·贾山传》："为驰道于天下，东穷燕、齐，南极吴、楚……道广五十步，三丈而树（隔三丈种一树），厚筑其外（用力筑路面，使之加厚加平，较一般地面隆高而结实），隐以金椎（用铁锤筑地），树以青松。……"则是天子专用的马路。两者是有区别的（参用王念孙说）。　⑤"戍徭"句：戍，遣人守边。服劳役。无已，言人民为秦任戍守徭役之事，永无休止。　⑥"杰俊"句：杰俊，犹言英雄豪杰。相立，犹言并起。　⑦"自置"句：自立为侯、为王。　⑧"兵至"句：鸿门，已见前《项羽本纪》注释，却，退却。按，《史记·陈涉世家》："周文，陈之贤人也。……自言习兵，陈王（即陈胜）与之将军印，西击秦。行收兵至关（函

谷关），车千乘，卒数十万。至戏（戏水，即在鸿门附近，已见前《项羽本纪》注释），军焉。秦令少府章邯免郦山徒人、奴产子（奴婢所生之子），悉发以击楚大军，尽败之。……"即此处所谓兵至鸿门而却的经过。　⑨请间谏：请求找机会进谏。　⑩"吾有"二句：上句：私议，个人的看法。下句：韩子，即韩非。言我的意见是从韩非那儿听到的。　⑪"堂高"句：殿堂不过三尺高。极言其简陋。　⑫"采椽"句：采，旧注谓是栎木（或谓是"柞木"）。椽，音船，圆的房檩，即檐上承接屋瓦的木条，斫，雕饰。此言栎木做屋椽，不加雕刻，极言尧住处之简陋。胡三省《资治通鉴》注："采椽者，盖自山采来之椽，因而用之；不施斧斤，示朴也。"似较旧注为优。但郭嵩焘说："樸材不中（不中用）为椽，亦无不加斫之理。'斫'，谓雕镂之，言但施采画不加雕镂也。"亦通。　⑬"茅茨"句：茨，次平声，以茅草盖覆屋顶叫茨；剪，指修剪得很整齐，此言茅草屋且未修剪。　⑭"虽逆旅"二句：逆旅，旅舍。宿，指过往旅客到旅舍投宿。此二句言尧治天下十分勤劳，即使是旅舍中寄宿的行人也没有尧辛苦。　⑮"冬日"二句：葛，麻布。此言冬天裹鹿皮，夏天披麻布，以见衣着简陋。　⑯粢粝：粢，音慈，稻饼；粝，粗米。此言所吃的极粗糙。　⑰"饭土匦"二句：匦，同"簋"，古代盛肴馔的器皿，本应铜制，此以土制，极言其陋。下句：啜，吸饮。铏，《说文》作鉶，长颈的酒钟。此二句言尧用陶土制的簋吃饭，用陶土制的酒杯饮酒。　⑱"虽监门"二句：毂，音觉，作"薄"解。王念孙说："言虽监门者之供养，犹不薄于此也。"　⑲龙门：山名。《尚书·禹贡》："导河积石，至于龙门。"山在今山西省河津县西北，陕西省韩成县东北，分跨黄河两岸，形如门阙。相传禹导河至此，凿山以通流。　⑳大夏：指今山西省境内诸地。《史记正义》："《括地志》云：'大夏'，今并州晋阳及汾、绛等州是。……西近河，言禹凿龙门，河水道得大通，并州之地不壅溢也。"　㉑"疏九河"二句：上句：按，相传古时黄河自孟津以北，即分为九条河道；今天津、河北省之河间、山东之惠民等地区，皆九河故道。据《尔雅·释水》，九河名是：徒骇、太史、马颊、覆釜、胡苏、简、絜、钩盘、鬲津。疏，疏通。下句：曲曲折折地筑起。九防，即九河的堤防。按，此处九河、九防，疑皆泛指。《尚书·禹贡》："九山刊旅，九川涤源，九泽既陂（即九河既防），四海会同。"所谓九山、九川、九泽、四海，都不必强为举出实证。据旧注，九川，是九州之川，则九河和九防亦可释为九州之河和九河之防（参用中井积德说）。 ㉒"决渟水"句：渟水，淤塞壅积的水。渟，音停。此言把壅塞的水道加以开导疏浚，引导水到海里去。 ㉓"而股"二句：上句：股，自膝以上的腿部。胈，音跋，股上小毛。下句：胫，音杏，自膝以下的腿部，俗呼小腿。 ㉔"手足"二句：上句：胼胝，音骈知，《荀子》杨倞注："胼谓手足劳，……胝，皮厚也。"今按，手足劳累叫胼，手掌足心因劳累过久而生厚皮，即所谓胝。但今已习惯连用。下句：黎，今写作"黧"，作"黑"解。此言禹的面容因风吹日晒而呈黑色。 ㉕"遂以"二句：会稽，即会稽山，已见前注，此言禹于是就这样死在外面，葬在会稽山上。按，禹葬于会稽，是先秦诸子的传说。 ㉖"臣虏"二句：臣指仆役，虏指俘虏，此言禹是非常劳苦的，即使是仆役俘虏，其劳苦的程度，也不会再超过他了。烈，酷。《史记正义》："贱臣奴虏之勤劳，不酷烈于此辛苦矣。" ㉗"然则夫"句："然则"，张文虎疑为衍文，是。《秦始皇本纪》即无"然则"二字。夫，发语词，与凡同义。此言凡是以享有天下为可贵的缘故。 ㉘"岂欲"句：形，身体、肉体。神，精神。苦形劳神，犹言身心俱瘁。 ㉙"身处"三句：此连上文大意是做了皇帝，怎么能身心交瘁，身体还像旅客那样住在客栈里，口里吃着像守里门的人吃的那样的饮食，手里做着像奴隶所做的那样的活儿呢？ ㉚"此不肖人"二句：不肖人，即不像样子的人，亦即下等人。此言上述种种刻苦劳作，只是一般的下等人应当勉力去做的事，不是贤人所急于要做的。 ㉛"专用"句：专用天下适己，只求天下人都顺适自己。 ㉜"令身"二句：言如果像尧、禹一样连自己的身体都没有得到好处，那还怎么能治天下呢？ ㉝肆志广欲：任所欲为，扩充个人的欲望。 ㉞"长享"句：永远享有天下，但又不致有任何祸患。 ㉟过去弗能禁：过，读平声，来。去，离开。此言像吴广等这些盗贼，向西面扩张土地，无论来到李由所管辖的地区或从这个地区走开，李由都无法禁止。 ㊱"章邯"句：以，同"已"。按，《资治通鉴·秦纪》："（二世）二年……十一月，……吴叔（即吴广）围荥阳，李由为三川守，守荥阳，叔弗能下。楚将军田臧等……因相与矫王（即陈胜）令以诛吴叔。……田臧乃使诸将李归等守荥阳，自以精兵西迎秦军于敖仓。与战，田臧死，军破。章邯进兵击李归等荥阳下，破之。李归等死。阳城人邓说将兵居郏，章邯别将击破之。铚人伍逢将兵居许，章邯击破之。……”即此处所谓“破逐广等兵”的经过。 ㊲“使者”句：覆案，事后调查。相属，一个人接一个人。此言使者到三川地面去调查的一个跟着一个。 ㊳“诮让”二句：诮，音俏，同“谯”。让，读上声。诮让，用言辞责问。三公，秦、汉时以丞相、太尉、御史大夫为三公，是当时政府最高的执政者。此言使者责问李斯，身为丞相，为什么竟使叛乱的队伍这样厉害。 ㊴“李斯恐惧”三句：恐惧，指怕死。重爵禄，指贪恋富贵（以上用清吴见思说，见其所著《史记论文》）。不知所出，不知怎么办才好。 ㊵“乃阿”句：阿，阿谀、迎合、谄媚。《汉书·酷吏传赞》：“张汤以知（智）阿邑人主。”王念孙说：“阿邑人主，谓曲从人主之意也。”此犹言曲从二世之意。 ㊶“欲求容”二句：上句：容，作“悦”解。求容，犹“取悦”。言企图博得二世的欢心。

夫贤主者，必且能全道而行督责之术者也[①]。督责之，则臣不敢不竭能以徇[②]其主矣。此臣、主之分[③]定，上、下之义明，则天下贤，不肖莫敢不尽力竭任以徇其君矣。是故主独制于天下而无所制也。能穷乐之极矣，贤明之主也，可不察焉？故申子曰“有天下而不恣睢[④]，命之曰以天下为桎梏”者，无他焉，不能督责，而顾[⑤]以其身劳于天下之民，若尧、禹然，故谓之桎梏也。

①“必且能”句：且，《会注考证校补》：“《详节》本无且字。”全道，谓完善的法术。督责，《索隐》说：“督者，察也；察其罪，责之以刑罚也。” ②徇：音殉，以身从物也；此谓以身从主人也。 ③分：音份，职守也。 ④恣睢：《索隐》说：“恣睢，上音资二反；下音呼季反。恣睢，犹放纵也；谓肆情纵恣也。” ⑤顾：但也；特也。

夫不能修申、韩之明术，行督责之道，专以天下自适也，而徒务苦形劳神以身徇百姓，则是黔首之役，非畜①天下者也，何足贵哉？夫以人徇己，则己贵而人贱；以己徇人，则己贱而人贵。故徇人者贱，而人所徇者贵，自古至今，未有不然者也。凡古之所为尊贤者，为其贵也；而所为恶不肖者，为其贱也。而尧、禹以身徇天下者也，因随而尊之，则亦失所为尊贤之心矣，夫可谓大缪矣。谓之为桎梏，不亦宜乎？不能督责之过也。

①畜：养护也。

故韩子曰"慈母有败子，而严家无格虏"者①，何也？则能罚之加焉必也②。故商君之法，刑弃灰于道③者。夫弃灰，薄罪也；而被刑，重罚也。彼唯明主为能深督轻罪。夫罪轻且督深，而况有重罪乎？故民不敢犯也。是故韩子曰："布帛寻常，庸人不释；铄金百镒，盗跖不搏者，非庸人之心重寻常之利深，而盗跖之欲浅也；又不以盗跖之行为轻百镒之重也。搏必随手刑，则盗跖不搏百镒；而罚不必行，则庸人不释寻常④。"是故城高五丈而楼季⑤不轻犯也，泰山之高百仞而跛牂⑥牧其上。夫楼季也而难五丈之限，岂跛牂也而易百仞之高哉？峭堑之势异也⑦。明主圣王之所以能久处尊位，长执重势，而独擅天下之利者，非有异道⑧也，能独断而审督责，必深罚⑨，故天下不敢犯也。今不务所以不犯，而事慈母之所以败子也，则亦不察于圣人之论矣！夫不能行圣人之术，则舍为天下役，何事哉？可不哀邪⑩？

①"而严家"句：《索隐》谓："格，强捍也；虏，奴隶也。言严整之家，本无格捍奴仆也。" ②"则能罚"句：意谓：就是由于能够切实地做到加重处罚。 ③"刑弃灰"句：《会注考证》

谓："北地多风，弃灰，有失火之虞，所以为禁。" ④"故韩子曰布帛"全句：《旧注平义》图按："所谓布帛寻常，庸人不释者，考释各云，八尺曰寻，倍寻曰常。庸人，平人也，常人也；对盗跖言也。言以寻常之布帛，虽平常人见之，不肯释而不取，以取之未必即有罚也。铄，销铄也，即众口铄金之铄，谓销镕也。言以百镒之金，正在销镕，虽盗跖不敢取之，何也？搏（搏，索持也——见《说文》，即攫也）之以手，则手随之而伤，刑已及身矣，故不攫也。彼布帛之利虽微，然取之不必即有害，故虽常人，见之必取；百金之利虽大，而刑已随手而至，故虽盗跖不取也。" ⑤楼季：《集解》谓："许慎曰，楼季，魏文侯之弟。王孙子曰，楼季，魏文侯之兄也。" ⑥牂：同"牂"，母羊也。 ⑦"峭堑"句：峭堑，《索隐》谓："峭，峻也，高也，七笑反。堑，音渐，以言峭峻则难登，故楼季难五丈之限；平堑则易涉，故跛牂牧于泰山也。" ⑧异道：不同的法术。 ⑨"能独断"二句：《史记札记》："案李斯此书贬斥尧、禹而灭仁义，绝谏说，困烈士，舛谬极矣。乃其云'独断而审督责，必深罚'，则自秦、汉以来操主术以制听从之臣，必由于是，莫之或易者也。李斯以其意务纵君之欲，一言而定万世之程。仓颉制字而天雨粟，鬼夜哭，于李斯之文复见之。"按，必，果也；信也；即切实做到之谓。 ⑩"则舍"三句：《会注考证》引中井积德说："言舍圣人之术，而反为天下所役，甚可哀也。"《旧注平义》观案："舍，止也；言人主不能行圣人逸乐之术，则止以一身为天下劳役耳，果为何事哉！故下云可不哀邪。所谓圣人之术者，谓圣王明王恣睢逸乐，专以天下自适也；所谓止为天下役者，谓若尧、禹之苦形劳神，以天下为桎梏也。此李斯阿附二世之意，劝其不可止为天下役也。"

且夫俭节仁义之人立于朝，则荒肆之乐辍矣；谏说论理之臣开于侧①，则流漫之志诎矣②；烈士死节之行显于世，则淫康之虞③废矣。故明主能外此三者，而独操主术以制听从之臣，而修其明法，故身尊而势重也。凡贤主者，必将能拂世摩俗④，而废其所恶，立其所欲，故生则有尊重之势，死则有贤明之谥也。是以明君独断，故权不在臣也。然后能灭仁义之涂，掩驰说之口，困烈士之行，塞聪掩明，内独视听，故外不可倾以仁义烈士之行；而内不可夺以谏说忿争之辩。故能荦然⑤独行恣睢之心而莫之敢逆。若此，然后可谓能明申、韩之术，而修商君之法。法修、术明而天下乱者，未之闻也。故曰"王道约而易操"也，唯明主为能行之。

　　①开于侧：意谓杂立在身边。　②"则流漫"句：流漫，放纵懈弛。志诎，谓志短也。　③虞：《新校注稿》云："虞，乐也。"　④拂世磨俗：《索隐》说："拂，音扶弗反。磨，音莫何反。拂世，盖言与世情乖戾；磨俗，言磨砺于俗使从己。"（《会注考证校补》云：《索》金陵本，摩作磨。）　⑤荦然：荦，音落。荦然，显明貌。

　　若此，则谓督责之诚，则臣无邪①；臣无邪则天下安；天下安则主严尊；主严尊则督责必；督责必则所求得；所求得则国家富；国家富则君乐②丰：故督责之术设③，则所欲无不得矣。群臣、百姓救过不给，何变之敢图④？若此则帝道备而可谓能明君、臣之术矣！虽申、韩复生，不能加也。

　　①邪：不正。　②乐：音勒。　③设：完善，完备。　④"君臣"二句：意谓当群臣、百姓想挽救他们所犯的过错时，不要答应他们（意即不要给予他们改过自新的机会），那么，又有哪一种变乱是他们敢策划的（意即他们再也不敢谋划任何变乱了）？

　　书奏，二世悦。于是行督责益严①。税民深者为明吏②。二世曰："若此，则可谓能督责矣。"刑者相半于道③，而死人日成积于市④；杀人众者为忠臣。二世曰："若此，可谓能督责矣。"

①行督责益严：督责，《史记索隐》："督者，察也。察其罪，责之以刑罚也。"即对人民施行严刑峻法。益严，更加严厉。按，二世即位，听赵高之言，实际已行督责之术；自李斯《论督责书》奏闻之后，较前乃愈加严酷。　②"税民"句：向人民抽税最重的才算是贤明的官吏。　③"刑者"句：路上行走的人有一半是受刑事处分的。　④"而死人"句：死人的尸体每天成堆地陈列在市上。积，是名词。

（以上是第三大段，写赵高、李斯迎合胡亥，大行暴政。）

初，赵高为郎中令，所杀及报私怨众多①，恐大臣入朝奏事毁恶之②，乃说二世曰："天子所以贵者，但以闻声，群臣莫得见其面，故号曰'朕③'。且陛下富于春秋④，未必尽通诸事⑤，今坐朝廷，谴举有不当者，则见短于大臣⑥，非所以示神明于天下也⑦。且陛下深拱禁中⑧，与臣及侍中习法者待事⑨，事来，有以揆之⑩。如此，则大臣不敢奏疑事⑪，天下称圣主矣。"二世用其计，乃不坐朝廷见大臣，居禁中，赵高常侍中用事，事皆决于赵高。

①"所杀"句：言赵高所杀的人，和为了报私怨而陷害的人，实在太多了。　②毁恶之：毁，毁谤。恶，读去声，作"谗"解。指讦发阴私。之，指赵高。此句言赵高恐怕大臣们在入朝奏事时向二世揭露自己的短处。　③"但以"三句：前二句连上文言天子之所以尊贵，只是由于群臣见不到天子的面而仅能听到他的声音。意谓只能听从天子的命令而看不到他本人。第三句：疑是赵高捏造的解释。按，先秦人贵贱皆自称"朕"，本不专限皇帝或国君，只是一种方言而已。《尔雅·释诂》："卬、吾、台、予、朕、身、甫、余、言，我也。"卬，即今之"俺"；"朕"，疑即今之"咱"。至秦始皇始以"朕"为天子自称。此处赵高的解释，以为皇帝只能闻声不能见面，乃是以"朕"之本义"朕兆"之"朕"，传会而得。兹节引朱骏声《说文通训定声》释"朕"之文，以供参考："按，朕，舟缝也。⋯⋯戴氏震《考工图·函人》注：'舟之缝理曰朕。'⋯⋯《庄子·应帝

王》：'而游无朕。'崔注：'兆也。'《列子·黄帝》：'吾向示之以太冲莫朕。'《淮南·览冥》：'不见朕垠。'注：'朕兆也。'……《鬼谷子·抵巇》：'巇始有朕。'注：'朕者，隙之将兆，谓其微也。'皆一意之引申。隙，壁缝；兆，龟缝；朕，舟缝，同也。假借（为）发声之词。《尔雅·释诂》：'朕，我也。'……按，此与卬、言为吾、余之声转，方音不同，各称其称，与本义无涉。亡秦赵高乃谓二世曰：'天子称朕，固不闻声。'附会字之本义以愚主，此不通之论也。" ④富于春秋：言年纪正轻。富，富裕。春秋，指年龄。 ⑤"未必"句：王骏图说："谓年少未必尽通晓诸事也。" ⑥"谴举"二句：上句：谴，谴责、惩罚。举，奖赏、提拔，表扬。下句：见短，受轻视。此言如果你对赏罚有不恰当的地方，那就会被大臣轻视。 ⑦"非所以"句：神明，聪明神奇，不同凡响，此连上文大意是，如果你被大臣们瞧不起，那就不会让天下都认为你是最神奇、最明智的人了。 ⑧深拱禁中：拱，本指拱手，引申为端坐闲居，无所事事。《伪古文尚书·武成篇》："垂拱而天下治。"蔡沈注："垂衣拱手而天下自治矣。"此句之"拱"，即垂拱之意。言胡亥可深居宫禁中，不问外事。 ⑨"与臣"句：大意是你和我以及在宫中侍奉你的娴习法令的人，等待着大臣把公事呈奏上来。 ⑩"事来"二句：言等公事来了，我们就可以充分权衡考虑。揆，作"度"解，犹言反复研究。 ⑪奏疑事：疑，作"惑"解。疑事，指惑乱视听，混淆是非的公事。

高闻李斯以为言①，乃见丞相曰："关东群盗多，今上急益发繇治阿房宫②，聚狗、马无用之物。臣欲谏，为位贱③。此真君侯之事，君何不谏？"李斯曰："固也，吾欲言之久矣！今时上不坐朝廷，上居深宫④，吾有所言者，不可传也⑤；欲见，无间⑥！"赵高谓曰："君诚能谏，请为君候上闲语君⑦。"于是赵高待二世方燕乐⑧，妇女居前，使人告丞相："上方闲⑨，可奏事。"丞相至宫门上谒⑩，如此者三⑪。二世怒曰："吾常多闲日，丞相不来；吾方燕私，丞相辄来请事⑫，丞相岂少我哉⑬？且固我哉⑭？"赵高因⑮曰："如此，殆矣⑯！夫沙丘之谋，丞相与焉⑰；今陛下已立为帝，而丞相贵不益⑱，此其意亦望裂地而王⑲矣。且陛下不问臣，臣不敢言：丞相长男李由为三川守，楚盗陈胜等皆丞相傍县之子⑳，以故楚盗公行㉑，过三川，城守不肯击。高闻其文书相往来，未得其审，故未敢以闻㉒。且丞相居外，权重于陛下。"二世以为然。欲案丞相，恐其不审㉓，乃使人案验三川守与盗通状㉔。李斯闻之，是时二世在甘泉㉕，方作觳抵优俳之观㉖。李斯不得见，因上书言赵高之短曰：

①"高闻"句：凌稚隆说："按李斯以为言，言高令二世不坐朝廷也。"此言赵高听说李斯对二世不见大臣这一举动有不满意的话。　②"今上急益发"句：发，派遣。繇，指服徭役的人民。治，修建。此言皇帝加紧派遣更多服劳役的民众去盖阿房宫。　③为位贱：由于自己地位低贱。　④上居深宫：上，有"远"的意思，指高高在上。　⑤"吾有"二句：我有很多要说的话，无法传达给他。　⑥"欲见"二句：想要面见他，又没有机会。间，读去声。　⑦"请为君"句：大意是请允许我替你打听，只要皇帝有空闲时，我就通知你。语，读去声。　⑧燕乐：即"娱乐"之意。燕，作"安"解，指安闲取乐。　⑨方闲：刚刚有空闲。　⑩上谒：求见。　⑪如此者三：像这种情况一连有三次。　⑫"吾方"二句：上句：燕私，燕居独处之时。下句：请事，请示公事。　⑬岂少我哉：少，轻视，瞧不起。　⑭"且固"句：且，作"将"解（用李笠说），犹今言"还是"。固，作"鄙陋"解，犹今言"寒伧""丢人"，王骏图说："且其意直故意出我丑耳。固陋，犹俗所谓寒皴（即寒伧）也。"此连上句大意是丞相是瞧不起我呢，还是诚心让我出丑呢？　⑮因：趁此机会。　⑯殆矣：犹言"太危险啦！"。　⑰丞相与焉：与，读去声，参与，加入在内。　⑱贵不益：地位没有再提高。　⑲裂地而王：割地为王。　⑳傍县之子：邻县的居民。意谓陈胜是李斯的同乡，故李斯纵容他们造反。　㉑"以故"句：以故，因此。公行，公开横行。　㉒"高闻其文书"三句：第一句：文书，公函、文件。往来，指李由同反叛的队伍有公文往来。第二句：

审,底细、详情。第三句:以闻,以此事向你报告。　㉓"欲案"二句:想要法办李斯,又恐怕底细不确切。　㉔与盗通状:通,暗中勾结。状,具体情况。　㉕甘泉:本山名,在陕西省淳化县西北。胡亥在此山上建林光宫;至汉时,即名甘泉宫。　㉖"方作"句:觳抵,《史记集解》:"即角抵也。"抵,今或写作"觝"。角觝是古代一种角力的游戏。据《汉书·刑法志》,此戏始于战国。《史记集解》引文颖说:"秦名此乐为角抵。两两相当,角力,角伎艺射御。"沈钦韩《汉书疏证》:"《新书·匈奴篇》:'上即飨胡人也,大觳抵也。'……《御览》七百五十五《汉武帝故事》曰:'角抵戏,六国所造。秦并灭天下,而增广之。汉兴,虽罢,然犹不都绝;上复来用之。'任昉《述异记》:'秦、汉间说,蚩尤氏耳鬓如剑戟,头有角,与轩辕斗,以角觝人,人不能向。'今冀州有乐,名'蚩尤戏',其民两两三三,头戴牛角而相抵。汉造角抵戏,盖其遗制也。"王先谦说:"盖即今之贯跤。"按,由以上所引各家之说,知"角觝"实属一种杂技与舞蹈相综合的艺术。优,古杂戏之一种,可以化装扮演;俳,音排,亦杂戏之一种,带有诙谐滑稽性质。古人往往以俳优并举。观,读去声,表演。

　　臣闻之,臣疑其君,无不危国①;妾疑其夫,无不危家②。今有大臣于陛下,擅利、擅害,与陛下无异③,此甚不便!昔者司城子罕相宋,身行刑罚,以威行之,期年④,遂劫其君。田常为简公臣⑤,爵列无敌于国⑥;私家之富,与公家均⑦;布惠施德,下得百姓,上得群臣⑧;阴取齐国⑨,杀宰予于庭⑩,即弑简公于朝,遂有齐国。此天下所明知也。今高有邪佚之志,危反之行⑪,如子罕相宋也;私家之富,若田氏之于齐也;兼行田常、子罕之逆道⑫,而劫陛下之威信,其志若韩玘为韩安相也⑬。陛下不图⑭,臣恐其为变也。

　　①"臣疑其君"二句:疑,与"拟"通,比拟,有今所谓看齐之意。《史记评林》引余有丁说:"言势相近均敌也。"此言大臣

如果想同国君看齐，处处要求势均力敌，那就会对国家有危险。下二句仿此。　②"妾疑"二句：此是陪衬语；上二句是本意。以妾和夫喻臣和君。　③"今有大臣"三句：一本第一句"陛下"下有"侧"字，近是。擅，专断独行。利，指封赏。害，指惩罚。此言现在有个大臣在你身边，无论好事坏事，他都专断独行，同你的权力没有两样。　④"昔者"四句：事见《韩非子·二柄篇》："子罕谓宋君曰：'夫庆赏赐予者，民之所喜也，君自行之。杀戮刑罚者，民之所恶也，臣请当之。'于是宋君失刑而子罕用之，故宋君见劫。"又见于《淮南子·道应训》："昔者司城子罕相宋，谓宋君曰：'夫国家之安危，在君行赏罚。……（下与上引《韩非子》文略同，故删。）'宋君曰：'善，寡人当其美，子受其怨；寡人自知不为诸侯笑矣！'国人皆知杀戮之专制在子罕也，大臣亲之，百姓畏之。居不至期年，子罕遂劫宋君，而专其政。"按，春秋时宋有子罕，是宋昭公时贤臣；此处的子罕是战国时另一个人。沈钦韩以为此子罕可能是春秋时子罕之后裔，疑近是。李斯此书盖以子罕喻赵高。身行刑罚，指刑罚之事皆由子罕亲自执行。以威行之，言子罕用威压手段执政，使大臣亲近他而人民畏惧他。期年，一周年的时间。劫，夺。劫其君，夺其君位。至于此君为宋国哪一个国君，则已不详。《吕氏春秋·召类篇》以为是宋昭公，恐非是。　⑤"田常"句：田常，即田成子。简公即齐简公。按，齐本为太公姜尚之后。鲁哀公十四年，齐简公被大夫田常所杀，常立简公弟骜，是为齐平公，而常自专国政。由平公历宣公至康公，被田常的曾孙田和放逐于海上，田和乃自立为诸侯，仍号为齐。　⑥"爵列"句：列，犹"位"。言田常的爵位在齐国最高，没有能与他匹敌的。　⑦"私家"二句：言田常的私人财富和齐国公家的财富相等。　⑧"布惠"三句："布""施"同义，犹言赐予。"惠""德"同义，犹言恩赐、好处。得，指"得人心"。按，《韩非子·二柄篇》："故田常上请爵禄而行之群臣（从国君那儿请求来爵禄颁赏给群臣），下大斗斛而施于百姓（用大斗斛量物以施给百姓），此简公失德而田常用之（利用机会专政）也。"即是此处李斯所谓"下得百姓"二句的含义。　⑨"阴取"句：暗中盗取了齐国的政权。《史记评林》引董份说："阴取者，布私惠于民，阴得其心，以窃国权也。"　⑩

"杀宰予"句：宰予，姓宰名予，字子我，孔子弟子。据《史记·田敬仲完世家》，田常所杀之人，名监字子我，为另一人，并非宰予。子我当时与田常同为齐相，两人素不和，后子我乃为田常所杀。此疑传闻有异。　⑪"今高有"二句：上句：邪佚，犹言邪淫。下句：危与"诡"通，与"反"同义（用王念孙说）。此言赵高有叛逆的行为。　⑫逆道：叛逆的方式。　⑬"其志"句：按，此事史传无记载。韩玘，战国时韩昭侯的大臣。玘，音起。《史记索隐》称其音恰。韩安，即韩王安。按，韩昭侯死于周显王三十六年（公元前三三三年）。至秦王政九年（公元前二三八年），韩王安始即位为君（后八年，秦即灭韩）。前后相去将近百年，则韩王安时之韩玘当为另一人。《史记索隐》疑李斯叙事有误。但胡三省说："余观李斯书意，正以胡亥亡国之祸，近在旦夕，故指韩安以其用韩玘而亡韩之事警动之。韩安之时，其臣必有韩玘者。特史逸其事耳。李斯与韩安同时，而韩安亡国之事，接乎胡亥之耳目，所谓殷鉴不远也。《索隐》于数百载之下议其说为非，可乎！"今按，胡说是。　⑭不图：不早做打算。

二世曰："何哉？夫高，故宦人也①；然不为安肆志，不以危易心②；絜行修善，自使至此③，以忠得进，以信守位④，朕实贤之⑤，而君疑之，何也？且朕少失先人，无所识知⑥，不习治民；而君又老，恐与天下绝矣⑦。朕非属赵君，当谁任哉⑧？且赵君为人精廉强力⑨；下知人情，上能适朕⑩，君其勿疑！"李斯曰："不然。夫高故贱人也，无识于理⑪，贪欲无厌；求利不止，列势次主⑫，求欲无穷，臣故曰殆⑬。"二世已前信赵高，恐李斯杀之，乃私告赵高。高曰："丞相所患者独高；高已死，丞相即欲为田常所为⑭。"于是二世曰："其以李斯属郎中令⑮。"

①故宦人也：故，与"固"通。此犹言：赵高本来是个宦官。下文"故贱人也"句，义亦仿此。　②"然不"二句：言赵高不因处境安适就任所欲为，不因处境艰危就改变对自己的忠心。　③"絜行

二句：絜，同"洁"。言赵高品行廉洁，以善自勉，才使他自己得到今天的地位。 ④"以忠"二句：言赵高由于对胡亥尽忠，才能得到提拔；由于赵高最讲信义，才能保持他的职位。 ⑤贤之：以赵高为贤。 ⑥"且朕"二句：上句：先人，指始皇。言始皇死时自己还很年轻。下句：自言什么见识都没有。 ⑦"恐与天下"句：此连上文大意是自己既年轻，不懂得治理百姓的道理，而李斯年纪又老了，如果没有赵高恐怕就同国家大事绝缘了。 ⑧"朕非"二句：言我不把国家大事交给赵高，应当交给谁呢？ ⑨精廉强力：精廉，精明强悍。强力，即今所谓年富力强。指有办事能力。 ⑩"下知"二句：上句：人情，犹民情（一本"人"字即作"民"字）。下句：适朕，顺适我的心意。 ⑪无识于理：不懂得治国平天下的道理。 ⑫列势次主：列，地位。势，权势。次，相等，相去不远。言赵高的地位权势与皇帝不相上下。 ⑬"臣故"句：此句"殆"字与前赵高所说"如此，殆矣"的"殆"同义。而两人彼此攻讦，亦前后相应。 ⑭"高已死"二句：言只要我一死，丞相就将做田常所要做的事了。意谓李斯将篡弑胡亥。 ⑮"其以"句：那就把李斯交给郎中令办罪。郎中令，即赵高。

赵高案治李斯①。李斯拘执束缚②，居囹圄中③，仰天而叹曰："嗟乎！悲夫！不道之君，何可为计哉④！昔者桀杀关龙逢；纣杀王子比干；吴王夫差杀伍子胥⑤：此三臣者，岂不忠哉？然而不免于死，身死而所忠者非也⑥。今吾智不及三子，而二世之无道过于桀、纣、夫差，吾以忠死宜矣⑦！且二世之治，岂不乱哉⑧！日者夷其兄弟而自立也；杀忠臣而贵贱人⑨；作为阿房之宫，赋敛天下，吾非不谏也，而不吾听也⑩！凡古圣王，饮食有节，车器有数，宫室有度⑪，出令造事，加费而无益于民利者禁⑫，故能长久治安。今行逆于昆弟，不顾其咎⑬；侵杀忠臣⑭，不思其殃；大为宫室，厚赋天下，不爱其费⑮：三者已行，天下不听⑯。今反者已有天下之半矣，而心尚未寤也⑰，而以赵高为佐，吾必见寇至咸阳，麋鹿游于朝也⑱！"于是二世乃使高案丞相狱，治罪；责斯与子由谋反状，皆收捕宗族宾客。

①案治李斯：审讯李斯。　②拘执束缚：被拘捕而且上了刑具。　③居囹圄中：囹圄，音铃语，即监狱。据清王筠《说文句读》引《郑志》："囹圄，是秦狱名。"　④"不道"二句：不道，犹失道、无道。何可为计，怎么能为他出谋献策呢。　⑤"昔者桀杀"三句：逢，音庞。关龙逢，夏桀时贤臣，为桀所杀。比干，殷之宗室，因谏纣王，被剖心而死。伍子胥，详见本书所选《伍子胥列传》。　⑥"身死"句：泷川资言说："言三子所忠非其君也。"意指关龙逢、比干、伍子胥看错了对象，忠于无道之君。　⑦"吾以忠死"句：言我因尽忠于二世而被杀，也是应该的。　⑧"且二世"二句：言二世治天下的办法，岂不是胡来乱搞吗？　⑨"日者"二句：上句：日者，犹今言"前者""不久以前"。夷，屠杀。下句：贵贱人，把身份低贱的人提拔为身份尊贵的人。　⑩"吾非"二句：言我并非没有进谏，只是他不肯听我的话。　⑪"饮食"三句：节，节制。数，一定数量。度，一定的限度。　⑫"出令"二句：言无论是颁布什么命令或兴办什么事情，凡是增加浪费而对民众利益无补的，在禁止之列。　⑬"今行逆"二句：逆，作"反常"解。言胡亥对自己的弟兄施以违反常理的野蛮手段，而不顾后患。　⑭"侵杀"句：侵，《管子·七臣七主篇》尹知章注："越法行事谓之侵。"侵杀，犹言枉杀、滥杀，非法而杀。　⑮不爱其费：不爱惜钱财。　⑯"三者"二句：此承上"行逆于昆弟"、"杀忠臣"和"大为宫室"之事而言。谓这三件事已经做出来了，天下的人民自然不肯依从。　⑰"今反者"二句：言现在起兵叛秦的人已经占领了秦国版图的一半了，可是胡亥的心里还没有觉悟。寤，同"悟"。　⑱"麋鹿"句：言不久的将来朝廷之上必呈荒凉景象，只看见麋鹿在那儿来往。

赵高治斯，榜掠千余①，不胜痛，自诬服②。斯所以不死者，自负其辩③，有功，实无反心，幸得上书自陈，幸二世之寤而赦之④。李斯乃从狱中上书曰：

①"榜掠"句：榜，音彭，用板子打人。掠，用棒子打人。此言拷打李斯一千多下。　②自诬服：自己冤屈地承认有罪。　③辩：有口才。　④"幸得"二句：上句的"幸"指侥幸于万一。下句的"幸"作希望解。言李斯总希望万一能够上书陈述自己的冤情，使二世能明白过来，赦免他的罪。

　　臣为丞相，治民三十余年矣①！逮秦地之狭隘②，——先王之时，秦地不过千里，兵数十万，——臣尽薄材，谨奉法令③，阴行谋臣，资之金玉④，使游说诸侯，阴修甲兵，饰政教，官斗士⑤，尊功臣，盛其爵禄⑥，故终以胁韩弱魏，破燕、赵，夷齐、楚⑦，卒兼六国，虏其王，立秦为天子，罪一矣！地非不广，又北逐胡、貉，南定百越⑧，以见秦之强，罪二矣！尊大臣，盛其爵位，以固其亲⑨，罪三矣！立社稷，修宗庙，以明主之贤，罪四矣！更克画，平斗斛、度量⑩，文章布之天下⑪，以树秦之名⑫，罪五矣！治驰道，兴游观⑬，以见主之得意，罪六矣！缓刑罚，薄赋敛，以遂主得众之心⑭，万民戴主⑮，死而不忘，罪七矣！若斯之为臣者，罪足以死固久矣⑯！上幸尽其能力，乃得至今⑰，愿陛下察之！

①"治民"句：此句的"三十余年"，当自李斯开始入秦为臣算起，非指其任丞相以后的时间。　②"逮秦地"句：李斯自言："当我初到秦国时，国家的领土还比较狭小。"故下文加以说明，言秦始皇初年，版图不过千里，兵力也只有几十万。　③"臣尽"二句：言我尽了自己微薄的能力，很谨慎地执行国家的法令。　④"阴行"二句：暗中派遣谋臣，带着金银珠宝。　⑤"阴修"三句：第一句：言暗中整备武装。第二句：言加强政教的效力。第三句：言任命敢死之士为官。按，此三事皆为吞并六国的准备工作。　⑥"尊功臣"二句：对有功之臣特别尊重，并把他们的爵禄格外提高。　⑦"故终以"三句：故，因此。终

以，最终通过这些措施。胁，逼迫。弱，搞垮。夷，平定，消灭。　⑧"又北逐"二句：上句：貊，音陌。胡、貊，指当时北方的匈奴。下句：百越，本种族名，此指今两广一带。据《文献通考》，南起交阯，北至浙江沿海，东至福建沿海，西至广西，皆古百越杂居之地。《四库全书总目提要》卷五十八《百越先贤志》条下说："南方之国越为大。自勾践六世孙无疆为楚所败，诸子散处海上，各为君长，其著者：东越无诸，都东冶，至漳、泉，故闽越也；东海王摇，都于永嘉，故瓯越也；自湘、漓而南，故西越也；牂柯西下，邕、雍、绥，建故骆越也。统而名之，谓之百越。"叙述较简明，录以备考。按，此二句所叙内容亦见《秦始皇本纪》："三十二年，……始皇乃使将军蒙恬发兵三十万人北击胡。……三十三年，发诸尝逋亡人，赘婿、贾人，略取陆梁地（指五岭以南地带），为桂林、象郡、南海，以適（谪贬）遣戍；西北斥逐匈奴，自榆中并河以东，属之阴山，以为三十四县。"可与此互参。　⑨以固其亲：固，巩固。亲，指大臣和秦之皇室的亲密关系。此连上文言尊重大臣，给以较高的爵位，用以巩固君臣之间的亲密联系。　⑩"更克画"二句：上句：《史记会注考证》引冈白驹说："更，改也。克画，谓器物制度仪饰也。"克画，即刻画。疑指器物上所刻画的徽饰、花纹。盖自春秋、战国以来，列国所制定的器物徽饰、花纹各有不同，至秦时始加以更改统一。下句：平，平衡，统一。斗斛，量容积的器物。度，量长短的标准。量，量容积的标准。此指把度（尺、寸）量（斗、升）衡（斤、两）之类的标准完全统一起来。　⑪"文章"句：文章，即告示，命令。布之天下，公布于天下。言把规定各种制度的明文颁布于天下。　⑫以树秦之名：树，树立。此言为秦国树立了好名声。　⑬兴游观：兴，建造。游观，供游览的名胜之地。　⑭"以遂"句：遂，满足。得众，得到民心。心，意图。此言用以满足君主获得民心的意图。　⑮戴主：戴，爱戴，拥戴。　⑯"若斯"二句：此是故作反面的说法。意谓像我有这样大功劳的人，早就该死了。凌稚隆说："按李斯所谓七罪，乃自侈其极忠，反言以激二世耳。"　⑰"上幸"二句：言皇帝幸而准许我在朝廷尽我所有的能力，这才到今天。

书上,赵高使吏弃去,不奏,曰:"囚安得上书!"

赵高使其客十余辈诈为御史、谒者、侍中,更往覆讯斯①。斯更以其实对②,辄使人复榜之。后二世使人验斯③,斯以为如前,终不敢更言④,辞服⑤。奏当上⑥,二世喜曰:"微赵君,几为丞相所卖⑦!"

①"赵高使其客"二句:言赵高命令他的私党十余人假扮作御史、谒者、侍中等官员,轮换着一次一次地审讯李斯。按,御史、谒者、侍中,皆秦官。御史,掌内廷图籍秘书,兼司纠察。谒者,掌皇帝行礼时宾相赞礼等事。侍中,负责往来殿中至东厢奏事,此官入侍天子于宫内,故称侍中。(此与前文"赵高常侍中用事"的"侍中"不同,此是官名,前文只是客观叙述。) ②"斯更以"句:李斯又把实情向这些人陈述。 ③验斯:调查李斯,对证口供。 ④"斯以为"二句:李斯以为又同前几次一样,只要一说实话就受刑,所以终于不敢改口供了。 ⑤辞服:辞,指招供之辞。言李斯于书面承认自己的犯罪属实。 ⑥奏当上:当,读去声,秦、汉时用语。《史记索隐》引崔浩说:"当,谓处正其罪也。"《汉书》颜注引如淳说:"决罪曰当。"胡三省说:"奏当者,狱具而奏,当处其罪也。"按,此处即指今判定罪名的判决书。言赵高把判决书呈献给胡亥。 ⑦"微赵君"二句:微,无、非。卖,欺骗。言如果没有赵高,几乎受了李斯的骗。

及二世所使案三川之守至,则项梁已击杀之①;使者来,会丞相下吏,赵高皆妄为反辞②。

①"及二世"二句:大意是等到二世所派遣的调查三川郡守李由罪状的使臣到达三川时,李由已被项梁杀了。按,项梁击杀李由事见前《项羽本纪》正文。 ②"使者来"三句:大意是使者回来时,恰值李斯已被交付给狱吏看管,无法对证。赵高于是把使者所调查的实况都改掉了,假造了一些李由叛变的话。

二世二年七月①,具斯五刑②,论腰斩咸阳市。斯出狱,与其中子俱执③;顾谓其中子曰:"吾欲与若复牵黄犬,俱出上蔡东门逐狡兔,岂可得乎④!"遂父子相哭,而夷三族。

①二世二年七月:二年,即公元前二〇八年。 ②"具斯"句:犹言置李斯于五刑。按,《汉书·刑法志》:"汉兴之初,虽有约法三章,网漏吞舟之鱼。然其大辟(死刑),尚有夷三族(三族指父族、母族、妻族)之令。令曰:当三族者,皆先黥、劓(割鼻)、斩左右趾,笞杀之,菹(即菹醢)其骨肉于市。其诽谤詈诅者,又先断舌。故谓之'具五刑'。彭越、韩信之属,皆受此诛。"则所谓"具五刑",当为秦法之遗。李斯所受五刑,想亦如此。唯下文有腰斩咸阳市之说,疑用腰斩代替笞刑,较刑法所载尤重。 ③俱执:一同被押解。 ④"吾欲"三句:若,犹"汝"。牵黄犬,逐狡兔,指打猎。此言我和你再不能回到家乡过着自由自在地出去打猎的生活了。

(以上是第四大段,写胡亥、赵高陷害李斯,李斯最终受到灭族之祸。)

李斯已死,二世拜赵高为中丞相①,事无大小,辄决于高。

①中丞相:犹言内丞相。泷川资言说:"中丞相,在宫中执政,故名。"

高自知权重,乃献鹿,谓之马。二世问左右:"此乃鹿也①?"左右皆曰:"马也。"二世惊,自以为惑②。乃召太卜,令卦之③。太卜曰:"陛下春秋郊祀,奉宗庙鬼神④,斋戒不明⑤,故至于此。可依盛德而明斋戒⑥。"于是乃入上林⑦斋戒,日游弋猎⑧。有行人入上林中,二世自射杀之。赵高教其女婿咸阳令阎乐⑨,劾不知何人贼杀人,移上林⑩。高乃谏二世曰:"天子无故贼杀不辜人,此上帝之禁也⑪,鬼神不享⑫,天且降殃!当远避宫以禳之⑬。"二世乃出居望夷之宫⑭。

①此乃鹿也:犹言这是鹿吗? 也,同"耶"。按,《秦始皇本纪》:"赵高欲为乱,恐群臣不听,乃先设验,持鹿献于二世曰:'马也。'

二世笑曰：'丞相误耶？谓鹿为马。'问左右，左右或默或言马，——以阿顺赵高，或言鹿者，高因阴中（读去声，作陷害、中伤解）诸言鹿者以法。后群臣皆畏高。"与此传所记有出入。当是传闻不一，司马迁并存不废之故。下文记二世被杀，赵高立子婴与子婴杀赵高事，亦多与《秦始皇本纪》有出入，皆仿此。　②自以为惑：惑，精神错乱。　③"乃召"二句：上句：太卜，官名，掌占卜筮卦之事。下句：卦，作动词用，占卜。　④"陛下"二句：郊祀，祭天之礼。奉，供奉，尊奉。　⑤斋戒不明：按，古斋戒之礼，甚为严格。《礼记·祭统》："及其将齐（斋）也，防其邪物，讫（停止）其嗜欲，耳不听乐。……心不苟虑（不胡思乱想），必依于道；手足不苟动，必依于礼。是故君子之齐（斋）也，专致其精明之德也。"故须不近女色，不行乐饮酒。不明，犹言不彻底，不认真。　⑥"可依"句：盛德，指古来有大德的圣贤。依盛德，遵照古圣贤的行事。明斋戒，严肃认真地行斋戒之礼。　⑦上林：苑名。在长安之西，本为秦时所辟之旧苑，至汉武帝重新扩建，南傍终南山而北滨渭水，周围广三百里，内有七十座离宫，能容千乘万骑。　⑧日游弋猎：游，游玩。弋猎，射猎。弋，音翼，用带绳的箭射物叫弋。　⑨"赵高教其女婿"句：教，教唆，指使。按，赵高是宦官，但生有女儿，故有女婿，可见不是生来就受宫刑的。　⑩"劾不知"二句：上句：劾，弹劾。贼杀人，害死了人。下句：移上林，把尸首移到上林苑中。　⑪"天子无故"二句：不辜人，无罪的人。禁，禁忌。言天子无故杀无罪之人，是上帝所不允许的。　⑫不享：不接受祭祀供养。　⑬"当远"句：远避宫，远离皇宫。禳，音瀼，作解除解。指祈福以除灾免祸。之，指上文的"殃"。　⑭望夷之宫：宫名，《三辅黄图》："望夷宫在泾阳县界长平观道东，北临泾水，以望北夷（北面的平原），以为宫名。"在今陕西省泾阳县东南。

留三日，赵高诈诏卫士，令士皆素服，持兵内乡①，入告二世曰："山东群盗兵大至。"二世上观而见之②，恐惧，高即因劫令自杀③。引玺而佩之④，左右、百官莫从⑤。上殿，殿欲坏者三⑥。高自知天弗与，群臣弗许⑦，乃召始皇弟⑧，授之玺。

①持兵内乡：兵，兵器。乡，同"向"。内向，倒戈向内。　②上观而见之：观，读去声，《释名·释宫室》："观，观也。于上观望也。"指供眺望的楼台。(《楚辞》王逸注："观，犹楼也。")言二世登楼望见了卫士拿着兵器杀过来。　③"高即因"句：即因，立即趁此。劫，胁迫。言赵高便趁此立逼二世自杀。按，《秦始皇本纪》："……二世乃斋于望夷宫。……高乃阴与其婿咸阳令阎乐、其弟赵成谋，……欲易置上，更立公子婴，……使郎中令（别是一人）为内应，诈为有大贼（大批的贼），令乐召吏发卒追（追贼）——劫乐母置高舍——遣乐将吏卒千余人至望夷宫殿门，缚卫令仆射曰：'贼入此，何不止（加以阻止）？'卫令曰：'周庐（宫外卫士住的庐舍）设卒甚谨，安得贼入宫？'乐遂斩卫令，直将（率领）吏入，行射，郎宦者大惊，或走、或格，格者辄死，死者数十人，郎中令与乐俱入射上幄坐帏。二世怒召左右，左右皆惶扰不斗，旁有宦者一人，侍不敢去，二世入内谓曰：'公何不早告我？乃至于此！'宦者曰：'臣不敢言，故得全；使臣早言，皆已诛。安得至今！'阎乐前即二世，数（读上声）曰：'足下骄恣，诛杀无道，天下共叛足下。足下其自为计！'二世曰：'丞相可得见否？'乐曰：'不可。'二世曰：'吾愿得一郡为王。'弗许。又曰：'愿为万户侯。'弗许。曰：'愿与妻子为黔首，比诸公子。'阎乐曰：'臣受命于丞相，为天下诛足下。足下虽多言，臣不敢报。'麾其兵进。二世自杀。"与此传出入甚大。谨录以备考。　④"引玺"句：赵高拿了皇帝的玉玺佩在自己身上。　⑤"左右、百官"句：言左右和百官，没有一个跟着他上殿的。　⑥殿欲坏者三：殿欲坏，殿像要坍毁似的。此连上句言赵高一连有三次想走上殿去，但每一次殿都好像是要坍毁似的，只好中止了。　⑦"高自知"二句：上句：天弗与，上帝不同意赵高做皇帝。下句：弗许，不容许他。　⑧始皇弟：即子婴。《史记集解》引徐广说："一本曰：'召始皇弟子婴授之玺。'"疑近是。但《秦始皇本纪》则以子婴为二世之兄子。近人马叙伦《读书续记》："按，秦始皇年十三，庄襄王死，代立为秦王。三十七年崩，则年五十岁。子婴为二世兄子，子婴又有二子，且又与谋诛赵高，则其年非幼弱矣。始皇死，仅五十岁，而曾孙已能与谋杀人，无此理。寻《李斯传》，乃'召始皇弟授之玺'。《集解》引徐广曰：'一本曰，召始皇弟

子婴授之玺',疑婴乃始皇子也。"则子婴当为胡亥的从兄弟。录以备考。

子婴即位，患之，乃称疾不听事，与宦者韩谈及其子谋杀高①。高上谒，请病②，因召入，令韩谈刺杀之，夷其三族。

①"乃称疾"二句：上句：不听事，不上朝听群臣奏事。下句：此传所记与《秦始皇本纪》有出入。兹录本纪文以备考："……子婴与其子二人谋曰：'丞相高杀二世望夷宫，恐群臣诛之，乃佯以义立我（假作主持公道，立我为君）。……今使我斋，见庙（到宗庙去谒见祖先），此欲因庙中杀我。我称病不行，丞相必自来；来则杀之。'高使人请子婴数辈（连派了好几个人去请子婴），子婴不行。高果自往，曰：'宗庙重事，王奈何不行！'子婴遂刺杀高于斋宫。" ②请病：犹言问病请安。

子婴立三月，沛公兵从武关入，至咸阳，群臣百官皆畔不适①。子婴与妻子自系其颈以组②，降轵道旁③。沛公因以属吏，项王至而斩之。遂以亡天下④。

①皆畔不适：畔，同"叛"；言叛秦。适，作往解。方苞《史记注补正》："不适，不如（往）君所（君所在之地）也。"此句谓秦之群臣百官都叛秦而不到子婴那儿去。　②自系其颈以组：组，组绶，本是系玺印的丝带。此言子婴及其妻自己用组绶系了颈项，以囚犯自居。　③降轵道旁：降，投降。轵道，驿亭名，在今陕西省咸阳县东北十六里。此言子婴在轵道这一驿亭旁边等候刘邦，向他投降。　④遂以亡天下：犹言就这样丧失了天下。主语是秦国。

（以上是第五大段，写胡亥和赵高的结局，并附带写子婴亡国的情形。《史记评林》引余有丁说："此传详秦事者，所以罪斯之亡秦也。"恰能说明作者写本段之意。）

太史公曰："李斯以闾阎历诸侯①，入事秦，因以瑕衅，以辅始皇②，卒成帝业，斯为三公，可谓尊用矣③！斯知六艺之归④，不务明政以补主上之缺⑤，持爵禄之重⑥，阿顺苟合⑦，严威酷刑，听高邪说，废適立庶⑧，诸侯已畔，斯乃欲谏争，不亦末乎⑨！人皆以斯极忠而被五刑死；察其本乃与俗议之异⑩。不然，斯之功且与周、邵列矣⑪。"

①"李斯以闾阎"句：闾阎，犹闾巷；指出身布衣。历诸侯，行踪经历诸侯各国。　②"因以"句：瑕衅，已见前注。此言趁六国有机可乘之时来辅佐始皇。　③"可谓"句：尊用，受尊重，被任用。尊，指地位高。用，指权力重。　④六艺之归：犹言六经的主旨。按，此句指前文"学帝王之术"而言。　⑤"不务"句：不务，不力求明政，使政治修明。补主上之缺，纠正始皇的过失。　⑥持爵禄之重：持，作握解；紧紧抓住，舍不得放手。　⑦"阿顺"句：阿，已见前注。阿顺，指曲意顺从。苟合，无原则地任意迎合。　⑧"废適"句：適，同"嫡"，长子；指扶苏。庶，庶出之子；指胡亥。　⑨不亦末乎：末，作"下"解；言李斯这样的做法已属下策。又，"末"作迟解。指时机已来不及；亦通。　⑩"人皆以"二句：上句：极，动词，作尽、竭解。此言一般人都以为李斯为秦尽忠而受酷刑死去，是冤屈的。下句：本，究竟。"之"字疑是衍文（用李笠说）。异，有区别。此是反驳上句。言作者的看法，与一般俗义不同，认为李斯罪行很大，其结果并不算冤枉。李笠说："俗义者，即上言'人皆以斯极忠'也。谓察其本，咎由自取，与俗说异。"　⑪"斯之功"句：列，并列。邵，通作"召"。此句仍是反驳"俗议"的话。连上文大意是：不然的话，如果照一般俗人的看法，那李斯的功劳，岂不可以与西周的周公、召公相比了吗（参用《史记评林》增补引赵恒说）！言外谓李斯是罪大而功小的。凌稚隆以司马迁用周公、召公比李斯，不免失言，梁玉绳亦以此言为悖；其实倒是他们误解了作者的话。

（以上是第六大段，作者指出李斯的种种罪行，加以深切的责斥。）

淮阴侯列传

　　淮阴侯韩信者,淮阴①人也。始为布衣时,贫,无行②,不得推择为吏③;又不能治生商贾④。常从人寄食饮⑤,人多厌之者。常数从其下乡南昌亭长寄食⑥,数月,亭长妻患之,乃晨炊蓐食⑦。食时,信往,不为具食⑧。信亦知其意,怒,竟绝去⑨。信钓于城下⑩,诸母漂⑪,有一母见信饥,饭信,竟漂数十日⑫。信喜,谓漂母曰:"吾必有以重报母⑬。"母怒曰:"大丈夫不能自食⑭,吾哀王孙而进食⑮,岂望报乎!"

　　①淮阴:秦县名。故城在今江苏省清淮县东南三里。　②无行:行,读去声,指好品行。此言韩信行为放纵不检,不为乡里所重(参用中井积德说)。　③"不得推择"句:推择,犹言"推选"。据沈钦韩说,自战国以来,即有乡里推选贤人为吏之法。韩信因为没有好品德,故不得被推选为吏。　④治生商贾:此是倒装句,意谓"以商贾之道治生"。治生,谋生。商贾,商人的统称。《周礼》郑玄注:"行曰商(流动贩卖),处曰贾(开店售货)。"贾,音古。　⑤"常从人"句:从人,犹言"向人";寄,即"寄生"之"寄",作依附、投靠解,此处犹言"求乞"。食饮,指可吃、可饮之物。此言韩信经常向人乞讨饮食。　⑥"常数从"句:常,与"尝"通,曾经。数,读为朔,屡次。下乡,淮阴县的属乡;南昌,下乡的亭名。亭长,已见前《项羽本纪》注释。此言韩信曾屡次到南昌亭长那里乞食。　⑦"乃晨炊"句:晨炊,早晨做好了饭;蓐,同"褥",《史记集解》引张晏说:"未起而床蓐中食。"言在床上就把饭吃了。又,王引之《经义述闻》释"蓐食"为饱餐、多食,则此处言亭长夫妇一早就把饭吃饱,可以到午饭时不再进餐,亦可通。　⑧"食时"三句:到了吃饭的时候,韩信去了,也不

给他准备食物。 ⑨怒，竟绝去：韩信一怒，竟与他们断绝关系，不再来往。 ⑩"信钓"句：钓，钓鱼，韩信盖以钓鱼为生。《史记正义》："淮阴城北临淮水，昔信去下乡而钓于此。" ⑪诸母漂：母，古代对年长妇女的尊称；诸母，很多妇女。漂，读上声，《史记集解》引韦昭说："以水击絮为漂。"即在水中拍洗棉絮。 ⑫"饭信"二句：上句：饭，读上声，作"饲"解，言漂母把饭分给韩信吃。下句：是倒装句，应置"饭信"句上。竟漂，言直到把漂絮的工作做完，数十日皆饭信也。 ⑬有以重报母：有以，犹"有所"；重报，厚厚地报答。 ⑭自食：自己养活自己。食，读去声。 ⑮"吾哀"句：王孙，《史记集解》引苏林说："如言公子也。"《史记索隐》引刘德说："言王孙、公子，尊之也。"按，此写漂母看准韩信不像平常人，故称他为王孙。又李慈铭说："韩信，史不言其所出，盖亦韩后也。"《潜夫论》言："韩亡，子孙散处江、淮间。……此信所以为淮阴人，盖以国氏者。故漂母称之曰王孙，以其为王者后也。……"（见《越缦堂读史札记》）亦可备一说，录以供参考。

淮阴屠中少年有侮信者，曰："若虽长大，好带刀剑，中情怯耳①！"众辱之曰②："信能死，刺我③；不能死，出我袴下④！"于是信孰视之⑤，俛出袴下，蒲伏⑥，一市人皆笑信，以为怯。

①中情怯耳：只不过是由于内心很怯懦罢了。 ②"众辱"句：众辱，《汉书》颜注："于众中辱之。"言屠中少年当着很多人侮辱韩信。 ③"信能死"二句：大意是："你果真不怕死，就用剑刺死我。"按，某些选本标点此篇，于此句"信"字皆加专名号，指韩"信"。疑此信字当作诚然、果真解，语气较顺。 ④袴下：一本作"胯下"，《汉书》作"跨下"。作"胯""跨"近是。此句言从我两腿间爬过去。 ⑤孰视之：孰，同"熟"。此写韩信考虑再三，故对这少年熟视良久。 ⑥"俛出"二句：上句，俛出，低头钻了过去。下句：蒲伏，同"匍匐"，在地下爬行。

及项梁渡淮，信杖剑①从之，居戏下，无所知名②。项梁败，又属项羽，羽以为郎中。数以策干项羽③，羽不用。汉王之入蜀，信亡楚归汉，未得知名。为连敖④，坐法⑤当斩，其辈十三人皆已斩，次至信，信乃仰视，适见滕公⑥，曰："上不欲就天下乎⑦？何为斩壮士！"滕公奇其言，壮其貌⑧，释而不斩。与语，大说之⑨。言于上；上拜以为治粟都尉⑩。上未之奇也⑪。信数与萧何语，何奇之。

①杖剑：一本"杖"作"仗"，作"持"解。此言韩信拿着兵器去参加义军。《汉书》颜注："言直（仅）带一剑，更无余资。" ②"居戏下"二句：上句：戏下，即麾下，指项羽的部下。下句：言韩信连姓名都不被人知道。下文：未得知名，义与此略同。 ③"数以策"句：干，求见。此言韩信屡次向项羽献策。 ④连敖：官名。旧注据《史记·高祖功臣侯者年表》，解为典客之官，即接待宾客的官员。疑非是。周寿高说："功臣表（按，指《汉书·高惠高后文功臣表》）作'入汉为连敖票客'，《史记》功臣表（按，即《高祖功臣侯者年表》）作'连敖典客'。《索隐》云：'典客，汉表作粟客。'"知"票"字本作"粟"也。王骏图说："考'敖'与'厫'同。连敖者，必主仓厫之官，其职甚微。及滕公言于上，乃拜以为治粟都尉，则犹拘资格而推升之耳。故知连厫亦治粟之官也。"今按，周氏考"票客"应作"粟客"，是。"粟客"自与管理粮饷的事有关。王氏以连敖为粮官，正与"粟客"相合，其说似可从。 ⑤坐法：因过失而犯法。 ⑥滕公：即夏侯婴，见前《项羽本纪》注释。 ⑦"上不欲"句：就，成就，造就。就天下，犹言得天下、统一天下。 ⑧"滕公奇其言"二句：奇，惊奇；壮，器重。此言韩信的话使夏侯婴感到惊奇；韩信的相貌也使他很器重，因而觉得韩信是个奋发有为的人。 ⑨大说之：说，同"悦"。 ⑩"上拜"句：上，指刘邦；拜，任命，授给官职。治粟都尉，官名。按，都尉本武职；《汉书·百官公卿表》有"治粟内史，掌谷货"，则治粟都尉当是管粮饷的军官。 ⑪"上未"句：未之奇，即"未奇之"，言刘邦并未重视韩信。

至南郑①，诸将行道亡者数十人②。信度③："何等已数言上,上不我用④。"即亡。何闻信亡,不及以闻⑤,自追之。人有言上曰:"丞相何亡。"上大怒,如失左右手。居一二月,何来谒上,上且怒且喜,骂何曰:"若亡,何也?"何曰:"臣不敢亡也,臣追亡者。"上曰:"若所追者谁?"何曰:"韩信也。"上复骂曰:"诸将亡者以十数,公无所追⑥,追信,诈也⑦。"何曰:"诸将易得耳,至如信者,国士无双⑧。王必欲长王汉中,无所事信⑨;必欲争天下,非信无所与计事者⑩。顾王策安所决耳⑪!"王曰:"吾亦欲东耳⑫,安能郁郁久居此乎⑬!"何曰:"王计必欲东,能用信,信即留⑭;不能用,信终亡耳。"王曰:"吾为公以为将⑮。"何曰:"虽为将,信必不留。"王曰:"以为大将。"何曰:"幸甚!"于是王欲召信拜之⑯。何曰:"王素慢,无礼⑰,今拜大将,如呼小儿耳,此乃信所以去也。王必欲拜之,择良日⑱,斋戒,设坛场,具礼⑲,乃可耳。"王许之。诸将皆喜,人人各自以为得大将⑳。至拜大将,乃韩信也,一军皆惊。

①南郑:即今陕西省南郑县,当时为汉之都城。 ②"诸将行"句:行,读为杭,作辈、等解,诸将行,犹言"诸将等""诸将辈";道亡,半路上逃走。周寿昌说:"至南郑,为高祖元年(公元前二〇六年)夏四月。时项王立沛公为汉王,都南郑。诸将及士卒皆思东归,故多道亡。" ③信度:度,音夺,揣想,推测。 ④"何等"二句:言萧何等人大概已经好多次同刘邦说了,刘邦不用我。不我用,犹言"不用我"。 ⑤不及以闻:来不及把韩信逃走的情形告知刘邦。 ⑥"诸将亡者"二句:上句:"以十数"的"数",读上声,犹言数字以十计,即好几十个。下句,言你没有追任何一人。 ⑦追信,诈也:言萧何借口去追韩信是说谎话。 ⑧国士无双:国士,《汉书》颜注:"为国家之奇士。"无双,意谓再没有人可以同他相比。 ⑨"王必欲"二句:上句:长王汉中,永远在汉中为王。下句:王骏图说:"事,犹用也。无所事,意谓无所用之,犹言用不着也。"此言您如果胸无大志,只想在汉中长久称王,那自

然用不着韩信。　⑩"非信"句：言除了韩信，再没有可以同您商量国家大事的人了。张森楷以为《汉书》应删"可"字。　⑪"顾王策"句：顾，但。安，何。此言只看您的策略怎样决定了。策，指"长王汉中"和"争天下"两条道路。　⑫吾亦欲东耳：言我也想向东发展啊。　⑬"安能"句：郁郁，形容愁闷失意的状词。《文选》五臣注："愁心满结也。"　⑭"王计"三句：大意是：您如果打算一定要向东发展，并且能用韩信，那么他就可以留下。　⑮"吾为公"句：为公，犹言看你的情面。此言我看在你的份上用他做将领吧。　⑯欲召信拜之：把韩信召来，任命他为将。　⑰"王素慢"二句：言您平日一向对人傲慢，没有礼貌。　⑱择良日：选择一个吉利的日子。　⑲"设坛场"二句：上句：坛场，《汉书》颜注："筑土为坛，除地为场。"按，坛即土台，场即广场。下句，言准备拜大将的仪式。　⑳"人人"句：得，指被选中、获取。得大将，泷川资言说："言己必为大将。"意谓：每一个将领都各自以为自己要受命做大将了。大将，犹后世所谓"元帅"。

信拜礼毕，上坐①。王曰："丞相数言将军，将军何以教寡人计策？"信谢②，因问王曰："今东乡争权天下，岂非项王邪③？"汉王曰："然。"曰："大王自料，勇悍仁强④，孰与项王？"汉王默然良久，曰："不如也。"信再拜贺⑤曰："惟信亦为大王不如也⑥。然臣尝事之，请言项王之为人也。项王喑恶叱咤，千人皆废⑦，然不能任属⑧贤将，此特匹夫之勇耳⑨。项王见人恭敬慈爱，言语呕呕⑩；人有疾病，涕泣分食饮⑪。至使人有功，当封爵者⑫，印刓弊，忍不能予⑬。此所谓妇人之仁⑭也。项王虽霸天下而臣诸侯，不居关中而都彭城，有背义帝之约，而以亲爱王⑮，诸侯不平。诸侯之见项王迁逐义帝，置江南，亦皆归逐其主而自王善地⑯。项王所过⑰，无不残灭者；天下多怨，百姓不亲附，特劫于威强耳⑱。名虽为霸，实失天下心。故曰其强易弱⑲。今大王诚能反其道⑳，任天下武勇，何所不诛㉑？以天下城邑封功臣，何所不服㉒？以义兵从思东归之士，何所不散㉓？且三秦王为秦将㉔，将秦子弟数岁矣㉕，所杀亡不可胜计㉖；又欺其众降诸侯㉗。至新安，项王诈坑秦降卒二十余万㉘，唯独邯、欣、翳得脱。秦父兄怨此三人，痛入骨髓，今楚强以威王此三人㉙，秦民莫爱也㉚。大王之入武关，秋毫无所害㉛，除秦苛法，与秦民约，法三章耳㉜，秦民无不欲得大王王秦者。于诸侯之约㉝，大王当王关中，关中民咸知之㉞，大王失职入汉中㉟，秦民无不恨者。今大王举而东㊱，三秦可传檄而定也㊲。"于是汉王大喜，自以为得信晚㊳。遂听信计，部署诸将所击㊴。

①上坐：上，指刘邦。按，刘邦在拜将时是不能坐的，及拜将以后，刘邦才落座。中井积德说："言坛上拜将之礼已毕，汉王乃延入见之与坐也。"　②谢：辞让，谦谢。　③"今东乡"二句：乡，同"向"；东向，犹言向东方。权，指掌握天下的政权。此二句大意是："现在您打算向东方发展，争夺天下霸权，您的敌手岂不就是项羽么？"　④勇悍仁强：勇，勇敢；悍，凶狠。仁，王伯祥说："良也。仁强兼有精良与强盛的意义。"勇悍指人的情性，仁强指兵的实力（用王伯祥说）。　⑤贺：作嘉解，犹今言嘉奖、赞扬。王念孙《广雅疏证》："嘉与贺，古同声而通用。觐礼：'予一人嘉之。'郑注云：'今文嘉作贺'。《晋语》：'贺大国之袭于己。'《说苑·辨物篇》贺作嘉，皆是也。此写刘邦能知己知彼，故韩信表示赞佩。"　⑥"惟信"句：一本"亦为"作"亦以为"，是。惟，《汉书·韩信传》作"唯"；惟、唯，都是"虽"的假借字。王念孙说："唯信亦以为大王弗如也。'虽'字古多借作'唯'，又借作'惟'。"按，王说是。　⑦"项王喑恶"二句：上句：喑恶，发怒声，喑音荫，恶乌故切。叱咤，音七诧，呵斥声。下句，废，作退解（用王骏图说）。杨树达《汉书窥管》："垓下之役，羽叱汉将杨喜，喜人马俱惊，辟易数里，是其例也。"《项羽本纪》之"辟易"，正"废"释为"退"之一证。但王伯祥释"废"为不振、瘫痪，亦可通。　⑧任属：信

任委托。　⑨"此特"句：匹夫，本指一个男子，引申为庶人之意，犹今言普通人、平常人。匹夫之勇，指小勇。《孟子·梁惠王下》："此匹夫之勇，敌一人者也。"朱熹注："小勇，血气所为。"此言项羽之勇，不过是普通人凭一时血气冲动，并无大用。　⑩呕呕：《汉书》作"姁姁"，形容言语温和的状词。　⑪"涕泣"句：言项羽因同情别人的痛苦而流泪，并且把自己应吃的食物分给病人。　⑫"至使人"二句：使人，犹言"用人"。此言：至于所任用的人立了功，应该封给他爵位的。　⑬"印刓弊"二句：刓，一作"抏"，与"玩"同，作搏解，指在手中摩弄。弊，作"坏"解。予，给予，授予。《汉书》颜注引苏林说："手弄角（印角）讹（坏），不忍授也。"此言项羽悭吝成性，刻好了印信，在自己手中摩弄得把印角都磨平了，还舍不得授给应该受封的人。　⑭妇人之仁：仁，犹言性格。王伯祥说："言只是一味婆子气，不识大体。"　⑮而以亲爱王：并且把自己所亲信、偏爱的人分封为王。按，旧本断句在下句"诸侯"下，作"以亲爱王诸侯，不平"。疑非是，兹依王伯祥《史记选》，以"诸侯"属下句，言项羽这种私心使诸侯愤怒不平。　⑯"诸侯之见"三句：言诸侯看到项羽把义帝驱逐出去，安置在大江南僻远之处，于是也都回到自己国境内，把自己的国君赶走，然后挑拣一处好地方自立为王了。　⑰"项王所过"二句：言凡是项羽所到的城邑，没有不残破毁灭的。　⑱"特劫"句：《汉书》"强"下有"服"字，是。特，不过。劫，被胁迫。强，读上声，勉强。王念孙说："强，读勉强之强，'强'下当有'服'字。'劫于威'三字连读，'强服'二字连读。言百姓非心服项王，特劫于威而强'服'耳。下文云：'今楚强以威王此三人，秦民莫爱也。'语意正与此同。今本脱去服字，则当以'威强'连读，而读'强'为'强弱'之'强'，非其指矣。"按，王说是。此言："不过为项羽的淫威所胁制，勉强服从罢了。"　⑲"故曰"句：此是韩信的判断语。强，读平声。大意是："所以我说，项羽目前虽强，其实很快就会衰弱的。"　⑳诚能反其道：果然能一改项羽的做法。　㉑"任天下"二句：言只要是天下的英武勇敢之人，你就任用他，还有什么敌手不会被你诛灭？　㉒"以天下城邑"二句：言你把天下的城邑分封给为你立功的臣子，还有什么人会不服从你？　㉓"以义兵"二句：

义兵，指刘邦手下所率领的站在正义立场的军队。按，《史记·高祖本纪》："汉王之国（到自己的领土去），项王使卒三万人从。楚与诸侯之慕从者（楚国和其他诸侯手下因钦慕刘邦而跟着他的）数万人。……至南郑，诸将及士卒多道亡归，士卒皆歌思东归。韩信说（劝说）汉王曰：'项羽王诸将之有功者，而王独南郑，是迁也（等于被贬谪一样）。军吏士卒，皆山东之人也，日夜跂（提着脚跟）而望归，及其锋（趁着他们还精锐的时候）而用之，可以有大功；天下已定，人皆自宁，不可复用。不如决策东乡，争权天下。'"则知此处的思东归之士，指原属项羽而今属刘邦手下的士兵。从，跟从，引申有"加上"之意。散，瓦解，溃败。此言率领着正义之师加上思念家乡的军队去打仗，还有什么人不被你打败？王伯祥说："何所不诛，……何所不服和何所不散，说法完全相同。……但诛灭和打散是指敌人方面，心服是指自己方面。" ㉔"且三秦王"句：三秦王，指当时秦地的三个王，即雍王章邯、塞王司马欣和翟王董翳。他们本来都是秦国的将领，余已详前《项羽本纪》。 ㉕"将秦"句：言章邯等三人率领着秦国当地的子弟出来参战已有好几年了。 ㉖"所杀亡"句：言章邯等所带领的士兵，死的、逃的已不计其数。 ㉗"又欺其众"句：言章邯又欺骗了部下的群众，投降了项羽。诸侯，泛指秦末起兵的领袖。此是站在与秦相对立的立场的一种提法。 ㉘"项王诈坑"句：事见《项羽本纪》。 ㉙"今楚"句：现在项羽勉强地用威力胁迫着秦国人民，封这三个人在秦地为王。 ㉚"秦民"句：秦国人民是不爱戴这三个人的。 ㉛"秋毫"句：一丝一毫也没有侵害秦国人民。 ㉜法三章耳：不过只有三项法命而已。按，《史记·高祖本纪》："汉元年，十月，沛公……遂西入咸阳。……召诸县父老、豪杰曰：'父老苦秦苛法久矣，诽谤者族，偶语者弃市。吾与诸侯曰："先入关中者王之。"吾当王关中。与父老约法三章耳——杀人者死；伤人及盗，抵罪。余悉除去秦法，诸吏人皆案堵（安宁）如故。凡吾所以来，为父老除害，非有所侵暴，无恐！'"所谓法三章，即指杀人者死三款。 ㉝"于诸侯之"句：指"先入关者王之"的约言。见上注及《项羽本纪》。 ㉞咸知之：咸，完全，都。 ㉟"大王失职"句：失职，已见《项羽本纪》注释，言失掉应得的封爵。 ㊱举而东：举，举兵，起兵。东，向东来。 ㊲“三秦”句：传，从驿站递送。檄，音息，一尺二寸长的木简。古代有战争，以木简载文告传示各地，叫作“檄”。此言：只要送出一道文书就可以收服三秦。《史记会注考证》引《史记正义》：“传檄而定，不用兵革也。” ㊳得信晚：得到韩信太迟了。 ㊴“部署”句：部署，安排，布置。所击，所要攻打的目标。

（以上是第一大段，写韩信早年贫苦的处境及其被刘邦任命为大将的经过。）

八月，汉王举兵东出陈仓[①]，定三秦。

①陈仓：秦县名，故城在今陕西省宝鸡县东。

汉二年[①]，出关，收魏、河南[②]，韩、殷王皆降[③]；合齐、赵共击楚[④]。

①汉二年：即公元前二〇五年。 ②收魏、河南：收，收服。魏，指魏王豹。河南，指河南王申阳。按，《史记·魏豹彭越列传》：“汉元年，项羽封诸侯，欲有梁地，乃徙魏王豹于河东。都平阳（故城在今山西省临汾县南），为西魏王。汉王还定三秦，渡临晋（详下注），魏王豹以国属焉。遂从击楚于彭城。”又《高祖本纪》：“二年，汉王东略地，塞王欣、翟王翳、河南王申阳皆降。”可与此互参。 ③“韩殷王”句：韩王指郑昌，为项羽所封，至此降汉。殷王为司马卬，为汉所俘虏。均见《高祖本纪》。 ④“合齐”句：一本“赵”下有“兵”字，齐指齐王田荣；赵指赵王歇及陈馀。是时皆叛楚从汉。

四月，至彭城，汉兵败散而还。信复收兵[①]与汉王会荥阳，复击破楚京、索之间，以故楚兵卒不能西[②]。汉之败却彭城[③]，塞王欣、翟王翳亡汉降楚，齐、赵亦反汉与楚和。

①收兵：收集溃卒。 ②“以故”句：因此楚国军队始终不能西进。 ③败却彭城：自彭城败退。

六月，**魏王豹谒归视亲疾**①，**至国，即绝河关反汉**②，**与楚约和。汉王使郦生说豹，不下**③。

①"六月"二句：六月，梁玉绳谓应作五月。谒归，告假回家。视亲疾，探望母亲的病（亲，指魏豹的母亲，见《汉书》颜注）。　②"即绝"句：绝，断绝交通。河关，即临晋关，又名蒲津关，在今山西省永济县西、陕西省朝邑县东的黄河西岸。此言魏豹断绝汉军的退路，背叛刘邦。　③"汉王使郦生"二句：郦生，即郦食其（已见前《留侯世家》注释）；不下，不能说服魏豹投降。按，《魏豹彭越列传》："郦生说豹。豹谢曰：'人生一世间，如白驹过隙耳。今汉王慢而侮人，骂詈诸侯群臣，如骂奴耳，非有上下礼节也。吾不忍复见也。'"可与此互参。

其八月，**以信为左丞相，击魏。魏王盛兵蒲坂**①，**塞临晋**②，**信乃益为疑兵**③，**陈船欲度临晋**④，**而伏兵从夏阳以木罂缻渡军**⑤，**袭安邑**⑥。**魏王豹惊，引兵迎信**⑦，**信遂虏豹，定魏，为河东郡**。

①盛兵蒲坂：蒲坂，本战国时魏邑，故城即今山西省永济县西旧蒲州北三十里的虞都镇。此言魏豹把重兵驻扎在蒲坂。　②塞临晋：与上文"绝河关"同义。塞，堵塞。沈钦韩说："蒲坂在河东岸，临晋在河西岸，塞其渡河处也。"按，《汉书·韩信传》："信问郦生：'魏得毋用周叔为大将乎？'曰：'柏直也。'信曰：'竖子耳。'遂进兵击魏。"为《史记》所未载，录以备考。　③益为疑兵：益，增加。疑兵，声东击西的战术，所谓"示形在彼，而攻于此"（见《通典》）；《史记集解》引《汉书音义》："益张旌旗，以疑敌者。"　④"陈船"句：陈船，《史记索隐》："陈列船艘，欲渡河也。"度，同"渡"。王伯祥说："排列船只在临晋关，好像要在那里渡河东放，这就是疑兵。"　⑤"而伏兵"句：夏阳，秦县名，本魏之少梁邑，故城在今陕西省韩城县南。罂，音婴，本是盛酒用的大腹小口的瓶子；缻同"缶"，音否，盛酒的盆类，亦瓦器；木罂缻，《汉书》颜注引韦昭说："以木为器，如罂缶也。"即木制的盆瓮之类。王伯祥以为"相当于木桶"，近是。中井积德说："罂缶本瓦器，或凿木

为之。时人家多有之，故取用之也。以索缚之，浮于水上，可缘以渡矣。"泷川资言说："言阳（表面上）列兵陈船，示敌以欲渡临晋，而阴（暗中）自夏阳渡军也。"王伯祥说："预备着的伏兵却从上游夏阳地方用木桶偷偷地渡河。……不用船而用木桶，正欲保密，不使敌人注意。"　⑥袭安邑：袭，偷偷占领。安邑，本战国时魏都，至汉时置县，即河东郡的郡治，故城在今山西省安邑县东北。杨树达说："今山西安邑县治相去里许有古城，名魏豹城，相传为信虏豹处也。"　⑦迎信：中井积德说："逆战也。"为河东郡句下，《汉书》有请汉王益兵一段，《史记》无。

汉王遣张耳与信俱①，引兵东，北击赵、代②。后九月③，破代兵，禽夏说阏与④。

①与信俱：与韩信一同去。　②赵、代：赵，指赵王歇；代，指陈馀。按，《史记·张耳陈馀列传》："陈馀……复收赵地，迎赵王（即歇，为项羽徙封于代）于代，复为赵王。赵王德陈馀，立以为代王。陈馀为赵王弱，国初定，不之国，留傅赵王；而使夏说（音悦）以相国守代。"则赵、代实为一体。　③后九月：即汉二年的闰九月。　④"禽夏说"句：禽，同"擒"，下同。夏说，已见上注。阏与，见前《廉颇蔺相如列传》注释。

信之下魏破代，汉辄使人收其精兵①，诣荥阳以距楚。

①"汉辄使人"二句：收，调走；距，同"拒"。按，此写刘邦对韩信一直有戒心，经常控制或收取他的兵权。读下文自知。故韩信此次获胜之后，刘邦便用攻楚的借口分其兵力。又按，《汉书·韩信传》载韩信平魏之后，向刘邦要求增兵三万人，刘邦给了他。此写汉收其精兵，当是破代之后，刘邦又把这支兵力调走。下文陈馀言"今韩信兵号数万，其实不过数千"，可证其兵力之少。

信与张耳以兵数万，欲东下井陉①击赵。赵王、成安君陈馀闻汉且袭之也②，聚兵井陉口，号称二十万。广武君李左车③说成安君曰："闻汉将韩信涉西河④，虏魏王，禽夏说，新喋血阏与⑤；今乃辅以张耳，议欲下赵⑥，此乘胜而去国远斗，其锋不可当⑦。臣闻千里馈粮，士有饥色⑧；樵苏后爨，师不宿饱⑨。今井陉之道，车不得方轨⑩，骑不得成列⑪，行数百里，其势粮食必在其后⑫。愿足下假⑬臣奇兵三万人，从间路绝其辎重⑭。足下深沟高垒，坚营勿与战⑮。彼前不得斗，退不得还，吾奇兵绝其后，使野无所掠⑯，不至十日而两将之头可致于戏下⑰。愿君留意臣之计！否⑱，必为二子所禽矣。”成安君，儒者也⑲，常称“义兵不用诈谋奇计⑳”，曰：“吾闻兵法：‘十则围之，倍则战㉑。’今韩信兵号数万，其实不过数千；能千里而袭我㉒，亦已罢极㉓，今如此避而不击㉔，后而大者，何以加之㉕？则诸侯谓吾怯，而轻来伐我㉖。”不听广武君策。广武君策不用㉗，韩信使人间视㉘，知其不用，还报㉙，则大喜㉚，乃敢引兵遂下㉛。未至井陉口三十里，止舍㉜，夜半传发㉝，选轻骑㉞二千人，人持一赤帜㉟，从间道萆山而望赵军㊱，诫曰㊲：“赵见我走，必空壁逐我㊳；若疾入赵壁㊴，拔赵帜，立汉赤帜。”令其裨将传飧㊵，曰：“今日破赵会食㊶。”诸将皆莫信，详应曰：“诺㊷。”谓军吏曰㊸：“赵已先据便地为壁㊹；且彼未见吾大将旗鼓，未肯击前行㊺；恐吾至阻险而还㊻。”信乃使万人先行，出㊼，背水阵㊽，赵军望见而大笑㊾。平旦㊿，信建大将之旗鼓，鼓行出井陉口(51)。赵开壁击之，大战良久。于是信、张耳详弃鼓旗，走水上军(52)；水上军开入之(53)，复疾战。赵果空壁争汉鼓旗，逐韩信、张耳。韩信、张耳已入水上军，军皆殊死战，不可败(54)；信所出奇兵二千骑，共候赵空壁逐利(55)，则驰入赵壁，皆拔赵旗，立汉赤帜二千(56)。赵军已不胜，不能得信等，欲还归壁，壁皆汉赤帜，而大惊(57)，以为汉皆已得赵王将矣(58)，兵遂乱，遁走。赵将虽斩之，不能禁也⑤。于是汉兵夹击，大破，虏赵军，斩成安君泜水上⑥，禽赵王歇。

①井陉：即下文的"井陉口"，为太行八陉之一，今河北省井陉县东北井陉山上的井陉关即其地。此为汉三年事。　②赵王句：成安君，陈馀的封号；且袭之，将要来攻取赵国。按，此时馀已为代王，不应仍以楚故对称之。　③广武君李左车：赵之谋臣。广武君，是李左车的封号。　④西河：指夏阳北边的龙门河，在今陕西省大荔县境内。　⑤新喋血阏与：喋，"蹀"之假借字，音蝶，作践履、践踏解。蹀血，段玉裁说："谓流血满地，污足下也。"（见《说文解字注》。）此言阏与地方新有战事，杀人极多，人从血泊中践踏而过。上句"禽"字，古"擒"字。　⑥议欲下赵：商量着打算攻下赵国。　⑦"此乘胜"二句：言韩信等趁着战胜的余威离开国都向远地进兵，军队的锐气是不可抵挡的。　⑧"臣闻千里"二句：言从千里以外运送粮饷来供给士兵食用，是非常困难的，士兵自不免有挨饿的危险。　⑨"樵苏"二句：此承上二句而言。樵，指打柴。苏，指打草。爨，点火做饭。宿饱，经常吃饱。此言既然粮食缺乏，只靠就地打一点柴草烧饭，军队是不可能经常吃饱的。按，以上四句见黄石公《三略》卷上。　⑩方轨：两车并行。按，此极写井陉道路之狭窄。　⑪"骑不得"句：马队也无法排成行列。　⑫"行数百里"二句：此承上文而言，谓路窄人多，势必单行鱼贯进行，走上几百里路，粮食必然落在队伍后面。　⑬假：暂时代给。　⑭"从间路"句：间路，一本作"间道"，指小路；近路。绝，拦截。辎重，泛指一切的军需品，包括武器、粮草、器材等在内。　⑮"足下"二句：上句，深沟，深掘战壕。高垒，高筑营壁。下句：坚营，坚守阵地。　⑯野无所掠：野外连一点可掠抢的东西都没有。　⑰"不至十日"句：两将，指韩信、张耳。致，送到。戏下，见前注。此言用不了十天就可以把韩信、张耳杀死。　⑱"否"二句：不然的话，你一定被他们两人所擒。　⑲儒者也：按，《张耳陈馀列传》："陈馀者，亦大梁人也。好儒术。"可与此互参。王伯祥说："儒者，犹言书生。"此有迂腐不知通变之意。　⑳"常称"句：大意是：陈馀常说："只要是正义之师，战争时用不着讲战略战术。"　㉑"十则"二句：一本下句"战"下有"之"字，据王念孙、张文虎考订，是衍

文。此二句出于《孙子·谋攻篇》："故用兵之法，十则围之，五则攻之，倍则分之；敌则能战之，少则能逃之，不若则能避之。"此处所引略有出入。上句言"有十倍于敌人的兵力，则可以包围敌人"，下句言"有一倍于敌人的兵力就可以较量一番"。按，观下文之意，陈馀引此二语乃指韩信连一倍于自己的兵力都没有，自应与他交战，正与李左车"坚营勿与战"之计相反。 ㉒"能千里"句：能，与"乃"通（见王引之《经传释词》），作"竟"解。王念孙说："案此'能'字非'才能'之'能'，'能'犹'乃'也。言信兵不过数千，乃千里袭我，亦已疲极也。……'乃'与'能'古声相近。故义亦相通。"此言：韩信竟远道来攻赵国。 ㉓罢极：罢，同"疲"（下文，"众劳卒罢"的"罢"，与此同义），极，作"竭、尽"解。不是副词；疲极，犹言精疲力竭。 ㉔"今如此"句：大意是：现在像韩信这样弱的兵力，我们就回避而不去迎击他。 ㉕"后而大者"二句：加，胜过。此言以后如果有比韩信更强大的敌人前来，我们将怎样胜过他呢？ ㉖"则诸侯"二句：此二句承"今如此避而不击"句而言。大意是：如果我们回避韩信，则诸侯说我们太怯弱了，就会轻易地来攻打我们。 ㉗"广武君策"句：按，此句与上句，"不听广武君策"重复。李慈铭说："案，上'广武君策'四字当衍。《汉书》无下'广武君策不用'句。然此上当读'不听'为句。然后云'广武君策不用'，方与下文知其不用相应。"按，李说近是，录以备考。 ㉘间视：乘机探听。 ㉙"知其"二句：主语是韩信派去探听消息的人，其，指广武君。此言探听的人知道广武君的计策未被采用，就回来报告韩信。中井积德主张在此句不用下添"广武君"三字，实未解此文原意。 ㉚则大喜：则，犹"乃"。"大喜"的主语是韩信。 ㉛引兵遂下：遂下，径直走了下去。《史记正义》："引兵出井陉狭道，攻赵。" ㉜止舍：停下来扎营。 ㉝传发：传令军中，行动起来。 ㉞轻骑：轻装的骑兵。取其行进迅速。 ㉟"人持"句：每人拿着一面红旗。按，下文言"立汉赤帜"，则红旗即汉军所用的旗帜。 ㊱"从间道"句：革，同"蔽"，隐蔽，遮掩。《史记索隐》："谓令从间道小路向前，望见陈馀军营，即住。仍须隐山自蔽，勿令赵军知也。"方苞说："使依山用草木自蔽，而望远；有蔽，故赵军不觉。" ㊲诫曰：下命令说。 ㊳空壁逐我：全体军士出来追汉军，只剩一座空营。 ㊴若疾入赵壁：你们赶快进赵军的营内。　㊵ "令其"句：此句主语是韩信。裨将，已见《项羽本纪》注释；王伯祥说："犹今部队中的副官。"飧，同"餐"，如淳说："小饭曰飧。"（见《史记集解》引，下同）犹今言"点心"。传餐，言出发以前，由裨将分头传送一点食物给士兵充饥。　㊶ "今日破赵"句：如淳说："言破赵后乃当共饱食也。"意谓赵军很快就可以攻破，等战斗结束，再正式集合用饭。　㊷ "详应"二句：诸将对韩信的估计不相信，但又不能违反军令，只好假意答应。详，同"佯"。　㊸ 谓军吏曰：主语是诸将；军吏是韩信的执事军官（用王伯祥说）。按，此写韩信用兵，亦采纳群众意见。　㊹ "赵已"句：言赵军已先占据了形势便利的地方并扎下营垒。　㊺ "且彼"二句：旗鼓，旗号和仪仗鼓吹；前行，先遣部队。行，读为"杭"。言赵军如果没有看到我军主将的旗号和仪仗，是不肯攻打我们的先遣部队的。中井积德说："赵必不击先行者，恐韩信中途而还，不可擒杀也。其必见大将旗鼓而出兵也。"　㊻ "恐吾至"句：《汉书·韩信传》此句无"至"字。此言赵军所以不出攻我们的先遣部队，是怕我们到了山路险狭之处就退回来。王念孙说："恐吾阻险而还者，赵军恐汉军阻险而还也。……下文使万人先行，出，正所谓前行也；而赵军不击之，正所谓：未见大将旗鼓，未肯击前行也。"其说甚明晰。　㊼ 出：指出井陉口。方苞说："使万人先行，出井陉口，背水而阵，然后信鼓行以出也。"　㊽ 背水阵：面向着赵军，背向着河水，排开了阵势。因此只有进路，没有退路。《史记正义》："绵蔓水，……自并州流入井陉界，即信背水阵；陷之死地，即此水也。"按，绵蔓水，发源于山西省寿阳县东，东流入河北省井陉县南，然后流入滹沱河。　㊾ "赵军望见"句：沈钦韩说："《尉缭子·天官》曰：'背水阵为绝地。'按，陈馀知兵法，故赵军笑其阵也。"　㊿ 平旦：天刚亮的时候。　㊶ "信建"二句：上句：建，指行起大旗，敲起大鼓。下句：鼓行，击着鼓向前行进。　㊷ 走水上军：赶快退到水边的阵地上。　㊸ 开入之：打开阵势，让韩信所带的人马进入阵地。　㊹ "军皆"二句：上句：殊，《汉书》颜注："绝也，谓决意必死。"此言，兵士都拼了命地作战。下句：言不允许战败，意谓如果战败，就没有退路了。　㊺ "共候"句：都等候着赵军全体出营，追逐汉军，形势十分顺利。　㊻ "立汉"句：立，插上。赤帜二千，两千面红旗。　㊼ 而大惊：而，与"乃"同，作"始"

解（用杨树达说）。 (58)“以为汉”句：赵军以为汉军把赵王手下的将领们都擒获了。 (59)“赵将虽斩”二句：言赵国的将领虽然把逃兵捉来斩首，仍不能禁止士兵们溃散奔跑。 (60)泜水上：泜水，水名，源出河北省元氏县西。泜，音迟。郭嵩焘说：“案，《水经注》，泜水，即井陉水，世谓之鹿泉水。东北流，屈经陈馀垒，又东注绵蔓水。”录以备考。

信乃令军中毋杀广武君①，有能生得者购千金②。于是有缚广武君而致戏下者，信乃解其缚，东乡坐，西乡对，师事之③。

①毋杀广武君：不准杀害李左车。毋，景祐本讹作“母”；下同。 ②“有能”句：购，悬赏。此言有人能活捉李左车的给以千金的奖赏。 ③“东乡坐”三句：乡，同“向”。此言韩信请李左车面向东坐，自己面向西和李左车对答，以尊师之礼对待李左车。周寿昌说：“案，礼：古者天子无北面，所以尊师也。事师之礼，师东乡坐，弟子西乡。……寿昌案，汉初礼以东乡为尊，如《王陵传》‘则东乡坐陵母，欲以招陵’，尊陵母也。《周勃传》‘每召诸生说事，东乡坐责之’，勃自尊也。皆与此类。”录以备考。

诸将效首虏①，休，毕贺②，因问信曰：“兵法：‘右倍山陵，前左水泽③。’今者将军令臣等反背水阵，曰：‘破赵会食。’臣等不服。然竟以胜，此何术也？”信曰：“此在兵法，顾诸君不察耳。兵法不曰‘陷之死地而后生，置之亡地而后存④’？且信非得素拊循士大夫也⑤，此所谓驱市人而战之⑥，其势非置之死地，使人人自为战⑦；今予之生地，皆走⑧，宁尚可得而用之乎⑨？”诸将皆服，曰：“善。非臣所及也！”

①诸将效首虏：效，呈献。此言诸将把敌人的首级和俘虏呈献给韩信。 ②“休”二句：休，作“讫、完毕”解。毕，作“皆”解。按，“休”字断句或从上，或从下，皆未尽是。应一字为句，言诸将献首级和俘虏完毕，都向韩信称贺。“休”字景祐本脱，兹从今本补之。 ③“右倍”二句：二语见《孙子·行军篇》：“丘陵隄防，

必处其阳（南）而右背之。"杜牧注："凡过丘陵隄防之地，常居其东南也。"又引《太公六韬》："军必左川泽而右丘陵。"意谓行军列阵，应在山陵的东南面，在川泽的西北面，背山而临水。　④"兵法不曰"二句：此是反问句，《汉书》"存"下有"乎"字。"陷之死地"二语见《孙子·大地篇》："投之亡地然后存，陷之死地然后生。夫众陷于害，然后能为胜败。"梅尧臣注："未陷难，则士卒心不专；既陷危难，然后胜。胜败在人为之耳。"意谓必须把军队置于危窘之境，士兵才能奋勇作战，然后可以绝处逢生，获得胜利。　⑤"且信非得"句：素，平素，素常。拊，同"抚"，指抚爱、抚慰。循，顺从。拊循，引申有受训练而服从调度之意。士大夫，此处指将士。大意是：况且我并没有得到平素受我训练而听我调度的将士。　⑥"此所谓"句：按，《吕氏春秋·简选篇》："世有言曰：'驱市人而战之，可以胜人之厚禄教卒。'"则驱市人而战之，是当时流行成语。市人，犹言街上的人，指乌合之众（用泷川资言说）。韩信意谓：将士既非久经我训练之人，则无异指挥乌合之众作战。　⑦"其势非"二句：非，有"除非……不"之意。言：在这种情况下，除非把军队安排在绝地，使每个人都自动作战，否则是无法取胜的。　⑧"今予之"二句：予，犹"置"。走，逃跑。此言现在如果把这些将士安置在有生路的地点，他们就都逃走了。　⑨"宁尚"句：大意是：怎么还能够用他们作战呢？

于是信问广武君，曰："仆欲北攻燕，东伐齐，何若而有功①？"广武君辞谢，曰："臣闻败军之将，不可以言勇；亡国之大夫，不可以图存②。今臣败亡之虏，何足以权大事乎③？"信曰："仆闻之，百里奚居虞而虞亡；在秦而秦霸④；非愚于虞而智于秦也，用与不用，听与不听也⑤。诚令成安君听足下计，若信者，亦已为禽矣⑥。以不用足下，故信得侍耳⑦。"因固问曰⑧："仆委心归计⑨，愿足下勿辞。"广武君曰："臣闻智者千虑，必有一失；愚者千虑，必有一得⑩。故曰：'狂夫之言，圣人择焉⑪。'顾恐臣计未必足用，愿效愚忠。夫成安君有百战百胜之计，一旦而失之，军败鄗下⑫身死泜上。今将军涉西河，虏魏王，禽夏说阏与，一举而下井陉，不终朝⑬破赵二十万众，诛成安君。名闻海内，威震天下，农夫莫不辍耕释耒，褕衣甘食，倾耳以待命者⑭。若此，将军之所长也。然而众劳卒罢，其实难用。今将军欲举倦弊之兵，顿之燕坚城之下⑮，欲战恐久，力不能拔⑯；情见势屈，旷日粮竭⑰。而弱燕不服，齐必距境以自强也⑱。燕、齐相持而不下，则刘、项之权，未有所分也⑲。若此者，将军所短也。臣愚，窃以为亦过矣⑳。故善用兵者，不以短击长，而以长击短㉑。"韩信曰："然则何由㉒？"广武君对曰："方今为将军计：莫如案甲休兵，镇赵，抚其孤㉓。百里之内，牛酒日至㉔，以飨士大夫、醳兵㉕。北首燕路㉖，而后遣辩士奉咫尺之书㉗，暴其所长于燕㉘，燕必不敢不听从。燕已从，使喧言者东告齐，齐必从风而服㉙；虽有智者，亦不知为齐计矣㉚。如是，则天下事皆可图也。兵固有先声而后实者㉛，此之谓也。"韩信曰："善。"从其策。发使使燕，燕从风而靡㉜。

①"何若"句：何若，犹"如何"。　②"亡国"二句："亡"与"存"相对而言，谓亡国之臣是不配考虑长治久安之计的。按，李左车所言，亦当时习用语。《吴越春秋》载范蠡语："臣闻亡国之臣不敢语政，败军之将不敢言勇。"与此相类似。　③"今臣"二句：大意是：现在我已是失败的俘虏，哪里配同你商量国家的大事呢？　④"百里奚"二句：已见前文注释。　⑤"非愚于虞"三句：并非百里奚在虞国时很愚蠢，到了秦国就变得很聪明，而是由于秦国采用、听取他的意见，虞国不采用、听取他的意见。　⑥亦已为禽矣：也已经被你擒住了。　⑦"故信"句：此是谦词。言正由于你的意见未被采用，你才被俘虏，我才能有机会陪侍着与你谈话。　⑧"因固"句：固问，坚决地向李左车请教。　⑨委心归计：委心，倾心。归，作依解；归计，依从你的计策。　⑩"臣闻智者"四句：

"智者千虑"四句，又见于《晏子春秋·杂篇下》。"智""愚"相对而言；"得""失"相对而言。此处李左车以愚者自居，言自己的意见或有一丝一毫可取之处。亦是谦词。　⑪"故曰狂夫"二句："狂夫"二语亦汉代成语，又见《汉书·盖宽饶传》。狂夫，指没有见识的妄人，与"圣人"相对。言：即使是狂人的话，圣人也可以有选择地采纳。　⑫鄗下：鄗城之下。鄗，音霍，地名，故城在今河北省柏乡县北。　⑬不终朝：不到一上午。　⑭"农夫"三句：第一句：耒，锹柄；辍耕释耒，指放下农具，停止耕作。第二句：褕，音俞，作"美"解。第三句：倾耳，犹言侧耳、待命，等候你的命令。《史记索隐》："恐灭亡不久，故废止作业，而事美衣甘食。"《汉书》颜注："恐惧之甚，不为久计也。"言农民十分恐惧，所以到处都是停止耕作，只图眼前吃穿好一些，侧着耳朵听候你出兵消息的人。　⑮"今将军"二句：倦弊之兵，疲惫劳乏的军队。顿，停滞、停顿。坚城，坚固的城池。　⑯"欲战"二句：大意是：要想战吧，恐怕日子拖得太久，没有攻下它的力量。　⑰"情见"二句：情，指军情。见，读为现，作"显露"解。此言：我方的军情如果暴露给敌方，形势就十分被动；日子耽搁得长了，粮饷就要吃光了。　⑱"而弱燕"二句：距，同"拒"。此言比较弱的燕国既不肯降服，齐国也就拒守国境，自己图强了。　⑲"燕、齐"三句：第一句，指燕、齐两国同韩信相持不下，不是指燕与齐彼此相持。第二、三句言在这种局势之下，刘邦、项羽的胜负比重，还是分不出来的。　⑳"窃以为"句：（李左车说：）我认为你的打算是错了。意指韩信攻燕伐齐的计划。　㉑"不以"二句：不用自己的短处去攻击别人的长处，而是利用自己的长处去攻击别人的短处。　㉒何由：犹言"走哪条路呢？"。　㉓"方今"四句：大意是：现在为你打算：不如卸下武装，放下兵器，安定赵国，存恤赵国的遗民。　㉔牛酒日至：每天送牛和酒去作为犒赏。　㉕"以飨"句：用牛肉去宴飨将士，用酒去犒赏兵卒。按，醳，音释，本作"醉酒"解；醳兵，《史记索隐》："谓以酒食养兵士也。"而郭嵩焘则以"醳"为"释"的假借字，连下句读；他说："释兵北首燕路，谓但移军向燕，而不必张兵持载以临之也。"亦可备一说，录以供参考。　㉖"北首"句：首，读去声，作"向"解。此言把军队向着北方，仿佛要到燕国去的样子。　㉗奉咫尺之书：咫，八寸；咫尺，指当时写信用的木简的尺寸，或八寸或一尺。此犹言送一封信去。　㉘"暴其"句：暴，同"襮"，音仆，显示。此言把我军的优势告知燕国，以显示威力。　㉙"使喧言"二句：上句，冈白驹说："喧言者，辩士。"下句：从风而服，听到消息就降服了。　㉚"虽有"二句：意谓到了彼时，无论是多么有智谋的人也不知如何替齐国出主意了。　㉛"兵固有"句：先声而后实，王伯祥说："犹言先虚后实。声，是虚张声势。"　㉜"发使"二句：上句：发，派遣。上"使"字读去声，使者；下"使"字读上声，出使。下句，从风而靡，顺着风就倒下来。意谓：燕国听到消息立即投降。

（以上是第二大段，写韩信连破魏、赵、燕等国，战功甚大，战术甚奇。）

乃遣使报汉，因请立张耳为赵王，以镇抚其国。汉王许之，乃立张耳为赵王。

楚数使奇兵渡河击赵，赵王耳、韩信往来救赵，因行定赵城邑①，发兵诣汉②。楚方急围汉王于荥阳，汉王南出之宛、叶间③，得黥布，走入成皋④，楚又复急围之。六月，汉王出成皋，东渡河，独与滕公俱，从张耳军修武⑤。至，宿传舍⑥；晨，自称汉使⑦，驰入赵壁。张耳、韩信未起，即其卧内⑧，上夺其印符，以麾召诸将，易置之⑨。信、耳起，乃知汉王来，大惊。汉王夺两人军，即令张耳备守赵地，拜韩信为相国⑩，收赵兵未发者击齐⑪。

①"因行定"句：此连上文，言：由于往来救赵，便把所经过的赵国各地城邑都占领了，安定下来。　②"发兵"句：派兵到刘邦那里去。　③南出之宛、叶间：出，逃出。之，往。景祐本"宛"讹作"苑"。宛、叶，已见《项羽本纪》注释。　④成皋：已见《项羽本纪》注释。　⑤修武：已见《项羽本纪》注释。　⑥至，宿传舍：到了修武，就住在客馆中。　⑦自称汉使：刘邦自称是汉王派来的使臣。　⑧即其卧内：就在张耳、韩信的卧室中。　⑨"上

夺"三句：第一句：上指刘邦。此言刘邦把统帅的印信和兵符都拿过来了。第二句：麾，旌麾，军中用以召唤将领的信物。此言刘邦用旌麾把诸将召来。第三句：言刘邦把诸将的职位都更动了。　⑩"即令"二句：上句：备守，防御守备。下句：相国，周寿昌说："此则拜信为赵相国也。"　⑪"收赵兵"句：王伯祥说："把赵地尚未遣送到荥阳去的兵卒收集了，交给韩信带去伐齐。"

信引兵东，未渡平原①；闻汉王使郦食其已说下齐，韩信欲止②。范阳辩士蒯通说信曰③："将军受诏击齐，而汉独发间使下齐④，宁有诏止将军乎？何以得毋行也⑤！且郦生一士⑥，伏轼掉三寸之舌⑦，下齐七十余城；将军将数万众，岁余乃下赵五十余城⑧。为将数岁，反不如一竖儒之功乎？"于是信然之⑨，从其计，遂渡河。齐已听郦生，即留纵酒⑩，罢备汉守御⑪，信因袭齐历下军，遂至临菑⑫。齐王田广以郦生卖己，乃亨之⑬，而走高密⑭，使使之楚请救。

①未渡平原：平原，古邑名，故治在今山东省平原县南二十五里。《史记正义》以为此是河南省怀州（今沁源县）的平原津，疑非是。王骏观说："从赵击齐，不应西由怀州渡河；此盖齐南之平原县也。汉时黄河，正经其地。"按，此说是。渡，即指从平原渡黄河；下文"遂渡河"亦指渡黄河。　②"闻汉王"二句：上句：郦食其，已见前《留侯世家》注释；说，读去声，劝说；下齐，使齐归附刘邦。下句：欲止，想中止伐齐。　③"范阳辩士"句：范阳，秦县名。本燕地，故城在今河北省定兴县南四十里。蒯通，本名蒯彻，因与汉武帝刘彻同名，故史官改为蒯通，以避帝讳。蒯，音kuǎi。按，下文又称蒯通为齐人，《汉书》颜注以为通本燕人，后游于齐，故一传之中互异其说。但据钱大昕、梁玉绳、王骏图等人考证，范阳乃齐地东郡之范县（今山东省范县东南二十里，即其故治）。疑此说近是。　④"而汉独"句：独，有偏偏之意。发，派遣；间使，离间敌人的使臣。　⑤"宁有诏"二句：难道汉王命令你不进军了吗？怎么能不走呢！　⑥一士：犹言一个平常的书生。　⑦"伏轼"句：轼，车前横木；古人俯在轼上，为了表示敬意。掉，犹今言要、

舞弄。此言郦生乘车至齐,全凭口才成事。　⑧"岁余"句:乃,犹"才",言仅仅攻下五十余城(用杨树达说)。　⑨信然之:以蒯通之言为正确。　⑩"即留"句:留,挽留郦生。纵酒,放心饮酒。　⑪"罢备"句:罢,撤去;守御,指防卫的军队。此言齐王撤除了防备汉兵的守卫军队。　⑫"信因袭"二句:上句:历下,即今山东省济南地。下句:临菑,当时齐国的都城,已见《项羽本纪》注解。　⑬"齐王田广"二句:上句:卖己,出卖自己、欺骗自己;己,指田广。下句:亨,同"烹"。此言齐王竟把郦生烹杀了。　⑭高密:齐邑,故城在今山东省高密县西南。

韩信已定临菑,遂东追广至高密西。楚亦使龙且将,号称二十万,救齐。齐王广、龙且并军①与信战,未合②,人或说龙且曰:"汉兵远斗穷战③,其锋不可当。齐、楚自居其地战,兵易败散④。不如深壁⑤,令齐王使其信臣招所亡城⑥;亡城闻其王在,楚来救,必反汉⑦。汉兵二千里客居⑧,齐城皆反之⑨,其势无所得食,可无战而降也⑩。"龙且曰:"吾平生知韩信为人,易与耳⑪,且夫救齐,不战而降之,吾何功⑫?今战而胜之,齐之半可得,何为止⑬?"遂战,与信夹潍水陈⑭。韩信乃夜令人为万余囊,满盛沙,壅水上流⑮,引军半渡⑯,击龙且,伴不胜,还走⑰。龙且果喜曰:"固知信怯也。"遂追信渡水。信使人决壅囊⑱,水大至,龙且军大半不得渡,即急击,杀龙且⑲。龙且水东军散走,齐王广亡去⑳,信遂追北至城阳㉑,皆虏楚卒㉒。

①并军:把军队合并到一起。　②未合:《汉书》颜注:"欲战而未交兵也。"　③远斗穷战:远斗,全力作战。按,《孙子·九地篇》:"凡为客之道,深入则专,主人不克。"杜牧注:"言大凡为攻伐之道,若深入敌人之境,士卒有必死之志,其心专一,主人不能胜我也。"张预注:"深入敌境,士卒心专,则为主者不能胜也。……故赵广武君谓韩信:'去国远斗,其锋不可当。'是也。"可与此互参,

余详下注。　④"齐、楚自居"二句：自居其地战，在自己的乡土作战。败散，溃败逃走。《史记正义》："近其室家，怀愿望也。"按，《孙子·九地篇》："诸侯自战其地，为散地。"曹操注："士卒恋土，道近易散。"杜牧注："士卒近家，进无必死之心，退有归投之处。"即此二句之意。今按，此连上二句大意是：凡出兵远征，士卒没有牵挂，所以全力作战，锐不可当；在自己乡土作战，则因眷恋家室，便易于溃散。汉军远道而来，是客位，自然专心作战；齐、楚的军队是主位，士卒离家乡太近，没有斗志，自然容易失败。　⑤深壁：犹上文"深沟高垒"之意。　⑥"令齐王"句：信臣，亲信的臣子；招，招抚。此言让田广派遣他的亲信臣子去招抚齐国已经丢失的城邑。　⑦"亡城"三句：那些已沦陷于汉军的城邑，如果听到齐王还在，并听到楚国也来救援，必然会叛汉归齐的。　⑧二千里客居：远居在两千里外的客地。　⑨"齐城"句：齐国的城邑又都背叛了汉军。　⑩"其势"二句：汉兵势必没有地方得到粮饷，那就可以不用作战就使汉兵投降了。　⑪易与耳：易与，容易对付。　⑫"不战"二句：龙且说："不与韩信交战而使他投降，那我有什么功绩可言呢？"　⑬"今战"三句：第一句：言与汉兵交战，胜韩信。第二句：《汉书》颜注："自谓当得封齐之半地。"第三句：为什么中止不战。按，龙且之主战，一方面为了救齐破汉之名，另一方面因为贪齐土地之利。名利心盛，自然失败。　⑭"与信"句：潍水，即山东省的潍河，源出莒县北，东流至诸城，又北流经高密、潍县等地。陈，同"阵"。夹潍水陈，言楚、汉双方在潍水两岸排开阵势。王伯祥："夹潍结阵，当在今高密境。"按，下文言，龙且水东军散走，则龙且的军队原在潍水东岸，韩信的军队在潍水西岸。　⑮壅水上流：从上游堵塞住了潍水。　⑯引军半渡：带领着一半军队渡河。　⑰还走：向来路退回。　⑱决壅囊：决，打开，撤去。此言韩信使人把上游用以堵水的沙囊撤走。　⑲"龙且军"三句：第一句，意谓龙且手下渡过河来的军队大半渡不回去，因此为汉兵所截杀。第二、三句的主语是汉兵，言汉兵急向楚军攻打，并杀死龙且。　⑳"龙且水东军"二句：上句：言龙且手下留在潍河东岸的军队都四散逃走。下句：言齐王田广也逃跑了。按，《史记·秦楚之际月表》及《田儋列传》皆言齐王广死于此次战役，而《高祖本纪》及此传则言逃走。疑广逃去后复被俘虏而被杀。详下注引王伯祥说。　㉑追北至城阳：北，指败兵。城阳，已见《项羽本纪》注释。　㉒"皆虏"句：楚卒，指龙且部下的士兵。王伯祥说："尽俘龙且的溃军，且把齐王田广也擒杀了。"按，王说即据《高祖本纪》、《月表》和《田儋列传》所载的事实推断而得，近是。

汉四年①，遂皆降。平齐。使人言汉王曰②："齐伪诈多变，反覆之国也③。南边楚④，不为假王以镇之，其势不定⑤。愿为假王便⑥。"当是时，楚方急围汉王于荥阳，韩信使者至，发书，汉王大怒，骂曰："吾困于此，旦暮望若来佐我，乃欲自立为王！"张良、陈平蹑汉王足⑦，因附耳语曰⑧："汉方不利，宁能禁信之王乎⑨？不如因而立，善遇之，使自为守⑩；不然，变生⑪。"汉王亦悟，因复骂曰："大丈夫定诸侯，即为真王耳，何以假为⑫！"乃遣张良往立信为齐王，征其兵击楚⑬。

①汉四年：即公元前二〇三年。　②"使人言"句："言"下省略"于"字，古汉语中多有此例。按，下文言"韩信使者至，发书"，则此处的"言"，当是指韩信派人上书请求。　③"齐伪诈"二句：上句：伪，指耍两面手法。诈，欺诈。多变，意外的变故很多。下句：言齐国是反复不定，屡降屡叛的国家。　④南边楚：言齐国南面的边界同楚境邻近。　⑤"不为"二句：假王，犹言代理王位、暂摄王位。镇，镇守、压服。此言：如果不暂立一个王来镇压它，形势是无法稳定的。　⑥"愿为"句：韩信自言：希望自己能暂摄齐王之位，这对当前的局势是比较便利的。　⑦蹑汉王足：暗中踩了一下刘邦的脚，示意他不要露出不满的意思来。　⑧"因附耳"句：附耳，贴在耳朵旁边。　⑨"汉方"二句：大意是：汉军正处在不利的形势之下，我们怎能阻止韩信称王呢？　⑩"不如"三句：不如趁韩信来请求的机会就立他为齐王，好好地对待他，让他自己设法守住齐国。　⑪不然，变生：大意是：如果不立他为王，恐怕会发生变故。言外指韩信是有叛变的可能的。　⑫"大

丈夫"三句：大丈夫，指韩信。真王，有实权的王爵。此言大丈夫既然平定了诸侯，就是当真受封为王也是应该的，干什么要请求做假王呢？　⑬"征其兵"句：征，征用、调用。

（以上是第三大段，写韩信平齐败楚的战功，兼写刘邦对韩信的猜忌，矛盾已逐渐深化。）

楚已亡龙且，项王恐，使盱眙人武涉往说齐王信曰："天下共苦秦久矣，相与戮力①击秦。秦已破，计功割地，分土而王之②，以休士卒③。今汉王复兴兵而东，侵人之分④，夺人之地，已破三秦，引兵出关，收诸侯之兵以东击楚，其意非尽吞天下者不休⑤，其不知厌足如是甚也⑥！且汉王不可必，身居项王掌握中数矣⑦！项王怜而活之⑧。然得脱，辄倍约⑨，复击项王，其不可亲信如此！今足下虽自以与汉王为厚交，为之尽力用兵，终为之所禽矣⑩！足下所以得须臾至今者，以项王尚存也⑪。当今二王之事，权在足下⑫。足下右投则汉王胜，左投则项王胜⑬。项王今日亡，则次取足下⑭。足下与项王有故⑮，何不反汉与楚连和，参分天下王之⑯？今释此时而自必于汉以击楚⑰，且为智者固若此乎⑱？"韩信谢曰："臣事项王，官不过郎中，位不过执戟⑲，言不听，画不用⑳，故倍楚而归汉；汉王授我上将军印，予我数万众㉑，解衣衣我，推食食我㉒，言听计用：故吾得以至于此。夫人深亲信我，我倍之不祥㉓；虽死不易㉔。幸为信谢项王㉕！"

①戮力：并力、合力。　②"计功"二句：言：根据诸侯功劳的大小把土地划分开来，每个诸侯分到一部分领土，得到王爵的封赏。按，此指项羽分封诸侯，详见《项羽本纪》。　③以休士卒：这样做是为了使士卒得到休息。　④"侵人"句：分，读去声，作"职权"解。言刘邦侵占了别的诸侯的职权。按，此指刘邦西并三秦和破五诸侯之事。详见《项羽本纪》和《高祖本纪》。　⑤"其意"句：刘邦的意思是不把天下都吞为己有绝不罢休的。　⑥"其不知"句：

其，指刘邦；厌，同"餍"，餍足，满足；如是甚，如此过分。此言刘邦竟是这样过分地不知足。　⑦"且汉王"二句：上句：必，犹言确信、靠得住。下句：数，读为朔，好几次。此言刘邦的地位不一定靠得住，他的性命已有好几次被抓在项羽的手中了。　⑧怜而活之：可怜刘邦而放他得了活命。王伯祥说："指鸿门会、鸿沟约等。"　⑨"然得脱"二句：但是刘邦只要一脱离危险，就立即违背了盟约。　⑩"终为之"句：恐怕最终会被刘邦暗算的。之，指刘邦。禽，同"擒"。　⑪"足下所以"二句：须臾，王念孙说："犹从容，延年之意也。言足下所以从容至今不死者，以项王尚存也。……从容、须臾，语之转耳。"今按，须臾，即"拖延"之意。《汉书·贾山传》："愿少须臾毋死。"即稍稍迟延不死之意，此言刘邦所以不杀韩信，只是因为项羽还活着。　⑫"当今二王"二句：上句：二王，指刘邦、项羽。事，指统一天下的事业。下句：权，犹言轻重。是说韩信对于刘、项的成败，是举足轻重的。　⑬"足下右投"二句：右投，指依附刘邦。左投，指帮助项羽。右指西方，左指东方。　⑭"项王今日"二句：言项羽今天被消灭，下一个就轮到韩信（被消灭）了。　⑮有故：有旧交情。　⑯"何不反汉"二句：参，古"三"字。此言韩信为什么不背叛刘邦而与项羽讲和，把天下分成三部分，项、刘、韩各自称王？　⑰"今释"句：此言你现在放弃这个机会，自己确信刘邦必定是靠得住的，从而去攻打项羽。　⑱"且为"句：作为一个聪明人，应当是这样的吗？王伯祥说："明明说他（韩信）不智。"　⑲执戟：与上句"郎中"为互文。《史记集解》引张晏说："郎中，宿卫执戟之人也。"即守卫宫禁的武官。　⑳画不用：画，策划、计谋。此言计谋不被采用。　㉑"予我"句：予，交付、给与。众，指士兵。　㉒"解衣"三句：第一句：解，脱；第二个"衣"，读去声，动词：衣我，给我穿。第二句：推，让；第二个"食"读去声，亦动词：食我，给我吃。第三句：言、计，指韩信的言语和计策；"听""从"的主语是刘邦。此言刘邦把衣服脱给我穿，把东西让给我吃，并且采纳我的意见。　㉓"夫人"二句：夫人，犹"彼人"，指刘邦；倍，同"背"。不详，指结果不好。此言人家对我十分亲信，我却背叛他，这是不会有好结果的。　㉔"虽死"句：虽死也不变心。　㉕"幸为"句：言千万替我辞谢项王。意谓不能接受他的美意。

武涉已去，齐人蒯通知天下权在韩信，欲为奇策而感动之①，以相人说韩信曰："仆尝受相人之术②。"韩信曰："先生相人何如？"对曰："贵贱在于骨法，忧喜在于容色，成败在于决断③；以此参之，万不失一④。"韩信曰："善。先生相寡人何如？"对曰："愿少间⑤。"信曰："左右去矣⑥。"通曰："相君之面，不过封侯，又危不安⑦；相君之背，贵乃不可言⑧！"韩信曰："何谓也？"蒯通曰："天下初发难也，俊雄豪杰建号壹呼⑨，天下之士，云合雾集⑩，鱼鳞杂遝⑪，熛至风起⑫。当此之时，忧在亡秦而已⑬。今楚、汉分争⑭，使天下无罪之人肝胆涂地⑮，父子暴骸骨于中野⑯，不可胜数。楚人起彭城，转斗逐北，至于荥阳，乘利席卷⑰，威震天下。然兵困于京、索之间，迫西山而不能进者，三年于此矣⑱。汉王将数十万之众，距巩、雒⑲，阻山河之险，一日数战，无尺寸之功，折北不救⑳，败荥阳，伤成皋，遂走宛、叶之间㉑，此所谓智、勇俱困者也㉒。夫锐气挫于险塞㉓，而粮食竭于内府㉔，百姓罢极怨望，容容无所倚㉕，以臣料之，其势非天下之贤圣，固不能息天下之祸㉖。当今两主之命县于足下㉗：足下为汉则汉胜㉘，与楚则楚胜。臣愿披腹心，输肝胆，效愚计㉙，恐足下不能用也。诚能听臣之计，莫若两利而俱存之㉚；参分天下，鼎足而居㉛，其势莫敢先动㉜。夫以足下之贤圣，有甲兵之众，据强齐，从燕、赵㉝，出空虚之地，而制其后㉞，因民之欲，西乡为百姓请命㉟，则天下风走而响应矣㊱，孰敢不听，割大弱强，以立诸侯㊲；诸侯已立，天下服听而归德于齐㊳。案齐之故㊴，有胶、泗之地㊵，怀诸侯之德㊶，深拱揖让㊷，则天下之君王相率而朝于齐矣。盖闻天与弗取，反受其咎；时至不行，反受其殃㊸。愿足下孰虑之㊹！"韩信曰："汉王遇我甚厚，载我以其车，衣我以其衣，食我以其食㊺。吾闻之，乘人之车者载人之患，衣人之衣者怀人之忧，食人之食者死人之事㊻。吾岂可以乡利倍义乎㊼！"蒯生曰："足下自以为善汉王，欲建万世之业㊽。臣窃以为误矣。始常山王、成安君为布衣时㊾，相与为刎颈之交，后争张黡、陈泽之事，二人相怨㊿。常山王背项王，奉项婴头而窜㉛，逃归于汉王。汉王借兵而东下㉜，杀成安君泜水之南，头足异处，卒为天下笑㉝。此二人相与，天下至欢也㉞；然而卒相禽者，何也㉟？患生于多欲，而人心难测也㊱。今足下欲行忠信以交于汉王，必不能固于二君之相与也，而事多大于张黡、陈泽㊲。故臣以为足下必汉王之不危己㊳，亦误矣！大夫种、范蠡存亡越㊴，霸勾践，立功成名而身死亡。野兽已尽而猎狗亨㊵。夫以交友言之，则不如张耳之与成安君者也㊶；以忠信言之，则不过大夫种、范蠡之于勾践也㊷。此二人者，足以观矣㊸。愿足下深虑之！且臣闻勇略震主者身危，而功盖天下者不赏㊹。臣请言大王功略：足下涉西河，虏魏王，禽夏说，引兵下井陉，诛成安君，徇赵㊺，胁燕㊻，定齐，南摧楚人之兵二十万，东杀龙且㊼，西乡以报㊽。此所谓功无二于天下，而略不世出者也㊾。今足下戴震主之威，挟不赏之功㊿，归楚，楚人不信㋁；归汉，汉人震恐。足下欲持是安归乎㋂？夫势在人臣之位而有震主之威㋃，名高天下㋄，窃为足下危之㋅！"韩信谢曰："先生且休矣，吾将念之㋆。"

①"齐人"二句：上句：齐人，见上段注释。权，已见前注。下句：奇策，出乎意料的计策。感动，犹言说服。之，指韩信。　②"以相人"二句：相人，给人看相。说，游说。受相人之术，曾向别人学过相术。按，蒯通只是借口会看相而向韩信进言，并非真在替韩

信相面。　③"贵贱"三句：此言：一生的贵或贱可以从骨骼预知，遭遇的忧或喜可以从脸上的气色预知，事业的成败可以从性情的有无决断预知。按，第三句是正意，前二句只是陪衬。凌稚隆说："按，三语虽皆术，其意全存末句。见今日之事当决然断之而无疑也。"　④"以此"二句：参，作"验"解。言用这三方面的情形来参验一个人的一生命运，必然十分准确，万无一失。　⑤愿少间：间，读去声，与《魏公子列传》"屏人间语"的"间"同义，意谓："希望你稍稍屏退从人，让我可以得到一点儿和你单独谈话的机会。"《汉书》颜注："不欲显言，故请间隙而私说。"　⑥左右去矣：此是韩信对蒯通说："我左右伺候的人已暂时走开了。"意即请蒯通把意见说出来。按，此是作者叙事经济处。中井积德说："少间之下，有信屏左右一事，文略之。而信曰：'左右既去矣'，以请其说。"　⑦"相君之面"三句：大意是：从你的相貌来推测，你将来的地位最高不过封侯，而且还有危险的遭遇。　⑧"相君之背"二句：此是双关语。表面上的文义是"根据韩信的背形可以看出他贵不可言"；言外则指如果韩信能背叛刘邦，其贵才是不可限量的。《汉书》颜注引张晏说："言背者，云背畔则大贵。"是。　⑨建号壹呼：建号，建立名号，指称王。《汉书》颜注："建号者，自立为侯王。"壹，同"一"；壹呼，一声号召。　⑩云合雾集：云、雾，形容人才众多，密度极大；合、集，聚拢到一处。　⑪鱼鳞杂遝：鱼鳞，沈钦韩说："谓若鳞之相比次。"（见《汉书补注》引，《汉书疏证》卷二十七不载。）杂遝，众多貌。颜注："言相杂而累积。"遝，音踏，及也，至也，集合也。　⑫熛至风起：熛，音标，火飞也。……《汉书》叙传："胜、广熛起。"熛起，犹熛至也。此言士之趋赴，如火之怒飞，风之疾起也。王伯祥说："以上三语，都是形容天下之士响应发难的声势的。"按，"云合"二句写人才之多；"熛至"句写响应起义者之速。　⑬"当此"二句：颜注："志在灭秦，所忧者唯此。"意谓：在这个时候，人们所共同忧虑的只有一件事，那就是怎样消灭秦国。据颜注，亡，是及物动词。一说，蒯通说这话时秦已灭亡，故称亡秦；亡，是形容词，不是动词，亦通。　⑭分争：分裂而争雄。　⑮"使天下"句：无罪之人，指无辜的老百姓。肝胆涂地，犹言到处是死尸。　⑯"父子"句：父子，指全家人。暴，音仆，同"曝"。中野，田野中。此言往往一家人都死掉了，死尸在田野间暴露着，无人埋葬。下文："不可胜数"则承上句及此句而言，谓牺牲的人简直数不过来了。　⑰"乘利"句：乘着胜利的形势，像卷席子一样打了过来。　⑱"迫西山"二句：上句，迫，犹"阻"。西山，指成皋以西的山地。言被阻于山险而无法前进。下句：颜注："至今已三年。"按，以上写项羽的兵势无法进展。　⑲距巩、雒：巩、雒指巩县和洛阳。此言：占据巩、洛以拒楚兵。　⑳折北不救：折，挫败。北，奔逃。此言：刘邦屡战屡败无法挽救。　㉑"败荥阳"三句：皆已见《项羽本纪》注释。　㉒"此所谓"句：智，指刘邦；勇，指项羽（参用《史记评林》引董份说）。言：双方相持不下，结果两败俱伤。此一句是兼承上文项羽之不能进和刘邦之屡次失败两方面而言，不专指刘邦。　㉓"夫锐气"句：锐气，犹言"勇气"。挫于险塞，指上文迫西山而不能进。此句谓项羽。　㉔"而粮食"句：竭，尽。内府，犹言仓库。此句指刘邦。按，荥阳之役，汉兵粮尽而败，详见《项羽本纪》。　㉕"百姓"二句：上句：罢，同"疲"；极，尽；皆已屡见前注。怨望，犹怨恨。言百姓因战事而精疲力竭，故而怨恨。下句：容容，即"颙颙"（用顾炎武、李慈铭说），仰望之貌。言：人民日夜盼望战争平息，他们目前都无所归宿。　㉖"以臣料之"三句：料，犹估量、推断。此三句大意：照我的看法，在这种形势之下，如果不是天下最贤圣的人，就一定不能平定天下的祸患。按，贤圣，即指韩信，读下文即知。　㉗"当今"句：目前刘、项两家君主的命运就悬在你的手上。县，即"悬"。　㉘"足下为汉"二句：为汉，替汉出力；与楚，助楚（用杨树达说）。　㉙"臣愿"三句：第一句，言把内心的真意披露给你。第二句：输，犹言献纳。此言倾献肝胆，以诚相告。第三句：效，贡献；愚计，谦词，犹今言拙见、不成熟的看法。　㉚两利而俱存之：对刘、项双方都表示好感，并且让他们都存在下去。　㉛"参分"二句：参，同"三"。言韩信可以与刘、项两家三分天下，像鼎足一样维持下去。　㉜"其势莫敢"句：言在这种形势下，刘、项双方谁也不敢先动手。　㉝"据强齐"二句：占领着强大的齐国，胁制着燕国和赵国。按，从，指迫使燕、赵服从韩信。　㉞"出空虚"二句：出兵于刘、项双方兵力不足之处，牵制着他们的后方。　　㉟"因民"二句：上句：言顺着人民的希望。下句：乡，同"向"；西向，《史记正义》："齐国在东，故曰西向也。"为百姓请命，犹言替人民请愿。《史记正义》："止楚、汉之战斗，士卒不死亡，故云请命。"王伯祥说："自齐出兵向西，阻止汉王与项王的战斗，使肝胆涂地和暴骨中野的惨劫可以减免，故云，西乡为百姓请命。"　　㊱"则天下"句：风走，犹言闻风而至；响应，群众的反应如同回声一样；两喻皆极言其迅速。　　㊲"割大"二句：把大国的地盘减缩，把强国的势力削弱，用来分封已经失去土地的各国诸侯。　　㊳"诸侯已立"二句：言诸侯各国既已恢复，则天下没有不听命于你的，并且还会感念你待他们的恩德。　　㊴案齐之故：案，作据解；故，故壤、故地。言：稳固地占据齐国原有的地盘。　　㊵"有胶、泗"句：胶，胶河，经山东省胶县、高密、平度等县。泗，泗水，自山东省泗水县流经曲阜、济宁、滕县以及江苏省的徐州、沛县等地。王伯祥说："拥有这两河的流域，就等于今山东省的东部和南部的大部地方了。"　　㊶怀诸侯之德："之"字应依《汉书》作"以"字（用王念孙说）。怀，安抚。此言：用德惠来安抚诸侯。　　㊷"深拱"句：深拱，已见《李斯列传》注释。揖让，谦逊之意。王伯祥说："深拱揖让，就是说外示谦虚而内保实力。"　　㊸"盖闻"四句：此是韵语："取"，与"咎"叶韵；行，读为杭，与殃叶韵。与，赐予；咎，过失，殃，灾祸；时，时机；行，具体实行。按，此与《国语·越语》范蠡所言"得时不成，反受其殃"，和"得时无怠，时不再来；天予不取，反为之灾"语义相类。　　㊹"愿足下"句：孰，与"熟"同。　　㊺"载我"三句：第一句言：刘邦把他的车子让我乘坐。后二句与上文"解衣""推食"二句同义；"衣我""食我"的"衣""食"，读去声，作动词用。　　㊻"乘人"三句：第一句：载，是双关语，车载人是载，替人分忧也是载。此言：别人用车载我，我即应分担他的忧患。第二、三句：仿此。王逸《楚辞注》："在衣为怀。"故从衣，联想到怀人之忧。食，是生命之源，故从食联想到为人的事业而死。　　㊼"吾岂可"句："乡""倍"，即"向""背"。利，指个人私利。义，指正义、恩谊。此言：我怎能图私利而违反正义呢？　　㊽"足下自以"二句：上句：善汉王，和刘邦友善。下句：言想要帮助刘邦建立长久的功业。　　㊾"始常山王”句：常山王，即张耳；成安君，即陈馀。《史记·张耳陈馀列传》：“馀年少，父事张耳，两人相与为刎颈之交。(《索隐》引崔浩说：言要齐生死：断颈无悔。)”可与此互参。　(50)“后争”二句：按，《张耳陈馀列传》：“(张耳)乃求得赵歇，立为赵王。……章邯引兵至邯郸，……张耳与赵王歇走入钜鹿城，王离围之，陈馀北收常山兵，得数万人，军钜鹿北。……钜鹿城中，食尽兵少，张耳数使人召前陈馀(召陈馀前来援救)，陈馀自度兵少，不敌秦，不敢前；数月，张耳大怒，怨陈馀，使张黡、陈泽往让(责备)陈馀，……陈馀……乃使五千人，令张黡、陈泽先尝(尝试着攻打)秦军，至皆没(战死)。……项羽……破章邯，张耳与陈馀相见，责让陈馀以不肯救赵，及问张黡、陈泽所在。陈馀怒曰：‘张黡、陈泽以必死责臣，臣使将五千人先尝秦军，皆没不出。’张耳不信，以为杀之。数问陈馀，陈馀怒曰：‘不意君之望(怨望)臣深也。……’乃脱解印绶，推予张耳。……张耳乃佩其印，收其麾下。……陈馀独与麾下所善数百人，之河上泽中渔猎。由此陈馀、张耳遂有郤(同隙，互有不满)。”此处即指其事。黡，音厌，上声。　(51)“奉项婴头”句：奉，同“捧”。项婴，是项羽派遣到张耳处的使者，为张耳所杀。窜，逃走。　(52)借兵而东下：言刘邦借重韩信，张耳的兵力向东进军。　(53)“头足”二句：言陈馀的头和脚分了家，最终被天下人耻笑。　(54)“此二人”二句：相与，相交往。至欢，感情最融洽、气味最相投。言这两个人的交情是天下最深厚的。　(55)“然而”二句：大意是：“但是最终彼此都想把对方擒获，这是为什么呢？”　(56)“患生”二句：大意是：毛病就出在彼此贪心不足，而且人心是变幻莫测的。意谓人为了私利，是不惜出卖朋友的。　(57)“必不能”二句：言：你同刘邦的关系，势必不能比张、陈二人相交更稳固，而你们彼此之间的事情，多半都比争张黡、陈泽的事件重大得多。　(58)必汉王之不危己：过分相信刘邦对自己不会加害。　(59)“大夫种”二句：事见《国语·越语》。此言文种和范蠡恢复已亡的越国，使勾践重新称霸于诸侯。按，相传范蠡佐越，功成身隐，被勾践杀掉的只有文种一人，故下句的死，指文种。亡，作“逃亡”解，指范蠡，参看《国语·越语》。　(60)“野兽”句：野兽，喻强敌；猎狗，喻功臣。亨，同“烹”。按，此即下文韩信自谓“狡兔死，良狗烹”语意。　(61)“夫以交友”二句：此承"自以为善汉王"，至"人心难测也"一层而言。谓韩信和刘邦的朋友交情并不如张耳、陈馀。 ⑥²"以忠信"二句：不过，不胜过，不超过。此承"大夫种"至"猎狗烹"一层而言。谓韩信和刘邦的君臣恩谊也不及文种、范蠡和勾践。 ⑥³"此二人者"二句：上句：二人，应指陈馀和文种，皆惨遭杀戮之人。《汉书·蒯通传》无"人"字，则指以上两件事例。下句：足以观，很够你参考、借鉴的了。 ⑥⁴"且臣闻"二句：上句：勇略，勇敢和谋略（下文功略的略与此义同，但引申有业绩之意）。震主，使国君受到震动、威压。下句：言功绩既已超过天下所有的人，则是达到顶点，实在赏无可赏了。 ⑥⁵徇赵：徇，已见《项羽本纪》注释。 ⑥⁶胁燕：用威力迫燕投降。 ⑥⁷"南摧"二句：南、东，虽分指两个方向，实为一事，即指上文潍水之役。摧，挫败。 ⑥⁸"西乡"句：向西方的刘邦报捷。 ⑥⁹"此所谓功"二句：上句：无二于天下，天下没有第二份儿。下句：不世出，不再出现于当世。《史记正义》："言世之大功，不能（超）出于韩信（之上）。"《汉书》颜注："言其计略奇异，世所希有。" ⑦⁰"今足下戴震主"二句：载，负荷着；拥有。挟，持有。此言你现在拥有震主之权势和挟持盖世的功劳。 ⑦¹"归楚"二句：归附楚人，楚人对你不敢信赖。 ⑦²"足下欲持是"句：持，拿着、凭着。是，作"此"解，指上文的功略。安归，向何处归宿。此言：你将凭着这样大的功绩走到何处去呢？ ⑦³"夫势在"句：言从形势看，你毕竟居于臣子的地位；但你却有使国君感到威压的权势。 ⑦⁴"名高"句：犹言你的声誉威望高出天下一切人。 ⑦⁵"窃为"句：犹言我暗中替你捏一把汗。 ⑦⁶"先生"二句：言：你先等一等吧，我将考虑考虑。

后数日，蒯通复说曰："夫听者，事之候也①；计者，事之机也②；听过计失而能久安者，鲜矣③！听不失一二者，不可乱以言④，计不失本末者，不可纷以辞⑤。夫随厮养之役者，失万乘之权⑥；守儋石之禄者，阙卿相之位⑦。故知者，决之断也⑧；疑者，事之害也⑨。审毫厘之小计⑩，遗天下之大数⑪，智诚知之，决弗敢行者⑫，百事之祸也⑬。故曰，猛虎之犹豫，不若蜂虿之致螫⑭；骐骥之踢躅，不如驽马之安步⑮；孟贲之狐疑，不如庸夫之必至也⑯；虽有舜、禹之智，吟而不言，不如喑聋之指麾也⑰。此言贵能行之⑱。夫功者，难成而易败⑲；时者，难得而易失也⑳。时乎时，不再来㉑，愿足下详察之！"韩信犹豫，不忍背汉；又自以为功多，汉终不夺我齐㉒。遂谢蒯通㉓。

①"夫听者"二句：听，颜注："谓既听善谋也。"候，征兆、迹象。此言一个人能善于听取意见，就容易预见事物的征兆。 ②"计者"二句：计，指反复考虑。机，关键。此言遇事能反复思考，就容易掌握成败的关键。 ③"听过"二句：鲜，读上声，作"多少"的"少"解。此言听取错了意见或打错了主意而能够安全的，是少见的事。 ④"听不失"二句：一个人如果听取十桩意见，竟连一两次失误都没有，显然是个智者；那么旁人是无法用闲言碎语去迷惑他的。又，泷川资言以"先后"释"一二"，则与下句"本末"义相仿。可备一说。 ⑤"计不失"二句：一个人如果考虑问题，从来不本末倒置而且能轻重得宜，显然是个胸有成竹的人；那么旁人是无法用花言巧语去扰乱他的。以上二层，言外谓韩信是能采纳意见的人，蒯通自己并非想用言语去故意迷乱他。故下文乃一再劝其及早决断。 ⑥"夫随"二句：上句：随，顺从，引申有"安心于"之意。厮养之役，犹言"贱役"（按，《集韵》谓厮养是劈木柴养马的隶卒）。下句：万乘之机，即君权。此言韩信如果甘心情愿为刘邦服务，就会失掉掌握君权的机会了。 ⑦"守儋石"二句：守，留恋。儋，同"担"；儋石之禄，指少量的俸米。阙，今通写作"缺"，犹"失"。冈白驹说："言恋小者必遗大。"王伯祥说："恋恋于微禄的，必然不能得到高位。" ⑧"故知者"二句：王念孙说"'知者，决之断'；下句'疑者，事之害'，正与此相反也。有智而不能决，适足以害事。故下文又申之曰：'智诚之，决弗敢行者，百事之祸也。'"按，上说是。此言做事坚决不疑，才是智者果断的表现。 ⑨"疑者"二句：言迟迟不决，最足害事。 ⑩"审毫厘"句：审，犹言精打细算。厘，与"氂"通。此言对于一毫一厘

的小问题往往精打细算。 ⑪"遗天下"句：忘记了天下的大局面。 ⑫"智诚"二句：此言如果一个人的智慧足以预知事情的转变，却只是由于决断不足，而迟迟不做的话。 ⑬"百事"句：这是一切事情的祸根。 ⑭"猛虎"二句：虿，音chài，即蝎。致，送出；此处的"螫"是名词，指毒刺；致螫，指把毒刺送到人身上。此言猛虎力足以伤人，但因犹豫不定，终不免为人所捕捉；反不如小小蜂虿，却能用尾端的毒刺螫伤了人。 ⑮"骐骥"二句：骐骥，指良马。踢躅，犹踯躅、局促。进退不定貌。安步，稳步前进。按，此与上句喻义相类，言良马迟疑不决，不如笨马能够前进。 ⑯"孟贲"二句：孟贲，古代有名的勇士；贲，音奔。必至，一定达到目的。此言虽勇如孟贲，若犹疑不定，反不及一个凡庸的人能达到目的。 ⑰"虽有"三句：吟，同"噤"，闭口不言。喑，音音，哑。指麾，打手势。此言一个人虽有舜、禹那样大的智慧，倘若他只闭着口一语不发，就还不如又哑又聋的人打手势的效果好了。 ⑱"此言贵"句：此，总承以上"猛虎""骐骥""孟贲""舜、禹"四喻而言，犹言以上这些例子，都说明凡事以能付诸实践为贵。 ⑲"夫功者"二句：言创业不易成功，但很容易失败。 ⑳"时者"二句：时，指时机。 ㉑"时乎"二句：来，古读为厘，与"时"叶韵。此言：机会啊，机会是不会再来的了！ ㉒"汉终"句：言刘邦最后总不会把我的齐国夺去的。 ㉓"遂谢"句：谢，有"拒绝"之意。颜注："告令罢去。"

蒯通说不听①，已详狂为巫。

①"蒯通说"二句：上句：说，读去声，指劝说韩信的意见。不听，不被采纳。下句：已，后来。详，通"佯"；详狂，假装疯颠。巫，用巫术为人治病祈福的人。此写蒯通恐怕劝韩信叛汉的事被人发觉，就装疯冒充巫者以避祸。

汉王之困固陵①，用张良计召齐王信，遂将兵会垓下。

①"汉王之困"三句：事已见《项羽本纪》。

项羽已破,高祖袭夺齐王军①。

①"高祖"句:言刘邦乘韩信不备,夺去他的兵权。

汉五年正月①,徙齐王信为楚王,都下邳②。

①"汉五年"句:汉五年,即公元前二○二年。 ②"徙齐王信"二句:徙,改封。下邳,已见《留侯世家》注释。

(以上是第四大段,写武涉、蒯通劝韩信叛汉而韩信不从,正说明后来韩信被杀是冤枉的。赵翼说:"《史记·淮阴侯传》全载蒯通语,正以见淮阴之心乎为汉,虽以通之说喻百端,终确然不变;而他日之诬以反而族之者之冤痛,不可言也。……"[见《陔余丛考》卷五,录以备考。])

信至国①,召所从食漂母②,赐千金;及下乡南昌亭长,赐百钱,曰:"公,小人也,为德不卒③。"召辱己之少年令出胯下者,以为楚中尉④。告诸将相曰:"此壮士也,方辱我时,我宁不能杀之邪!杀之无名,故忍而就于此⑤。"

①至国:到他所封的国都去;即到下邳去。 ②"召所从食"句:从食,向人乞食;所从食漂母,韩信所乞食的那个漂母。 ③为德不卒:做好事有始无终。颜注:"言晨炊蓐食。" ④中尉:掌管巡城捕盗的武官。 ⑤"杀之"二句:上句:无名,与"师出无名"的"无名"同义,言没有充分的理由。下句:忍,忍耐。就,颜注:"成也。成今日之功。"言当时忍了过去,而今天有所成就。

项王亡将钟离眛家在伊庐①,素与信善;项王死后,亡归信。汉王怨眛,闻其在楚,诏楚捕眛。

①"项王亡将"句:亡将,逃亡在外的将领。钟离眛,已见《项羽本纪》注释,应作"眛",不作"昧",景祐本于此传中误刻。伊庐,山名,又称中庐山。其地有伊庐乡,在今江苏省海州附近。

信初之国,行县邑,陈兵出入①。

①"信初之国"三句：言韩信初到下邳时，巡视所统辖的县邑，出入都严陈兵卫。按，下文"人有上书告楚王信反"，即因此事而起。

汉六年①，人有上书告楚王信反。高帝以陈平计，天子巡狩会诸侯②。南方有云、梦③，发使告诸侯会陈④："吾将游云、梦。"实欲袭信⑤，信弗知。高祖且至楚，信欲发兵反⑥，自度无罪，欲谒上，恐见禽⑦。人或说信曰："斩眜谒上⑧，上必喜，无患。"信见眜计事⑨，眜曰："汉所以不击取楚，以眜在公所⑩，若欲捕我以自媚于汉，吾今日死，公亦随手亡矣⑪！"乃骂信曰："公非长者⑫！"卒自刭。信持其首谒高祖于陈，上令武士缚信，载后车⑬。信曰："果若人言⑭：'狡兔死，良狗亨；高鸟尽，良弓藏；敌国破，谋臣亡⑮。'天下已定，我固当亨！"上曰："人告公反。"遂械系⑯信。至雒阳，赦信罪，以为淮阴侯。

①汉六年：即公元前二〇一年。　②"高帝"二句：事见《史记·陈丞相世家》："汉六年，人有上书告楚王韩信反。高帝问诸将，诸将曰：'亟发兵坑竖子耳。'高帝默然。问陈平。……平曰：'古天子巡狩，会诸侯。南方有云、梦，陛下第（只管）出，伪游云、梦，会诸侯于陈。陈，楚之西界；信闻天子以好出游，其势必无事而郊迎谒；谒而陛下禽（擒）之。此特一力士之事耳。'高帝以为然。"谨录以备考。巡狩，古礼，天子亲往诸侯境内巡视；天子所到之地，诸侯皆来朝会，故言会诸侯。　③云、梦：云、梦本战国时楚畋猎之地，至汉初尚如此，故刘邦想以游云、梦为借口。古云、梦本为二泽，分跨今湖北省境大江南北，江南为梦，江北为云，面积广八九百里，今湖北省京山县以南，枝江县以东，蕲春县以西，及湖南省北部边境华容县以北，皆其区域；后世淤成陆地，遂并称之曰云梦，即云梦泽；今湖北省曹湖、洪湖、梁子湖、斧头湖等数十个大小相连的湖泊，当即云梦泽的遗址，并非专指今湖北省孝感附近的云梦县一地而言。　④陈：古陈国地，即今河南省淮阳县。　⑤袭信：暗算韩信。　⑥"高祖且至楚"二句：上

句:且至楚,将要到达楚国地界。下句:言韩信也疑心刘邦之来非善意,所以想发兵造反。按,下文紧接"自度无罪"等语,显然与此意直接矛盾,疑此句为作者曲笔。 ⑦"自度"三句:度,音夺,揣测。上,指刘邦。见禽,被擒。此言韩信自思,并没有犯罪,则刘邦之来也可能与己无关;但要想亲自去谒刘邦,又怕被他擒住。 ⑧"斩昧"句:杀了钟离昧再去谒见刘邦。 ⑨信见昧计事:韩信去见钟离昧,同他谈论此事。 ⑩公所:你这个地方。所,作处所、地方解。 ⑪"若欲"三句:自媚,自动地讨好于人。随手亡,紧跟着死掉。 ⑫长者:忠厚的人。此指韩信没有信义。 ⑬载后车:后车,皇帝出行时随侍在辇后的副车。 ⑭"果若"句:果然像别人所说的那样。一说,人,指蒯通,因蒯通也说过类似的话(沈钦韩说),亦可通。按,下文六句,或是当时流行成语。 ⑮"高鸟尽"四句:前二句与"狡兔死"二句是比喻,言良弓所以射高飞之鸟,鸟既射尽,弓也就被人搁置一边了。后二句是本意,言敌国既已破灭,谋臣也就被杀害了。按,《史记·越世家》《吴越春秋》皆有类似之语。《淮南子·说林训》也说"狡兔得而猎犬烹,高鸟尽而强弩藏",亦与此大致相同。 ⑯械系:用刑具锁缚。

信知汉王畏恶其能①,常称病不朝从②。信由此日怨望,居常鞅鞅③,羞与绛、灌等列④。
①畏恶其能:恶,音务,憎嫌。此言韩信知道,刘邦对自己的才能又怕又恨。 ②"常称病"句:称病,借口生病。"不"字兼为"朝""从"两事的状词;不朝,指不朝见;不从,指刘邦有事出行,韩信不随侍(用《汉书》颜注)。 ③"信由此"二句:上句,一本"日"下有"夜"字。由此,从此以后。怨望,怨恨;望,亦作"怨"解。下句,居,平日家居。鞅鞅,同"怏怏",愁闷失意貌。颜注:"志不满也。" ④"羞与"句:绛,是绛侯周勃;灌,是颍阴侯灌婴,都是刘邦手下的将领。等列,同列。此言韩信以自己与周勃、灌婴等人地位相等为羞恨。

信尝过①樊将军哙，哙跪拜送迎，言称臣，曰："大王乃肯临臣②！"信出门笑曰："生乃与哙等为伍！③"

　　①过：拜访。　　②乃肯临臣：临臣，光临我家。按，樊哙之言实有引以为荣之意，犹言像你这样的大王身份居然肯到我家里来。但此时韩信已被贬为侯，听此言只更感不快。　　③"生乃与"句：生，活着，此处引申有"一生"之意。伍，同列；同辈。颜注："言俱为列侯。"此言我这一辈子竟同樊哙他们这一般人处在同一地位。

　　上常从容与信言诸将能不①，各有差。上问曰："如我，能将几何②？"信曰："陛下不过能将十万。"上曰："于君何如③？"曰："臣多多而益善耳④！"上笑曰："多多益善，何为为我禽⑤？"信曰："陛下不能将兵而善将将⑥，此乃信之所以为陛下禽也。且陛下所谓天授，非人力也⑦。"

　　①"上常从容"二句：上句：从容，形容闲暇无事的状词。能不，能与不能；不，同"否"。下句：差，读"次"平声，参差。此二句言刘邦曾与韩信闲谈，论及诸将才能的高下，认为他们的本领彼此各有不同，水准不一。　　②能将几何：将，读平声，作率领解。此言能带多少兵。　　③于君何如：言：带兵的事对你来说又该怎样？　　④"臣多多"句：言：我带兵人数愈多，愈有办法。《汉书》"善"作"办"。　　⑤"何为"句：何为，犹"为什么"。"为我禽"的"为"，作"被"解。言：你为什么还被我擒住呢？　　⑥善将将：上"将"字读平声，率领；下"将"字读去声，将领。此言刘邦虽不善于带兵，却善于控制大将。　　⑦"且陛"下二句：此言：况且你的才能实在是天赋，与人力无关。按，《史记》中屡言刘邦之成功是由天命而非由人力，实寓讥贬之意。

　　陈豨拜为钜鹿守①，辞于淮阴侯。淮阴侯挈其手②，辟左右与之步于庭③，仰天叹曰："子可与言乎？欲与子有言也④！"豨曰："唯将军令之⑤！"淮阴侯曰："公之所居，天下精兵处也⑥；而公，陛下之信幸臣⑦也。人言公之畔，陛下必不信⑧，再至⑨，陛下乃疑矣；三至，必怒而自将⑩。吾为公从中起⑪，天下可图也。"陈豨素知其能也，信之，曰："谨奉教。"

①"陈豨"二句：上句：陈豨，事见《史记·韩王信卢绾列传》。公元前二百年（汉七年），陈豨因功封阳夏侯，为代相国，并居代地监边兵。后赵相周昌见陈豨盛招宾客，恐有变，乃向刘邦进言。刘邦召陈豨，陈豨称病不赴，遂举兵叛汉。刘邦亲往击陈豨，豨终于为樊哙所斩。钜鹿守，钜鹿郡的太守。钜鹿，已见《项羽本纪》注释。下句：言陈豨到韩信处辞行。　②挈其手：挈，作执解，拉着；携着。　③"辟左右"句：辟，同"避"；辟左右，胡三省说："屏除左右也。"言命令左右的侍从回避。与之步于庭，同陈豨在院子里散步。　④"子可"二句：大意是："我有话可以同你说吗？我想同你谈谈呢！"　⑤唯将军令之：一切听你的吩咐。　⑥"公之所居"二句：公，指陈豨。此二句言：你所居之处，是全国兵力最精的地方。　⑦信幸臣：亲信宠幸之臣。　⑧"人言"二句：别人说你造反，陛下（刘邦）一定不信。畔，同"叛"。　⑨再至：你叛变的消息再度传来。下文"三至"，义仿此。　⑩"必怒"句：（刘邦）一定大怒，并且亲自带兵去攻打你。　⑪"吾为"句：大意是：我给你做内应，从京城里起兵。周寿昌说："豨此时无反意。信因其来辞，突教之反，不惧豨之言于上乎？此等情事不合，所谓微辞也。"

汉十一年，陈豨果反①。上自将而往②，信病不从。阴使人至豨所③，曰："第举兵，吾从此助公④。"信乃谋与家臣夜诈诏赦诸官徒奴⑤，欲发以袭吕后、太子⑥。部署已定，待豨报⑦。其舍人得罪于信⑧，信囚，欲杀之。舍人弟上变告信欲反状于吕后⑨，吕后欲召，恐其党不就⑩；乃与萧相国谋，诈令人从上所来⑪，言豨已得死⑫，列侯群臣皆贺。相国绐⑬信曰："虽疾，强入贺⑭。"信入⑮，吕后使武士缚信，斩之长乐钟室⑯。信方斩⑰，曰："吾悔不用蒯通之计，乃为儿女子所诈⑱，岂非天哉！"遂夷信三族⑲。

①"汉十一年"二句：汉十一年，即公元前一九六年。按，陈豨叛汉，前人多以为由周昌告变酿成，并非预有谋划。故与韩信密谋事，前人亦多疑之。《史记评林》引茅坤说："此情似诬。豨，汉信幸臣也。偶过拜淮阴，淮阴何以遽行谋反！及豨反后，亦无往来迹。且豨之反，自周昌所言仓卒激之，安得与淮阴有夙谋，此皆忌口慎阳侯（见下文注释）辈谗之；不然，汉廷谋臣诈以此论杀之（指韩信）耳。"又引归有光说："陈豨事疑出告变之语。考豨传，豨招致宾客，为周昌所疑，一时惧祸，遂陷大戮。非素著反谋也。且已部署而旷日待豨报，信亦不知兵机矣（见下文），此必吕后与相国（指萧何）文致之（深文周纳，为韩信罗织罪名）者。"皆足以供参考。 ②"上自将"句：往，往征陈豨。 ③"阴使人"句：暗中派人到陈豨那儿。所，处所；下文"诈令人从上所来"的"所"，与此同义。 ④"第举兵"二句：第，尽管；只管。从此，在这儿；在此地（指京城中）。 ⑤"信乃谋"句：谋与家臣，犹言"与家臣谋"。夜诈诏，乘黑夜中假传圣旨。徒，犯人。奴，奴隶。胡三省说："有罪而居作（在监狱中劳作）者为徒，有罪则没入官者为奴。"赦诸官徒奴，把没入官中的许多犯人和奴隶释放出来。 ⑥"欲发"句：发，指派遣犯人和奴隶。太子，指刘邦的儿子刘盈。 ⑦待豨报："报"字景祐本误刻为"赦"，今改正之。 ⑧"其舍人"句：舍人，韩信家的门客。按，《史记·高祖功臣侯者年表》："慎阳侯乐说，为淮阴舍人，告淮阴侯信反，侯，二千户。"则此舍人，即乐说（音悦），因告密而受封为侯。 ⑨"其舍人弟"句：舍人弟，当是乐说的兄弟。上变告信欲反状于吕后，向吕后出首告密，陈说韩信要造反的情况。颜注："凡言变、告者，谓告非常之事。" ⑩恐其党不就：王伯祥说："怕他党羽多，不肯就范。"按，《汉书》颜注以"党"为"傥"之假借字，《资治通鉴》则径作"傥"，即"倘"，作"万一"解。言怕他万一不肯就范，亦通。 ⑪"乃与"三句：萧相国，即萧何；相国，即丞相。下句，言派一个人假作从刘邦那儿回来。 ⑫"言豨"句：说陈豨已被擒住杀死了。得，擒

获。　⑬绐：音dài，欺骗。　⑭"虽疾"二句：虽然生病，还是勉强进宫去祝贺一下为好。强，读上声。　⑮信入：韩信进了宫。　⑯"斩之"句：长乐，宫名。据《三辅黄图》，此宫本秦之兴乐宫，公元前二百年始改建成，刘邦和吕后经常居住于此。钟，悬钟的屋子叫钟室。此言把韩信斩于长乐宫悬钟室中。　⑰方斩：临刑之际。　⑱"乃为儿女子"句：儿女子，指吕后和太子刘盈。此言竟被妇人小子所欺骗。　⑲遂夷信三族：三族，指父、母、妻三族。余已详《李斯列传》注释。按，韩信之死，前人多疑为冤狱。兹引梁玉绳《史记志疑》之言以供参考："信之死冤矣！前贤皆极辨其无反状，大抵出于告变者之诬词，及吕后与相国文致耳。史公依汉廷狱案叙入传中，而其冤自见。一饭千金，弗忘漂母，解衣推食，宁负高皇！不听涉、通于拥兵王齐之日，必不妄动于淮阴家居之时；不思结连（黥）布、（彭）越大国之王，必不轻约边远无能之将！宾客（指陈豨）与称病之人（指韩信）何涉？左右辟，则挈手之语谁闻？上谒入贺，谋逆者未必坦率如斯；家臣徒奴，善将者亦复部署有几（言家臣徒奴人数和能力有限，韩信必不轻加信任）！是知高祖畏恶其能，非一朝夕。胎祸于蹑足附耳，露疑于夺符袭军，故禽缚不已，族诛始快。从豨军来，见信死，且喜且怜（见下文），亦谅其无辜受戮为可悯也……"

（以上是第五大段，写韩信终因为刘邦所忌而被杀，以见刘邦的残酷和毒辣。）

高祖已从豨军来①，至②，见信死，且喜且怜之③，问："信死亦何言？"吕后曰："信言恨不用蒯通计。"高祖曰："是齐辩士也。"乃诏齐捕蒯通。蒯通至，上曰："若教淮阴侯反乎④？"对曰："然。臣固教之。竖子不用臣之策，故令自夷于此；如彼竖子用臣之计，陛下安得而夷之乎⑤？"上怒曰："亨之！"通曰："嗟乎，冤哉亨也！"上曰："若教韩信反，何冤？"对曰："秦之纲绝而维弛⑥，山东大扰⑦，异姓并起⑧，英俊乌集⑨；秦失其鹿，天下共逐之⑩，于是高材疾足者先得焉⑪。跖之狗吠尧⑫，尧非不仁，狗固吠非其主。当是时，臣唯独知韩信，非知陛下也⑬。且天下锐精持锋，欲为陛下所为者甚众⑭；顾力不能耳⑮。又可尽亨之邪？"高帝曰："置之⑯！"乃释⑰通之罪。

①"高祖已从"句：言刘邦从征伐陈豨的军中归来。　②至：到了京城。据《史记·韩王信卢绾列传》，刘邦此时是回到东都洛阳而非回到长安。　③"且喜"句：又高兴、又怜悯。之，指韩信。　④"若教"句：若，你；教，教唆。　⑤"竖子"四句：竖子，指韩信，犹言这家伙、这小子。自夷，自取灭亡。此四句大意是："这家伙不听我的话，因此他才使自己夷灭了三族；如果他听了我的话，你又怎么能消灭他呢？"言外谓果如此，刘邦是否能统一中国而称帝，尚在两可。　⑥纲绝而维弛：纲，用以结网的主要大绳；景祐本误刻为"网"。维，系船的缆或张挂箭靶的绳子。纲维，连成复合词，即以喻法度。绝，断；弛，松；纲绝维弛，以喻法度败坏，政权解体。　⑦山东大扰：山东，指六国故地。大扰，大乱。　⑧异姓：指各国诸侯；与秦不同宗族的人。　⑨乌集：像乌鸦一样聚集到一起。　⑩"秦失"二句：上句：鹿，《史记集解》引张晏说："以鹿喻帝位也。"杨树达说："张说固是，然鹿何以喻帝位，当必有故。余谓'鹿'、'禄'古音同，此用鹿字之音寓禄字之意也。《论语·为政篇》云：'子张学干禄。'《集解》云：'禄，禄位也。'此后世所谓双关语。上文相君之背，用背脊之背，寓背畔（叛）之意，与此正同。但彼背脊、背畔为同字，此鹿与禄为异字耳。"按，杨说是。日人泷川资言亦以"鹿"为"禄"之通假字。似不及杨说透辟。下句：言天下人共同追逐秦国已失去的帝位，打算取而代之。　⑪"于是"句：高材，本领高的人。疾足，跑得快的人。先得焉，先得到帝位。　⑫"跖之狗"三句：第一句：跖，是盗跖，古代传说中的大盗；尧，是古代理想的仁君。跖和尧代表两个绝对的对立面。跖所豢养的狗自然以尧为反对的目标而向他鸣吠。第二、三句：言："这并不等于尧不是仁君，而是由于狗所鸣吠的对象不是它的主人。"《战国策·齐策六》："貂勃

曰：'跖之狗吠尧，非贵跖而贱尧，狗固吠非其主也。'即与此同义。" ⑬"臣唯独"二句：大意是："我在当时心目中只知有韩信，根本没有考虑到你。" ⑭"且天下"二句：上句：锐，动词，言磨之使锐；精，精纯的铁；锐精，胡三省说："言磨淬精铁而锐之也。"锋，利刃。精、锋，以喻人之雄心大志。此犹今言摩拳擦掌，养精蓄锐之意。下句：言"想要照你所做的事业去做的人多得很。"意谓争王图霸的原不止刘邦一人。 ⑮"顾力"句：只是他们能力不够罢了。 ⑯置之：置，赦免。 ⑰释：犹"恕"。

（以上是第六大段，补写蒯通事以完篇。）

太史公曰：吾如淮阴①，淮阴人为余言：韩信虽为布衣时，其志与众异②；其母死，贫无以葬，然乃行营高敞地③，令其旁可置万家④。余视其母冢，良然⑤。假令韩信学道谦让⑥，不伐己功，不矜其能⑦，则庶几哉⑧，于汉家勋可以比周、召、太公之徒⑨，后世血食矣⑩！不务出此⑪，而天下已集⑫，乃谋畔逆；夷灭宗族，不亦宜乎！

①吾如淮阴：如，去，往。 ②"其志"句：他的志趣和一般人不同。 ③行营高敞地：行，向各处行走。营，谋求。高，指地势高。敞，宽敞。此连上文言"韩信虽穷得没有能力安葬他母亲，然而他却四处寻求又高又宽的葬地。" ④"令其旁"句：目的在于使坟墓四旁可以安顿得下一万户人家。王伯祥说："用万户来守冢，显然是帝王的排场。" ⑤"余视"二句：我看到他母亲的坟墓，果然如人们所说。 ⑥"假令"句：学道，王伯祥用泷川资言说，以为"道"，指老子之"道"，近是。因为《老子》一书所讲，确是谦让之道。 ⑦"不伐"二句："伐"和"矜"，都是骄傲自满之意。《老子》："功成、名遂、身退，天之道。"又："不自伐，故有功；不自矜，故长（长久）。……自伐无功，自矜不长。"皆指出夸功恃才是不利于己的。 ⑧则庶几哉：此是倒装语，连下文应作"则于汉家勋庶几可以比周、召、太公之徒，后世血食矣"。庶

几,差不多。 ⑨"于汉家"句:汉家,犹言汉室。周,周公旦;召,召公奭;二人皆为先佐武王、后辅成王的功臣。太公,即吕望。徒,一辈人物。 ⑩"后世"句:言韩信的后代可以一直受到祭享。王伯祥说:"此与夷三族对照,意味着无限的惋惜。" ⑪不务出此:不知向着这方面努力。此,指学道谦让。 ⑫"而天下"二句:集,定。言天下已定,竟想造反。按,李慈铭说:"案,天下已集,乃谋畔逆,此史公微文。谓淮阴之愚,必不至此也。"李笠也说:"案天下已集,岂可为逆于其必不可为叛之时,而夷其宗族,岂有心肝人所宜出哉!读此数语,韩信心迹,刘季、吕雉手段,昭然若揭矣!"皆指出作者作传本意。

(以上是第七大段,作者一面对韩信表示惋惜,一面以微辞暗示他谋反的可疑。)

万石张叔列传①

万石君名奋②。其父，赵人也，姓石氏。赵亡，徙居温③。

①这是一篇合传。共记石奋、石建、石庆一家，及卫绾、直不疑、周仁、张欧（即张叔）等人事迹。传中对于石奋一家的恋栈利禄、伪作谨厚的虚矫作风进行了深刻犀利的讽刺，但从文字表面看，却像在颂扬他们一家人的恭敬孝谨。牛运震《史记纠谬》指出，"太史公叙万石君、张叔等，处处俱带讽刺"，正说明本篇特点所在。 ②"万石君"句：石，量米谷的容量单位名，十斗为一石；汉制凡郡守、诸侯相以及朝中的光禄大夫、五官中郎将、太子太傅等，皆年食俸米二千石。石奋及其四子皆位至二千石，故汉景帝刘启呼石奋为"万石君"。 ③温：汉县名，故城在今河南省温县西南三十里。

高祖东击项籍，过河内①，时奋年十五，为小吏，侍高祖。高祖与语，爱其恭敬，问曰："若何有②？"对曰："奋独有母，不幸失明。家贫。有姊能鼓琴③。"高祖曰："若能从我乎？"曰："愿尽力。"于是高祖召其姊为美人④；以奋为中涓，受书谒⑤；徙其家长安中戚里⑥，以姊为美人故也。其官至孝文时，积功劳至太中大夫⑦。无文学，恭谨无与比⑧。

①河内：秦郡名，今河南省黄河以北之地，皆属河内。河内故治在怀州（今河南省沁阳县），而温县旧属怀州，故刘邦能在彼处遇到石奋。 ②若何有：若，你。何有，《汉书》颜注："有何亲属。"意谓你家里有什么人。 ③"有姊"句：《汉书·万石君传》："琴"作"瑟"。周寿昌说："赵人多善瑟者，奋家于赵，从'瑟'为是。"

按，周说近是。　　④美人：汉女官名，地位相当于二千石。此言刘邦纳石奋姐为妃嫔，封为美人。　　⑤"以奋"二句：上句：中涓，官名。颜注："涓，洁也。言其在内（宫内），主知（管理）清洁洒扫之事。盖亲近左右也。"下句：谒，即名刺。颜注："外有书谒，令奋受之也。"此言石奋为刘邦的近侍之臣，凡宫中有往来及大臣谒见之事，皆由石奋经手负责。　　⑥戚里：当时长安城内一条街道的名称。《汉书补注》引刘攽说："此里偶名戚里尔。高祖以奋姐为美人，故使居戚里，示有亲戚之义。"　　⑦"其官"二句：言石奋为中涓之官，一直到汉文帝刘恒之时，由于功劳积累，升迁为太中大夫。按，太中大夫，官名。《汉书·百官公卿表》："大夫，掌论议。有太中大夫、中大夫、谏大夫。太中大夫，秩比千石。"《续汉书·百官志》："凡大夫、议郎，皆掌顾问应对，无常事。唯诏命所使。"则是备皇帝顾问的官，没有正式职务。孝文，已见前《留侯世家》注释。　　⑧"无文学"二句：上句：文学，指儒术，当时称能通六经、知礼乐的人为"文学之士"，像贾谊、董仲舒等都是。下文"王臧以文学获罪"，即指以儒术获罪，与此同义。此句实即谓：石奋是个不学无术的人。下句：无与比，谁也比不上他。按，《汉书》在"无与比"上多"举"字，举，犹"皆"；颜注引张晏说："举朝（满朝）无比也。"按，此句实即谓石奋除了对人十分恭敬谨慎之外，一无所长。

文帝时，东阳侯张相如为太子太傅①；免，选可为傅者，皆推奋，奋②为太子太傅。

①"东阳侯"句：东阳侯张相如，事迹略见《史记·高祖功臣侯者年表》："高祖六年为中大夫，以河间守击陈豨，力战功，侯。千三百户。"东阳，汉县名，故城在今山东省恩县西北六十里。太子太傅，官名，已见《留侯世家》。当时的太子即汉景帝刘启。　　②奋：景祐本脱此"奋"字，兹据今本补。

及孝景即位①，以为九卿迫近，惮之②，徙奋为诸侯相。

①"及孝景"句：孝景，即汉景帝，名启，文帝中子。公元前

一五六年即位，在位十六年，死于公元前一四一年。　②"以为九卿"二句："九卿"与"迫近"应连读。郭嵩焘说："案，万石君为太子太傅时，景帝方为太子也，为其恭谨所拘苦，以不得自肆。及即位，以为九卿迫近，日侍上前，故徙为诸侯相以远之。太子太傅盖亦九卿之列也。"迫近，指其职居近侍。周寿昌说："以九卿迫近上前，惮其拘谨也。"按，郭说是。旧本多以"以为九卿"为一句，非是。惮，犹言嫌忌。

奋长子建；次子甲；次子乙①；次子庆：皆以驯行孝谨②，官皆至二千石。于是景帝曰："石君及四子皆二千石，人臣尊宠乃集其门③。"号奋为万石君。

　①"次子甲"二句："甲""乙"是古代史籍习见的代称，并非石奋之子有名叫甲或乙的。颜注："史失其名，故云甲、乙耳，非其名。"顾炎武《日知录》："甲、乙非名也。失其名而假以名之也。"后世小说犹往往有某甲某乙之类的代称。　②驯行孝谨：驯，作"顺"解；驯行，对父母百依百顺，十分驯服。孝谨，孝顺而谨慎。　③"人臣"句：尊宠，尊贵和光荣。集，作"聚"解。门，犹"家"。《汉书》"乃"下有"举"字。《汉书补注》引王文彬说："'人臣尊宠乃举集其门'，即谓一门贵宠耳。"

孝景帝季年，万石君以上大夫禄归老于家①，以岁时为朝臣②。过宫门阙，万石君必下车趋③；见路马，必式焉④。子孙为小吏，来归谒⑤，万石君必朝服见之，不名⑥。子孙有过失，不谯让⑦，为便坐，对案不食⑧。然后诸子相责，因长老肉袒固谢罪，改之，乃许⑨。子孙胜冠者在侧⑩，虽燕居必冠，申申如也⑪。僮仆䜣䜣如也，唯谨⑫。上时赐食于家，必稽首俯伏而食之，如在上前⑬。其执丧，哀戚甚悼⑭。子孙遵教，亦如之⑮。万石君家以孝谨闻乎郡国⑯，虽齐、鲁诸儒质行，皆自以为不及也⑰。

①"孝景帝季年"二句：上句：季年，末年。下句：言石奋告老回家，但仍食上大夫所应得的俸禄，作为养老之资。沈钦韩说："汉无上大夫（见前'太中大夫'注释），通（一般）以中大夫二千石（按，即光禄大夫）者当之。"录以备考。　②"以岁时"句：岁时，指年关节日。朝臣，参加朝贺的大臣。此言石奋已告老家居，每逢节日，仍参加朝贺。这是一种特殊的优礼，在汉代叫作"奉朝请"，冈白驹说："唯外戚、皇室、诸侯，得奉朝请；（石奋）盖以姻戚，优礼待之。"　③"过宫"二句：按，此下写石奋貌为恭敬的种种虚矫行为。阙，《说文》："门观也。"宋戴侗《六书故》："宫城上为楼观，阙其下为门。所谓'阙门'也。"按，如今北京故宫天安门，上有楼观，下有通路，即所谓"阙"。此言石奋只要一走过皇帝的宫门，一定下车步行。　④"见路马"二句：上句：路，与"辂"通，作"大"解。辂马，天子所乘之马。下句：式，同"轼"，本是名词，即车前横木；此处作动词用，孔颖达《尚书正义》："式者，车上之横木。男子立乘（古人乘车，是站在车上的），有所敬，则俯而凭式（把身体俯在轼上表示敬意）。遂以'式'为敬名（表示敬意的名词）。"此言石奋在车上如果看见皇帝所乘用的马，他也要把身体俯在轼上表示恭敬。孙希旦《礼记集解》："于路马亦式之，为其君之所乘也。"可为此二句注脚。　⑤归谒：回家探望。　⑥"万石君必朝服"二句：此写石奋不以家人父子的关系对待子孙，而以官府的势派对待他们。虽然他的子孙只是小吏，他也要穿着官服同他们相见，并且不呼唤他们名字。　⑦谯让：责问。谯，同"诮"。让，上声；下同。　⑧"为便坐"二句：上句：犹言"设便坐"；便坐，别于正坐而言。石奋是一家之长，理应居正坐，不坐在正坐，表示子孙对他不够尊敬。下句：案，盘案，古人进餐时盛着馔用的矮脚几，对着盘案不吃饭，也是表示自己不愉快的意思。　⑨"然后"四句：第一句：然后，犹"乃"。刘淇《助字辨略》："孟子：'然后敢入。'又云：'予然后浩然有归志。''然后'，乃也，继事之辞也。又，《汉书·万石君传》'……然后诸子相责……'，此'然后'，亦是'乃'辞，然与上意有别。上云因其如此，方敢入，方有归志，其辞缓；此云见其如此，遂相责谢罪，其辞急。"相责，对犯错误的人进行责备。第二句：主语是"有过失的子孙"。因长老，通过本族年老的长辈，肉袒，请罪的礼节。已见

前《廉蔺列传》。固谢罪，再三地谢罪。第三句：主语是"有过失的子孙"。第四句：主语是石奋。此四句言石奋的许多儿子，看到石奋的这种举动，赶快把那个犯错误的子孙责骂一顿，并且去求本族的长辈来说情，让那个犯错误的人袒露着上身向石奋赔罪，承认改悔，石奋方才许可。　⑩"子孙胜冠"句：胜，读平声，即"胜任"之"胜"。胜冠者，已达成人之年，可以有资格戴冠的人（古人满二十岁即可加冠，故以二十岁为弱冠之年）。在侧，在石奋身边。　⑪"虽燕居"二句：主语是石奋。燕居，即"闲居"。申申，整饬之貌（用颜师古说）。此连上文言：只要有已经成年的子孙在石奋身边，石奋即使是在闲坐休息时，也要把冠戴上，显得非常整饬严肃的样子。　⑫"僮仆"二句：上句：䜣，音xīn；䜣䜣，同"訚訚"（音yín），谨敬之貌（用颜注）。下句：颜注："唯以谨敬为先。"此言石奋家中的奴仆都非常端庄严肃，只以谨慎恭敬为先。　⑬"上时"三句：时，有时。稽首，叩头。俯伏，犹"匍匐"，指行跪拜之礼。此言有时皇帝命人把食物送到石奋家里给他吃，他也一定跪在那里叩着头去吃，好像在皇帝面前一样。　⑭"其执丧"二句：执丧，颜注："犹言持丧服也。《礼记》曰：'执亲之丧。'"犹今言居丧。哀戚，哀伤悲恸。悼，亦悲恸之意，此处是副词，用以形容上面的状词"哀戚"。此言石奋每逢有丧事，总是非常悲恸。　⑮"子孙"二句：言子孙听从石奋的教训，也像他一样，居丧时非常悲恸。按，此是讽刺语，实即谓他们的悲恸都是伪装的。　⑯"万石君家"句：石奋家中这种孝顺谨慎的家风，连各个郡县和诸侯的国家都听说了。　⑰"虽齐、鲁"二句：即使是齐、鲁地方的许多行为非常质朴踏实的儒生，也都自以为不如他。《汉书补注》引王文彬说："《论语》：'文胜质则史。'皇疏：'质，实也。'言齐、鲁尚实行（重实践），犹以为不及万石君家。下文言'儒者文多质少'，两'质'字义同。"

　　建元二年①，郎中令王臧以文学获罪②。皇太后③以为儒者文多质少，今万石君家不言而躬行④。乃以长子建为郎中令；少子庆为内史⑤。

　　①建元二年：为公元前一三九年，是刘彻即位的第二年。

②"郎中令王臧"句：事见《史记·封禅书》和《儒林列传》。《封禅书》说："赵绾、王臧等，以文学为公卿，欲议古，立明堂城南，以朝诸侯，草巡狩、封禅、改历、服色事。未就，会窦太后治黄、老言，不好儒术；使人微伺，得赵绾等奸利事，召案绾、臧。绾、臧自杀。"《儒林列传》谓："兰陵（汉县名，故治在山东省峄县东五十里）王臧，……事孝景帝，为太子少傅。免去。今上（汉武帝）初即位，臧乃上书宿卫。上累迁，一岁中为郎中令。……赵绾……为御史大夫。绾、臧请天子，欲立明堂以朝诸侯。……太皇窦太后好老子言，不悦儒术，得赵绾、王臧之过以让（责）上。上因废明堂事，尽下赵绾、王臧吏，后皆自杀。"可以参看。　③皇太后：即窦太后，是文帝的皇后，景帝的母亲，武帝的祖母。故《儒林列传》称她为"太皇窦太后"。　④"儒者文多"二句：按，当时的儒者多倡议封禅、巡狩等事，以谄媚汉武帝。所谓"文"，即讲排场、尚浮夸。质，指安分守己，老老实实地做官。故上句言，"文多质少"。下句：不言而躬行，对皇帝没有什么建议，而只是亲身实践孝谨之道。　⑤内史：本周代官名，秦、汉沿用，掌管治理京师的职务。

　　建老，白首，万石君尚无恙①。建为郎中令，每五日洗沐②，归谒亲，入子舍③，窃问侍者④，取亲中裙厕牏，身自浣涤⑤，复与侍者，不敢令万石君知⑥，以为常。建为郎中令，事有可言，屏人恣言，极切⑦；至廷见，如不能言者⑧。是以上乃亲尊礼之⑨。

　　①万石君尚无恙：颜注："恙，忧病。"此连上文言：石建已经年老，头发都白了，可是石奋还非常健康，没有疾病。　②每五日洗沐：洗沐，又称"休沐"，即休假沐浴的日子。胡三省说："汉制：中朝官五日一下里舍休沐，三署诸郎亦然。"意谓每五天可以回私宅一次，作为休假。至唐代则十日一休沐。正如现今每周休假一天的情况。　③入子舍：子舍，颜注以为是"诸子之舍"，即私室；而黄生《义府》则谓："子舍，犹子城。'子'之为言'小'也，此盖侍者所居之室。若建自入己舍，则与下事义乖。"今按，黄说近是。

此言石建谒见父亲以后，进入侍者的住屋。 ④"窃问"句：暗中询问伺候石奋的人。 ⑤"取亲"二句：上句：亲，颜注："谓父也。"中裙，即今所谓衬裤，又叫中衣；王先谦说："中裙者，近身下裳，今有裆之裤，俗谓之小衣者是矣。"厕牏有三解：一、颜注："厕牏为便桶，犹今俗所谓马桶。"（见《汉书》颜注引贾逵、孟康说。）二、以"牏"为"窬"之假借字，释为厕中函（装）粪之空木（李慈铭语）。李慈铭、郭嵩焘皆主此说。三、解"厕"为"侧"；以"牏"为"窬"之假借字，作"窦"解。王先谦说："班氏（班固）赞云：'石建浣衣。'（见《汉书·万石卫直周张传》末。）初未旁及他秽亵之物。……'厕'训为'侧'。（原注：《汉书·汲黯传》注：'厕，床边侧也。'《张释之传》注：'厕，岸之边侧也。'《史记·张耳传》索隐：'厕者，隐侧之处。'徐（广）注云：'隐于其侧。'正与《索隐》合。……）牏，当作"窬"。……《一切经音义》九引《三苍》云：'窬，门边小窦也。'……《礼·月令》：'穿窦窖'注：'入地椭曰窦，方曰窖。'《广韵》：'窦，水窦也。'然则'窬'当是傍室中门墙（靠着室中门墙附近），穿穴入地，空中（即中空）以出水（原注：今楚俗尚有之）。建取亲中裙，隐身侧近窬边，自浣洗之耳，故下文云'不敢令万石君知'也。"今按，以"厕牏"为"汗衫"，虽与中裙为同类衣物，但文义实嫌牵强；以"厕牏"为便桶，词义虽可通，但与中裙并非同类之物，证以班固的赞语，疑亦未确切。故仍以王先谦说为近是。下句：身自，犹言亲自。浣涤，洗濯也。 ⑥"不敢"句：按，此亦石建故意做出的伪孝。所以班固说："至石建之浣衣，……君子议之。" ⑦"事有可言"三句：第一句：颜注："谓有事当奏谏。"指有可以向皇帝奏谏的事。第二句：屏人，避开他人。恣言，畅所欲言；恣，音自。第三句：切，恳切，说得又深又透。 ⑧"至廷见"二句：廷见，颜注："谓当朝而见时。"此言石建当没有他人在旁边时，对皇帝无话不说，及在大庭广众之下，就装出一副好像不会说话的样子。这样做，一方面可以保持皇帝的尊严，一方面也不得罪群臣，显然也是善于做官的法门。 ⑨"是以"句：因此汉武帝对石建很好，亲自向他表示尊敬，对他表示优礼。

万石君徙居陵里①。内史庆醉归，入外门②不下车。万石君闻之，不食。庆恐，肉袒请罪，不许③，举宗及兄建肉袒④，万石君让曰："内史，贵人⑤！入闾里，里中长老皆走匿，而内史坐车中自如，固当⑥！"乃谢罢庆⑦。庆及诸子弟入里门趋至家⑧。

①陵里：长安城内一条街道的名字。　②外门：指里门，即街道口的大门。　③"庆恐"三句：前二句的主语是石庆，后一句的主语是石奋。言石庆虽裸露肩膊向父亲请罪，石奋仍不答应。　④"举宗"句：言全家族的人以及石建都向石奋请罪。此句之"袒"字，景祐本误刻为"祖"，今改正之。　⑤"内史"二句：言石庆做了内史，已是有身份的人了。按，此语是奚落语。　⑥"里中长老"三句：此是故意说反话。言石庆乘车进入里门，里中的父老都急忙回避；而石庆竟依然如故地坐在车中不动，这原是理所当然。颜注："此深责之也。言内史贵人，固当尔（如此）。"　⑦乃谢罢庆：颜注："告令去。"意谓喝令石庆走开。　⑧"庆及诸子弟"句：言从此石庆和石家其他的子弟，进里门之后都步行到家，再不敢不下车了。

万石君以元朔五年中卒①。长子郎中令建哭泣哀思，扶杖乃能行②。岁余，建亦死。诸子孙咸孝，然建最甚，甚于万石君③。建为郎中令，书奏事④，事下⑤，建读之，曰："误书'马'者；与尾当五，今乃四，不足一⑥。上谴，死矣⑦！"甚惶恐⑧。其为谨慎，虽他皆如是⑨。

①"万石君"句：元朔五年，汉武帝即位的第十七年，即公元前一二四年。洪亮吉说："案，传言高祖东击项籍，过河内时，奋年十五。事在高祖二年（公元前二〇五年）。据此，则奋卒时年九十六。"按，洪说是。　②"长子"二句：上句：哀思，哀念。下句：言身体因悲哀过度，必须拄着拐杖才能走路。　③"诸子孙"三句：第一句：咸，完全。第二句：最甚，指最孝。第三句：言石建比石奋还能尽孝道。　④书奏事：书写奏章，禀陈公

事。　⑤事下：公文经皇帝批阅后被发回。　⑥"马者"三句：马者，一本作"马字"；颜注："马字下曲者为尾，并四点为四足。凡五。"按，"马"字篆文作𢒠，其下共五笔，像一尾四足之形。石建写此字只写了四笔，少了一笔，所以说"今乃四，不足一"。　⑦上谴，死矣：言皇帝要谴责我，我要犯死罪了。杨树达说："按，(《汉书·艺文志》)云：'吏民上书，字或不正，辄举劾。'知汉廷本有正字之法。然亦何至谴死，此言建之过慎也。"泷川资言说："石建忧其谴死，虑有举劾者也。"今按，此正作者写石建患得患失之心情，因一笔之差而虑及谴死。　⑧甚惶恐：犹言十分紧张，非常害怕。按，《汉书》无此三字。　⑨"其为"二句：言石建所表现的谨慎作风，即使是其他事件，也同这件事差不多。

万石君少子庆为太仆①，御出②，上问车中："几马③？"庆以策数马毕，举手曰："六马④。"庆于诸子中最为简易矣，然犹如此⑤。为齐相，举齐国皆慕其家行，不言而齐国大治⑥。为立石相祠⑦。

①太仆：秦、汉官名，掌管皇帝的舆马，列为九卿之一。　②御出：给皇帝驾着车出行。　③"上问"二句：皇帝在车内问道："用几匹马驾车的？""问"，下省略"于"字。　④"庆以策"三句：策，鞭子。数，读上声。此言石庆虽明知是六匹马，却仍用鞭子数了一遍，数完后才举手回答道："六匹马。"　⑤"庆于"二句：言石庆在奋诸子里面是最单纯的一个，但他的作风尚且如此。景祐本"然犹"二字倒，兹从今本改之。　⑥"举齐国"二句：行，读去声；家行，犹言"家风"。此言整个齐国对于石庆家中的作风都很仰慕，在石庆做齐相时，什么意见都没有发表，而老百姓却都受到他的感化，国内十分安定。　⑦为立石相祠：言齐民对石庆很感激，替他建立了一座祠堂。按，古代凡有遗爱于民之人，多于死后为之建立祠堂，此则建于石庆生时。周寿昌说："后世生祠之始。"

元狩元年①，上立太子，选群臣可为傅者，庆自沛守②为太子太傅。七岁，迁为御史大夫③。

①元狩四年：汉武帝即位的第十九年，即公元前一二二年。　②沛守：沛郡太守。此句言石庆由沛郡太守的职位调任太子太傅。　③御史大夫：汉代三公之一，位仅次于丞相和太尉，掌管监审纠劾的职务。按，石庆在元鼎二年（公元前一一五年），为御史大夫，上距为太子太傅时恰好七年。

元鼎五年秋，丞相有罪，罢①，制诏御史②："万石君先帝尊之，子孙孝，其以御史大夫庆为丞相，封为牧丘侯③。"是时汉方南诛两越④，东击朝鲜⑤，北逐匈奴⑥，西伐大宛⑦：中国多事⑧。天子巡狩海内，修上古神祠⑨，封禅⑩，兴礼乐⑪。公家用少，桑弘羊等致利⑫；王温舒之属峻法⑬；兒宽等推文学至九卿：更进用事⑭——事不关决于丞相，丞相醇谨而已⑮。在位九岁，无能有所匡言⑯。尝欲请治上近臣所忠、九卿咸宣罪，不能服⑰，反受其过，赎罪⑱。

①"元鼎"三句：元鼎五年，公元前一一二年，是汉武帝即位的第二十九年。当时的丞相是赵周，因坐酎金罪被罢去。按，《汉书·武帝纪·元鼎五年》载："九月，列侯坐献黄金酎祭宗庙不如法，夺爵者百六人。丞相赵周下狱死。"酎，音肘，本作"酿酒"解；自汉文帝以后，每逢祭宗庙时，诸侯必须各依所食邑户多寡献金若干以助祭，作为酿酎的费用，叫作酎金。如果稍有分量不足或成色不好的情况，则诸侯往往被削爵免职。据臣瓒注，这一次酎金不如法。是由于分量不足，而赵周是知道这个情况的，因此被连坐下狱。　②制诏御史：皇帝下诏书给御史。　③牧丘侯：据《汉书·外戚恩泽表》，其所食郡邑在平原，故治在今山东省平原县南二十里。　④南诛两越：诛，讨伐。两越，即今两广一带地方。按，元鼎五年夏四月，南越王相吕嘉杀南越王及汉使而自立，武帝遣路博德等讨平之，至六年，斩吕嘉。此句即指其事，见《汉书·武帝纪》。　⑤东击朝鲜：按，武帝元封二年（公元前一〇九

年），朝鲜王攻杀辽东都尉，武帝乃遣杨仆等募被处死刑的罪人往击。亦见《汉书·武帝纪》。 ⑥北逐匈奴：汉武帝即位以后，几乎每年都与匈奴有战事。 ⑦西伐大宛：宛，读为鸳。大宛，西域国名。武帝元朔年间，使张骞通西域。至太初元年（公元前一〇四年），命贰师将军李广利征大宛。亦见《武帝纪》，及《史记·大宛列传》。 ⑧中国多事：中国，指国内。多事，犹言民生不安定。详见《史记·平准书》。 ⑨修上古神祠：据《史记·封禅书》：武帝曾修神君祠、太一祠等。 ⑩封禅：封，指祭天。禅，音善，指祭地。汉武帝一生好封禅之事，详见《史记·封禅书》。 ⑪兴礼乐：指改历法、易服色、提倡儒术等。 ⑫"公家"二句：上句：犹言国库空虚。下句：桑弘羊，汉武帝时人，本商人之子，后为大农丞，倡均输之法，见《史记·平准书》。关于桑弘羊有关经济方面的主张，桓宽《盐铁论》记载甚详。致利，犹言谋利。 ⑬"王温舒"句：王温舒，武帝时为司法之官。据《史记·酷吏列传》，他在河内太守任上，杀人极多，至流血十余里。温舒之外，前后尚有张汤、义纵、尹齐等人，皆以严刑峻法统治人民。详见《酷吏列传》。 ⑭"儿宽等"二句：上句：儿，古"倪"字。儿宽，孔安国的弟子，武帝时官至御史大夫，《史记·儒林列传》说他："在三公位，以和良（温和善良）、承意（奉承皇帝的意旨），从容得久（因循敷衍而得久居其位）；然无有所匡谏于朝。"可见其为人之一斑。推文学至九卿，因儒术被推举为九卿，按，儿宽之前，尚有公孙弘，亦因儒术诏事武帝，位至丞相。故此句言"儿宽等"。下句：更进，一个跟着一个升迁其职位。用事，掌握实权。 ⑮"事不"二句：此承上文"是时汉方……"以下若干句而言。关，犹言通过。决，决定。醇谨，唯唯诺诺，老实谨慎。此言不论外交或内政，也不论经济或司法方面的事，都可以不通过丞相，也不由丞相决定，丞相只是老老实实地做他的官。 ⑯匡言：劝谏，进忠正之言。 ⑰"尝欲"二句：治，惩办。所忠，人名，姓所名忠，时为谏议大夫（见郭嵩焘引《姓谱》），是武帝亲信的近臣。咸宣，亦人名，姓咸名宣。咸，读为减，景祐本及各本作"减宣"，今据钱泰吉说，改为"咸宣"；其事迹见《史记·酷吏列传》。

此言石庆曾有一次请求皇帝惩治所忠、咸宣二人的罪行，结果并不能说服他们，使他们认罪。　⑱"反受"二句：言石庆反而因此事受到处分，以米粟纳入宫中，才得赎罪。按，此亦作者对石庆的深刻嘲讽。

元封四年中①，关东流民二百万口，无名数者四十万②。公卿议：欲请徙流民于边以適之③。上以为丞相老谨，不能与其议④，乃赐丞相告归⑤，而案御史大夫以下议为请者⑥。丞相惭不任职⑦，乃上书曰："庆幸得待罪丞相⑧，罢驽无以辅治⑨，城郭仓库空虚⑩，民多流亡，罪当伏斧质⑪，上不忍致法⑫，愿归丞相侯印，乞骸骨归⑬，避贤者路⑭。"天子曰："仓廪既空，民贫流亡，而君欲请徙之⑮，摇荡不安，动危之，而辞位⑯，君欲安归难乎⑰？"以书让庆，庆甚惭，遂复视事⑱。

①"元封"句：元封四年，公元前一〇七年，是汉武帝即位的第三十四年。　②"无名"句：名数，颜注："若今户籍。"此言二百万流民中没有户籍的有四十万人。　③"欲请徙"句：徙，迁移。適，同"谪"，此处作"惩罚"解。此言公卿们建议，打算请求皇帝下命令把这些没有户籍的流民迁移到边疆去，作为一种惩罚。　④"上以为"二句：上句：老谨，老成持重。下句：与，参与。此言汉武帝不同意这种移民于边的办法，准备把这些公卿治罪。但公卿有这种提议，丞相也应负有责任；武帝则认为石庆一向老成持重，对于公卿们移民的意见，他不一定参与在内。王先谦说："特原之。"以其议不合事理，非庆所能为也。　⑤"乃赐"句：于是武帝命令石庆，可以告老退休了。　⑥"而案"句：此言一面便调查自御史大夫以下，所有提议请求移民的公卿们的罪状。　⑦"丞相惭"句：石庆自知不能胜任丞相的职位，心里很惭愧。　⑧"庆幸得"句：待罪丞相，谦词，犹言忝居丞相的职位。王伯祥说："谓在职恐惧，时时警惕自己有罪责也。"此言我很荣幸，能在丞相的职位上听候您的处分。　⑨"罢驽"句：罢，同"疲"；驽，笨拙。此言我

很没有能力，不能辅佐您治理国家。　⑩"城郭"句：此言城郭空虚，仓库也空虚。城郭空虚，指人民流亡在外。仓库空虚，指缺乏粮食财物。　⑪伏斧质：已见前《廉蔺列传》注释。　⑫"上不忍"句：言蒙皇帝宽恕，不忍心把我依法治罪。　⑬乞骸骨归：即请求准许告老回家之意。　⑭"避贤"句：给贤人让路。　⑮"而君"句：此言人民已经贫困而流亡在外，可是你还要请求让他们往远地迁移。　⑯"摇荡"三句：第一句：言你把老百姓都搞得不能安定。第二、三句之义略与第一句重复，颜注："摇动百姓使其危急，而自欲去位。"意谓百姓受苦难是你造成的，你现在却想辞职、推卸责任了。　⑰"君欲安"句：难，读去声，责难。此言：你想把对你的种种责难归到谁身上去呢？《汉书》在此句之下还有一句"君其反室"，言你趁早回家吧！余详下注。　⑱"庆甚惭"二句：大意是：石庆看到皇帝的诏书很惭愧，于是又继续去办公了。按，此又作者深刻讽刺之笔。《汉书》载石庆此时患得患失的情形较详尽，兹录以备考："庆素质（老实），见诏报反室（看到诏书上写着让他告老回家），自以为得许（自以为被批准了）。欲上印绶。掾史（丞相府的秘书）以为见责甚深（受皇帝责备很厉害），而终以反室者，丑恶之辞也。或劝庆宜引决（自杀），庆甚惧。不知所出（不知怎么办才好），遂复起视事。"

庆文深审谨①，然无他大略、为百姓言②。

①文深审谨：文深，阅历很深，表面上不动声色。审谨，做事仔细稳定。　②"然无他"句：但是没有任何高明的意见，也没有替老百姓说过话。

后三岁余，太初二年中①，丞相庆卒，谥为恬侯。

①太初二年中：太初二年，汉武帝即位的第三十八年，即公元前一〇三年。

庆中子德，庆爱用之①，上以德为嗣，代侯②。后为太常③，坐法当死，赎，免为庶人④。

①爱用之：爱，宠爱。用，信任。　②"上以德"二句：皇帝命令石德做石庆的继承人，并让他接替石庆做牧丘侯。　③太常：汉官名，掌管宗庙礼仪，为九卿之一。　④"赎"二句：用粟赎罪，被免为普通百姓。

庆方为丞相，诸子孙为吏更至二千石者十三人①，及庆死，后稍以罪去，孝谨益衰矣②。

①"诸子孙"句：言石庆的许多子孙由小吏升迁到二千石地位的共有十三人。因这十三人已在万石的数目以外，故作者加一"更"字。　②"后稍"二句：上句：稍，逐渐。以罪去，因犯罪被撤职。下句：言这些子孙愈来愈不及其祖父那样孝顺、恭敬了。按，此是作者讽刺之笔，意谓石奋、石建、石庆等所表现的孝谨，原是伪装的，所以根本不能感化他们的子孙。《史记评林》增补中引明吴国伦说："史称万石君家'不言而躬行'，未尝不掩卷叹之。夫建且无论；庆，汉丞相也。丞相佐有天下，所当羽翼（辅助）凡几？所当表正（匡正）凡几？而时帝以神仙土木虚耗天下，庆胡不有所表正以称操行？而时帝以厚敛峻法克剥天下，庆胡不有所表正以称操行？帝欲……勤封禅、治明堂仪，以兴礼乐，庆胡不有所羽翼，折衷百家、阐发千古、以称操行？故史颂其朝服见小吏，吾则谓其近于亵；史颂其居官为父浣涤，吾则谓其近于矫（矫情）；史颂其误点画惧罪至死，吾则谓其近于琐；史颂其数马车前，号称简易，吾则谓其近于谀；史颂其家人醇谨，世称其名，吾则谓其拘挛龌龊、阉然乡愿之行。……余悲世人不察，……动称万石，为论著如此。"他指出了石奋等人虚伪的作风和卑劣的品质，对我们读本篇确有帮助；但他并没有看到司马迁所用的讽刺手法，而以为作者真在歌颂他们，则是对《史记》的艺术特点似未完全掌握。姑录以供参考。

建陵①侯卫绾②者，代大陵③人也。绾以戏车④为郎，事文帝，功次⑤迁为中郎将，醇谨无他⑥。孝景为太子时，召上左右饮，而绾称病不行⑦。文帝且崩时，属孝景曰："绾长者，善遇之。"及文帝崩，景帝立，岁余，不谯呵绾⑧。绾日以谨力。

①建陵：故治在今江苏沭阳县西北。　②绾：音wǎn。　③代大陵：梁玉绳曰："大陵本太原县，而云代大陵者，绾事文帝，文帝初封于代；高祖诏取山南太原之地，益属代，故大陵转隶代也。"　④戏车：《集解》引应劭曰："能左右超乘也。"又引如淳曰："栎机辖之类。"而《索隐》进而谓："案今亦有弄车之戏是也。栎，音历，谓超逾之也；辖，音卫，谓车轴头也。"　⑤功次：《新校注稿》云："谓积功次第，犹后世循资升迁也。"　⑥醇谨无他：《会注考证》谓："颜师古曰：'无他，无他余志念也（《会注考证》本《正义》则谓：性醇谨，无他伎能也）。'愚按，颜说是。下文云'廉，忠实，无他肠'，凌稚隆曰：'卫绾一传，总只"醇谨无他"四字尽之。'"　⑦绾称病不行：《集解》引张晏曰："恐文帝谓豫有二心以事太子。"　⑧谯呵：《索隐》说："谯呵，音谁何，犹借访也。谯，责让也；不谯呵者，言不嗔责卫绾也。"据《会注考证》，则以为：置而不问也，非责让之谓。

景帝幸上林，诏中郎将参乘①，还而问曰："君知所以得参乘乎？"绾曰："臣从车士②，幸得以功次迁为中郎将，不自知也。"上问曰："吾为太子时，召君，君不肯来，何也？"对曰："死罪，实病。"上赐之剑，绾曰："先帝赐臣剑，凡六剑，不敢奉诏③。"上曰："剑，人之所施易④，独至今乎？"绾曰："具在。"上使取六剑，剑尚盛⑤，未尝服也⑥。

①参乘：参，同"骖"，在旁曰骖；骖乘，即陪乘也；从车也；在车之右边。　②从车士：《汉书》作"臣代戏车士"，可为"从车士"之注解。　③不敢奉诏：不敢接受您的命令。　④施易：《集解》引如淳曰："施，读曰移；言剑者人之所好，故多数移易贸换之也。"　⑤尚盛：《会注考证》引中井积德说："尚盛，谓不捐坏也。"　⑥服：佩用也。

郎官有谴，常蒙其罪，不与他将争；有功，常让他将。上以为廉，忠实无他肠①，乃拜绾为河间王太傅。吴、楚反，诏绾为将，将河间兵击吴、楚。有功，拜为中尉。三岁，以军功，孝景前六年中，封绾为建陵侯。

①无他肠：《索隐》引小颜云："心肠之内无他恶也。"《会注考证》引中井积德说："谓专一忠实，无他志念也。"

其明年①，上废太子，诛栗卿之属②。上以为绾长者，不忍，乃赐官告归，而使郅都③治捕栗氏。既已，上立胶东王为太子，召绾拜为太子太傅。久之，迁为御史大夫。五岁，代桃④侯舍为丞相，朝奏事，如职所奏⑤。然自初官以至丞相，终无可言。天子以为敦厚可相⑥少主，尊宠之，赏赐甚多。

①明年：《会注考证》引王先谦说："按表，绾以六年四月封，距击吴、楚三岁；而废太子在四年。则明年者，击吴、楚之明年也。" ②栗卿之属：《集解》引苏林曰："栗，太子舅也。"又引如淳曰："栗氏，亲属也；卿，其名也。"《正义》引颜师古云："太子废为临江王，故诛其外家亲属也。" ③郅都：详见《史记·酷吏列传》。 ④桃：其故城在今河南延津县北三十里。 ⑤如职所奏：《索隐》："以言但守职分而已，不别有所奏议也。"奏，景祐本误刻为"奉"。 ⑥相：辅佐。

为丞相三岁；景帝崩，武帝立。建元年中①，丞相以景帝疾时诸官囚多坐不辜者，而君不任职，免之。其后绾卒②，子信代，坐酎金③失侯④。

①"武帝立"二句：《会注考证》引梁玉绳曰："武帝，当作今上，后人改之也。考将相、百官二表，绾以建元元年（公元前一四〇年）免，即在武帝立年，则'建元年中'四字是衍文。" ②绾卒：《会

注考证》引王先谦说:"据表推之,卒在元光元年(公元前一三四年)。" ③坐酎金:入于罪曰坐;酎,音胄。酎金,详已见前注。 ④失侯:据《会注考证》所说,时为元鼎五年,则是公元前一一二年。

塞①侯直不疑②者,南阳人也,为郎,事文帝。其同舍有告归,误持同舍郎金去,已而,金主觉亡,意③不疑。不疑谢有之,买金偿。而告归者来而归金,而前郎亡金者大惭,以此称为长者。文帝称举,稍迁至太中大夫④。

①塞:《索隐》说:"塞,国名。"其地在今河南灵宝县。 ②直不疑:《索隐》说:"直,姓也;不疑,名也。" ③意:臆也。 ④"文帝称举"二句:梁玉绳曰:"《汉书》无'文帝称举'四字,是也。考《百官表》,直不疑以孝景中五年为主爵都尉;六年,由中大夫令更为卫尉,后元年乃由卫尉迁御史大夫;此脱不具,且未尝为太中大夫也。"

朝廷见人①或毁曰:"不疑状貌甚美,然独无奈其善盗②嫂何也!"不疑闻曰:"我乃无兄。"然终不自明也。

①朝廷见人:《会注考证》引刘敞说:"谓达官也。" ②盗:《索隐》谓:"小颜云:盗,谓私之。"

吴、楚反时,不疑以二千石将兵击之。景帝后元年,拜为御史大夫。天子修吴、楚时功,乃封不疑为塞侯。

武帝建元年中①,与丞相绾俱以过免。

①"武帝"句:梁玉绳曰:"当作'今上建元元年'。《汉书》作'武帝即位'。"

不疑学老子言。其所临为官,如故①,唯恐人知其为吏迹也。不好立名称,称为长者。

①"其所临"二句:《会注考证》引王先谦说:"如前任所为,非

有大利害，不轻改变也。"

不疑卒①，子相如代。孙望，坐酎金失侯①。
① "孙望"二句：《汉书》作"彭祖坐酎金国除"。

郎中令周文者，名仁，其先故任城①人也。以医见②。景帝为太子时，拜为舍人。积功稍迁，孝文帝时至太中大夫。景帝初即位，拜仁为郎中令。
①任城：其故地为今山东济宁县治。　②见：著名也。

仁为人阴重不泄①，常衣敝补衣，溺袴，期为不絜清②，以是得幸。景帝入卧内，于后宫秘戏③，仁常在旁。
①阴重不泄：《新校注稿》引服虔说："质重不泄人之阴谋也。"　②"期为"句：《正义》说："清，清净；期，犹常也。言为不洁净，下湿，故得入卧内后宫比宦者。"　③后宫秘戏：《索隐》说："谓后宫中戏剧，所宜秘也。"

至景帝崩，仁尚为郎中令，终无所言。上时问人①，仁曰："上自察之。"然亦无所毁。以此景帝再自幸其家。家徙阳陵。上所赐甚多，然常让，不敢受也。诸侯群臣赂遗，终无所受。武帝立②，以为先帝臣，重之。仁乃病免，以二千石禄归老，子孙咸至大官矣。
①上时问人：《正义》引颜师古云："问以他人之善恶也。"　②武帝立：梁玉绳谓："当作'今上立'。"

御史大夫张叔者，名欧，安丘侯说①之庶子也。孝文时以治刑名②言事太子。然欧虽治刑名家③，其人长者；景帝时尊重，常为九卿④。

①安丘侯说:《集解》引徐广说:"张说起于方与县,从高祖以入汉也。"说,音悦(见《索隐》)。　②刑名:韦昭说:"有刑名之书,欲令名实相副也。"《索隐》说:"案刘向《别录》云:'申子学号曰刑名者,循名以责实,其尊君卑臣、崇上抑下,合于六家也。'说者云刑、名家,即太史公所说六家之二也。"《会注考证》说"刑名即形名,名实之义,说详《申韩列传》。汉称法家曰刑名;《正义》以刑名为二,非是。"　③刑名家:《正义》说:"刑,刑家也;名,名家也。在《太史公自序传》,言治刑法及名实也。"(序,本作有,今从《新校注稿》改。)　④常为九卿:谓屡官至九卿也。

至武帝元朔四年,韩安国免,诏拜欧为御史大夫①。自欧为吏,未尝言案人②,专以诚长者处官;官属以为长者,亦不敢大欺。上具狱事,有可却,却之;不可者,不得已为涕泣,面而封之③,其爱人如此。老,病笃,请免,于是天子亦策罢④,以上大夫禄归老于家;家于阳陵。子孙咸至大官矣。

①"至武帝"三句:梁玉绳曰:"案将相及百官表,韩以元光三年免,张欧以元光四年拜,此与汉传同误为元朔四年也。武帝,当作'今上'。"　②"自欧为吏"二句:《困学纪闻》说:"吕城公言:'景帝诛晁错时,廷尉欧。'此欧,即张欧也,安得谓不案人哉!"而张森楷案:"上说诚然。然案错是从丞相中尉之后,此或言其未尝独案人耳。"　③"面而"句:《会注考证》引如淳曰:"不正视、若不视者也。"晋灼曰:"面对囚,读而封之,使其闻见,死而无恨也。"颜师古曰:"二说皆非也:面,谓偝之也,言不忍视之,与'吕马童面之'同义。"　④策罢:谓天子书策免其官职也。

太史公曰:仲尼有言曰"君子欲讷于言而敏于行",其万石、建陵、张叔之谓邪?是以其教不肃而成,不严而治。塞侯微巧,而周文处讇①,君子讥之,为其近于佞也。然斯可谓笃行君子矣！

① "塞侯微巧"二句：《正义》说："不疑学老子，所临官，恐人知其为吏迹，不好立名称，称为长者，是微巧也。"《索隐》则说："案，直不疑以吴、楚反时为二千石将，景帝封之，微巧也；周文处谄者，谓为郎中令，阴重，得幸出入卧内也。"《正义》说："上时问人，仁曰：'上自察之。'上所赐，常不受，又诸侯群臣赂遗，终无受，此为处谄。"按"谄"通"谄"，佞也。

魏其武安侯列传

　　魏其①侯窦婴者，孝文后从兄子也②。父世观津人③，喜宾客。孝文时，婴为吴相，病免④。孝景初即位，为詹事⑤。

　　①魏其：汉县名，故治在今山东省临沂县南。其，音基。　　②"孝文后"句：孝文后，即汉文帝皇后窦姬。生景帝及梁孝王。景帝被立为太子时，窦亦进位为皇后。景帝即位，尊为皇太后；武帝立，更尊为太皇太后。至武帝建元六年（公元前一三五年）才死去。从兄子，堂兄的儿子。则窦婴是窦太后的堂侄。　　③"父世"句：世，世世代代。观津，汉县名，本战国时赵邑。故治在今河北省武邑县东南二十五里。《史记索隐》："以言其累叶（累代）在观津，故云父世也。"王先谦说："言自其父以上，世为观津人。"　　④"婴为"二句：吴，汉初所封之国。吴王名濞，是刘邦的二哥刘仲的儿子。此言窦婴在汉文帝时曾在吴国为相，因病免职。　　⑤詹事：秦、汉时官名，掌管皇后、太子宫中的事务。

　　梁孝王者，孝景弟也①，其母窦太后爱之。梁孝王朝，因昆弟燕饮②。——是时上未立太子——酒酣，从容言曰③："千秋之后传梁王④。"太后欢⑤。窦婴引卮酒进上⑥曰："天下者，高祖天下；父子相传，此汉之约也⑦。上何以得擅传梁王！"太后由此憎窦婴；窦婴亦薄其官，因病免⑧。太后除窦婴门籍，不得入朝请⑨。

　　①"梁孝王者"二句：梁孝王名武，文帝次子，是景帝的同母弟。文帝二年封为代王，后改为淮南王，最后徙为梁王，先后在位三十五年（公元前一七八年至公元前一四四年）。薨谥孝。梁孝王好文学，当时知名的文学家如枚乘、司马相如都曾依附过他。《史记》

有《梁孝王世家》。　　②"梁孝王朝"二句：朝，来京朝见景帝。昆弟，即兄弟。燕饮，犹言私宴、家宴。因昆弟燕饮，以兄弟关系伺窦太后、汉景帝宴会饮酒。《汉书》颜注："序家人昆弟之亲，不为君臣礼也。"　　③从容言曰：从容，形容闲暇无事的状词。　　④"千秋"句：意谓："我死之后把帝位传给梁王。"千秋，犹言千岁、万岁。今人避忌死字，犹有"百年之后"的说法，与此相类。　　⑤欢：高兴。　　⑥引卮酒进上：引，举起。卮酒，一杯酒。进上，献给皇帝。胡三省说："引酒进之，盖罚爵也。"意指景帝失言，故窦婴进酒示罚。　　⑦"父子"二句：言帝位应父子相传，这本是汉代法定的约束。　　⑧"窦婴亦薄"二句：上句：薄其官，嫌官太小。下句：因，借口。此言窦婴嫌詹事官位太低，借口生病辞职。　　⑨"太后除"二句：上句：门籍，胡三省说："出入宫殿门之籍也。"下句：朝请，《史记集解》："律：'诸侯春朝天子曰朝，秋曰请。'"参阅前《万石张叔列传》注释。此言：窦太后把窦婴准许出入宫禁的名籍除掉了，即使逢节日也不准他进宫朝见。

　　孝景三年①，吴、楚反②，上察宗室、诸窦毋如窦婴贤③，乃召婴。婴入见，固辞谢病不足任④。太后亦惭⑤。于是上曰："天下方有急，王孙宁可以让邪⑥？"乃拜婴为大将军⑦，赐金千斤。婴乃言袁盎、栾布诸名将贤士在家者，进之⑧。所赐金陈之廊庑下⑨，军吏过，辄令财取为用⑩，金无入家者⑪。

　　①孝景三年：公元前一五四年。　　②吴、楚反：这是汉代初年一次较大的变乱。吴、楚，指吴、楚七国。即吴王濞、楚王戊、胶西王卬、胶东王雄渠、菑川王贤、济南王辟光、赵王遂等。吴王濞的儿子被景帝用博局（棋盘）打死了；景帝即位，又用晁错之议，削减吴、楚等国的封地。于是吴王濞乃与这些宗室联兵反汉。王伯祥说："是役，吴为主动，楚为大藩，故史称吴、楚七国。"七国反汉事，详见《史记·吴王濞列传》。　　③"上察"句：宗室、诸窦，颜注："宗室，帝之同姓亲也。诸窦，总谓帝外家也。以吴、楚之难，故欲用内外之亲为将也。"诸窦，指窦太后的族人。毋如，不如。此言：皇帝考察一下，无论是刘姓宗室或窦姓诸人都没有像窦

婴这样贤能的。杨树达说:"《晁错传》:错请谪削诸侯,公卿列侯宗室莫敢难,独婴争之。当此祸发,景帝贤婴,殆由于此,盖时帝已有悔用错计之意。"录以备考。　④"固辞"句:坚决推辞,借口有病,不足当此重任。按,景帝当时要平定吴、楚,必须找到忠于自己的人。据《史记·淮南衡山列传》:"夫吴王(濞)……行珠玉金帛,赂诸侯宗室大臣,独窦氏不与。"则窦婴在当时对刘氏确较可靠,故景帝才一定要用他。　⑤太后亦惭:杨树达说:"惭前遇(对待)婴过甚也。"　⑥"王孙"句:王孙,是窦婴的字(《汉书·窦婴传》:"窦婴,字王孙。")。让,推辞。邪,同"耶"。周寿昌说:"帝呼其字,亲之也(表示亲昵)。"　⑦大将军:汉官名。《续汉书·百官志》:"将军,不常置。……掌征伐背叛。比公者四(相当于公爵有四等):第一,大将军;次骠骑将军;次车骑将军;次卫将军。又有前、后、左、右将军。"据《汉仪》:"大将军"位次于丞相,而前、后、左、右将军位次于上卿。　⑧"婴乃言"二句:袁盎,字丝,楚人,曾为吴王相。吴、楚七国反,袁盎以为事由晁错倡议削诸侯封地而起,乃劝景帝斩错以谢天下。后盎被梁王所杀。详见《史记·袁盎晁错列传》。栾布,梁人,与彭越友善。彭越被汉所诛,栾布竟至尸前大哭,险被刘邦所烹。吴军反时,以军功封俞侯。景帝中五年(公元前一四五年)卒。事见《史记·季布栾布列传》。在家,退职家居。进,推荐进用。此句言:此时袁盎、栾布都退职家居,窦婴乃向景帝推荐,起用他们。名将,指栾布;贤士,指袁盎。　⑨"所赐金"句:陈,陈列、陈设。廊,廊檐。庑,廊下之屋,王伯祥释为穿堂,疑近是。此言:窦婴把皇帝赐给他的金子都摆在廊下穿堂中。　⑩"军吏"二句:上句:过,前来谒见。下句:辄,就。财,通"裁",颜注:"谓裁量而用之也。"裁取为用,犹言"斟酌取用"。此言:窦婴属下的军吏来谒见他,他就叫他们酌量用度把金子取去用。　⑪金无入家者:窦婴从没有把皇帝所赐的金子拿到私宅里去。

窦婴守荥阳,监齐、赵兵①。七国兵已尽破,封婴为魏其侯,诸游士宾客争归魏其侯。孝景时,每朝议大事,条侯、魏其侯，诸列侯莫敢与亢礼②。

①"窦婴守"二句：按，当时平定吴、楚七国的主帅是太尉周亚夫（周勃的儿子），他亲自带兵往征吴、楚；另外更派栾布击齐，郦寄（郦食其之弟郦商的儿子）击赵，而由窦婴坐镇荥阳，监护齐、赵两路军队。钱大昕说："荥阳在南北之冲，东捍吴、楚，北拒齐、赵。吴、楚之兵，有周亚夫自将，非婴所监；若齐、赵虽各遣将，而婴为大将军，得遥制之。"　②"条侯"二句：条侯即周亚夫；亢，同"抗"；抗礼，平等对待。此言在朝廷议事时，许多列侯都不敢同周、窦两人平礼相待。颜注："言特敬此二人也。"

孝景四年①，立栗太子②，使魏其侯为太子傅。

①孝景四年：即景帝前元四年，当公元前一五三年。　②栗太子：名荣，景帝长子，栗姬所生。后被废，故从其母之姓，称栗太子。

孝景七年，栗太子废①；魏其数争，不能得②。魏其谢病，屏居蓝田南山之下数月③。诸宾客、辩士说之，莫能来④，梁人高遂乃说魏其曰："能富贵将军者，上也⑤；能亲将军者，太后也⑥。今将军傅太子，太子废而不能争；争不能得，又弗能死。自引谢病⑦，拥赵女，屏闲处而不朝⑧。相提而论，是自明扬主上之过⑨：有如两宫螫将军，则妻子毋类矣⑩！"魏其侯然之，乃遂起⑪，朝请如故。

①"孝景七年"二句：孝景七年（即公元前一五○年）。据《史记·外戚世家》："景帝长男荣，其母栗姬。栗姬，齐人也。立荣为太子。长公主嫖（亦窦太后所生，是景帝的胞姊）有女（即武帝皇后陈氏，后失宠，由司马相如为作《长门赋》者），欲予为妃（给太子为妃）。栗姬妒，而景帝诸美人，皆因长公主见景帝得贵幸，皆过栗姬（诸美人得景帝宠幸超过了栗姬）。栗姬日怨怒，谢（拒绝）长公主，不许（不允把公主的女儿许配给太子）。长公主欲予王夫人（亦景帝姬，即武帝的母亲），王夫人许之。长公主怒，而日谗栗姬短于景帝，……景帝以故望（怨恨）之。……王夫人知帝望（怨

恨）栗姬，因怒未解，阴使人趣（促）大臣立栗姬皇后。……景帝怒，……遂……废太子为临江王。栗姬愈恚恨，不得见，以忧死。卒立王夫人为皇后，其男为太子。……"知栗太子之废，实由后宫争宠而起。据《汉书·临江王传》，荣被废为王，后坐罪被征入京师，将下狱，荣恐惧自杀。　②"魏其数争"二句：言窦婴屡次为栗太子争辩，终无结果。数，读为"朔"。　③"屏居蓝田"句：景祐本无"蓝"字，非是。屏居，犹闲居、隐居；屏，音饼。蓝田，县名，故治在今陕西省蓝田县西三十里；南山，即今蓝田县东南三十里之蓝田山。此山的阜即骊山。此言：窦婴称病不朝，闲居于南山下好几个月。王先谦说："《李广传》亦云：'广屏居蓝田南山中射猎。'盖蓝田南山，在当日为朝贵屏居游乐之所。"　④莫能来：来，是及物动词。此言：无法使他回到京中来。　⑤"能富贵"二句：能使你富贵的是皇帝。　⑥"能亲"二句：能使你成为朝廷亲信的是太后。　⑦"自引"句：此是倒装句，犹言"谢病自引"。谢病，托病。自引，自动地走开。　⑧"拥赵女"二句：上句：拥，颜注："抱也。"赵女，即美女。李斯《谏逐客书》："而随俗雅化，佳冶窈窕，赵女不立于侧也。"古诗："燕、赵多佳人。"皆指赵地女子多娴雅貌美。郭嵩焘以为："是或魏其监齐、赵兵时所得。"未免臆测。下句：闲处，犹闲居；屏，在此处是副词，作为形容闲处的状语。此言：隐避着闲居在南山而不入京朝见。　⑨"相提"二句：相提，犹言相比、相对照。明，明明地。扬主上之过，张扬暴露皇帝的过失。牛运震《史记纠谬》："言以情事比对，似乎自明扬主之过也。"郭嵩焘说："案，相提而论，谓争不能死，已负所职矣（已经不够尽职了）；又自负气屏居，是自不任过（担任过失）而专归过人主也。"此言：把这些情况互相比照起来看，显然是你自己明明地在暴露皇帝的过失。　⑩"有如"二句：上句：有如，假使。两宫，指景帝和太后（即上文所谓能富贵将军者和能亲将军者）。螫，作"怒"解。《史记集解》引张晏说："毒虫怒必螫人。"以喻人怒则施放毒害。下句：毋类，《史记索隐》："谓见（被）诛灭无遗类。"此言：万一皇帝和太后都对你十分不满而加害于你，那连你的妻子都将被诛灭，全家会一个不剩的！　⑪"魏其侯然之"二句：然之，以高遂之言为是。起，复行任事。

桃侯免相①，窦太后数言魏其侯②。孝景帝曰："太后岂以为臣有爱③，不相魏其；魏其者，沾沾自喜耳，多易④；难以为相，持重⑤。"遂不用，用建陵侯卫绾为丞相⑥。

①桃侯免相：桃侯，景帝时丞相刘舍的封爵。刘舍是桃侯刘襄的儿子。余详《项羽本纪》注释。据《史记·孝景本纪》："后元年（公元前一四三年，即景帝即位的第十四年）……七月乙巳，日食，丞相刘舍免。"则是因日食免职。　②数言魏其侯：屡次提到窦婴，希望任他为丞相。　③有爱：有所吝惜。　④"沾沾"二句：上句：沾沾自喜，王先谦说："犹言诩诩自得也。"郭嵩焘则谓："大抵言其器局之小而已。"此犹今言："骄傲自满，容易自我欣赏。"下句：易，轻率。多易，做事常常轻率随便。　⑤"难以为相"二句：言：很难让窦婴这样的人做丞相，担当重任。王先谦说："婴为争太子事，谢病数月，复起，出处轻率。帝故知其多易，难以持重。"　⑥"用建陵侯"句：卫绾，大陵（汉县名，故城在今山西省文水县东北二十五里）人，文帝时为中郎将，也像石奋一样，是个醇谨无他的官僚。其事迹见《史记·万石张叔列传》。建陵侯，景帝时因军功所封。建陵，汉县名，故治在今江苏省沭阳县西北。

（以上是第一大段，叙窦婴在景帝时的出处经历。作者写出窦婴的某些优点，但也写出他贵公子式的轻率浮夸的习气。）

武安侯田蚡者①，孝景后同母弟也②。生长陵③。魏其已为大将军，后方盛④，蚡为诸郎⑤，未贵，往来侍酒魏其，跪起如子侄⑥。

①"武安侯"句：武安，汉县名，即今河北省武安县。蚡，音汾。　②"孝景"句：孝景后，指武帝生母王氏，因武帝立为太子，始封为皇后。据《史记·外戚世家》，王皇后的父亲名王仲，母名臧儿，是汉初燕王臧荼的孙女。臧儿在王家生了一子二女：男名王信；长女名姁（音志），即王皇后，次女儿姁（音倪许），亦景帝妃。王仲死，臧儿改嫁田氏，生二子，长子即田蚡，次子田胜。所以此处说田蚡是孝景后的同母弟。　③长陵：汉县名，是刘邦的陵墓所在，故城在今陕西省咸阳县东北四十里。其地是田蚡的故

乡。　④后方盛：据王先谦考证，"后"字应为衍文。方盛，正当盛时。　⑤"蚡为"句：诸郎，应依《汉书》作"诸曹郎"，即属于郎中令手下的议郎、中郎之类。　⑥"往来"二句：上句：往来和侍酒是并列成分，此处作及物动词用，而侍酒又是以动宾结构作动词，魏其是宾语。言田蚡往来于窦婴府中，并且陪侍窦婴饮宴。下句：子侄，《汉书》作"子姓"，犹言子孙（用吴仕杰说，见《两汉刊误补遗》）作"子侄"，非是。王引之说："古者唯女子谓昆弟之子为侄，男子则否。……当依《汉书》作子姓。"（见《读书杂志》引。）此言田蚡侍宴，时跪时起，好像是窦家的晚辈一样。

及孝景晚节①，蚡益贵幸②，为太中大夫。

①晚节：犹言末年。　②益贵幸：地位愈来愈尊贵，愈来愈得皇帝宠幸。

蚡辩有口①，学槃盂诸书②，王太后贤之③。

①"蚡辩"句：田蚡善辩论，有口才。　②"学槃盂"句：槃盂，《汉书·艺文志》"杂家者流"载："孔甲盘盂二十六篇。"槃，同"盘"。《史记集解》引应劭说："黄帝史（史官）孔甲所作铭（《汉书》颜注引此文无铭字，是）也，凡二十六篇，书槃盂中（写在盘、盂等器物中），所为法戒（为的是作后世子孙的法则鉴戒）。"（《文选》李善注引《七略》，与此略同。）言田蚡学习过盘盂之类的一些古书。　③王太后贤之：王太后，《汉书》作"王皇后"，是。梁玉绳说："案，此在景帝世，只当称皇后。"贤之，以田蚡为有才。

孝景崩，即日太子立①，称制，所镇抚多有田蚡宾客计策②。蚡弟田胜；皆以太后弟，孝景后三年③：封蚡为武安侯；胜为周阳侯④。

①"即日"二句：上句：言景帝死去的当日，太子刘彻就嗣位为皇帝。按，汉景帝于后元三年（公元前一四一年）正月甲子日死，在位十六年，刘彻即位，是为汉武帝。武帝在位共五十四年（公元前一四〇年至公元前八十七年）。下句：称制，犹言代行天子之事。

《汉书·惠帝纪》:"惠帝崩,太子立为皇帝,年幼,太后(即吕后)临朝称制。"颜注:"天子之言,一曰制书,二曰诏书。制书者,谓为制度之命也,非皇后所得称。今吕太后临朝行天子事,断决万机,故称制诏。"后世凡代天子摄政,都叫作"称制"。此处指王太后代皇帝临朝听事,因当时刘彻仅十六岁。 ②"所镇抚"句:镇,镇压。抚,安抚。此言:太后对当时的政局有所镇抚,多采用田蚡门客的意见。按,此时田蚡已渐揽政权了。徐孚远说:"太后初称制,恐其不安,欲收人心,故有所镇抚也。" ③"皆以"二句:孝景后三年,《史记集解》引徐广说:"即是孝武初嗣位之年也。"按,景帝去世的那一年,武帝虽即位,并未改动年号。据《史记·孝景本纪》,封田蚡兄弟在此年三月,已是景帝死后的事。此言:田蚡兄弟都因为是王太后兄弟而被封为侯爵。 ④周阳侯:周阳,汉县名,属上郡;即今甘肃省正宁县。

武安侯新欲用事为相①,卑下宾客②,进名士,家居者贵之③,欲以倾魏其诸将相④。

①新欲用事为相:据李笠考证,"欲"字应在"为相"上,是。他说:"武安时已用事,所欲者为相耳。"此犹言:田蚡新近掌握政权,很想做丞相。 ②卑下宾客:待宾客非常谦恭,不惜降低自己的身价。 ③"进名士"二句:按,旧本断句多将此二句作一句读,疑非是。上句言:进用名士。下句:《汉书》颜注引晋灼说:"滞在里巷未仕者。"言:凡名士家居未为官的,田蚡就荐他出来做官,使他显贵。似与作一句读略有区别。 ④"欲以倾"句:倾,颜注:"谓逾越而胜之也。"言:田蚡想用上述种种手段来压倒以窦婴为首的许多在高位的文武官僚。

建元元年①,丞相绾病免,上议置丞相、太尉②。籍福说武安侯曰③:"魏其贵久矣,天下士素归之④。今将军初兴⑤,未如魏其;即上以将军为丞相⑥,必让魏其。魏其为丞相,将军必为太尉。太尉、丞相尊等耳⑦,又有让贤名⑧。"武安侯乃微言太后，风上⑨，于是乃以魏其侯为丞相，武安侯为太尉。

①建元元年：当公元前一四〇年，即武帝即位的第一年。　②"上议置"句：皇帝考虑重新委任丞相和太尉。按，丞相卫绾因病离职，故而出缺；太尉，景帝时一度废去此官，至此时始考虑复设，故一并商量人选。　③"籍福"句：籍福，当时奔走于豪门贵族的著名食客。说，读去声。　④"魏其贵"二句：窦婴显贵的时间很长久了，天下的名士一向依附他。　⑤初兴：发迹不久，初露头角。　⑥"即上"句：言即使皇帝任用你为丞相，你也必须把相位让给窦婴。　⑦尊等耳：其尊贵的程度是一样的。　⑧"又有"句：言你既得了太尉，又有让相位给贤者的好名声。　⑨"武安侯乃微言"二句：微言太后，暗中向太后透露他的心事。风，读去声，同"讽"，暗示。"风上"的主语是太后。

籍福贺魏其侯，因吊曰①："君侯资性喜善疾恶②：方今善人誉君侯，故至丞相③；然君侯且疾恶，恶人众，亦且毁君侯④。君侯能兼容，则幸久⑤；不能，今以毁去矣⑥。"魏其不听。

①因吊曰：吊，贺的反义词，此处有警告、劝诫之意。因吊，犹"顺便警告"。　②"君侯资性"句：君侯，对列侯们的尊称，此言：你的天性是喜爱善人、嫉恨恶人的。按，此是面谀之词。　③"方今善人"二句：按，籍福来劝窦婴，实是站在田蚡的立场说话。此处的善人，即隐指田蚡。言外谓：若不是田蚡称道你，你是不会做丞相的。　④"恶人众"二句：言：但是恶人很多，他们也会毁谤你的。　⑤"君侯能兼容"二句：此言你如果对好坏人都能宽容些，那么你的相位就可能幸运地维持长久。　⑥"今以"句：今，有马上、即将之意（用王先谦说）。以毁去，受到毁谤而离职。按，窦婴对田蚡的轻视，籍福是知道的，此处劝他能兼容，意即劝他对田蚡有所让步或表示好感。

魏其、武安俱好儒术，推毂赵绾为御史大夫，王臧为郎中令①；迎鲁申公②，欲设明堂③。令列侯就国④，除关⑤，以礼为服制⑥，以兴太平⑦。举適诸窦、宗室毋节行者，除其属籍⑧。时诸外家⑨为列侯；列侯多尚公主⑩，皆不欲就国，以故毁日至窦太后⑪。太后好黄老之言，而魏其、武安、赵绾、王臧等务隆推儒术，贬道家言⑫。是以窦太后滋不说魏其等⑬。

①"推毂"二句：毂，音谷，本是车辆中心的轴；推毂，即屈身推车，引申而言，本有谦恭自卑之意，此处则作推荐、提拔解。颜注："推毂，谓升荐之。若转（推动）车毂之为（行为）也。"赵绾，代人。王臧，已见前《万石张叔列传》注释。　②鲁申公：申公，名培，是当时鲁国著名的大儒，以治《诗经》见称于世。今所谓鲁诗，即由申培所传。赵绾、王臧二人都是申培的学生，曾向他学习《诗经》。二人既贵，乃迎请申培到京师来。　③欲设明堂：按，《史记·儒林列传》："绾、臧请天子，欲立明堂以朝诸侯，不能就其事。乃言师申公。于是天子使使束帛加璧安车驷马迎申公。……至，见天子。天子问治乱之事。申公时已八十余，老，对曰：'为治者不在多言，顾（只看）力行何如耳。'是时天子方好文词，见申公对，默然。然已招致，则以为太中大夫；舍鲁邸（住在鲁王驻京办事的官邸里），议明堂事。"可与此互参。王伯祥说："设明堂是要附会古制，起建明堂以朝诸侯。"　④令列侯就国：就国，回到他们各自的封地去。按，汉代所封列侯虽各有所食采邑，但本人仍居住京师，不愿回到他们的封地去。文帝二年和三年，都曾下诏令列侯就国，迄未实现；故此时又重申前议（参看杨树达《汉书窥管》）。　⑤除关：《汉书》颜注引服虔说："除关禁也。"徐孚远说："汉立关（关卡）以稽（检查）诸侯出入，至此罢之，示天下一家之义也。"王先谦说："案，文帝十二年除关（废除关禁），无用传（传，是护照、通行证一类的东西，是用木制的符——又叫作"木启"——或缯帛作为凭证。参看颜注）。景帝四年，以七国新反，复置诸关，用传出入。至是（到此时）复欲除之。"王骏观说："汉制：过关者必有传文，方准出入，今除之，不用也。"按，综括以上四家注释，可知除关的内容，故录以备考。　⑥"以礼"句：按照古代的礼法

规定吉凶服装的制度。　⑦以兴太平：兴，有"反映"之意。言设明堂、除关、定服制这一系列措施如果施行，就可以反映出太平景象了。按，此即武帝用儒生粉饰太平的开始。　⑧"举適"二句：上句：適，与"谪"通，举谪，犹言揭发。毋节行者，行为不正、品质不好的人。下句：属籍，宗谱。此言凡是窦婴或皇帝的同族中，有行为不端、品质不好的人，都被揭发出来，从宗谱上除去他们的名字。按，旧注以为此宗室，专指窦姓家族，疑未确。　⑨外家：外戚。　⑩尚公主：娶公主为妻。尚，凡高攀门第以结姻亲，都叫作"尚"。　⑪"以故"句：因此毁谤窦婴等人的言语，每天都传入窦太后的耳中。　⑫"而魏其"二句：务，务必；坚决。隆推，盛赞；高抬。此言：可是窦婴等人专门推崇儒家的主张，贬低道家（即黄老之术）的学说。　⑬滋不说窦婴等：滋，愈加；愈益。下文"武安由此滋骄"的"滋"与此同义。

及建元二年①，御史大夫赵绾请无奏事东宫②。窦太后大怒，乃罢逐赵绾、王臧等，而免丞相、太尉③。以柏至侯许昌为丞相④，武强侯庄青翟为御史大夫⑤。魏其、武安由此以侯家居⑥。

①建元二年：公元前一三九年。　②请无奏事东宫：《史记集解》引韦昭说："欲夺其政也。"东宫，指窦太后。胡三省说："汉长乐宫在东，太后居之，故谓之东宫。"此言赵绾想不让窦太后干预政事，所以请求武帝今后不必对窦太后奏事。　③"乃罢逐"二句：上句：已详见《万石张叔列传》注释。下句：言同时也免去窦婴、田蚡两人的职务。　④"以柏至侯"句：许昌，刘邦功臣，许温（《汉书》作许盎）之孙，袭祖封为侯。柏至，当是地名，《汉书·地理志》失载，故不详在何处。　⑤"武强侯"句：庄青翟，刘邦功臣庄不识之孙，袭祖封为侯。武强，汉县名，故城在今河北省武强县东北。　⑥由此以侯家居：从此之后，以侯爵的身份，闲住在家里。

武安侯虽不任职，以王太后故，亲幸；数言事，多效①，天下吏士趋势利者皆去魏其归武安，武安日益横②。

①"数言事"二句：效，颜注："谓见听用。"此言田蚡屡向王太后论及国事，他的意见大都被采纳而发生效验。　②"天下吏士"二句：一般趋炎附势的官吏和知识分子都离开窦婴那儿而去依附田蚡，田蚡于是就一天比一天骄横了。

　　建元六年①，窦太后崩，丞相昌、御史大夫青翟坐丧事不办②，免。以武安侯蚡为丞相③，以大司农韩安国为御史大夫④。天下士、郡国诸侯愈益附武安⑤。——武安者，貌侵⑥，生贵甚⑦。又以为诸侯王多长，上初即位，富于春秋⑧，蚡以肺腑为京师相，非痛折节以礼诎之，天下不肃⑨。

①建元六年：公元前一三五年。　②坐丧事不办：由于没有把窦太后的丧事办好而犯了罪。　③"以武安侯"句：按，田蚡希望做丞相的野心至此始实现，这显然是王太后的力量。　④"以大司农"句：大司农，官名，本名"治粟内吏"，后改称"大农令"，至武帝时始改称"大司农"，《汉书·百官公卿表》谓是掌谷货之官，即管理财政的官。韩安国字长孺，梁人，初为梁孝王中大夫，吴、楚七国反，安国由于为梁拒吴而显名。后为卫尉，败于匈奴，因忧郁呕血死。详见《史记·韩长孺列传》。　⑤"天下士"句：据王念孙考证，"国"字衍文，应据《汉书》删。天下士，犹言"四方之士"。郡诸侯，颜注："郡及诸侯也。"郡，国也。附，依附。之，指田蚡。王骏图说："盖谓天下士人，郡国之官及诸侯王，无不附之也。"　⑥貌侵：侵，读上声，与"寝"通，短小；丑陋。此言田蚡状貌不扬。　⑦生贵甚：从出生以来就非常显贵。王先谦说："盖蚡方幼时已为外戚，尊贵矣。故曰'生贵甚'也。"　⑧"又以为"三句：前一句与后二句相对照而言，谓当时刘姓宗室中的侯爵、王爵都比较年长，而新皇帝刚即位不久，年纪又轻。言外有恐诸侯王擅权而自己被排斥之意。富于春秋，已见前《李斯列传》注释。　⑨"蚡以肺腑"三句：第一句：肺腑，犹言心腹，指田蚡为皇帝的至亲（参用《史记正义》）。京师相，即"丞相"，是统治全

国的,为了区别于宗室各王国的相,故言"京师相"。第二句:痛,犹言"狠狠地"。折节,是动宾结构,本指自己彻底改变作风,此处则用为及物动词,作"降低别人身份"解。礼,指礼法。诎,同"屈"。之,指上文"诸侯王"。第三句:肃,敬畏;服服帖帖。颜注:"言以尊贵临之,皆令其屈节而下己也。"王骏观说:"谓非痛乎折诸侯王之气,而以礼诎下之,则天下不肃也。"此三句大意是:田蚡既以皇亲国戚的身份做了宰相,因此他想,如果不把那些有权势的贵族狠狠收拾一下,用礼法使他们屈服,让他们彻底改变对自己的看法,那么天下人是不会服服帖帖地听命于自己的。

当是时,丞相入奏事,坐语移日,所言皆听①。荐人或起家至二千石②,权移主上③。上乃曰:"君除吏已尽未?吾亦欲除吏④!"尝请考工地益宅⑤,上怒曰:"君何不遂取武库⑥!"是后乃退⑦。尝召客饮,坐其兄盖侯南乡,自坐东乡⑧,以为汉相尊,不可以兄故私桡⑨。武安由此滋骄,治宅甲诸第⑩。田园极膏腴,而市买郡县器物相属于道⑪。前堂罗钟鼓,立曲旃⑫;后房妇女以百数。诸侯奉金玉、狗马、玩好,不可胜数⑬。

①"坐语"二句:上句,移日,日影移动了位置;指时间相当长久。此言田蚡在武帝面前谈公事,坐在那儿一说就是大半天。下句:主语是武帝。 ②"荐人"句:起家,犹今言发家,指兴起家业。此言田蚡用人,往往把家居之人平地提升到二千石的官位。 ③权移主上:移,犹"倾"。言田蚡把皇帝的权柄逐渐移到自己手中。按,此承上句而言,指委任官吏,往往僭越帝权。 ④"君除吏"二句:除,颜注:"凡言除者,除去故官,就新官。"简言之,凡任命官吏亦可叫作"除"。此写武帝对田蚡已甚不满,所以说:"你任用的人任用完了没有?我也想要委任几个官呢!" ⑤"尝请"句:考工,指考工室,是主管制造武器的衙门。《汉书·百官公卿表》:"少府,秦官,掌山海池泽之税,以供养。……属官有……考工室。……武帝太初元年,更名考工室为考工。"颜注:"考工,少府之属官也,

主作器械。"益宅，扩建住宅，此言田蚡曾向武帝请求把考工室的地盘拨给他用，以便扩建他的私宅。　⑥"君何不"句：齐召南说："此怒语也。"武库，是国家收藏兵器的库房。此语是双关语：从表面看，武帝说："你除了把制造武器的考工衙门拿去之外，何不连收藏兵器的武库也一并取去！"由于两个地方性质相近，才相提并论；但取武库，实际等于造反，所以武帝言外之意更指田蚡贪得无厌，简直要造反了。　⑦是后乃退：是后，从这次以后。乃退，才稍稍敛迹一些。王先谦说："谓后稍敛退（收敛、退缩）也。"　⑧"坐其兄"二句：上句：盖侯，即王仲之子，王太后之兄王信，亦臧儿所生，也是田蚡的同母兄。盖，汉县名。故城在今山东省沂水县西北八十里。乡，同"向"。此言让他的同母兄王信面向南坐。下句：言田蚡自己反倒面向东坐。按，汉时坐次以东向为尊，已见前《淮阴侯列传》注释。据沈钦韩考订，向东坐是尊于向南坐的。王信此时竟向南坐，则是田蚡让比他年长的亲戚坐在他自己的下方，显然是倨傲无礼。　⑨"不可以兄"句：私，私下里；私自。桡，作"曲"解，指委曲自己，迁就别人。此言不能因为自己的哥哥，就在私下里屈辱了自己丞相的尊严。　⑩"治宅"句：甲，超过；居第一。《史记集解》引徐广说："甲，为诸第之上也。"第，贵族的府第；景祐本误刻为"弟"。此言田蚡所修建的住宅盖过了所有贵族的府第。　⑪"田园"二句：上句：言田蚡的田地庄园都是极其肥沃的。下句：市，与"买"同义。属，读为烛，连接。言田蚡派到各个郡县去收买名贵器物的人，在道路上来往相连不断。　⑫"前堂"二句：上句：罗，罗列；摆设。下句：曲旃，曲柄的幡旗，幡面是用整幅的帛制成的。旃，音毡，或音肩。据《说文》，这种曲柄的旃，是古代国君招聘隐士用的；田蚡用以装饰厅堂，显然是僭越（参用《史记索隐》说）。　⑬"诸侯奉"二句：奉，献。金玉，指珍宝。狗马，指活的玩意儿。玩好，指古玩陈设。此言诸侯都送礼给田蚡，那些礼物数都数不清。

　　魏其失窦太后，益疏不用，无势①。诸客稍稍自引而怠傲，唯灌将军独不失故②。魏其日默默不得志③，而独厚遇④灌将军。

①"魏其失"三句：失，指失去靠山，因此时窦太后已经死去。疏，疏远。无势，没有势力。此言窦婴既失掉窦太后的庇护，愈来愈被皇帝疏远，不被起用，因而也没有势力了。　②"诸客"二句：上句：自引，自动地走开。怠傲，对窦婴怠惰傲慢，不再尊敬他。下句：独不失故，唯独灌夫不改变故态。此言窦婴的门客都逐渐自动地散去，并且对他也不再保持礼貌，只有灌夫一人对他还是老样子。　③日默默不得志：日，每天。默默，不得意貌，是形容不得志的状词，犹言心中闷闷不乐。王伯祥说："默默，心有所念而口头不说出。"　④厚遇：厚待。此言窦婴既失势，只有灌夫一人还同他来往，当然与灌夫感情特别好了。

（以上是第二大段，写田蚡日益得志的情形，同时也写到窦婴失意后的冷落无聊。郭嵩焘说："案《魏其武安列传》，专就两人得势、失势处摹写。"又说："案魏其、武安、灌将军，各以其势盛衰相次言之，合三传为一传，而情事益显。"皆足以说明此传的特点，录以备考。）

灌将军夫者，颍阴①人也。夫父张孟，尝为颍阴侯婴舍人②，得幸，因进之至二千石③。故蒙灌氏姓为灌孟④。

①颍阴：汉县名，属颍川郡，自明代并入许州，即今河南省许昌县。　②"尝为"句：婴，即灌婴，睢阳（秦县名，故城在今河南省商丘县南）人，从刘邦起兵，以功封颍阴侯。文帝时为丞相。此句言张孟曾为灌婴的家臣。　③"得幸"二句：言张孟很受灌婴宠信，被保荐，位至二千石。　④"故蒙"句：蒙，犹"冒"。言张孟冒灌氏之姓，故改名灌孟。

吴、楚反时，颍阴侯灌何为将军①，属太尉②，请灌孟为校尉③。夫以千人与父俱④。

①"颍阴侯"句：灌何，灌婴之子，袭父封为侯。　②属太尉：言灌何隶属于太尉周亚夫的部下。　③"请灌孟"句：请，犹举荐。校尉，武官名。此言灌何向周亚夫推荐灌孟为校尉。　④"夫以"句：灌夫也带了一千人同他父亲一起去。

灌孟年老，颍阴侯强请之①，郁郁不得意；故战常陷坚②，遂死吴军中。军法：父子俱从军，有死事，得与丧归③。灌夫不肯随丧归，奋曰④："愿取吴王若将军头⑤，以报父之仇。"于是灌夫被甲持戟，募军中壮士所善愿从者数十人⑥。及出壁门，莫敢前⑦。独二人及从奴十数骑，驰入吴军⑧。至吴将麾下⑨，所杀伤数十人。不得前，复驰还，走入汉壁；皆亡其奴，独一骑归⑩。夫身中大创十余⑪，适有万金良药，故得无死⑫。

①"灌孟"二句：上句：强，读上声，勉强。之，指周亚夫。下句：主语是灌孟。王先谦说："孟年老，太尉亚夫不欲用之，颍阴侯强请而后可（周亚夫才许可灌孟做校尉），故孟不得意也。" ②"故战"句：陷坚，冲陷敌军坚强之处。此言灌孟为了表示自己不老，所以每逢出战，总是向敌人力量最坚强的地方去冲锋陷阵。 ③"军法"四句：军法，指当时军队中的规定。死事，指死于战事或因公殉职。下文"灌夫父死事"的"死事"，与此同义；此处"死事"下省略"者"字。与，读去声，陪同。丧，读平声，指灵柩。此言当时军中的法令规定，凡是父子都参军的，如有因战事牺牲的人，未死者可以护送遗骸返乡。 ④奋曰：激励地说。 ⑤若将军头：或者是吴军将军的头。若，犹"或"。 ⑥"募军中"句：招募到军队里面同灌夫友好的或自愿跟他同去的壮士共有几十人。 ⑦"及出"二句：等到走出汉军营垒的门时，那几十个人竟没有敢向前进的了。 ⑧"独二人"二句：上句：从奴，从属于灌夫部下的奴隶。王伯祥说："因罪没入宫中充军役的人。"下句：驰入，迅速地冲入。 ⑨麾下：麾，是大将之旗；麾下，则已是吴军核心地带。 ⑩"皆亡"二句：他所带去的从奴都死掉了，只有他一人归来。 ⑪"夫身中"句：中，读去声。大创，重伤。此言灌夫身上受了十几处重伤。 ⑫"适有"二句：上句：万金，颜注："言其价贵也。'金'字或作'全'，言得之者必生全也。"今按，颜注两说俱通。王伯祥说："万金，喻其高贵，不一定它的价值恰能抵万金。"下句：无死，即"不死"。此言恰好有良药把创伤治好，所以才能不死。

夫创少瘳①，又复请将军曰："吾益知吴壁中曲折，请复往②。"将军壮义之，恐亡夫，乃言太尉③，太尉乃固止之。吴已破，灌夫以此名闻天下。

①少瘳：稍稍痊愈。瘳，音抽，病愈。　②"又复请"三句：将军，指灌何。灌夫又向灌何请求道："我已去过一次，对吴军营垒中的路径曲折更加清楚，请你准许我再去一次。"　③"将军壮义"三句："壮"和"义"都是动词，壮，钦佩；义，认为灌夫的行为合于正义。此言灌何对灌夫的胆量很钦佩，对他的行为也很同情，但恐怕灌夫再去一次会遭到危险，于是就向周亚夫报告了。

颍阴侯言之上①，上以夫为中郎将。

①言之上：把灌夫的情形对皇帝说了。之，犹言"之于"，指灌夫及其行为，"于"字被作者省略。上，指景帝。

数月，坐法去①。后家居长安，长安中诸公莫弗称之②。孝景时，至代相③。

①坐法去：因为犯法丢官。　②"长安中"句：京师里的许多贵族没有不称赞灌夫的。　③"孝景时"二句：《史记志疑》引陈太仆说："灌夫自始为校尉，以至代相，皆在孝景时，不应错出，盖误也。"此说是。《汉书》作"由是复为代相"。

孝景崩，今上①初即位，以为淮阳天下交②，劲兵处③，故徙夫为淮阳太守④。建元元年，入为太仆。

①今上：指汉武帝，作者著书时，武帝尚在位，故称为今上。　②"以为淮阳"句：淮阳，指淮阳郡，其郡治即今河南省淮阳县。天下交，《史记正义》："言淮阳天下交会处。"《汉书》颜注："谓四交辐凑。"意谓淮阳是当时中国的中枢，它所居的地位就像车轴一样，四面八方都像车辐似的向它汇合集中。　③劲兵处：必须驻扎强大兵力加以防守的地方。　④"故徙"句：因此把灌夫任为淮阳郡的太守。陈子龙说："人主初即位，恐有奸人谋非常者，

故置名太守以镇之。"

二年,夫与长乐卫尉窦甫饮①,轻重不得②。夫醉,搏甫③。——甫,窦太后昆弟也。——上恐太后诛夫,徙为燕相。数岁,坐法去官,家居长安。

①"夫与长乐"句:长乐,指长乐宫。卫尉,官名,《汉书·百官公卿表》:"掌宫门卫屯兵。……长乐、建章、甘泉卫尉,皆掌其官。"(颜注:"各随所掌之宫以名官。")长乐卫尉,即在长乐宫宫门管理驻屯卫兵的长官。 ②轻重不得:轻重,中井积德说:"犹言得失也。彼以为是,此以为非之类。"得,犹言相宜、相适合。此言两人饮了酒,发生争执,彼此互不满意。 ③搏甫:搏,击。此言灌夫打了窦甫。

灌夫为人刚直,使酒①,不好面谀②。贵戚诸有势在己之右,不欲加礼,必陵之③;诸士在己之左,愈贫贱,尤益敬,与钧④。稠人广众,荐宠下辈⑤。士亦以此多之⑥。

①使酒:颜注:"因酒而使气也。"犹今言借酒撒疯。 ②不好面谀:不喜欢当面奉承人。 ③"贵戚"三句:在己之右,即在己之上;下文"在己之左",即在己之下。加礼,表示尊敬有礼貌。陵,胜过,压过,引申有侮辱之意。此言凡是地位在灌夫之上的一些贵戚以及有权势的人,只要灌夫不想对他们表示尊敬,就一定要压过他们,给他们难堪。 ④"诸士"四句:钧,与"均"通,平等对待。徐孚远说:"言与贫贱士敌礼也。"此言凡是地位不如灌夫的士人,愈是贫贱的,灌夫就愈加敬重他们,以平等的礼节对待他们。 ⑤"稠人"二句:稠、广,犹多。荐,推许。宠,犹荣,此作及物动词用,作"表扬"解。下辈,王先谦说:"谓行辈之下于我者,年少及在己左者皆是也。"此言在人多的场合,灌夫对于地位低下的后进总是推荐夸奖,使他们得到光荣。 ⑥多之:称许他。多,颜注:"犹重之。"之,指灌夫。此言那些贫贱的士人因此也很推重灌夫。

夫不喜文学，好任侠，已然诺①。诸所与交通②，无非豪杰大猾。家累数千万，食客日数十百人③。陂池田园，宗族宾客为权利，横于颍川④。颍川儿乃歌之曰："颍水清，灌氏宁；颍水浊，灌氏族⑤。"

①"好任侠"二句：上句：已见《留侯世家》注释。下句：已，作"必"解，指必定践约。然诺，指已经允诺别人的约言。颜注："谓一言许人，必信之也。"意谓凡是已经答应别人的诺言，灌夫一定践约替人办到。　②"诸所与"句：交通，交往的人。豪杰，指社会上知名之士。大猾，大奸巨猾；指诡计多端的恶霸。此言那些同灌夫交往的人，无非是一般社会知名之士或是大奸巨猾之辈。　③"家累"二句：上句：累，积累。下句：数十百人，颜注："或八九十，或百人也。"犹今言一百来人。此言灌夫积累的家财有数千万金，每天在他门下吃饭的有百人左右。　④"陂池"三句：第一句：陂，音碑，孔颖达说："谓泽畔障水之岸。"（见《毛诗正义》。）又，《说文》："陂，池也。"段注："陂，得训池者，陂言其外之障，池言其中所蓄之水。……《礼记》《月令》注曰：'畜（同蓄）水曰陂。'凡经传云'陂池'者，兼言其内外，或析言之，或举一以互见。"此处则指在田园中筑陂蓄水，以兴灌溉之利（用王伯祥说）。第二句：为权利，做出很多扩张、垄断权利的事情。第三句：横，读去声，横行霸道。颍川，汉郡名，今河南省中部和东南部的一大部分皆其故境，其地即灌夫的故乡。王伯祥说："为了垄断水利田地，灌夫的宗族宾客都争权夺利，在颍川一带横行无忌。"　⑤"颍水清"四句：这是当时颍川地方的（原）孩子们唱的童谣。大意是："颍水如果清洁，灌家都可以平安无事；颍水一旦浑浊，灌家非灭族不可。"意谓颍水不会是长远清洁的。颜注："（当地人民）深怨嫉之，故为此言也。"颍水，水名，颍川郡即因此水而得名；源出河南省登封县，东南流经禹县、临颍县等地，至淮阳县，入安徽省境，至西正阳关入淮水。

灌夫家居虽富，然失势，卿相、侍中、宾客益衰①。及魏其侯失势，亦欲倚灌夫，引绳批根生平慕之后弃之者②；

灌夫亦倚魏其而通列侯、宗室为名高③,两人相为引重,其游如父子然④。相得欢甚,无厌,恨相知晚也⑤。

①"卿相"句:侍中,指皇帝近臣。颜注:"以夫居家,而卿相、侍中,素为夫之宾客者,渐以衰退,不复往也。"此言居高位的卿相、有权势的近臣以及那些一向作为灌夫宾客的人,都因灌夫失势居家而同他日益疏远了。　②"引绳批根"句:引绳、批根,是用两个动宾结构合为一个成语,此处把它当作一个及物动词用;"生平慕之后弃之者"是"引绳批根"的宾语。绳,即绳墨,用以取直的工具;引绳,犹言纠举、严格要求。批根,有排除、挑剔之意。郭嵩焘说:"案,引绳批根皆攻木之工事。绳,即绳墨,谓弹正之(按,方苞《史记注补正》:"引绳以正其邪。"与此同义)。批根者,近根处盘错,宜批削之也。引绳批根,弹削其不中(合)程度者,盖当时常语。"中井积德也说:"引绳,规人之枉(纠正别人的错误)也;批根,锄其株(铲锄其根)也。"生平慕之后弃之者,平素仰慕窦婴而同他结交,后来又因他失势而丢弃他的那些势利小人。此言窦婴也想倚靠灌夫去同那些趋炎附势的小人算算账。方苞说:"所以暴(暴露)先慕后弃者之过也。"　③"灌夫亦倚"句:通列侯、宗室,与列侯和宗室们拉关系。为名高,抬高自己的声价。此言灌夫也想利用窦婴的关系拉拢那些列侯和宗室,以自高身价。　④"两人相为"二句:上句:王先谦说:"两相援引借重也。"下句:游,来往。此言窦、灌两人互相援引,互相推重,过从亲密得像父子一样。　⑤"相得"三句:相得,彼此投契。厌,嫌忌。此言两人投契极了,十分高兴,没有一点隔阂,只恨彼此相识得太迟了。

灌夫有服过丞相①,丞相从容曰:"吾欲与仲孺过魏其侯,会仲孺有服②。"灌夫曰:"将军乃肯幸临况魏其侯,夫安敢以服为解③!请语魏其侯帐具,将军旦日蚤临④。"武安许诺。灌夫具语魏其侯如所谓武安侯⑤。魏其与其夫人益市牛酒,夜洒扫,早帐具至旦⑥。平明,令门下候伺⑦。至日中⑧,丞相不来。魏其谓灌夫曰:"丞相岂忘之哉?"灌夫不怿⑨,曰:

"夫以服请,宜往⑩。"乃驾⑪,自往迎丞相。丞相特前戏许灌夫,殊无意往⑫。及夫至门,丞相尚卧。于是夫入见,曰:"将军昨日幸许过魏其。魏其夫妻治具⑬,自旦至今,未敢尝食⑭。"武安鄂谢曰⑮:"吾昨日醉,忽忘与仲孺言⑯。"乃驾往,又徐行。灌夫愈益怒。及饮酒酣,夫起舞属丞相⑰。丞相不起⑱,夫从座上语侵之⑲。魏其乃扶灌夫去⑳,谢丞相。丞相卒饮至夜,极欢而去㉑。

①"灌夫有服"句:服,丧服。按,《昭明文选》卷四十二载应璩《与满公琰书》,其中有"仲孺不辞同产之服"之语,李善注:"夫尝有姊服,过丞相田蚡。"则知此处灌夫是因姊死而服丧。过,读平声,拜访;下句同此。丞相,指田蚡。此言灌夫的姐姐死了,他在他丧期内去拜访田蚡。　②"吾欲与"二句:上句:仲孺,灌夫字。下句:会,恰值。按,此二句是田蚡有意敷衍灌夫的话,他说:"我想同你一起去拜访魏其侯,恰值你在服丧期间,不便参加宴会。"　③"将军乃肯"二句:上句:乃肯,竟肯;居然肯。幸,荣幸地。况,作"赐"解,临况,犹言赏脸光顾、屈尊惠临。下句:解,推辞。按,灌夫正想借机会使窦婴接近田蚡,所以才这样回答:"您竟然肯光临魏其侯的家,我怎么敢因为在服丧而推辞呢!"　④"请语"二句:上句:语,读去声,告诉;通知。帐具,又称"供帐";帐,指布置陈设,张帏设宴;具,颜注:"办具酒食。"下句:旦日,明天。蚤,同"早"。此言请你允许我去通知窦婴,让他布置一下,准备酒食,请你明天早点光临。　⑤"灌夫具语"句:所谓,犹所言、所语。此言灌夫把一切情况都告诉了窦婴,正如他对田蚡所说的一样。　⑥"魏其与"三句:第一句:益,颜注:"多也。"市,买。第二句:夜,指半夜里。第三句:早,犹言提早、提前。至旦,到天亮。王先谦说:"言婴洒扫帐具,自夜达旦,劳扰之甚也。"此言窦婴和他的妻子格外多买了些肉和酒,从半夜里就起来打扫,提前布置一切,准备好了酒宴,一直忙到天亮。　⑦"平明"二句:天刚亮,就吩咐手下管事的人在宅前伺候。　⑧日中:天到中午。　⑨不怿:不悦;不高兴。　⑩"夫以"二句:宜往,《史记评林》董份说:"言

丞相必往魏其第（宅）也。"意谓我既不嫌在服丧期间请他践约，他自然应该前来赴宴才对。　⑪乃驾：于是灌夫就驾了车。　⑫"丞相特前"二句：特，不过。前，指前一日。戏许灌夫，开玩笑似的答应了灌夫。下句：殊，实在。此言田蚡前一天不过是随便答应了灌夫，实在没有打算真去赴宴。　⑬治具：指备办酒食。　⑭"自旦"二句：从一早到现在，都没敢吃一点东西。　⑮鄂谢曰：鄂，与"愕"通，发愣貌。谢，谢罪；下文"谢丞相"的"谢"，与此同义（言"向田蚡谢罪"）。此言田蚡装作愕然的样子向灌夫道歉说。　⑯"忽忘"句：忽，恍惚；忽忘，恍惚忘记了。　⑰"夫起舞"句：属，音烛，邀请。颜注："犹今之舞讫相劝也。"按，古人宴会时，宾客为了对主人表示满意，往往在筵前起舞，以为娱乐。此时灌夫为了表示感谢主人盛意，便起身舞了一番；舞完之后，更邀请田蚡接着舞下去。　⑱丞相不起：田蚡不起身。　⑲"夫从座上"句：侵，冒犯；此言灌夫便在酒席筵上用言语触犯田蚡。按，从座上，《汉书》作"徙坐"，则应解为"灌夫把座次移近田蚡，言语冒犯他"。录以备考。　⑳扶灌夫去：把灌夫连推带拉地送去了。　㉑"丞相卒饮"二句：田蚡终于在窦婴家饮酒一直到天黑，尽欢而散去。

丞相尝使籍福请魏其城南田①。魏其大望②，曰："老仆虽弃，将军虽贵，宁可以势夺乎③！"不许。灌夫闻，怒，骂籍福。籍福恶两人有郤④，乃谩自好谢丞相⑤，曰："魏其老且死，易忍，且待之⑥。"已而⑦，武安闻魏其、灌夫实怒不予田⑧，亦怒曰："魏其子尝杀人，蚡活之⑨；蚡事魏其⑩，无所不可，何爱数顷田⑪！且灌夫何与也⑫！吾不敢复求田⑬！"武安由此大怨灌夫、魏其。

①请魏其城南田：请求窦婴把京城南郊的田地让给田蚡。
②大望：望，怨。　③"老仆"三句：老仆，自称谦词。弃，指被废弃不在职。此言尽管我这个老头子被废弃不为朝廷所用，而田蚡十分显贵，难道他就可以仗势硬夺我的田吗！　④"籍福恶"句：恶，音务，王伯祥说："不乐之意。"郤，同"隙"；有隙，彼此有嫌

隙、有意见。此言籍福不愿窦、田两家发生恶感。　⑤"乃谩自"句：谩，颜注："犹诡也。诈为好言也。"谩自好谢丞相，自己撒了个谎，用好言去婉谢田蚡。　⑥"魏其"三句：王伯祥说："上且字，将要。下且字，姑且。"此三句大意是：窦婴年纪已老，不久就会死掉，是很容易忍耐的，你姑且再等一等吧。　⑦已而：过了不久。　⑧实怒不予田：实际是发怒不肯把田给田蚡。按，此与籍福的话有所不同。　⑨蚡活：活，作及物动词用。田蚡说："是我救了他。"　⑩"蚡事"二句：王先谦说："言魏其所请，蚡无所不许也。"意谓我服事窦婴，从没有不肯依他的事。　⑪"何爱"句：为什么他竟舍不得这几顷田地！　⑫"且灌夫"句：与，干预。此言：况且这同灌夫有什么相干！　⑬"吾不敢"句：此是反话，言：难道他们这样对付我，我就不敢再向他们要田地了吗！

（以上是第三大段，写灌夫为人及田蚡与窦、灌二人结怨的原因。）

元光四年①春，丞相言："灌夫家在颍川②，横甚，民苦之。请案③。"上曰："此丞相事，何请④！"灌夫亦持丞相阴事⑤，——为奸利⑥，受淮南王金与语言⑦。宾客居间⑧，遂止，俱解⑨。

①元光四年：公元前一三一年，是汉武帝即位的第十年，据梁玉绳考证，此处的四年，应为二年，则下文的五年，应为三年。此无关宏旨，姑录以备考。　②颍川：颍，景祐本误刻为"颖"，今改正之。　③请案：请皇帝办灌夫。　④"此丞相"二句：武帝说："这是你做丞相的分内之事，何必请示！"　⑤"灌夫亦持"句：持，挟持，犹"拿住把柄"。阴事，不可告人的秘密。此言：灌夫也抓住了田蚡短处作为把柄。　⑥为奸利：为，做。奸利，《史记正义》："为奸恶而求利。"意谓用不合法的手段去图个人私利。按，《史记·韩长孺列传》载韩安国"坐法失官，居家"，安国乃"以五百金物遗（馈送）蚡"。田蚡于是向王太后说情，"即召以为北地都尉（官名）"。又载王恢败于匈奴，当斩，"恢私行千金（于）丞相蚡"，田蚡乃为王恢向太后说情（参阅杨树达《汉书窥管》）。对此种种，都是田蚡为奸利的阴事。　⑦"受淮南王金"句：淮南王，名刘安，是刘邦少子刘长的儿子。长封淮南王，文帝时因罪自杀，刘

安乃袭父王职。刘安好学术,曾招致宾客方术之士,著书数十万言,今所存《淮南子》即安所著。汉武帝元狩元年(公元前一二二年),安有反谋,由中郎伍被出首告发,安乃自杀。此言"田蚡受了刘安的财物并且同刘安说了不应该说的话"。事详见史文。按,"为奸利,受淮南王金与语言"二句为作者自注之文。杨树达说:"乃所以注明丞相阴事之为何事也。"(见《古书疑义举例续补》)。 ⑧宾客居间:间,读平声,此言两家的宾客们在中间调停劝解。 ⑨"遂止"二句:言双方的攻击和揭发都因此中止,而且也都和解了。颜注:"两家宾客处于中间和解之。"

夏,丞相取燕王女为夫人①,有太后诏,召列侯、宗室皆往贺。魏其侯过灌夫,欲与俱②。夫谢曰:"夫数以酒失得过丞相③,丞相今者又与夫有郄④。"魏其曰:"事已解。"强与俱⑤。饮酒酣,武安起为寿,坐皆避席伏⑥。已⑦,魏其侯为寿,独故人避席耳⑧,余半膝席⑨。灌夫不悦。起行酒⑩,至武安,武安膝席曰:"不能满觞⑪。"夫怒,因嘻笑曰⑫:"将军贵人也⑬!"属之⑭。时武安不肯⑮。行酒次至临汝侯⑯,临汝侯方与程不识耳语⑰,又不避席。夫无所发怒⑱,乃骂临汝侯曰:"生平毁程不识不直一钱⑲,今日长者为寿⑳,乃效女儿呫嗫耳语㉑!"武安谓灌夫曰:"程、李俱东西宫卫尉㉒,今众辱程将军㉓,仲孺独不为李将军地乎㉔?"灌夫曰:"今日斩头陷胸,何知程、李乎㉕!"坐乃起更衣,稍稍去㉖。魏其侯去㉗,麾灌夫出㉘。武安遂怒,曰:"此吾骄灌夫罪㉙。"乃令骑留灌夫㉚。灌夫欲出,不得;籍福起为谢,案灌夫项,令谢㉛。夫愈怒,不肯谢。武安乃麾骑缚夫,置传舍㉜。召长史曰㉝:"今日召宗室,有诏㉞。"劾灌夫骂坐不敬㉟,系居室㊱。遂案其前事㊲,遣吏分曹逐捕诸灌氏支属,皆得弃市罪㊳。魏其侯大愧㊴,为资㊵,使宾客请㊶,莫能解㊷。武安吏皆为耳目㊸，诸灌氏皆亡匿㊹，夫系㊺，遂不得告言武安阴事。

①"丞相取"句：取，同"娶"。《史记索隐》："案，蚡娶燕王刘泽子康王嘉之女也。" ②欲与俱：想同他一起去道贺。 ③"夫数以"句：酒失，因酒醉而失礼。得过，犹言得罪（用王先谦说）。言我屡次因为酒醉失礼得罪了田蚡。 ④"丞相今者"句：今者，犹言近来。有郄，已见上文注释。 ⑤强与俱：窦婴勉强拉灌夫一同前去。强，读上声。 ⑥"武安起"二句：上句：为寿，已见《项羽本纪》注释；此处"起为寿"即指起身向大家敬酒。下句：坐，指所有的坐上宾客。避席，离开席位。伏，伏在地上，表示不敢当。 ⑦已：过了一会儿。 ⑧"独故人"句：故人，指与窦婴有旧交的人。此言只有那些与窦婴有旧关系的人离开了席位。 ⑨余半膝席：膝席，《史记集解》引如淳说："以膝跪席上也。"犹言膝不离席。黄生说："但直其身，如今之长跪也。"王骏观说："言魏其起为寿，独故人出席受耳；其余大半膝不离席，慢之甚矣。盖膝席，即坐也。古人皆席地坐，……坐必叠膝，与跪相近，而实不同。……古人以避席为敬，膝席，即坐而不起，不得为敬也。"此言其余半数的人只是照样坐在那里，连膝都没有离席。 ⑩起行酒：起身离位，依次敬酒。 ⑪不能满觞：不能饮满杯。 ⑫"因嘻"句：嘻笑，勉强地笑；苦笑。 ⑬将军贵人也：犹言您是贵人啊！言外谓由于田蚡是贵人，所以才不能饮满杯。 ⑭属之：属，与前"起舞属将军"的"属"同义，作"劝"解。此言灌夫坚决地劝田蚡饮满杯。按，《汉书》此句作"毕之"，则仍是灌夫所说的话，犹言请干杯。《汉书补注》引刘敞说："夫谓蚡所以不能满觞，由其贵人也。然当毕之。"而《史记》此句作"属之"，则应是叙事之文（用泷川资言说），灌夫的话只到"贵人也"为止。 ⑮不肯：《史记正义》："不为尽也。"言田蚡不肯干杯。 ⑯"行酒次至"句：临汝侯，即灌婴之孙灌贤。据《史记·高祖功臣侯者年表》，颍阴侯袭封至灌何之子灌强，因有罪而绝封（事在建元六年，即公元前一三五年）；至元光二年（公元前一三三年），武帝改封婴孙灌贤为临汝侯。临汝，县名，故治即今河南省临汝县西北六十里的临汝镇。此言灌夫依次敬酒，轮到了临

汝侯灌贤。　　⑰"临汝侯方与"句：程不识，汉武帝时名将，与李广齐名，当时任长乐宫卫尉之职。事见后《李将军列传》。耳语，颜注："附耳小语也。"此言灌贤正同程不识两人悄悄地附耳谈话。　　⑱无所发怒：无处发泄他的愤怒。　　⑲"生平"句：生平，犹言平时。毁，诋毁；诽谤。直，同"值"。　　⑳"今日"句：长者，灌夫自称，犹今言长辈。周寿昌说："夫蒙灌姓，宜（应）与灌何为昆弟，故夫对何之子贤自称为长者，……言年辈尊者也。"　　㉑"乃效"句：效，仿效。女儿，犹言"女孩子"，王先谦说："以耳语乃女儿态也。"咕嗫，音帖折，犹今言"唧唧哝哝"，形容小声低语的象声词。此连上文言：你平日诽谤程不识，把他说得一钱不值，今天遇到你的长辈向你敬酒，你却效法女孩子一样在那儿同程不识唧唧哝哝咬耳朵说话!　　㉒"程李"句：李，指李广，时为未央宫卫尉。长乐宫在东，故称东宫，未央宫在西，故称西宫。此言程不识和李广都同样官居卫尉。　　㉓"今众辱"句：众辱，当众侮辱。　　㉔"仲孺独不"句：为李将军地，给李广留余地。按，荀悦《汉纪》在此句之下有这样的话："李将军者，李广也；夫所素敬也。"故颜师古引如淳说："二人同号比尊，今辱一人，不当为（不等于是）毁广耶？"并加按语说："如说近之。言毁程，令广何地自安处!"此连上文言：你这样当众侮辱程不识，就不替你所敬爱的李将军留地步吗?　　㉕"今日斩头"二句：此是灌夫负气话。《史记索隐》引韦昭说："言不避死亡也。"黄生说："言今日犯我者，必与并（拼）命，何知程、李!此语盖已直著（涉及）蚡身上，故蚡遂怒。"此二句大意是：今天用刀砍我的头，用枪穿我的胸，我都不在乎；我还管什么程、什么李!　　㉖"坐乃起"二句：坐，颜注："谓坐上之人也。"更衣，即"上厕所"。泷川资言说："《论衡》：'夫更衣之室，可谓臭矣。'盖宾主相见，不宜言秽亵之事。故如（往）厕，皆托言更衣。"此言座上的客人看见势头不妙，便起身托言上厕所，渐渐地散去了。　　㉗魏其侯去：窦婴也离席而去。　　㉘麾灌夫出：麾，同"挥"，言窦婴挥手令灌夫赶快走。　　㉙"此吾骄"句：黄生说："言前案灌夫不竟（查办灌夫未能彻底），益长其骄，此己之罪。"王先谦说："罪，过也。言素不较（平日不同灌夫计较），适令益骄。"意谓这是我的错，因为我宠坏了他，才使他这样放肆。　　㉚"乃令骑"句：于是命令手下的卫士把灌夫扣押。　　㉛"籍福起"三句：案，同"按"，向下抑压。项，颈项。此言籍福也从席上起来，为灌夫向田蚡赔礼，并用手按着灌夫的脖子，让他低头谢罪。　㉜"武安乃麾骑"二句：传舍，指田蚡府中招待宾客留宿的地方。此言田蚡于是指挥卫兵们把灌夫捆上，看管在传舍中。　㉝召长史曰：长史，丞相府中诸吏之长，相当于后世的秘书长。长，读上声，"史"与"吏"古为一字。　㉞"今日召"二句：言今天请宗室宾客们来宴会，是奉了太后的旨意的。　㉟"劾灌夫"句：大意是：于是田蚡吩咐长史拟出弹劾灌夫的奏章，说他在宴会上有意辱骂、侮辱诏命，应照大不敬的条款治罪。周寿昌说："言夫骂坐为不敬太后诏也。此不敬罪大，故夫卒被诛。"李慈铭也说："言今日请召宗室，因有太后诏而行之，灌夫骂坐，是轻诏命，故为不敬也。"　㊱系居室：系，拘禁。居室，衙署的名称，属于少府，后改名为保官，是汉代囚禁官员及其家属的地方。　㊲"遂案"句：案，彻查。前事，指灌夫在颍川的种种不法行为。　㊳"遣吏分曹"二句：分曹，分班；分批。逐捕，追拿。支属，旁支亲属。此言田蚡派遣差吏分头捉拿灌家各支的亲属，都判为杀头示众的罪名。　㊴魏其侯大愧：此言窦婴感到十分惭愧。王先谦说："夫不往蚡所，婴强之（窦婴勉强他前去），致罹祸（以致遇祸），以是（因此）愧也。"　㊵为资：资，作"谋"解（用王先谦说）。此言窦婴替灌夫想尽办法。　㊶使宾客请：使宾客向田蚡求情。　㊷莫能解：解，指被田蚡宽赦。　㊸"武安吏"句：耳目，犹言亲信。按，此与下二句共为三层，都是下文"遂不得告言武安阴事"的原因。详下注。　㊹"诸灌氏"句：亡，逃走。匿，藏躲。　㊺夫系：灌夫本人已被囚禁起来。王伯祥说："丞相的属吏既都是田蚡的耳目，灌氏漏网的人当然都得分头逃窜和躲藏，灌夫本身又被羁押着，于是不可能把田蚡的秘密出首上告。"

魏其锐身为救灌夫①，夫人谏魏其曰："灌将军得罪丞相，与太后家忤②，宁可救邪？"魏其侯曰："侯自我得之，自我捐之，无所恨③！且终不令灌仲孺独死，婴独生④！"乃匿其家，窃出上书⑤。立召入⑥，具言灌夫醉饱事，不足诛⑦。上然之，赐魏其食，曰："东朝廷辩之⑧。"魏其之东朝，盛推灌夫之善，言其醉饱得过，乃丞相以他事诬罪之⑨。武安又盛毁灌夫所为横恣，罪逆不道⑩。魏其度不可奈何，因言丞相短⑪。武安曰："天下幸而安乐无事，蚡得为肺腑，所好音乐、狗马、田宅。蚡所爱倡优、巧匠之属⑫，不如魏其、灌夫日夜招聚天下豪杰、壮士与论议⑬，腹诽而心谤⑭，不仰视天而俯画地⑮，辟倪两宫间⑯，幸天下有变而欲有大功⑰。臣乃不知魏其等所为⑱！"于是上问朝臣："两人孰是？"御史大夫韩安国曰："魏其言：灌夫父死事，身荷戟⑲，驰入不测之吴军⑳，身被数十创，名冠三军，此天下壮士，非有大恶，争杯酒，不足引他过以诛也㉑。魏其言是也。丞相亦言：灌夫通奸猾，侵细民㉒，家累巨万㉓，横恣颍川，凌轹宗室，侵犯骨肉㉔：此所谓枝大于本，胫大于股，不折必披㉕。丞相言亦是㉖。唯明主裁之㉗！"主爵都尉汲黯是魏其㉘；内史郑当时是魏其，后不敢坚对㉙；余皆莫敢对。上怒内史曰㉚："公平生数言魏其、武安长短㉛，今日廷论㉜，局趣效辕下驹㉝，吾并斩若属矣㉞！"即罢起㉟，入，上食太后㊱。太后亦已使人候伺，具以告太后㊲。太后怒，不食，曰："今我在也，而人皆借吾弟㊳；令我百岁后，皆鱼肉之矣㊴！且帝宁能为石人邪㊵！此特帝在，即录录㊶；设百岁后，是属宁有可信者乎㊷？"上谢曰："俱宗室外家，故廷辩之。不然，此一狱吏所决耳㊸。"是时，郎中令石建为上分别言两人事㊹。

①"魏其锐身"句：锐身，冒险挺身而出。为救灌夫，做出一些营救灌夫的举动。　②忤：王伯祥说："逆也，犹言作对。"　③"侯自我"三句：捐，作"弃"解，犹言丢掉。恨，遗憾。此言侯爵是由我挣来的，现在由我把它丢掉，根本没有什么可遗憾的。按，颜注："言不过失爵耳。"则知窦婴初意是没有想到会因为救灌夫而送命的，他以为最严重的后果不过是削去侯爵而已。　④"且终不令"二句：此言：况且我一定不能让灌夫独自牺牲，而我倒独

自活着。　　⑤"乃匿"二句：匿，作"避"解。此言窦婴于是瞒着家里人，偷偷地出来上书给武帝。颜注："不令家人知之，恐其又止谏（劝阻）也。"　　⑥立召入：武帝见到窦婴的奏书，立即把他召进宫去。　　⑦"具言"二句：醉，指饮酒过量，饱，指吃饭过量，此处连用，侧重在醉，饱只是陪衬；与通常言"褒贬"，侧重在贬，言"利害"，侧重在害的情形相类似。此二句大意是：窦婴就把灌夫因为在席上喝醉了酒而失言的情况说了一遍，认为这只是饮食间的小事，不值得用重刑。　　⑧"东朝"句：东朝，即上文的"东宫"，指王太后所居的长乐宫。下句：之东朝，犹言往东宫去。廷辩，当着朝臣辩论是非。颜注引张晏说："会公卿大夫（于）东朝，共理而分别也。"此言"你到太后那儿去当廷申辩吧"。按，下文言"太后亦已使人候伺，具以告太后"，则知窦婴等虽在东朝展开廷辩，仍由武帝主持，太后并不在当场。　　⑨"言其醉饱"二句：上句：得过，已见前注。下句：乃，副词，犹今口语"却""竟"，此处的"乃丞相以……"即"而丞相竟以……"之意。他事，另外的事，指灌夫在颍川的行为。诬罪之，冤枉地加给他罪名。此言：而田蚡却用别的事来诬害灌夫。　　⑩"武安又盛毁"二句：上句：盛，与上文"盛推"的"盛"同义，犹言"极意地"。所为横恣，所做的事骄横放纵，肆无忌惮。下句：言灌夫所犯之罪大逆不道。　　⑪"魏其度"二句：度，音夺，估计。此言窦婴估计实在没有别的办法，于是就把田蚡的坏处说出来了。　　⑫"蚡所爱"句：田蚡说："我所喜爱的不过是倡优和灵巧的工匠一类的人。"　　⑬"不如"句：不像窦婴、灌夫他们，招呼、集聚了天下的豪杰、壮士，不分日夜地同他们商量讨论。　　⑭"腹诽"句：在心里诽谤朝廷。　　⑮"不仰视天"句："不"与"而"是转折词，"而"与"则"同义（用王引之、李笠说）。此言他们不是抬头用眼看天，就是低头用手画地。按，《史记集解》引张晏之说，以为"视天"是"占三光"，"画地"是"知分野所在"，意谓窦、灌等能从星象判断气运，准备造反。疑非是。周寿昌说："张注迂拙。此不过以视天、画地极形其辟睨无礼之状。若如张说，不独非事实，亦全失语妙。"今按，周说是。视天，是形容窦、灌等目中无人；画地，是隐指他们暗中谋划。　　⑯"辟睨"句：辟倪，犹睥睨，傲貌。王先谦说："言魏其素性狂妄，傲视太后与帝也。即藐视两宫意。"按，王说近是。旧注谓此是窦、灌窥伺太后和武帝有无死去的可能，亦可通。　⑰"幸天下"句：颜注引臣瓒说："谓因国家变难之际，得立大功也。"意谓希望天下有一些意外的变故而能立大功，成大事，突出地表现他们。　⑱"臣乃不知"句：大意是：我却不知道窦婴他们要做些什么呢！言外指窦、灌等树立党羽，暗中筹划，轻视太后和皇帝，希望趁机会捞一把，实在有造反的可能。知，景祐本刻作"如"，作"知"义长，故从今本改。　⑲身荷戟：亲自扛着兵器。　⑳"驰入"句：不测之吴军，言"吴军十分强大，其实力无法推测"（用颜师古说）。　㉑"非有"三句：大意是：如果不是有特别严重的罪行，只为了喝了几杯酒而引起口舌事端，是不值得攀引其他的罪状来判处死刑的。　㉒"灌夫通奸猾"二句：细民，犹言小民。此言灌夫同大恶霸、大坏蛋们交结，欺压小民。　㉓家累巨万：累，积累，引申有数、几之意。巨，同"钜"；累钜万，犹言数万万、几万万。此言灌夫的家产有数万万金之多。　㉔"凌轹"二句：上句：轹，音"历"，本指车轮碾压过的地方，此处的凌轹，即作践、糟蹋之意。下句："骨肉"与上句"宗室"为互文，皆指灌氏同族中贫穷的人。　㉕"此所谓枝大"三句：第一句：枝，树木的枝条。本，树木的主干。第二句：言小腿胫比大腿股还粗。第三句：披，犹分离、分裂。按，此盖以"枝""胫"喻灌夫在地方上的势力，以"本""股"喻国家的政权；言如果树枝比树干还大，小腿比大腿还粗，则其结果不是折断就是破裂，对整体必有损伤。又按，贾谊《新书·大都篇》有"尾大不掉，末大必折"的话，《汉书·贾谊传》引谊所奏《治安策》，变前"一胫之大几如腰，一指之大几如股"之语，皆与此三句意义相近。韩安国在此处贯以"此所谓"三字，疑此三句是当时成语（参阅《汉书补注》引王先慎说）。　㉖丞相言亦是：丞相说的话也是对的。按，此是韩安国模棱两可之语，《史记评林》引董份说："此正所谓'持两端'（语见《魏公子列传》）者。"　㉗唯明主裁之：只有请英明的皇帝自己裁决这件事的是非了。　㉘"主爵"句：主爵都尉，官名，掌管列侯封爵的职务。汲黯字长孺，濮阳（即河北省濮阳县）人。学黄、老之言，任气节，好直谏，素为武帝所敬畏，因此官位常不升迁，官至淮阳太守而卒。《史记》有《汲郑列传》。是魏其，以窦婴所说的为是。　㉙"内史"二句：内史，已见前《万石张叔列传》注释。郑当时字庄,陈(即今河南省淮阳县)人。亦好黄、老,喜任侠。在朝提拔贤士,但遇事每奉承皇帝或丞相意旨,不敢表示意见。据《史记·汲郑列传》,此次廷辩,郑当时因不敢坚对,被贬为詹事。此言郑当时初认为窦婴说得对,后却不敢坚持他自己的意见去对答。坚对,景祐本脱"对"字,今补之。 ㉚"上怒"句:此言武帝嫌郑当时不敢坚持己见,就向他发怒道。周寿昌说:"怒其是魏其而后不敢坚也。此明帝心向魏其。"(李慈铭略同。)按,周说是。 ㉛"公平生"句:言你平日屡次议论窦、田两人的优劣。 ㉜廷论:即"廷辩"。 ㉝"局趣"句:局趣,同"局促",形容缩手缩脚不敢伸展的状词。辕下驹,驾在车辕下面的马。方苞说:"辕下驹进局(拘束)于扼(马络头),退束于鞦(马尾附近的缰绳),故曰局促也。"中井积德说:"按,此以辕下驹喻郑当时之畏首畏尾,不敢表示自己的意见。" ㉞"吾并斩"句:并斩,一并杀掉。若属,你们这一班人。此言我不仅要杀掉犯法的当事人,而且连你们这些家伙也要一起杀掉。按,此是武帝负气的话。 ㉟罢起:中止廷辩,站起身来。 ㊱上食太后:向太后献食物;即侍太后进餐。 ㊲"太后亦已"二句:言在廷辩时,太后也已经派人伺候在朝上探听消息;这时,那些探听消息的人已把廷辩的经过完全陈述给太后知道。 ㊳"今我在"二句:借,作蹂躏解。言现在我还活着,别人已经开始作贱我的兄弟了。 �439"令我"二句:此言假如我死了之后,别人就一定都来宰割我的兄弟了。按,此处"鱼肉"作动词用,之,指田蚡;鱼肉之,犹言以田蚡为鱼肉。参阅前《项羽本纪》:"如今人方为刀俎,我为鱼肉"句注释。 ㊵"且帝宁能"句:"石人"有二解:一、《史记索隐》:"谓帝不如石人得长存也。"《汉书》颜注引或说:"石人者,谓常存不死也。"李慈铭、王骏图、泷川资言皆主此说。言况且皇帝哪能像石人似的长久存在呢!与下文"设百岁后"句相呼应。二、颜注:"徒有人形耳,不知好恶(好、恶,皆读去声)也。"周寿昌、杨树达皆主此说。周寿昌说:"石人,言若石为人,不能相左右也。老子云:'不能琭琭如玉,珞珞如石。'琭琭,即'录录',正言如石人状。时太后为黄、老学,故引老子语也。……"杨树达说:"武帝意本不直武安,特以太后故,欲出之于己,故借群臣廷辩之言以张目。观郑当时不敢坚对,帝怒责之,可以见矣。太后亦知此意,故以'石人'责之,谓其不应不自主张,反问群臣也。下文帝以'俱外家''故廷辩之'为解（解释），尤可证明。……"今按，以"石"喻人之无知，古书中习见（参阅《史记正义》）；故后说可通。综观上下文，太后之所以"怒，不食"，以及所说的话，都是责备武帝的：上一层说自己虽在而武帝竟纵容旁人欺侮田蚡；此一句则责备武帝不自己做主；下文四句更责备群臣只知奉承武帝的意旨。疑后说近是，杨说尤合情理。　㊶"此特"二句：录录，同"碌碌"，犹言"庸庸碌碌"，形容平凡庸鄙、随声附和的状词。言现在幸亏皇帝还在，这班大臣就只知随声附和了。　㊷"设百岁"二句：设，假设。可信，犹言可靠。言假使皇帝死了之后，这班人难道还有靠得住的吗！　㊸"此一狱吏"句：此连上文言：如果不是因窦、田两家都是外戚，像这样的案件，只要一个法官就可以解决了。意谓所以廷辩，乃是重视此案，并非自己不做主张。　㊹"郎中令"句：石建，事已见前《万石张叔列传》。分别言，指不当着众人单独对皇帝谈话。此言石建在单独见到武帝时把窦、田两家发生矛盾的经过向武帝说了。

武安已罢朝①，出止车门②，召韩御史大夫载③，怒曰："与长孺共一老秃翁，何为首鼠两端④！"韩御史良久谓丞相曰："君何不自喜⑤！夫魏其毁君，君当免冠解印绶归⑥，曰'臣以肺腑，幸得待罪⑦，固非其任⑧。魏其言皆是'。如此，上必多君有让，不废君⑨；魏其必内愧，杜门龁舌自杀⑩。今人毁君，君亦毁人⑪，譬如贾竖女子争言⑫，何其无大体也⑬！"武安谢罪曰："争时急，不知出此⑭。"

①罢朝：退朝回家。　②止车门：宫禁的外门名；百官上朝时，至此门必须下车，步行入宫。《太平御览》卷一百八十三"居处部"引洛阳故宫名有南止车门，东、西止车门等。（参阅《汉书补注》引王先慎说。）　③"召韩"句：招呼韩安国同他共乘一车。　④"与长孺"二句：上句：长孺，韩安国字。共，指共同勘治（用《史记索隐》说）。老秃翁，指窦婴；秃，犹言"废""退"。《史记集解》引《汉书音义》："言婴无官位扳援也。"王骏图说："且秃翁亦非谓头秃也。秃，犹退耳、废耳。笔之秃者谓之退笔。此言魏其业已退

废；我与尔所共者，只此一老而退废之人，尚何疑虑瞻顾，致如首鼠之持两端耶？《集解》训秃，为无官位扳援，义为近之。"下句：首鼠，旧注解为"一前一却"，义本不误；但《史记会注考证》引中井积德说："鼠将出穴隙，必出头一左一右，故为两端之喻也。"（按，此说本于宋陆佃《埤雅》："鼠性疑，出穴多不果，故持两端者谓之首鼠。"）则为望文生义的解释。据王念孙《读书杂志·余编》卷上"首施两端"条说："《《后汉书》》《邓训传》《西羌传》并云：'首施两端。'（李贤）注曰：'首施，犹首鼠也。'念孙案：《史记·魏其武安传》：'何为首鼠两端？'故李（贤）本之为注。今案施读如施于中谷之施（音异），首施，犹首尾也。首尾两端，即今人所云进退无据也。……服虔注《汉书》曰：'首鼠，一前一却也。'则首鼠亦即首尾之意。"知"首鼠"实为联绵词。其后近人章炳麟《文始》、朱起凤《辞通》，皆宗王说，释"首鼠"为"首尾"。朱起凤说："按，《史》《汉》田蚡首鼠云云，盖责长孺为灌夫事，共对付一窦婴，何为畏首畏尾，进退失据，一至于此。"（见《辞通》卷十三。）其说自较《埤雅》与中井积德说为优。但近人刘大白则以为"首鼠"，即是"踌躇""踟蹰"的同义音转的联绵词，似更直截。刘氏引《骈雅·释训》："逗遛、首施、首鼠、夷犹、……犹豫、……依违、……迟疑也。"又："踌躇、蹢（躅）躅、跢跦（踟蹰），犹豫也。"并加解释说："踌躇，古音在定纽，同于涛涂。……涛涂以叠韵转变，就变为踌躇；踌躇再以叠韵转变为首鼠；首鼠再以叠韵转变，就变为犹豫或犹与或游豫：这都是上下两字同变的。如果是下面一字单变，便是首鼠变为首施，或者游豫变为游移。所以首鼠、首施、游豫、游移，都是踌躇的转变字。它们的意义只是一前一却，只是迟疑。首鼠两端或首施两端，都就是踌躇两端或游豫两端，或游移两端或前却两端或迟疑两端。……"（见其所著《辞通序》。）谨录以备考。此二句大意是：我和你一同收拾窦婴，有什么难办的，你为什么模棱两可，游移不定？　⑤君何不自喜：不自喜，清乾隆刻官本《史记考证》引张照说："犹言不自爱，下文所谓无大体是也。"此言：你怎么这样不自爱重呢？又，黄生说："不自喜，即今俗云'好不思量'之意。"亦可通。　⑥"夫魏其"二句：印，印信。绶，系印信的丝绦。据《汉书·百官公卿表》，丞相是佩金印、紫绶的。归，颜注："归印绶于天子也。"言窦婴既然诋毁你,你就应当向皇帝免冠谢罪,把丞相的印绶解下来,归还给天子。 ⑦幸得待罪:已见前《万石张叔列传》"庆幸得待罪丞相"句注释。 ⑧固非其任:本来是不能胜任的。 ⑨"上必"二句:多,尊重;赞美。有让,谦让有礼。废,罢免。此言皇帝一定会赞美你有谦让的美德,不致把你废免。 ⑩"魏其必"二句:内愧,内心惭愧。杜门,闭门。齰,音则,或音侧,咬;嚼。此言窦婴见你如此谦逊,皇帝又同情你,他必然内心惭愧,只好关紧了门,嚼舌头自杀。今按,杜门,谓窦婴无面目见人;齰舌,谓窦婴自惭没有辩论胜利,无话可说。 ⑪"今人"二句:现在别人骂你,你也同样地骂别人。 ⑫譬如句:贾竖,指商人。女子,一般的妇女。此言这样彼此互相辱骂,好像商人或是女人吵嘴一样。 ⑬"何其"句:怎么这样不识大体呢? ⑭"争时"二句:言:我在朝廷上争辩时太着急了,没有想到这样做。按,"此"下省略了一段叙述。看下文"于是上使御史"云云,知田蚡是按照韩安国所教的方法向武帝表示了态度的,所以武帝才命令御史追究灌夫的罪行真伪和罪情轻重。

于是上使御史簿责魏其所言灌夫①,颇不雠②,欺谩③。劾系都司空④。

①"于是上使"句:簿,景祐本误刻为"薄",今改正之;簿责,颜注:"以文簿一一责之也。"此言于是武帝命令御史按照簿籍上所载的灌夫的罪行,追查窦婴口中所述说的灌夫的情况。 ②颇不雠:雠,符合。言窦婴所言灌夫的情况与文簿所载灌夫的罪行颇有出入,并不相符。 ③欺谩:犹言欺骗。此言:因而窦婴有欺骗皇帝的罪。郭嵩焘说:"案,灌夫横恣颍川有实验(有事实可查),魏其谓灌夫醉饱得过,丞相以他事诬罪之;此为案治灌夫得实,与魏其言不相应,因责(窦婴)以欺谩。"王骏观也说:"言魏其在东朝,盛推灌夫之善;今使御史……簿责魏其所言,颇不符合……,故御史劾其欺谩也。"释此三句甚晰,录以备考。 ④"劾系"句:都司空,《汉书·百官公卿表》:"宗正,秦官。掌亲属。……属官有都司空令、丞。"《史记索隐》:"主诏狱也。"按,宗正是管理皇族和外戚事务的官,都司空是宗正下面所属的官,专管皇帝交下来的案件,

即所谓"诏狱"。而窦婴既为外戚，其案件又由武帝亲自过问，故由都司空负责。此言窦婴为御史所纠劾，被拘禁在都司空衙门的狱中。

孝景时，魏其常受遗诏①，曰："事有不便，以便宜论上②。"及系灌夫，罪至族③，事日急④，诸公莫敢复明言于上⑤。魏其乃使昆弟子上书言之，幸得复召见⑥。书奏上，而案尚书⑦，大行无遗诏⑧；诏书独藏魏其家，家丞封⑨。乃劾魏其矫先帝诏，罪当弃市⑩。五年十月⑪，悉论灌夫及家属⑫。魏其良久乃闻⑬，闻即恚⑭，病痱⑮，不食，欲死。或闻上无意杀魏其⑯，魏其复食，治病，议定不死矣⑰。乃有蜚语⑱，为恶言闻上，故以十二月晦论弃市渭城⑲。

①常受遗诏：常，通"尝"。言窦婴曾经接受过景帝临死前的遗令。　②"事有不便"二句：便宜，犹言"灵活掌握、利用任何机会"。论上，颜注："论说其事而上于天子。"此言景帝的遗诏上说："遇到有不利于你的事，你可以相机行事，给天子上书。"　③罪至族：犯了甚至于要灭族的大罪。　④事日急：情况一天比一天紧迫。　⑤"诸公"句：大臣们谁也不敢再公开地向皇帝说明窦婴受遗诏的事。　⑥"魏其乃使"二句：上句：昆弟子，即窦婴的侄子。此言窦婴于是让自己的侄子上书给武帝，说明受遗诏的事。下句：言窦婴希望有再被武帝召见的机会。　⑦案尚书：尚书，本是秦、汉时官名，《续汉书·百官志》："尚书令一人，……掌凡选署（任免官职）及奏下尚书曹（由皇帝交给尚书曹办的公卿的奏章）文书众事。"此处则指由尚书令所保管的内廷档案。此言调查内廷的档卷。　⑧"大行"句：大行，已见前《李斯列传》注释，此指景帝。言在尚书所管的档案中，并没有景帝所留的这样一道遗诏。　⑨"诏书"二句：《史记集解》引《汉书音义》："以家臣封遗诏。"此言这道诏书只藏在窦婴自己家里，是由给窦婴管事的家臣盖印加封的。沈钦韩说："《玉海》六十一、《唐故事》，中书舍人掌诏诰皆写两本，一为底，一为宣。……况大行遗诏，岂有无副而独藏私家者！此主者畏蚡，而助成其罪也。"录以备考。　⑩"乃劾魏其"二句：劾，李慈铭说："此乃尚书劾也。"此言于是尚书令又纠劾

窦婴,说他伪造景帝的诏书,应该处以斩首示众的罪。　⑪五年十月:五年,指武帝元光五年,即公元前一三〇年。按,汉武帝太初元年(公元前一〇四年)以前,以十月为岁首。故五年十月实为前一年之冬十月。据梁玉绳考证,五年应作三年,即元光三年,当公元前一三二年。录以备考。　⑫"悉论"句:论,处决,此指执行死刑。此言灌夫和他的亲属都被处决了。　⑬良久乃闻:过了好久才听说灌夫已死的事。按,窦婴本人也在狱中,所以"良久乃闻"。　⑭恚:音huì,忿怒;怨愤。　⑮病痱:痱,音肥,旧注谓是风疾,即今所谓中风(中,读去声)。　⑯"或闻"句:有人听到传闻,说皇帝本没有杀窦婴的意思。　⑰"议定"句:已经决定不再把窦婴处死刑了。　⑱"乃有蜚语"二句:蜚,同"飞";蜚语,《史记集解》引张晏说:"蚡伪作飞扬诽谤之语。"《汉书》颜注引臣瓒说:"无根而至也。"即没有根据的流言。此二句言:这时竟有流言传播,说了很多窦婴的坏话,故意让武帝听到。　⑲"故以十二月"句:十二月晦,十二月三十日。论弃市,被判决执行死刑。渭城,即咸阳,颜注引张晏说:"著日月者,见春垂至,恐遇赦赎之。"按,司马光《资治通鉴考异》:"班固《汉武故事》曰:'上召大臣议之,群臣多是窦婴,上亦不复穷问,两罢之。田蚡大恨,欲自杀;先与太后诀,兄弟共号哭,诉太后。太后亦哭,弗食,上不得已,遂乃杀婴。'按,《汉武故事》语多诞妄,非班固书,盖后人为之,托固名耳。"又:"按,汉制常以立春宽大诏书,蚡恐魏其得释,故以十二月晦杀之。……"今按,《汉武故事》所载可备一说,未必尽属荒诞,故录以备考。至窦婴之死所以在十二月末,《考异》所言甚是。

其春①,武安侯病,专呼服谢罪②。使巫视鬼者视之③,见魏其、灌夫共守,欲杀之④。竟死⑤。

①其春:即元光五年的春天。因其时尚未改历,以十月为岁首,故春天在当年十二月之后。　②专呼服谢罪:专,犹今言"一味地""一个劲儿地"。呼服,有二解:一、呼,是大声喊叫,服,是服罪,指田蚡自认有罪,枉杀了灌夫、窦婴。二、服,是暊(音迫)的假借字;呼暊,因痛苦而大喊大叫(均见《汉书》颜注引晋灼说,

参阅《汉书补注》。)颜注:"两说皆通。"今按,服,作"服罪"解,与"谢罪"义重复;呼謈,又见《汉书·东方朔传》,謈、服,古音相近,故后说近是。此言田蚡一个劲儿大声呼叫,承认自己有错,谢罪不止。按,《汉书·田蚡传》说:"春,蚡疾,一身尽痛,若有击者,呼服谢罪。"较此传所载为详,录以备考。 ③"使巫"句:让能够看得见鬼的巫师来诊视田蚡的病。 ④"见魏其"二句:巫师看见窦婴和灌夫两个鬼魂一起守着田蚡,想要杀死他。 ⑤竟死:田蚡终于病死了。按,此是田蚡内心有愧,所以病中昏迷,以为见鬼。

子恬嗣①。

①子恬嗣:田蚡的儿子田恬嗣其父爵,袭封为武安侯。据《史记·惠景间侯者年表》,"恬"作"梧"。

元朔三年①,武安侯坐衣襜褕入宫,不敬②。

①元朔三年:即公元前一二六年,是武帝即位的第十五年。 ②"武安侯坐衣"二句:衣,读去声,作"穿着"解。襜褕,音 chán yú,长仅蔽膝的短衣,不是正式的朝服。此二句言:田恬因没有穿着朝服进宫廷,犯了大不敬的罪。据梁玉绳考证,"不敬",下有"国除"二字,言田恬既死,封爵即被撤除。

淮南王安谋反,觉,治①。王前朝②,武安侯为太尉时,迎王至霸上③。谓王曰:"上未有太子④,大王最贤,高祖孙⑤;即宫车晏驾,非大王立,当谁哉⑥?"淮南王大喜,厚遗金财物⑦。上自魏其时,不直武安⑧,特为太后故耳⑨。及闻淮南王金事⑩,上曰:"使武安侯在者,族矣⑪!"

①"淮南王"三句:淮南王安,已见前注。觉,破露;被发觉。治,穷究严查。按,下文即穷究出来的事实,亦即灌夫所要告发而未及揭露的。 ②王前朝:王,指淮南王刘安。此言在刘安前次入朝谒见武帝的时候。按,事在武帝建元二年。 ③霸上:应作"灞上",

即灞水西的白鹿原。在今陕西省蓝田县、长安县交界处。　④"上未有"句：皇帝现在还没有立太子。　⑤高祖孙：高祖的亲孙子。按，武帝是刘邦的曾孙，刘安则是刘邦少子刘长的儿子，比武帝还长一辈。所以田蚡特意指出这一点，说明刘安有可能为天子。　⑥"即宫车"三句：宫车晏驾，指皇帝身死；晏，作"迟"解；驾，指皇帝乘坐的车。《史记集解》引应劭说："天子当晨起作，如方崩殒，故称晏驾。"又引韦昭说："凡初崩为晏驾者，臣子之心，犹谓宫车当驾而晚出。"按，古代讳言死丧之事，故以晏驾为皇帝身死的代称。此言假使当今的皇帝死去，不是你立为天子，还应当是谁呢？　⑦"厚遗"句：遗，读去声，馈赠。　⑧"上自魏其"二句：直，《荀子·修身篇》："是谓是非谓非曰直。"《史记索隐》："案，武帝以魏其、灌夫事为枉，于武安侯为不直。"此言武帝自从窦婴的事件发生时开始，就不以田蚡的举动为然。　⑨"特为"句：言武帝之所以把窦婴处以死刑，并非祖护田蚡，只是碍着太后的缘故，才不得不这样做的。　⑩"及闻"句：等到若干年后，武帝听说田蚡与刘安勾结以及受其赠金的事件。　⑪"使武安"二句：假如田蚡还活着的话，一定要灭他的族了。按，此处是作者借用武帝的话来表示自己对田蚡的憎恶。

（以上是第四大段，写田蚡陷害灌夫和窦婴的经过，以及田蚡本人的结局。）

　　太史公曰：魏其、武安皆以外戚重①；灌夫用一时决策而名显②；魏其之举，以吴、楚③；武安之贵，在日月之际④。然魏其诚不知时变⑤，灌夫无术而不逊⑥；两人相翼，乃成祸乱⑦。武安负贵而好权⑧，杯酒责望，陷彼两贤。呜呼哀哉⑨！迁怒及人，命亦不延⑩；众庶不载，竟被恶言，呜呼哀哉⑪！祸所从来矣⑫！

　　①皆以外戚重：都因为外戚的关系而身居显要职位。　②"灌夫用一时"句：用，因为；由于。一时，犹言偶然一次。决策，下定决心，指驰入吴军，欲报父仇。此言灌夫由于偶然一次下定决心有所表现，就显名于当时。　③"魏其之举"二句：窦婴被提升，

是由于平定吴、楚七国之乱。　④"武安之贵"二句：日，喻武帝；月，喻太后。日月之际，言日月并存之时；喻太后临朝，武帝尚未完全亲政的那一阶段。此言田蚡之所以有高贵的地位，是由于武帝初即位时，太后有揽权的机会。按，作者此处显然有讽刺田蚡之意。　⑤"然魏其"句：不知时变，指不懂得一朝天子一朝臣，人在人情在的道理。言窦太后已死，而窦婴以失势之人，仍与田蚡争胜，未免太不识时务。按，此处言外颇有慨叹之意。　⑥"灌夫无术"句：无术，指不学无术（或以"术"作"手段"解，非是。因古人言术，系指道术）。不逊，不谦逊，言其无礼貌。　⑦"两人"二句：相翼，互相袒护；互相包庇。此言这两个人气味相投，互相袒护，最终酿成了祸乱的结局。　⑧负贵而好权：仗恃自己显贵的地位，而且喜欢权术，好耍手腕儿。　⑨"杯酒"三句：第一句：杯酒，指灌夫行酒惹祸的事件。责望，苛求于人，对人表示怨愤。第二句：陷，陷害。彼，犹言"那"。两贤，指窦婴和灌夫。按，此处以窦、灌二人为贤，正说明作者对田蚡是极其憎恶的。第三句：是感叹语，体现出作者对这场政治陷害深表不满。按，《史记评林》引凌约言说："婴虽他未见过人者，其贤于蚡则万万矣。"作者在窦、田二人之间，确是比较同情窦婴的。《史记评林》增补中引赵恒说："赞（按，指末段"太史公曰"的一段话）意哀魏其之冤，而深诛武安之罪也。言魏其之举，以吴、楚之功；灌夫因一时入吴军，决策而名显；魏其以不知时变，灌夫以无学不逊，其罪非可以杀身灭族论也。……"释此意甚晰，录以备考。　⑩"迁怒"二句：按，旧注解此下六句皆以为指田蚡，恐非是；疑皆指灌夫。上句：迁怒，语出《论语·雍也篇》："不迁怒。"朱熹集注："迁，移也。……怒于甲者，不移于乙。"人，指灌、贤等。下句：延，长久。此处言灌夫在席上行酒时本怒田蚡，结果竟移怒于灌贤和程不识，终于使自己的性命也未能延长多久。旧注以为田蚡对窦婴也同样有怨怒，谈不到迁怒；而灌夫对灌贤等则显然是迁怒。　⑪"众庶不载"三句：第一句：载，与"戴"通，即"爱戴"之意。此言：灌夫在颍川对人民十分凶暴，因此百姓不爱戴他。第二句：被，受到。恶言，指田蚡对武帝所说的有关灌夫的坏话。按，司马迁对于田蚡与窦、灌之间的矛盾，是同情窦、灌的；但他对于灌夫欺压人民的事件，则表示不满，同时也表示有些惋惜，所以说："灌夫竟不免受到田蚡的恶言攻击。"言外谓："如果灌夫没有在颍川的劣迹，他是不会受到田蚡攻击的。"第三句：仍是感叹语，但与前一句涵义不尽相同。前句主要在否定田蚡，从而对他的政治陷害表示憎恨；此句则有否定灌夫的意思，从而对他的结局表示惋惜。旧注以为此三句指田蚡不受众庶爱戴，并把恶言指为武帝事后所说的"使武安侯在者，族矣"的话，更以"呜呼哀哉"为前面一句的重复，好像司马迁也在惋惜田蚡，殊失本篇主旨。　⑫祸所从来矣：言由此可见灌夫得祸是有其根源的了。意指灌夫得祸是他在颍川欺压人民、盘剥人民所造成的恶果。《史记评林》增补中引赵恒释此句说："言祸由太后也。"非是。

（以上是第五大段，写出作者自己对窦、灌、田三人的评价。作者所否定的是田蚡，比较肯定窦婴，在田蚡陷害灌夫的事件上对灌夫有所同情，但对灌夫欺压人民，以致"众庶不载"，则表示深切的遗憾。）

李将军列传

　　李将军广者,陇西成纪人也①。其先曰李信②,秦时为将,——逐得③燕太子丹者也。故槐里,徙成纪④。广家世世受射⑤。

　　①陇西:郡名,今甘肃省东部皆其故地。成纪,汉县名,故治在今甘肃省秦安县北三十里。成纪初属陇西郡,故此处言"陇西成纪";齐召南说:"按,成纪县汉初属陇西郡。至元光(汉武帝年号,凡六年,自公元前一三四年至前一二九年)后置天水郡,改属焉。故志(《汉书·地理志》)载成纪于天水下。"今按,天水郡是武帝元鼎三年(公元前一一四年)所置,见《汉书·地理志》原注。此处所记,犹依其旧。　②"其先"句:先,祖先。李信,秦名将,已见前《刺客列传》。　③逐得:追获。　④"故槐里"二句:故,旧居。槐里,汉县名,即秦之废丘,故城在今陕西省兴平县东南十里。此言李家原籍本在槐里,后来才迁移到成纪的。　⑤世世受射:受,"授"的反义词。授,指传授;受,则是学习。此言李家世世代代都学习祖先传留下来的射箭之法。

　　孝文帝十四年①,匈奴大入萧关②,而广以良家子从军击胡③,用善骑射,杀、首虏多,为汉中郎④。广从弟李蔡⑤,亦为郎。皆为武骑常侍,秩八百石⑥。

　　①孝文帝十四年:即公元前一六六年。　②"匈奴大入"句:大入,大举侵入。萧关,通塞外的关口,在今甘肃省环县西北。　③"而广以良家子"句:良家子,犹言好人家的子弟,指出身正当,家世清白的人。按,汉代当兵的人有两种:一种是普通百姓,即所谓"良家子";一种是犯罪的人,郭嵩焘说:"案,汉制:京师置南、北军,而郡国各置材官车骑,……所谓常征之兵也。征

调不足，则发闾左谪戍。闾左，闾里平民之贫弱者；谪戍，因罪被贬谪，遣赴守边之囚徒（见《史记·陈涉世家》）；非谪戍曰'良家子'。《汉书·东方朔传》：'上始微行，与侍中常侍武骑及待诏北地、陇西良家子善骑射者，期诸殿门，故有期门之号。'以六郡良家子给选，则又取良家子善骑射者骑门卫士，亦为常征之兵。……"今按，郭说是。《汉书补注》引周寿昌说与此略同。此言李广以普通良家子弟的身份参加军队，抗拒匈奴。　④"用善骑射"三句：第一句：用，因为；由于。善骑射，善于骑马、射箭。第二句：杀，指杀死敌人。首虏，即"斩"，犹言斩敌人首级，是以动宾结构作专用词。《史记集解》引张晏说："杀者，杀之而已；斩者，获其首。"第三句：中郎，官名，亦简称"郎"。(《汉书·李广传》此句即无"中"字。) 属郎中令所管，担任宫禁中守卫值夜的工作，皇帝出门，则充当车骑以为护卫，每年俸米约六百石。此言李广因为善于骑射，斩杀敌人首级很多，所以被封为中郎之职。　⑤"广从弟"句：从弟，堂弟，即同祖父的弟弟。从，读为纵，去声。　⑥"皆为"二句：上句：武骑常侍，官名，皇帝的侍从官。《史记索隐》："案，谓为郎，而补武骑常侍，每年俸米八百石。"

　　尝从行①，有所冲陷折关，及格猛兽②，而文帝曰："惜乎，子不遇时③！如令子当高帝时，万户侯岂足道哉④！"

　　①尝从行：主语是李广。尝，曾经。从行，随着皇帝出行。　②"有所"二句：上句：冲陷和折关是一对反义词。冲，冲锋。陷，陷阵，指冒险杀入敌营。折，作止或拒解，与"冲"字之义恰相反。《诗经·大雅·绵》毛传："武臣折冲曰御侮。"孔颖达疏："有武力之臣，能折止敌人之冲突者，是能扞御侵侮，故曰御侮也。"最能说明"折"和"冲"的相反意义。关，防止；阻拦。下句：格，格斗；格杀。此言李广在保护皇帝出行之时，每每有这样的表现：有时向前冲锋陷阵，有时防御敌人，以及同猛兽格斗。　③"惜乎"二句：大意是：可惜啊，你没有碰到好时机！　④"如令子"二句：当高帝时，与汉高祖同时。此言如果你生在高帝争天下的时代，做个万户侯又算得了什么呢！

及孝景初立，广为陇西都尉①，徙为骑郎将②。

①陇西都尉：都尉，本名"郡尉"，是郡守的佐职，管理一郡的武备军卒，汉景帝时改称"都尉"。此句言李广担任陇西郡郡尉的职务。　②骑郎将：颜注："为骑郎之将，主（管理）骑郎。"按，《汉书·百官公卿表》："郎有车、户、骑三将，秩皆比千石。"颜注引如淳说："主车曰车郎，主户卫曰户郎。"又引《汉仪注》："郎中令主郎中，左右车将主左右车郎，左右户将主左右户郎也。"今按，骑郎，是骑马护从皇帝车驾的郎官；骑郎官，则是管理、统率骑郎的将领，正如统率车郎的叫"车郎将"，统率户郎的叫"户郎将"一样。

吴、楚军时①，广为骁骑都尉②，从太尉亚夫击吴、楚军③，取旗，显功名昌邑下④。以梁王授广将军印⑤，还，赏不行⑥。徙为上谷太守⑦。匈奴日以合战⑧。典属国公孙昆邪为上泣曰⑨："李广才气，天下无双，自负其能⑩，数与虏敌战，恐亡之⑪。"于是乃徙为上郡太守⑫。后广转为边郡太守，徙上郡⑬；尝为陇西、北地、雁门、代郡、云中太守⑭，皆以力战为名⑮。

①吴、楚军时：言："对吴、楚用兵之时。"《汉书》此句作"吴、楚反时"，意义较醒豁。　②骁骑都尉：率领骁骑的都尉。按，此处的"都尉"，是军队中的官衔，与郡中的都尉略有不同。汉代以奉车都尉、驸马都尉和骑都尉并称"三都尉"，皆禁卫军之将领。而骁骑则是骑兵的一种，犹今之轻骑兵。骁，音浇，轻捷矫健。骑，音冀。　③"从太尉"句：亚夫，即周亚夫。　④"取旗"二句：旗，敌人的军旗。昌邑，秦县名，当时是梁国的要邑，故城在今山东省金乡县西北四十里。此言李广在昌邑城下夺取了敌人的军旗，因而立功显名。　⑤"以梁王"句：梁王，即梁孝王，已见前《魏其武安侯列传》。余详下注。　⑥还，赏不行：按，李广本汉将，在梁地作战有功，故梁王封李广以将军的勋衔，并授与印信。但这是违犯汉廷法令的事，故还朝以后，朝廷认为李广功不抵过，竟没有颁给李广所应得的封赏。　⑦"徙为"句：上谷，秦郡名，今河北省西北大部分地区和中部的一部分皆其故地。汉时郡治设在沮阳县，故城在今河

北省旧怀来县南。　⑧日以合战：日，每天。合，交锋。此句言匈奴每天都来同李广交锋作战。　⑨"典属国"句：典属国，官名；《汉书·百官公卿表》："掌蛮夷降者。"按，此是外交官，即处理当时向汉称臣的各外族国家事务的官吏。公孙昆邪，人名，公孙，姓；昆邪，名。此人是汉代名将公孙贺的祖父。"昆邪"，读为魂耶。为上泣，对皇帝哭泣。上，指景帝。　⑩自负其能：负，仗恃。此言李广自恃能力高强，不惧怕匈奴，故经常出战。　⑪"数与"二句：上句：数，读为朔。敌，对抗。下句：亡，伤亡。此言李广屡次同敌人正面作战，恐怕有意外。　⑫上郡太守：上郡，已见《项羽本纪》注释。　⑬"后广转为"二句：按，此二句与上下文皆重复。据张文虎考订，从"后广转为边郡太守"句至"皆以力战为名"句，凡三十一字，应移置下文"大军不知广所之，故弗从"（在本段最末）句之下，其中"徙上郡"句是衍文。以《汉书》次第相比较，其说近是。至梁玉绳以为此处"徙上郡"三字应移置"匈奴大入上郡"之前，余悉仍旧，恐非是。又，王伯祥释此二句说："此为插叙语，言他从上谷太守历转沿边都郡太守，然后乃徙上郡太守。其下'尝为陇西，……云中太守'一语，即此一系列迁转的实例，故以'尝'字提示它。并不是说做了上郡太守以后乃历转各边郡太守的。"其说本于归有光，可备一说，录以备考。　⑭"尝为陇西"句：陇西，已见前注。北地，郡名，辖地约当今甘肃省东北部和宁夏省一带，其郡治故城约在今甘肃省庆阳县西北。雁门，已见前《廉颇蔺相如列传》注释。代郡，已见《项羽本纪》注释。云中，郡名，辖地约当今山西省西北部和河北西北部与内蒙古呼和浩特一带地区，郡治在云中县，即今托克托县。　⑮"皆以力战"句：言李广在各郡太守任上，都以与匈奴大力作战而得名。

匈奴大入上郡，天子使中贵人从广，勒习兵①，击匈奴。中贵人将骑数十②，纵③，见匈奴三人，与战④；三人还射⑤，伤中贵人，杀其骑且尽⑥。中贵人走广⑦，广曰："是必射雕者也⑧。"广乃遂从百骑往驰三人⑨。三人亡马步行⑩。行数十里，广令其骑张左右翼，而广身自射彼三人者⑪：杀其二人，生得一人——果匈奴射雕者也。已缚之上马，望匈奴有数千骑⑫，见广⑬，以为诱骑⑭，皆惊，上山陈⑮。广之百骑皆大恐，欲驰还走⑯。广曰："吾去大军数十里；今如此以百骑走⑰，匈奴追射我，立尽。今我留⑱，匈奴必以我为大军诱之⑲，必不敢击我。"广令诸骑曰："前⑳！"前，未到匈奴陈二里所㉑，止，令曰："皆下马解鞍㉒！"其骑曰："虏多且近，即有急，奈何㉓？"广曰："彼虏以我为走㉔；今皆解鞍以示不走，用坚其意㉕。"于是胡骑遂不敢击。

①"天子使"二句：上句：天子，指景帝。中贵人，即宦官，史佚其姓名。《史记索隐》："案，董巴《舆服志》云：'黄门丞（即宦官）至密近（与皇帝的关系最为亲密），使听察天下，谓之中贵人使者。'崔浩云：'在中而贵幸，非德望，故名不见也。'"下句：勒，部勒，指景帝命令中贵人受李广的约束。习兵，参加军事习练。此二句言：景帝派一个宦官跟着李广受军事训练。　②将骑数十：领着几十名骑兵。将，读平声。骑，音冀；下文：其骑、百骑、千骑、诱骑，皆与此同音。　③纵：读去声，《史记集解》引徐广说："放纵驰骋。"指放开了马向敌方驰去。　④"见匈奴三人"二句：主语是中贵人。此言中贵人看见三个匈奴人，不免轻敌，就同他们交战。　⑤三人还射：还射，回身放箭。又，中井积德以"还"为"环"之假借字，则应解为"三人连环地射箭"，亦可通。　⑥"杀其骑"句：把中贵人所带去的骑兵几乎杀光了。　⑦走广：走，读去声，作趋解。言中贵人急急跑到李广那儿。　⑧"是必"句：雕，鸷鸟名，一名鹫，似鹰而大，体长三尺余，毛深褐色，嘴爪皆锐，飞翔力极强而且十分迅猛，栖北方山中，能捕食小羊、兔等，其翎毛可做箭羽。此言这一定是匈奴专门射雕的能手。中井积德说："雕鹫猛剽疾，尤难射，非善射者弗能焉。"　⑨"广乃遂从"句：乃遂，于是就。从百骑，带了一百名骑兵做随从；从，读去声。驰，颜注："疾驰而逐之。"此言李广立即带了百名骑兵去急追这三个人。　⑩亡马步行：亡，同"无"。言此三人并没有马，只是步行。　⑪"广令其骑"二句：上句：张左右翼，如两翼一样地张开，向左右包抄过去。下句：身自，犹亲自。彼三人者，

犹言那三个人，无具体含义。　⑫"已缚之"二句：主语是李广。上句：之，指生擒的那个射雕的匈奴人。下句：言远远望见匈奴方面来了好几千骑着马的人。　⑬见广：主语是"数千骑"。　⑭诱骑：诱敌的骑兵。按，此言匈奴方面以为李广这一百多人是先遣的诱敌的疑兵，还有大批人马随后就到。　⑮上山陈：陈，同"阵"。此言匈奴方面的数千人赶快跑上山去摆开阵势，以防不测。　⑯欲驰还走：想要赶着马快速地向回跑。　⑰"今如此"二句：言在目前这种敌众我寡的情况下，我们这一百人要是向回跑，敌人追着用箭射我们，我们会马上死光的。　⑱今我留：现在我们停留不走。　⑲"匈奴必以"句：以，读去声。言敌人一定以为我们是在为我们的大军作诱饵，骗他们上当的。诱之，《汉书》作"之诱"，意义较明确。　⑳前：向前进发。下句："前"字是写骑兵们服从李广的命令，当真前进了。　㉑"未到"二句：走到距离匈奴阵地二里多路不到的地方，便停止不进了。所，与"许"通；二里所，即二里许，二里多路。　㉒皆下马解鞍：一齐下马，并且把马鞍卸下来。　㉓"虏多"三句：大意是：敌人数目这样多，又离得这样近，万一出了危险，怎么办？　㉔"彼虏"句：彼虏，那些敌人。以我为走，以为我们会退却的。　㉕"今皆"二句：坚，十分肯定；坚其意，指愈加相信李广等是来诱敌深入的。王先谦说："此言匈奴以我为诱骑，故上山阵，然犹疑我走。今解鞍以示不去，用坚彼以我为诱骑之意，所谓使之不疑也。与'今我留，匈奴必以我为大军之诱'相应。"

　　有白马将出护其兵①，李广上马与十余骑奔射杀胡白马将②，而复还至其骑中③。解鞍，令士皆纵马卧④。——是时会暮⑤，胡兵终怪之，不敢击。夜半时，胡兵亦以为汉有伏军于旁，欲夜取之，胡皆引兵而去⑥。平旦，李广乃归其大军⑦。——大军不知广所之，故弗从⑧。
　　①"有白马将"句：匈奴方面有一个骑白马的将领走出阵来监护他手下的兵卒。　②"李广上马"句：此是十五字为一句。言李广骑上马，带着十几个骑兵，一面跑着一面放箭，把那个骑白马

的胡将射死了。胡,景祐本误刻为"故",今改正之。 ③"而复"句:言李广射死胡将之后,仍旧回到他的骑队中间来。 ④"令士"句:命令士兵把马都放开,随意卧倒。 ⑤是时会暮:这时天色已值黄昏。 ⑥"胡兵亦以为"三句:第二句的"之"指胡兵。此言胡兵总以为汉军埋伏在近旁,要乘夜间袭取他们,于是就连夜带兵撤走了。 ⑦"平旦"二句:第二天一早,李广才回到他的大军本部。 ⑧"大军"二句:大军不知道李广所往的方向,所以没有跟着去接应。

(以上是第一大段,写李广的才勇无双,及早年的战功。)

居久之,孝景崩,武帝立。左右以为广名将也①,于是广以上郡太守为未央卫尉,而程不识亦为长乐卫尉。

①"左右以为"三句:言武帝左右亲信之臣认为李广是名将,应该重用,因此武帝把李广从上郡太守任上召回,改任为未央宫卫尉之职,另外更任命程不识为长乐宫卫尉。余详前《魏其武安侯列传》注释。

程不识故与李广俱以边太守将军屯①,及出击胡,而广行无部伍行阵②,就善水草屯,舍止人人自便③;不击刁斗以自卫④;莫府省约文书籍事⑤,——然亦远斥候,未尝遇害⑥。程不识正部曲行伍营阵⑦;击刁斗;士吏治军簿至明⑧,军不得休息,——然亦未尝遇害。不识曰:"李广军极简易⑨,然虏卒犯之,无以禁也⑩。而其士卒亦佚乐,咸乐为之死⑪。我军虽烦扰,然虏亦不得犯我⑫。"

①"程不识故与"句:故,过去;从前。边太守,国家边境上的郡守。将,率领;管理。军,指军队。屯,驻防。此言程不识和李广从前都是做边郡太守兼管军队驻防等职务的。 ②"而广行"句:部伍,即下文的"部曲行伍";《续汉书·百官志》:"其(指将军)领军皆有部曲。大将军营五部,部校尉一人,比二千石;军司马一人,比千石,部下有曲,曲有军候一人,比六百石,曲下有屯,

屯长一人，比二百石。"《史记正义》："部伍，领也，五五相次也。"行阵，行列和阵势。颜注："今广尚于简易，故行道之中而不立部曲也。"此言：但是李广行军，从没有严格的部曲编制和一定的行列阵势。　③"就善水草"二句：旧本多以"舍止"二字属上句，今依王先谦、王伯祥的读法，改属下句。上句：就，犹逐。善水草，水源足、牧草多的地方。屯，驻扎。下句：舍止，指停宿之处。此言李广行军，只是看哪儿有好水好草就把军队驻扎在哪儿，每个军士对停宿之处都感到便利。　④"不击"句：刁斗，铜制的军用饭锅，又叫作镰（音焦），白天用来烧饭，夜晚用作敲击巡更的器具；《史记集解》引孟康说："以铜作镰器，受一斗（能容一斗粮食），昼炊饭食，夜击持行（晚上一面敲着它一面拿着它巡行），名曰'刁斗'。"据《埤苍》和《广韵》，此物下有三足，旁有柄，口上没有边缘。此言李广的军队夜里根本不用巡更放哨。　⑤"莫府"句：莫府，即"幕府"，已见《廉颇蔺相如列传》注释；颜注："莫府者，以军幕为义。……军旅无常居止（一定的处所），故以帐幕言之。"省约，犹今言简化。文书籍事，办理公文表册一类的事项。此言李广在幕府中对于公文簿册的事项一律采取简化的办法。按，军中簿籍，主要是对士兵考勤或记功、过，李广对士兵宽大仁厚，所以一切从简。　⑥"然亦"二句：远，读去声，远离。斥候，今或写作"斥堠"；斥，作"度"（音夺）解，犹言侦察、估量，指估量敌情；候，视，望；斥候，即侦察敌情的哨兵，《汉书·贾谊传》："斥候望烽燧，不得卧。"知汉时塞上为防备匈奴，经常设有斥候，以瞭望侦伺。此二句言李广行军虽对士兵要求不甚严格，但也能离塞上较远而深入敌境，走到为斥候所不及照顾的地方，可是也从未遇到过危险。　⑦正部曲行伍营阵：正，要求严格。部曲行伍，已见上注，指军队的编制。营阵，军队休息时所驻扎的营位和行军时所排列的阵势。此言程不识对军队的编制和行军时的纪律是要求得十分严格的，无论部曲行伍，无论扎营的地点和军队的阵容，都不许有丝毫出入。　⑧"士吏"句：簿，景祐本讹为"薄"，今改正之。此二句言负责官吏对于军中考勤、考绩等文书簿册工作办得很认真。　⑨军极简易：指军队的规章命令都十分简单省事。　⑩"然虏"二句：卒，同"猝"，仓猝之间。此言但是敌人如果仓猝之间来侵犯他，他是无法阻挡的。　⑪"而其"二句：上句：佚，同"逸"；逸乐，安逸快乐。下句：乐，乐于；情愿。此言但是士兵们非常安逸快乐，都情愿为李广出死力。　⑫我军二句：程不识说："我的军士虽然事务纷繁，显得紧张忙乱，可是敌人也不能来侵犯我。"

是时汉边郡李广、程不识皆为名将，然匈奴畏李广之略①，士卒亦多乐从李广而苦程不识②。

①畏李广之略：略，计谋；战略。　②"士卒"句：兵士们大多数都愿意跟着李广，而嫌程不识太严厉。

程不识孝景时以数直谏为太中大夫①，为人廉，谨于文法②。

①"程不识孝景时"句：言程不识在汉景帝时因为屡次向皇帝直言劝谏，所以被封为太中大夫。　②谨于文法：对于朝廷的条文法令，执行得非常谨慎认真。

后，汉以马邑城诱单于①，使大军伏马邑旁谷②，而广为骁骑将军，领属护军将军③。是时单于觉之，去④，汉军皆无功⑤。

①"汉以马邑城"句：马邑，汉县名，其城即今山西省朔县。按，此事发生在武帝元光二年（即公元前一三三年）。《汉书·武帝纪》："（元光二年）夏，六月，御史大夫韩安国为护军将军，卫尉李广为骁骑将军，太仆公孙贺为轻车将军，大行（官名）王恢为将屯将军，太中大夫李息为材官将军，将三十万众，屯马邑谷中，诱致单于，欲袭击之。单于入塞，觉之，走出。六月，军罢。"又见《史记·韩长孺列传》："雁门马邑豪（豪绅）聂翁壹（聂，姓；壹，名；翁，对老年人的敬称，故《汉书》仅作聂壹），因大行王恢言上曰：'匈奴初和亲，亲信边（对于边疆人民的话容易听信），可诱以利。'阴使聂翁壹为间（间谍），亡入匈奴，谓单于曰：'吾能斩马邑令、丞、吏，以城降，财物可尽得。'单于爱信之，以为然，许聂翁壹。聂翁壹乃还，诈斩死罪囚，悬其头马邑城，示单于使者，为信，曰：'马邑长吏已死，可急来！'于是单于穿塞，将十余万骑入武州

塞（在今山西省朔县西）。当是时，汉伏车骑、材官（皆兵种名称）三十余万，匿马邑旁谷中。……约单于入马邑，而汉兵纵发。……于是单于入汉长城武州塞，未至马邑百余里，行掠掳；徒见畜牧于野，不见一人，单于怪之。攻烽燧，得武州尉史（小军官），欲刺（要杀死尉史）；问尉史，尉史曰：'汉兵数十万，伏马邑下。'单于顾谓左右曰：'几为汉所卖！'乃引兵还。……塞下传言，单于已引去。汉兵追至塞，度弗及，即罢（撤兵）。"谨录以备考。　②旁谷：马邑县两旁的山谷中。　③"而广为"二句：骁骑，已见前注。此处的"骁骑""护军"等名称，都是当时将军的冠号，这种冠号的将军总称为"杂号将军"。《续汉书·百官志》："前、后、左、右、杂号将军众多，皆主征伐，事讫（战事完毕），皆罢（撤销此官）。"胡三省说："周末，置左、右、前、后将军，秦、汉因之，位上卿。至武帝置骁骑、车骑等将军，后来名号浸多，不可胜纪，谓之'杂号将军'。盘洲洪氏（即洪适，适，音刮）曰：'西汉杂号将军，掌征伐背叛，事讫则罢，不常置（设置）也。'"护军将军，是此次战役的统帅，即韩安国。领属，受节制。当时李广受韩安国统领节制，所以说"领属（于）护军将军"。　④"是时"二句：已详上注。"之"，指诱敌之计，觉之，犹言觉察其事。去，逃走。　⑤"汉军"句：功，战绩；战果。按，当时武帝所遣将领共五六人（详上注），无一人有功，故此句言"皆无功"。

其后四岁①，广以卫尉为将军，出雁门击匈奴②。匈奴兵多，破败广军，生得广。单于素闻广贤，令曰："得李广必生致之③。"胡骑得广，广时伤病，置广两马间④，络而盛卧广⑤。行十余里，广详死，睨其旁有一胡儿骑善马⑥，广暂腾而上胡儿马，因推堕儿⑦，取其弓，鞭马南驰数十里，复得其余军，因引而入塞⑧。匈奴捕者骑数百，追之⑨，广行取胡儿弓射杀追骑，以故得脱⑩。于是至汉⑪。汉下广吏⑫，吏当广所失亡多，为虏所生得，当斩⑬；赎为庶人⑭。

①其后四岁：是武帝元光六年，即公元前一二九年。　②"广

以卫尉"二句：上句：言李广自马邑一役之后，一直任卫尉之职，至此时又被封为将军，任征伐之事。下句：雁门，指雁门山，在今山西省代县西北三十五里，其上有雁门关，为当时北方要塞。　③生致之：活捉住送到单于跟前。　④"置广"句：把李广放在两匹并排的马中间。　⑤"络而"句：络，用绳子结成一个兜子。盛，音成，兜住；放在里面；盛卧广，使李广卧在络中。此连上句大意是：用一个绳制的兜络张开在平行的两马之间，把李广装在络中，让他在里面躺着。　⑥"广详死"二句：上句：详，古"佯"字，假装。下句：睨，冷眼邪视。胡儿，年少的匈奴人。善马，好马；快马。此句言李广冷眼瞥见一个少年胡人骑着一匹好马。　⑦"广暂腾"二句：暂，作"仓促"解，又作"骤"解，犹言促然、骤然，迅疾貌。腾而上，一跃而上。郭嵩焘说："案，《说文》：'暂，不久也。'暂腾，犹言骤腾也。作暂者，兼寓（含有）渐次相机作势之意，其腾而上，须是迅疾。此兼两义。"按，郭说是。此言李广就把胡儿推下马去，坠下地上，并把胡儿的弓夺取过来。按，此二句写李广抢马夺弓，词义本不难解。但《史记集解》引徐广说："一云：'抱儿鞭马南驰。'"《汉书》亦作"因抱儿鞭马"。后人乃或疑《史记》"推坠"字为非（如李慈铭《汉书札记》），或疑"抱"字于理势不合（如王骏观《史记旧注平议》），莫衷一是。今按，洪颐煊说："案，《史记·三代世表》：'抱之山中。'《集解》：'抱，音普茅反；抱，即抛'字。《李将军列传》作"因推堕儿"，即抛字义。'（《汉书·枚乘传》）譬犹抱薪而救火也。'抱，义亦作'抛'。"（见《读书丛录》卷二十一。）则"抱"与"推堕"之义并无不同。李、王诸人不知"抱"即"抛"字，故所论皆非是。　⑧"鞭马"三句：言李广用鞭子猛打着马，向南奔跑了几十里路，重新遇到部下剩余的军队，于是带着他们进入塞内。按，塞，指雁门山的关口。　⑨"匈奴捕者"二句：捕者，专门负责搜捕逃亡者的人。此言匈奴方面负责追捕的骑兵好几百人，发现了李广，就去追赶他。　⑩"广行取"二句：上句：取，与上文"取其弓"的"取"意义略有不同，此应作"拿起"解；行取，颜注："且行且射也。"言李广一边走，一边拿起刚才夺到的胡儿的弓，射死了若干个追他的胡骑。下句：以故，因此。脱，逃脱。　⑪于是至汉：汉，指当时汉朝的首都长安。此言李广于是回到了京城。　　⑫"汉下"句：汉廷便把李广交给执法官吏去审问。　　⑬"吏当"三句：第一句：当，读去声，即"奏当"的"当"，犹言判决，已详《李斯列传》注释。所失亡多，所损失、伤亡的军队太多了。第二句：言李广本人曾被敌人活捉了去。第三句：当，读平声。作"应当"解。言李广应该处以斩首的罪刑。　　⑭赎为庶人：赎，纳粟赎罪。庶人，平民。此言李广用米粟赎罪，免予处死，削去官职，降为平民。

　　顷之，家居数岁。广家与故颍阴侯孙屏野，居蓝田南山中射猎①。尝夜从一骑出，从人田间饮②。还至霸陵亭③，霸陵尉醉，呵止广④，广骑曰："故李将军⑤。"尉曰："今将军尚不得夜行，何乃故也⑥！"止广宿亭下⑦。

　　①"广家"二句：故，前任的；故颍阴侯孙，即灌婴的孙子灌强。钱大昭说："时强以有罪免侯，故曰'故'也。"屏野，与"在朝为官"相对，指屏居在野。蓝田南山，已见前《魏其武安侯列传》注释。此言李广在家和灌强一同退居林下，住在蓝田南山中以射猎消遣。　　②"尝夜从"二句：上句：从一骑，带着一个马弁；从，读去声。出，外出游玩。下句：从，读平声，从人，犹"与人一道"。此二句言李广有一次晚上带了一个马弁出游，在田野间同别人一起饮酒。　　③"还至"句：霸陵，汉文帝的陵墓，其地因而设霸陵县，故治在今陕西省长安县东，陵址更在故治的东南。还至霸陵亭，言李广喝酒归来，走过霸陵亭。　　④呵止广：呵，"诃"之俗写字。《说文》："诃，大怒也。"此言县尉大声地怒喝，禁止李广通行。　　⑤故李将军：这是前任的李将军。　　⑥"今将军"二句：钱大昭说："言即见为（现任）将军亦不许其夜行，况故将军乎？"意谓：就是现任的将军也不准犯夜行路，何况你不过是前任将军呢！何乃，有"况乃"之意。　　⑦"止广"句：把李广扣留，宿在驿亭中。

　　居无何①，匈奴入杀辽西太守②，败韩将军③，韩将军后徙右北平④。于是天子乃召拜广为右北平太守。广即请霸陵尉与俱，至军而斩之⑤。

①居无何：过了没有多久。　②"匈奴入杀"句：事见《史记·韩长孺列传》、《史记·匈奴列传》及《汉书·武帝纪》，是武帝元朔元年（公元前一二八年）秋天发生的。辽西，秦郡名，汉仍其旧；其所辖之境约当今河北省东北部和辽宁省西部这一带地区，郡治故城在今河北省卢龙县东。　③败韩将军：韩将军，即韩安国。事见《史记·韩长孺列传》："……匈奴大入边，杀辽西太守，及入雁门，所杀略（掠）数千人。……卫尉安国为材官将军，屯于渔阳（县名，故治在今北京市西南）。安国捕生虏（活捉一个敌人），言匈奴远去。即上书，言：'方田作时，请且罢军屯。'罢军屯月余，匈奴大入上谷、渔阳。安国壁（营中）乃有（仅有）七百余人，出与战，不胜，复入壁。匈奴虏略（掳掠）千余人及畜产而去。天子闻之，怒，使使责让（读上声）安国，徙安国益东（更向东移）屯右北平。……安国既疏远，默默也；将屯，又为匈奴所欺，失亡多，甚自愧。……乃益东徙屯，意忽忽不乐。数月，病呕血死。"录以备考。　④"韩将军"句：右北平，汉郡名，在渔阳东北，郡治故城今辽宁省建昌县东。余详上注。一本在此句下有"死"字，是。《汉书》亦有"死"字。此指韩安国死于右北平任所，已见上注。　⑤"广即请"二句：李广随即请求武帝批准，派那个呵止过他的霸陵县尉同他一道去右北平；到了前方军中，就把那个县尉斩首了。

广居右北平，匈奴闻之，号曰"汉之飞将军①"，避之。数岁，不敢入右北平。

①汉之飞将军：喻李广之矫捷如飞。

广出猎，见草中石，以为虎而射之，中石没镞①。视之，石也。因复更射之，终不能复入石矣。广所居郡，闻有虎，尝自射之②。及居右北平，射虎，虎腾伤广③，广亦竟射杀之。

①中石没镞：中，读去声。镞，箭端的锋镞。此言李广一箭射中了石头，把整个箭头都射入石中。　②"广所居郡"三句：言李

广从前在各郡为太守时,听说有虎,就亲自去射死它。　③虎腾伤广:虎跳跃起来,扑伤了李广。

广廉,得赏赐辄分其麾下①,饮食与士共之②。终广之身,为二千石四十余年③,家无余财;终不言家产事④。

①"得赏赐"句:分,读为颁,颁赐。此言李广只要得到朝廷的赏赐,随即颁赏给他的部下。　②"饮食"句:同士兵在一起吃喝。　③"终广"二句:言李广这一生,直到他死,前后一共做了四十多年禄秩二千石的官。　④"家无"二句:此连上文言虽然长期有较多的年俸收入,但家中一直没有多余的资财;然而李广也始终不因此而提及家产的事。

广为人长①,猿臂②,其善射亦天性③也,虽其子孙、他人学者,莫能及广④。

①为人长:长,身体魁梧高大。　②猿臂:《史记集解》引如淳说:"臂如猿通肩。"按,相传有一种通臂猿,其两臂可以通过肩部而自由伸缩,甚至此一端可以有肩无臂,而另一端之臂加长一倍。此以喻李广之臂既长而且灵活,可以伸缩自如,像猿臂一样。　③天性:犹言天赋。　④"虽其子孙"二句:子孙,指李广同族的子弟后辈。他人,指外姓。此言即使李广的子孙或是外姓人向他学习射箭的技术,都不能及得上他。

广讷口少言①,与人居则画地为军陈,射阔狭以饮②;专以射为戏,竟死③。

①讷口少言:讷口,口才笨拙。少言,平时很少说话。　②"与人居"二句:与人居,平时与人闲居。陈,同"阵";画地为军阵,射阔狭以饮,《史记集解》引如淳说:"射戏,求疏(阔)密(狭),持酒以饮不胜者。"郭嵩焘说:"案,如淳注未分明。画地为军陈,谓行列也。行列为若干道,或狭或阔,而引弓下射之。矢植立狭中者胜;中(读去声)阔与矢不植,皆负;出行列之外,负。罪各差。"今按,郭说是。其意谓在地上画出许多宽(阔)或窄(狭)的行列,

从高处向行列放箭，箭能直立在窄的行列中为胜，如果箭射到宽的行列中或根本没有直立起来，就算输；射出行列之外，也算输。输的应该罚饮酒；但"中阔""矢不植"以及"出行列之外"三种情况，被罚酒的数量是不同的。　③"专以"二句：专，专门；唯独。竟死，直到死。此言李广一生只以射箭为消遣，直到死都是如此。

广之将兵①，乏绝之处②，见水，士卒不尽饮，广不近水③；士卒不尽食，广不尝食④。宽缓不苛，士以此爱，乐为用⑤。

①广之将兵：犹言李广的将兵之道，指李广平时带兵的通例。　②乏绝之处：指走到水源缺乏、粮食断绝的地方。　③"士卒不尽饮"二句：如果不是所有的士兵都喝到水，李广是滴水不沾的。　④"士卒不尽食"二句：意与上二句相仿。不尝食，连一口食物也不尝。　⑤"宽缓"三句：第一句：宽，宽大。缓，要求不迫切。苛，严酷；琐碎。第二句：以此，因此。第三句：为用，为李广所用。此言：李广对待士兵非常宽容，对他们要求较松，不严酷、不琐碎，因此士兵们都爱戴李广，乐于为他所用。

其射①，见敌急，非在数十步之内，度不中，不发②；发即应弦而倒③。用此其将兵数困辱④，其射猛兽亦为所伤云⑤。

①其射：犹言他射箭的惯例。　②"见敌急"四句：第一句、第三句、第四句相连，是一完整句子，第二句是补充第一句的。此言李广即使看见敌人逼近自己——只要不是在数十步之内——如果估计射不中敌人，他还是不发箭的。意谓如果敌人已在数十步之内，自然容易射中了。　③"发必"句：只要李广放箭，则弓弦一响，敌人必然应声而倒毙。　④"用此其"句：大意是：因此李广带兵出征，屡次受到敌人的围困和窘辱。王先谦说："非见敌急不射，故其将军数被敌窘迫。"　⑤"其射猛兽"句：李广为了百发百中，不肯提早放箭，所以在射猛兽时也往往被猛兽所扑伤。此与上文"居右北平射虎，虎腾伤广"相照应。

（以上是第二大段，通过生活细节写李广待人接物的情形与超群出众的射技。）

居顷之，石建卒①。于是上召广代建为郎中令。

①石建卒：按，石建卒年，《万石张叔列传》不载。《汉书·百官公卿表》系"李广为郎中令"在元朔六年，则建卒年当在此年。

元朔六年①，广复为后将军②，从大将军军出定襄③，击匈奴。广诸将多中首虏率，以功为侯者④，而广军无功。

①元朔六年：公元前一二三年。 ②后将军：官名，见《续汉书·百官志》，已详前注；其位次于上卿。 ③"从大将军"句：大将军，官名，见《续汉书·百官志》；其位与丞相、太尉相近，是军职中的最高勋衔。此处的大将军指卫青。青字仲卿，平阳（在今山西省临汾县南）人，是武帝皇后卫子夫的同母弟，以出征匈奴著称。事见《史记·卫将军骠骑列传》（骠骑，是骠骑将军霍去病，详下注）。从大将军军，跟着卫青的军队。出定襄，从定襄出塞。定襄，汉郡名，今山西省右玉县以北及内蒙古、河北一部分地区，皆其辖境，郡治故城即今和林格尔县。 ④"广诸将"二句：中，读去声，作符合解。杨树达说："此文'中'字当训'合'、训'应'，言与首虏率相合相应而封侯也。"首虏，即上文之杀首虏，指斩敌人首级。率，同"律"，即军律。颜注："率，谓军功封赏之科，著在法令者也。"王骏图说："中首虏率者，军律得首虏若干即得封侯，诸将多合封侯之律，以功为侯者。……下文'击右贤王有功，中率，封为乐安侯'，与此同也。"今按，王说是。此言诸将大都因斩敌人首级足数，合于军中的律令，论军功而封侯。

后三岁①，广以郎中令将四千骑出右北平，博望侯张骞将万骑与广俱②，异道③。行可数百里④，匈奴左贤王将四万骑围广⑤。广军士皆恐，广乃使其子敢往驰之⑥。敢独与数十骑驰，直贯胡骑，出其左右⑦，而还告广曰："胡虏易与⑧耳！"军士乃安。广为圜陈外向⑨，胡急击之，矢下如雨⑩，汉兵死者过半。汉矢且尽，广乃令士持满，毋发⑪，而广身自以大黄射其裨将,杀数人,胡虏益解⑫。会日暮,吏士皆无人色⑬,而广意气自如,益治军⑭。军中自是服其勇也⑮。

①后三岁:指武帝元狩三年(公元前一二〇年)。　②"博望侯"句:博望,汉县名,故城在今河南省南阳县东北六十里。张骞,汉中人,武帝初年,应朝廷之募,往西域诸国出使。骞历尽艰辛,终使汉与西域诸国如大宛(音鸳)、龟兹(音求慈)相互交通,因功封博望侯,事见《史记·大宛列传》。此言张骞带领一万名骑兵与李广一同出征。　③异道:出塞以后,李广和张骞从不同的道路进军。　④行可数百里:可,大约。此言前进了大约有几百里路。　⑤"匈奴左贤王"句:左贤王,匈奴官名;又有"右贤王",皆由单于的近支贵族担任;据《史记·匈奴列传》,左贤王负责统辖匈奴东部,当汉上谷郡北面迤东一带;右贤王所辖西部,当汉上郡北面迤西一带。右北平的北面恰在左贤王所辖的境内,故此句言左贤王带了四万名骑兵来包围李广。　⑥往驰之:骑着快马到最前线去侦察。　⑦"直贯"二句:言李敢等一直穿过匈奴的包围阵,从敌人的左右两边突围而出。　⑧易与:容易对付。　⑨圜阵外向:圜,同"圆"。外向,面向着外,背对着背。此言李广命令兵士布成圆形的阵势,所有的人都面朝外。　⑩矢下如雨:箭落下来像雨点一样。　⑪"广乃令士"二句:上句:持满,把弓拉满。下句:毋发,不要放箭。　⑫"而广身自"三句:大黄,弩弓名,又名黄肩弩。《史记集解》引韦昭说:"角弩,弓色黄而体大也。"按,即兽角制的大型黄色的弩弓,可用以发射连珠箭。益解,渐渐松弛、散开。王先谦说:"凡言益者,皆以渐而加之词。《李广传》'胡虏益解',言胡虏渐解也。《苏武传》'武益愈',言武渐愈也。"此言:李广却亲自拿着大黄弩弓射敌人的副将,连杀了数人,敌人才渐渐地散开了。　⑬无人色:即"面无人色",指脸色苍白,不像活人。颜注:"言惧甚。"　⑭"而广意气"二句:上句:意气自如,神色气概依然同平时一样。下句:益治军,颜注:"巡部曲,整行阵也。"言李广更加注意整顿军队,巡视阵地。　⑮"军中自是"句:自是,因此;从此。服其勇,佩服李广的勇敢。

明日，复力战，而博望侯军亦至，匈奴军乃解去。汉军罢①，弗能追。是时广军几没②，罢归。汉法：博望侯留迟后期，当死③，赎为庶人；广军功自如，无赏④。

①汉军罢：罢，同"疲"。　②几没：几乎全军覆没。几，读平声。故下文言"罢归"（只能罢兵而归）。　③"汉法"三句：根据汉朝的法律，张骞耽误了行程，错过了预定的日期，应处死刑。　④"广军功"二句：自如，胡三省说："言功过正相当也。广军失亡多，而杀虏亦过当（超过所损失的人数），故曰'自如'。"（王念孙亦以"如"作"当"解，与此略同。）方李广在此次战役中功过相抵，所以没有得到赏赐。

初，广之从弟李蔡与广俱事孝文帝。景帝时，蔡积功劳至二千石。孝武帝时，至代相。以元朔五年为轻车将军，从大将军击右贤王有功①，中率，封为乐安侯②。元狩二年中③，代公孙弘为丞相④。蔡为人在下中，名声出广下甚远⑤，然广不得爵邑，官不过九卿⑥；而蔡为列侯，位至三公⑦。诸广之军吏及士卒，或取封侯⑧。广尝与望气王朔燕语曰⑨："自汉击匈奴，而广未尝不在其中⑩。而诸部校尉以下⑪，才能不及中人⑫，然以击胡军功取侯者数十人，而广不为后人⑬，然无尺寸之功以得封邑者，何也⑭？岂吾相不当侯邪？且固命也⑮？"朔曰："将军自念，岂尝有所恨乎⑯？"广曰："吾尝为陇西太守，羌尝反⑰，吾诱而降⑱，降者八百余人，吾诈而同日杀之⑲。至今大恨独此耳⑳。"朔曰："祸莫大于杀已降㉑；此乃将军所以不得侯者也。"

①"以元朔五年"二句：第一句：元朔五年，即公元前一二四年。轻车将军，杂号将军之一。第二句：大将军，仍指卫青，下同。右贤王，参阅前注。此言李蔡跟从卫青从西路攻打匈奴，故值匈奴的右方。　②乐安侯：乐安，汉县名，故城在今山东省博兴县

北。按，李蔡的封侯，是由于中率。据钱大昭说，即上文所谓中首虏率。　③元狩二年：即公元前一二一年，是武帝即位的第二十年。　④"代公孙弘"句：公孙弘，字季，薛（汉县名，今山东省滕县东南有薛城，即其故治）人，以文学对策第一拜为博士。元朔年间为丞相，封平津侯。弘为人外宽内深，每排挤善类，最为司马迁所憎恶。《史记》有《平津侯主父列传》。按，弘死于元狩二年，故李蔡代为丞相。　⑤"蔡为人"二句：上句：下中，下等里面的中层人物。按，汉时论人，每分九品，班固《汉书·古今人表》，即采用九品之法，即上上、上中、上下、中上、中中、中下、下上、下中、下下九等。李慈铭说："下中者，即《古今人表》中第八等，谓下等之中也。"下句：李蔡的名望、声望比李广低下得多。　⑥"然广"二句：王伯祥说："李广没有封侯，当然没有爵位和封邑，故云'不得爵邑'。官只做到卫尉、郎中令，故云'官不过九卿'。"　⑦"而蔡"二句：上句：列侯，即彻侯（亦即通侯），指群臣异姓有功封侯者。下句：三公，已见《李斯列传》注释。李蔡为丞相，所以说"位至三公"。　⑧"诸广之"二句：有许多人本是李广部下的军官和士兵，甚至都有得了侯爵封赏的。　⑨"广尝与"句：望气，观测天象，预占气候；王朔，当时有名的望气家，又见《史记·天官书》。燕语，私下随意闲谈。　⑩未尝不在其中：没有一次战役不参加在内。　⑪"而诸部"句：诸部，指李广所曾率领的若干军队。校尉，军官名。校尉以下，泛指一般级位低的军吏士兵。　⑫"才能"句：中人，一般普通人。此言这些人的才能还不及普通人。　⑬不为后人：比起别人来，不算落后。按，此指才能与战绩。　⑭"然无尺寸"二句：尺寸之功，王伯祥说："些微的功劳；尺寸言其短少。"此言但是我却从来没有因为积累了些微的功劳而取得侯爵的封邑，这是为什么呢？　⑮"岂吾相"二句：上句：相，指容貌，骨相。下句：固，本来；早就。也，与"耶"通。此言难道是我的骨相注定我不应该封侯么？还是本来命该如此呢？　⑯"将军自念"二句：你自己回想一下，曾做过什么可引为遗憾的事没有？　⑰羌尝反：羌，古代西部少数民族之一，汉时散居于陇西一带。此言羌族人曾起兵反汉。　⑱"吾诱"句：李广说：我用计哄骗他们，使他们都投降了。　⑲"吾诈"

句:我又用诡计把这八百多人在同一天内都杀死了。 ⑳"至今大恨"句:直到今天,我所引为最大遗憾的事,只有这一件而已。 ㉑"祸莫大"句:大意是:给人带来灾祸的事,最严重的莫过于把已经投降的敌人杀掉。

后二岁①,大将军、骠骑将军大出击匈奴②,广数自请行③。天子以为老,弗许;良久乃许之,以为前将军④。——是岁,元狩四年也。

①后二岁:即元狩四年,当公元前一一九年。 ②"大将军"句:骠骑将军,是霍去病。去病,卫青姊子,初为嫖姚校尉(嫖姚,猛劲英武貌),后以征匈奴有功,封冠军侯。元狩二年,为骠骑将军。元狩六年死。事见《史记·卫将军骠骑列传》。骠骑将军,官位仅次于大将军,亦相当于三公。此言卫青、霍去病等带领重兵大举出征匈奴。 ③数自请行:好几次主动请求随行。 ④"良久"二句:经过很久,武帝才批准李广前去,命他做前将军。前将军,是率领先锋部队的将领。

广既从大将军青击匈奴,既出塞,青捕虏,知单于所居,乃自以精兵走之①,而令广并于右将军军②,出东道③。——东道少回远④,而大军行水草少,其势不屯行⑤。——广自请曰⑥:"臣部为前将军⑦,今大将军乃徙令臣出东道,且臣结发而与匈奴战,今乃一得当单于⑧,臣愿居前,先死单于⑨。"——大将军青亦阴受上诫⑩:以为李广老,数奇⑪,毋令当单于,恐不得所欲⑫。而是时公孙敖新失侯,为中将军⑬,从大将军;大将军亦欲使敖与俱当单于,故徙前将军广⑭。——广时知之,固自辞于大将军⑮。大将军不听,令长史封书与广之莫府⑯,曰:"急诣部,如书⑰!"广不谢大将军而起行⑱,意甚愠怒而就部⑲;引兵与右将军食其合军出东道⑳。军亡导,或失道,后大将军㉑。大将军与单于接战,单于遁走，弗能得而还㉒。南绝幕，遇前将军、右将军㉓。广已见大将军，还入军㉔。大将军使长史持糒醪遗广，因问广、食其失道状㉕。——青欲上书报天子军曲折㉖，——广未对，大将军使长史急责广之幕府对簿㉗。广曰："诸校尉无罪，乃我自失道㉘。吾今自上簿至莫府㉙。"广谓其麾下曰："广结发与匈奴大小七十余战，今幸从大将军出接单于兵，而大将军又徙广部行回远，而又迷失道，岂非天哉㉚！且广年六十余矣，终不能复对刀笔之吏㉛！"遂引刀自刭㉜。广军士大夫一军皆哭㉝。百姓闻之，知与不知无老壮皆为垂涕㉞。

①自以精兵走之：走，读去声，作"趋"解（见颜注），即追逐之意。按，此写卫青贪功，故亲自率领精锐部队去追单于。　②"而令"句：并，合并。右将军是赵食其（食其，音异基），当时是由主爵都尉调任右将军的。按，李广为前将军，自然应由他带兵追逐单于，卫青既准备亲往，只好把李广改调他职。　③出东道：从东路出塞，当匈奴的左方。　④少回远：稍嫌迂回绕远。　⑤"而大军"二句：上句：大军，指卫青所带的军队。行，指大军所走的路线。屯行，驻扎下来，停止前进。此言李广所走的路线迂回遥远，自然较费时间；而卫青等所走的路线又因水草很少，势必要加速前进，无法在中途停留下来。这样李广等就会很容易落在后面，不能按预定的日期会师。　⑥"广自请"句：因此李广向卫青请求，希望他收回成命。　⑦"臣部"句：部，本作率领解，此处以动词作名词用，引申为职务之意。言我的职务本来是前将军。　⑧"且臣结发"二句：上句：颜注："言始胜冠（满足弱冠的年龄）即在战阵。"古人成年始可戴冠，戴冠则须束发。结发即束发之意。黄生《义府》："结发，犹今人拢头之谓。《汉书》云：'广结发与匈奴大小七十余战。'苏武诗：'结发为夫妻，恩爱两不疑。'盖皆指其初拢头时而言。"按，"始胜冠"和"初拢头"，都是指由童子初至成年之时。下句：《史记索隐》："今得当单于，案，广言自少时结发与匈奴战，唯今者得与单于相当遇也。"此二句言：况且我年轻时就同匈奴作战，直到今天，才得到一次亲自同单于对敌的机会。　⑨"臣

愿"二句：先死单于，颜注："致死（拼死命）而取单于。"此二句大意是：我愿意自居先锋，先同单于决一死战。　⑩阴受上诫：暗地里接受了武帝的警告。　⑪"以为李广老"二句：数，读去声，命运的定数。奇，音基，"偶"的反义词；奇，本指单数，偶，本指双数，引申之，则"奇"为不幸，"偶"为幸运。黄生《义府》："奇者对偶之称。《后汉书·桓谭传》云：'陛下听讪谶记，其事虽有时会，譬犹卜数奇偶之类。'盖古时有此法，以偶为吉，奇为凶。《霍去病传》：'诸将留落不偶。'亦此意也。李广数击匈奴，辄无功，不得封侯，此其禄命之薄使然，故上以为奇数，不使当单于尔。"此言武帝认为李广年纪老而命运不幸。　⑫"毋令"二句：武帝告诫卫青说："不要让李广同单于对敌，因为他命运不好，恐怕不能满足我们所要达到的愿望。"胡三省说："指欲擒单于，脱（若）有邂逅失之（万一不巧而走脱），为'不得所欲'。"言外谓任用李广打先锋，可能走脱了单于，这就影响了武帝和卫青的好运气。王伯祥说："这些都是武帝和卫青的迷信。"　⑬"而是时"二句：上句：公孙敖，汉武帝时将，初为骑郎，卫青未知名时，与敖为友，青有危难，敖救之不得死。及青贵，敖亦以击匈奴有功，封合骑侯。元狩二年，敖因击匈奴畏懦当斩，赎为庶人，故此言"新失侯"。敖事迹见《卫将军骠骑列传》。下句：中将军，亦军官名，与前、后、左、右等将军职位相同。又据《汉书·公孙敖传》，敖此次是以校尉从卫青出征，或《史记》有误。详见《汉书补注》引刘奉世说。　⑭"大将军亦欲"二句：徙，调动。此言卫青也希望让公孙敖同自己一起去和单于对敌，所以把李广调开了。胡三省说："青本与敖友，又脱青于厄（危难），故青欲使当单于而立功。"王鸣盛说："（《汉书》）《卫青传》，言其（指卫青）微时大长公主执欲杀之，其友骑郎公孙敖往篡（夺）之，得不死。后为外将军，出塞，李广本以前将军从，宜在前，当单于。青乃徙之出东道，使其回远失道者，非但以其数奇恐无功，实以公孙敖新失侯，欲令俱当单于，有功得侯，以报其德。故徙广，乃私也。"按，胡、王说是。　⑮"广时"二句：李广当时也知道内情，因此坚决地辞不受命。　⑯"令长史"句：长史，指大将军手下的秘书。封书，郭嵩焘说："犹后世文檄，军行受将军进止以为信（凭证）者。"即写好一道公文，并加印封。与广之莫府，送到李广的幕府中。《汉书补注》引刘攽说："大将军既不许广,难面不从(不便当面不允许),故但封书与广之幕府,使奉行耳。"　⑰"急诣部"二句:诣,往。部,指右将军的军部。此是送公文的人附带的话。大意是:"大将军有命令,让李广赶紧到右将军的军中去,像公文上所说的那样!"《史记正义》:"令广如其文牒,急引兵徙东道也。"　⑱"广不谢"句:不谢,不辞别。此言李广也不向卫青打个招呼就动身出发了。　⑲"意甚"句:愠,作"闷"解。就部,前往右将军的军部。按,此写李广碍于军令,所以心中愤懑不乐,就出发了。　⑳"引兵"句:言李广带着军队同赵食其合兵一处由东路出塞。　㉑"军亡导"三句:亡,同"无"。导,向导。或,同"惑"(用颜注)。此言李、赵的军队由于没有向导,迷惑不知途径,因而走错了路,最终耽误了同卫青等会师的约期。　㉒"弗能"句:言卫青等也没有什么战果,只好回来了。　㉓"南绝幕"二句:南,南归。绝,作横渡解。幕,同"漠",指塞外的大沙漠。按,古以沙漠为瀚海,故用"绝幕"字样,犹言渡过了沙漠海。此言大军南归,渡过沙漠,遇到了李广、赵食其。　㉔"广已见"二句:言李广谒见过卫青之后,回到自己的军中。　㉕"大将军使"二句:糒,音备,干粮;干饭。醪,音劳,带有汁滓的浓酒。遗,读去声,馈送。此言卫青派遣手下的文官拿着干粮和酒送给李广,顺便问一下李、赵二人迷路的情况。　㉖"青欲"句:这是作者的插叙语。言卫青问失道的情况,是为了要上书给皇帝报告军中的曲折细情。军曲折,指委曲详细的军情。　㉗"大将军使长史"句:本句:"使"字疑是衍文,《汉书》此句即无"使"字。因此处的"长史"即上文"遗糒醪"的长史,并非另派一人,而本句的"大将军"乃是"长史"的附加成分。幕府,指李广幕府中的军吏,即下文"诸校尉无罪"的校尉。清王峻《汉书正误》:"盖当时青与广各有幕府,主文书往来。大将军幕府,长史主之;广之幕府,校尉主之。"释此甚明晰。对簿,受审讯。此连上文言:卫青的长史见李广对他所问的问题没有回答,于是就急迫地催促李广手下的幕府人员赶快到卫青那儿去听审受质。　㉘"诸校尉"二句:李广见长史来势汹汹,便说道:"我手下的校尉们没有罪,是我不小心走迷了路。"　㉙"吾今"句:此句的"幕府",是卫青的幕府。旧本在"上簿"处断句,以"至莫府"为另一句。兹依何焯说断句。见《汉书正误》引。此言：我现在亲自到大将军的幕府去听候审讯。按，李广见卫青，是以下级见上级，故称上簿，犹言谒见上级，亲自对簿。　㉚ "今幸从" 四句：第一句：接，接触。第二、三句的两"而"字，一层深入一层，说明自己不幸的遭遇层出不已。言这一次跟着大将军出战，本来很幸运地可以同单于的军队接触，没想到大将军又把我的队伍调开，让我走那条迂回遥远的道路；偏偏又迷失了路径——这岂不是天意吗？　㉛ 刀笔之吏：指管理文书法令的官吏，后引申之有"舞文弄墨"之意，成为贬义词。（按，《汉书·萧何传》颜注："刀所以削书也。古者用简牒，故吏皆以刀、笔自随也。"《后汉书·刘盆子传》李贤注："古者记事，书于简册，谬误者以刀削而除之。故曰刀笔。"则知刀是削木改错的工具，笔是写字的工具，治文书的官吏经常用此二物，故称刀笔吏。）此连上文言：况且我已经六十多岁了，毕竟不能再同那些舞文弄墨的小吏去打交道啊！　㉜ "遂引刀"句：引，抽；拔。　㉝ "广军"句：士大夫，指将士。一军，指军中一切人。此言李广军中所有的人都哭了。　㉞ "知与不知"句：知，犹识。此连上文言老百姓听到李广死去的消息，无论认识他或不认识他的，无论是年老的或年轻的，都为此事而流泪。

而右将军独下吏①，当死，赎为庶人。

① "而右将军"句：此言李广死后；只有赵食其一人被交到执法机关，听候处分。

（以上是第三大段，写李广一生未得大展其志，终于自杀而死。）

广子三人：曰当户、椒、敢，为郎①。

① 为郎：指李广的三个儿子都为郎官，《汉书》即作"皆为郎"。

天子与韩嫣戏①，嫣少不逊②，当户击嫣，嫣走，于是天子以为勇③。当户早死，拜椒为代郡太守，皆先广死④。

① "天子"句：韩嫣，韩王信的后裔，弓高侯韩颓当庶出的孙子，汉武帝的弄臣，后为太后所赐死。事见《史记·佞幸列

传》。嫣,音偃。此言武帝同韩嫣调笑戏耍。　②"嫣少"句:韩嫣稍有不礼貌的表现。　③天子以为勇:武帝认为当户的行为是勇敢的。徐孚远说:"韩嫣于上有宠,当户击之,故天子称其勇也。"　④"当户早死"三句:言当户很早就死去了,皇帝于是封李椒为代郡太守,但李椒和当户都死在李广之前。

当户有遗腹子^①,名陵。

①遗腹子:妻有孕而夫死,所生之子叫"遗腹子",即遗留在妻子腹中的孩子。

广死军时,敢从骠骑将军^①。

①"广死"二句:李广在军中死去时,李敢正跟随着霍去病从军。

广死明年,李蔡以丞相坐侵孝景园堧地,当下吏治^①,蔡亦自杀,不对狱,国除^②。

①"李蔡以丞相"二句:园,指陵园。堧,音软,平声;堧地,陵前神道(即通至陵墓的大道,两旁植树或立碑)外边的空地。按,《汉书·李广传》:"至蔡以丞相坐诏赐冢地陵旁。于所当得地外,侵盗卖钱;又取神道地营葬也。"则李蔡的罪状凡二:一、在所应得的坟地之外,盗卖了三顷景帝陵园的地;二、把自己家里的人葬在景帝陵前神道外边的堧地上。因此他应当被押到执法官吏处受查办。　②"不对狱"二句:言李蔡不肯同狱吏去对质,所以自杀,他所享有的侯国封邑也被撤除了。据《汉书·百官公卿表》,李蔡于元狩五年(公元前一一八年)三月自杀,即李广死后的次年。

李敢以校尉从骠骑将军击胡左贤王,力战,夺左贤王鼓旗^①,斩首多,赐爵关内侯^②,食邑二百户,代广为郎中令。

①鼓旗:战鼓和军旗,都是军中主帅所掌握的东西。　②关内侯:爵名。《汉书·百官公卿表》列在第十九级,低于彻侯一级。颜注:"言有侯号,而居京畿,无国邑。"汉建都于长安,在函谷关内,

故称"关内侯"。

　　顷之,怨大将军青之恨其父,乃击伤大将军①,大将军匿讳之②。

　　①"怨大将军"二句:主语是李敢。据《读书杂志》,"恨其父"的"恨",是"很"的假借字。其父,指李广。王念孙说:"案,恨读为很。……吴语:'今王将很天而伐齐。'韦注曰:'很,违也。'《说文》:'很,不听从也。一曰,盭(古戾字)也。'盭,亦违也。郑注《大学》云:'违,犹戾也。'《齐策》:'秦使魏冉致帝于齐,苏代谓齐王曰:"今不听,是恨秦也。"'恨秦,即违秦。是'很'与'恨'通也。又《李广传》:'(李敢)怨大将军青之恨其父。'恨,亦读为很,很,违也。谓广欲居前部以当单于,而青不听也。……又《外戚传》:'李夫人病笃,上自临候之。夫人蒙被谢,……于是上不悦而起。夫人姊妹让之曰……何为恨上如此!'恨,亦读很……谓不从上意也。作恨者亦借字耳。《晏子·杂篇》曰:'吾欢然与子邑,子必不受以恨君,何也?'《新序·节士篇》曰:'严恭承命,不以身恨君。'恨并与很同。……师古……注《李广传》云:'令其父恨而死也。'则是皆读为怨恨之恨,而不知其为很之借字矣。"按,王说近是(又,近人马叙伦《读书续记》谓"恨"是"㕁"之假借字,则"恨"应作"陷害"解,姑录以俟考)。此言李敢怨恨卫青没有听从李广的意见,以致李广因失道误期而自杀,于是就把卫青打伤了。　②匿讳之:隐瞒其事,避而不谈。

　　居无何,敢从上雍①,至甘泉宫猎。骠骑将军去病与青有亲,射杀敢②。去病时方贵幸,上讳云鹿触杀之③。

　　①从上雍:随侍着武帝到雍县去。雍,汉县名,在今陕西省凤翔县南。周寿昌说:"时武帝连岁幸雍,故敢从之。"　②"骠骑"二句:按,霍去病是卫青的外甥,故此处言"有亲"。此言霍去病为了替卫青出气,竟把李敢射死了。　③"去病时方"二句:讳,隐讳,秘而不宣。此言当时霍去病正在显贵得宠之时,武帝竟把他射死李敢的事隐瞒起来,而对外宣称李敢是被鹿撞死的。

居岁余，去病死。而敢有女为太子中人，爱幸①。敢男禹有宠于太子，然好利②。李氏陵迟衰微矣③。

①"而敢有女"二句：太子，即武帝长子据，卫皇后所生。武帝元狩元年立据为太子，至征和二年（公元前九一年）因巫蛊事废立，据自杀。中人，宫中的姬妾。沈钦韩说："盖未有位号者，犹唐、宋人曰内人。"此言李敢有个女儿是太子的侍妾，很得太子宠爱。　②"敢男禹"二句：言李敢的儿子李禹也受太子的宠爱，但他很爱钱，比李广的作风差多了。按，《汉书·李广传》载禹事迹云："敢男禹有宠于太子，然好利；亦有勇。尝与侍中贵人饮，侵陵之（李禹欺侮侍中贵人），莫敢应（侍中贵人不敢理他）。后愬（诉）之上（后来侍中贵人把李禹欺侮他的情形告诉了武帝），上召禹，使刺虎。悬下圈中（用绳子把李禹从高处系到虎圈里），未至地，有诏引出之（武帝有命令，让人把李禹拉出圈外）。禹从络中（绳套中）以剑斫绝累（用剑把绳子砍断），欲刺虎。上壮之，遂救止焉。而当户有遗腹子陵，将兵击胡，兵败，降匈奴。后人告（后来有人告发）禹谋欲亡从陵（逃亡到匈奴去找李陵），下吏死。"录以备考。　③"李氏"句：陵迟，犹言"一天天走下坡路"。衰微，指门第地位日益衰落。

李陵既壮①，选为建章监，监诸骑②；善射，爱士卒。天子以为李氏世将，而使将八百骑③。尝深入匈奴二千余里，过居延，视地形，无所见虏而还④。拜为骑都尉⑤，将丹阳楚人五千人⑥，教射酒泉、张掖以屯卫胡⑦。

①李陵既壮：壮，壮年，古人以三十岁为壮。按，陵字少卿，为司马迁所推重，后因兵败降匈奴。《汉书·李广传》附有《李陵传》，记陵事甚详尽。而《史记》此传自此句以下至篇末"皆用为耻焉"，前人多以为不是司马迁的手笔而是他人所续。兹录梁玉绳（《史记志疑》卷三十三）之说以备考："案，此下皆后人妄续也。无论天汉间事，史（指《史记》）所不载，而史公因陵被祸，必不书之。其详别见于《报任安书》，盖有深意焉。观赞中（指篇末的论赞）但言李

广，而无一语及陵可见。且所续与汉传（指《汉书·李陵传》）不合。如族陵家在降岁余之后，匈奴妻（读去声）陵，又在族陵家之后。而此言单于得陵，即以女妻之（原注:《匈奴传》后续同误）；汉闻其妻单于女，族陵母、妻、子，并误也。且汉之族陵家，因公孙敖误以李绪教单于兵为李陵之故。不关妻单于女。又，杭太史（即杭世骏）云：'子长盛推李少卿，以为有国士风，虽败不足诛；彼不死，欲得当以报（以上语均见《报任安书》），何云"李氏名败""陇西之士为耻"乎！断非子长笔。'" ②"选为"二句：上句：建章，宫名。《三辅黄图》："武帝太初元年（公元前一〇四年），柏梁台灾（为火所烧），……帝于是作建章宫，度（规划）为千门万户，宫在未央宫西，长安城外。"更立建章营以守卫建章宫，此言"选为建章监"，即选拔李陵为监督建章营羽林军的长官；监，读去声。下句的"诸骑"，即指羽林军的骑郎们。按，建章监亦属郎中令所管。 ③"天子以为"二句：武帝认为李陵的先人世代为将，因而使他也带领八百骑兵。 ④"过居延"三句：第一句：居延，在今甘肃省酒泉县境内，其地有东西二泊，名居延海。汉武帝时筑城塞，名遮虏障（又名居延塞），并置居延县，以都尉治之。此句言李陵带兵过了居延海。第二句：言李陵视察了当地的形势，为将来出兵做准备。第三句：言李陵此次出塞，没有看到敌人就回来了。 ⑤骑都尉：负责掌管羽林军的高级军官，年俸二千石。 ⑥"将丹阳"句：丹阳，汉郡名，旧属楚地，今安徽省皖南地区的大部分及江苏省江南偏西一小部分和浙江省西北一小部分，皆其所辖故境。今安徽省宣城县即其郡治故城。此言李陵带领丹阳境内的五千名楚人。 ⑦"教射"句：酒泉、张掖，皆汉武帝时所置的郡名，酒泉居西，张掖居东，恰在今甘肃省西北中部的狭长地带。酒泉故郡治即今甘肃省酒泉县，张掖郡治故城则在今甘肃省张掖县西北。屯卫，驻军防卫。此言李陵带着这五千人在酒泉、张掖一带教练射术，以防匈奴。

数岁，天汉二年秋①，贰师将军李广利将三万骑击匈奴右贤王于祁连天山②，而使陵将其射士步兵五千人③，出居延北，可千余里④；欲以分匈奴兵，毋令专走贰师也⑤。陵既至期还⑥，而单于以兵八万围击陵军。陵军五千人，兵矢既尽，士卒死者过半，而所杀伤匈奴亦万余人。且引且战⑦，连斗八日。还，未到居延百余里，匈奴遮狭绝道⑧。陵食乏而救兵不到，虏急击，招降陵⑨。陵曰："无面目报陛下⑩！"遂降匈奴。其兵尽没，余亡散得归汉者四百余人⑪。

①天汉二年秋：天汉二年，公元前九十九年，即武帝即位的第四十二年。　②"贰师"句：贰师将军，亦杂号将军之一。李广利，汉将，是武帝宠姬李夫人之兄。据《史记·大宛列传》："宛有善马，在贰师城（在今乌兹别克斯坦共和国境内），匿不肯与汉使。……于是天子……拜李广利为贰师将军，……以往伐宛。期至贰师城取善马，故号贰师将军。"则贰师之号是由贰师城而得名。祁连天山，即祁连山。中井积德说："胡谓天为祁连，故祁连山或称天山。此文祁连与天重复，宜削其一。《汉书》单云天山，得之。"王伯祥也说："胡人呼天为祁连，展转传译，遂混合音义并称之。"今按，祁连山有南北之分，南祁连山在甘肃，即此处所说的祁连天山，北祁连山在新疆，即今通称的天山。汉逐匈奴，仅至南祁连山。　③"而使陵"句：此处的五千人，即上文所言驻屯在酒泉、张掖习射的楚人，为李陵所统率，故称"其射士"。这五千人是步兵，不是骑兵。　④可千余里：大约有一千余里路。　⑤"欲以分"二句：走，读去声，作"趋"解。此言武帝之所以派遣李陵，是为了分散匈奴的兵力，不让匈奴的军队专趋赴于李广利的人马。　⑥既至期还：既到了约定的日期，就撤兵回来了。　⑦且引且战：引，指从包围阵中抽撤军队。　⑧遮狭绝道：遮，拦。狭，同"陿"，名词，指狭隘的山谷。绝，断。道，路。据《汉书·李陵传》，李陵是被困在山谷中的，所以此处言拦住了山谷，截断了归路。　⑨招降陵：劝李陵投降。　⑩"无面目"句：报，回复。陛下，指武帝。此言：我没有脸面再见皇帝了。　⑪"余亡散"句：其余逃亡分散，能够回到汉境的有四百余人。

单于既得陵，素闻其家声①；及战，又壮②，乃以其女妻陵而贵之③。汉闻，族陵母、妻、子④。

①家声：言其家世代为将，声誉甚高。　②又壮：此句主语是

单于，壮，动词，佩服、受感动。此言单于为李陵的勇敢英壮所感动，因而对他很佩服。　③"乃以其女"句：其女，指单于的女儿。妻，读去声，嫁给。贵之，使李陵有高贵的地位。　④"族陵母"句：族，灭门。此言把李陵的母亲、妻、子都杀了。

自是之后，李氏名败，而陇西之士居门下者，皆用为耻焉①。

①"而陇西"二句：言陇西地方的名士，凡是曾在李氏门下为宾客的，都因为李陵降匈奴的事而引为耻辱。

（以上是第四大段，简述李广子、孙的结局。）

太史公曰：传曰①："其身正，不令而行；其身不正，虽令不从②。"其李将军之谓也③！余睹李将军，悛悛如鄙人，口不能道辞④；及死之日，天下知与不知，皆为尽哀⑤，彼其忠实心诚信于士大夫也⑥！谚曰："桃李不言，下自成蹊⑦。"此言虽小，可以谕大也⑧。

①传曰：传，指《论语》。以下四句见《论语·子路篇》。按，汉人言传是与经相对的。《博物志》："圣人制作曰经，贤者著述曰传。"故《诗》《书》《礼》《乐》《易》《春秋》（所谓六艺）是经，而后儒解经之作则为传。章学诚《文史通义·经解上》："夫子既殁，微言绝而大义将乖，于是弟子门人，各以所见、所闻、所传闻者，或取简毕，或授口耳，录其文而起义，……皆名为传。而前代逸文，不出于六艺者，称述皆谓之传。"《论语》为孔门再传弟子所记，故亦可称传。　②"其身正"四句：其，指在上位者。身，犹言行为。令，指对人民发布的命令。行，指人民遵从奉行。此言在上位的人本身行为正当，不发命令事情也行得通；如果在上位者本身行为不正，即使下命令也没有人听从他。　③"其李将军"句：也，同"耶"。大意是：这说的不正是李将军吗！意指李广为人仁厚公正，故士卒不必等他发命令就乐为效力。　④"余睹"三句：根据此三句，知司马迁是见过李广的。悛悛，是"恂恂"的假借字（用李慈铭说），《汉书》即作"恂恂"，颜注："诚谨貌。"（悛，音存；

恂，音荀。）鄙人，乡下人。此言：我所看到的李广，诚恳谨厚，很像个乡下人，不擅长说话。　⑤皆为尽哀：都因为李广之死而表示了哀悼。　⑥"彼其"句：彼其，犹言他那个。忠实心，忠诚笃实的品质。士大夫，指将士。此言：这是他那忠实的心肠，真诚地使将士们对他信赖的缘故。　⑦"桃李"二句：颜注："蹊，谓径道（小路）也。言桃李以其华实之故，非有所召呼，而人争归趋，来往不绝，其下自然成径。以喻人怀诚信之心，故能潜有所感也。"大意是：桃树李树并不会替自己吹嘘，可是因为它们的花好看，果实好吃，所以人们自然就到它们这儿来了，结果树下就被人们走出一条路来。　⑧"此言"二句：小，指桃、李，言它们本身不过是小事。大，指李广，言李广的人格是很伟大的。意谓此语所指的事物虽小，却可以用来比喻李广的伟大人格。

（以上是第五大段，作者专就李广虽不擅辞令但能得士卒之心这一特点加以揄扬。）

游侠列传①

韩子曰:"儒以文乱法;而侠以武犯禁②。"二者皆讥,而学士多称于世云③。至如以术取宰相、卿、大夫,辅翼其世主④,功名俱著于春秋⑤,固无可言者⑥。及若季次、原宪,闾巷人也⑦,读书,怀独行君子之德⑧,义不苟合当世⑨,当世亦笑之⑩。故季次、原宪终身空室蓬户,褐衣疏食不厌⑪;死而已四百余年,而弟子志之不倦⑫。今游侠,其行虽不轨于正义⑬,然其言必信,其行必果⑭,已诺必诚,不爱其躯⑮,赴士之厄困⑯。既已存亡死生矣⑰,而不矜其能,羞伐其德⑱,盖亦有足多者焉⑲。

①这是一篇专门记载汉代游侠的传记。所谓"游侠",在当时是同官僚们有着相当对抗性的。这从《韩非子》"侠以武犯禁"的话就可以看得出来。扬雄《法言·渊骞篇》:"或问……游侠,曰:窃国灵也。"可见游侠对官僚们很不利。因此汉代士大夫对游侠亦多采取对立的否定态度。如荀悦《汉纪》:"世有三游,德之贼也。一曰游侠,二曰游说,三曰游行。"但司马迁却给予这些人以极高的评价和极大的同情,这从本篇的论点就可以看得出来。而《太史公书序略》中更说:"救人于厄,振人不赡(济人之不足),仁者有采(有所采取);不既信(不失信),不倍(背)言,义者有取焉:作《游侠列传》。"这显然同官僚们的看法有着不小的距离,从而可以看出本篇的倾向性。司马迁的这种观点和态度就遭受到作《汉书》的班固的批评。班固在《汉书·司马迁传赞》里说:"……其是非颇谬于圣人,……序游侠则退处士而进奸雄,……此其所以蔽也。"这正足以说明马、班二人的立场有所不同。在本篇的第一段中,作者评价了当时社会上的几种人物。一种是以儒术"取宰相、卿、大夫"的

人,作者对这种人是表示憎恶的;另一种则是甘守贫贱的"季次、原宪"之流,作者对他们表示了敬佩和同情。但这种人在社会上的遭遇非常不幸,有时还要依靠游侠之辈来拯救他们。而游侠的为人也并不一样,作者在篇中所肯定的是"乡曲之侠""布衣之侠"和"匹夫之侠",而不是好客的贵族和"盗跖居民间"的暴豪之徒。必须把作者对这几种人物的态度弄清楚,才能体会到全篇的主旨。　②"韩子曰"三句:韩子,即韩非。"儒以文"二句见于《韩非子·五蠹篇》。按,以文乱法,旧注或解为舞文弄墨以乱国法,非是。文,应指儒家所推崇的先王之道和礼乐之类的设施。《史记评林》引柯维骐说:"韩非宗法家,故以儒侠并讥云。"郭嵩焘说:"以文乱法,谓喜古谊以非刺今法,轻易变乱之也。"泷川资言也说:"儒以文乱法,李斯所谓'诸生不师今而学古,以非当世,惑乱黔首'者。"但下文作者实崇扬游侠而贬抑以儒术荣身之人,则此文论点并不同于韩非,特引用其言以儒、侠并举而已。　③"二者"二句:大意是:儒与侠二者,在韩非看来,虽皆有可讥议之处;但到了今天,有学问的儒者已多为当世之人所称许了。此句的"学士",即指儒者,在作者本意是指"以术取宰相、卿、大夫"的伪儒,是应该加引号的。又,方苞说:"谓二者实皆可讥,而学士则多见称于世者,盖有感于侠客之独为儒墨所排摈也。"录以备考。　④"至如"二句:上句:术,指儒术。此言:至于像那些凭借儒术猎取功名富贵的人。下句:辅翼,辅佐,扶助;世主,当世的君主。　⑤"功名"句:著,记载;著录。春秋,泛指当时的国史,不是指鲁史《春秋》。《史记索隐》:"案,'春秋'谓国史也。以言人臣有功名,则见记于其国之史。"此言那些以儒术为卿相的人,都使自己的功绩和名望载在国家的史册上。　⑥"固无"句:无可言,语含双关:字面上是"没有什么可说的",言外乃有"不足道"之意。按,作者此处所谓"以术取宰相、卿、大夫"的人是有所指的。方苞说:"固无可言者,鄙琐龌龊不足道也。盖谓公孙弘、张汤(张汤事见《史记·酷吏列传》)辈。"乾隆刊本《史记》引张照考证:"按,迁意所不满,莫若公孙丞相及卫、霍辈。观《佞幸传》之阑入卫、霍可见。此言儒不如侠,即指公孙辈言,而班固谓其'是非颇谬于圣人',亦不达其旨矣。"李慈铭也说:"此传起处,以儒相形(相对照),盖深嫉当时公孙弘之流,唯阿时旨以深文中(读去声,作"陷害"解)

人，而布被脱粟（《史记·平津侯主父列传》："弘为布被，食不重肉。……食一肉，脱粟之饭。"《史记索隐》："案，一肉，言不兼味也；脱粟，才脱谷而已，言不精凿也。"）。饰名欺世。故特举季次、原宪，以见二人者终身困约，方为真儒。……反正相形，词极委婉。……"皆揭出作者本意，谨录以备考。　⑦"及若"二句：上句：季次，孔子弟子。《史记·仲尼弟子列传》："公晳哀字季次。孔子曰：'天下无行，多为家臣，仕于都。唯季次未尝仕。'"原宪，亦孔子弟子，字子思。《仲尼弟子列传》："孔子卒，原宪亡在草泽中。子贡相卫，而结驷连骑，排藜藿，入穷阎（穷巷），过谢原宪。宪摄敝衣冠，见子贡。子贡耻之曰：'夫子岂病乎？'原宪曰：'吾闻之：无财者谓之贫，学道而不能行者谓之病。若宪，贫也，非病也。'子贡惭，不怿而去，终身耻其言之过也。"按，原宪见子贡事又见《庄子·让王篇》和《韩诗外传》。下句：闾巷，犹言伏处民间。此言像季次、原宪这一些人，都是隐居不仕的。　⑧"怀独行"句：怀，抱；持；守。独行，独特的操行（行，读去声），指不与世俗同流合污。古称持有这样高洁操守的人为"独行君子"。此言季次、原宪怀抱着作为操守高洁的人所具有的崇高品德。　⑨"义不"句：义，正义。苟，苟且；马虎随便。此言季次、原宪秉持正义，不与世俗苟且地同流合污。　⑩"当世"句：当世的人也讥笑他们迂执孤僻。　⑪"故季次"二句：上句：空室，屋里空无所有。蓬户，用杂乱的柴草编成屋门。按，《韩诗外传》卷一："原宪居鲁，环堵之室（屋里只有四面墙，此外一无所有），茨以蒿莱（屋顶上铺着杂草），蓬户瓮牖（用破瓮的颈口做窗），桷桑无枢（用桑条做屋椽，门上连开关的枢纽都没有）。上漏下湿，匡坐（端坐）而弦歌。"（《庄子·让王篇》略同。）言原宪住在极破陋的房屋里。季次事无考。下句：褐衣，穿着粗布衣服。疏，同"蔬"；疏食，吃着野生的蔬菜。不厌，不厌倦（参用王骏图说）。此承上文，言住破屋，穿布衣，吃野菜，都不感到厌烦。《史记索隐》以"厌"为"餍"之假借字，作"饱"解，非是。　⑫"死而"二句：弟子，指后世的儒者，犹言徒子徒孙。志，念。倦，衰。按，司马迁著此传时，上距季次等之死已四百余年，但当时敬佩季次、原宪的人依旧对他们念念不忘。　⑬"其行"句：轨，合。正义，此处指国法。言游侠的行为虽不合于国法的准则。　⑭"然其言"二句：果，做完；做成。此言：但他们说话必然守信，他们做事必然全始全终。　　⑮"已诺"二句：上句：已，犹践。诺，指约言。诚，忠诚。下句：爱，犹吝惜。此二句言：既已答应别人，就一定忠诚老实地去践约，甚至不吝惜自己的生命。　　⑯"赴士"句：赴，指为人奔走。士，泛指一般有才能的人。厄困，危急和困难。此连上文言：游侠者必信、行必果，为了践诺言甚至牺牲自己去为旁人的急难奔走。　　⑰"既已"句：存亡死生，犹言存亡生死。李笠说："谓亡者存之，死者生之也。"此言游侠拯救旁人，即把将死的人从危难中救活过来。一说，言游侠之辈出入于生死存亡之间，亦通。　　⑱"而不矜"二句：可是他们却不自夸其能，并以别人张扬他们的好处为羞。　　⑲"盖亦有"句：意谓像上述这样的游侠，实在是有值得称赞的地方。足多，值得称赞。

且缓急，人之所时有也①。太史公曰：昔者虞舜窘于井、廪②；伊尹负于鼎、俎③；傅说匿于傅险④；吕尚困于棘津⑤；夷吾桎梏⑥；百里饭牛⑦；仲尼畏匡，菜色陈、蔡⑧：此皆学士所谓有道仁人也，然犹遭此菑⑨，况以中材而涉乱世之末流乎⑩？其遇害何可胜道哉⑪！

　　①"且缓急"二句：缓急，顾炎武说："急也。"按，此是用一双反义词复合为一词，其着重之义则在急。俞樾说："按，此……因此及彼之辞，古书往往有之。"(见《古书疑义举例》。)此言：况且焦急为难的事情，是人们时常遇到的。按，下文所举七例，皆古人遭遇困厄的事实，用以说明缓急为"人之所时有"。　　②"昔者虞舜"句：指舜被其父瞽瞍陷害时。"窘于井廪"，在浚井和修仓廪时受到了迫害。　　③"伊尹"句：伊尹，汤时贤臣，名挚，为阿衡之官，史籍因以阿衡为名。《史记·殷本纪》："阿衡欲奸（同干，求见）汤而无由（没有机会），乃为有莘氏媵臣（汤之妃是有莘氏之女；媵臣，陪嫁的奴隶），负鼎、俎，以滋味说（悦）汤，致于王道。"《墨子·尚贤中》："伊挚，有莘氏女之私臣，亲为庖人。汤得之，举以为己相，与接天下之政，治天下之民。"他如《孟子》《韩非子》《吕氏春秋》，皆有类似传说，认为伊尹曾以割烹之术（即烹饪之术）为

汤所用。负，背着。鼎，做饭用的锅。俎，砧板。此句"负于鼎俎"即《殷本纪》"负鼎俎"之意。按，作者以为伊尹不惜执贱役以事汤，是贤者蒙耻辱的事。　④"傅说"句：傅说，亦殷之贤臣，为殷帝武丁所用。匿，隐居。傅险，即傅岩，在今山西省平陆县东。　⑤"吕尚"句：《史记正义》引《尉缭子》："太公望行年七十，卖食棘津（在棘津地方做卖食物的小贩）。"棘津，水名，又名石济津，在今河南省延津县东北，现已淹没。　⑥夷吾桎梏：夷吾，即管仲。桎梏，音质鹄；桎，是关锁足部的刑具；梏，是手铐或面枷一类的刑具。此指公子纠败，管仲为齐桓公所囚事。见《左传·庄公九年》及《国语·齐语》。　⑦"百里"句：百里，即百里奚。相传百里奚入秦之初，曾为人饲牛。见《史记·商君列传》。饭牛，即饲牛。　⑧"仲尼"二句：事见《史记·孔子世家》："孔子……去卫，将适陈，过匡。……匡人闻之，以为鲁之阳虎。阳虎尝暴匡人，匡人于是遂止孔子。孔子状类阳虎，拘焉。……孔子使从者为宁武子臣于卫，然后得去。"又："孔子迁于蔡三岁，……陈、蔡大夫谋，……乃相与发徒役，围孔子于野，不得去。绝粮，从者病，莫能兴。……于是使子贡至楚，楚昭王兴师迎孔子，然后得免。"畏，受威胁。匡，古卫地，在今河南省长垣县西南。菜色，指因绝粮而面有菜色。　⑨"此皆"二句：有道仁人，有修养的仁者。菑，同"灾"。此言上述这些人都是一般儒者所说的"有道仁人"，但他们还不免受到这些灾难。　⑩"况以"句：中材，平常的人才。涉，经历。末流，犹末世。此言：何况以一个普通人而又经历到乱世的最糟糕的时期呢？按，郭嵩焘说："案，秦为乱世，自秦以后皆乱世之末流也。史公值汉盛时而言此，诚亦有伤心者哉！"则作者对当时社会确有很多不满，余详下注。　⑪"其遇害"句：其，指乱世末流的中材之人。遇害，受到迫害。何可胜道哉，怎么能说得完呢！按，前人每谓司马迁作此传是意有所激之言，如李慈铭说："案，史公以救李陵遭腐刑，愤当世士夫（士大夫）拘墨（拘束沉默）洇沕，无为言者，故思游侠之士，能不顾身家，急人之难，其意甚痛而曲。"倘仅从这一节的议论来看，也未尝没有可能。但泷川资言说："愚按，周末游侠极盛，至秦、汉不衰，修史者不可没其事也。史公此传，岂有激而作乎哉！"今按，泷川说近是。从全篇来看，作者的写作态度和作品的倾向性本十分清楚，如把作品理解为作者个人泄愤的产物，将反而降低并缩小作品的意义。

鄙人有言曰①："何知仁义，己飨其利者为有德②。"故伯夷丑周，饿死首阳山③；而文、武不以其故贬王④。跖、蹻暴戾，其徒诵义无穷⑤。由此观之，"窃钩者诛，窃国者侯；侯之门仁义存⑥"。非虚言也！

①"鄙人"句：鄙人，指一般老百姓。此言老百姓中间有这样的俗语道。　②"何知"二句：己，景祐本讹为"已"，张文虎《舒艺室随笔》："已，当作己。己，犹身也。谓身受其人之利，即其人为仁义矣。"飨，同"享"，受；景祐本讹"飨"为"向"。有德，指有德行的人。此二句大意是：谁知道什么仁义不仁义，只要是谁让自己受到好处，谁就是有德的人。下文伯夷、跖、蹻二例和"窃钩者诛"三句都是说这个道理的。　③"故伯夷"二句：上句：丑周，犹言以周之得天下为耻。下句：首阳山，在今山西省永济县南，又叫雷首山。余详下注。　④"而文、武"句：文、武，指周文王和周武王。据《史记·伯夷列传》，伯夷认为武王灭纣而代殷，只是"以暴易暴"，故深以为耻；为了不食周粟，遂饿死于首阳山。此句则言：但文王、武王还是照样受人歌颂，并不因伯夷不满意就贬损了他们的王号。意谓天下既是周朝的，则凡是沾受周朝好处的人都会歌颂文王、武王，而不问他们究竟是不是暴了。　⑤"跖、蹻"二句：上句：跖，鲁之大盗。蹻，人名，姓庄名蹻，相传是楚之大盗，与跖齐名。戾，作"乖"解，指做事违反常情，横行无忌。下句：诵，称赞。无穷，犹言不止、不已。此言跖和蹻的行为对大多数人说来固然残暴乖戾，但是他的徒党却因为受了他们的好处而认为他们有义气，并且称赞不已。　⑥"窃钩"三句：此三句已见于《庄子·胠箧篇》，但此处涵义与《胠箧篇》略异。《史记评林》引余有丁说："按，此即上文'飨其利者为有德'意也。"方苞说："诸侯之门必有称诵其仁义者，以见世俗毁誉之不足凭也。……'窃钩者诛'，喻侠客之捍文网也；'窃国者侯'，喻弘、汤诬上残民以窃高位也。'侯之门仁义存'，此谓众以仁义称之，受其利故也。所谓

'跖、蹻暴戾，其徒诵义无穷也。'"按，二说皆是。此言以游侠与公孙弘、张汤相比较，游侠不过是窃钩的人，而弘、汤等人才是真正的国家败类；但是因为窃钩的人伏诛，而窃国的人称侯了，所以，社会上趋炎附势之徒就都称诵这类窃国的人有仁有义。所以庄子的话实在不错。

今拘学或抱咫尺之义，久孤于世①，岂若卑论侪俗，与世沉浮而取荣名哉②！而布衣之徒，设取予然诺，千里诵义，为死不顾世③。此亦有所长，非苟而已也④。故士穷窘而得委命⑤，此岂非人之所谓贤豪间者耶⑥？诚使乡曲之侠与季次、原宪比权量力，效功于当世，不同日而论矣⑦。要以功见言信，侠客之义，又曷可少哉⑧？

①"今拘学"二句：上句：拘学，拘谨固执的学者，指上述季次、原宪等人。抱咫尺之义，谨守着自己所笃信的区区道义。下句：久孤于世，把自己长久孤立起来，居于世俗之外。张文虎说："此谓拘守志节，独行踽踽，不见知于世也。"余详下注。　②"岂若"二句：上句：侪俗，犹言随俗、迁就世俗。下句：荣名，即功名利禄。方苞说："所谓荣名，即以术取宰相、卿、大夫，非君子所谓荣也。曲学阿世，为卑鄙之论，以侪于俗，乃与世浮沉以取荣名之术。"按，此承上二句而言，王伯祥说："如今那些拘谨的学者，往往死守着他们所认取的区区道义，把自己孤立起来，老是让当世的人非笑他（如季次、原宪那样）；何如（岂若）把自己的论调放低些（卑论），同一般的说法差不多（侪俗），跟着世俗进退（与世沉浮），因而猎取功名呢（如公孙弘、张汤那样）！"释此甚确切。又按，前人或以为此是司马迁对季次、原宪等人的贬词，大误。这是作者说的反话，是对"取荣名"的人的讽刺。泷川资言说："愚按，史公固非恶拘学之士、尚荣名之徒者，盖故反言之以耸动人听也。"　③"设取予"三句：第一句：设，建立；讲求，引申有"认真对待"之意。取予，指从旁人处取得东西及把东西给旁人。然诺，指答应旁人做的工作和事情。此言这些出身布衣的游侠对于取、与财物和许诺旁人要做的事情是非常认真的，从不失信负

义。第二句：言游侠之徒虽与旁人相隔千里，只要听说旁人有义气，就加以称赞，不遗余力。第三句：言游侠虽为旁人牺牲自己的性命，亦在所不惜，更不顾世俗的讥笑非难。　④"此亦"二句：此承上文言：像这种布衣之侠，也自有他们的长处，不是随便说说就算了的。　⑤"故士穷窘"句：大意是：所以一般儒者遇到穷困窘迫的时候，就可以把身家性命委托给这些侠客，受到侠客们的保护。　⑥"此岂非"句：间，读去声；间者，杰出的人才（用王伯祥说）。此言：像这样扶危济困的侠客，岂不就是一般人所说的贤人、豪杰、异常突出的人才吗？　⑦"诚使"三句：第一句：乡曲之侠，即民间的游侠。比权，比较社会地位的轻重。量力，衡量左右社会能力的大小。第二句：效，表现。言对当世有所贡献。第三句：不同日而论，犹今言'不可同日而语'，即距离很大之意。泷川资言说："愚按，此言乡曲之侠，权、力、效功，复过季次、原宪也。"今按，作者之意，谓乡里中的游侠在一般儒者的眼中，是不及季次、原宪有身份、有才能的；但假如当真把乡曲之间的游侠同季次、原宪等拿来具体比较一下，则游侠们在社会上的地位和左右社会的能力，以及他们在社会上所起的作用，那就简直不是季次、原宪这些独善其身的人所能比拟的了。　⑧"要以"三句：第一句是倒装句，犹言如以功见言信来要求游侠。要，读平声。功见，办事见功效、有具体成果。言信，说话有信用。第二句：义，犹道，指侠客们的作风、行为。第三句：曷，同"何"，怎么。少，轻视。此言如果用办事有成效、说话有信用的标准来要求游侠，那他们是完全能做得到的；然则这些侠客的道义行为又怎么能忽视呢？

　　古布衣之侠，靡得而闻已①。近世延陵、孟尝、春申、平原、信陵之徒②，皆因王者亲属③，借于有土、卿相之富厚④，招天下贤者，显名诸侯，不可谓不贤者矣；比如顺风而呼，声非加疾，其势激也⑤。至如闾巷之侠⑥，修行砥名⑦，声施于天下⑧，莫不称贤，是为难耳⑨。然儒、墨皆排摈不载⑩，自秦以前，匹夫之侠，湮灭不见⑪，余甚恨之！以余所闻，汉兴有朱家、田仲、王公、剧孟、郭解之徒⑫，虽时扞当世之文罔⑬，然其私义廉絜退让，有足称者⑭。名不虚立，士不虚附⑮。至如朋党宗强⑯，比周设财役贫⑰，豪暴侵凌孤弱⑱，恣欲自快⑲，游侠亦丑之⑳。余悲世俗不察其意，而猥以朱家、郭解等令与暴豪之徒同类而共笑之也㉑。

①"古布衣"二句：此言上古时民间的游侠，由于史书没有记载，已不可得而闻知了。古，指春秋以前。　②"近世延陵"句：近世，指春秋、战国以来的时代。延陵，即吴季札，乃春秋时吴公子。孟尝，即田文。春申，即春申君黄歇。平原、信陵皆见本传。按，战国时田文、黄歇、赵胜、魏无忌等皆以贵公子而好客，招贤纳士，盛极一时。至于吴季札，则不仅时代较早，且又不闻有养士之事。故梁玉绳、张文虎、中井积德及崔适、泷川资言等皆以此句"延陵"二字是衍文。但顾炎武说："延陵，谓季札。以其遍游上国，与名卿相结，解千金之剑而系冢树（按，《史记·吴太伯世家》："季札之初使北，过徐君。徐君好季札剑，口弗敢言。季札心知之；为使上国，未献。还至徐，徐君已死。于是乃解其宝剑，系之徐君冢树而去。从者曰：'徐君已死，尚谁予乎？'季子曰：'不然，始吾心已许之，岂以死背吾心哉！'"），有侠士之风也。"郭嵩焘也说："案，延陵季子事不著于《春秋》。据《左传》所载，襄公二十九年，吴公子札来聘，善叔孙穆子；于齐，喜晏婴；于郑，善子产；于卫，善蘧瑗、史鳅之属；于晋，善赵文子、韩宣子、魏献子，又善叔向：所至尽交其贤人君子，终春秋之世未有能及延陵季子者。其平日好贤乐士，亦略可想见。史公博极群书，于此必有所本。"王骏图说："盖太史公之所谓游侠者，特以其广交游、重辞让、明取与、信然诺耳。不必杀人报仇，如刺客类也。季子历游各国，遍交贤豪，且能以国让，许徐君之剑，虽死必信，此真游侠之冠也。"则"延陵"二字未必是衍文。今按，这些贵公子的作风有些地方是与游侠相近的，如广交游、重然诺、讲信义等；但也有不同之处，即游侠出身民间，没有高贵的地位和丰厚的财产，其任侠好义也不一定有所贪图；不像贵公子们好客的目的是为了显名声和巩固政治地位。作者此处正是为了指出这种区别。　③"皆因"句：因，作"依"解。言这些人都倚仗他们是国王的亲属。按，吴季札、田文、赵胜、魏无忌等都是

国君的同姓，独黄歇不是。但黄歇曾自秦救楚考烈王脱险，关系至密，故亦极显贵。 ④"借于"句：此句的"士"和"卿相"是并列成分，都是"富厚"的附加成分，而"富厚"又是"有"的宾语。此言上述诸公子，都是凭借着他们有封地，有卿相的地位，因而财产十分富足丰厚。 ⑤"比如"三句：此连上文大意是：从这些贵公子的招贤纳士来看，固然不能说他们不是贤者；但他们有贤名，主要还是由于他们有地位、有财产。正如顺风呼喊一样，并不是声音加强，只是由于声浪被风势所激荡，所以才传得很远。言外谓民间的游侠虽贤，只因他们没有地位和财产，所以就不及诸公子那样有名望了。 ⑥闾巷之侠：与"乡曲之侠""布衣之侠"同义。 ⑦修行砥名：修养自己的品行、锻炼自己的操守以提高名誉。 ⑧"声施"句：施，音易，普及。此犹言声名普及于天下。 ⑨是为难耳：这的确是比较难得的。按，此言民间的侠客没有贵公子们的地位、财产，而仍能名满天下，实在难能可贵。 ⑩"然儒、墨"句：但是儒家和墨家的典籍都排斥、摒弃这些游侠，不把他们的事迹记载下来。按，在先秦诸子百家之中，儒家重仁义，墨家主兼爱，还是比较接近游侠的作风的，然尚且轻视游侠，其他就可以想见了。 ⑪"匹夫"二句：湮灭，埋没。此言出身平民的游侠，都被埋没而不传于世。 ⑫"汉兴"句：言从汉代统一以来，有朱家以下这些人物。 ⑬"虽时扞"句：扞，同"捍"，违犯；抵触。罔，同"网"；文网，即"法网"。《史记索隐》："违扞当代之法网，谓犯法禁也。" ⑭"然其私义"二句：私义，私人品德；个人的操行。絜，同"洁"。此连上言：这些人虽然触犯朝廷的刑章法禁，但他们的个人品德却很廉洁而谦让，有非常值得称赞的地方。按，作者此处把个人品德同朝廷刑法对比，以触犯朝廷的法律为可作的事，在当时是很少能了解的。 ⑮"名不"二句：言游侠的名誉不是凭空建立起来的，一般人士也不是无缘无故就依附他们的。 ⑯朋党宗强：朋党，指官官相护。宗强，豪强的大宗族；此即指土豪劣绅。 ⑰"比周"句：比，读去声。《论语·为政篇》："君子周而不比，小人比而不周。"朱熹集注："周，普遍也。比，偏党也。皆与人亲厚之意。但周公而比私耳。"则知"比""周"二字，训诂虽同，含义各别："周"是褒义词，"比"是贬义词。此处连为复合词，作贬义词用，应解为"勾结在一起"。设财，利用金钱。役贫，奴役、驱使贫贱的人民。此言那些有地位的人彼此勾结在一起，仗恃钱财来摆布老百姓。　⑱"豪暴"句：豪暴，有豪势暴力的人，即下文的"暴豪之徒"。侵凌，侵害欺压。此言：这班土豪劣绅仗着权势、暴力去侵害和践踏那些势孤力弱的人。　⑲"恣欲"句：放纵自己的欲望，只图自己舒服。　⑳游侠亦丑之：言上述的这些败类也是深为游侠所不满的。　㉑"余悲"二句：上句：其意，指这两种人（游侠和暴豪之徒）的区别。下句：猥，轻易地；随便地；任意地。令，使。此言：我深悲世俗之人对这两种人不加以考察，而滥把朱家、郭解等游侠之士与那些暴豪之徒放在一处，硬把他们算作同类，而笼统地加以讥笑。

（以上是第一大段，为全篇总旨，说明作传本旨。）

鲁朱家者，与高祖同时①。鲁人皆以儒教，而朱家用侠闻②。所藏活豪士以百数③，其余庸人不可胜言④。然终不伐其能、歆其德⑤。诸所尝施，唯恐见之⑥。振人不赡，先从贫贱始⑦。家无余财⑧，衣不完采⑨，食不重味，乘不过𫟉牛。专趋人之急，甚己之私⑩。既阴脱季布将军之厄⑪，及布尊贵，终身不见也⑫。自关以东，莫不延颈愿交焉⑬。

①与高祖同时：言朱家在社会上活动的时期与刘邦为帝的年代先后相当。　②"鲁人"二句：言鲁国地方的人们都以儒家的仁义之道教导旁人，只有朱家却因行侠仗义而闻名。　③"所藏活"句：藏，窝藏，藏匿。豪士，知名的豪杰，如季布等。按，汉代统一之初，诸侯各国的亡命之徒很多，所以此言被朱家所藏匿、救活的豪杰之士有好几百人。　④"其余"句：庸人，犹言常人，对上文"豪士"而言。此言：其余受他庇护的那些不知名的平常人，更是多得数不过来了。　⑤"然终"句：不，是副词，兼管"伐"和"歆"两个动词。歆，作"喜"解（用王念孙说）。德，恩惠。不歆其德，不因自己对人有恩德而沾沾自喜。　⑥"诸所"二句：诸，凡。尝，曾经。施，施恩给旁人。此言他对于曾经施恩的对象，事后都唯恐被他们看见。按，此因施恩不望报，故不愿再见那些受恩之人，恐怕他们报答酬谢。　⑦"振人"二句：振，救

济,今通写作"赈"。赡,富足。此言每逢救济旁人的困乏,总是先从贫贱的人开始。　⑧家无余财:家里从不积攒余财。郭嵩焘说:"案,家无余财,谓专用以施振(赈)耳,非谓其贫也。"　⑨"衣不完采"三句:第一句:完,完整。采,同"彩",衣上彩色的花纹。按,古人衣服皆绘以五色文彩,此言衣服破旧,文彩都不完整了。第二句:重味,犹言兼味。此言吃饭只有一样菜。第三句:軥,音构,《说文》:"轭下曲也。"郭嵩焘说:"轭者,辕端横木,以驾马领,軥以状其下曲也。"即车轭上套在牲口颈项的凹形部分。軥牛,郭嵩焘说:"犹言驾牛。"按,汉时以牛驾车是贫贱者所用,此言朱家出门不过乘一牛车,正写其贫薄之状(详见沈钦韩《汉书疏证》卷三十四)。　⑩"专趋"二句:"趋人之急"与上文"赴士之厄困"同义。此言朱家专为旁人的危急之事奔走,比办自己的私事还着急。　⑪"既阴脱"句:阴脱,暗中解除。按,朱家救季布事见《史记·季布栾布列传》:"季布者,楚人也。……项籍使将兵,数窘汉王。及项羽灭,高祖购求布千金,敢有舍匿(窝藏),罪及三族。季布匿濮阳周氏。周氏……乃髡钳季布(把季布的头发剃去,用铁箍束住头颈,扮成一个囚徒),衣褐衣,置广柳车(装棺柩的丧车)中,并与其家僮数十人之(去到)鲁朱家所(朱家住的地方)卖之。朱家心知是季布,乃买而置之田(把季布安置在田庄上),诫其子曰:'田事听此奴(这个奴隶种田与否可以任他的便),必与同食(但你一定得跟他吃一样的东西)!'朱家乃乘轺车(轺,音遥,驾着一匹马的轻便旅行车)之洛阳,见汝阴侯滕公。滕公留朱家饮数日,因谓滕公曰:'季布何大罪,而上求之急也?'滕公曰:'布数为项羽窘上,上怨之,故必欲得之。'朱家曰:'君视季布何如人也?'曰:'贤者也。'朱家曰:'臣各为其主用,……项氏臣可尽诛邪?今上始得天下,独以己之私怨求一人,何示天下之不广也(怎么让天下人看到皇帝这样不宽大呢)!……君何不从容为上言邪?'汝阴侯滕公心知朱家大侠,意季布匿其所,乃许曰:'诺'。待间(等到有了机会),果言如朱家指(果然依照朱家所说的意旨向刘邦为季布说情),上乃赦季布。……朱家亦以此名闻当世。"录以备考。　⑫"及布"二句:等到季布的地位尊贵之后,直到身死,朱家也没有再去见他。按,季布后见刘邦,拜为郎中;文帝时为河东太守。　⑬"自关"二句:延颈,伸长着脖子;形容十分渴望的样子。此言自函谷关以东的地区,人们无不伸长了脖子盼望着同朱家结交。

楚田仲以侠闻,喜剑。父事朱家,自以为行弗及①。

①"父事"二句:言田仲以孝敬父亲的礼节来侍奉朱家,并且以为自己的行为远远不如朱家。

(以上是第二大段,写朱家施恩不望报的侠义作风。)

田仲已死,而雒阳有剧孟①。周人②以商贾为资,而剧孟以任侠显诸侯。吴、楚反时,条侯为太尉③,乘传车④,将至河南,得剧孟⑤,喜曰:"吴、楚举大事而不求孟,吾知其无能为已矣⑥!"天下骚动⑦,宰相得之,若得一敌国云。剧孟行大类朱家⑧,而好博,多少年之戏⑨。然剧孟母死,自远方送丧盖千乘⑩。及剧孟死,家无余十金之财⑪。

①"而雒阳"句:言雒阳有个侠客名叫剧孟。意谓剧孟是雒阳人。剧,姓;孟,名。 ②周人:即指洛阳一带地方的人。 ③"条侯"句:条侯,即周亚夫。余已见前《魏其武安侯列传》。 ④乘传车:传车,即驿车。每到驿站即轮换车马,接替前进。 ⑤"将至"二句:言周亚夫将要到达河南郡界,就得到了剧孟。意指把剧孟招聘到自己手下。 ⑥"吴楚举大事"二句:言吴、楚七国想图大事而不去访求像剧孟这样的人才,我知道他们是不能有什么作为的了。按,李笠以为下句的"矣"字是衍文,疑近是。《汉书》即无"矣"字。 ⑦"天下骚动"三句:宰相,指周亚夫,因太尉亦为"三公"之一,相当于亚相。此言:当天下有动乱的时候,宰相得到剧孟,就仿佛征服了一个敌国一样。意指剧孟举足轻重,是十分杰出的人才。 ⑧行大类朱家:行为大体上同朱家相类似。 ⑨"而好博"二句:博,赌博。此言:但是剧孟喜欢赌博,平时大多搞一些年轻人喜欢玩的娱乐。 ⑩"自远方"句:大意是:从远方来送丧吊唁的大概有一千辆车子。按,此极写剧孟交游之广及其人对社会影响之大。 ⑪"家无"句:言剧孟家贫,连极少的余财也没有。

而符离人王孟亦以侠称江、淮之间①。

① "而符离人"句：符离，本楚邑，秦置县，即今安徽省宿县治；其地在江、淮之间。故此句言符离人王孟也以任侠为江、淮之间的人所传诵称赞。

是时济南瞷氏、陈周庸亦以豪闻①，景帝闻之，使使尽诛此属②。

① "是时"句：瞷，音闲，姓。陈周庸，《史记索隐》："陈国人，姓周名庸。"此言：这时济南地方的瞷家及陈地的周庸，也都以豪侠出名。　② "使使"句：派专人把这班人完全杀掉了。按，《史记·酷吏列传》："济南瞷氏宗人三百余家，豪滑，二千石莫能制。于是景帝乃拜都（郅都）为济南太守，至则族灭瞷氏首恶，余皆股栗。"杀周庸事无可考。

其后，代诸白、梁韩无辟、阳翟薛况、陕韩孺①，纷纷复出焉②。

① "代诸白"至"陕韩孺"：代诸白，《史记索隐》："代郡人，有白氏豪侠非一（不止一人），故言诸。"梁韩无辟，梁国人，姓韩，名无辟；辟，音避。阳翟，秦县名，故治即今河南省禹县。陕，《史记集解》引徐广说："疑当作郏字。颍川有郏县，《南越传》曰：'郏壮士韩千秋'也。"则韩孺可能即是韩千秋。郏，音夹，汉县名，故治在今河南省辅城县境内。　② "纷纷"句：言这些游侠之士并不因朝廷的严刑峻法而销声匿迹，反而纷纷出现了。

（以上是第三大段，写剧孟及其他游侠之士的简单情况。）

郭解①，轵②人也，字翁伯；善相人者许负外孙也③。解父以任侠孝文时诛死。解为人短小精悍④，不饮酒。少时阴贼⑤，慨不快意，身所杀甚众⑥。以躯借交报仇⑦，藏命作奸⑧，剽攻不休⑨，及铸钱掘冢，固不可胜数⑩。适有天幸，窘急，常得脱若遇赦⑪。

①郭解：解，读如"懈"。　　②轵：汉县名，故城即今河南省济源县东南十三里的轵城镇。　　③"善相"句：许负，汉初一个会看相的人。据《史记·外戚世家》，他曾相汉文帝母薄姬当生天子，又据《绛侯世家》，他相周亚夫当封侯为将相而饿死。此言许负是郭解的外祖父。　　④短小精悍：短小，身材矮小。精悍，为人精明勇健。　　⑤少时阴贼：阴贼，《汉书》颜注："阴怀贼害之意也。"意谓内心狠辣残忍。　　⑥"慨不"二句：上句：慨，愤慨。下句：身，亲自。此言每遇到使他心中愤慨和使他感到不痛快的人，就亲自把他们杀死，被他这样杀死的人很多。　　⑦"以躯"句：借，作"助"解（用颜师古说）。交，朋友。此言郭解拼着自己的性命助朋友报仇。　　⑧藏命作奸：窝藏亡命之徒，做出许多不法的行为。　　⑨剽攻不休：剽，劫。攻，夺。不休，犹不止、不已。此言劫掠抢夺的举动，在他们是常有的事。　　⑩"及铸钱"二句：铸钱，私铸铜钱。掘冢，偷坟盗墓。此言：以及铸私钱、掘坟墓种种犯法的事，根本就数不过来了。　　⑪"适有"三句：适，恰好。幸，助。若，及；或（参用沈钦韩、周寿昌说）。此言：以郭解这种行为，早就该受到王法制裁，但恰好有天助似的，每逢他十分窘迫紧急的时候，经常能逃脱，或是遇到朝廷大赦。按，以上是写郭解年轻时的作风和行为。

及解年长，更折节为俭①，以德报怨，厚施而薄望②。然其自喜为侠益甚③。既已振人之命，不矜其功④，其阴贼著于心，卒发于睚眦如故云⑤。而少年慕其行，亦辄为报仇，不使知也⑥。

①"更折节"句：折节，全盘改变自己的行为和作风。俭，通检，有检束、收敛之意（参阅段玉裁《说文解字注》）。此连上文言：等到郭解年长，他就一改从前的行为和作风，尽量收敛自己、约束自己。　　②"以德"二句：上句：言郭解用德来回报那些对自己不满的人。下句：厚、薄，犹言多、少。言尽量多施给人以恩惠而很少希望别人报答自己。　　③"然其"句：但他自己比以前更爱行侠仗义了。　　④"既已"二句：振，救。此言既然已经救了

人的性命,也从不夸耀自己的功劳。 ⑤"其阴贼"二句:上句:著于心,牢固地附着在心里。下句:卒,同"猝",猝然、突然。睚眦,瞪着眼睛看人的样子。此言郭解只有一种老毛病没有改,就是他的阴狠毒辣的脾气依然存在于心灵深处,有时甚至因为别人瞪他一眼,他也会突然发作,这大约同从前差不多。 ⑥"而少年"三句:但是有许多年轻人,由于钦慕郭解的行为,往往替他报了仇,而不让他本人知道。

解姊子负解之势①,与人饮,使之嚼②,非其任③,强必灌之。人怒,拔刀刺杀解姊子,亡去④。解姊怒曰:"以翁伯之义,人杀吾子,贼不得⑤!"弃其尸于道,弗葬⑥;欲以辱解⑦。使人微知贼处⑧,贼窘,自归⑨,具以实告解⑩。解曰:"公杀之固当,吾儿不直⑪。"遂去其贼,罪其姊子,乃收而葬之⑫。诸公闻之,皆多解之义,益附焉⑬。

①"解姊子"句:郭解姐姐的儿子(即解之外甥)仗恃着郭解的声势。 ②"与人饮"二句:嚼,与"釂"通,《说文?》:"饮尽酒也。"此言郭解的外甥与旁人一同饮酒,就让旁人干杯。 ③"非其任"二句:《史记正义》:"其人不能饮,强使尽之。"意谓:那个人的酒量没有这样大,郭解的外甥就硬要他灌下去。 ④"人怒"三句:那个人怒了,拔出刀把郭解的外甥刺死,然后逃走了。 ⑤"以翁伯"三句:大意是:以翁伯这样讲义气,旁人杀了我的儿子,他竟连凶手也捉不到!翁伯,郭解的字。 ⑥"弃其尸"二句:郭解的姐姐把儿子的尸首弃置在路旁,不去埋葬。 ⑦欲以辱解:想要借此羞辱郭解。 ⑧微知贼处:微,侦知;探听到。 ⑨自归:自己到郭解处出首承认。 ⑩具以实告解:把杀人的实情详尽地告诉了郭解。 ⑪"公杀之"二句:大意是:您杀他实在是应当的,原是这孩子没有理。 ⑫"遂去"三句:第一句:去,周寿昌说:"纵之使去也。"言郭解便把那个凶手放走了。第二句:王先谦说:"言归罪死者。"意谓郭解认为自己的外甥被杀是罪有应得。第三句:言由郭解出面把他姐姐儿子的尸首盛殓起来埋掉了。 ⑬"皆多"二句:多,犹重。附,归附。此言很多人都尊重郭解的正义行

为，更加归附于他了。

解出入，人皆避之①。有一人独箕踞视之②。解遣人问其名姓，客欲杀之。解曰："居邑屋至不见敬，是吾德不修也③，彼何罪？"乃阴属尉史曰④："是人，吾所急也⑤，至践更时脱之⑥。"每至践更，数过⑦，吏弗求⑧；怪之⑨，问其故：乃解使脱之⑩。箕踞者乃肉袒谢罪⑪。少年闻之，愈益慕解之行⑫。

① "解出入"二句：此言郭解受人敬重，每当他出门，大家都为他让路。　② "有一人"句：箕踞，已见前《刺客列传》注释。此言独有一人对郭解没有礼貌。　③ "居邑屋"二句：邑屋，犹言"乡里"。此二句大意是：我住在乡里中，竟不被同乡人敬重，这一定是我自己的品德有缺点。　④ "乃阴属"句：阴，暗中。属，同"嘱"。尉史，县尉手下的小吏，专管人民服徭役的事务。此言郭解暗暗嘱咐管役政的小吏。　⑤ 是人，吾所急也：是人，犹言此人，指箕踞视郭解的那个人。急，犹亲，中井积德说："谓亲恤之切至（至近的亲人）也。"按，此犹言这是我至近的朋友。　⑥ "至践更"句：践更，汉代役法名目之一；更，读平声。《汉书·昭帝纪》颜注引如淳说："更有三品：有卒更，有践更，有过更。古者正卒无常人，皆当迭为之。一月一更，是谓卒更也。贫者欲得顾（雇）更钱者，次直者（应当轮值的人）出钱顾（雇）之，月二千，是谓践更也。天下人皆直（轮值）戍边三日，亦名为'更'，律所谓徭戍也，虽丞相子亦在戍边之调。不可人人自行三日戍（不可能所有的人都去戍边三日）；又行者当自戍三日（去到边塞的人固然应当只值三天班），不可往便还（但不可能去了就马上回来），因便住（于是就长久住在边塞上），一岁一更（一年一轮换）。诸不行者出钱三而入官，官以给戍者，是谓过更也。"《汉书补注》引何焯说："践更即是代人卒更，但以月计，私得雇直（被雇的代价），过更则是总代人繇戍，以岁计，人输戍边三日之直（值）于官，官为给与久住之人也。"此言：轮到那人该去服劳役的月份，可以豁免他。按，据如淳注，知服践更之役者受雇于人的，每当服役时，他是拿到代价的。下文言"数过，吏弗求"，则是他拿到受雇的二千钱之后并未去服

役,所以他要"怪之"了。　⑦数过:数,读为朔,好几次。过,读平声,轮到他当值。　⑧吏弗求:尉史并不去找他。　⑨怪之:主语是箕踞者。　⑩"问其故"二句:上句:《史记正义》:"箕踞者践更至,数过不唤,乃问其故。"王先谦说:"箕踞者怪问史。"此言:那人就去向尉史打听,是什么缘故使自己拿了钱不当差。下句:言原来是郭解使他免于服役的。　⑪"箕踞者"句:肉袒,已见前《廉蔺列传》注释。凌稚隆说:"应前以德报怨。"　⑫"少年"二句:一些年轻的人听说这件事,更加钦慕郭解的行为了。行,读去声。

　　雒阳人有相仇者,邑中贤豪居间者以十数,终不听①。客乃见郭解②。解夜见仇家,仇家曲听解③。解乃谓仇家曰:"吾闻雒阳诸公在此间④,多不听者。今子幸而听解,解奈何乃从他县夺人邑中贤大夫权乎⑤!"乃夜去,不使人知,曰:"且无用待我⑥!待我去,令雒阳豪居其间,乃听之⑦。"

　　①"邑中贤豪"二句:颜注:"居中间为道地(留出缓冲的余地),和辑之(使双方进行和解),而不见许(而双方都不答应)也。"此言当地有名望的豪绅从中调停的有几十人,可是那两家结仇的人始终不接受和解。　②客乃见郭解:客,即雒阳邑中的贤豪之一。此言居中调停的人就到轵邑来找郭解。　③"解夜见"二句:曲听,中井积德说:"非其心,勉强从之也。"此言郭解于是连夜赶到雒阳去见那两家结仇的人,那两家人只好勉强地、委屈地依从郭解,答应和解。　④"吾闻"二句:在此间,即"居间"之意。此言:我听说你们雒阳当地有很多人居中调停这事,你们总不答应。　⑤"解奈何"句:此连上文言:现在您既肯赏脸答应我,我怎么能从别县来侵夺你们这边县里许多有声望的人的权柄呢!　⑥且无用待我:大意是:你们不必再等我来出头劝解了!余详下注。　⑦"待我去"三句:《史记正义》:"待我去后,雒阳豪言之,乃从也。是不欲夺人权势。"郭嵩焘说:"案,且无用待我,是嘱仇家语,言虽听我而不必待我为排解,仍令洛阳豪居间,是实收其用而不欲居其名也。"释此数语甚晰。

解执恭敬①，不敢乘车入其县廷②。之旁郡国，为人请求事③，事可出，出之④；不可者，各厌其意，然后乃敢尝酒食⑤。诸公以故严重之，争为用⑥。邑中少年及旁近县贤豪，夜半过门，常十余车⑦，请得解客舍养之⑧。

①解执恭敬：执，谨守；坚持。此言：郭解对官府很礼貌，一直谨守恭敬之道。　②"不敢乘车"句：因郭解的身份是平民，所以不敢乘车进县衙门。　③"之旁郡国"二句：有时郭解也到邻近的郡国，去为旁人的事请托求情。　④"事可出"二句：事情可以出脱，就一定替人家出脱。　⑤"不可者"三句：厌，同"餍"。此三句大意是：万一事情不能彻底解决，也尽量做到使各方面都满意，然后才敢尝人家用以道谢的酒食。郭嵩焘说："或其事尚有辖辀不能即出，则常委曲尽意，使两相争者皆各平其心。虽一酒食之微，亦必人人喜悦，乃肯受此一饭之报也。"　⑥"诸公以故"二句：上句：以故，因此。严，作尊敬、敬畏解。重，看重；尊重。"严重"是两个同义词合成的一个复合词，犹言尊重、敬重。此句言很多人因此十分敬重他。下句：言这些人争先恐后地愿意为郭解效劳。　⑦"夜半"二句：言很多少年及贤豪们往往在夜深人静时到郭解门前，经常有十几辆车。余详下注。　⑧"请得"句：舍养，留人住宿和吃饭。颜注："舍，止也。言解多藏亡命，喜事少年（好管闲事的年轻人）与解同志者，知亡命者多归解，故夜将车来（带了车子来），迎取其人居止而养之。"此言：这些敬重郭解的年轻人和贤豪，请求郭解允许他们把郭解所藏匿的逃亡之客用车接走，由他们去款待留宿。按，此正写诸公因敬重郭解而不怕担罪名的具体表现。上文言"夜半"，是因为所接的人都是亡命徒，恐人看见；言"十余车"，是用以装载这些亡命之徒的。

及徙豪富茂陵也①，解家贫，不中訾②，吏恐，不敢不从③。卫将军为言郭解家贫，不中徙④。上曰："布衣权至使将军为言，此其家不贫⑤。"解家遂徙。诸公送者出千余万⑥。

①"及徙"句：茂陵，本汉槐里县地，武帝于建元二年在其地起筑陵墓，预为自己葬地，至汉宣帝时乃改为茂陵县，故城在今陕

西省兴平县东北。徙豪富茂陵，把各地豪绅富户迁徙到茂陵居住。按，此事在武帝元朔二年（公元前一二七年）。《资治通鉴》卷十八："（元朔）二年夏，……主父偃（齐人，以纵横游说之术为汉武帝所重，后因贪势位，受诸侯金被诛，《史记》有《平津侯主父列传》）说上曰：'茂陵初立，天下豪杰并兼之家、乱众之民，皆可徙茂陵，内实京师，外销奸猾；此所谓不诛而害除。'上从之，徙郡国豪杰及訾（资）三百万以上于茂陵。"此处即指其事。　②不中訾：中，读去声；不中，不合。訾，"资"的假借字，指财产。《史记索隐》："案，资不满三百万以上为不中。"此言郭解家贫，家产不足三百万，不合迁徙到茂陵的标准。　③"吏恐"二句：此言负责徙民的小吏因为郭解的名气太大，如果不徙，自己即将获罪，所以不敢不命令他迁徙。中井积德说："解虽不中资，而其名在籍（官府里都注了册），故吏恐违上命获罪，不敢释之也。"　④"卫将军"二句：上句：卫将军，即卫青。为言，替郭解说情。下句：中，读去声。胡三省说："言其贫，不当在见徙之数。"　⑤"布衣"二句：以一个普通平民的身份，竟至有力量使将军替他说情，这就说明他的家里不穷。　⑥"诸公送者"句：同郭解有交往的人出钱给郭解送行，共出了一千多万钱。

　　轵人杨季主子为县掾，举徙解①。解兄子断杨掾头②，由此杨氏与郭氏为仇。
　　①"轵人"二句：上句：掾，已见前《项羽本纪》注释；县掾，县衙中的小官。下句：举，提名；倡仪。此二句言：轵县人杨季主，他的儿子在县里当掾吏；就是此人把郭解的名字报上去，才使郭解要迁徙的。　②"解兄子"句：因此郭解的侄子把这个姓杨的掾吏杀死，砍下了他的头。

　　解入关，关中贤豪知与不知①，闻其声争交欢解。
　　①"关中"二句：此言郭解虽久居函谷关以东，但关中地方久已闻名，所以郭解入关以后，关中有名望的豪绅不论认识郭解与否，一听到消息就抢着同郭解交朋友。

解为人短小，不饮酒，出未尝有骑①。

①"出未尝"句：出门从来没有骑过马。按，此文上之"解为人短小，不饮酒"二句，疑是衍文，中井积德说："是复出，误写耳。'出未尝有骑'句，当在前文'不敢乘'上。"近是，录以备考。

已又杀杨季主①。杨季主家上书，人又杀之阙下②。上闻，乃下吏捕解。解亡，置其母、家室夏阳，身至临晋③。临晋籍少公素不知解④，解冒，因求出关⑤。籍少公已出解⑥，解转入太原⑦。所过辄告主人家⑧。吏逐之，迹至籍少公⑨，少公自杀，口绝⑩。久之，乃得解⑪，穷治所犯，为解所杀皆在赦前⑫。轵有儒生侍使者坐⑬，客誉郭解⑭，生曰："郭解专以奸犯公法，何谓贤⑮！"解客闻，杀此生，断其舌。吏以此责解⑯，解实不知杀者；杀者亦竟绝，莫知为谁⑰。吏奏解无罪⑱。御史大夫公孙弘议曰："解布衣为任侠，行权，以睚眦杀人⑲，解虽弗知，此罪甚于解杀之⑳。当大逆无道㉑。"遂族郭解翁伯㉒。

①"已又杀"句：过了不久，杨季主也被郭解的朋友杀死了。　②"杨季主家"二句：此言杨季主家里的人到京城来向皇帝上书申冤，又被人杀死在京城里。按，阙下，犹言京中，俗所谓天子脚下，不一定专指宫阙之下。　③"解亡"三句：此言郭解于是逃亡在外，把他的母亲和妻室等安置在夏阳，自己则逃到临晋。按，夏阳、临晋皆已见前《淮阴侯列传》注释。　④"临晋籍少公"句：籍少公，临晋人，籍，姓；少公，名。素不知解，本来一向不认识郭解。　⑤"解冒"二句：上句：冒，郭嵩焘说："谓郭解冒昧自投也。"《史记会注考证》引冈白驹之说，以"冒"为假冒他人姓名，疑非是。今按，籍少公当是临晋地方的一位侠士，他本不认识郭解，但郭解却慕名冒昧往见。下句：言郭解于是请求籍少公设法护送他逃出临晋关。　⑥籍少公已出解：此言籍少公既知郭解犯法的原委，便愿担负罪名把郭解放走。按，据此文，益知上文"冒"字非假冒他人名姓。　⑦解转入太原：太原，秦、汉时郡名，所治地

区约当今山西省中部一带，郡治即今之太原。此言郭解从籍少公处又辗转逃到太原。　⑧"所过"句：过，读平声，经过的地方，也指郭解所投奔的人。告，预先告知。主，动词，本作"住宿在居停主人之处"解，此处有"投奔"之意；"主人"不是一个词，主人家，《汉书》作"主人处"，指郭解所投奔的朋友的住处。按，此是作者插入的补叙之文。郭嵩焘说："所过必告人家，乃追溯初亡时语。言将过某处，先告某人，吏至，得指示某处以自脱，不为所累也。"中井积德也说："主人家，谓今后所经过之家。故吏得迹之。"此言郭解每投奔一处，临去时必说明自己将投奔何处，住于何人家中。按，这样做法既免使这一家受牵累，更表示自己行踪光明磊落。　⑨"吏逐之"二句：此承上文"解亡"而言，谓郭解既出走，又处处预先告知自己的行踪，因此差吏搜捕郭解，终于追踪到籍少公这里。　⑩"少公"二句：籍少公自然知道郭解的下落，但为了救郭解，便自杀以灭口，于是追捕的线索也就断绝了。　⑪"久之"二句：又过了好久，才捉到郭解。　⑫"穷治"二句：穷治，根究；彻查。所犯，指郭解所犯的罪。此言根究郭解所做的案件，凡是被郭解所杀的人都是在大赦以前杀的。按，依照汉代的法律，在大赦以前所犯的罪行是可以被赦免的。　⑬"轵有"句：使者，指京中派来调查郭解案件的专使。此言轵县的一个书生陪侍着这位使者闲坐谈话。　⑭"客誉"句：有一个座上客在使者面前称赞郭解。　⑮"郭解专以"二句：这个书生就说："郭解专做坏事来触犯公家的法律，怎么能说他好呢！"　⑯"吏以此"二句：执法的官吏根据这件事责问郭解，郭解既已被捕，确实不知杀人者是谁。　⑰"杀者"二句：杀人者也竟自绝迹不见，到底也不知是什么人。　⑱吏奏解无罪：执法的官吏奏明皇帝，认为郭解无罪。王伯祥说："根据郭解所犯都在赦前，而杀儒生的人又未获主犯，所以官吏奏报上去，认为郭解无罪。"按，王说是。　⑲"行权"二句：上句：犹言作威作福。下句：睚眦，已见前注，此指动辄以小怨杀人。　⑳"解虽"二句：言："有的案件虽然并非郭解所为，郭解也不知道谁是凶手，但这些案件都是因为郭解而发生的，所以郭解的罪行比他自己杀人的罪还要大。"今按，这种结论是非常牵强的，中井积德说："弗知之罪，甚于亲杀，是老吏弄文处。"可见作者从而也批判了公孙弘违反正义的立场。　㉑当大逆无道：当，判决。此言：终于判决郭解所犯的是大逆不道的罪名。㉒"遂族"句：因此就以灭族的处分把郭解的全家都杀掉了。梁玉绳引王氏说："翁伯二字衍。是处何必复表其字耶！"今按，此是作者有意表彰和同情郭解的表示，故特意称其字；翁伯，恐非衍文。又按，周寿昌说："案，《后书（《后汉书》》·郭伋传》：'……高祖父解，……父梵（音蓬），为蜀郡太守。'（梵）是解之曾孙，伋则其玄孙也。解虽被诛，必有慕其侠义而藏其后人者，故至东汉复盛也。"录以备考。

自是之后，为侠者极众，敖而无足数者①。然关中长安樊仲子、槐里赵王孙、长陵高公子、西河郭翁仲、太原卤公孺、临淮兒长卿、东阳田君孺②：虽为侠，而逡逡有退让君子之风③。至若北道姚氏、西道诸杜、南道仇景、东道赵他羽公子、南阳赵调之徒④，此盗跖居民间者耳，曷足道哉⑤！此乃乡者朱家之羞也⑥。

①"敖而无足"句：敖，同"傲"。数，读上声，称道。此言这些任侠的人都倨傲无礼，没有可称道的。②"然关中"至"田君孺"：此句罗列当时游侠的籍贯和姓名，计：长安人樊仲子（长安，当时京都的属县，归京兆尹管辖；樊，姓；仲子，名。《汉书》作"樊中子"）、槐里人赵王孙（槐里，汉县名，参阅前茂陵注；赵，姓；王孙，名）、长陵人高公子（长陵，汉高祖陵墓所在地，在陕西省咸阳县东；高，姓；公子，名），以上是京城附近的侠士，皆在关中，故前面贯以"关中"字样。此外还有：西河人郭翁仲（西河，汉郡名，所辖地当今鄂尔多斯左翼前旗一带；郭，姓；翁仲，名）、太原人卤公孺（卤，同"鲁"，姓；公孺，名。《汉书》即作"鲁公孺"）、临淮人兒长卿（临淮，汉郡名，郡治故城在今江苏省睢宁县西南；兒，古"倪"字，姓；长卿，名；长，读上声）、东阳人田君孺（东阳，已见前《项羽本纪》注释；田，姓；君孺，名。《汉书》作"陈君孺"）。③"而逡逡"句：逡逡，通"悛悛"，即"恂恂"（《汉书》此句作"恂恂"），已见前《李将军列传》末段注释。此言上述这些人虽任侠尚武，但谨厚笃实有君子谦让的风度。④"至若"至"之徒"：北道、西道等，犹言北路、西路，指以京师为中

心，北、西、南、东各个方向的地区。仇，音求，姓。赵他羽公子，《史记索隐》："此姓赵，名他羽，字公子也。"而钱大昕、杨树达则以为是赵他和羽公子二人；兹两存其说。南阳，郡名，郡治即今河南省南阳县。此言：至于像北路上的姚氏、西路上的几个姓杜的、南路上的仇景、东路上的赵他羽以及南阳的赵调等一类人。　⑤"此盗跖"二句：言：像上述这些人不过是住在人民中间的强盗头儿，哪里值得一谈呢！盗跖，此处是借喻，犹言盗魁。意谓这些人乃是残害人民的强盗，根本不是侠客。　⑥"此乃"句：乡，同向，从前；往时。此言真是从前朱家那样的人所引为耻辱的事。

（以上是第四大段，写郭解生平任侠的情状以及郭解以后的真侠和伪侠。）

　　太史公曰：吾视郭解①，状貌不及中人，言语不足采者②。然天下无贤与不肖、知与不知，皆慕其声③；言侠者皆引以为名④。谚曰："人貌荣名，岂有既乎⑤！"於戏惜哉⑥！

　　①吾视郭解：按，从这句话可以看出，司马迁是见过郭解而且跟他谈过话的。　②"状貌"二句：中人，平常人；普通人。不足采，无可取。此连上文大意是：我眼中的郭解，外表还不如一个普通人，谈吐也没有可取的地方。　③"然天下"二句：大意是：但是天下无论贤者或是不肖者、无论认识或是不认识他的人，都仰慕他的声望。　④"言侠者"句：社会上凡是讲究任侠好义的人，都标榜郭解以提高自己的名气。　⑤"人貌"二句：李笠说："案，《方言》六：'既，定也。'此言郭解状貌不扬，而得荣名；故以人貌荣名无关为解。"此二句大意是：一个人的形象容貌和他的荣誉，哪里有必然联系呢！言外之意谓郭解的外表虽然平常，却得到很多人的爱戴景仰，可见一个人只要有好行为就可以得到荣誉；至于身份的贵贱和教育程度的高低是没有关系的。　⑥於戏惜哉：於戏，同"呜呼"。惜，可痛惜、可惋惜；中井积德说："惜其不令终（善终）也。"

（以上是第五大段，作者对郭解表示了极大的惋惜。）

史记今释 乙编

平准书

汉兴,接秦之敝①,丈夫从军旅,老弱转粮饷,作业剧而财匮,自天子不能具钧驷②,而将相或乘牛车,齐民无藏盖。于是为秦钱重难用,更令民铸荚③钱,万④金一斤,约法省禁。而不轨逐利之民,蓄积余赢,以稽市物,物痛腾跃⑤,米至石万钱,马一匹则百金。

天下已平,高祖乃令贾人不得衣丝乘车,重租税以困辱之。孝惠、高后时,为天下初定,复弛商贾之律,然市井之子孙亦不得仕宦为吏。量吏禄,度官用,以赋于民。而山川园池市井租税之入,自天子以至于封君汤沐邑,皆各为私奉养焉,不领于天下⑥之经费。漕转关⑦东粟,以给中都官⑧,岁不过数十万石。至孝文时,荚钱益多,轻,乃更铸四铢钱,其文为"半两"⑨,令民纵得自铸钱⑩。故吴,诸侯也,以即山铸钱,富埒天子,其后卒以叛逆。邓通,大夫也,以铸钱财过王者。故吴、邓氏钱布天下,而铸钱之禁生焉。

匈奴数侵盗北边,屯戍者多,边粟不足给食当食者。于是募民能输及转粟于边者拜爵,爵得至大庶长⑪。

孝景时,上郡以西旱,亦复修卖爵令,而贱其价以招民;及徒复作,得输粟县官以除罪⑫。益造苑马以广用,而宫室列观舆⑬马益增修矣。

至今上即位数岁,汉兴七十余年之间,国家无事,非遇水旱之灾,民则人给家足,都鄙廪庚皆满,而府库余⑭财。

京师之钱累百⑭巨万，贯朽而不可校。太仓之粟陈陈相因，充溢露积于外，至腐败不可食。众庶街巷有马，阡陌之间成群，而乘牸⑮牝者摈而不得聚会。守闾阎者食粱肉，为吏者长子孙，居官者以为姓号。故人人自爱而重犯法，先行义而⑯绌耻辱焉。当此之时，网疏而民富，役财骄溢，或至兼并豪党之徒，以武断于乡曲。宗室有土公卿大夫以下，争于奢侈，室庐舆服僭于上，无限度。物盛而衰，固其变也。

　　自是之后，严助、朱买臣等招来东瓯⑰，事两越⑱，江、淮之间萧然⑲烦费矣。唐蒙、司马相如开路西南夷，凿山通道千余里，以广巴蜀，巴蜀之民罢⑳焉。彭吴穿濊㉑朝鲜，置沧海之郡，则燕、齐之间靡然发动。及王恢㉒谋马邑，匈奴绝和亲，侵扰北边，兵连而不解，天下苦其劳，而干戈日滋。行者赍，居者送，中外骚扰而相奉，百姓抏弊以巧法，财赂衰耗而不赡。入物者补官，出货者除罪，选举陵迟，廉耻相冒，武力进用，法严令具。兴利之臣自此始也。

　　其后汉将岁以数万骑出击胡，及车骑将军卫青取匈奴河南地，筑朔方。当是时，汉通西南夷道，作者数万人，千里负檐馈粮，率十余钟致一石㉓，散币于邛僰以集之。数岁道不通，蛮夷因以数攻，吏发兵诛之。悉巴、蜀租赋不足以更㉔之，乃募豪民田南夷，入粟县官，而内受钱于都内。东置沧海之郡，人徒之费拟于南夷。又兴十万余人筑卫朔方，转漕甚辽远，自山东咸被其劳，费数十百巨万，府库益虚。乃募民能入奴婢得以终身复，为郎增秩㉕，及入羊为郎，始于此。

　　其后四年，而汉遣大将军㉖将六将军，军十余万，击右贤王，获首虏万五千级。明年，大将军将六将军仍再出击胡，得首虏万九千级。捕斩首虏之士受赐黄金二十余万斤，虏数万人皆得厚赏，衣食仰给县官；而汉军之士马死者十余万，兵甲之财、转漕之费不与焉。于是大农陈藏钱㉗经耗，赋税既竭，犹不足以奉战士。有司言㉘："天子曰'朕闻五帝之教不相复而治，禹、汤之法不同道而王，所由殊路，而建德一也。北边未安，朕甚悼之。日者，大将军攻匈奴，斩首虏万九千级，留蹛㉙无所食。议令民得买爵及赎禁固免减罪㉚'。请置赏官，命曰武功爵。级十七万，凡直三十余万金。诸买武功爵官首者试补吏，先除；千夫如五大夫；其有罪又减二等；爵得至乐卿；以显军功。"军功多用越等，大者封侯卿大夫，小者郎吏。吏道杂而多端，则官职耗废。

自公孙弘以《春秋》之义绳臣下取汉相，张汤用峻文决理为廷尉，于是见知之法生，而废格沮诽穷治之狱用矣。其明年，淮南、衡山、江都王谋反迹见，而公卿寻端治之，竟其党与，而坐死者数万人。长吏益惨急而法令明察。

当是之时，招尊方正贤良文学之士，或至公卿大夫。公孙弘以汉相，布被，食不重味，为天下先。然无益于俗，稍骛于功利矣。

其明年，骠骑仍再出击胡，获首四万。其秋，浑邪王率数万之众来降，于是，汉发车二万乘迎之。既至，受赏赐，及有功之士。是岁费凡百余巨万。

先是㉛十余岁河决观㉜，梁、楚之地固已数困，而缘河之郡堤塞河，辄决坏，费不可胜计。其后番系欲省底柱之漕，穿汾、河渠以为溉田，作者数万人；郑当时为渭漕渠回远，凿直渠，自长安至华阴，作者数万人；朔方亦穿渠，作者数万人；各历二三期，功未就，费亦各巨万十数。

天子为伐胡,盛养马,马之往㉝来食长安者数万匹,卒㉞掌者关中不足,乃调旁近郡。而胡降者皆衣食县官,县官不给,天子乃损膳,解乘舆驷,出御府禁藏以赡之。

其明年,山东被水菑,民多饥乏,于是天子遣使者虚郡国仓庾以振贫民。犹不足,又募豪富人相贷假。尚不能相救,乃徙贫民于关以西,及充朔方以南新秦中,七十余万口,衣食皆仰给县官。数岁,假予产业,使者分部护之,冠盖相望。其费以亿计,不可胜数。于是县官大空。而富商大贾或蹛财役贫,转毂百数,废居居邑㉟,封君皆低首仰给。冶铸煮盐,财或累万金;而不佐国家之急,黎民重困。于是天子与公卿议,更钱造币以赡用,而摧浮淫并兼之徒。是时禁苑有白鹿而少府多银锡。自孝文更造四铢钱,至是岁四十余年㊱,从建元以来,用少,县官往往即多铜山而铸钱,民间亦㊲盗铸钱,不可胜数。钱益多而轻,物益少而贵。有司言曰:"古者皮币,诸侯以聘享。金有三等,黄金为上,白金为中,赤金为下。今半两钱法重四铢,而奸或盗摩钱质而取鋊㊳,钱益轻薄而物贵,则远方用币烦费不省。"乃以白鹿皮方尺,缘以藻缋,为皮币,直四十万。王侯宗室朝觐聘享,必以皮币荐璧,然后得行。

又造银锡为白金。以为天用莫如龙,地用莫如马,人用莫如龟,故白金三品:其一曰白选,重八两,圜之,其文龙㊴,直三千;二曰重差小,方之,其文马,直五百;三曰复小,隋之,其文龟,直三百。令县官销半两钱,更铸三铢钱,文如其重。盗铸诸金钱罪皆死,而吏民之盗铸白金者不可胜数。

于是以东郭咸阳、孔仅为大农丞,领盐铁事;桑弘羊以计算用事,侍中。咸阳,齐之大煮盐;孔仅,南阳大冶,皆致生累千金,故郑当时进言之。弘羊,雒阳贾人子,以心计,年十三侍中。故三人言利事析秋豪矣。

法既益严,吏多废免,兵革数动,民多买复及五大夫、千夫⑩,征发之士益鲜。于是除千夫、五大夫为吏,不欲者出马;故吏皆⑪適令伐棘上林,作昆明池。

其⑫年,大将军、骠骑大出击胡,得首虏八九万级,赏赐五十万金,汉军马死者十余万匹,转漕车甲之费不与焉。是时财匮,战士颇不得禄矣。

有司言三铢钱轻,易奸诈,乃更请诸郡国铸五铢钱,周郭其质,令不可磨取鋊焉⑬。

大农上盐铁丞孔仅、咸阳言:"山海,天地之藏也,皆宜属少府,陛下不私,以属大农佐赋。愿募民自给费,因官器作煮盐,官与牢盆。浮食奇民欲擅管山海之货,以致富羡,役利细民。其沮事之议,不可胜听。敢私铸铁器煮盐者,釱左趾,没入其器物。郡不出铁者,置小铁官,便属在所县。"使孔仅、东郭咸阳乘传举行天下盐铁,作官府,除故盐铁家富者为吏。吏道益杂,不选,而多贾人矣。

商贾以币之变,多积货逐利。于是公卿言:"郡国颇被菑害,贫民无产业者,募徙广饶之地。陛下损膳省用,出禁钱以振元元,宽贷赋,而民不齐出于南亩,商贾滋众。贫者畜积无有,皆仰县官。异时算轺车贾人缗钱皆有差,请算如故。诸贾人末作贳贷卖⑭买,居邑积⑭诸物,及商以取利者,虽无市籍,各以其物自占,率缗钱二千而一算。诸作有租及铸,率缗钱四千一算。非吏比者三老、北边骑士,轺车以一算;商贾人轺车二算;船五丈以上一算。匿不自占,占不悉,戍边一岁，没入缗钱。有能告者，以其半畀之。贾人有市籍者，及其家属，皆无得籍名田，以便农。敢犯令，没入田僮。"

天子乃思卜式之言，召拜式为中郎，爵左庶长，赐田十顷，布告天下，使明知之。

初，卜式者，河南人也，以田畜为事。亲死，式有少弟，弟壮，式脱身出分，独取畜羊百余，田宅财物尽予弟。式入山牧十余岁，羊致千余头，买田宅。而其弟尽破其业，式辄复分予弟者数矣。是时汉方数使将击匈奴，卜式上书，愿输家之半县官助边。天子使使问式："欲官乎？"式曰："臣少牧，不习仕宦，不愿也。"使问曰："家岂有冤，欲言事乎？"式曰："臣生与人无分争。式邑人贫者贷之，不善者教顺之，所居人皆从式，式何故见冤于人！无所欲言也。"使者曰："苟如此，子何欲而然？"式曰："天子诛匈奴，愚以为贤者宜死节于边，有财者宜输委，如此而匈奴可灭也。"使者具其言入以闻。天子以语丞相弘。弘曰："此非人情。不轨之臣，不可以为化而乱法，愿陛下勿许。"于是上久不报式，数岁，乃罢式。式归，复田牧。岁余，会军数出，浑邪王等降，县官费众，仓府空。其明年，贫民大徙，皆仰给县官，无以尽赡。卜式持钱二十万予河南守，以给徙民。河南上富人助贫人者籍，天子见卜式名，识之，曰"是固前而欲输其家半助边"，乃赐式外繇四百人。式又尽复予县官。是时富豪皆争匿财，唯式尤欲输之助费。天子于是以式终长者，故尊显以风百姓。

初，式不愿为郎。上曰："吾有羊在㊺上林中，欲令子牧之。"式乃拜为郎，布衣屩㊻而牧羊。岁余，羊肥息。上过见其羊，善之。式曰："非独羊也，治民亦犹是也。以时起居；

恶者辄斥去，毋令败群。"上以式为奇，拜为缑氏令试之，缑氏便之。迁为成皋令，将漕最。上以为式朴忠，拜为齐王太傅。

而孔仅㊼使天下铸作器，三年中拜为大农，列于九卿。而桑弘羊为大农丞，筦诸会计事，稍稍置均输以通货物矣。

始令吏得入谷补官，郎至六百石。

自造白金五铢钱后三㊽岁，赦吏民之坐盗铸金钱死者数十万人。其不发觉相杀者，不可胜计。赦自出者百余万人。然不能半自出，天下大抵无虑皆铸金钱矣。犯者众，吏不能尽诛取，于是遣博士褚大、徐偃等分曹循行郡国，举兼并之徒守相为利㊾者。而御史大夫张汤方隆贵用事，减宣、杜周等为中丞，义纵、尹齐、王温舒等用惨急刻深为九卿，而直指夏兰之属始出矣。

而大农颜异诛。初，异为济南亭长，以廉直稍迁至九卿。上与张汤既造白鹿皮币，问异。异曰："今王侯朝贺以苍璧，直数千，而其皮荐反四十万，本末不相称。"天子不说。张汤又与异有郤，及人有告异以它议，事下张汤治异。异与客语，客语云㊿："初令下有不便者，异不应，微反唇。"汤奏当异九卿见令不便，不入言而腹诽，论死。自是之后，有腹诽之法以此，而公卿大夫多谄谀取容矣。

天子既下缗钱令而尊卜式，百姓终莫分财佐县官，于是杨可告缗钱纵矣。

郡国人㊼多奸铸钱，钱多轻，而公卿请令京师铸钟官赤侧，一当五，赋官用非赤侧不得行。白金稍贱，民不宝用，县官以令禁之，无益。岁余，白金终废不行。

是岁也，张汤死而民不思。

其后二岁，赤侧钱贱，民巧法用之，不便，又废。于是悉禁郡国无铸钱，专令上林三官铸。钱既多，而令天下非三官钱不得行，诸郡国所前铸钱皆废销之，输其铜三官。而民之铸钱益少，计其费不能相当，唯真工大奸乃盗为之。

卜式相齐，而杨可告缗遍天下，中家以上大抵皆遇告。杜周治之，狱少反者。乃分遣御史廷尉正监分曹往，即治郡国缗钱，得民财物以亿计，奴婢以千万数，田大县数百顷，小县百余顷，宅亦如之。于是商贾中家以上大率破，民偷甘食好衣，不事畜藏之产业，而县官有盐铁缗钱之故，用益饶矣。

益广关，置左右辅。

初，大农筦盐铁官布多，置水衡，欲以主盐铁；及杨可告缗钱，上林财物众，乃令水衡主上林。上林既充满，益广。是时越欲与汉用船战逐，乃大修昆明池，列观环之。治楼船，高十余丈，旗帜加其上，甚壮。于是天子感之，乃作柏梁台，高㊿数十丈。宫室之修，由此日丽。

乃分缗钱诸官，而水衡、少府、大农、太仆各置农官，往往即郡县比没入田田之。其没入奴婢，分诸苑养狗马禽兽，及与诸官。诸官益杂置多，徒奴婢众，而下河漕度四百万石，及官自籴乃足。

所忠言："世家子弟富人或斗鸡走狗马，弋猎博戏，乱齐民。"乃征诸犯令，相引数千人，命曰"株送徒"。入财者得补郎，郎选衰矣。

是时山东被河菑，及岁不登数年，人或相食，方一二千里。天子怜之，诏曰："江南火耕水耨，令饥民得流就食江、淮间，欲留，留处。"遣使冠盖相属于道，护之，下巴、蜀粟以振之。

其明年，天子始巡郡国。东度河，河东守不意行至，不辨，自杀。行西逾陇，陇西守以行往卒，天子从官不得食，陇西守自杀。于是上北出萧关，从数万骑，猎新秦中，以勒边兵而归。新秦中或千里无亭徼，于是诛北地太守以下，而令民得畜牧边县，官假马母，三岁而归，及息什一，以除告㊟缗，用充仞新秦中。

既得宝鼎，立后土、太一祠，公卿议封禅事，而天下郡国皆豫治道桥，缮故宫㊟，及当驰道县，县治官储，设供具，而望以待幸。

其明年，南越反，西羌侵边为桀。于是天子为山东不赡㊟，赦天下，因南方楼船卒二十余万人击南越，数万人发三河以西骑击西羌，又数万人渡河筑令居㊟。初置张掖、敦煌㊟郡，而上郡、朔方、西河、河西开田官，斥塞卒六十万人戍田之。中国缮道馈粮，远者三千，近者千余里，皆仰给大农。边兵不足，乃发武库工官兵器以赡之。车骑马乏绝，县官钱少，买马难得，乃著令㊟，令封君以下至三百石以上吏，以差出牝马天下亭，亭有畜牸马，岁课息。

齐相卜式上书曰："臣闻主忧臣辱。南越反，臣愿父子与齐习船者往死之。"天子下诏曰："卜式虽躬耕牧，不以为利，有余辄助县官之用。今天下不幸有急，而式奋愿父子死之，虽未战，可谓义形于内。赐爵关内侯，金六十斤，田十顷。"布告天下，天下莫应。列侯以百数，皆莫求从军击羌、越。至酎，少府省金，而列侯坐酎金失侯者百余人。乃拜式为御史大夫。

式既在位，见郡国多不便县官作盐铁，铁器苦恶，贾贵，或强⁵⁹令民卖买之。而船有算，商者少，物贵，乃因孔仅言船算事。上由是不悦卜式。

汉连兵三岁，诛羌，灭南越，番禺以西至蜀南者置初郡十七，且以其故俗治，毋赋税。南阳、汉中以往郡，各以地比给初郡吏卒奉食币物，传车马被具。而初郡时时小反，杀吏，汉发南方吏卒往诛之，间岁万余人，费皆仰给大农。大农以均输调盐铁助赋，故能赡之。然兵所过县，为以訾给毋乏而已，不敢言擅赋法矣。

其明年，元封元年，卜式贬秩为太子太傅。而桑弘羊为搜⁶⁰粟都尉，领大农，尽代仅筦天下盐铁。弘羊以诸官各自市，相与争，物故腾跃，而天下赋输或不偿其僦费，乃请置大农部丞数十人，分部主郡国，各往往县⁶¹置均输盐铁官，令远方各以其物贵时商贾所转贩者为赋，而相灌输。置平准于京师，都受天下委输。召工官治车诸器，皆仰给大农。大农之诸官尽笼天下之货物，贵即卖之，贱则买之。如此，富商大贾无所牟大利，则反本，而万物不得腾踊。故抑天下物，名曰"平准"。天子以为然，许之。于是天子北至朔方，东到太山，巡海上，并北边以归。所过赏赐，用帛百余万匹，钱金以巨万计，皆取足大农。

弘羊又请令吏得入粟补官，及罪人赎罪。令民能入粟甘泉各有差，以复终身，不告缗。他郡各输急处，而诸农各致粟，山东漕益岁六百万石。一岁之中，太仓、甘泉仓满。边余谷诸物均输帛五百万匹。民不益赋而天下用饶。于是弘羊赐爵左庶长，黄金再百斤⁶²焉。

是岁小旱，上令官求雨。卜式言曰："县官当食租衣税而已，今弘羊令吏坐市列肆，贩物求利。亨弘羊，天乃雨⁶³。"

太史公曰：农工商交易之路通，而龟贝金钱刀布之币兴焉。所从来久远，自高辛氏之前尚矣，靡得而记云。故书道唐、虞之际，诗述殷、周之世，安宁则长庠序，先本绌末，以礼义防于利；事变多故而亦反是。是以物盛则衰，时极而转，一质一文，终始之变也。禹贡九州，各因其土地所宜，人民所多少而纳职焉。汤、武承弊易变，使民不倦，各兢兢所以为治，而稍陵迟衰微。齐桓公用管仲之谋，通轻重之权，徼山海之业，以朝诸侯，用区区之齐显成霸名。魏用李悝[64]，尽地力，为强君。自是之后，天下争于战国，贵诈力而贱仁义，先富有而后推让。故庶人之富者或累巨万，而贫者或不厌糟糠；有国强者或并群小以臣诸侯，而弱国或绝祀而灭世。以至于秦，卒并海内。虞、夏之币，金为三品，或黄，或白，或赤；或钱，或布，或刀，或龟贝。及至秦，一中[65]国之币为二[66]等，黄金以镒名，为上币；铜钱识曰半两，重如其文，为下币。而珠玉、龟贝、银锡之属为器饰宝藏，不为币。然各随时而轻重无常。于是外攘夷狄，内兴功业，海内之士力耕不足粮饷，女子纺绩不足衣服。古者尝竭天下之资财以奉其上，犹自以为不足也。无异故云，事势之流，相激使然，曷足怪焉。

①敝，景祐本作"弊"，今依张森楷从《汉书》改。
②《史记索隐》："天子驾驷马，其色宜齐同，今言国家贫，天子不能具钧色之驷马。"
③景祐本原脱"荚"字，今依张森楷从《汉书》补。
④景祐本"万"作"黄"，今从梁玉绳改，谓一万钱值金一斤也。
⑤景祐本"赢"作"业"，"痛"作"踊"，"跃"作"枭"；今从梁玉绳、张森楷改。

⑥《新校注稿》云:"《汉志》'下'作'子',于谊为短;然《索隐》言天子之常税,岂史文亦本作天子与？"
⑦景祐本"关"作"山",今依张森楷从《汉书》改。
⑧颜师古说:"'中都官',京师诸官府也。"
⑨《会注考证》引中井积德说:"钱重与文不相应也。"
⑩贾谊谏之,文帝不听。见《汉志》。
⑪《索隐》谓:"《汉书·食货志》云,文帝用晁错言,令人入粟边,六百石爵上造,稍增至四千石为五大夫,万二千石为大庶长,各以多少为差。"
⑫《会注考证》引方苞曰:"复,除也;徒,当作者。得入粟以除之也。"
⑬舆,景祐本误刻为"与"。
⑭张森楷从《汉志》:"'余'下无'货'字,'巨'上有'百'字。"今从之。
⑮牸,原作"字",张森楷从《汉书》改。牸,音字,牝也。时马为耕畜,故成群于阡陌之间,以牝驾车,使与牡者不相会,以免生殖过繁也。
⑯"而"下原衍"后"字,从王念孙删。
⑰东瓯故地在今浙江台州一带。
⑱两越故地在今广东、福建。
⑲颜师古曰:"萧然,骚然;劳动之貌。"
⑳罢,古"疲"字。
㉑"穿濊"原作"贾灭",从王念孙、钱大昕改。按,濊指濊水,在今河北省。穿,谓彭吴开道穿过濊水及朝鲜也。
㉒"王恢"下原衍"设"字,从张森楷删。
㉓"钟"为量器名,合六石四斗。
㉔《会注考证》采韦昭"更,偿也"之说。
㉕颜师古曰:"庶人入奴婢则复终身;为郎者,就增其秩也。"
㉖"军"字原脱,今从《会注考证》补,盖由下文"大将军卫青"可证。
㉗陈藏钱,谓积久所藏之钱也。"陈"非"陈述"之意,或以"于是大农陈"为句,非。盖如"大农陈"为大农陈述于天子,则下不应再有"有司言"一句矣。

㉘有司以不能奉战士言于天子。
㉙谓兵久在外也。
㉚或以"留蹛无所食"句止，以上为诏文，按，如此则言事未毕，应以此句以上为诏文。
㉛"先"上原衍"初"字，"是"下原衍"往"字，今从张森楷删。
㉜《会注考证》："钱大昕曰：'是时河决瓠子，东注钜野，不及观也，《汉书》作'灌'，属下句，当从之。'齐召南曰：'瓠子地在濮阳，其对岸即观县，史作"河决观"，是也。'"
㉝原无"往"字，依张森楷从《汉书》补。
㉞"卒"下原衍"牵"字，依张森楷从《汉书》删。
㉟此三句谓积资本以奴役贫民，自有车以百计，废弃其原籍之故居而居大都邑中。
㊱《会注考证》："梁玉绳曰：'铸四铢钱在孝文五年，至孝武元狩四年造白金皮币，凡五十七年，此云四十余年，非也。又，文帝铸四铢钱后，建元元年坏四铢行三铢，建元五年罢三铢行半两钱，至元狩四年始改白金皮币，何尝五十余年皆用孝文四铢钱哉！《汉志》亦仍此误。'愚按，是岁承上文其明年山东被水灾民多饥乏，则元狩三年也。梁氏据《汉书》武纪元狩四年造白金，以《史记》为误。盖曰三年者，依议更造之岁；曰四年者，依行钱币之岁，皆未尝误也。四十，疑当五十之讹。"
㊲"间亦"原误作"亦间"，从张森楷改。
㊳"质而"原误"裹"，"铅"原误"镕"，从钱大昕、张森楷改。《说文》："铅，铜屑也。"谓磨钱之质取其屑以更铸钱也。
㊴原作"其一曰重八两，圜之，其文龙"，误。从刘奉世、张森楷改。
㊵"千夫"二字原脱，从张森楷补。
㊶"皆"下原衍"通"字，从张森楷删。
㊷"其"下原衍"明"字，从张森楷删。上所述造皮币、白金及此言击胡，皆元狩四年事也。
㊸"质"原误"下"。此谓钱四周稍高为郭，使不可磨，无质取屑，盖四周有郭，磨则无郭，不类钱矣，且磨之所为亦少也。
㊹原脱"卖"字，"积"字误"稽"，从张森楷改。
㊺"在"字原脱，从王念孙补。

㊻草鞋也。

㊼“孔仅”下原衍“之”字，今从张森楷改。

㊽“三”原作“五”，从梁玉绳改。

㊾“利”原误“吏”，张森楷从《汉志》改。

㊿“云”字原脱，张森楷从《汉志》补。

(51)原脱“人”字，王念孙从索隐本补。

(52)原脱“高”字，今补之。

(53)“告”字原误刻为“占”，今正之。

(54)“宫”字原误刻为“官”，今改之。

(55)“赡”字原误刻为“瞻”，今正之。

(56)令居故地在今甘肃平番县西北。

(57)“敦煌”原误为“酒泉”。按，酒泉郡，元狩二年与武威郡同置。元鼎六年分武威、酒泉地，置张掖、敦煌郡，是原“酒泉”二字为“敦煌”之误甚显。

(58)“令”字原误刻为“今”，今改正之。

(59)“强”字原误刻为“疆”，今改正之。

(60)“搜”原误“治”。

(61)各往往县，谓各人往其指定前往之县也。

(62)谓两度赐金百斤。

(63)叙事未终而文止，当为司马迁未完之稿。

(64)“悝”原误“克”，从梁玉绳改。

(65)“一中”原误“中一”，盖以“及至秦中”为句。按，秦祚短，向无初、中、晚之分，今以“及至秦”为句，中字属下句，并乙于“一”字下，则悉可通矣。

(66)“二”原误“三”，观下文只二等，知“三”误也。《汉志》亦作“二”。

孔子世家

　　孔子生鲁昌平乡陬邑①。其先宋人也，曰孔防叔②。防叔生伯夏，伯夏生叔梁纥③。纥与颜氏野合而生孔子④，祷于尼丘得孔子。鲁襄公二十二年而孔子生⑤。生而首上圩顶，故因名曰丘云。字仲尼，姓孔氏。

　　丘生而叔梁纥死⑥，葬于防山⑦。防山在鲁东，由是孔子疑其父墓处，母讳之也。孔子为儿嬉戏，常陈俎豆，设礼容。孔子母死⑧，乃殡五父之衢⑨，盖其慎也。郰人挽父之母诲孔子父墓，然后往合葬于防焉。

　　孔子要绖，季氏飨士，孔子与往。阳虎绌曰："季氏飨士，非敢飨子也。"孔子由是退。

　　孔子年十七，鲁大夫孟釐子病且死⑩，诫其嗣懿子曰："孔丘，圣人之后⑪，灭于宋。其祖弗父何始有宋而嗣让厉公。及正考父佐戴、武、宣公，三命兹益恭，故鼎铭云：'一命而偻，再命而伛，三命而俯，循墙而走，亦莫敢余侮。饘于是，粥于是，以糊余口。'其恭如是。吾闻圣人之后，虽不当世，必有达者。今孔丘年少好礼，其达者欤？吾即没，若必师之。"及釐子卒，懿子与鲁人南宫敬叔往学礼焉。是岁，季武子卒，平子代立。

　　孔子贫且贱。及长，尝为季氏史⑪，料量平；尝为司职吏而畜蕃息⑫。由是为司空。已而去鲁，斥乎齐，逐乎宋、卫，困于陈、蔡之间，于是反鲁。孔子长九尺有六寸，人皆谓之"长人"而异之。鲁复善待，由是反鲁⑬。

鲁南宫敬叔言鲁君曰："请与孔子适周。"鲁君予之一乘车，两马，一竖子俱，适周问礼，盖见老子云⑭。辞去，而老子送之曰："吾闻富贵者送人以财，仁者送人以言。吾不能富贵，窃仁人之号，送子以言，曰：'聪明深察而近于死者，好议人者也。博辩广大危其身者，发人之恶者也。为人子者毋以有己，为人臣者，毋以有己⑮。'"孔子自周反于鲁⑯，弟子稍益进焉。

是时也，晋平公淫，六卿擅权，东伐诸侯；楚灵王兵强，陵轹中国；齐大而近于鲁。鲁小弱，附于楚则晋怒；附于晋则楚来伐；不备于齐，齐师侵鲁。

鲁昭公之二十年，而孔子盖年三十矣。齐景公与晏婴来适鲁⑰，景公问孔子曰："昔秦穆公国小处辟，其霸何也？"对曰："秦，国虽小，其志大；处虽辟，行中正。身举五羖，爵之大夫，起累绁之中，与语三日，授之以政。以此取之，虽王可也，其霸小矣⑱。"景公说。

孔子年三十五，而季平子与郈昭伯以斗鸡故得罪鲁昭公，昭公率师击平子，平子与孟氏、叔孙氏三家共攻昭公，昭公师败，奔于齐，齐处昭公乾侯。

其后顷之，鲁乱⑲。孔子适齐，为高昭子家臣，欲以通乎景公⑳。与齐太师语乐，闻韶音，学之，三月不知肉味，齐人称之。

景公问政孔子，孔子曰："君君，臣臣，父父，子子。"景公曰："善哉！信如君不君，臣不臣，父不父，子不子，虽有粟，吾岂得而食诸！"他日，又复问政于孔子，孔子曰："政在节财。"景公说，将欲以尼溪田封孔子。晏婴进曰："夫儒者滑稽而不可轨法；倨傲自顺，不可以为下；崇丧遂哀，破产厚葬,不可以为俗;游说乞贷,不可以为国。自大贤之息,周室既衰,礼、乐缺有间。今孔子盛容饰,繁登降之礼,趋详之节,累世不能殚其学,当年不能究其礼。君欲用之以移齐俗,非所以先细民也!"后景公敬见孔子,不问其礼。异日,景公止孔子曰:"奉子以季氏,吾不能。"以季、孟之间待之。齐大夫欲害孔子,孔子闻之。景公曰:"吾老矣,弗能用也。"孔子遂行,反乎鲁。

孔子年四十二,鲁昭公卒于乾侯,定公立。

定公立五年,夏,季平子卒,桓子嗣立。季桓子穿井得土缶,中若羊㉑,问仲尼云"得狗㉒"。仲尼曰:"以丘所闻,羊也。丘闻之,木石之怪夔、罔阆㉓,水之怪龙、罔象㉔,土之怪坟羊㉕。"

吴伐越,堕会稽,得骨节专车㉖。吴使使问仲尼:"骨何者最大?"仲尼曰:"禹致群神于会稽山,防风氏后至,禹杀而戮之,其节专车,此为大矣。"吴客曰:"谁为神?"仲尼曰:"山川之神足以纲纪天下,其守为神,社稷为公侯,皆属于王者。"客曰:"防风何守?"仲尼曰:"汪罔氏之君守封、禺之山,为釐姓。在虞、夏、商为汪罔,于周为长翟,今谓之大人。"客曰:"人长几何?"仲尼曰:"僬侥氏㉗三尺,短之至也。长者不过十之,数之极也㉘。"于是吴客曰:"善哉圣人㉙!"

桓子嬖臣曰仲梁怀,与阳虎有隙㉚。阳虎欲逐怀,公山不狃止之。其秋,怀益骄,阳虎执怀。桓子怒,阳虎因囚桓子,与盟而醳㉛之。阳虎由此益轻季氏。季氏亦僭于公室,陪臣执国政,是以鲁自大夫以下皆僭离于正道。故孔子不仕,退而修《诗》《书》《礼》《乐》,弟子弥众,至自远方,莫不受业焉。

定公八年，公山不狃不得意于季氏，因阳虎为乱，欲废三桓之適㉜，更立其庶孽阳虎素所善者，遂执季桓子。桓子诈之，得脱。定公九年，阳虎不胜，奔于齐。是时孔子年五十㉝。

公山不狃以费畔季氏，使人召孔子。孔子循道弥久，温温无所试，莫能己用，曰："盖周文、武起丰、镐而王，今费虽小，傥庶几乎！"㉞欲往。子路不说，止孔子。孔子曰："夫召我者岂徒哉？如用我，其为东周㉟乎！"然亦卒不行。

其后定公以孔子为中都宰，一年，四方皆则之。由中都宰为司空，由司空为大司寇。

定公十年春，及齐平㊱。夏，齐大夫黎鉏言于景公曰："鲁用孔丘，其势危齐。"乃使使告鲁为好会，会于夹谷㊲。鲁定公且以乘车好往。孔子摄相事，曰："臣闻有文事者必有武备，有武事者必有文备。古者诸侯出疆，必具官以从。请具左、右司马。"定公曰："诺。"具左、右司马。会齐侯夹谷，为坛位，土阶三等，以会遇之礼相见，揖让而登。献酬之礼毕，齐有司趋而进曰："请奏四方之乐。"景公曰："诺。"于是旍旄羽袚矛戟剑拨鼓噪而至。孔子趋而进，历阶而登，不尽一等，举袂而言曰："吾两君为好会，夷狄之乐何为于此！请命有司！"有司却之，不去，则左右视晏子与景公。景公心怍，麾而去之。有顷，齐有司趋而进曰："请奏宫中之乐。"景公曰："诺。"优倡侏儒为戏而前。孔子趋而进，历阶而登，不尽一等，曰："匹夫而荧惑诸侯者罪当诛！请命有司！"有司加法焉，手足异处。景公惧而动，知义不若，归而大恐，告其群臣曰："鲁以君子之道辅其君，而子独以夷狄之道教寡人，使得罪于鲁君，为之奈何？"有司进对曰："君子有过则谢以质,小人有过则谢以文。君若悼之,则谢以实。"于是齐侯乃归所侵鲁之郓、汶阳、龟阴之田以谢过。

定公十三年夏,孔子言于定公曰:"臣无藏甲,大夫毋百雉之城。"使仲由为季氏宰,将堕三都。于是叔孙氏先堕郈㊳。季氏将堕费㊴,公山不狃、叔孙辄率费人袭鲁。公与三子入于季氏之宫,登武子之台。费人攻之,弗克,入及公侧。孔子命申句须、乐颀下伐之,费人北。国人追之,败诸姑蔑㊵。二子奔齐,遂堕费。将堕成㊶,公敛处父谓孟孙曰:"堕成,齐人必至于北门。且成,孟氏之保障,无成是无孟氏也。我将弗堕。"十二月,公围成,弗克。

定公十四年,孔子年五十六,由大司寇行摄相事,有喜色。门人曰:"闻君子祸至不惧,福至不喜。"孔子曰:"有是言也。不曰'乐其以贵下人'乎?"于是诛鲁大夫乱政者少正卯。与闻国政三月,粥羔豚者弗饰贾;男女行者别于涂;涂不拾遗;四方之客至乎邑者不求有司,皆予之以归。

齐人闻而惧,曰:"孔子为政必霸,霸则吾地近焉,我之为先并矣。盍致地焉?"黎鉏曰:"请先尝沮之,沮之而不可,则致地,庸迟乎!"于是选齐国中女子好者八十人,皆衣文衣而舞康乐,马三十驷,遗鲁君。陈女乐、文马于鲁城南高门外。季桓子微服往观再三,将受,乃语鲁君为周道游,往观终日,怠于政事。子路曰:"夫子可以行矣。"孔子曰:"鲁今且郊,如致膰㊷乎大夫,则吾犹可以止。"桓子卒受齐女乐,三日不听政;郊,又不致膰俎于大夫。孔子遂行,宿乎屯㊸。而师己送曰:"夫子则非罪。"孔子曰:"吾歌可夫?"歌曰:"彼妇之口,可以出走;彼妇之谒,可以死败。盖优哉游哉,维以卒岁!"师己反,桓子曰:"孔子亦何言?"师己以实告。桓子喟然叹曰:"夫子罪我以群婢故也夫!"

孔子遂适卫,主于子路妻兄颜浊邹家。卫灵公问孔子:"居鲁得禄几何?"对曰:"奉粟六万。"卫人亦致粟六万。居顷之,或谮孔子于卫灵公。灵公使公孙余假一出一入㊹。孔子恐获罪焉,居十月,去卫。

将适陈,过匡㊺,颜刻为仆,以其策指之曰:"昔吾入此,由彼缺也。"匡人闻之,以为鲁之阳虎。阳虎尝暴匡人,匡人于是遂止孔子。孔子状类阳虎,拘焉五日,颜渊后,子曰:"吾以汝为死矣。"颜渊曰:"子在,回何敢死!"匡人拘孔子益急,弟子惧。孔子曰:"文王既没,文不在兹乎?天之将丧斯文也,后死者不得与于斯文也。天之未丧斯文也,匡人其如予何!"孔子使从者为宁武子臣于卫,然后得去。

去即过蒲㊻。月余,反乎卫,主蘧伯玉家。灵公夫人有南子者,使人谓孔子曰:"四方之君子不辱欲与寡君为兄弟者,必见寡小君。寡小君愿见。"孔子辞谢,不得已而见之。夫人在绤帷中。孔子入门,北面稽首。夫人自帷中再拜,环佩玉声璆然。孔子曰:"吾乡为弗见,见之礼答焉。"子路不说。孔子矢之曰:"予所不者,天厌之!天厌之!"居卫月余,灵公与夫人同车,宦者雍渠参乘,出,使孔子为次乘,招摇市过之。孔子曰:"吾未见好德如好色者也。"于是丑之,去卫,过曹。是岁,鲁定公卒。

孔子去曹适宋,与弟子习礼大树下。宋司马桓魋欲杀孔子,拔其树。孔子去。弟子曰:"可以速矣!"孔子曰:"天生德于予,桓魋其如予何!"

孔子适郑,与弟子相失,孔子独立郭东门。郑人或谓子贡曰:"东门有人,其颡似尧,其项类皋陶,其肩类子产,然自要以下不及禹三寸，累累若丧家之狗。"子贡以实告孔子。孔子欣然笑曰："形状，末也。而似丧家之狗，然哉！然哉！"

孔子遂至陈，主于司城贞子家。岁余，吴王夫差伐陈，取三邑而去。赵鞅伐朝歌。楚围蔡，蔡迁于吴。吴败越王句践会稽。

有隼集于陈廷而死，楛矢贯之，石砮，矢长尺有咫。陈湣公使使问仲尼。仲尼曰："隼来远矣，此肃慎之矢也。昔武王克商，通道九夷百蛮，使各以其方贿来贡，使无忘职业。于是肃慎贡楛矢石砮，长尺有咫。先王欲昭其令德，以肃慎矢分大姬，配虞胡公而封诸陈。分同姓以珍玉，展亲；分异姓以远方职，使无忘服。故分陈以肃慎矢。"试求之故府，果得之。

孔子居陈三岁，会晋、楚争强，更伐陈，及吴侵陈，陈常被寇。孔子曰："归与归与！吾党之小子狂简，进取不忘其初。"于是孔子去陈。

过蒲，会公叔氏以蒲畔，蒲人止孔子。弟子有公良孺者，以私车五乘从孔子，其为人长贤，有勇力，谓曰："吾昔从夫子遇难于匡，今又遇难于此，命也已。吾与夫子再罹难，宁斗而死。"斗甚疾。蒲人惧，谓孔子曰："苟毋适卫，吾出子。"与之盟，出孔子东门。孔子遂适卫。子贡曰："盟可负耶？"孔子曰："要盟也，神不听。"

卫灵公闻孔子来，喜，郊迎。问曰："蒲可伐乎？"对曰："可。"灵公曰："吾大夫以为不可。今蒲，卫之所以待晋、楚也，以卫伐之，无乃不可乎？"孔子曰："其男子有死之志，妇人有保西河之志。吾所伐者不过四、五人。"灵公曰："善。"然不伐蒲[47]。

灵公老，怠于政，不用孔子。孔子喟然叹曰："苟有用我者，期月而已，三年有成。"孔子行。

佛肸为中牟宰㊽。赵简子攻范、中行，伐中牟。佛肸畔，使人召孔子。孔子欲往。子路曰："由闻诸夫子，'其身亲为不善者，君子不入也'。今佛肸亲以中牟畔，子欲往，如之何？"孔子曰："有是言也。不曰坚乎，磨而不磷；不曰白乎，涅而不淄。我岂匏瓜也哉，焉能系而不食？"

孔子击磬。有荷蒉而过门者，曰："有心哉，击磬乎！硁硁乎，莫己知也夫而已矣！"

孔子学鼓琴师襄子，十日不进㊾。师襄子曰："可以益矣㊿。"孔子曰："丘已习其曲矣，未得其数(51)也。"有间，曰："已习其数，可以益矣。"孔子曰："丘未得其志(52)也。"有间，曰："已习其志，可以益矣。"孔子曰："丘未得其为人(53)也。"有间，曰："有所穆然深思焉，有所怡然高望而远志焉。"曰："丘得其为人，黯然而黑，几(54)然而长，眼如望羊(55)，如王四国，非文王其谁能为此也(56)！"师襄子避席再拜，曰："师盖云《文王操》也。"

孔子既不得用于卫，将西见赵简子。至于河而闻窦鸣犊、舜华(57)之死也，临河而叹曰："美哉水，洋洋乎！丘之不济此，命也夫！"子贡趋而进曰："敢问何谓也？"孔子曰："窦鸣犊、舜华，晋国之贤大夫也。赵简子未得志之时，须此两人而后从政；及其已得志，杀之乃从政。丘闻之也，刳胎杀夭则麒麟不至郊，竭泽涸渔则蛟龙不合阴阳，覆巢毁卵则凤皇不翔。何则？君子讳伤其类也。夫鸟兽之于不义也尚知辟之，而况乎丘哉！"乃还息陬乡，作为《陬操》以哀之。而反乎卫，入主蘧伯玉家。

他日，灵公问兵陈。孔子曰："俎豆之事则尝闻之，军旅之事未之学也。"明日，与孔子语，见蜚雁，仰视之，色不在孔子。孔子遂行，复如陈。

夏，卫灵公卒，立孙辄，是为卫出公。六月，赵鞅内太子蒯聩于戚㊽。阳虎使太子绖，八人衰绖㊾，伪自卫迎者，哭而入，遂居焉。冬，蔡迁于州来。是岁㊿，鲁哀公三年，而孔子年六十矣。齐助卫围戚，以卫太子蒯聩在故也。

夏，鲁桓、釐庙燔，南宫敬叔救火。孔子在陈，闻之㉛，曰："灾必于桓、釐庙乎？"已而果然。

秋，季桓子病，辇而见鲁城，喟然叹曰："昔此国几兴矣，以吾获罪于孔子，故不兴也。"顾谓其嗣康子曰："我即死，若必相鲁；相鲁，必召仲尼。"后数日，桓子卒，康子代立。已葬，欲召仲尼。公之鱼曰："昔吾先君用之不终，终为诸侯笑。今又用之，不能终，是再为诸侯笑。"康子曰："则谁召而可？"曰："必召冉求。"于是使使召冉求。冉求将行，孔子曰："鲁人召求，非小用之，将大用之也。"是日，孔子曰："归乎归乎！吾党之小子狂简，斐然成章，吾不知所以裁之。"子赣㉜知孔子思归，送冉求，因诫曰"即用，以孔子为招云"。

冉求既去，明年，孔子自陈迁于蔡。蔡昭公将如吴，吴召之也。前昭公欺其臣迁州来，后将往，大夫惧复迁，公孙翩射杀昭公。楚侵蔡。秋，齐景公卒。

明年，孔子自蔡如叶㉝。叶公问政，孔子曰："政在来远附迩。"他日，叶公问孔子于子路，子路不对。孔子闻之，曰："由，尔何不对曰'其为人也，学道不倦，诲人不厌，发愤忘食，乐以忘忧；不知老之将至'云尔。"

去叶，反于蔡。长沮、桀溺耦而耕，孔子以为隐者，使子路问津焉。长沮曰："彼执舆者为谁？"子路曰："为孔丘。"曰："是鲁孔丘与？"曰："然。"曰："是知津矣。"桀溺谓子路曰："子为谁？"曰："为仲由。"曰："子，孔丘之徒与？"曰："然。"桀溺曰："悠悠者天下皆是也，而谁以易之？且与其从辟人之士，岂若从辟世之士哉！"耰而不辍。子路以告孔子，孔子怃然曰："鸟兽不可与同群。天下有道，丘不与易也。"

　　他日，子路行，遇荷蓧丈人，曰："子见夫子乎？"丈人曰："四体不勤，五谷不分，孰为夫子！"植其杖而芸。子路以告，孔子曰："隐者也。"复往，则亡。

　　孔子迁于蔡三岁，吴伐陈。楚救陈，军于城父[64]。闻孔子在陈、蔡之间，楚使人聘孔子。孔子将往拜礼，陈、蔡大夫谋曰："孔子贤者，所刺讥皆中诸侯之疾。今者久留陈、蔡之间，诸大夫所设行皆非仲尼之意。今楚，大国也，来聘孔子。孔子用于楚，则陈、蔡用事大夫危矣。"于是乃相与发徒役围孔子于野。不得行，绝粮。从者病，莫能兴。孔子讲诵弦歌不衰。子路愠见曰："君子亦有穷乎？"孔子曰："君子固穷，小人穷斯滥矣。"

　　子贡色作。孔子曰："赐，尔以予为多学而识之者与？"曰："然。非与？"孔子曰："非也。予一以贯之。"

　　孔子知弟子有愠心，乃召子路而问曰："《诗》云'匪兕匪虎，率彼旷野[65]'。吾道非耶？吾何为于此？"子路曰："意者吾未仁耶？人之不我信也。意者吾未知耶？人之不我行也。"孔子曰："有是乎！由，譬使仁者而必信，安有伯夷、叔齐？使知者而必行，安有王子比干？"

子路出，子贡入见。孔子曰："赐，《诗》云'匪兕匪虎，率彼旷野'。吾道非耶？吾何为于此？"子贡曰："夫子之道至大也，故天下莫能容夫子。夫子盖⑥⑥少贬焉？"孔子曰："赐，良农能稼而不能为穑⑥⑦，良工能巧而不能为顺⑥⑧。君子能修其道，纲而纪之，统而理之，而不能为容。今尔不修尔道而求为容。赐，而⑥⑨志不远矣！"

子贡出，颜回入见。孔子曰："回，《诗》云'匪兕匪虎，率彼旷野'。吾道非耶？吾何为于此？"颜回曰："夫子之道至大，故天下莫能容。虽然，夫子推而行之，不容何病？不容然后见君子！夫道之不修也，是吾丑也。夫道既已大修而不用，是有国者之丑也。不容何病？不容然后见君子！"孔子欣然而笑曰："有是哉颜氏之子！使尔多财，吾为尔宰。"

于是使子贡至楚。楚昭王兴师迎孔子，然后得免。

昭王将以书社地七百里封孔子⑦⑩。楚令尹子西曰："王之使使诸侯有如子贡者乎？"曰："无有。""王之辅相有如颜回者乎？"曰："无有。""王之将率有如子路者乎？"曰："无有。""王之官尹有如宰予者乎？"曰："无有。""且楚之祖封于周，号为子男五十里。今孔丘述三王之法，明周、召之业，王若用之，则楚安得世世堂堂方数千里乎？夫文王在丰，武王在镐，百里之君卒王天下。今孔丘得据土壤，贤弟子为佐，非楚之福也！"昭王乃止⑦①。其秋，楚昭王卒于城父。

楚狂接舆歌而过孔子，曰："凤兮凤兮，何德之衰！往者不可谏兮，来者犹可追也！已而已而，今之从政者殆而！"孔子下，欲与之言。趋而去，弗得与之言。

于是孔子自楚反乎卫⑦②。是岁也，孔子年六十三，而鲁哀公六年也。

其明年，吴[73]与鲁会缯[74]，征百牢[75]。太宰嚭[76]召季康子。康子使子贡往，然后得已[77]。

孔子曰："鲁、卫之政，兄弟也。"

是时，卫君辄父不得立[78]，在外，诸侯数以为让[79]。而孔子弟子多仕于卫。卫君欲得孔子为政。子路曰："卫君待子而为政，子将奚先？"孔子曰："必也正名乎！"子路曰："有是哉，子之迂也！何其正也？"孔子曰："野哉由也！夫名不正则言不顺，言不顺则事不成，事不成则礼乐不兴，礼乐不兴则刑罚不中，刑罚不中则民无所错手足矣。夫君子为之必可名，言之必可行。君子于其言，无所苟而已矣。"

其明年[80]，冉有为季氏将师，与齐战于郎[81]，克之。季康子曰："子之于军旅，学之乎？性之乎？"冉有曰："学之于孔子。"季康子曰："孔子何如人哉？"对曰："用之有名；播之百姓，质诸鬼神而无憾。求之至于此道[82]，虽累千社，夫子不利也。"康子曰："我欲召之，可乎？"对曰："欲召之，则毋以小人固之[83]，则可矣。"而卫孔文子[84]将攻太叔[85]，问策于仲尼。仲尼辞不知，退而命载而行，曰："鸟能择木，木岂能择鸟乎！"文子固止。会季康子逐公华、公宾、公林[86]，以币迎孔子，孔子归鲁[87]。

孔子之去鲁，凡十四岁而反乎鲁。

鲁哀公问政，对曰："政在选臣。"季康子问政，曰："举直错诸枉，则枉者直。"康子患盗，孔子曰："苟子之不欲，虽赏之不窃。"然鲁终不能用孔子，孔子亦不求仕。

孔子之时，周室微而礼、乐废，《诗》《书》缺。追迹三代之礼，序《书》《传》，上纪唐、虞之际，下至秦缪，编次其事。曰："夏礼吾能言之，杞不足征也。殷礼吾能言之，宋不足征也。足，则吾能征之矣。"观殷、夏所损益，曰："后虽百世可知也，以一文一质。周监二代，郁郁乎文哉！吾从周。"故《书传》《礼记》自孔氏。

孔子语鲁大师："乐其可知也。始作翕如，纵之纯如，皦如，绎如也，以成。""吾自卫反鲁，然后乐正，《雅》《颂》各得其所。"

古者《诗》三千余篇；及至孔子，去其重，取可施于礼义，上采契、后稷，中述殷、周之盛，至幽、厉之缺⑧，始于衽席，故曰"《关雎》之乱⑨以为《风》始，《鹿鸣》为《小雅》始，《文王》为《大雅》始，《清庙》为《颂》始"。三百五篇，孔子皆弦歌之，以求合《韶》《武》《雅》《颂》之音。礼乐自此可得而述，以备王道，成六艺。

孔子晚而喜《易》，序《彖》《系》《象》《说卦》《文言》。读《易》韦编三绝。曰："假我数年，若是，我于《易》则彬彬⑨矣。"

孔子以《诗》《书》《礼》《乐》教，弟子盖三千焉，身通六艺者七十有二人。如颜浊邹⑨之徒，颇受业者甚众⑨。

孔子以四教：文，行，忠，信。绝四：毋意，毋必，毋固，毋我。所慎：齐，战，疾。子罕言利与命与仁。不愤不启，举一隅不以三隅反，则弗复也。

其于乡党，恂恂似不能言者。其于宗庙朝廷，辩辩言，唯谨尔。朝，与上大夫言，訚訚⑨如也；与下大夫言，侃侃⑨如也。

入公门，鞠躬如也；趋进，翼如也⑨。君召使傧⑨，色勃如也⑨。君命召，不俟驾行矣。

鱼馁⑨，肉败，割不正，不食⑨。席不正，不坐。食于有丧者之侧，未尝饱也。

是日哭，则不歌。见齐衰、瞽者，虽童子必变⑩。

"三人行，必得我师。""德之不修，学之不讲，闻义不能徙，不善不能改，是吾忧也。"使人歌，善，则使复之，然后和之。

子不语：怪，力，乱，神。

子贡曰："夫子之文章可得闻也。夫子言天道与性命，弗可得闻也已。"颜渊喟然叹曰："仰之弥高，钻之弥坚。瞻之在前，忽焉在后。夫子循循然善诱人，博我以文，约我以礼，欲罢不能。既竭我才，如有所立，卓尔。虽欲从之，蔑由也已。"达巷党人童子曰："大哉孔子，博学而无所成名！"子闻之曰："我何执？执御乎？执射乎？我执御矣。"牢曰："子云'不试，故艺'。"

鲁哀公十四年春，狩大野⑩。叔孙氏车子锄商⑩获兽，以为不祥。仲尼视之，曰："麟也。"取之。曰："河不出图，雒不出书⑩，吾已矣夫！"颜渊死，孔子曰："天丧予！"及西狩⑩见麟，曰："吾道穷矣⑩！"喟然叹曰："莫知我夫！"子贡曰："何为莫知子？"子曰："不怨天，不尤人，下学而上达，知我者其天乎！"

"不降其志，不辱其身，伯夷、叔齐乎！"谓"柳下惠、少连降志辱身矣"。谓"虞仲、夷逸隐居放言，行中清，废中权"⑩。"我则异于是，无可无不可⑩。"

子曰："弗乎弗乎⑩，君子病没世而名不称焉。吾道不行矣，吾何以自见于后世哉！"乃因史记作《春秋》，上至隐公⑩，下讫哀公十四年，十二公。据鲁，亲周，故殷，运之三代⑩。约其文辞而指博。故吴、楚之君自称王，而《春秋》

贬之曰"子";践土之会实召周天子,而《春秋》讳之曰"天王狩于河阳":推此类以绳当世。贬损之义,后有王者举而开之。《春秋》之义行,则天下乱臣贼子惧焉。

孔子在位听讼,文辞有可与人共者,弗独有也⑪。至于为《春秋》,笔则笔,削则削,子夏之徒不能赞一辞。弟子受《春秋》,孔子曰:"后世知丘者以《春秋》,而罪丘者亦以《春秋》。"

明岁,子路死于卫。孔子病,子贡请见。孔子方负杖逍遥于门,曰:"赐,汝来何其晚也!"孔子因叹,歌曰:"太山⑫坏乎!梁柱摧乎!哲人萎乎!"因以涕下。谓子贡曰:"天下无道久矣,莫能宗予。夏人殡于东阶,周人于西阶,殷人两柱间。昨暮予梦坐奠两柱之间,予殆殷人也。"后七日卒。

孔子年七十三,以鲁哀公十六年四月己丑卒。

哀公诔之曰:"旻天不吊,不憗遗一老,俾屏予一人以在位,茕茕余在疚。呜呼哀哉!尼父,毋自律⑬!"子贡曰:"君其不没于鲁乎!夫子之言曰:'礼失则昏,名失则愆。失志为昏,失所为愆。'生不能用,死而诔之,非礼也。称'余一人',非名也⑭。"

孔子葬鲁城北泗上,弟子皆服三年。三年心⑮丧毕,相诀而去,则哭,各复尽哀;或复留。唯子贡庐于冢上,凡六年,然后去。弟子及鲁人往从冢而家者百有余室,因命曰孔里。鲁世世相传以岁时奉祠孔子冢,而诸儒亦讲礼乡饮大射于孔子冢。孔子冢大一顷。故所居堂弟子内⑯,后世因庙藏孔子衣、冠、琴、车、书,至于汉二百余年不绝。高皇帝过鲁,以太牢祠焉。诸侯卿相至,常先谒然后从政。

孔子生鲤,字伯鱼。伯鱼年五十,先孔子死。

伯鱼生伋，字子思，年六十二。尝困于宋；子思作《中庸》。

子思生白，字子上，年四十七。

子上生求，字子家，年四十五。

子家生箕，字子京，年四十六。

子京生穿，字子高，年五十一。

子高生子慎，年五十七，尝为魏相。

子慎生鲋，年五十七，为陈王涉博士，死于陈下。

鲋弟子襄，年五十七。尝为孝惠皇帝博士，迁为长沙太守，长九尺六寸。

子襄生忠，年五十七。

忠生武。

武生延年及安国。安国为今皇帝博士，至临淮太守，蚤卒。

安国生卬。

卬生欢。

太史公曰：《诗》有之："高山仰止，景行行止。"虽不能至，然心乡往之。余读孔氏书，想见其为人。适鲁，观仲尼庙堂、车服、礼器，诸生以时习礼其家[117]，余低回留之[118]不能去云。天下君王至于贤人众矣，当时则荣，没则已焉。孔子布衣，传十余世，学者宗之。自天子王侯，中国言六艺者，折中于夫子，可谓至圣矣！

①依《新校注稿》，"陬"当作"郰"。其地在今山东省曲阜县东南境内。

②梁玉绳曰："孔子六代祖孔父嘉别为公族，故其后以孔为氏，则叙孔子先世当始孔父嘉。"

③《左传》作"郰叔纥"。《会注考证》引崔述说："郰，鲁邑，叔其字，纥其名。……《史记》作叔梁纥，《左传》近古。"

④《会注考证》引崔适说:"案,此文疑本作'纥与颜氏祷于尼邱,野合而生孔子',于尼邱埽地为祭天之坛而祷之,犹《诗》所谓'以弗无子'也;遂感而生孔子,犹《诗》所谓'履帝武敏歆'也;故曰野合。《高祖本纪》,其先刘媪尝息大泽之陂,梦与神遇,……已而有身,遂产高祖,即诗齐、鲁、韩、春秋公羊学家,所谓圣人皆感天而生,此所谓野合而生也。"

⑤孔子生年诸说少异,今采孔子四十六世孙孔宗翰之说,为鲁襄公二十二年庚戌(公元前五五一年),周正十月二十七日,即夏正八月二十七日庚子,换算国历,即为九月二十八日。

⑥《索隐》引《家语》云:"生三岁而梁纥死。"

⑦在今曲阜县东三十里。

⑧其卒年不见经传,据《孔子世家补订》云:"《阙里志》诸书并云在孔子二十四岁。"

⑨《正义》引《括地志》云:"五父衢,在兖州曲阜县西南二里鲁城内衢道也。"

⑩《会注考证》引崔适曰:"'病'下当脱'不能相礼'四字。孔子年十七者,孟釐子病不能相礼之年也,在昭公七年;且死,即《左传》所谓'及其将死',在二十四年(孔子年三十四)。太史公本不谓一年之事,犹之懿子学礼亦与釐子卒,非一年事。"又引陆粲曰:"僖子所谓圣人,乃正考父,非汤也。"并引中井积德曰:"古人称圣字不甚重,勿以孔、孟以后语疑之。"

⑪《孟子·万章篇》,孟子曰:"孔子尝为委吏矣,曰会计当而已矣。"《会注考证》引崔述曰:"'委、季、吏、史四字相似,故误,后人又妄加氏字耳。孔子岂为家臣者哉!'愚按,当从《孟子》作委吏。"

⑫《会注考证》:"孔子贫且贱以下,本《孟子·万章下篇》,季氏史作委吏,司职吏作乘田。"朱熹曰:"职读为樴,义与杙同。盖系养牺牲之所。"

⑬孔子为司空,当在年五十一岁,仕鲁为中都宰以后。《孔子世家考》引《史记探源》谓"由是为司空……于是反鲁"二十六字及下文"鲁复善待,由是反鲁"八字皆衍文("由是为司空"一事言于上;而"已而去鲁……于是反鲁")二十一字及"鲁复善待……"八字,则如《会注考证》引崔适所说,乃皆定公十四年,去鲁后至反鲁(见后本文)之总结,重衍于此也),当删。……"孔子九尺有六寸……异之"十七字,

记孔子成长后之壮貌，与上文"及长"二字有关。删去衍文，意既明显，文亦连络矣。

⑭孔子适周之年，各说不同，《会注考证》曰："孔子问礼，有无且不可知，又何定其年前后，阙疑可也。"更言："曰'盖'、曰'云'，未决之辞，孔子见老子，史公又载之于《老子传》，而自疑其有无，故用'盖'字、'云'字。"然依骆见，孔、老相晤，乃至孔子从老问礼，皆可征之事，惟相晤之地不在周而在老子归老之沛。孔子往沛见老子，一在鲁定公五年（公元前五〇五年，孔子年四十七），一在定公九年（公元前五〇一，孔子五十一，老子则年六十一矣。详见拙著《老子新传》）。

⑮《史记旧注平议》："观案，为人子者，毋以有己，王肃解云身父母之有。则'为人臣者，毋以有己'句，亦当一类解，即《论语》'事君能致其身'之意。"

⑯见前注⑭，则孔子乃自沛反于鲁，非自周也。

⑰《孔子年谱》引崔述《洙泗考信录》："齐君如鲁，史未有不书者，而《春秋经传》皆无之。且使果有此事，孔子当述周公明王道以告之，岂得盛推秦穆乎？且其辞甚浅陋，必战国策士之所伪托。"按，鲁周公、齐太公两世家亦同载其事，疑史公必有所本，似未可断言绝无其事也。昭公二十五年，夫子避乱，不之他而之齐，绝非偶然。意者此日晏子在鲁，或与夫子有同声相应之乐，因而他年夫子去鲁，亦有同气相求之感乎！总之，夫子是时以知礼见重于当世，已卓然有所建树。夫子自云三十而立，盖纪实也。

⑱《会注考证》："王霸之辩，孔子未言，言之自孟子始，梁氏以为六国人伪造，大是。"

⑲《孔子世家考》："昭二十五年。"按，此云"鲁乱"，即指平子与孟孙氏、叔孙氏三家攻逐昭公事，非昭公出奔后又顷之鲁始乱也，故"其后顷之"四字当删。

⑳《孔子年谱》："案，昭公二十年冬，齐景公与晏婴来鲁问礼，景公不悦孔子之时。是景公、晏婴之于夫子早成相识，何待为高昭子家臣始得通乎？且夫子与高昭子素无渊源，何以见知于高昭子，而为之臣？凡此皆事理之不可通者，不足信也。"

㉑《会注考证》引李笠曰："'若'字，疑当作'有'。"

㉒《史记旧注平议》："图案，此盖坟羊怪状，人不之识，误以为狗耳，非

㉓《集解》引韦昭曰:"木石,谓山也。又,或云,夔,一足,越人谓之山缫也;或言独足。魍魉(即罔阆),山精,好学人声而迷惑人也。"

㉔《集解》引韦昭曰:"龙,神兽也,非常见,故曰怪。或云,罔象食人,一名沐肿。"

㉕《集解》引唐固曰:"坟羊,雌雄未成者也。"《会注考证》:"季桓子穿井以下,采《国语·鲁语》。崔述曰:"按,《论语》曰:'子不语怪力乱神。'果有此事,答以不知,可也;乃获一土怪,而并木石水之怪而告之,是孔子好语怪也;且土果有羊怪,则当不止一见,苟以前未有此事,则古人何由识之,既数有之,又何以此后二千余年,更不复有穿井而得羊者?是可笑也。"

㉖《史记志疑》引梁玉绳曰:"案,余有丁谓吴伐越事在哀公元年,今载于定公五年,此时吴未堕会稽,安得获骨之事?"又引明邓以瓒《史记评》曰:"此当在吴败越会稽下,误置此。"而《孔子世家补订》:"《家语》作'获巨骨一节专车'。《集解》引韦昭曰:专,擅也。"

㉗《正义》引《括地志》,云:"在大秦国北。"《集解》引韦昭曰:"僬侥,西南蛮之别名也。"

㉘《集解》引王肃曰:"十之,谓三丈也,数极于此也。"

㉙《孔子世家考》引《史记志疑》谓:"俗儒以为圣人'多学而识',无所不知,故有此类传说:史公采之亦以示孔子之博学;不知无稽之谈,言不雅驯,非正式之史料也。删此二事(连前坟羊事)方觉干净。"

㉚《孔子世家考》:"此事见《左传·定公五年》。"阳虎,《论语》作"阳货",《孟子》"阳虎""阳货"互见。崔述谓非一人,误。《墨子·非儒篇》曰:"阳货乱乎鲁。"即阳虎也。

㉛古"释"字。

㉜音义同"嫡"。

㉝《孔子世家考》:"按,定公九年,孔子已年五十一,此误。"

㉞《会注考证》:"是时周室虽衰,天命未改,孔子不宜有此言,删之可也。"

㉟《集解》引何晏曰:"兴周道于东方,故曰东周也。"

㊱《索隐》:"及,与也。平,成也。谓与齐和好,故云平。"

㊲《会注考证》:"今山东莱芜县有夹谷峪。"

㊳在今山东省东平县南。

㊴在今山东省费县西北。

㊵在今山东泗水县南。

㊶在今山东宁阳县东北。

㊷祭肉。

㊸郑环《孔子世家考》："屯在鲁之南，……宿以待季孙之留。"

㊹《索隐》："谓以兵仗出入以胁夫子也。"

㊺在今河南省长垣县西南。

㊻在河南匡城县北十五里。

㊼《会注考证》引崔述曰："按，《春秋经传》无公叔氏以蒲畔之事，定十四年《经》云：'卫公叔戍来奔。'《传》云：'卫侯逐公叔戍与其党，故赵阳奔宋，戍来奔。'而《世家》以孔子去卫为定公卒之岁，又居陈三岁，而后过蒲，则公叔氏之亡也久矣。蒲既畔卫，孔子何难纡道避之，乃轻入险地，以自取祸！况蒲在卫西，陈在卫南，自陈来，不由蒲也。孔子过蒲，何为焉？要盟神固不听，然既许之，甫出而既背之，亦圣人之所为邪？蒲，卫之属邑矣，灵公好战，屡伐晋，而独不敢伐一蒲？孔子不对灵公之问陈，而于灵公之不伐蒲，独力劝其伐，不亦先后矛盾矣乎？此乃战国之人所伪撰，必非孔子之事。"

㊽中牟在今河南省汤阴县西。《集解》引孔安国曰："晋大夫赵简子之邑宰。"

㊾谓不进学他曲也。

㊿《会注考证》引冈白驹："可进学其余。"

(51)同上曰："节奏之数。"

(52)同上曰："志之所在。"

(53)同上曰："以其音知其所为之人，下文以为文王，是也。"

(54)《孔子世家考》："几，同'颀'。"

(55)"羊""洋"通。《会注考证》："望羊，远视也。"

(56)《会注考证》："词气与季札论乐相似，模拟之迹不可蔽，断非孔子之言。"

(57)《新校注稿》谓舜华当作庆华。

(58)《会注考证》：戚，卫地。蒯聩乃卫出公辄之父。

(59)《会注考证校补》："《正义》，绕，音问。"《会注考证》："哀二年《左传》，绕，又作'免'，遭丧之服，始死则有免，服成则衰绖，免以布为卷帻，以纳四垂发，而露其髻。"按，衰绖，音崔垤。

⑥⓪《史记志疑》：案蔡迁州来之岁，孔子年五十九，哀公二年也，此误。是岁当作明岁。

⑥①但闻周庙燔，未确闻桓、釐庙燔。

⑥②《会注考证校补》："凌、游、殿本'赣'作'贡'。"《札记》："宋本、王、毛作赣。"

⑥③《孔子世家考》："叶，为诸梁之采邑在楚者也。孔子自陈适蔡，自为故蔡（按即负函——今河南信阳——之蔡），非迁于州来之蔡；其见叶公诸梁，与相问答，当在负函而不在叶。史公见于叶公问答，误谓孔子曾往叶，乃有'孔子自蔡如叶'之语。"

⑥④楚邑，今河南省宝丰县东四十里。

⑥⑤《集解》引王肃曰："率，循也。言非兕虎而循旷野也。"

⑥⑥通"盍"，即"何不"之意。

⑥⑦《集解》引王肃曰："种之为稼，敛之为穑；言良农能善种之，未必能敛获也。"

⑥⑧同上，言良工能巧而已，不能每（依《新校注稿》，每，训"常"）顺人之意。

⑥⑨汝也。

⑦⓪《索隐》："古者二十五家为里，里则各立社。则书社者，书其社之人名于籍。盖以七百里社之人封孔子也。故下冉求云：虽累千社而夫子不利，是也。"

⑦①《会注考证》引全祖望曰："是时楚昭在陈，何必使子贡如楚？而楚果迎孔子，信宿可至，孔子何以终不得见楚昭？而其所新迎之兵，中道而闻子西之沮，又竟弃孔子而去，皆情理之必无者。"

⑦②见前注，孔子未尝至楚，则此言"自楚反乎卫"亦误。

⑦③吴王夫差。

⑦④在今山东峄县附近。

⑦⑤牛、羊、豕三牲俱备者，谓之一牢。

⑦⑥吴太宰。

⑦⑦《索隐》："此哀七年时也。百牢，牢具一百也。《周礼》上公九牢，诸侯七牢，子男五牢；今吴征百牢，夷不识礼故也。子贡对以《周礼》，而后吴亡是征也。"

⑦⑧《会注考证》："卫世子蒯聩，耻其母南子之淫乱，欲杀之，不果而出奔，

灵公欲立公子郢，郢辞，公卒，夫人立之，又辞，乃立蒯聩之子辄，以拒蒯聩。"
㊀责备。
⑧《史记志疑》引梁玉绳云："案'其明年'三字误，当作'后四年'。故徐广曰：此哀公十一年也，去吴会缯已四年。"
⑧在今山东省鱼台县东北。
⑧《新校注稿》云："此句费解，若改'至于此'为'苟非其'，则文意易了。"
⑧《新校注稿》："固，当作'间'，然各本皆作'固'，据《说文》：'固，四塞也。'则作'固'亦自有谊可通。"
⑧孔文子者，卫大夫也，名圉；文，其谥也。
⑧复姓，卫文公子太叔仪之后，《集解》骃案："《左传》曰：'太叔名疾。'"或谓乃孔文子之婿。
⑧《新校注稿》："江氏永谓世家误'使'为'逐'，康子岂能遽逐小人哉？"
⑧《集解》徐广曰："此哀公十一年也。"
⑧言周幽王及厉王时代政事之荒废。
⑧《会注考证》引中井积德说："'之乱'二字，当削。"
⑨谓文质备。（见《正义》说）
⑨《吕览》云："颜涿聚，梁父之大盗也，学于孔子，为天下名士以终其寿。"
⑨《孔子世家考》："颇受业者，言尝来问业，未尝著籍为弟子者也；如孟懿子当亦此类。此言其设教之盛。"
⑨音银，《说文》云："和说而诤也。"
⑨刚直貌（见《说文》）。
⑨《集解》引孔安国曰："言端好也。"
⑨《集解》引郑玄曰："有宾客使迎之也。"
⑨《集解》引孔安国曰："必变色。"《会注考证》引朱熹曰："敬君命故也。"
⑨弩磊切，鱼烂曰馁，亦作餒。
⑨《会注考证》引佐藤坦曰："割正，则肉鲜可知矣；割不正者，恐或败损，故不食。"
⑩按，变，即指《论语·子罕篇》所说"见之虽少必作，遇之必趋"之"作"与"趋"诸动作。
⑩泽薮名，在今山东省巨野县北。

⑩②《正义》按:"姓钼名商。车子,御车之人也。"
⑩③《会注考证》:"夫子盖叹无圣王也。"《论语·子罕篇》:"凤鸟不至,河不出图。"《易·系辞》:"河出图,洛出书,圣人则之。"史公合二事为一。
⑩④即狩于大野;大野在曲阜西。
⑩⑤《集解》引何休曰:"麟者,太平之兽,圣人之类也。时得而死,此天亦告夫子将殁之证,故云尔。"
⑩⑥两"中"字读如"重"。《集解》引马融曰:"清,纯洁也。遭世乱自废弃以免患,合于权也。"
⑩⑦《会注考证》引中井积德曰:"即是无适无莫之意。"亦即自谓行事唯"义之与比"也。
⑩⑧《新校注稿》:"《论语》无此四字。"
⑩⑨《新校注稿》引顾炎武云:"《春秋》不始于隐公。"梁玉绳云;"案,《日知录》四云《春秋》不始于隐公。晋韩宣子聘鲁,观书于太史氏,见《易象》与《鲁春秋》,曰:'周礼尽在鲁矣!'盖必起自伯禽,以洎中世,自隐公以下,世道衰微,史失其官,是孔子惧而修之,然则惠公以上之《春秋》,固孔子所善而从之者,惜其书不存。"
⑩⑩《会注考证》:"据鲁,据鲁史也。亲,当作'新';新周,从今周也。故殷,不法前殷也。"引《荀子》曰:"运,犹通也。"又引陈仁锡曰:"言《春秋》之作,兼鲁、周、殷三代之法而运之也。"《会注考证》并按曰:"或问既曰故殷,又曰运之三代,何也?曰:前以礼言,后以道言。"
⑪⑪《会注考证》:"《春秋繁露·五行相生篇》:'孔子为鲁司寇,断狱屯屯,与众共之,不敢自专。'"
⑪⑫《集解》引郑玄曰:"太山,众山所仰。"
⑪⑬《集解》引王肃曰:"父,丈夫之显称也。律,法也。言毋以自为法也。"
⑪⑭《集解》引服虔曰:"天子自谓一人,非诸侯所当名也。"
⑪⑮《会注考证校补》:"南、仕、枫、楰、三、梅本'心'作'之'。"
⑪⑯《史记志疑》引方氏《补正》曰:"当作'故弟子所居堂内',传写误倒。"
⑪⑰《会注考证》:"其家,孔子之家。"
⑪⑱低回,徘徊也。《索隐》本作"衹回",盖"衹",敬也,《索隐》谓:"言衹敬迟回,不能去之。"义亦通。

陈涉世家

陈胜者，阳城①人也，字涉。吴广者，阳夏②人也，字叔。陈涉少时，尝与人庸耕，辍耕之垄上，怅恨久之，曰："苟富贵，无相忘。"庸者笑而应曰："若为庸耕，何富贵也？"陈涉太息曰："嗟呼！燕雀安知鸿鹄之志哉！"

二世元年七月，发闾左適戍渔阳③，九百人屯大泽乡。陈胜、吴广皆次当行，为屯长。会天大雨，道不通，度已失期。失期，法皆斩。陈胜、吴广乃谋曰："今亡亦死，举大计亦死，等死，死国可乎？"陈胜曰："天下苦秦久矣！吾闻二世少子也，不当立，当立者乃公子扶苏。扶苏以数谏故，上使外将兵。今或闻无罪，二世杀之。百姓多闻其贤，未知其死也。项燕为楚将，数有功，爱士卒，楚人怜之。或以为死，或以为亡。今诚以吾众诈自称公子扶苏、项燕，为天下唱，宜多应者。"吴广以为然。乃行卜。卜者知其指意，曰："足下事皆成，有功。然足下卜之鬼乎！"陈胜、吴广喜，念鬼，曰："此教我先威众耳。"乃丹书帛曰"陈胜王"，置人所罾鱼腹中。卒买鱼烹食，得鱼腹中书，固以怪之矣！又间令吴广之次所④旁丛祠⑤中，夜篝火，狐鸣呼曰"大楚兴，陈胜王⑥"。卒皆夜惊恐。旦日，卒中往往语，皆指目陈胜。

吴广素爱人，士卒多为用者。将尉醉，广故数言欲亡，忿恚尉，令辱之，以激怒其众。尉果笞广。尉剑挺，广起，夺而杀尉。陈胜佐之，并杀两尉。召令徒属曰："公等遇雨，皆已失期，失期当斩。藉弟令毋斩，而戍死者固十六七。且壮士不死即已，死即举大名耳，王侯将相宁有种乎！"徒属皆曰："敬受命。"乃诈称公子扶苏、项燕，从民欲也。袒右⑦，称大楚。为坛而盟，祭以尉首。陈胜自立为将军，吴广为都尉。攻大泽乡，收而攻蕲。蕲下，乃令符离人葛婴将兵徇蕲以东。攻铚⑧、酂⑨、苦⑩、柘⑪、谯⑫皆下之。行收兵。比至陈⑬，车六七百乘，骑千余，卒数万人。攻陈，陈守令皆不在⑭，独守丞与战谯门中。故⑮弗胜，守丞死，乃入据陈。数日，号令召三老、豪杰与皆来会计事。三老、豪杰皆曰："将军身被坚执锐，伐无道，诛暴秦，复立楚国之社稷，功宜为王。"陈涉乃立为王，号为张楚。

当此时，诸郡县苦秦吏者，皆刑其长吏，杀之以应陈涉。乃以吴叔为假王，监诸将以西击荥阳。令陈人武臣、张耳、陈馀徇赵地，令汝阴⑯人邓宗徇九江郡⑰。当此时，楚兵数千人为聚者，不可胜数。

葛婴至东城⑱，立襄强为楚王。婴后闻陈王已立，因杀襄强，还报。至陈，陈王诛杀葛婴。陈王令魏人周市北徇魏地。吴广围荥阳。李由为三川守，守荥阳，吴叔弗能下。陈王征国之豪杰与计，以上蔡人房君蔡赐为上柱国。

周文，陈之贤人也，尝为项燕军视日⑲，事春申君，自言习兵，陈王与之将军印，西击秦⑳。行收兵至关，车千乘，卒数十万，至戏，军焉㉑。秦令少府章邯免郦山徒、人奴产子，悉发以击楚大军，尽败之㉒。周文败，走出关，止次曹阳二三月。章邯追败之，复走次黾池㉓十余日。章邯击，大破之。周文自刭，军遂不战。

武臣到邯郸，自立为赵王，陈馀为大将军，张耳、召骚为左、右丞相。陈王怒，捕系武臣等家室，欲诛之。柱国曰："秦未亡[24]而诛赵王将相家属，此生一秦也。不如因而立之。"陈王乃遣使者贺赵，而徙系武臣等家属宫中，而封耳子[25]张敖为成都君，趣赵兵亟入关。赵王将相相与谋曰："王王赵，非楚意也。楚已诛秦，必加兵于赵。计莫如毋西兵，使使北徇燕地以自广也。赵南据大河，北有燕、代，楚虽胜秦，不敢制赵。若楚不胜秦，必重赵。赵乘秦之弊，可以得志于天下。"赵王以为然，因不西兵，而遣故上谷卒史韩广将兵北徇燕地。

燕故贵人豪杰谓韩广曰："楚已立王，赵又已立王。燕虽小，亦万乘之国也，愿将军立为燕王。"韩广曰："广母在赵，不可。"燕人曰："赵方西忧秦，南忧楚，其力不能禁我。且以楚之强，不敢害赵王将相之家，赵独安敢害将军之家！"韩广以为然，乃自立为燕王。居数月，赵奉燕王母及家属归之燕。

当此之时，诸将之徇地者，不可胜数。周市北徇地至狄，狄人田儋杀狄令，自立为齐王，以齐反击周市。市军散，还至魏地，欲立魏后故宁陵君[26]咎为魏王。时咎在陈王所，不得之魏。魏地已定，欲相与立周市为魏王，周市不肯。使者五反，陈王乃立宁陵君咎为魏王，遣之国。周市卒为相。

将军田臧等相与谋曰："周章[27]军已破矣，秦兵旦暮至，我守[28]荥阳城弗能下，秦军至，必大败。不如少遗[29]兵，足以守荥阳，悉精兵迎秦军。今假王骄，不知兵权，不可与计，非诛之，事恐败。"因相与矫王令以诛吴叔，献其首于陈王。陈王使使赐田臧楚令尹印，使为上将。田臧乃使诸将李归等守荥阳城，自以精兵西迎秦军于敖仓。与战，田臧死，军破。

章邯进兵击李归等荥阳下,破之,李归等死。

阳城人邓说,将兵居郯③⁰,章邯别将击破之,邓说军散走陈。铚人伍徐将兵居许,章邯击破之,伍徐军皆散走陈。陈王诛邓说。

陈王初立时,凌③¹人秦嘉、铚人董緤、符离人朱鸡石、取虑人郑布、徐人丁疾等皆特起,将兵围东海守庆于郯③²。陈王闻,乃使武平君畔为将军,监郯下军。秦嘉不受命,嘉自立为大司马,恶属武平君。告军吏曰:"武平君年少,不知兵事,勿听!"因矫以王命杀武平君畔。

章邯已破伍徐,击陈,柱国房君死。章邯又进兵击陈西张贺军。陈王出监战,军破,张贺死。

腊月,陈王之汝阴,还至下城父,其御庄贾杀以降秦。陈胜葬砀,谥曰隐王。

陈王故涓人将军吕臣为苍头军,起新阳③³,攻陈下之,杀庄贾,复以陈为楚。

初,陈王至陈,令铚人宋留将兵定南阳,入武关。留已徇南阳,闻陈王死,南阳复为秦。宋留不能入武关,乃东至新蔡,遇秦军,宋留以军降秦。秦传留至咸阳,车裂留以徇。

秦嘉等闻陈王军破出走,乃立景驹为楚王,引兵之方与³⁴,欲击秦军定陶下。使公孙庆使齐王,欲与并力俱进。齐王曰:"闻陈王战败,不知其死生,楚安得不请而立王!"公孙庆曰:"齐不请楚而立王,楚何故请齐而立王!且楚首事,当令于天下。"田儋诛杀公孙庆。

秦左右校复攻陈,下之。吕将军走,收兵复聚。与鄱盗当阳君黥布之兵相遇³⁵,复击秦左右校,破之青波,复以陈为楚。会项梁立怀王孙心为楚王。

陈胜王凡六月。已为王，王陈。其故人尝与庸耕者闻之，之陈，扣宫门曰："吾欲见涉。"宫门令欲缚之。自辩数，乃置，不肯为通。陈王出，遮道而呼涉。陈王闻之，乃召见，载与俱归。入宫见殿屋帷帐，客曰："夥颐！涉之为王沉沉者！"楚人谓多为夥，故天下传之，夥涉为王，由陈涉始㊱。客出入愈益发舒，言陈王故情。或说陈王曰："客愚无知，颛妄言，轻威。"陈王斩之。诸陈王故人皆自引去，由是无亲陈王者。陈王以朱房为中正，胡武为司过，主司群臣。诸将徇地，至，令之不是者，系而罪之，以苛察为忠。其所不善者，弗下吏，辄自治之。陈王信用之。诸将以其故不亲附，此其所以败也。

陈胜虽已死，其所置遣侯王将相竟亡秦，由涉首事也。高祖时为陈涉置守冢三十家㊲砀，至今血食。

褚先生㊳曰：地形险阻，所以为固也；兵革刑法，所以为治也。犹未足恃也。夫先王以仁义为本，而以固塞文法为枝叶，岂不然哉㊴！吾闻贾生㊵之论㊶曰：

"秦孝公据殽㊷、函㊸之固，拥雍州之地，君臣固守，以窥周室。有席卷天下，包举宇内，囊括四海之意，并吞八荒之心。当是时也，商君佐之，内立法度，务耕织，修守战之备；外连衡㊹而斗诸侯。于是秦人拱手而取西河之外㊺。

孝公既没，惠文王、武王、昭王蒙故业，因遗策，南取汉中，西举巴、蜀，东割膏腴之地，北㊻收要害之郡。诸侯恐惧，会盟而谋弱秦。不爱珍器重宝肥饶之地，以致天下之士。合从缔交，相与为一。当此之时，齐有孟尝，赵有平原，楚有春申，魏有信陵：此四君者，皆明知而忠信，宽厚而爱人，尊贤而重士。约从连横，兼韩、魏、燕、楚、齐㊼、赵、宋、卫、中山之众。于是六国之士有宁越、徐尚、苏秦、杜赫之属为之谋，齐明、周最、陈轸、邵滑、楼缓、翟景、苏厉、乐毅之徒通其意，吴起、孙膑、带他、兒良、王廖、田忌、廉颇、赵奢之伦制其兵。尝以什倍之地，百万之师，仰关而攻秦。秦人开关而延敌，九国之师逡遁㊽而不敢进。秦无亡矢遗镞之费，而天下固已困矣。于是从散约败，争割地而赂秦。秦有余力而制其弊，追亡逐北，伏尸百万，流血漂橹，因利乘便，宰割天下，分裂山河，强国请服，弱国入朝。

施及孝文王、庄襄王，享国之日浅，国家无事。

及至始皇，奋六世之余烈，振长策而御宇内，吞二周㊾而亡诸侯，履至尊而制六合，执敲朴以鞭笞天下，威振四海。南取百越之地，以为桂林㊿、象郡(51)，百越之君俯首系颈，委命下吏。乃使蒙恬北筑长城而守藩篱，却匈奴七百余里。胡人不敢南下而牧马，士亦不敢贯弓而报怨。于是废先王之道，燔百家之言，以愚黔首。堕名城，杀豪俊，收天下之兵聚之咸阳，销锋鍉，铸以为金人十二，以弱天下之民。然后践华为城，因河为池，据亿丈之城，临不测之溪以为固。良将劲弩，守要害之处，信臣精卒，陈利兵而谁何。天下已定，始皇之心，自以为关中之固，金城千里，子孙帝王万世之业也。

始皇既没，余威振于殊俗。然而陈涉瓮牖绳枢之子，氓隶之人，而迁徙之徒也。材能不及中人，非有仲尼、墨翟之贤，陶朱、猗顿之富也。蹑足行伍之间，俯仰阡陌之中，率罢散之卒，将数百之众，转而(52)攻秦。斩木为兵(53)，揭竿为旗，天下云会响应，赢粮而景[54]从，山东豪俊遂并起而亡秦族矣。

且天下非小弱也；雍州之地，殽、函之固自若也。陈涉之位，非尊于齐、楚、燕、赵、韩、魏、宋、卫、中山之君也；鉏耰棘矜，非铦[55]于句戟长铩也；適戍之众，非俦于九国之师也；深谋远虑，行军用兵之道，非及向时之士也。然而成败异变，功业相反也。尝试使山东之国与陈涉度长絜大，比权量力，则不可同年而语矣。然秦以区区之地，致万乘之权，抑八州而朝同列，百有余年矣。然后以六合为家，殽、函为宫。一夫作难而七庙堕，身死人手，为天下笑者，何也？仁义不施，而攻守之势异也。"

①阳城有二，陈胜所籍之阳城，故地在今河南登封县东南三十五里。
②阳夏故地在今河南太康县。
③渔阳故地在今河北蓟县。
④"次"下景祐本有"近"字，王念孙云："索隐本无近字，与《汉书》合。近盖即所之误。"卢文弨云："次所即近旁也。"
⑤丛祠即社祠，祀土地神者。
⑥《会注考证》："六字音读，则似狐鸣。"
⑦颜师古曰："袒右者，脱右肩之衣。当时取异于凡众也。"
⑧铚故城在今安徽宿县南四十六里。
⑨酂故城在今河南永城县西南。
⑩苦故城在今河南鹿邑县东十里。
⑪柘故城在今河南柘城县北。
⑫谯故城在今安徽亳县。
⑬陈故地在今河南汝宁县。
⑭拒，景祐本及今本皆作"在"，遂不可解，从张森楷改。
⑮故，殿本误入上注文中，从张森楷正。
⑯汝阴故地在今安徽阜阳县。

⑰秦九江郡故治在今安徽寿县,非江西之九江。
⑱秦东城故地在今安徽宁远县东南。
⑲如淳曰:视日时吉凶举动之占也。
⑳秦,景祐本脱,今补。
㉑戏,即京东戏亭,在今陕西临潼县东北。军,作动词用。
㉒"悉发"二句,《汉书》作"悉发以击楚军,大败之"。《会注考证》引中井积德曰:"大字疑衍。"
㉓黾,景祐本及今本皆作"渑",从张森楷改。
㉔钱大昕云:"此语又见《张耳陈馀传》,但云相国房君耳,词意相同者凡二百余字。"
㉕耳,景祐本及今本皆误作"其";耳子,谓张耳之子也。梁玉绳从《汉书》改。
㉖宁陵故地在今河南宁陵县。
㉗《会注考证》引服虔曰:"周章乃周文。"
㉘守,景祐本作"围",张森楷从《汉书》改。
㉙遗,景祐本作"遣",张森楷从《汉书》改。
㉚郏,景祐本作"郯",从《索隐》改,按,郏故地在今河南郏县。
㉛凌,景祐本作"陵",从张森楷改,凌故地在今江苏宿迁县东南五十里。
㉜郯故地在今山东郯城县西南。
㉝新阳故地在今安徽太和县西北六十里。
㉞方与故地在今山东济宁府鱼台县北。
㉟据《汉书》,"鄩盗"上有"与"字。遇,景祐本作"收",张森楷从《汉书》改。
㊱夥者,楚人谓多之辞。《会注考证》引俞正燮曰:"夥涉为王由陈涉始者,言其时天下相王者多,时人轻之,谓王为夥涉,盖廋辞相喻也。"
㊲《史》《汉》中《高纪》作十家;汉传作置守冢于砀山,不言家数。
㊳褚先生,颍川人,前汉宣帝时为博士,于元帝、成帝时续太史公书,言辞鄙陋,非迁本意。
㊴旧注谓除"褚先生曰"至此为褚补外,其下引贾谊《过秦论》或出于司马迁。
㊵贾生,贾谊也,此为其《过秦论》三篇之一,又见于《贾谊新书》《汉

书》《文选》，文字有异同，兹唯校改其不可不改者。
㊶论，景祐本及今本作"称"，从张森楷改。
㊷殽，山名。
㊸函，函谷关。
㊹衡、横，古通。
㊺梁玉绳云："秦孝公时不能取地至西河外，此文有误。"
㊻本无"北"字，从张森楷补。
㊼楚、齐二字景祐本及今本无，从梁玉绳补。梁玉绳云："《贾子》《汉书》《文选》皆不言齐、楚两国，当是脱耳。"
㊽逡遁，原作"遁逃"，从张森楷改。
㊾吞二周者，非始皇也，此误。
㊿秦桂林郡故治在今广西桂平县。
㊀秦象郡故治在今两广以西及越南中北部。
㊁转而，景祐本及今本作"而转"，从《汉书》《文选》改。
㊂此"兵"字作"兵器"解。
㊃景，"影"古字，谓如影之从形。
㊄铦，利也。

萧相国世家

萧相国何者，沛丰人也。以文无害为沛主吏掾。

高祖为布衣时，何数以吏事护高祖。高祖为亭长，常左右之①。高祖以吏繇咸阳，吏皆送奉②钱三，何独以五。

秦御史监郡者与从事，常辨之。何乃给泗水卒史事，第一。秦御史欲入言征何，何固请，得毋行。

及高祖起为沛公，何常为丞督事。沛公至咸阳，诸将皆争走金帛财物之府分之，何独先入收秦丞相御史律令图书藏之。沛公为汉王，以何为丞相。项王与诸侯屠烧咸阳而去。汉王所以具知天下厄塞，户口多少，强弱之处，民所疾苦者，以何具得秦图书也。何进言韩信③，汉王以信为大将军。语在淮阴侯事中。

汉王引兵东定三秦，何以丞相留收巴、蜀，填抚谕告，使给军食。汉二年，汉王与诸侯击楚，何守关中，侍太子，治栎阳。为法令约束，立宗庙社稷宫室县邑，辄奏上，可，许以从事④；即不及奏上，辄以便宜施行，上来以闻。关中事计户口转漕给军，汉王数失军遁去，何常与关中卒，辄补缺。上以此专属任何关中事。

汉三年，汉王与项羽相距京、索之间，上数使使劳苦丞相。鲍生谓丞相曰："王暴衣露盖⑤，数使使劳苦君者，有疑君心也。为君计，莫若遣君子孙昆弟能胜兵者悉诣军所，上必益信君。"于是何从其计，汉王大说。

汉五年，既杀项羽，定天下，论功行封。群臣争功，岁余功不决。高祖以萧何功最盛，封为酂侯，所食邑多。功臣皆曰："臣等身被坚执锐，多者百余战，少者数十合，攻城略地，大小各有差。今萧何未尝有汗马之劳，徒持文墨议论，不战，顾反居臣等上，何也？"高帝曰："诸君知猎乎？"曰："知之。""知猎狗乎？"曰："知之。"高帝曰："夫猎，追杀兽兔者狗也，而发踪指示兽处者人也。今诸君徒能走得⑥兽耳，功狗也。至如萧何，发踪指示，功人也。且诸君独以身随我，多者两三人。今萧何举宗数十人皆随我，功不可忘也。"群臣皆莫敢言。

列侯毕已受封，及奏位次，皆曰："平阳侯曹参身被七十创，攻城略地，功最多，宜第一。"上已桡⑦功臣，多封萧何，至位次未有以复难之，然心欲何第一。关内侯鄂君进曰："群臣议皆误。夫曹参虽有野战略地之功，此特一时之事。夫上与楚相距五岁，常失军亡众，逃身遁者数矣，然萧何常从关中遣军补其处，非上所诏令召，而数万众会上之乏绝者数矣。夫汉与楚相守荥阳数年，军无见粮，萧何转漕关中，给食不乏。陛下虽数亡山东，萧何常全关中以待陛下，此万世之功也。今虽亡曹参等百数，何缺于汉？汉得之，不必待以全。奈何欲以一旦之功而加万世之功哉！萧何第一，曹参次之。"高祖曰："善。"于是乃令萧何第一⑧，赐带剑履上殿，入朝不趋。

上曰："吾闻进贤受上赏。萧何功虽高，得鄂君乃益明。"于是因鄂君故所食关内侯邑二千户⑨封为安平侯⑩。是日，悉封何父母⑪兄弟十余人，皆有食邑。乃益封何二千户，以帝尝繇咸阳时何送我独赢奉⑫钱二也。

汉十一年，陈豨反，高祖自将，至邯郸。未罢，淮阴侯谋反关中，吕后用萧何计，诛淮阴侯，语在淮阴事中。上已闻淮阴侯诛，使使拜丞相何为相国，益封五千户，令卒五百人一都尉为相国卫。诸君⑬皆贺，召平独吊。召平者，故秦东陵侯。秦破，为布衣，贫，种瓜于长安城东，瓜美，故世俗谓之"东陵瓜"，从召平以为名也。召平谓相国曰："祸自此始矣。上暴露于外而君守于中，非被矢石之事而益君封置卫者，以今者淮阴侯新反于中，疑君心矣。夫置卫卫君，非以宠君也。愿君让封勿受，悉以家私财佐军，则上心说。"相国从其计，高帝乃大喜。

汉其⑭年秋，黥布反，上自将击之，数使使问相国何为。相国为上在军，乃拊循勉力百姓，悉以所有佐军，如陈豨时。客有说相国曰："君灭族不久矣。夫君位为相国，功第一，可复加哉？然君初入关中，得百姓心，十余年矣，皆附君，常复孳孳得民和。上所为数问君者，畏君倾动关中。今君胡不多买田地，贱贳贷以自污？上心乃安。"于是相国从其计，上乃大说。

上罢布军归，民遮行道⑮上书，言相国贱强买民田宅数千万。上至，相国谒。上笑曰："夫相国乃利民！"民所上书皆以与相国，曰："君自谢民。"相国因为民请曰："长安地狭，上林中多空地，弃，愿令民得入田，毋收稿为禽兽食。"上大怒曰："相国多受贾人财物，乃为请吾苑！"乃下相国廷尉，械系之。数日，王卫尉侍，前问曰："相国何大罪，陛下系之暴也？"上曰："吾闻李斯相秦皇帝，有善归主，有恶自与。今相国多受贾竖金而为民请吾苑，以自媚于民，故系治之。"王卫尉曰："夫职事苟有便于民而请之，真宰相事，陛下奈何乃疑相国受贾人钱乎！且陛下距楚数岁，陈豨、黥布反，陛下自将而往，当是时，相国守关中，摇足则关以西非陛下有也。相国不以此时为利，今乃利贾人之金乎？且秦以不闻其过亡天下，李斯之分过，又何足法哉？陛下何疑宰相之浅也。"高帝不怿。是日，使使持节赦出相国。相国年老，素恭谨，入徒跣谢。高帝曰："相国休矣！相国为民请苑，吾不许，我不过为桀、纣主，而相国为贤相。吾故系相国，欲令百姓闻吾过也。"

何素不与曹参相能，及何病，孝惠自临视相国病，因问曰："君即百岁后，谁可代君者？"对曰："知臣莫如主。"孝惠曰："曹参何如？"何顿首曰："帝得之矣！臣死不恨矣！"

何置田宅必居穷处；为家不治垣屋。曰："后世贤，师吾俭；不贤，毋为势家所夺。"

孝惠二年，相国何卒，谥为文终侯。

后嗣以罪失侯者四世，绝，天子辄复求何后，封续酂侯，功臣莫得比焉。

太史公曰：萧相国何于秦时为刀笔吏，录录未有奇节。及汉兴，依日月之末光，何谨守管籥，因民之疾秦⑯法，顺流与之更始。淮阴、黥布等皆以诛灭，而何之勋烂焉。位冠群臣，声施后世，与闳夭、散宜生等争烈矣。

①常左右之，《汉书》作"常佑之"，按，左即佐，右即佑，即常庇助之之意。
②奉，古"俸"字，谓诸吏皆以所得俸钱十之三送高祖，而萧何独以俸钱之半送高祖也，《集解》《索隐》及殿本考证所释皆不足据。
③梁玉绳云：按，此处《汉书》有萧何劝汉王王汉中一节，似不可缺。
④颜师古曰："可其所奏，许其所请，依以行事。"

⑤即昼行日下，夜则露宿之意。
⑥"走得"原作"得走"，从《汉书》改，意谓诸君只依他人所指奔走以得兽耳。
⑦桡，屈也。
⑧"第一"二字原脱，王念孙据《太平御览》引《史记》补。
⑨原无"二千户"三字，从张森楷校增；缺此三字，其意不完。
⑩安平侯食邑故地在今河北安平县。
⑪母，原作"子"，从梁玉绳改。
⑫古"俸"字，见前。
⑬诸君，指当时列侯有国土者。
⑭"其"原作"十二"，从《汉书》改。梁玉绳曰："二当作一"。张森楷曰："案上十一年，不合，依《汉》为是。"
⑮民遮行道，原作"民道遮行"，从张森楷改。
⑯秦，景祐本作"奉"，以"因民之疾"为句，"奉法顺流"为句，"与之更始"为句；兹从《汉书》改，盖汉革秦弊以有天下，岂能曰"奉法顺流"？且既奉法顺流，又安得曰"与之更始"？《汉书》"奉"正作"秦"，兹从改，且当依梁玉绳以"因民之疾秦法"为句，"顺流与之更始"为句，庶可不失史文本意。

老子韩非列传

老子者,楚苦县厉乡曲仁里人也,姓李氏,名耳,字伯阳,谥曰聃①,周守藏室之史也。

孔子适周,将问礼于老子。老子曰:"子所言者,其人与骨皆已朽矣,独其言在耳。且君子得其时则驾,不得其时则蓬累而行。吾闻之,良贾深藏若虚,君子盛德容貌若愚。去子之骄气与多欲,态色与淫志,——是皆无益于子之身。吾所以告子,若是而已②。"

孔子去,谓弟子曰:"鸟,吾知其能飞;鱼,吾知其能游;兽,吾知其能走。走者可以为罔;游者可以为纶;飞者可以为矰。至于龙,吾不能知其乘风云而上天。吾今日见老子,其犹龙邪③!"

老子修道德,其学以自隐无名为务。居周久之,见周之衰,乃遂去。至关,关令尹喜曰:"子将隐矣,强为我著书。"于是老子乃著书上下篇,言道德之意五千余言而去,莫知其所终④。

或曰,老莱子亦楚人也,著书十五篇,言道家之用,与孔子同时云。

盖老子百有六十余岁,或言二百余岁,以其修道而养寿也。

自孔子死之后百二十九年⑤,而史记周太史儋见秦献公曰:"始秦与周合,合五百岁而离,离七十岁而霸王者出焉。"

或曰,儋即老子,或曰非也,世莫知其然否。老子,隐君子也。

老子之子名宗，宗为魏将⑥，封于段干。宗子注，注子宫，宫玄孙假。假仕于汉孝文帝。而假之子解为胶西王卬太傅，因家于齐焉。

世之学老子者则绌儒学，儒学亦绌老子。"道不同不相为谋⑦"，岂谓是邪？李耳无为自化，清静自正⑧。

庄子者，蒙人也⑨，名周。周尝为蒙漆园吏，与梁惠王、齐宣王同时。其学无所不窥，然其要本归于老子之言。故其著书十余万言，大抵率寓言也。

作《渔父》《盗跖》《胠箧》，以诋訾孔子之徒，以明老子之术。《畏累虚》《亢桑子⑩》之属，皆空语无事实。然善属书离辞，指事类情，用剽剥儒、墨，虽当世宿学不能自解免也。其言洸洋自恣以适己，故自王公大人不能器之。

楚威王闻庄周贤，使使厚币迎之，许以为相⑪。庄周笑谓楚使者曰："千金，重利；卿相，尊位也。子独不见郊祭之牺牛乎？养食之数岁，衣以文绣，以入太庙。当是之时，虽欲为孤豚，岂可得乎？子亟去，无污我。我宁游戏污渎之中自快，无为有国者所羁。终身不仕，以快吾志焉。"

申不害者，京⑫人也，故郑之贱臣。学术以干韩昭侯，昭侯用为相。内修政教，外应诸侯，十五年。终申子之身，国治兵强，无侵韩者。申子之学，本于黄、老，而主刑名。著书二篇，号曰《申子》。

韩非者，韩之诸公子也。喜刑名法术之学，而其归本于黄、老。非为人口吃，不能道说，而善著书。与李斯俱事荀卿，斯自以为不如非。

非见韩之削弱，数以书谏韩王，韩王不能用。于是韩非疾治国不务修明其法制，执势以御其臣下，富国强兵而以求人任贤，反举浮淫之蠹而加之于功实之上。以为儒者用文乱法，而侠者以武犯禁。宽则宠名誉之人，急则用介胄之士。今者所养非所用，所用非所养。悲廉直不容于邪枉之臣，观往者得失之变，故作《孤愤》《五蠹》《内外储》《说林》《说难》十余万言。

然韩非知说之难，为《说难》书甚具，终死于秦，不能自脱。

《说难》曰[13]：

凡说之难，非吾知之有以说之难也；又非吾辩之能[14]明吾意之难也；又非吾敢横失[15]能尽之难也。凡说之难，在知所说之心，可以吾说当之。

所说出于为名高者也，而说之以厚利，则见下节[16]而遇卑贱，必弃远矣。所说出于厚利者也，而说之以名高，则见无心而远事情，必不收矣。

所说实为厚利而显为名高者也，而说之以名高，则阳收其身而实疏之；若说之以厚利，则阴用其言而显弃其身。此之不可不知也。

夫事以密成。语以泄败。未必其身泄之也，而语及其所匿之事，如是者身危[17]。贵人有过端，而说者明言善议以推其恶者，则身危[18]。周泽未渥也而语极知，说行而有功则德亡[19]，说不行而有败则见疑，如是者身危。夫贵人得计而欲自以为功，说者与知焉，则身危。彼显有所出事，乃自以为也故，说者与知焉，则身危[20]。强之以其所必不为[21]，止之以其所不能已者，身危。故曰：与之论大人，则以为间己；与之论细人，则以为鬻权。论其所爱，则以为借资；论其所憎，则以为尝己。径省其辞，则不知而屈之；泛滥博文，则多而久之㉒。顺事陈意，则曰怯懦而不尽；虑事广肆，则曰草野而倨侮。此说之难，不可不知也。

凡说之务，在知饰所说之所敬，而灭其所丑㉓。彼自知其计，则无以其失穷之；自勇其断，则无以其敌怒之；自多其力，则无以其难概之。规异事与同计，誉异人与同行者，则以饰之无伤也。有与同失者，则㉔明饰其无失也。大忠无所拂辞，悟言无所击排，乃后申其辩知焉。此所以亲近不疑，知尽之难也。

得旷日弥久，而周泽既渥㉕，深计而不疑，交争而不罪，乃明计利害以致其功，直指是非以饰其身，以此相持，此说之成也。

伊尹为庖，百里奚为虏，皆所由干其上也。故此二子者，皆圣人也，犹不能无役身而涉世㉖如此其污也，则非能仕之所设也。

宋有富人，天雨墙坏。其子曰："不筑，且有盗。"其邻人之父亦云。暮而果大亡其财，其家甚知其子而疑邻人之父。昔者郑武公欲伐胡，乃以其子妻之。因问群臣曰："吾欲用兵，谁可伐者？"关其思曰："胡可伐。"乃戮关其思，曰："胡，兄弟之国也，子言伐之，何也？"胡君闻之，以郑为亲己而不备郑。郑人袭胡，取之。此二说者，其知皆当矣，然而甚者为戮，薄者见疑。非知之难也，处知则难矣。

昔者弥子瑕见爱于卫君。——卫国之法，窃驾君车者罪至刖。——既而弥子之母病，人闻，往夜告之，弥子矫驾君车而出。君闻之而贤之曰："孝哉，为母之故而犯刖罪！"与君游果园，弥子食桃而甘，不尽而奉君。君曰："爱我哉！忘其口而念我！"

及弥子色衰而爱弛，得罪于君。君曰："是尝矫驾吾车，又尝食我以其余桃。"故弥子之行未变于初也，前见贤而后获罪者，爱憎之至变也。故有爱于主，则知㉗当而加亲；见憎于主，则罪当而加疏。故谏说之士不可不察爱憎之主而后说之矣。夫龙之为虫也，可扰狎而骑也。然其喉下有逆鳞径尺，人有婴之，则必杀人。人主亦有逆鳞，说之者能无婴人主之逆鳞，则几矣。

人或传其书至秦。秦王见《孤愤》《五蠹》之书，曰："嗟乎，寡人得见此人与之游，死不恨矣！"李斯曰："此韩非之所著书也。"秦因急攻韩。韩王始不用非，及急，乃遣非使秦。秦王悦之，未信用。李斯、姚贾害之，毁之曰："韩非，韩之诸公子也。今王欲并诸侯，非终为韩不为秦㉘，此人之情也。今王不用，久留而归之，此自遗患也，不如以过法诛之。"秦王以为然，下吏治非。李斯使人遗非药，使自杀。韩非欲自陈，不得见。秦王后悔之，使人赦之，非已死矣。

申子、韩子皆著书，传于后世，学者多有。余独悲韩子为《说难》而不能自脱耳。

太史公曰：老子所贵道，虚无，因应变化于无为，故著书辞称微妙难识。庄子散道德㉙，放论，要亦归之自然。申子卑卑，施之于名实。韩子引绳墨，切事情，明是非，其极惨礉少恩。皆原于道德之意，而老子深远矣。

①王念孙曰："案，史公原文作'名耳字聃姓李氏'，今本'姓李氏'在'名耳'之上，'字聃'作'字伯阳谥曰聃'，此后人取神仙家书改窜之耳。"

②梁玉绳云："案，老子答孔子问礼之言，与《孔子世家》异，'骄气多欲''态色淫志'亦非所以语孔子，当依《世家》为近实。"
③梁玉绳云："案，老子之言非至言也，安得遽叹其犹龙哉？此本《庄子·天运篇》，然《庄子》多寓言，而据为实录，可乎？前贤辨其妄矣！"
④梁玉绳云："按，《庄子·养生主》曰：'老聃死，秦失吊之。'则老子非长生神变，莫知其所终者，自史有此言，而道家遂有'化胡成佛'之说。"
⑤梁玉绳云："案，孔子卒于敬王四十一年，至烈王二年乃百有六年，此误。"
⑥梁玉绳云："老子卒于敬王初年，而其子乃仕魏，最少亦百余岁，宗复如是长年乎？世系表以宗为聃之后，较史为实。"
⑦道不同不相为谋，见《论语·卫灵公篇》。
⑧梁玉绳云："案，杭太史《疏证》引南昌万承苍云：'此二句是叙传中语，误入于此。'"
⑨蒙故地在今河南商丘县东北。
⑩钱大昕曰："亢桑即庚桑。亢，音刚，与'庚'声相近。"
⑪梁玉绳云："案，《正义》据《庄子·秋水篇》借神龟以辞楚聘事，谓与此传异，殊不知牺牛之喻，史公是用《列御寇篇》，特语有详略耳。张氏但据《秋水篇》校之，故云。"
⑫京故城在今河南荥阳县东南。
⑬梁玉绳云："案，此所载《说难》，以《韩子》校之，烦省不同，叙次亦异，盖史公删易与传写误倒皆有之。"
⑭"能"上各本有"难"字，从梁玉绳删。
⑮钱大昕云："失，古'佚'字。"
⑯节，犹品也，《礼记·檀弓》："品节斯。"见下节，谓其品卑下也。
⑰张森楷云："《韩子》'所'上无'其'字；是，作'此'。案，是、此同；'其'字似不宜去。正文但云所匿之事，《正义》乃增事多相类一层，似不相应。"
⑱梁玉绳云："此条当在后文'贵人得计'一条上，以类从也，传写错耳。"

⑲张森楷云:"《韩子》此系在第四节,'亡'作'忘'。"
⑳梁玉绳云:"此条当在前文'语及其所匿之事'一条下。又《韩子》'也'作'他','故'字绝句,此讹'也'字。"
㉑张森楷云:"《韩子》作'强以其所不能为',无'之'字、'必'字,下句亦无'之'字。并在第七节。"
㉒钱大昕云:"泛滥博文,《韩子》作'米监博辨';'米监'犹细碎也。则多而久之,《韩》作'则以为多而文之'。案,文字无谊,《索隐》解作文而无当。文,一本作'大',亦不切合。当以《史》改为长。"
㉓张森楷云:"《韩子》'敬'作'矜','丑'作'耻'。此史公改字家法也。"
㉔张森楷云:"《韩子》'则'下有'必以'二字,案'必'字尚可,'以'字似衍文。"
㉕张森楷云:"此下八句,《韩》在'非能士之所处也'句下。'得'作'夫','弥'一作'离','既'一作'呈'。"
㉖张森楷云:"《韩子》'犹'上有'然'字,而'涉世'作'以进'。"
㉗张森楷云:"知,相亲知也。《左昭四年传》:'公孙明知叔孙穆子于齐。'杜解即以相亲知为训。此知当适用其说。"
㉘梁玉绳曰:"《汉书艺文志考证》引沙随程氏曰:'非书有存韩篇,故李斯言非终为韩不为秦。后人误以范雎书厕其间,乃有举韩之论,《通鉴》谓非欲覆宗国,皆非也'。"
㉙张森楷云:"散,宜发也。《易·系辞》:'风以散之。'此散道德当用其谊。"

伍子胥列传

　　伍子胥者，楚人也，名员。员父曰伍奢。员兄曰伍尚。其先曰伍参①，以直谏事楚庄王②。有显，故其后世有名于楚。

　　楚平王有太子名曰建，使伍奢为太傅②，费无忌为少傅②。无忌不忠于太子建。平王使无忌为太子取妇于秦，秦女好，无忌驰归报平王曰："秦女绝美，王可自取，而更为太子取妇。"平王遂自取秦女而绝爱幸之，生子轸。更为太子取妇。

　　无忌既以秦女自媚于平王，因去太子而事平王。恐一旦平王卒而太子立，杀己，乃因谗太子建。建母蔡女也，无宠于平王。平王稍益疏建，使建守城父，备边兵。

　　顷之，无忌又日夜言太子短于王曰："太子以秦女之故，不能无怨望，愿王少自备也。自太子居城父，将兵，外交诸侯，且欲入为乱矣。"平王乃召其太傅伍奢考问之。伍奢知无忌谗太子于平王，因曰："王独奈何以谗贼小臣疏骨肉之亲乎？"无忌曰："王今不制，其事成矣。王且见禽③。"于是平王怒，囚伍奢，而使城父司马奋扬往杀太子。行未至，奋扬使人先告太子曰④："太子急去，不然将诛。"太子建亡奔宋。

　　无忌言于平王曰："伍奢有二子，皆贤，不诛且为楚忧。可以其父质而召之，不然且为楚患。"王使使谓伍奢曰："能致汝二子则生，不能则死。"伍奢曰："尚为人仁，呼必来。员为人刚戾忍诟，能成大事，彼见来之并禽④，其势必不来。"王不听，使人召二子曰："来，吾生汝父；不来，今杀奢也。"伍尚欲往，员曰："楚之召我兄弟，非欲以生我父也，恐有脱者后生患，故以父为质，诈召二子。二子到，则父子俱死。何益父之死？往而令仇不得报耳。不如奔他国，借力以雪父之耻，俱灭，无为也。"伍尚曰："我知往终不能全父命。然恨父召我以求生而不往，后不能雪耻，终为天下笑耳。"谓员："可去矣！汝能报杀父之仇，我将归死。"尚既就执，使者捕伍胥。伍胥贯弓执矢向使者，使者不敢进，伍胥遂亡。闻太子建之在宋，往从之⑤。奢闻子胥之亡也，曰："楚国君臣且苦兵矣。"伍尚至楚，楚并杀奢与尚也。

伍胥既至宋，宋有华氏之乱，乃与太子建俱奔于郑。郑人甚善之。太子建又适晋，晋顷公曰："太子既善郑，郑信太子。太子能为我内应，而我攻其外，灭郑必矣。灭郑而封太子。"太子乃还郑。事未会，会自私欲杀其从者，从者知其谋，乃告之于郑。郑定公与子产诛杀太子建⑥。建有子名胜。伍胥惧，乃与胜俱奔吴。到昭关，昭关欲执之。伍胥遂与胜独身步走，几不得脱。追者在后。至江，江上有一渔父乘船，知伍胥之急，乃渡伍胥。伍胥既渡，解其剑曰："此剑直百金，以与父。"父曰："楚国之法，得伍胥者赐粟五万石，爵执珪，岂徒百金剑邪！"不受。伍胥未至吴而疾，止中道，乞食⑦。至于吴，吴王僚方用⑧公子光为将。伍胥乃因公子光以求见吴王。

久之，楚平王以其边邑钟离与吴边邑卑梁氏俱蚕，两女子争桑相攻，乃大怒，至于两国举兵相伐。吴使公子光伐楚，拔其钟离⑨、居巢而归。伍子胥说吴王僚曰："楚可破也。愿复遣公子光。"公子光谓吴王曰："彼伍胥父兄为戮于楚。而劝王伐楚者，欲以自报其仇耳。伐楚未可破也。"伍胥知公子光有内志，欲杀王而自立，未可说以外事，乃进专诸于公子光，退而与太子建之子胜耕于野。

三年⑩而楚平王卒。初，平王所夺太子建秦女生子轸，及平王卒，轸竟立为后，是为昭王。吴王僚因楚丧，使二公子将兵往袭楚。楚发兵绝吴兵之后，不得归。吴国内空，而公子光乃令专诸袭刺吴王僚而自立，是为吴王阖庐。阖庐既立，得志，乃召伍员以为行人，而与谋国事。

楚诛其大臣郤宛⑪，伯州犁之孙伯嚭⑫亡奔吴，吴亦以嚭为大夫。前王僚所遣二公子将兵伐楚者，道绝不得归。后闻阖庐弑王僚自立，遂以其兵降楚，楚封之于舒⑬。阖庐立三年，乃兴师与伍胥、伯嚭伐楚，拔舒，遂禽故吴反二将军。因欲至郢⑭，将军孙武曰："民劳，未可，且待之。"乃归。

四年，吴伐楚，取六与潜。五年，伐越，败之。六年，楚昭王使公子囊瓦将兵伐吴。吴使伍员迎击，大破楚军于豫章⑮，取楚之居巢。

九年，吴王阖庐谓子胥、孙武曰："始子言郢未可入，今果何如？"二子对曰："楚将囊瓦贪，而唐、蔡皆怨之。王必欲大伐之，必先得唐、蔡乃可。"阖庐听之，悉兴师与唐、蔡伐楚，与楚夹汉水而陈。吴王之弟夫概将兵请从，王不听，遂以其属五千人击楚将子常。子常败走，奔郑。于是吴乘胜而前，五战，遂至郢。己卯，楚昭王出奔。庚辰，吴王入郢。

昭王出亡，入云梦；盗击王，王走郧⑯。郧公弟怀曰："平王杀我父，我杀其子，不亦可乎！"郧公恐其弟杀王，与王奔随。吴兵围随，谓随人曰："周之子孙在汉川者，楚尽灭之。"随人欲杀王，王子綦匿王，己自为王以当之。随人卜与王于吴，不吉，乃谢吴不与王。

始伍员与申包胥为交，员之亡也，谓包胥曰："我必覆楚！"包胥曰："我必存之！"及吴兵入郢，伍子胥求昭王。既不得，乃掘楚平王墓，出其尸，鞭之三百⑰，然后已。申包胥亡于山中，使人谓子胥曰："子之报仇，其已⑱甚乎！吾闻之，人众者胜天，天定亦能破人。今子故平王之臣，亲北面而事之，今至于僇死人，此岂其无天道之极乎！"伍子胥曰："为我谢申包胥曰，吾日暮途远，吾故倒行而逆施之。"于是申包胥走秦告急，求救于秦。秦不许。包胥立于秦廷，昼夜哭，七日七夜不绝其声。秦哀公怜之⑲，曰："楚虽无道，有臣若是，可无存乎！"乃遣车五百乘救楚击吴。十年⑳六月，败吴兵于稷。会吴王久留楚求昭王，而阖庐弟夫概乃亡归，自立为王。阖庐闻之，乃释楚而归，击其弟夫概。夫概败走，遂奔楚。楚昭王见吴有内乱，乃复入郢。封夫概于堂溪㉑，为堂溪氏。楚复与吴战，败吴，吴王乃归。

后一㉒岁，阖庐使太子佟累㉓将兵伐楚，取番㉔。楚惧吴复大来，乃去郢，徙于鄀㉕。当是时，吴以伍子胥、孙武之谋，西破强楚，北威齐、晋，南服越人。

其后四年，孔子相鲁㉖。

后四㉗年，伐越。越王勾践迎击，败吴于檇李㉘，伤阖庐指，军却。阖庐病创将死，谓太子夫差曰："尔忘勾践杀尔父乎？"夫差对曰："不敢忘。"是夕，阖庐死。夫差既立为王，以伯嚭为太宰㉙，习战射。二年后伐越，败越于夫湫㉚。越王勾践乃以余兵五千人栖于会稽㉛之上，使大夫种厚币遗吴太宰嚭以请和，求委国为臣妾。吴王将许之。伍子胥谏曰："越王为人耐㉜辛苦。今王不灭，后必悔之。"吴王不听，用太宰嚭计，与越平。

其后九[33]年，而吴王闻齐景公死[34]而大臣争宠，新君弱，乃兴师北伐齐。伍子胥谏曰："勾践食不重味，吊死问疾，且欲有所用之也。此人不死，必为吴患。今吴之有越，犹人之有腹心疾也。而王不先越而乃务齐，不亦谬乎！"吴王不听，伐齐，大败齐师于艾陵，遂威邹、鲁之君以归。益疏子胥之谋。

其后一[35]年，吴王将北伐齐，越王勾践用子贡之谋[36]，乃率其众以助吴，而重宝以献遗太宰嚭。太宰嚭既数受越赂，其爱信越殊甚，日夜为言于吴王。吴王信用嚭之计。伍子胥谏曰："夫越，腹心之病，今信其浮辞诈伪而贪齐。破齐，譬犹石田，无所用之。且《盘庚之诰》曰：'有颠越不恭，劓殄灭之，俾无遗育，无使易种于兹邑。'此商之所以兴。愿王释齐而先越；若不然，后将悔之无及。"而吴王不听，使子胥于齐。子胥临行，谓其子曰："吾数谏王，王不用，吾今见吴之亡矣。汝与吴俱亡，无益也。"乃属其子于齐鲍氏[37]，而还报吴。

吴太宰嚭既与子胥有隙，因谗曰："子胥为人刚暴，少恩，猜贼，其怨望恐为深祸也。前日王欲伐齐，子胥以为不可，王卒伐之而有大功。子胥耻其计谋不用，乃反怨望。而今王又复伐齐，子胥专愎强谏，沮毁用事，徒幸吴之败以自胜其计谋耳。今王自行，悉国中武力以伐齐，而子胥谏不用，因辍谢，详[38]病不行。王不可不备，此起祸不难。且嚭使人微伺之，其使于齐也，乃属其子于齐之鲍氏。夫为人臣，内不得意，外倚诸侯，自以为先王之谋臣，今不见用，常鞅鞅怨望。愿王早图之。"吴王曰："微子之言，吾亦疑之。"乃使使赐伍子胥属镂之剑，曰："子以此死。"伍子胥仰天叹曰："嗟乎！谗臣嚭为乱矣，王乃反诛我。我令若父霸。自若未立时，诸公子争立，我以死争之于先王，几不得立。若既得立，欲分吴国予我，我顾不敢望也。然今若听谀臣言以杀长者。"乃告其舍人曰："必树吾墓上以梓，令可以为器；而抉吾眼县㊴吴东门之上，以观越寇之入灭吴也。"乃自刭死。吴王闻之大怒，乃取子胥尸盛以鸱夷革，浮之江中。吴人怜之，为立祠于江上，因命曰胥山。

吴王既诛伍子胥，遂伐齐。齐鲍氏杀其君悼公，而立阳生。吴王欲讨其贼，不胜而去㊵。其后一㊶年，吴王召鲁、卫之君会之橐皋㊷。其明年，因北大会诸侯于黄池㊸，以令周室。越王勾践袭杀吴太子，破吴兵。吴王闻之，乃归，使使厚币与越平。后九年，越王勾践遂灭吴，杀王夫差㊹；而诛太宰嚭，以不忠于其君，而外受重赂，与己比周也。

伍子胥初所与俱亡故楚太子建之子胜者，在于吴。吴王夫差之时，楚惠王欲召胜归楚。叶公谏曰："胜好勇而阴求死士，殆有私乎！"惠王不听㊺。遂召胜，使居楚之边邑鄢㊻，号为白公。白公归楚三年而吴诛子胥。

白公胜既归楚，怨郑之杀其父，乃阴养死士求报郑。归楚五年㊼，请伐郑，楚令尹子西许之。兵未发而晋伐郑，郑请救于楚。楚使子西往救，与盟而还。白公胜怒曰："非郑之仇，乃子西也。"胜自砺剑，人问曰："何以为？"胜曰："欲以杀子西。"子西闻之，笑曰："胜如卵耳，何能为也。"

其后一㊽岁，白公胜与石乞袭杀楚令尹子西、司马子綦于朝。石乞曰："不杀王，不可。"乃劫㊾王如高府。石乞从者屈固负楚惠王㊿亡走昭夫人之宫。叶公闻白公为乱，率其国人攻白公。白公之徒败，亡走山中，自杀。而虏石乞，而问白公尸处，不言将亨[51]。石乞曰："事成为卿，不成而亨[51]，固其职也。”终不肯告其尸处。遂亨[51]石乞，而求惠王复立之。

太史公曰：怨毒之于人甚矣哉！王者尚不能行之于臣下，况同列乎！向令伍子胥从奢俱死，何异蝼蚁。弃小义，雪大耻，名垂于后世，悲夫！方子胥窘于江上，道乞食，志岂尝须臾忘郢邪？故隐忍就功名，非烈丈夫孰能致此哉？白公如不自立为君[52]者，其功谋亦不可胜道哉！

①参，原误“举”。案《左传》伍举当康王、灵王时，不及事庄王；事庄王，曾直谏者，举父参也。

②太傅、少傅，《左传》作太师、少师。梁玉绳以为作“傅”误。

③禽，古“擒”字。

④“曰”字原脱，从张森楷校补。

⑤梁玉绳云：“案子胥亡楚至吴而已，乃此言其历宋、郑、晋而与太子俱，不知何据。”

⑥梁玉绳云：“郑杀建，不知何时？而子产卒于定之八年，即建奔郑之岁，恐未是子产诛之。”

⑦《集解》引张勃曰：“子胥乞食，在丹阳溧阳县。”按，即今江苏省溧阳县。

⑧景祐本及各本“用”下有“事”字，梁玉绳以为“事”字衍，甚是。因治吴国者自为吴王，僚为吴王，并非臣下，无所谓用事也，应删“事”字，与下取为一句读。

⑨钟离故地在今安徽凤阳东北二十里。《新校注稿》谓《索隐》云钟离在六安，误。

⑩三，原误为“五”。

⑪“郤宛”下原衍“伯州犁”三字，梁玉绳云：“‘伯州犁’三字衍，郤宛见杀，在鲁昭公二十七年；州犁为楚灵王所杀，远在昭元年也。《吴越春秋·阖闾内传》谓郤宛即州犁，盖缘此致误。”

⑫梁玉绳云：“《楚世家》称郤宛之宗姓伯氏，子嚭；徐广本《潜夫论·志氏姓》，谓伯州犁之子郤宛，郤宛之子伯嚭，宛亦姓伯，又别氏郤，恐不足据。《定四年传》云，楚杀郤宛，伯氏之族出，伯州犁之孙嚭为吴

太宰，伯氏乃郤宛之党，非同族也。"
⑬梁玉绳以为降楚封舒，皆无可考，见《史记志疑》。
⑭郢故城在今湖北江陵东南。
⑮豫章故治在今江西南昌。
⑯鄾故地在今湖北鄾县。
⑰梁玉绳云："此事《左氏》《公羊》所不载，其见于《谷梁》定四年传者，但言挞平王之墓，挞墓与鞭尸迥异。"
⑱已，原作"以"，古字通用。
⑲《左传》云："秦哀公为之赋《无衣》。"
⑳"十年"二字原脱，从张森楷校补。
㉑堂溪故地在今河南遂平县西四十里。
㉒一，原误"二"。
㉓佟累，原误"夫差"，从梁玉绳改。
㉔梁玉绳谓"取番"亦误考，见《史记志疑》。
㉕顾祖禹谓湖北宜城东南九十里郜城即其地。
㉖梁玉绳云："相鲁误也，说在《孔子世家》。"
㉗四，原误"五"。
㉘欈李，原误"姑苏"。
㉙《越绝书》：嚭人觉鉴辨见，目达耳聪，诸事无不通，阖庐用之伐楚，有大功，因以为太宰。
㉚湫，吴、越两世家作"椒"，湫、椒古通用，故《索隐》音"湫"为"椒"也。
㉛会稽故地在今浙江绍兴。
㉜耐，原作"能"，耐、能古通用。
㉝九，原误"五"，即《左传》哀公十年鄎之役，从梁玉绳改。
㉞梁玉绳谓此役非因齐景公死，说见《史记志疑》。
㉟一，原误"四"，从张森楷改。
㊱梁玉绳云："子贡无说越事。"
㊲氏，原误"牧"，时牧见杀已四年矣，从梁玉绳改。
㊳祥，古"佯"字。
㊴县，古"悬"字。
㊵梁玉绳云："'齐鲍氏杀其君'以下，疑当在前'益疏子胥之谋'句上，

庶于《左传》情事相协，此及《吴世家》，叙伐齐事，多倒乱失实，而悼公即阳生，此又误说，当是杀其君悼公而立王也。至弑悼公，非出鲍氏，已辨在《齐世家》中。"
㊶ 一，原误"二"，从张森楷改。
㊷ 橐皋故地在今安徽合肥县东北。
㊸ 黄池故地在今河南封丘县。
㊹《吴越世家》作夫差自刭，与此异。
㊺ 梁玉绳云："召胜者子西，不听谏者亦子西，而以为惠王，误矣。"
㊻ 鄀故地在今河南息县附近。
㊼ 梁玉绳云："晋伐郑，在鲁哀公十五年，周敬王四十年，即依《史记》乃白公归楚八年，非五年也。"
㊽ 一，原误"四"。
㊾ "劫"下原衍"之"字，从王念孙删。
㊿ 梁玉绳云："《哀十六传》负王者乃圉公阳，《世家》言惠王从者屈固，此传以为石乞从者屈固，盖屈乃蔿之伪，蔿固即箴尹固，见《哀十八传》，然蔿固、圉公阳是两人，史误也。必因《左传》圉公阳穴宫负王与石乞尹门连文，而又有叶公遇箴尹固事，遂致斯舛耳。"
㉛ 亨，古"烹"字。
㉜ 传中未言白公自立为君事。

仲尼弟子列传

孔子曰①"受业身通②者七十有七人",皆异能之士也。德行:颜渊、闵子骞、冉伯牛、仲弓。政事:冉有、季路。言语:宰我、子贡。文学:子游、子夏。师也僻,参也鲁,柴也愚,由也喭,回也屡空。赐不受命而货殖焉,亿则屡中。

孔子之所严事:于周则老子;于卫,蘧伯玉;于齐,晏平仲;于楚,老莱子;于郑,子产;于鲁,孟公绰③。数称臧文仲④、柳下惠、铜鞮⑤伯华、介山子然,孔子皆后之,不并世。

颜回者⑥,鲁人也,字子渊。少孔子三十岁。

颜渊问仁,孔子曰:"克己复礼,天下归仁焉。"

孔子曰:"贤哉回也!一箪食,一瓢饮,在陋巷,人不堪其忧,回也不改其乐。""回也如愚;退而省其私,亦足以发,回也不愚。""用之则行,舍之则藏,唯我与尔有是夫!"

回年二十九,发尽白,蚤死。孔子哭之恸,曰:"自吾有回,门人益亲。"

鲁哀公问:"弟子孰为好学?"孔子对曰:"有颜回者好学,不迁怒,不贰过。不幸短命死矣,今也则亡。"

闵损字子骞。少孔子十五岁⑦。

孔子曰:"孝哉闵子骞!人不间于其父母、昆弟之言。"不仕大夫,不食污君之禄。"如有复我者⑧,必在汶上矣。"

冉耕字伯牛。孔子以为有德行⑨。

伯牛有恶疾，孔子往问之，自牖执其手，曰："命也夫⑩！斯人也而有斯疾，命也夫！"

冉雍字仲弓⑪。

仲弓问政，孔子曰："出门如见大宾，使民如承大祭。在邦⑫无怨，在家无怨。"

孔子以仲弓为有德行，曰："雍也可使南面。"

仲弓父，贱人。孔子曰："犁牛之子骍且角，虽欲勿用，山川其舍诸？"

冉求字子有，少孔子二十九岁。为季氏宰。

季康子⑬问孔子曰："冉求仁乎？"曰："千室之邑，百乘之家，求也可使治其赋。仁则吾不知也⑭。"复问："子路仁乎？"孔子对曰："如求。"

求问曰："闻斯行诸？"子曰："行之。"子路问："闻斯行诸？"子曰："有父兄在，如之何其闻斯行之！"子华怪之，"敢问问同而答异？"孔子曰："求也退，故进之。由也兼人，故退之。"

仲由字子路，卞人也。少孔子九岁。

子路性鄙，好勇力，志伉直，冠雄鸡，佩猳豚，陵暴孔子。孔子设礼稍诱子路，子路后儒服委质，因门人请为弟子。

子路问政，孔子曰："先之，劳之。"请益。曰："无倦。"

子路问："君子尚勇乎？"孔子曰："义之为上⑮。君子好勇而无义则乱，小人好勇而无义则盗。"

子路有闻，未之能行，唯恐有闻。

孔子曰："片言可以折狱者，其由也与！"

"由也好勇过我，无所取材。"

"若由也，不得其死然。"

"衣敝缊袍与衣狐狢者立而不耻者，其由也欤！"

"由也升堂矣，未入于室也。"

季康子⑯问："仲由仁乎？"孔子曰："千乘之国可使治其赋，不知其仁。"

子路喜从游，遇长沮、桀溺、荷蓧丈人。

子路为季氏宰，季孙问曰："子路可谓大臣与？"孔子曰："可谓具臣矣。"

子路为蒲大夫，辞孔子。孔子曰："蒲多壮士，又难治。然吾语汝：恭以敬，可以执勇⑰；宽以正，可以比⑱众；恭正以静，可以报⑲上。"

初，卫灵公有宠姬⑳曰南子。灵公太子蒉聩㉑得过南子，惧诛出奔。及灵公卒而夫人欲立公子郢。郢不肯，曰："亡人太子之子辄在。"于是卫立辄为君，是为出公。出公立十二年，其父蒉聩居外，不得入。子路为卫大夫孔悝之邑宰。蒉聩乃与孔悝作乱，谋入孔悝家，遂与其徒袭攻出公。出公奔鲁，而蒉聩入立，是为庄公。方孔悝作乱，子路在外，闻之而驰往。遇子羔出卫城门，谓子路曰："卫君㉒去矣，而门已闭，子可还矣，毋空受其祸！"子路曰："食其食者不避其难。"子羔卒去。有使者入城，城门开，子路随而入㉓。造蒉聩，蒉聩与孔悝登台。子路曰："君焉用孔悝？请得而杀之！"蒉聩弗听。于是子路欲燔台，蒉聩惧，乃下石乞、壶黡攻子路，击断子路之缨。子路曰："君子死而冠不免。"遂结缨而死。

孔子闻卫乱，曰："嗟乎，由死矣！"已而果死。故孔子曰："自吾得由，恶言不闻于耳。"是时子贡为鲁使于齐。

宰予㉔字子我。利口辩辞。既受业，问："三年之丧不已久乎？君子三年不为礼，礼必坏；三年不为乐，乐必崩。旧谷既没，新谷既升，钻燧改火，期可已矣。"子曰："于汝安乎？"曰："安。""汝安则为之。君子居丧，食旨不甘，闻乐不乐，故弗为也。"宰我出，子曰："予之不仁也！子生三年然后免于父母之怀。夫三年之丧，天下之通义也。"

宰我昼寝。子曰："朽木不可雕也，粪土之墙不可圬也。"

宰我问五帝之德，子曰："予非其人也。"

宰我为临菑大夫，与田常作乱，以夷其族，孔子耻之。

端木赐，卫人，字子贡㉕。少孔子三十一岁。

子贡利口巧辞，孔子常黜其辩。问曰："汝与回也孰愈？"对曰："赐也何敢望回！回也闻一以知十，赐也闻一以知二。"

子贡既已受业，问曰："赐何人也？"孔子曰："汝器也。"曰："何器也？"曰："瑚琏也。"

陈子禽问子贡曰："仲尼焉学？"子贡曰："文、武之道未坠于地，在人，贤者识其大者，不贤者识其小者，莫不有文、武之道。夫子焉不学，而亦何常师之有！"

又问曰："孔子适是国必闻其政。求之与？抑与之与？"子贡曰："夫子温、良、恭、俭、让以得之。夫子之求之也，其诸异乎人之求之也。"

子贡问曰："富而无骄，贫而无谄，何如？"孔子曰："可也；不如贫而乐道，富而好礼。"

田常欲作乱于齐，惮高、国、鲍、晏，故移其兵欲以伐鲁㉖。孔子闻之，谓门弟子曰："夫鲁，坟墓所处，父母之国，国危如此，二三子何为莫出？"子路请出，孔子止之。子张、子石请行，孔子弗许。子贡请行，孔子许之。

遂行，至齐㉗，说田常曰："君之伐鲁过矣。夫鲁，难伐之国，其城薄以卑，其池㉘狭以泄，其君愚而不仁，大臣伪而无用，其士民又恶甲兵之事，此不可与战。君不如伐吴。夫吴，城高以厚，池㉙广以深，甲坚以新，士选以饱，重器精兵尽在其中，又使明大夫守之，此易伐也。"田常忿然作色曰："子之所难，人之所易；子之所易，人之所难：而以教常，何也？"子贡曰："臣闻之，忧在内者攻强，忧在外者攻弱。今君忧在内。吾闻君三封而三不成者，大臣有不听者也。今君破鲁以广齐，战胜以骄主，破国以尊臣，而君之功不与焉，则交日疏于主。是君上骄主心，下恣群臣，求以成大事，难矣。夫上骄则恣，臣骄则争；是君上与主有郤，下与大臣交争也。如此，则君之立于齐危矣！故曰不如伐吴。伐吴不胜，民人外死，大臣内空，是君上无强臣之敌，下无民人之过，孤主制齐者唯君也。"田常曰："善。虽然，吾兵业已加鲁矣，去而之吴，大臣疑我，奈何？"子贡曰："君按兵无伐，臣请往使吴王，令之救鲁而伐齐㉚，君因以兵迎之。"田常许之，使子贡南见吴王。

说曰："臣闻之，王者不绝世，霸者无强敌，千钧之重加铢两而移。今以万乘之齐，而私千乘之鲁，与吴争强，窃为王危之！且夫救鲁，显名也；伐齐，大利也。以抚泗上诸侯，诛暴齐以服强晋，利莫大焉！名存亡鲁，实困强齐。智者不疑也。"吴王曰："善。虽然，吾尝与越战，栖之会稽。越王苦身养士，有报我心。子待我伐越而听子。"子贡曰："越之劲不过鲁，吴之强不过齐，王置齐而伐越，则齐已平鲁矣。且王方以存亡继绝为名，夫伐小越而畏强齐，非勇也。夫勇者不避难，仁者不穷约，智者不失时，王者不绝世，以立其义。今存越示诸侯以仁，救鲁伐齐，威加晋国，诸侯必相率而朝吴，霸业成矣！且王必恶越，臣请东见越王，令出兵以从，此实空越，名从诸侯以伐也。"吴王大说，乃使子贡之越。

越王除道郊迎，身御至舍而问曰："此蛮夷之国，大夫何以俨然辱而临之？"子贡曰："今者吾说吴王以救鲁伐齐，其志欲之而畏越，曰'待我伐越乃可'。如此，破越必矣。且夫无报人之志而令人疑之，拙也；有报人之意㉛，使人知之，殆也；事未发而先闻，危也。三者举事之大患。"勾践顿首再拜曰："孤尝不料力，乃与吴战，困于会稽，痛入于骨髓，日夜焦唇干舌，徒欲与吴王接踵而死，孤之愿也。"遂问子贡。子贡曰："吴王为人猛暴，群臣不堪；国家敝于数战，士卒弗忍；百姓怨上，大臣内变；子胥以谏死㉜，太宰嚭用事，顺君之过以安其私：是残国之治也。今王诚发士卒佐之以徼其志，重宝以说其心，卑辞以尊其礼，其伐齐必也。彼战不胜，王之福矣。战胜，必以兵临晋，臣请北见晋君，令共攻之，弱吴必矣。其锐兵尽于齐，重甲困于晋，而王制其敝，此灭吴必矣。"越王大说，许诺。送子贡金百镒，剑一，良矛二。子贡不受，遂行。

报吴王曰："臣敬以大王之言告越王，越王大恐，曰：'孤不幸，少失先人，内不自量，抵罪于吴，军败身辱，栖于会稽，国为虚莽，赖大王之赐，使得奉俎豆而修祭祀，死不敢忘，何谋之敢虑！'"后五日，越使大夫种顿首言于吴王曰："东海役臣孤勾践使者臣种，敢修下吏问于左右。今窃闻大王将兴大义，诛强救弱，困暴齐而抚周室，请悉起境内士卒三千人，孤请自被坚执锐，以先受矢石。因越贱臣种奉先人藏器，甲二十领，铁屈卢之矛，步光之剑，以贺军吏。"吴王大说，以告子贡曰："越王欲身从寡人伐齐，可乎？"子贡曰："不可。夫空人之国，悉人之众，又从其君，不义。君受其币，许其师，而辞其君。"吴王许诺，乃谢越王。于是吴王乃遂发九郡兵伐齐。

子贡因去之晋，谓晋君曰："臣闻之，虑不先定不可以应卒，兵不先辩不可以胜敌。今夫齐与吴将战，彼战而不胜，越乱之必矣；与齐战而胜，必以其兵临晋。"晋君大恐，曰："为之奈何？"子贡曰："修兵休卒以待之。"晋君许诺。

子贡去而之鲁。吴王果与齐人战于艾陵，大破齐师，获七将军之兵㉝而不归㉞，果以兵临晋，与晋人相遇黄池之上。吴、晋争强。晋人击之，大败吴师㉟。

越王闻之，涉江袭吴，去城七里而军。吴王闻之，去晋而归，与越战于五湖。三战不胜㊱，城门不守，越遂围王宫，杀夫差而戮其相。破吴三年，东向而霸。

故子贡一出，存鲁，乱齐，破吴，强晋而霸越。子贡一使，使势相破，十年之中，五国各有变。

子贡好废举，与时转货赀。喜扬人之美，不能匿人之过。常相鲁、卫㊲，家累千金，卒终于齐。

言偃，吴人，字子游。少孔子四十五岁㊳。

子游既已受业，为武城宰㊴。孔子过，闻弦歌之声。孔子莞尔而笑曰："割鸡焉用牛刀？"子游曰："昔者偃闻诸夫子曰，君子学道则爱人，小人学道则易使。"孔子曰："二三子，偃之言是也。前言戏之耳。"孔子以为子游习于文学。

卜商字子夏。少孔子四十四岁。

子夏问："'巧笑倩兮，美目盼兮，素以为绚兮'，何谓也？"子曰："绘事后素。"曰："礼后乎？"孔子曰："商始可与言《诗》已矣。"

子夏问:"师与商孰贤?"子曰:"师也过,商也不及。""然则师愈与?"曰:"过犹不及。"

子谓子夏曰:"汝为君子儒,无为小人儒。"

孔子既没,子夏居西河教授,为魏文侯师。其子死,哭之失明[40]。

颛孙师,陈人,字子张。少孔子四十八岁。

子张问干禄,孔子曰:"多闻阙疑,慎言其余,则寡尤;多见阙殆,慎行其余,则寡悔。言寡尤,行寡悔,禄在其中矣。"

他日从在陈、蔡间[41],困,问行。孔子曰:"言忠信,行笃敬,虽蛮貊之邦行也;言不忠信,行不笃敬,虽州里行乎哉!立则见其参于前也,在舆则见其倚于衡,夫然后行。"子张书诸绅。

子张问:"士何如斯可谓之达矣?"孔子曰:"何哉,尔所谓达者?"子张对曰:"在国必闻,在家必闻。"孔子曰:"是闻也,非达也。夫达者,质直而好义,察言而观色,虑以下人,在国及家必达。夫闻也者,色取仁而行违,居之不疑,在国及家必闻。"

曾参,南武城人,字子舆[42]。少孔子四十六岁。

孔子以为能通孝道,故授之业。作《孝经》。死于鲁。

澹台灭明,武城人,字子羽。少孔子二十九岁[43]。状貌甚恶。欲事孔子,孔子以为材薄。既已受业,退而修行[44],行不由径,非公事不见卿大夫。

南游至江,从弟子三百人,设取予去就,名施[45]乎诸侯。孔子闻之,曰:"吾以言取人,失之宰予;以貌取人,失之子羽。"

宓不齐字子贱。少孔子四十九岁[46]。

孔子谓："子贱君子哉！鲁无君子，斯焉取斯？"

子贱为单父宰，反命于孔子，曰："此国有贤不齐者五人，教不齐所以治者。"孔子曰："惜哉不齐所治者小，所治者大则庶几矣。"

原宪字子思。

子思问耻。孔子曰："国有道，谷。国无道，谷，耻也。"

子思曰："克伐怨欲不行焉，可以为仁乎？"孔子曰："可以为难矣，仁则吾弗知也。"孔子卒，原宪亡在草泽中。

子贡相卫，而结驷连骑，排藜藿[47]入穷阎[48]，过谢原宪。宪摄敝衣冠见子贡。子贡耻之，曰："夫子岂病乎？"原宪曰："吾闻之，无财者谓之贫，学道而不能行者谓之病。若宪，贫也，非病也。"子贡惭，不怿而去，终身耻其言之过也。

公冶长，齐人，字子长。

孔子曰："长可妻也，虽在累绁之中，非其罪也。"以其子妻之。

南宫括字子容。

问孔子曰："羿善射，奡荡舟，俱不得其死然；禹、稷躬稼而有天下？"孔子弗答。容出，孔子曰："君子哉若人！上德哉若人！""国有道，不废；国无道，免于刑戮。"三复"白珪之玷"，以其兄之子妻之。

公皙哀字季次。

孔子曰："天下无行[49]，多为家臣，仕于都；唯季次未尝仕。"

曾蒧字皙。侍孔子，孔子曰："言尔志。"蒧曰："春服既成，冠者五六人，童子六七人，浴乎沂，风乎舞雩，咏而归。"孔子喟尔叹曰："吾与蒧也！"

颜无繇字路[50]。路者，颜回父，父子尝各异时事孔子。

颜回死，颜路贫，请孔子车以葬。孔子曰："材不材，亦各言其子也。鲤也死，有棺而无椁，吾不徒行以为之椁，以吾从大夫之后，不可以徒行。"

商瞿，鲁人，字子木。少孔子二十九岁。

孔子传《易》于瞿，瞿传楚人馯臂子弘，弘传江东人矫子庸疵，疵传燕人周子家竖，竖传淳于人光子乘羽，羽传齐人田子庄何，何传东武人王子中同，同传菑川(51)人杨何(52)。何元朔中以治《易》为汉中大夫(53)。

高柴字子羔。少孔子三十岁。

子羔长不盈(54)五尺，受业孔子，孔子以为愚。子路使子羔为费郈宰，孔子曰："贼夫人之子！"子路曰："有民人焉，有社稷焉，何必读书然后为学！"孔子曰："是故恶夫佞者。"

漆彫开字子开。

孔子使开仕，对曰："吾斯之未(55)能信。"孔子说。

公伯僚字子周。

周愬子路于季孙，子服景伯以告孔子，曰："夫子固有惑志，僚也，吾力犹能肆诸市朝。"孔子曰："道之将行，命也；道之将废，命也。公伯僚其如命何！"

司马耕字子牛。

牛多言而躁。问仁于孔子，孔子曰："仁者其言也讱。"曰："其言也讱，斯可谓之仁乎？"子曰："为之难，言之得无讱乎！"问君子，子曰："君子不忧不惧。"曰："不忧不惧，斯可谓之君子乎？"子曰："内省不疚，夫何忧何惧！"

樊须字子迟。少孔子三十六岁。

樊迟请学稼，孔子曰："吾不如老农。"请学圃，曰："吾不如老圃。"樊迟出，孔子曰："小人哉樊须也！上好礼，则民莫敢不敬；上好义，则民莫敢不服；上好信，则民莫敢不用情。夫如是，则四方之民襁负其子而至矣，焉用稼！"

樊迟问仁，子曰："爱人。"问智，曰："知人。"

有若少孔子四十三岁。

有若曰："礼之用，和为贵，先王之道斯为美。小大由之，有所不行；知和而和，不以礼节之，亦不可行也。""信近于义，言可复也；恭近于礼，远耻辱也；因不失其亲，亦可宗也。"

孔子既没，弟子思慕，有若状似孔子，弟子相与共立为师，师之如夫子时也。

他日，弟子进问曰："昔夫子当行，使弟子持雨具㊽，已而果雨。弟子问曰：'夫子何以知之？'夫子曰：'《诗》不云乎？"月离㊾于毕，俾滂沱矣。"昨暮月不宿毕乎？'他日，月宿毕，竟不雨。商瞿年长无子，其母为取室。孔子使之齐，瞿母请之。孔子曰：'无忧！瞿年四十后当有五丈夫子。'已而果然。敢问夫子何以知此？"有若默默无以应。弟子起曰："有子避之，此非子之座也！"

公西赤字子华。少孔子四十二岁。

子华使于齐，冉有为其母请粟。孔子曰："与之釜。"请益，曰："与之庾。"冉子与之粟五秉。孔子曰："赤之适齐也，乘肥马，衣轻裘。吾闻君子周急不继富。"

巫马施字子旗。少孔子三十岁。

陈司败问孔子㊿："鲁昭公知礼乎？"孔子曰："知礼。"退而揖巫马旗曰："吾闻君子不党，君子亦党乎？鲁君娶吴女为夫人，命之为孟子。孟子姓姬，讳称同姓，故谓之孟子㊿。鲁君而知礼，熟不知礼！"施以告孔子，孔子曰："丘也幸，苟有过，人必知之。臣不可言君亲之恶，为讳者，礼也⑥。"

梁鳣字叔鱼。少孔子二十九岁。

颜幸字子柳。少孔子四十六岁。

冉孺字子鲁。少孔子五十岁。

曹卹字子循。少孔子五十岁。

伯虔字子析。少孔子五十岁。

公孙龙字子石。少孔子五十三岁。

自子石已右三十五人，显有年名及受业见于书传。其四十有二人，无年及不见书传者，纪于左⑥：

冉季字子产。

公祖句兹字子之。

秦祖字子南。

漆彫哆字子敛。

颜高字子骄。

漆彫徒父。

壤驷赤字子徒。

商泽。

石作蜀字子明。

任不齐字选。

公良孺字子正。

后处字子里。

秦冉字开。

公夏首字乘。

奚容箴字子皙。

公肩定字子中。

颜祖字襄。

鄡单字子家。
句井疆。
宰父黑㉂字子索。
秦商字子丕。
申党字周。
颜之仆字叔。
荣旂字子祺。
县成字子祺。
左人郢字行。
燕伋字思。
郑国字子徒。
秦非字子之。
施之常字子恒。
颜哙字子声。
步叔乘字子车。
原亢籍。
乐欬字子声。
廉絜字庸。
叔仲会字子期。
颜何字冉。
狄黑字皙。
邦巽字子敛。
孔忠。
公西舆如字子上。
公西葴字子上。
太史公曰：学者多称七十子之徒，誉者或过其实，毁者或损其真，钧之未睹厥容貌，则论言弟子籍，出孔氏古文近是[63]。余以弟子名姓文字悉取《论语》弟子问并次为篇，疑者阙焉。

① 《会注考证》："'曰'字宜改为'弟子'。"
② 郑环《弟子列传考》："宋大观四年，议礼局言《史记·弟子列传》曰：'受业身通六艺者，七十有七人。'"据此，今本脱"六艺"二字，当补。
③ 张森楷曰："张孝廉云：'以公绰为孔子所严事，恐未然。'又《吕氏春秋·当染篇》云'孔子学于孟苏夔靖叔'，未详其人史何以不及？"
④ 梁玉绳曰："案，孔子屡贬文仲，何尝称之？不当与柳下惠并举。"
⑤ 铜鞮故地在今山西省沁县西南。
⑥ 梁玉绳曰："案，弟子先后之次，当依《论语》。或以齿为序，如子路、曾皙、冉有、公西华侍坐是也。或以德为序，如颜渊、季路侍是也。史殊错杂，与《家语》不同，唯德行四贤无改耳。"
⑦ 梁玉绳曰："案，《弟子目录》云鲁人，此缺，《家语》有之。今《家语》作少五十岁，乃传刻之讹，《索隐》所引《家语》可证。"
⑧ 张森楷云："此闵子辞费宰之言也。《史》变其上文而以此句接上叙事之辞，殊嫌鹘突。梁玉绳谓'如'上当有'故曰'二字，或是。"
⑨ 梁玉绳曰："案，白水碑作百牛，古字通。郑云鲁人，此缺；年无考。"
⑩ 张森楷云："今《论语》'命'上有'亡之'二字，此句不重，而重'斯人也'二句，未谂是谁衍脱。"
⑪ 梁玉绳曰："郑云鲁人，《索隐》引《家语》云伯牛之宗族，少孔子二十九岁。此失书。"
⑫ 张森楷曰："程一枝曰，《史》当讳邦为国，何以得斥言之？疑后人据《论语》转改也。"
⑬ 张森楷曰："《论语》作'孟武伯问'，此误。"
⑭ 张森楷曰："《论语》作'可使为之宰'，此误以答问仲由语当是，非是。"
⑮ 今《论语》作"义以为上"。
⑯ 张森楷曰："《论语》作孟武伯，此与冉求传同误。"
⑰ 张森楷曰："案，《释名·释形容》：'执，摄也。'言使人敬己，如畏慑之

也。盖如赵盾不忘恭敬鉏麑觖阳之类。"
⑱张森楷曰："案，《说文》，比，密也；又，狎睡也。"
⑲张森楷曰："报，犹酬答也。《诗·木瓜》：'报之以琼琚。'"
⑳梁玉绳曰："案，南子是夫人，非宠姬也；且称妾为姬，亦非当时语。"
㉑《左传》"蒉"作"蒯"，此声近通用。
㉒卫君，原误"出公"，从梁玉绳改。
㉓梁玉绳曰："翟教授曰，《左传·哀十五年》云有使者出，乃入；此言使者入，不合。其门乃孔悝家之门，非城门也。"
㉔梁玉绳曰："郑云鲁人，年无考。"
㉕贡，汉石经作"赣"。钱大昕云："古人名、字必相应，《说文》：赣，赐也；贡，献功也。则端木子之字当为子赣无疑。"
㉖梁玉绳曰："《古史》曰，齐之伐鲁，本于悼公之反复，而非子贡。吴齐之战，陈乞犹在，而恒未任事，所记皆非。盖战国说客设为子贡之辞，以自托于孔氏，而太史公信之耳。"
㉗梁玉绳曰："子贡使齐，在哀十五年，鲁与齐平之后，为叛故而往，何得强相牵引于此？"
㉘㉙"池"并误为"地"，依张森楷改。
㉚梁玉绳曰："吴之伐齐，本怒悼公反复，非由子贡之使。"
㉛《会注考证》引中井积德曰："意下疑脱而字。"按，《家语》《国策》皆有"而"字。
㉜梁玉绳曰："子胥死于战艾陵后，此时未死也，……《史》文误。"
㉝张森楷曰："《左传》作'吴获齐国书等五人'，此云七将军，恐《史》有误。"
㉞梁玉绳曰："黄池之会，距战艾陵二年，何言吴王不归？"
㉟梁玉绳曰："会盟争长，吴先于晋，何云晋败吴师？"
㊱梁玉绳曰："会黄池，归与越王平，在哀十三年，灭吴在哀二十二年。何云会黄池归与越战不胜，而见杀也？"
㊲梁玉绳曰："案，此事无考，与称孔子相鲁同。盖子贡仕于鲁、卫也。"
㊳郑环曰："《家语》言少孔子三十五岁。按，陈、蔡之厄，子游未五十岁，焉能以文学著名耶？古'三''四'字皆积画，当从《家语》。"
㊴钱大昕曰："案，武城，即曾子所居之南武城。"

㊵梁玉绳曰："案，哭子失明，《史》仍《檀弓》之妄记。说《谷梁》者遂谓子夏匿圣人之论，故丧明（见成五年《疏》）。夫卜子年百余岁为魏文侯师，失明之人，何以为师？故《论衡・祸虚》云：'子夏丧明，曾子责以罪，熟考论之，虚妄言也。'《逊志斋集》辨《檀弓》云：'孔子门人曾子最少，曾子之父与师、商友，名而数之，非曾子事，传之者过也，其辞倨而慢，曾子之言悫而谨。'"

㊶梁玉绳曰："案，孔子厄陈、蔡，年六十三，子张少孔子四十八岁，则是时子张才十五岁，恐未必从行。"

㊷梁玉绳曰："白水碑'子舆'作'子与'，宋本《家语》亦作'与'。而曾子之名，《论语》《檀弓》谓'所金'反，一'七南'反，或舆或与，疑莫能定，然似当读若'骖'，今多依《说文》读若'森'，盖古通读耳。"

㊸景祐本误刻为"三十九岁"。

㊹梁玉绳曰："案，《论语》，灭明未事孔子而已修行，此非也。"

㊺张森楷曰："案，施，犹著也。见《礼记・祭统》'施于烝彝鼎'郑注。"

㊻梁玉绳曰："《索隐》引《家语》作'少孔子四十九岁'，与《史》同。今所传毛本《家语》无'九'字，《索隐》引《史》作'三十'，并误。又各本《史记》改《索隐》元文曰：'《家语》少孔子三十岁，此云四十九岁，不同，妄也。'"

㊼王念孙曰："'藿'当作藋。《魏书》李骞赠卢元明、魏收诗曰：'稍旅原思藋'，即用此文。盖李所见《史记》正作'藋'也。若藿，则是豆叶，豆高不及三尺，斯不可以有排矣。"

㊽《说文》："阎，里中门也；穷，尽也。"

㊾张森楷曰："《广韵》云，'行，适也；往也。'无行，犹云靡所聘、莫之去也。"

㊿梁玉绳曰："案，《家语》少'无'字，繇作'由'，字之通也。而《索隐》引《家语》字路，与《史》同，今本皆作'季路'。鲁峻壁白水碑并称'子路'，疑误加之。《家语》云少孔子六岁。"

(51)张森楷曰："汉传'菑'作'淄'。"按，淄川，汉为王国，今在山东旧青州府寿光县东南三十一里。

(52)梁玉绳曰："案，《汉（书）・儒林传》：'瞿受《易》孔子，以授鲁桥庇子庸，子庸授江东馯臂子弓，子弓授燕周丑子家，子家授东武孙虞子乘，子乘授齐田何子装。’不但里居姓名不同，传授亦有异，疑史公误。故陆氏《释文》，孔氏《周易正义》，并从《汉书》为说。”

(53)梁玉绳曰：“案，《史》《汉》《儒林传》皆作‘元光’，此‘朔’字误。至汉传作大中大夫，则误增‘大’字也。”

(54)张森楷曰：“案，‘盈’当避讳作‘满’，此后人改《史》文。”

(55)未，景祐本误刻为“末”。

(56)梁玉绳曰：“案，问雨具事，此云‘弟子’，而《家语》作‘巫马施’，《论衡·明雩篇》作‘子路’。皆因事属无稽，故言各不同耳。”

(57)张森楷曰：“离，遭也。读若‘罹’。”

(58)孔子下原衍“曰”字，从张森楷删。

(59)张森楷曰：“《论语》无‘孟子姓姬，讳称同姓，故谓之孟子’十三字。端详文义，似是注语误窜入者，非史公正文也。”

(60)张森楷曰：“‘臣不可言君亲之恶为讳者礼也’，此十三字非孔子口中语，盖亦注文窜入者。”

(61)梁玉绳曰：“案，三十五人中，无年者十二人，不见书传者五人，而四十二人中，有年及见书传者，若颜骄、公良儒、秦商、申枨、叔仲会五人，史公疏也。”

(62)宰，原误“罕”，从梁玉绳改。

(63)张森楷曰：“丁晏云：‘据此文则知史公所据孔安国孔壁之文也。凡伪《家语》所言多不足信。当以《史记》为正。’”

苏秦列传

苏秦者,东周雒阳人也。东事师于齐,而习之于鬼谷先生①。

出游数岁,大困而归。兄弟嫂妹妻妾窃皆笑之②,曰:"周人之俗,治产业,力工商,逐什二以为务。今子释本而事口舌,困,不亦宜乎!"苏秦闻之而惭,自伤,乃闭室不出,出其书遍观之。曰:"夫士业已屈首受书,而不能以取尊荣,虽多亦奚以为!"于是得《周书阴符》,伏而读之。期年,以出揣摩,曰:"此可以说当世之君矣。"求说周显王③。显王左右素习知苏秦。皆少之。弗信。

乃西至秦。秦孝公卒。说惠王曰:"秦四塞之国,被山④带渭,东有关、河,西有汉中,南有巴、蜀,北有代、马⑤,此天府也。以秦士民之众,兵法之教,可以吞天下,称帝而治。"秦王曰:"毛羽未成,不可以高蜚;文理未明,不可以并兼。"方诛商鞅,疾辩士,弗用。

乃东之赵。赵肃侯令其弟成为相,号奉阳君⑥。奉阳君弗说之。

去游燕,岁余而后得见。说燕文侯曰:"燕东有朝鲜、辽东,北有林胡、楼烦,西有云中、九原,南有呼沱、易水,地方二千余里,带甲数十万,车六百乘,骑六千匹,粟支数年。南有碣石、雁门之饶,北有枣栗之利,民虽不佃作而足于枣栗矣。此所谓天府者也。

"夫安乐无事,不见覆军杀将,无过燕者。大王知其所以然乎？夫燕之所以不犯寇被甲兵者，以赵之为蔽其南也。秦、赵五战，秦再胜而赵三胜。秦、赵相敝⑦，而王以全燕制其后，此燕之所以不犯寇也。且夫秦之攻燕也，逾云中、九原，过代、上谷，弥地数千里，虽得燕城，秦计固不能守也。秦之不能害燕亦明矣。今赵之攻燕也，发号出令，不至十日而数十万之军军于东垣矣。渡呼沱，涉易水，不至四五日而距国都矣。故曰秦之攻燕也，战于千里之外；赵之攻燕也，战于百里之内。夫不忧百里之患而重千里之外，计无过于此者。是故愿大王与赵从亲，天下为一，则燕国必无患矣。"

文侯曰："子言则可，然吾国小，西迫强赵，南近齐，齐、赵强国也。子必欲合从以安燕，寡人请以国从。"

于是资苏秦车马金帛以至赵。而奉阳君已死，即因说赵肃侯曰："天下卿相人臣及布衣之士，皆高贤君之行义，皆愿奉教陈忠于前之日久矣。虽然，奉阳君妒而君⑧不任事，是以宾客游士莫敢自尽于前者。今奉阳君捐馆舍，君乃今复与士民相亲也，臣故敢进其愚虑。

"窃为君计者，莫若安民无事，且无庸有事于民也。安民之本，在于择交，择交而得则民安；择交而不得则民终身不安。请言外患：齐、秦为两敌而民不得安，倚秦攻齐而民不得安，倚齐攻秦而民不得安。故夫谋人之主，伐人之国，常苦出辞断绝人之交也。愿君慎勿出于口。请别白黑所以异，阴阳而已矣。君诚能听臣，燕必致旃裘狗马之地，齐必致鱼盐之海，楚必致橘柚之园，韩、魏、中山皆可使致汤沐之奉，而贵戚父兄皆可以受封侯。夫割地包⑨利，五伯之所以覆军禽⑩将而求也；封侯贵戚，汤武之所以放弑而争也。今君高拱而两有之，此臣之所以为君愿也。

"今大王与秦,则秦必弱韩、魏;与齐,则齐必弱楚、魏。魏弱则割河外,韩弱则效宜阳,宜阳效则上郡绝,河外割则道不通,楚弱则无援。此三策者,不可不孰计也。

"夫秦下轵道,则南阳危;劫韩包周,则赵氏自操兵;据卫取⑪卷⑫,则齐必入朝秦。秦欲已得乎山东,则必举兵而向赵矣。秦甲渡河逾漳,据番吾⑬,则兵必战于邯郸之下矣。此臣之所为君患也。

"当今之时,山东之建国莫强于赵。赵地方二千余里,带甲数十万,车千乘,骑万匹,粟支数年。西有常山,南有河漳,东有清河,北有燕国。燕固弱国,不足畏也。秦之所害于天下者莫如赵,然而秦不敢举兵伐赵者,何也?畏韩、魏之议⑭其后也。然则韩、魏,赵之南蔽也。秦之攻韩、魏也,无有名山大川之限,稍蚕食之,傅国都而止。韩、魏不能支秦,必入臣于秦。秦无韩、魏之规,则祸必中于赵矣。此臣之所为君患也。

"臣闻尧无三夫之分,舜无咫尺之地,以有天下;禹无百人之聚,以王诸侯;汤、武之士不过百里,车不过三百乘,卒不过三千⑮,立为天子:诚得其道也。是故明主外料其敌之强弱,内度其士卒贤不肖,不待两军相当而胜败存亡之机固已形于胸中矣,岂掩于众人之言而以冥冥决事哉!

"臣窃以天下之地图案之,诸侯之地五倍于秦,料度诸侯之卒十倍于秦,六国为一,并力西乡⑯而攻秦,秦必破矣。今西面而事之,见臣于秦。夫破人之与破于人也,臣人之与⑰臣于人也,岂可同日而论哉!

"夫衡人者,皆欲割诸侯之地以予秦。秦成,则高台榭,美宫室,听竽瑟之音,前有楼阙轩县⑱,后有长姣美人,国被秦患而不与其忧。是故夫衡人日夜务以秦权恐猲[19]诸侯以求割地，故愿大王孰[20]计之也。

"臣闻明主绝疑去谗，屏流言之迹，塞朋党之门，故尊主广地强兵之计臣得陈忠于前矣。故窃为大王计，莫如一韩、魏、齐、楚、燕、赵以从亲，以畔秦。令天下之将相会于洹水之上，通质，刳白马而盟。要约曰：'秦攻楚，齐、魏各出锐师以佐之，韩绝其粮道，赵涉河漳，燕守常山之北。秦攻韩、魏，则楚绝其后，齐出锐师而佐之，赵涉河漳，燕守云中。秦攻齐，则楚绝其后，韩守城皋，魏塞其道，赵涉河漳、博关，燕出锐师以佐之。秦攻燕，则赵守常山，楚军武关，齐涉渤海，韩、魏皆出锐师以佐之。秦攻赵，则韩军宜阳，楚军武关，魏军河外，齐涉清河，燕出锐师以佐之。诸侯有不如约者，以五国之兵共伐之。'六国从亲以摈[21]秦，则秦甲必不敢出于函谷以害山东矣。如此，则霸王之业成矣。"

赵王曰："寡人年少，莅[22]国日浅，未尝得闻社稷之长计也。今上客有意存天下，安诸侯，寡人敬以国从。"乃饰车百乘，黄金千溢，白璧百双，锦绣千纯，以约诸侯。

是时周天子致文、武之胙于秦惠王。惠王使犀首攻魏，禽将龙贾，取魏之雕阴[23]，且欲东兵。苏秦恐秦兵之至赵也，乃激怒张仪，入之于秦。

于是说韩宣[24]王曰："韩北有巩、洛、成皋之固，西有宜阳、商阪之塞，东有宛、穰、洧水，南有陉山，地方九百余里，带甲数十万，天下之强弓劲弩皆从韩出。谿子[25]、少府时力、距黍[26]者，皆射六百步之外。韩卒超足而射，百发不暇止，远者括蔽洞胸，近者镝弇心[27]。韩卒之剑戟皆出于冥山、棠溪、墨阳、合赙[28]、邓师、宛冯、龙渊、太阿，皆陆断牛马，水截鹄雁，当敌则斩坚甲铁幕，革抉文茵㉙，无不毕具。以韩卒之勇，被坚甲，跖劲弩，带利剑，一人当百，不足言也。夫以韩之劲与大王之贤，乃西面事秦，交臂而服，羞社稷而为天下笑，无大于此者矣。是故愿大王孰计之。

"大王事秦，秦必求宜阳、成皋。今兹效之，明年又复求割地。与则无地以给之，不与则弃前功而受后祸。且大王之地有尽而秦之求无已，以有尽之地而逆无已之求，此所谓市怨结祸者也，不战而地已削矣。臣闻鄙谚曰：'宁为鸡口，无为牛后。'今西面交臂而臣事秦，何异于牛后乎？夫以大王之贤，挟强韩之兵，而有牛后之名，臣窃为大王羞之。"

于是韩王勃然作色，攘臂瞋目，按剑仰天太息曰："寡人虽不肖，必不能事秦。今主君诏以赵王之教，敬奉社稷以从。"

又说魏襄王曰："大王之地，南有鸿沟、陈、汝南、许、郾㉚、昆阳㉛、召陵㉜、舞阳㉝、新都㉞、新郪㉟，东有淮、颍、煮枣、无胥，西有长城之界，北有河外㊱、卷㊲、衍㊳、酸枣㊴，地方千里。地名虽小，然而田舍庐庑之数，曾无所刍牧㊵。人民之众，车马之多，日夜行不绝，輷輷殷殷，若有三军之众。臣窃量大王之国不下楚。然衡人怵王交强虎狼之秦以侵天下，卒有秦患，不顾其祸。夫挟强秦之势以内劫其主，罪无过此者。魏，天下之强国也；王，天下之贤王也。今乃有意西面而事秦，称东藩，筑帝宫，受冠带，祠春秋，臣窃为大王耻之。

"臣闻越王勾践战敝卒三千人，禽夫差于干遂；武王卒三千人，革车三百乘，制纣于牧野㊶：岂其士卒众哉？诚能奋其威也。今窃闻大王之卒，武士㊷二十万，苍头㊷二十万，奋击㊷二十万，厮徒㊷十万，车六百乘，骑五千匹。此其过越王勾践、武王远矣，今乃听于群臣之说而欲臣事秦。夫事秦必割地以效实，故兵未用而国已亏矣。凡群臣之言事秦者，皆奸人，非忠臣也。夫为人臣，割其主之地以求外交，偷取一时之功而不顾其后，破公家而成私门，外挟强秦之势以内劫其主，以求割地，愿大王孰察之。

"《周书》㊸曰：'绵绵不绝，蔓蔓奈何？豪氂不伐，将用斧柯㊹。'前虑不定，后有大患，将奈之何？大王诚能听臣，六国从亲，专心并力壹意，则必无强秦之患。故敝邑赵王使臣效愚计，奉明约，在大王之诏诏之。"

魏王曰："寡人不肖，未尝得闻明教。今主君以赵王之诏诏之，敬以国从。"

因东说齐宣王曰："齐南有泰山，东有琅邪，西有清河，北有勃海，此所谓四塞之国也。齐地方二千余里，带甲数十万，粟如丘山。三军之良，五都㊺之兵，进如锋矢，战如雷霆，解如风雨。即有军役，未尝倍㊻泰山，绝清河，涉勃海也。临菑之中七万户，臣窃度之，不下户三男子，三七二十一万，不待发于远县，而临菑之卒固已二十一万矣。临菑甚富而实，其民无不吹竽鼓瑟，弹琴击筑，斗鸡走狗，六博蹋鞠者。临菑之涂，车毂击，人肩摩，连衽成帷，举袂成幕，挥汗成雨，家殷人足，志高气扬。夫以大王之贤与齐之强，天下莫能当。今乃西面而事秦，臣窃为大王羞之。

"且夫韩、魏之所以重畏秦者，为与秦接㊼界也。兵出而相当，不出十日而战胜存亡之机决矣。韩、魏战而胜秦，则兵半折，四境不守；战而不胜，则国已危亡随其后。是故韩、魏之所以重与秦战，而轻为之臣也。今秦之攻齐则不然。倍韩、魏之地，过卫阳晋㊽之道，径乎亢父㊾之险，车不得方轨，骑不得比行，百人守险，千人不敢过也。秦虽欲深入，则狼顾，恐韩、魏之议其后也。是故恫疑虚喝，骄矜而不敢进，则秦之不能害齐亦明矣。夫不深料秦之无奈齐何，而欲西面而事之，是群臣之计过也。今无臣事秦之名而有强国之实，臣是故愿大王少留意计之。"

齐王曰："寡人不敏，僻远守海，穷道东境之国也，未尝得闻余教。今足下以赵王诏诏之，敬以国从。"

乃西南说楚威王曰："楚，天下之强国也；王，天下之贤王也。西有黔中㊿、巫郡㊶，东有夏州、海阳，南有洞庭、苍梧㊾，北有陉塞㊼、郇阳㊽，地方五千余里，带甲百万，车千乘，骑万匹，粟支十年。此霸王之资也。夫以楚之强与王之贤，天下莫能当也。今乃欲西面而事秦，则诸侯莫肯㊺西面而朝于章台之下矣。

"秦之所害莫如楚，楚强则秦弱，秦强则楚弱，其势不两立。故为大王计，莫如从亲以孤秦。大王不从，秦必起两军，一军出武关，一军下黔中，则鄢㊻、郢㊼动矣。

"臣闻治之其未乱也，为之其未有也。患至而后忧之，则无及已。故愿大王蚤孰计之。

"大王诚能听臣，臣请令山东之国奉四时之献，以承大王之明诏，委社稷，奉宗庙，练士厉兵，在大王之所用之。大王诚能用臣之愚计，则韩、魏、齐、燕、赵、卫之妙音美人必充后宫，燕、代橐驼良马必实外厩。故从合则楚王，衡成则秦帝。今释霸王之业，而有事人之名，臣窃为大王不取也。

"夫秦，虎狼之国也，有吞天下之心。秦，天下之仇雠也。衡人皆欲割诸侯之地以事秦，此所谓养仇而奉雠者也。夫为人臣，割其主之地以外交强虎狼之秦，以侵天下，卒有秦患，不顾其祸。夫外挟强秦之威以内劫其主，以求割地，大逆不忠，无过此者。故从亲则诸侯割地以事楚，衡合则楚割地以事秦，此两策者相去远矣，二者大王何居焉？故敝邑赵王，使臣效愚计，奉明约，在大王诏之。"

楚王曰："寡人之国西与秦接境，秦有举巴、蜀并汉中之心。秦，虎狼之国，不可亲也。而韩、魏迫于秦患，不可与深谋，与深谋恐反人以入于秦，故谋未发而国已危矣。寡人自料以楚当秦，不见胜也；内与群臣谋，不足恃也。寡人卧不安席，食不甘味，心摇摇然如县旌而无所终薄。今主君欲一天下，收诸侯，存危国，寡人谨奉社稷以从。"

于是六国从合而并力焉。苏秦为从约长，并相六国。

北报赵王，乃行过雒阳，车骑辎重，诸侯各发使送之甚众，拟于王者。周显王闻之恐惧，除道，使人郊劳[58]。苏秦之昆弟妻嫂侧目不敢仰视，俯伏侍取食。苏秦笑谓其嫂曰："何前倨而后恭也？"嫂委蛇蒲服[59]，以面掩地而谢曰："见季子位高金多也。"苏秦喟然叹曰："此一人之身，富贵则亲戚畏惧之，贫贱则轻易之，况众人乎！且使我有雒阳负郭田[60]二顷，吾岂能佩六国相印乎！"于是散千金以赐宗族朋友。初，苏秦之燕，贷[61]百钱为资；及得富贵，以百金偿之。遍报诸所尝见德者。其从者有一人独未得报，乃前自言。苏秦曰："我非忘子。子之与我至燕，再三欲去我易水之上，方是时，我困，故望子深，是以后子。子今亦得矣[62]。"

苏秦既约六国从亲，归赵，赵肃侯封为武安君，乃设[63]从约书于秦。秦兵不敢窥函谷关十五年[64]。

其后秦使犀首欺齐、魏，与共伐赵，欲败从约。齐、魏伐赵，赵王让苏秦。苏秦恐，请使燕，必报齐。苏秦去赵而从约皆解㉖。

秦惠王以其女为燕太子妇。是岁，文侯卒，太子立，是为燕易王。易王初立，齐宣王因燕丧伐燕，取十城。易王谓苏秦曰："往日先生至燕，而先王资先生见赵，遂约五国从。今齐先伐赵，次至燕，以先生之故为天下笑，先生能为燕得侵地乎？"苏秦大惭，曰："请为王取之。"

苏秦见齐王，再拜，俯而庆，仰而吊。齐王曰："是何庆吊相随之速也？"苏秦曰："臣闻饥人所以饥而不食乌喙者，为其愈充腹而与饿死同患也。今燕虽弱小，即秦王之少婿也。大王利其十城而长与强秦为仇。今使弱燕为雁行而强秦弊㉖其后，以招天下之精兵，是食乌喙之类也。"齐王愀然变色曰："然则奈何？"苏秦曰："臣闻古之善制事者，转祸为福，因败为功。大王诚能听臣计，即归燕之十城。燕无故而得十城，必喜；秦王知以己之故而归燕之十城，亦必喜。此所谓弃仇雠而得石交者也。夫燕、秦俱事齐，则大王号令，天下莫敢不听。是王以虚辞附秦，以十城取天下。此霸王之业也。"王曰："善。"于是乃归燕之十城。

人有毁苏秦者曰："左右卖国反覆之臣也，将作乱。"苏秦恐得罪归，而燕王不复官也。苏秦见燕王曰："臣，东周之鄙人也，无有分寸之功，而王亲拜之于庙而礼之于廷。今臣为王却齐之兵而攻得十城㉗，宜以益亲。今来而王不官臣者，人必有以不信伤臣于王者。臣之不信，王之福也。臣闻忠信者，所以自为也，非㉘所以为人也。且臣之说齐王，曾非欺之也。臣弃老母于东周，固去自为而行进取也。今有孝如曾参，廉如伯夷，信如尾生。得此三人者以事大王，何若？"王曰："足矣。"苏秦曰："孝如曾参，义不离其亲一宿于外，王又安能使之步行千里而事弱燕之危主⁶⁹哉？廉如伯夷，义不为孤竹君之嗣，不肯为武王臣，不受封侯而饿死首阳山下。有廉如此，王又安能使之步行千里而行进取于齐哉？信如尾生，与女子期于梁下，女子不来，水至不去，抱梁⁷⁰柱而死。有信如此，王又安能使之步行千里却齐之强兵哉？臣所谓以忠信得罪于上者也。"燕王曰："若不忠信耳，岂有以忠信而得罪者乎？"苏秦曰："不然。臣闻客有远为吏而其妻私于人者，其夫将来，其私者忧之，妻曰'勿忧，吾已作药酒待之矣'。居三日，其夫果至，妻使妾举药酒进之。妾欲言酒之有药，则恐其逐主母也；欲勿言乎，则恐其杀主父也。于是乎详⁷¹僵而弃酒。主父大怒，笞之五十。故妾一僵而覆酒，上存主父，下存主母，然而不免于笞，恶在乎忠信之无罪也？夫臣之过，不幸而类是乎！"燕王曰："先生复就故官。"益厚遇之。

　　易王母，文侯夫人也，与苏秦私通。燕王知之，而事之加厚。苏秦恐诛，乃说燕王曰："臣居燕不能使燕重，而在齐则燕必重。"燕王曰："唯先生之所为。"于是苏秦详⁷²为得罪于燕而亡走齐，齐宣王以为客卿。

　　齐宣王卒，湣王即位，说湣王厚葬⁷³以明孝，高宫室大苑囿以明得意，欲破敝齐而为燕。燕易王卒，燕哙立为王。其后齐大夫多与苏秦争宠者，而使人刺苏秦，不死，殊而走⁷⁴。齐王使人求贼，不得。苏秦且死⁷⁵，乃谓齐王曰："臣即死，车裂臣以徇于市，曰'苏秦为燕作乱于齐'，如此则臣之贼必得矣。"于是如其言，而杀苏秦者果自出，齐王因而诛之。燕闻之曰："甚矣，齐之为苏生报仇也！"

　　苏秦既死，其事大泄。齐后闻之，乃恨怒燕。燕甚恐。

苏秦之弟曰代，代弟苏厉，见兄遂，亦皆学。及苏秦死，代乃求见燕王，欲袭故事⑯。曰："臣，东周之鄙人也。窃闻大王义甚高，鄙人不敏，释鉏耨而干大王。至于邯郸，所见者绌⑰所闻于东周，臣窃负其志。及至燕廷，观王之群臣下吏，王，天下之明王也。"燕王曰："子所谓明王者何如也？"对曰："臣闻明王务闻其过，不欲闻其善，臣请谒王之过。夫齐、赵者，燕之仇雠也；楚、魏者，燕之援国也。今王奉仇雠以伐援国，非所以利燕也。王自虑之，此则计过，无以闻者，非忠臣也。"王曰："夫齐者固寡人之仇⑱，所欲伐也，直患国敝力不足也。子能以燕伐齐，则寡人举国委子。"对曰："凡天下战国七，燕处弱焉。独战，则不能，有所附则无不重。南附楚，楚重；西附秦，秦重；中附韩、魏，韩、魏重。且苟所附之国重，此必使王重矣。今夫齐，长主而自用也。南攻楚五年，畜聚竭；西困秦三年，士卒罢⑲敝；北与燕人战，覆三军，得二将。然而以其余兵南面举五千乘之大宋，而包十二诸侯。此其君欲得，其民力竭，恶足取乎！且臣闻之，数战则民劳，久师则兵敝矣。"燕王曰："吾闻齐有清济、浊河可以为固，长城、钜防足以为塞，诚有之乎？"对曰："天时不与，虽有清济、浊河，恶足以为固！民力罢敝，虽有长城、钜防，恶足以为塞！且异日济西不师，所以备赵也；河北不师，所以备燕也。今济西、河北尽已役矣，封内敝矣。夫骄君必好利，而亡国之臣必贪于财。王诚能无羞宠子母弟以为质，宝珠玉帛以事左右，彼将有德燕而轻亡宋，则齐可亡已。"燕王曰："吾终以子受命于天矣。"燕乃使一子质于齐⑳。而苏厉因燕质子而求见齐王㉑。齐王怨苏秦，欲囚苏厉。燕质子为谢，已遂委质为齐臣。

燕相子之与苏代婚，而欲得燕权，乃使苏代侍质子于齐。齐使代报燕，燕王哙问曰："齐王其霸乎？"曰："不能。"曰："何也？"曰："不信其臣。"于是燕王专任子之，已而让位，燕大乱。齐伐燕，杀王哙、子之。燕立昭王。而苏代、苏厉遂不敢入燕，皆终归齐，齐善待之。

苏代过魏，魏为燕执代。齐使人谓魏王曰："齐请以宋地封泾阳君，秦必不受。秦非不利有齐而得宋地也，不信齐王与苏子也。今齐、魏不和如此其甚，则齐不欺秦。秦信齐，齐、秦合，泾阳君有宋地，非魏之利也。故王不如东苏子，秦必疑齐而不信苏子矣。齐、秦不合，天下无变，伐齐之形成矣。"于是出苏代。代之宋，宋善待之。

齐伐宋，宋急，苏代乃遗燕昭王书曰："夫列在万乘而寄质于齐，名卑而权轻；奉万乘助齐伐宋，民劳而实费；夫破宋，残楚，肥齐㉘，仇强而国害：此三者皆国之大败㉘也。然且王行之者，将以取信于齐也。齐加不信于王，而忌燕愈甚，是王之计过矣。夫以宋加之淮北，强万乘之国也，而齐并之，是益一齐也。北夷方七百里，加之以鲁、卫，强万乘之国也，而齐并之，是益二齐也。夫一齐之强，燕犹狼顾而不能支。今以三齐临燕，其祸必大矣。

"虽然，智者举事，因祸得福，转败而功。齐紫，败素也，而贾十倍；越王勾践栖于会稽，复残强吴而霸天下：此皆因祸为福，转败为功者也。

"今王若欲因祸为福，转败为功，则莫若挑霸齐而尊之，使使盟于周室，焚秦符，曰'其大上计，破秦；其次，必长宾之'。秦挟宾以待破，秦王必患之。秦五世伐诸侯，今为齐下，秦王之志苟得穷齐，不惮以国为功。然则王何不使辩士以此言说秦王曰：'燕、赵破宋肥齐，尊之为之下者，燕、赵非利之也。燕、赵不利而势为之者，以不信秦王也。然则王何不使可信者接收燕、赵，令泾阳君若[84]高陵[85]君先于燕、赵？秦有变，因以为质，则燕、赵信秦。秦为西帝，燕为北帝，赵为中帝，立三帝以令于天下。韩、魏不听则秦伐之，齐不听则燕、赵伐之，天下孰敢不听？天下服听，因驱韩、魏以伐齐，曰"必反宋地，归楚淮北"。反宋地，归楚淮北，燕、赵之所利也；并立三帝，燕、赵之所愿也。夫实得所利，尊得所愿，燕、赵弃齐如脱躧矣。今不收燕、赵，齐霸必成。诸侯赞齐而王不从，是国伐也；诸侯赞齐而王从之，是名卑也。今收燕、赵，国安而名尊；不收燕、赵，国危而名卑。夫去尊安而取危卑，智者不为也。'秦王闻若说，必若刺心然。则王何不使辩士以若此[86]言说秦？秦必取，齐必伐矣。

"夫取秦，厚交也；伐齐，正利也。尊厚交，务正利，圣王之事也。"

燕昭王善其书，曰："先人尝有德苏氏，子之之乱而苏氏去燕。燕欲报仇于齐，非苏氏莫可。"乃召苏代，复善待之，与谋伐齐。竟破齐，湣王出走。

久之，秦召燕王，燕王欲往，苏代约燕王曰："楚得枳[87]而国亡，齐得宋而国亡，齐、楚不得以有枳、宋而事秦者，何也？则有功者，秦之深仇也。秦取天下，非行义也，暴也。秦之行暴，正告天下。

"告楚曰：'蜀地之甲，乘船浮于汶，乘夏水而下江，五日而至郢。汉中之甲，乘船出于巴，乘夏水而下汉，四日而至五渚。寡人积甲宛东下随，智者不及谋，勇士不及怒，寡人如射隼矣。王乃欲待天下之攻函谷，不亦远乎！'楚王为是故，十七年事秦。

"秦正告韩曰：'我起乎少曲，一日而断大行。我起乎宜阳而触平阳，二日而莫不尽繇。我离两周而触郑，五日而国举。'韩氏以为然，故事秦。

"秦正告魏曰：'我举安邑，塞女戟，韩氏太原绝[88]。我下轵，道南阳，封冀，包两周。乘夏水，浮轻舟，强弩在前，铦戈在后，决荥口，魏无大梁；决白马之口[89]，魏无外黄[90]、济阳[91]；决宿胥之口，魏无虚、顿丘[92]。陆攻则击河内，水攻则灭大梁。'魏氏以为然，故事秦。

"秦欲攻安邑，恐齐救之，则以宋委于齐。曰：'宋王无道，为木人以象寡人，射其面。寡人地绝兵远，不能攻也。王苟能破宋有之，寡人如自得之。'已得安邑，塞女戟，因以破宋为齐罪。

"秦欲攻韩，恐天下救之，则以齐委于天下。曰：'齐王四与寡人约，四欺寡人，必率天下以攻寡人者三。有齐无秦，有秦无齐，必伐之，必亡之。'已得宜阳、少曲，致蔺、石[93]，因以破齐为天下罪。

"秦欲攻魏重楚，则以南阳委于楚。曰：'寡人固与韩且绝矣。残均陵，安[94]郾[95]陉，苟利于楚，寡人如自有之。'魏弃与国而合于秦，因以塞郾厄为楚罪。

"兵困于林中，重燕、赵，以胶东委于燕，以济西委于赵。已[96]得讲于魏，致[97]公子延，因犀首属行而攻赵。

"兵伤于谯石，而遇败于阳马，而重魏，则以叶、蔡委于魏。已得讲于赵，则劫魏，不为割。困则使太后弟穰侯为和，嬴[98]则兼欺舅与母。

"适燕者曰'以胶东'，适赵者曰'以济西'，适魏者曰

'以叶、蔡',适楚者曰'以塞郎陕',适齐者曰'以宋'。此必令言如循环,用兵如刺蜚,母不能制,舅不能约。

"龙贾之战,岸门之战,封陵之战,高商之战,赵庄之战,秦之所杀三晋之民数百万,今其生者皆死秦之孤也。西河之外,上雒之地,三川晋国之祸,三晋之半,秦祸如此其大也。而燕、赵之㊾秦者,皆争以⑩事秦说其主,此臣之所大患也。"

燕昭王不行。苏代复重于燕。

燕使约诸侯从亲如苏秦时,或从或不,而天下由此宗苏氏之从约。代、厉皆以寿死,名显诸侯。

太史公曰:苏秦兄弟三人,皆游说诸侯以显名,其术长于权变。而苏秦被反间以死,天下共笑之,讳学其术。然世言苏秦多异,异时事有类之者皆附之苏秦。夫苏秦起闾阎,连六国从亲,此其智有过人者。吾故列其行事,次其时序,毋⑩令独蒙恶声焉。

①鬼谷先生,疑无其人,特苏秦伪称以自重者。并世传《鬼谷子》一书,《汉志》不录,疑为陈平取《虞氏春秋》等书以成之者。故《说苑》已引及之。
②《国策》此事在说秦以后。
③《国策》无苏秦说周事。
④山,指华山。
⑤代、马,谓代郡、马城也。马城故地在今河北怀安县北。
⑥案与苏秦并世之奉阳君非公子成,《史》误,梁玉绳《史记志疑》辨之颇审。
⑦敝,原作"毙",从《国策》改。
⑧而君,原作"君而",从王念孙改。
⑨包,张森楷云:"取也。"

⑩禽，古"擒"字。
⑪"取"下原有"淇"字，从王念孙删。
⑫卷城故地在今河南原武县附近。
⑬番吾，即蒲吾，故地在今河北平山县东南。
⑭议，张森楷云："谋度也。"
⑮原作"汤、武之士，不过三千，车不过三百乘，卒不过三万"，从张森楷据《文选》注引《史记》考订改正之。以上所言尧、舜、禹、汤、武事，多与他书不合，盖策士之辞，不足尽据也。
⑯乡，古"向"字。
⑰"与"下原有"见"字，从王念孙删。
⑱"县"原作"辕"，从顾炎武改，轩县者，阙之南面也。
⑲猲，原误"愒"，从钱大昕改。猲，恐吓也。
⑳孰，古"熟"字。
㉑摈，原误"宾"。摈，抗拒也，从《国策》改。
㉒茬，原误"立"，张森楷从《赵策》改。
㉓雕阴故地在今陕西鄜县附近。案秦取雕阴之战，在苏子约从后五年，此移前，误。
㉔原有"惠"字衍，从张森楷删。案说韩为昭侯二十五年事，宣王元年，从已解矣，此误。
㉕《集解》及《索隐》皆引许慎之言以注"谿子"："南方谿子蛮出柘弩及竹弩，皆善材。"《会注考证》引中井积德曰："许慎所谓南方，不称于本文，此不得援引。岂谿子蛮所作之弩，韩效而制焉，因名欤？"案后说近是。
㉖《集解》："韩有谿子弩，又有少府所造二种之弩，案时力者，谓作之得时，力倍于常，故名时力也。"距黍，原作"距来"，王念孙从《荀子》及《文选》注引《史记》改。王念孙曰："距、钜古通用。《广雅》曰：'繁弱钜黍，弓也。'《荀子·性恶篇》：'繁弱钜黍，古之良弓也。'"
㉗《会注考证》：括，当作"栝"，镞之似铍者。《韩非子·五蠹篇》，铁栝距者及乎敌，铠甲不坚者伤乎体。蔽洞不与下拿字对，疑衍其一字。镝，矢锋也。《策》(《国策》)作'远者达胸，近者掩心'。掩、弇同。远、近，谓射之所及也。

㉘合赙，韩宝剑名。

㉙文茵，原作“哎芮”，金正炜云，当是文茵之讹，《诗（经）·小戎》释文：“文茵，谓以虎皮为茵。茵车席也。”

㉚郾故地在今河南郾县。

㉛昆阳故城在今河南叶县。

㉜召陵故城在今河南郾城县东三十五里。

㉝舞阳故城在今河南舞阳县西。

㉞新都故城在今河南新野县东。

㉟新郪故城在今安徽太和县北七十里。

㊱《正义》谓：河南地。

㊲卷故址在今河南原武县。

㊳衍故地在今河南郑县北。

㊴酸枣故地在今河南延津县北十五里。

㊵《会注考证》：庐，田间屋。庑，廊下周室。数，……密也。无所刍牧，言居民稠也。

㊶牧野故地在今河南汲县。

㊷《会注考证》引中井积德曰：“魏之军制，当时有武士、苍头、厮徒、奋击之别。武士，即我邦武士；苍头，盖贱卒，我邦足轻也；厮徒，役夫供杂役者，我邦人夫也；奋击，盖选其精锐，用先锋陷阵。”

㊸下引文见于今本《逸周书》，周武王之言也。西汉他书则引为黄帝所作金人之铭。

㊹意谓势小时，不图灭之，待势大时则棘手矣。

㊺都，原误“家”，从金正炜改。

㊻倍，古“背”字。

㊼原有“境壤”二字，从张森楷删。

㊽阳晋故地在今山东巨野西南。

㊾亢父故地在今山东济宁附近。

㊿黔中故治在今湖南沅陵附近。

(51)巫郡故治在今重庆巫山县。

(52)苍梧故治在今广西苍梧县。

(53)陉塞在今河南新郑县北。

(54)郇阳即顺阳，在今河南邓县。
(55)肯，原误“不”，从张森楷改。
(56)鄢故地在今湖北宜城县。
(57)郢故地在今湖北江陵县。
(58)谓不待苏秦进城，当他还远在近郊处时，即加以慰劳。
(59)蒲服，即匍匐。
(60)《索隐》:“负者，背也；枕也。近城之地，沃润流泽，最为膏腴，故曰负郭也。”
(61)“贷”下原衍“人”字，今删之。
(62)望，怨也。“是以”二句，谓所以故意迟迟不给你任何好处；现在，你也可以跟别人一样地得到我对你的报答了。
(63)设，景祐本作“投”，张森楷从《索隐》改。
(64)十五年间，秦未尝不用兵，特未普及于诸侯耳。
(65)案谓此时从约皆解，与史实不合。
(66)弊，原作“敝”，张森楷从《燕策》改。《玉篇》:“弊，顿仆也。”
(67)案此处所述与《燕策》不同，殊乖事实。
(68)非，原作“进取者”三字，张森楷从《燕策》改。
(69)主，原误“王”。从张森楷改。
(70)原脱“梁”字，从王念孙补。
(71)(72)详，古“佯”字。
(73)苏秦往齐，在宣王二十二年，安能说湣王厚葬宣王，《史》误。
(74)殊而走，谓断苏秦之一体而逃也。
(75)梁玉绳曰:“案秦死齐宣王时，《史》误，减宣王十年以加湣王，故以为湣王时耳。”
(76)梁玉绳谓此误仍《燕策》，以为代说子哙。
(77)“绌”下原有“于”字，从张森楷删。绌所闻，即所见不逮于所闻之意。
(78)钱大昕曰:“是时燕哙初立，于齐无仇，何事伐之？窃意苏代此说，必在燕昭王时，故称齐湣王为长主，且有南面而举宋之语，若移此段于‘昭王复召苏代善遇之’之下，则语有伦次矣。”
(79)罢，古“疲”字。
(80)梁玉绳曰:“质齐者，王哙之子，昭王之弟也。”

㉛梁玉绳谓此为另一事，《史》误。
㉜"楚"下原有"淮北"二字，"肥"下原有"大"字，从金正炜考订删。
㉝败，张森楷曰："灾也。"
㉞"若"字原无，从张森楷增。
㉟高陵故地在今陕西高陵县。
㊱若此，原误作"此若"，王念孙从《燕策》改。
㊲枳故地在今重庆涪陵西北十里荔枝园。
㊳绝，原误"卷"，从金正炜改。《赵策》亦作"绝"字，由声转而误。
㊴白马口在河北开县南。
㊵外黄故地在今河南杞县东六十里。
㊶济阳故地在今河南兰考县北五十里。
㊷顿丘故地在今河南清丰县西南二十五里。
㊸"石"字金正炜疑为"君"字，为楚之质秦者，无确证，不敢从改，但存其说。唯《国策》在离石，实非，因时离石不属韩已久矣。
㊹安，景祐本及殿本均作"塞"，王念孙从《索隐》本改。
㊺鄢故地在今河南罗山县西南五里。
㊻已，原误"赵"，从金正炜考证改。
㊼致，原误"至"，从金正炜考证改。
㊽嬴，景祐本及殿本均误为"赢"，从张森楷改。
㊾"之"字下疑有缺误。
㊿争以，原误"以争"，从张森楷改。
⑩毋，景祐本及殿本均误为"母"，从张森楷改。

张仪列传

张仪者，魏人也。始尝与苏秦俱事鬼谷先生①，学术，苏秦自以不及张仪。

张仪已学而游说诸侯。尝从楚相饮，已而楚相亡璧，门下意②张仪，曰："仪贫无行，必此盗相君之璧。"共执张仪，掠笞数百，不服，醳之。其妻曰："嘻！子毋读书游说，安得此辱乎？"张仪谓其妻曰："视吾舌尚在不？"其妻笑曰："舌在也。"仪曰："足矣。"

苏秦已说赵王而得相约从亲，然恐秦之攻诸侯，败约后负，念莫可使用于秦者，乃使人微感张仪曰："子始与苏秦善，今秦已当路，子何不往游，以求通子之愿？"张仪于是之赵，上谒求见苏秦。苏秦乃诫门下人不为通，又使不得去者数日。已而见之，坐之堂下，赐仆妾之食。因而数让之曰："以子之材能，乃自令困辱至此。吾宁不能言而富贵子，子不足收也。"谢去之。张仪之来也，自以为故人，求益，反见辱，怒，念诸侯莫可事，独秦能苦赵，乃遂入秦。

苏秦已而告其舍人曰："张仪，天下贤士，吾殆弗如也。今吾幸先用，而能用秦柄者，独张仪可耳。然贫，无因以进。吾恐其乐小利而不遂，故召辱之，以激其意。子为我阴奉之。"乃言赵王，发金币车马，使人微随张仪，与同宿舍，稍稍近就之，奉以车马金钱，所欲用，为取给，而弗告。张仪遂得以见秦惠王。惠王以为客卿，与谋伐诸侯。

苏秦之舍人乃辞去。张仪曰："赖子得显，方且报德，何故去也？"舍人曰："臣非知君，知君，乃苏君。苏君忧秦伐赵败从约，以为非君莫能得秦柄，故感怒君，使臣阴奉给君资，尽苏君之计谋。今君已用，请归报。"张仪曰："嗟乎，此吾在术中而不悟，吾不及苏君明矣！吾又新用，安能谋赵乎？为吾谢苏君，苏君之时，仪何敢言。且苏君在，仪宁渠能乎！"张仪既相秦③，为文檄告楚相曰："始吾从若饮，我不盗而璧，若笞我。若善守汝国，我顾且盗而城④！"

苴蜀相攻击，各来告急于秦。秦惠王欲发兵以伐蜀，以为道险狭难至，而韩又来侵秦，秦惠王欲先伐韩，后伐蜀，恐不利，欲先伐蜀，恐韩袭秦之敝，犹豫未能决。司马错与张仪争论于惠王之前。司马错欲伐蜀，张仪曰："不如伐韩。"王曰："请闻其说。"

仪曰："亲魏善楚，下兵三川，塞什谷之口，当屯留之道，魏绝南阳，楚临郑南⑤，秦攻新城、宜阳，以临二周之郊，诛周王之罪，侵楚、魏之地。周自知不能救，九鼎宝器必出。据九鼎，案图籍，挟天子以令于天下，天下莫敢不听，此王业也。今夫蜀，西僻之国而戎翟之伦也，敝兵劳众不足以成名，得其地不足以为利。臣闻争名者于朝，争利者于市。今三川、周室，天下之朝市也，而王不争焉，顾争于戎翟，去王业远矣。"

司马错曰："不然。臣闻之，欲富国者务广其地，欲强兵者务富其民，欲王者务博其德，三资者备而王随之矣。今王地小民贫，故臣愿先从事于易。夫蜀，西僻之国也，而戎翟之长也，有桀、纣之乱。以秦攻之，譬如使豺狼逐群羊。得其地足以广国，取其财足以富民缮⑥兵，不伤众而彼已服焉。

拔一国而天下不以为暴，利尽西海而天下不以为贪，是我一举而名实附也，而又有禁暴止乱之名。今攻韩，劫天子，恶名也，而未必利也，又有不义之名，而攻天下所不欲，危矣。臣请论其故：周，天下之宗室也；齐，韩之与国也。周自知失九鼎，韩自知亡三川，将二国并力合谋，以因乎齐、赵而求解乎楚、魏，以鼎与楚，以地与魏，王弗能止也。此臣之所谓危也。不如伐蜀完。"

惠王曰："善，寡人请听子。"卒起兵伐蜀，十月，取之⑦。遂定蜀，贬蜀王更号为侯⑧，而使陈庄相蜀。蜀既属秦，秦以益强，富厚，轻诸侯。

秦惠王十年，使公子华与张仪围蒲阳⑨，降之。仪因言秦复与魏，而使公子繇质于魏。仪因说魏王曰："秦王之遇魏甚厚，魏不可以无礼。"魏因入上郡、少梁⑩，谢秦惠王。惠王乃以张仪为相，更名少梁曰夏阳⑪。

仪相秦四岁，立惠王为王。居一岁，为秦将，取陕。筑上郡塞。

其后一年⑫，使与齐、楚、魏⑬之相会啮桑。东还而免相，相魏以为秦，欲令魏先事秦而诸侯效之。魏王不肯听仪。秦王怒，伐取魏之曲沃、平周，复阴厚张仪益甚。张仪惭，无以归报。留魏四岁而魏惠⑭王卒，襄⑮王立。张仪复说襄王，襄王不听。于是张仪阴令秦伐魏。魏与秦战，败。

明年，齐又来败魏于观泽⑯。秦复欲攻魏，先败韩申差军，斩首八万，诸侯震恐。而张仪复说魏王曰："魏地方不至千里，卒不过三十万。地四平，诸侯四通辐凑，无名山大川之限。从郑至梁⑰百余里，车驰人走，不待力而至。梁南与楚境，西与韩境，北与赵境，东与齐境，卒戍四方，守亭鄣者不下十万。梁之地势，固战场也。梁南与楚而不与齐，则齐攻其东；东与齐而不与赵，则赵攻其北；不合于韩，则韩攻其西；不亲于楚，则楚攻其南：此所谓四分五裂之道也。

"且夫诸侯之为从者，将以安社稷尊父强兵显名也。今从者一天下，约为昆弟，刑白马以盟洹水之上，以相坚也。而亲昆弟主同母，尚有争钱财，而欲恃诈伪反覆苏秦之余谋，其不可成亦明矣。

"大王不事秦，秦下兵攻河外，据卷、衍、燕[18]、酸枣，劫卫取阳晋，则赵不南，赵不南而梁不北，梁不北则从道绝，从道绝则大王之国欲毋危不可得也。秦挟[19]韩而攻梁，韩劫[20]于秦，秦、韩为一，梁之亡可立而须也。此臣之所为大王患也。

"为大王计，莫如事秦。事秦则楚、韩必不敢动；无楚、韩之患，则大王高枕而卧，国必无忧矣。

"且夫秦之所欲弱者莫如楚，而能弱楚者莫如梁。楚虽有富大之名而实空虚；其卒虽多，然而轻走易北，不能坚战。悉梁之兵南面而伐楚，胜之必矣。割楚而益梁，亏楚而适秦，嫁祸安国，此善事也。大王不听臣，秦甲出[21]而东伐，虽欲事秦，不可得矣。

"且夫从人多奋辞而少可信，说一诸侯而成封侯，是故天下之游谈士莫不日夜扼腕、瞋目切齿以言从之便，以说人主。人主贤其辩而牵其说，岂得无眩哉。

"臣闻之，积羽沉舟，群轻折轴，众口铄金，积毁销骨，故愿大王审定计议，且赐骸骨辟魏。"

襄王于是乃倍[22]从约而因仪请成于秦。张仪归，复相秦。三岁而魏复背秦为从。秦攻魏，取曲沃。明年，魏复事秦。

秦欲伐齐，齐、楚从亲，于是张仪往相楚。楚怀王闻张仪来，虚上舍而自馆之。曰："此僻陋之国，子何以教之？"仪说楚王曰："大王诚能听臣，闭关绝约于齐，臣请献商、於之地六百里，使秦女得为大王箕帚之妾，秦、楚娶妇嫁女，长为兄弟之国。此北弱齐而西益秦也，计无便此者。"楚王大说㉓而许之。群臣皆贺，陈轸独吊之。楚王怒曰："寡人不兴师发兵得六百里地，群臣皆贺，子独吊，何也？"陈轸对曰："不然，以臣观之，商、於之地不可得而齐、秦合，齐、秦合则患必至矣。"楚王曰："有说乎？"陈轸对曰："夫秦之所以重楚者，以其有齐也。今闭关绝约于齐，则楚孤。秦奚贪夫孤国，而与之商、於之地六百里？张仪至秦，必负王，是北绝齐交，西生患于秦也，而两国之兵必俱至。善为王计者，不若阴合而阳绝于齐，使人随张仪。苟与吾地，绝齐未晚也；不与吾地，阴合谋计也。"楚王曰："愿陈子闭口毋复言，以待寡人得地。"乃以相印授张仪，厚赂之。于是遂闭关绝约于齐，使一将军随张仪。

张仪至秦，详㉔失绥堕车，不朝三月。楚王闻之，曰："仪以寡人绝齐未甚邪？"乃使勇士至宋，借宋之符㉕，北骂齐王。齐王大怒，折节而下秦。秦、齐之交合，张仪乃朝，谓楚使者曰："臣有奉邑六里，愿以献大王左右。"楚使者曰："臣受令于王，以商、於之地六百里，不闻六里。"还报楚王，楚王大怒，发兵而攻秦。陈轸曰："轸可发口言乎？攻之不如割地反以赂秦，与之并兵而攻齐，是我出地于秦，取偿于齐也，王国尚可存。"楚王不听，卒发兵而使将军屈匄击秦。秦、齐共攻楚，斩首八万，杀屈匄，遂取丹阳、汉中之地。楚又复益发兵而袭秦，至蓝田，大战，楚大败，于是楚割两城以与秦平㉖。

秦要楚欲得黔中地，欲以武关外易之㉗。楚王曰："不愿易地，愿得张仪而献黔中地。"秦王欲遣之，口弗忍言。张仪乃请行。惠王曰："彼楚王怒子之负以商、於之地，是且甘心于子。"张仪曰："秦强楚弱，臣善靳尚，尚得事楚夫人郑袖，袖所言皆从。且臣奉王之节使楚，楚何敢加诛。假令诛臣而为秦得黔中之地，臣之上愿。"遂使楚。至㉘，楚怀王则㉙囚张仪，将杀之。靳尚谓郑袖曰："子亦知子之贱于王乎？"郑袖曰："何也？"靳尚曰："秦王甚爱张仪而必㉚欲出之，今将以上庸之地六县赂楚，以美人聘楚，以宫中善歌讴者为媵。楚王重地尊秦，秦女必贵而夫人斥矣。不若为言而出之。"于是郑袖日夜言怀王曰："人臣各为其主用。今地未入秦，秦使张仪来，至重王。王未有礼而杀张仪，秦必大怒攻楚。妾请子母俱迁江南，毋为秦所鱼肉也。"怀王后悔，赦张仪，厚礼之如故。

"张仪既出，未去，闻苏秦死㉛，乃说楚王曰："秦地半天下，兵敌四国，被险带河，四塞以为固。虎贲之士百余万，车千乘，骑万匹，积粟如丘山。法令既明，士卒安难乐死，主明以严，将智以武，虽无出甲，席卷常山之险，必折天下之脊，天下有后服者先亡。且夫为从者，无以异于驱群羊而攻猛虎，虎之与羊不格明矣。今王不与猛虎而与群羊，臣窃以为大王之计过也。

"凡天下强国，非秦而㉜楚，非楚而㉝秦，两国交争，其势不两立。大王不与秦，秦下甲据宜阳，韩之上党㉞地不通。下河东，取成皋，韩必入臣，梁则从风而动。秦攻楚之西，韩、梁攻其北，社稷安得毋危？

"且夫从者聚群弱而攻至强，不料敌而轻战，国贫而数举兵，危亡之术也。臣闻之，兵不如者勿与挑战，粟不如者勿与持久。夫从人饰辩虚辞，高主之节，言其利不言其害，卒有秦祸，无及为已。是故愿大王之孰㉟计之。

"秦西有巴、蜀，大船积粟，起于汶山㊱，浮江以下，至楚三千余里。枋㊲船载卒，一枋载五十人与三月之食，下水而浮，一日行三百余里，里数虽多，然而不费牛马之力，不至十日而距扞关㊳。扞关惊，则从竟陵㊴以东尽城守矣，黔中、巫郡非王之有。秦举甲出武关，南面而伐，则北地绝。秦兵之攻楚也，危难在三月之内，而楚恃㊵诸侯之救，在半岁之外，此其势不相及也。夫待弱国之救，忘强秦之祸，此臣所以为大王患也。

"大王尝与吴人战㊶，五战而三胜，阵卒尽矣；偏守新城，存民苦矣。臣闻功大者易危，而民敝者怨上。夫守易危之功而逆强秦之心，臣窃为大王危之。

"且夫秦之所以不出兵函谷十五年以攻齐、赵者㊷，阴谋有合天下之心。楚尝与秦构难，战于汉中，楚人不胜，列侯执珪死者七十余人，遂亡汉中。楚王大怒，兴兵袭秦，战于蓝田。又却㊸，此所谓两虎相搏者也。夫秦、楚相敝而韩、魏以全制其后，计无危于此者矣。愿大王孰㊹计之。

"秦下甲攻卫阳晋，必大关天下之匈。大王悉起兵以攻宋，不至数月而宋可举，举宋而东指，则泗上十二诸侯尽王之有也。

"凡天下而以信约从亲相坚者苏秦，封武安君，相燕，即阴与燕王谋伐破齐而分其地；乃详㊺有罪出走入齐，齐王因受而相之；居二年而觉，齐王大怒，车裂苏秦于市㊻。夫以一诈伪之苏秦，而欲经营天下，混一诸侯，其不可成亦明矣。

"今秦与楚接⁴⁷界,固形亲之国也。大王诚能听臣,臣请使秦太子入质于楚,楚太子入质于秦,请以秦女为大王箕帚之妾,效万室之都以为汤沐之邑,长为昆弟之国,终身无相攻伐。臣以为计无便于此者。"

于是楚王已得张仪而重出黔中地与秦,欲许之。屈原曰:"前大王见欺于张仪,张仪至,臣以为大王烹之;今纵弗忍杀之,又听其邪说,不可⁴⁸。"怀王曰:"许仪而得黔中,美利也。后而倍⁴⁹之,不可。"故卒许张仪,与秦亲。

张仪去楚,因遂之韩,说韩王曰:"韩地险恶山居,五谷所生,非菽而麦,民之食大抵饭菽藿羹。一岁不收,民不餍糟糠。地不过九百里,无二岁之食。料大王之卒,悉之不过三十万,而厮徒负养在其中矣。除守徼亭鄣塞,见卒不过二十万而已矣。秦带甲百余万,车千乘,骑万匹,虎贲之士跿跔⁵⁰科头贯颐奋戟者,至不可胜计。秦马之良,戎兵之众,探前趹后蹄间三寻腾者,不可胜数。山东之士被甲蒙胄以会战,秦人捐甲徒裼以趋敌,左挈人头,右挟生虏。夫秦卒与山东之卒,犹孟贲之与怯夫;以重力相压,犹乌获之与婴兒。夫戴⁵¹孟贲、乌获之士以攻不服之弱国,无异垂千钧之重于鸟卵之上,必无幸矣。

"夫群臣诸侯不料地之寡,而听从人之甘言好辞,比周以相饰也,皆奋曰'听吾计可以强霸天下'。夫不顾社稷之长利而听须臾之说,诖误人主,无过此者。

"大王不事秦,秦下甲据宜阳,断韩之上地,东取成皋、荥阳,则鸿台之宫、桑林之苑非王之有也。夫塞成皋,绝上地,则王之国分矣。先事秦则安,不事秦则危。夫造祸而求其福报,计浅而怨深,逆秦而顺楚,虽欲毋亡,不可得也。

"故为大王计,莫如为秦。秦之所欲莫如弱楚,而能弱楚者莫如韩。非以韩能强于楚也,其地势然也。今王西面而事秦以攻楚,秦王必喜。夫攻楚以利其地,转祸而说㊾秦,计无便于此者。"

韩王听仪计。张仪归报,秦惠王封仪五邑,号曰武信君。使张仪东说齐湣王曰:"天下强国无过齐者,大㊿臣父兄殷众富乐。然而为大王计者,皆为一时之说,不顾百世之利。从人说大王者,必曰'齐西有强赵,南有韩与梁。齐,负海之国也,地广民众,兵强士勇,虽有百秦,将无奈齐何'。大王贤其说而不计其实。夫从人朋党比周,莫不以从为可。臣闻之,齐与鲁三战而鲁三胜,国以危亡随其后,虽有战胜之名,而有亡国之实。是何也?齐大而鲁小也。今秦之与齐也,犹齐之与鲁也。秦、赵战于河、漳之上,再战而赵再胜秦;战于番吾之下,再战又胜秦㊿。四战之后,赵㊿亡卒数十万,邯郸仅存,虽有战胜之名而国已破矣。是何也?秦强而赵弱。

"今秦、楚嫁女娶妇㊿,为昆弟之国。韩献宜阳㊿;梁效河外;赵入朝渑池,割河间以事秦㊿。大王不事秦,秦驱韩、梁攻齐之南地,悉赵兵渡清河,指博关,临菑、即墨非王之有也。国一日见攻,虽欲事秦,不可得也。是故愿大王孰㊿计之也。"

齐王曰:"齐僻陋,隐居东海之上,未尝闻社稷之长利也。"乃许张仪。

张仪去,西说赵王曰:"敝邑秦王使使臣效愚计于大王。大王收率天下以摈㊿秦,秦兵不敢出函谷关十五年。大王之威行于山东,敝邑恐惧慑伏,缮甲厉兵,饰车骑,习驰射,力田积粟,守四封之内,慹居摄处㊿,不敢动摇,唯大王有意督过之也。

"今以大王之力,举巴蜀,并汉中,包两周,迁九鼎㊽,守白马之津。秦虽僻远,然而心忿含怒之日久矣。今秦有敝甲凋兵,军于渑池,愿渡河逾漳,据番吾,会邯郸之下,愿以甲子合战,以正殷纣之事,敬使使臣先闻左右。

"凡大王之所信为从者恃苏秦。苏秦荧惑诸侯,以是为非,以非为是,欲反覆齐国,而自令车裂于市。夫天下之不可一㊾亦明矣。今楚与秦为昆弟之国,而韩、梁称为东藩之臣,齐献鱼盐之地,此断赵之右臂也。夫断右臂而与人斗,失其党而孤居,求欲毋危,岂可得乎?

"今秦发三将军:其一军塞午道,告齐使兴师渡清河,军于邯郸之东;一军军成皋,驱韩、梁军于河外;一军军于渑池。约四国为一以攻赵,赵破㉞,必四分其地。是故不敢匿意隐情,先以闻于左右。臣窃为大王计,莫如与秦王遇于渑池,面相见而口相结,请案兵无攻。愿大王之定计。"

赵王曰:"先王之时,奉阳君专权擅势,蔽欺先王,独擅绾事㉟,寡人居属师傅,不与谋国㊱计。先王弃群臣,寡人年幼,奉祀之日新,心固窃疑焉,以为一从不事秦,非国之长利也。乃且愿变心易虑,割地谢前过以事秦。方将约车趋行,适闻使者之明诏。"赵王许张仪,张仪乃去。

北之燕,说燕昭王曰:"大王之所亲莫如赵。昔赵襄子尝以其姊为代王妻,欲并代,约与代王遇于句注之塞。乃令工人作为金斗,长其尾,令可以击人。与代王饮,阴告厨人曰:'即酒酣乐,进热啜,反斗以击之。'于是酒酣乐,进热啜,厨人进斟,因反斗以击代王,杀之,王脑涂地。其姊闻之,因摩笄以自刺,故至今有摩笄之山。代王之亡,天下莫不闻。

"夫赵王之狼戾⑥⑦无亲，大王之所明见，且以赵王为可亲乎？赵兴兵攻燕，再围燕都而劫大王，大王割十城以谢⑥⑧。今赵王已入朝渑池，效河间以事秦。今大王不事秦，秦下甲云中、九原，驱赵而攻燕，则易水、长城非大王之有也。

"且今时赵之于秦犹郡县也，不敢妄举师以攻伐。今王事秦，秦王必喜，赵不敢妄动，是西有强秦之援，而南无齐、赵之患，是故愿大王孰⑥⑨计之。"

燕王曰："寡人蛮夷僻处，虽大男子裁如婴儿，言不足以采正计。今上客幸教之，请西面而事秦，献恒山之尾五城。"燕王听仪。仪归报，未至咸阳，而秦惠王卒，武王立。武王自为太子时不说⑦⑩张仪，及即位，群臣左右⑦①多谗张仪曰："无信，卖国以取容。秦必复用之，恐为天下笑。"诸侯闻张仪有郤武王，皆畔衡，复合从。

秦武王元年，群臣日夜恶张仪未已，而齐让又至。张仪惧诛，乃因谓秦武王曰："仪有愚计，愿效之。"王曰："奈何？"对曰："为秦社稷计者，东方有大变，然后王可以多割得地也。今闻齐王甚憎仪，仪之所在，必兴师伐之。故仪愿乞其不肖之身之梁，齐必兴师而伐梁。梁、齐之兵连于城下而不能相去，王以其间伐韩，入三川，出兵函谷而毋伐，以临周，祭器必出。挟天子，按图籍，此王业也。"秦王以为然，乃具革车三十乘，入⑦②之梁。齐果兴师伐之。梁哀王恐。张仪曰："王勿患也，请令罢齐兵。"乃使其舍人冯喜之楚，借使之齐⑦③，谓齐王曰："王甚憎张仪；虽然，亦厚矣王之托仪于秦也！"齐王曰："寡人憎仪，仪之所在，必兴师伐之，何以托仪？"对曰："是乃王之托仪也。夫仪之出也，固与秦王约曰：'为王计者，东方有大变，然后王可以多割得地。今齐王甚憎仪,仪之所在,必兴师伐之。故仪愿乞其不肖之身之梁,齐必兴师伐之。齐、梁之兵连于城下而不能相去,王以其间伐韩,入三川,出兵函谷而无伐,以临周,祭器必出。挟天子,案图籍,此王业也。'秦王以为然,故具革车三十乘而入之梁也。今仪入梁,王果伐之,是王内罢⑭国而外伐与国,广邻敌以内自离⑮,而信仪于秦王也。此臣之所谓'托仪'也。"齐王曰:"善。"乃使解兵。

张仪相魏一岁,卒于魏也。

陈轸者,游说之士。与张仪俱事秦惠王,皆贵重,争宠。张仪恶陈轸于秦王曰:"轸重币轻使⑯秦、楚之间,将为国交也。今楚不加善于秦而善轸者,轸自为厚而为王薄也。且轸欲去秦而之楚,王胡不听乎?"王谓陈轸曰:"吾闻子欲去秦之楚,有之乎?"轸曰:"然。"王曰:"仪之言果信矣。"轸曰:"非独仪知之也,行道之士尽知之矣。昔子胥忠于其君而天下争以为臣,曾参孝于其亲而天下愿以为子。故卖仆妾不出闾巷而售者,良仆妾也;出妇嫁于乡曲者,良妇也。今轸不忠其君,楚亦何以轸为忠乎?忠且见弃,轸不之楚何归乎?"王以其言为然,遂善待之。

居秦期年,秦惠王终相张仪,而陈轸奔楚。楚未之重也,而使陈轸使于秦⑰。过梁,欲见犀首。犀首谢弗见。轸曰:"吾为事来,公不见轸,轸将行,不得待异日⑱。"犀首见之。陈轸曰:"公何好饮也?"犀首曰:"无事也。"曰:"吾请令公厌事可乎?"曰:"奈何?"曰:"田需约诸侯从亲,楚王疑之,未信也。公谓于王曰:'臣与燕、赵之王有故,数使人来,曰"无事何不相见",愿谒行于王。'王虽许公,公请毋多车,以车三十乘,可陈之于庭,明言之燕、赵。"燕、赵客闻之，驰车告其王，使人迎犀首。楚王闻之大怒，曰："田需与寡人约，而犀首之燕、赵，是欺我也。"怒而不听其事。齐闻犀首之北，使人以事委焉。犀首遂行，三国相事皆断于犀首。轸遂至秦。

齐、楚⑦相攻，期年不解。秦惠王欲救之，问于左右。左右或曰救之便，或曰勿救便，惠王未能为之决。陈轸适至秦，惠王曰："子去寡人之楚，亦思寡人不⑧？"陈轸对曰："王闻夫越人庄舄乎？"王曰："不闻。"曰："越人庄舄仕楚执珪，有顷而病。楚王曰：'舄故越之鄙细人也，今仕楚执珪，贵富矣，亦思越不⑧？'中谢对曰：'凡人之思故，在其病也。彼思越则越声，不思越则楚声。'使人往听之，犹尚越声也。今臣虽弃逐之楚，岂能无秦声哉！"惠王曰："善。今齐、楚⑧相攻，期年不解，或谓寡人救之便，或曰勿救便，寡人不能决，愿子为子主计之余，为寡人计之。"陈轸对曰："亦尝有以夫卞庄子刺虎闻于王者乎？庄子欲刺虎，馆竖子止之曰：'两虎方且食牛，食甘必争，争则必斗，斗则大者伤，小者死，从伤而刺之，一举必有双虎之名。'卞庄子以为然，立须之。有顷，两虎果斗，大者伤，小者死。庄子从伤者而刺之，一举果有双虎之功。今齐、楚⑧相攻，期年不解，是必大国伤，小国亡，从伤而伐之，一举必有两实。此犹庄子刺虎之类也。臣主与王何异也。"惠王曰："善。"卒弗救。大国果伤，小国亡，秦兴兵而伐，大克之。此陈轸之计也。

犀首者，韩⑧之阴晋⑭人也，名衍，姓公孙氏。与张仪不善。

张仪为秦之魏，魏王相张仪。犀首弗利，故令人谓韩公叔曰："张仪已合秦、魏矣，其言曰'魏攻南阳，秦攻三川'。魏王所以贵张子者，欲得韩地也。且韩之南阳已举矣，子何不少委焉以为衍功，则秦、魏之交可错矣。然则魏必图秦而弃仪，收韩而相衍。"公叔以为便，因委之犀首以为功。果相魏。张仪去⑧⑤。

义渠君朝于魏。犀首闻张仪复相秦，害之。犀首乃谓义渠君曰⑧⑥："道远不得复过，请谒事情⑧⑦：中国无事，秦得烧掇焚杅⑧⑧君之国；有事，秦将轻使重币事君之国。"其后五国伐秦。会陈轸谓秦王曰："义渠君者，蛮夷之贤君也，不如赂之以抚其志。"秦王曰："善。"乃以文绣千纯，妇女百人遗义渠君。义渠君致群臣而谋曰："此公孙衍所谓邪？"乃起兵袭秦，大败秦，入⑧⑨李伯之下。

张仪已卒之后，犀首入相秦⑨⑩。尝佩五国之相印⑨⑪，为约长。

太史公曰：三晋多权变之士夫⑨⑫，言从衡强秦者，大抵皆三晋之人也。夫张仪之行事甚于苏秦，然世恶苏秦者，以其先死，而仪振暴其短以扶其说，成其衡道。要之，此两人真倾危之士哉！

①见前《苏秦列传》。因秦显，仪乃亦学于鬼谷也。
②意，疑也。
③梁玉绳云："案仪为相在惠王五十年，是时初用于秦，非相也，此误。"
④楚相辱张仪，苏秦激张仪入秦，及张仪檄告楚相，皆《国策》所无。
⑤郑南，原误为"南郑"，张森楷云："南郑是汉中县，与韩周之事无关，当本是郑南，谓郑州之南也，其时无郑州，而韩灭郑即以为都，故韩亦称郑。楚临郑南，则抵其国矣。"
⑥缮，修补也。《正义》所释误。
⑦钱大昕云："据《秦本纪》及《年表》，伐蜀乃惠王后九年事，此传叙于惠王十年以前，则误以为前九年矣。"《索隐》《正义》所注亦误。
⑧梁玉绳云："案此语本《国策》，考《纪》《表》及《华阳国志》皆云，王死蜀灭，无贬号之事，当是因封公子通为蜀侯而误。"

⑨蒲阳故地在今山西隰县。
⑩少梁，秦孝公八年取于魏，此误。
⑪少梁更名夏阳，系惠王十一年事，非十年事。
⑫一，原误为"二"，从梁玉绳改。
⑬原脱"魏"字，从梁玉绳补。
⑭惠，原误为"襄"，从梁玉绳改。
⑮襄，原误为"哀"，从梁玉绳改。
⑯泽，原误为"津"，从张森楷改。
⑰"百"上原衍"二"字，从《会注考证》删。
⑱原脱"燕"字，从张森楷补。
⑲挟，原误为"折"，从张森楷改。
⑳劫，原误为"怯"，从张森楷改。
㉑"甲"上原有"下"字，"出"作"士"，误，从张森楷改。
㉒倍，古"背"字。
㉓说，古"悦"字。
㉔详，古"佯"字。
㉕骂齐王何以须借宋符，殊不可解。
㉖蓝田之战，《世家》《年表》不载，可疑。
㉗此亦与《楚世家》《屈原传》不合。
㉘"至"字误移"楚怀王"下，遂不可通，从张森楷改。
㉙则，即也。
㉚必，原作"不"，从《索隐》改。
㉛案此时秦死已十年矣。
㉜㉝而，《经传释词》云："则也。"
㉞原脱"党"字，从张森楷补。
㉟孰，古"熟"字。
㊱汶山，即岷山。
㊲此"枋"字与下句"枋"字，原皆误"舫"，从张森楷正。《索隐》："舫，音方。"原作"枋，音方，亦音舫"。今本系妄人所改。
㊳扞关故址在今四川奉节县南岸铁锁关。
㊴"竟陵"二字原误为"境"字，从张森楷正。

㊵“恃”字原误为“待”，从王念孙改。

㊶楚与吴战，不足信，见殿本考证。

㊷自苏秦合从说成，至五国攻秦凡十六年，不攻齐、赵，殿本考证之说有谬误处。

㊸“又却”二字原脱，从张森楷补。

㊹孰，古“熟”字。

㊺详，古“佯”字。

㊻叙苏秦死因，与《苏秦列传》异。

㊼“接”下原有“境壤”二字，从张森楷删。

㊽《楚世家》作张仪已去，屈原使从齐来谏王云云，《屈原传》同，并与此文有异同。

㊾倍，古“背”字。

㊿跣，原作“跔”，从金正炜改。

(51)载，原作“战”，从金正炜改。

(52)说，古“悦”字。

(53)“大”字景祐本误刻为“犬”，正之。

(54)梁玉绳云：“案，上文有齐与鲁三战而鲁三胜事，史无所见，吴师道以为取譬之说，或当然也。而此两战，《史》亦不书，《史》仍《国策》，疑有讹，但赵却秦番吾，实有其事，在王迁四年，岂作《策》者误以后事为前事欤？”

(55)“赵”下原衍“之”字，从张森楷删。

(56)(57)三事皆在仪死后四五年，何以及之？

(58)此三句最乖史实，梁玉绳辨之甚明，辞长不录。

(59)孰，古“熟”字。

(60)摈，原误“宾”，从张森楷改。

(61)原作“愁居慑处”，从金正炜改，盖秦何至于愁居慑处？金正炜云：“《尔雅》：揫，敛也。”皇侃《论语义疏》：“摄，犹迫也。”

(62)取两周，非惠王；迁鼎，亦无其事。

(63)一，谓合从为一，以抗秦也，应从“一”字绝句。

(64)“破”字原误为“服”，从王念孙改。

(65)绾事，统管其事也。

㊅㊅谋国，原误为"国谋"，从张森楷改。
㊆㊆狼，很也，与"戾"同义，《广雅》云："狼戾，很也。"
㊆㊆梁玉绳云："此事《策》皆不书。"张森楷云："十城事是易王为齐所伐取，苏秦说以还燕，初非割以谢赵者，此诚所谓姑妄言之。"
㊆㊆孰，古"熟"字。
㊆㊆说，古"悦"字。
㊆㊆"左右"二字原误"移无信"三字下，至不可解，从张森楷正。
㊆㊆原衍"仪"字，从王念孙删。
㊆㊆谓假他事，以使于齐。
㊆㊆罢，古"疲"字。
㊆㊆离，原作"临"，不可通，从张森楷改。
㊆㊆谓携重币而驾轻车以出使，欲人不知其携有重币也。
㊆㊆案，所记与《国策》异。
㊆㊆王念孙以为"异日"应属上为句。
㊆㊆㊆齐、楚，原皆误作"韩、魏"，从梁玉绳改。
㊆㊆㊆不，通"否"。
㊆㊆韩，原误为"魏"，从李锴改。
㊆㊆阴晋故地在今陕西华阴县东五里。
㊆㊆吕氏《大事记》云："《传》称衍相张仪去，则不然，以《仪传》考之，仪惭无以归报，留魏四岁，而魏王卒，复说其嗣君，久之始去魏相秦耳。"
㊆㊆梁玉绳云："案仪复相秦，在惠文王后八年，而此篇下文有其后五国伐秦语，伐秦在惠文后七年，仪尚在魏，则犀首见义渠时，仪未复相也，此误。"
㊆㊆原衍"曰"字，从张森楷删。
㊆㊆杅，王念孙考应属下句读。
㊆㊆入，原误"人"，从梁玉绳改，谓军入于李伯封地也。
㊆㊆㊆犀首实未相秦，佩五国相印亦不实。
㊆㊆"士夫"即"士大夫"之省，属次句读，非，下第二句又以"夫"字为发语词，次句之首必不能有"夫"字也。

孟子荀卿列传

　　太史公曰：余读孟子书，至梁惠王问"何以利吾国①"，未尝不废书而叹也。曰：嗟乎，利诚乱之始也！夫子罕言利者②，常防其原也。故曰"放于利而行，多怨③"。自天子至于庶人，好利之弊何以异哉！

　　孟轲，邹人也。受业子思之门人。道既通，游事齐宣王，宣王不能用。适梁，梁惠王不果所言，则见以为迂远而阔于事情。当是之时，秦用商君，富国强兵；楚、魏用吴起，战胜弱敌④；齐威王、宣王用孙子、田忌之徒，而诸侯东面朝齐。天下方务于合从连衡，以攻伐为贤，而孟轲乃述唐、虞、三代之德，是以所如者不合。退而与万章之徒序《诗》《书》⑤，述仲尼之意，作《孟子》七篇⑥。其后有驺子之属。

　　齐有三驺子。其前驺忌，以鼓琴干威王，因及国政，封为成侯而受相印，先孟子。

　　其次驺衍，后孟子。驺衍睹有国者益淫侈，不能尚德，若《大雅》整之于身，施及黎庶矣，乃深观阴阳消息而作怪迂之变，《终始》《大圣》之篇十余万言。其语闳大不经，必先验小物，推而大之，至于无垠。先序今以上至黄帝，学者所共术⑦，大并世盛衰，因载其机祥度制，推而远之，至天地未生，窈冥不可考而原也。先列中国名山大川，通谷禽兽，水土所殖，物类所珍，因而推之，及海外人之所不能睹。称引天地剖判以来，五德转移，治各有宜，而符应若兹。以为儒者所谓中国者，于天下乃八十一分居其一分耳。中国名曰赤县神州。赤县神州内自有九州，禹之序九州是也，不得为州数⑧。中国外如赤县神州者九，乃所谓九州也。于是有裨海环之，人民、禽兽莫能相通者，如一区中者，乃为一州。如此者九，乃有大瀛海环其外，天地之际焉。其术皆此类也。然要其归，必止乎仁义节俭，君臣上下六亲之施，始也滥耳。王公大人初见其术，惧然顾化，其后不能行之。

是以驺子重于齐。适梁，梁惠王郊迎，执宾主之礼。适赵，平原君侧行襒席。如燕，昭王拥彗先驱，请列弟子之座而受业，筑碣石宫，身亲往师之。作主运。其游诸侯见尊礼如此，岂与仲尼菜色陈、蔡，孟轲困于齐、梁同乎哉！故武王以仁义伐纣而王，伯夷饿不食周粟；卫灵公问陈，而孔子不答；梁惠王谋欲攻赵，孟轲称大王去邠。此岂有意阿世俗苟合而已哉！持方枘欲内圜凿，其能入乎？或曰，伊尹负鼎而勉汤以王，百里奚饭牛车下而缪公用霸，作⑨先合，然后引之大道。驺衍其言虽不轨，傥亦有牛鼎⑩之意乎？

自驺衍与齐之稷下先生，如⑪淳于髡、慎到、环渊、接子、田骈、驺奭之徒，各著书言治乱之事，以干世主，岂可胜道哉⑫！

淳于髡，齐人也。博闻强记，学无所主。其谏说，慕晏婴之为人也，然而承意观色为务。客有见髡于梁惠王，惠王屏左右，独坐而再见之，终无言也。惠王怪之，以让客曰："子之称淳于先生，管、晏不及，及见寡人，寡人未有得也。岂寡人不足为言邪？何故哉？"客以谓髡。髡曰："固也。吾前见王，王志在驱逐；后复见王，王志在音声；吾是以默然。"客具以报王，王大骇，曰："嗟乎，淳于先生诚圣人也！前淳于先生之来，人有献善马者，寡人未及视，会先生至。后先生之来，人有献讴者，未及试，亦会先生来。寡人虽屏人，然私心在彼，有之。"后淳于髡见，一语连三日三夜无倦。惠王欲以卿相位待之，髡因谢去。于是送以安车驾驷，束帛加璧，黄金百镒。终身不仕⑬。

慎到，赵人。田骈、接子，齐人。环渊，楚人。皆学黄、老道德之术，因发明序其指意。故慎到著十二论，环渊著上下篇，而田骈、接子皆有所论焉。

驺奭者，齐诸驺子⑭，亦颇采驺衍之术以纪文。

于是齐王嘉之，自如淳于髡以下，皆命曰列大夫，为开第康庄之衢，高门大屋，尊宠之。览⑮天下诸侯宾客，言齐能致天下贤士也。

荀卿，赵人。年五十始来游学于齐。驺衍之术迂大而闳辩；奭也文具难施；淳于髡久与处，时有得善言。故齐人颂曰："谈天衍，雕龙奭，炙毂过髡⑯。"田骈之属皆已死齐襄王时，而荀卿最为老师。齐尚修列大夫之缺，而荀卿三为祭酒焉。

齐人或谗荀卿，荀卿乃适楚，而春申君以为兰陵⑰令。春申君死而荀卿废，因家兰陵。李斯尝为弟子，已而相秦。荀卿嫉浊世之政，亡国乱君相属，不遂⑱大道而营于巫祝，信禨祥，鄙儒小拘，如庄周等又滑稽乱俗，于是推儒、墨、道德之行事兴坏，序列著数万言⑲而卒。因葬兰陵。

而赵亦有公孙龙为"坚白同异"之辩，剧子⑳之言；魏有李悝，尽地力之教；楚有尸子㉑、长卢；阿之吁子㉒焉。

自如孟子至于吁子，世多有其书，故不论其传云。

盖墨翟，宋之大夫，善守御，为节用。或曰并孔子时，或曰在其后。

①梁惠王问"何以利吾国",见《孟子·梁惠王篇》。
②"夫子罕言利",见《论语·子罕篇》。
③"放于利而行,多怨",见《论语·里仁篇》。
④梁玉绳云:"起用于魏文侯、楚悼王之世,不得言在孟子时。"
⑤梁玉绳云:"案,孟子无序《诗》《书》之事,然七篇中言《书》凡二十九。言《诗》凡三十五,故称序《诗》《书》。赵岐亦曰:'孟子言五经,尤长于《诗》《书》。'"
⑥梁玉绳云:"案,《汉志》云,十一篇。盖并数外书《性善辩》《文说》《孝经》《为正》四篇。此称七篇者,岂以四篇不与内书相似而削之乎?赵岐题辞亦谓孟子著书七篇,以四篇为后世依托。"
⑦张森楷云:"'术'当作'述',古字通用。"
⑧张森楷云:"不得为州数,谓不得与于大九州之数也。"大九州见下文。
⑨张森楷云:"作,犹'使'也。"
⑩张森楷云:"牛鼎即谓上文负鼎、饭牛,殆言衍亦欲如尹、奚之干主而得用,非以其迂大而比于函牛之鼎也。"
⑪王念孙云:"'如'字当在'自'字下,各本并误。"
⑫张森楷云:"道,言也,音杜到切;岂可胜道,言其多也。"
⑬梁玉绳云:"淳于髡岂终身不仕者?此言失实。"张森楷曰:"髡当为齐使楚,还与诸侯主客,又尝见七人于宣王,岂终身不仕者乎?即谓不仕,亦曾不嫁而嫁过。按,淳于髡事,又见《田完世家》《滑稽传》《孟子》《吕览》《战国策》,盖游齐、梁间者。"
⑭张森楷云:"诸,众也。驺氏盖亦齐之巨族,不止一家,诸驺者,犹言驺姓族人,故言诸驺,如《汉书·扬雄传》之诸扬,是其类也。"
⑮张森楷云:"览,通作'揽'。王羲之《兰亭集序》'后之揽者'是,字从手作揽,即览、揽通用之证,此览盖谓延揽,非观览也。"
⑯《会注考证》引中井积德曰:"衍之术,一味迂阔,荡荡茫茫,如谈天地;谈天亦是比喻,非以其书言天事为称也。奭之雕龙,亦谓其不中用也。"炙毂过,《集解》引刘向《别录》曰:"'过'字作'輠',輠者,车之盛膏器也。炙之,虽尽,犹有余流者,言淳于髡智不尽如炙輠也。"又引左思《齐都赋》注曰:"言其多智难尽如炙膏之有润泽也。"
⑰兰陵故地在今山东峄县东五十里。

⑱张森楷云:"遂,究也。"见《汉书·艺文志》颜注。
⑲梁玉绳云:"案,《荀子》三十二篇,《汉志》讹三十三也。云数万言,欠晰。"
⑳梁玉绳云:"案,刘向《序》作'处子',徐广引应劭同。"又云:"《集解》谓徐广曰:'按应劭氏姓注,直云处子也。《汉志》法家有《处子》九篇,无剧子,应说是。'"颜注引《史记》亦云:"赵有处子,是古本不作剧子。"
㉑梁玉绳云:"案,《集解》云,尸佼晋人,后汉吕强注同,当是也。此作楚人,《汉志》作鲁人。盖因其逃亡在蜀,而鲁后属楚故耳。"
㉒梁玉绳云:"案,刘向《序》及《索隐》引向《别录》并作芈子,《汉志》云'芈子名婴,齐人',师古曰:音弭。"

乐毅列传

乐毅者①,其先祖曰乐羊②。乐羊为魏文侯③将,伐取中山④,魏文侯封乐羊以灵寿⑤。乐羊死,葬于灵寿,其后子孙因家焉。中山复国⑥,至赵武灵王时⑦复灭中山⑧,而乐氏后有乐毅。

乐毅贤,好兵,赵人举之。及武灵王有沙丘之乱⑨,乃去赵适魏。

闻燕昭王⑩以子之之乱⑪而齐大败燕⑫,燕昭王怨齐,未尝一日而忘报齐也。燕国小,辟远,力不能制,于是屈身下士,先礼郭隗⑬以招贤者。乐毅于是为魏昭王⑭使于燕⑮,燕王以客礼待之。乐毅辞让,遂委质为臣,燕昭王以为亚卿,久之。

当是时,齐湣王⑯强,南败楚相唐眛⑰于重丘⑱,西摧三晋⑲于观泽⑳,遂与三晋击秦㉑,助赵灭中山㉒,破宋㉓,广地千余里。与秦昭王㉔争重为帝㉕,已而复归之。诸侯皆欲背秦而服于齐。湣王自矜,百姓弗堪。于是燕昭王问伐齐之事。乐毅对曰:"齐,霸国之余业也,地大人众,未易独攻也。王必欲伐之,莫如与赵及楚、魏。"于是使乐毅约赵惠文王㉖,别使连楚、魏,令赵嚪说㉗秦以伐齐之利。诸侯害齐湣王之骄暴,皆争合从与燕伐齐。

乐毅还报,燕昭王悉起兵,使乐毅为上将军,赵惠文王以相国印授乐毅。乐毅于是并护赵、楚、韩、魏、秦㉘、燕之兵以伐齐，破之济西㉙。诸侯兵罢归，而燕军乐毅独追，至于临菑。齐湣王之败济西，亡走，保于莒㉚。乐毅独留徇齐，齐皆城守。乐毅攻入临菑，尽取齐宝财物祭器输之燕。燕昭王大说，亲至济上劳军，行赏飨士，封乐毅于昌国㉛，号为昌国君。于是燕昭王收齐卤获以归，而使乐毅复以兵平齐城之不下者。

乐毅留徇齐五岁㉜，下齐七十余城，皆为郡县以属燕，唯独莒、即墨㉝未服。

会燕昭王死㉞，子立为燕惠王㉟。惠王自为太子时尝不快于乐毅，及即位，齐之田单闻之，乃纵反间于燕，曰："齐城不下者两城耳。然所以不早拔者，闻乐毅与燕新王有隙，欲连兵且留齐，南面而王齐。齐㊱之所患，唯恐他将之来。"于是燕惠王固已疑乐毅，得齐反间，乃使骑劫代将，而召乐毅。乐毅知燕惠王之不善代之，畏诛，遂西奔㊲赵。赵封乐毅于观津，号曰望诸君。尊宠乐毅以警动于燕、齐。

齐田单后与骑劫战，果设诈诳燕军，遂破骑劫于即墨下，而转战逐燕，北至河上，尽复得齐城，而迎襄王㊳于莒㊴，入于临菑。

燕惠王后悔使骑劫代乐毅，以故破军亡将失齐；又怨乐毅之降赵，恐赵用乐毅而乘燕之弊以伐燕。燕惠王乃使人让乐毅，且谢之曰："先王举国而委将军，将军为燕破齐，报先王之仇，天下莫不震动，寡人岂敢一日而忘将军之功哉！会先王弃群臣，寡人新即位，左右误寡人。寡人之使骑劫代将军，为将军久暴露于外，故召将军且休，计事。将军过听，以与寡人有隙，遂捐燕归赵。将军自为计则可矣，而亦何以报先王之所以遇将军之意乎？"乐毅报遗燕惠王书曰：

臣不佞，不能奉承王命，以顺左右之心，恐伤先王之明，有害足下之义，故遁逃走赵。今足下使人数之以罪，臣恐侍御者不察先王之所以畜幸臣之理，又不白臣之所以事先王之心，故敢以书对。

臣闻贤圣之君不以禄私亲，其功多者赏之，其能当者处之。故察能而授官者，成功之君也；论行而结交者，立名之士也。臣窃观先王之举也，见有高世主之心，故假节于魏，以身得察于燕。先王过举，厕之宾客之中，立之群臣之上，不谋父兄，以为亚卿。臣窃不自知，自以为奉令承教，可幸无罪，故受令而不辞。

先王命之曰："我有积怨深怒于齐，不量轻弱，而欲以齐为事。"臣曰："夫齐，霸国之余业而骤㊵胜之遗事也。练于兵甲，习于战攻。王若欲伐之，必与天下图之。与天下图之，莫若结于赵。且又淮北、宋地，楚、魏之所欲也，赵若许而约四国攻之，齐可大破也。"先王以为然，具符节南使臣于赵。顾反命，起兵击齐。以天之道，先王之灵，河北之地随先王而举之济上。济上之军受命击齐，大败齐人。轻卒锐兵，长驱至国。齐王遁而走莒，仅以身免；珠玉财宝车甲珍器尽收入于燕。齐器设于宁台，大吕陈于元英，故鼎反乎磨室㊶，蓟丘之植植于汶篁，自五伯已来，功未有及先王者也！先王以为慊于志，故裂地而封之，使得比小国诸侯。臣窃不自知，自以为奉命承教，可幸无罪，是以受命不辞。

臣闻贤圣之君，功立而不废，故著于春秋；蚤知之士，名成而不毁，故称于后世。若先王之报怨雪耻，夷万乘之强国，收八百岁之蓄积，及至弃群臣之日，余教未衰，执政任事之臣，修法令，慎庶孽，施及乎萌隶，皆可以教后世。

臣闻之，善作者不必善成，善始者不必善终。昔伍子胥说听于阖闾㊷，而吴王远迹至郢；夫差弗是也，赐之鸱夷而浮之江。吴王不寤先论之可以立功，故沉子胥而不悔；子胥不蚤见主之不同量，是以至于入江而不化！

夫免身立功，以明先王之迹，臣之上计也。离毁辱之诽谤，堕先王之名，臣之所大恐也。临不测之罪，以幸为利，义之所不敢出也。

臣闻古之君子，交绝不出恶声；忠臣去国，不絜其名。臣虽不佞，数奉教于君子矣。

恐侍御者之亲左右之说，不察疏远之行，故敢献书以闻，唯君王之留意焉。

于是燕王复以乐毅子乐间为昌国君；而乐毅往来复通燕，燕、赵以为客卿。乐毅卒于赵。

乐间居燕二㊸十余年，燕㊹王喜用其相栗腹之计㊺，欲攻赵，而问昌国君乐间。乐间曰："赵，四战之国也，其民习兵，伐之不可。"燕王不听，遂伐赵。赵使廉颇击之，大破栗腹之军于鄗，禽栗腹、卿秦㊻。于是乐间奔赵，赵遂围燕。燕重割地以与赵和，赵乃解而去。

燕王恨不用乐间，乐间既在赵，乃遗乐间书曰："纣之时，箕子不用，犯谏不怠，以冀其听；商容不达，身只辱焉，以冀其变。及民志不入，狱囚自出，然后二子退隐。故纣负桀暴之累，二子不失忠圣之名。何者？其忧患之尽矣。今寡人虽愚，不若纣之暴也；燕民虽乱，不若殷民之甚也。室有语，不相尽，以告邻里。二者，寡人不为君取也。"

乐乘者，乐间之宗也。乐间、乐乘怨燕不听其计，二人卒留赵。赵封乐乘为武襄君㊼。其明年㊽，乐乘、廉颇为赵围燕，燕重礼以和，乃解。

后五岁㊾，赵孝成王㊿卒。襄王㉛使乐乘代廉颇。廉颇攻乐乘，乐乘走，廉颇亡入魏。

其后十六年㉜而秦灭赵。

其后二十余年㉝，高帝㉞过赵，问："乐毅有后世乎？"对曰："有乐叔。"高帝封之乐乡㉟，号曰华成君。华成君，乐毅之孙也。而乐氏之族有乐瑕公㊱、乐臣公㊲，赵且为秦所灭，亡之齐高密㊳。乐臣公善修黄帝、老子之言㊴，显闻于齐，称贤师。

太史公曰：始齐之蒯通㊵及主父偃㊶读乐毅之《报燕王书》，未尝不废书而泣也。乐臣公学黄帝、老子，其本师号曰河上丈人㊷，不知其所出。河上丈人教安期生㊸，安期生教毛翕公㊹，毛翕公教乐瑕公，乐瑕公教乐臣公，乐臣公教盖公㊺。盖公教于齐高密、胶西，为曹相国师㊻。

①公元前三三四至公元前二七〇年。
②公元前四〇八年前后。
③公元前四二四至公元前三八七年在位。
④公元前四〇八年事，中山故地在今河北定县。
⑤灵寿故地在今河北灵寿县。
⑥公元前三七七年以前事。
⑦公元前三二五至公元前二九九年在位。
⑧公元前三〇〇年事。
⑨公元前二九九年事。
⑩公元前三一一至公元前二七九年在位。
⑪公元前三一六至公元前三一四年事。

⑫公元前三一四年事。
⑬公元前三一一年稍后事。
⑭公元前二九五至公元前二七七年在位。
⑮公元前二九五年事。
⑯公元前三〇〇至公元前二八四年在位。
⑰原作“眛”，从梁玉绳作“眜”。
⑱公元前三〇一年事。重邱故地在今山东成武县。
⑲梁玉绳云：“齐败赵、魏兵，不及韩，云三晋，误。”
⑳泽，原作“津”，从梁玉绳改。
㉑公元前二九六年事。
㉒公元前二九五年事。
㉓公元前二八六年事。
㉔公元前三〇六至公元前二五一年在位。
㉕公元前二八八年事。
㉖公元前二九八至公元前二六六年在位。
㉗原脱“说”字，从王念孙补。
㉘“秦”字原脱，从梁玉绳补。
㉙公元前二八四年事。
㉚莒故地在今山东莒县。
㉛昌国故地在今山东淄川县。
㉜公元前二八四至公元前二八〇年。
㉝即墨故地在今山东即墨县。
㉞公元前二七九年。
㉟公元前二七八至公元前二七二年在位。
㊱“之”上原脱“齐”字，从张森楷补。
㊲“奔”原误为“降”，从张森楷改。
㊳公元前二八三至公元前二六五年在位。
㊴公元前二七九年事。
㊵“骤”原误为“最”，从张森楷改。
㊶“磨”原误为“磨”，从张森楷改。磨室乃燕宫室名。
㊷公元前五一七年。

㊸“二”原误“三”，从梁玉绳改。

㊹公元前二五四至公元前二二二年亡。

㊺公元前二五一年事。

㊻“卿秦”二字原误作“乐乘”，从梁玉绳改。又“卿秦”下景祐本及殿本原有“乐乘者，乐间之宗也”八字，从梁玉绳移至下“乐间、乐乘怨燕不听其计”之上。

㊼公元前二五〇年事。

㊽公元前二四九年。

㊾公元前二四五年。

㊿公元前二六五至公元前二四五年在位。

(51)公元前二四四至公元前二三六年在位。

(52)公元前二二二年。

(53)公元前二〇〇年。

(54)公元前二〇六年。

(55)乐乡故地在今河北深县。

(56)公元前二七一至公元前二〇一年。

(57)公元前二六六至公元前一九六年。

(58)高密故地在今山东高密县。

(59)公元前五六一至公元前四六七年。

(60)公元前二七五至公元前一九五年。

(61)公元前二〇六至公元前一二七年。

(62)疑即詹何，公元前三三〇至公元前二五一年。

(63)公元前二八一至公元前一八六年。

(64)公元前二七六至公元前二〇六年。

(65)公元前二六一至公元前一九五年。

(66)公元前二五九至公元前一九〇年。

田单列传

田单者，齐诸田疏属也。湣王时，单为临菑市掾，不见知。及燕使乐毅伐破齐，齐湣王出奔，已而保莒城。燕师长驱平齐，而田单走安平①，令其宗人尽断其车轴末而傅铁笼。已而燕军攻安平，城坏，齐人走，争涂，以辖折车败，为燕所虏，唯田单宗人以铁笼故得脱，东保即墨。燕既尽降齐城，唯独莒、即墨不下。燕军闻齐王在莒，并兵攻之。淖齿既杀湣王于莒，因坚守，距燕军，数年不下。燕引兵东围即墨，即墨大夫出与战，败死。城中相与推田单，曰："安平之战，田单宗人以铁笼得全，习兵。"立以为将军，以即墨距燕。

顷之，燕昭王卒，惠王立，与乐毅有隙。田单闻之，乃纵反间于燕，宣言曰："齐王已死，城之不拔者二耳。乐毅畏诛而不敢归，以伐齐为名，实欲连兵南面而王齐。齐人未附，故且缓攻即墨以待其事。齐人所惧，唯恐他将之来，即墨残矣！"燕王以为然，使骑劫代乐毅。

乐毅因归赵，燕人士卒忿。而田单乃令城中人食必祭其先祖于庭，飞鸟悉翔舞城中下食。燕人怪之。田单因宣言曰："神来下教我。"乃令城中人曰："当有神人为我师。"有一卒曰："臣可以为师乎？"因反走。田单乃起，引还，东乡坐，师事之。卒曰："臣欺君，诚无能也。"田单曰："子勿言也！"因师之。每出约束，必称神师。乃宣言曰："吾唯惧燕军之劓所得齐卒，置之前行，与我战，即墨败矣。"

燕人闻之，如其言。城中人见诸齐降者尽劓，皆怒，坚守，唯恐见得。单又纵反间曰："吾惧燕人掘吾城外冢墓，僇先人，可为寒心。"燕军尽掘垄墓，烧死人。即墨人从城上望见，皆涕泣，俱②欲出战，怒自十倍。

田单知士卒之可用，乃身操版臿③，与士卒分功，妻妾编于行伍之间，尽散饮食飨士。令甲卒皆伏，使老弱女子乘城，遣使约降于燕，燕军皆呼万岁。田单又收民金，得千镒④，令即墨富豪遗燕将，曰："即墨即降，愿无虏掠吾族家妻妾，令安堵。"燕将大喜，许之。燕军由此益懈。

田单乃收城中得千余牛，为绛缯衣，画以五彩龙文，束兵刃于其角，而灌脂束苇于尾，烧其端。凿城数十穴，夜纵牛，壮士五千人随其后。牛尾热，怒而奔燕军，燕军夜大惊。牛尾炬火光明炫耀，燕军视之皆龙文，所触尽死伤。五千人因衔枚击之，而城中鼓噪从之，老弱皆击铜器为声，声动天地。燕军大骇，败走。齐人遂夷杀其将骑劫。燕军扰乱奔走，齐人追亡逐北，所过城邑皆畔燕而归田单，兵日益多，乘胜，燕日败亡，卒至河上。而齐七十余城皆复为齐。乃迎襄王于莒，入临菑而听政。

襄王封田单，号曰安平君⑤。

太史公曰：兵以正合，以奇胜。善之者，出奇无穷。奇正还相生，如环之无端。夫始如处女，敌⑥人开户；后如脱兔，敌⑦不及拒⑧：其田单之谓邪！

初，淖齿之杀湣王也，莒人求湣王子法章，得之太史嬓⑨之家，为人灌园。嬓⑩女怜而善遇之。后法章私以情告女，女遂与通。及莒人共立法章为齐王，以莒距燕，而太史氏女遂为后，所谓"君王后"也。

燕之初入齐，闻澅[11]邑人王蠋[12]贤，令军中曰"环澅[13]邑三十里无入"，以王蠋之故。已而使人谓蠋曰："齐人多高子之义，吾以子为将，封子万家。"蠋固谢。燕人曰："子不听，吾引三军而屠澅[14]邑。"王蠋曰："忠臣不事二君，贞女不更二夫。齐王不听吾谏，故退而耕于野。国既破亡，吾不能存；今又劫之以兵为君将，是助桀为暴也。与其生而无义，固不如烹！"遂经其颈于树枝，自奋绝脰而死。齐亡大夫闻之，曰："王蠋，布衣也，义不北面于燕，况在位食禄者乎！"乃相聚如莒，求诸子，立[15]为襄王。

① 安平故城在今山东临淄县东十九里，俗呼石槽城。
② 俱，景祐本作"其"，从张文虎改。
③ 臿，景祐本及殿本作"插"，从张森楷改。版臿，筑墙用具，即锹。
④ 镒，景祐本及殿本作"溢"，从张森楷改。
⑤ 钱大昕云："《史》不叙其后事，考《赵世家》孝成王元年，齐安平君田单将赵师而攻燕中阳，拔之。二年田单为相，即齐王建之元年也，岂襄王已没，单遂去齐而入赵乎？"
⑥⑦ 两"敌"字，景祐本及殿本作"适"，从张森楷改。
⑧ 拒，景祐本及殿本作"距"，从张森楷改。自"夫始如处女"至此，见《孙子兵法·九地篇》。
⑨⑩ 两"徼"字，景祐本及殿本作"嫩"，从《世家》校改。
⑪⑬⑭ 三"澅"字，景祐本及殿本作"画"，从梁玉绳改。澅邑在今山东临淄西北三十里，即戟里城，以澅水得名。
⑫ 王蠋，据钱穆考，即《战国策》之颜斶，推定在世年代约公元前三四九至公元前二八四年。
⑮《会注考证》云："立"下脱"法章"二字。

鲁仲连邹阳列传

鲁仲连者,齐人也。好奇伟俶傥之画策,而不肯仕宦任职,好持高节。游于赵。

赵孝成王时,而秦王使白起破赵长平之军前后四十余万,秦兵遂东围邯郸。赵王恐,诸侯之救兵莫敢击秦军。魏安釐王使将军晋鄙救赵,畏秦,止于荡阴①不进②。魏王使客将军新垣衍间入邯郸,因平原君谓赵王曰:"秦所为急围赵者,前与齐湣王争强为帝,已而复归帝;今齐③王已益弱,方今唯秦雄天下,此非必贪邯郸,其意欲求复④为帝。赵诚发使尊秦⑤王为帝,秦必喜,罢兵去。"平原君犹预未有所决。

此时鲁仲连适游赵,会秦围赵,闻魏将欲令赵尊秦为帝,乃见平原君曰:"事将奈何?"平原君曰:"胜也何敢言事!前亡四十万之众于外,今又内围邯郸而不能去。魏王使客将军新垣衍令赵帝秦,今其人在是。胜也何敢言事!"鲁仲连曰:"吾始以君为天下之贤公子也,吾乃今然后知君非天下之贤公子也。梁客新垣衍安在?吾请为君责而归之。"平原君曰:"胜请为绍介而见之于先生。"平原君遂见新垣衍曰:"东国有鲁仲连先生者,今其人在此,胜请为绍介,交之于将军。"新垣衍曰:"吾闻鲁仲连先生,齐国之高士也。衍,人臣也,使事有职,吾不愿见鲁仲连先生。"平原君曰:"胜既已泄之矣。"新垣衍许诺。

鲁仲连见新垣衍而无言。新垣衍曰:"吾视居此围城之中者,皆有求于平原君者也;今吾观先生之玉貌,非有求于平原君者也,曷为久居此围城之中而不去?"鲁仲连曰:"世以鲍焦为无从容⑥而死者,皆非也。众人不知,则为一身。彼秦者,弃礼义而上首功之国也,权使其士,虏使其民。彼即肆然而为帝,过而为政于天下,则连有蹈东海而死耳,吾不忍为之民也。所为见将军者,欲以助赵也。"

新垣衍曰:"先生助之将奈何?"鲁连曰:"吾将使梁及燕助之,齐、楚则固助之矣。"新垣衍曰:"燕则吾请以从矣;若乃梁者,则吾乃梁人⑦也,先生恶能使梁助之?"鲁连曰:"梁未睹秦称帝之害故耳。使梁睹秦称帝之害,则必助赵矣。"

新垣衍曰:"秦称帝之害何如?"鲁连曰:"昔者齐威王尝为仁义矣,率天下诸侯而朝周。周贫且微,诸侯莫朝,而齐独朝之。居岁余,周烈王崩,齐后往,周怒,赴于齐曰:'天崩地坼,天子下席。东藩之臣因齐⑧后至,则斫。'齐威王勃然怒曰:'叱嗟,而母婢也!'卒为天下笑。故生则朝周,死则叱之,诚不忍其求也。彼天子固然,其无足怪。"

新垣衍曰:"先生独不见夫仆乎?十人而从一人者,宁力不胜而智不若邪?畏之也。"鲁仲连曰:"呜呼!梁之比于秦若仆邪?"新垣衍曰:"然。"鲁仲连曰:"吾将使秦王烹醢梁王。"新垣衍怏然不悦,曰:"噫嘻,亦太甚矣先生之言也!先生又恶能使秦王烹醢梁王?"鲁仲连曰:"固也,吾将言之。昔者九侯、鄂侯、文王,纣之三公也。九侯有子而好,献之于纣,纣以为恶,醢九侯。鄂侯争之强,辩之疾,故脯鄂侯。文王闻之,喟然而叹,故拘之羑里⑨之库百日,欲令之死。曷为与人俱称王,卒就脯醢之地?齐湣王将之鲁,夷维子为执策而从,谓鲁人曰:'子将何以待吾君?'鲁人曰:

'吾将以十太牢待子之君。'夷维子曰：'子安取礼而来待⑩吾君？彼吾君者，天子也。天子巡狩，诸侯辟舍，纳筦籥，摄衽抱机⑪，视膳于堂下；天子已食，乃退而听朝也。'鲁人投其籥，不果纳。不得入于鲁，将之薛，假途于邹。当是时，邹君死，湣王欲入吊，夷维子谓邹之孤曰：'天子吊，主人必将倍⑫殡棺，设北面于南方，然后天子南面吊也。'邹之群臣曰：'必若此，吾将伏剑而死。'因⑬不敢入于邹。邹、鲁之臣，生则不得事养，死则不得赙禭，然且欲行天子之礼于邹、鲁，邹、鲁之臣不果纳。今秦万乘之国也，梁亦万乘之国也。俱据万乘之国，各有称王之名，睹其一战而胜，欲从而帝之，是使三晋之大臣不如邹、鲁之仆妾也。且秦无已而帝，则且变易诸侯之大臣。彼将夺其所不肖而与其所贤，夺其所憎而与其所爱。彼又将使其子女谗妾为诸侯妃姬，处梁之宫。梁王安得晏然而已乎？而将军又何以得故宠乎？"于是新垣衍起，再拜谢曰："始以先生为庸人，吾乃今日知先生为天下之士也！吾请出，不敢复言帝秦。"秦将闻之，为却军五十里。适会魏公子无忌夺晋鄙军以救赵，击秦军，秦军遂引而去。

于是平原君欲封鲁连，鲁连辞让⑭者三，终不肯受。平原君乃置酒，酒酣起前，以千金为鲁连寿。鲁连笑曰："所贵于天下之士者，为人排患释难解纷⑮而无取也。即有取者，是商贾之事也，而连不忍为也。"遂辞平原君而去，终身不复见。

其后二十余年⑯，燕将攻下聊城⑰，聊城人或谗之燕，燕将惧诛，因保守聊城，不敢归。齐田单攻聊城岁余，士卒多死而聊城不下。鲁连乃为书，约之矢以射城中，遗燕将。书曰："吾闻之，智者不倍时而弃利，勇士不怯死而灭名，忠臣不先身而后君。今公行一朝之忿，不顾燕王之无臣，非忠也；杀身亡聊城，而威不伸⑱于齐，非勇也；功败名灭，后世无称焉，非智也。三者世主不臣，说士不载，故智者不再计，勇士不怯死。今死生荣辱，贵贱尊卑，此时不再至，愿公详计而无与俗同。

"且楚攻齐之南阳，魏攻平陆⑲，而齐无南面之心，以为亡南阳之害小，不如得济北之利大，故定计审处之。今秦人下兵，魏不敢东面；衡秦之势成，楚国之形危；齐弃南阳，断右壤，定济北，计犹且为之也。且夫齐之必决于聊城，公勿再计。今楚、魏交退于齐，而燕救不至。以全齐之兵，无天下之规，与聊城共据期年之敝，则臣见公之不能得也。且燕国大乱，君臣失计，上下迷惑，栗腹以十万之众五折于外⑳，以万乘之国被围于赵，壤削主困，为天下僇笑。国敝而祸多，民无所归心。今公又以敝聊之民距全齐之兵，是墨翟之守也。食人炊骨，士无反背㉑之心，是孙膑之兵也。能见于天下。虽然，为公计者，不如全车甲以报于燕。车甲全而归燕，燕王必喜；身全而归于国，士民如见父母，交游攘臂而议于世，功业可明。上辅孤主以制群臣，下养百姓以资说士，矫国更俗，功名可立也。亡意亦捐燕弃代㉒，东游于齐乎？裂地定封，富比乎陶、卫，世世称孤，与齐久存，又一计也。此两计者，显名厚实也，愿公详计而审处一焉。

"且吾闻之，规小节者不能成荣名，恶小耻者不能立大功。昔者管夷吾射桓公中其钩，篡也；遗公子纠不能死，怯也；束缚桎梏，辱也。若此三行者，世主不臣而乡里不通。乡使管子幽囚而不出，身死而不反于齐，则亦名不免为辱人贱行矣。臧获且羞与之同名矣，况世俗乎！故管子不耻身在缧绁之中而耻天下之不治，不耻不死公子纠而耻威之不信于诸侯，故兼三行之过而为五霸首，名高天下而光烛邻国。曹子㉓为鲁将，三战三北，而亡地五百里。乡使曹子计不反顾，议不还踵，刎颈而死，则亦名不免为败军禽将矣。曹子弃三北之耻，而退与鲁君计。桓公朝天子㉔，会诸侯，曹子以一剑之任，劫㉕桓公之心于坛坫之上，颜色不变，辞气不悖，三战之所亡一朝而复之，天下震动，诸侯惊骇，威加吴、越。若此二士者，非不能成小廉而行小节也，以为杀身亡躯，绝世灭后，功名不立，非智也。故去感忿之怨，立终身之名；弃忿悁之节，定累世之功。是以业与三王争流，而名与天壤相弊也。愿公择一而行之㉖。"

燕将见鲁连书，泣三日，犹预不能自决。欲归燕，已有隙，恐诛；欲降齐，所杀虏于齐甚众，恐已降而后见辱。喟然叹曰："与人刃我，宁自刃。"乃自杀。聊城乱，田单遂屠聊城㉗。归而言鲁连，欲爵之。鲁连逃隐于海上，曰："吾与富贵而诎于人，宁贫贱而轻世肆志焉㉘。"

邹阳者，齐人也。游于梁㉙，与㉚吴㉛人庄忌夫子、淮阴㉜枚生㉝之徒交。上书而介于羊胜、公孙诡之间。胜等嫉邹阳，恶之梁孝王。孝王怒，下之吏，将欲杀之。邹阳客游，以谗见禽，恐死而负累，乃从狱中上书曰："臣闻忠无不报，信不见疑，臣常以为然，徒虚语耳！昔者荆轲慕燕丹之义，白虹贯日，太子畏之；卫先生为秦画长平之事，太白蚀昴，而昭王疑之。夫精变天地而信不喻两主，岂不哀哉！今臣尽忠竭诚，毕议愿知，左右不明，卒从吏讯，为世所疑，是使荆轲、卫先生复起，而燕、秦不悟也。愿大王熟察之。

"昔卞和献宝，楚王刖之；李斯竭忠，胡亥极刑。是以箕子佯狂，接舆辟世，恐遭此患也。愿大王熟察卞和、李斯之意，而后楚王、胡亥之听，无使臣为箕子、接舆所笑。臣闻比干剖心，子胥鸱夷，臣始不信，乃今知之。愿大王熟察，少加怜焉。

"谚曰：'有白头如新，倾盖如故。'何则？知与不知也。故昔樊於期逃秦之燕，借荆轲首以奉丹之事；王奢去齐之魏，临城自刭以却齐而存魏。夫王奢、樊於期非新于齐、秦而故于燕、魏也，所以去二国死两君者，行合于志而慕义无穷也。是以苏秦不信于天下，而为燕尾生；白圭战亡六城，为魏取中山。何则？诚有以相知也。苏秦相燕，燕人恶之于王，王按剑而怒，食以䭾䭾；白圭显于中山，中山人恶之魏文侯，文侯投之以夜光之璧。何则？两主二臣，剖心拆肝相信，岂移于浮辞哉！

"故女无美恶，入宫见妒；士无贤不肖，入朝见嫉。昔者司马喜膑脚于宋，卒相中山；范雎折胁折齿于魏，卒为应侯。此二人者，皆信必然之画，捐朋党之私，挟孤独之位，故不能自免于嫉妒之人也。是以申徒狄自沉于河，徐衍负石入海。不容于世，义不苟取，比周于朝，以移主上之心。故百里奚乞食于路，缪公委之以政；宁戚饭牛车下，而桓公任之以国。此二人者，岂借宦于朝，假誉于左右，然后二主用之哉？感于心，合于行，亲于胶漆，昆弟不能离，岂惑于众口哉？故偏听生奸，独任成乱。昔者鲁听季孙之说而逐孔子，宋信子罕[34]之计而囚墨翟。夫以孔、墨之辩，不能自免于谗谀，而二国以危。何则？众口铄金，积毁销骨也。是以秦用戎人由余而霸中国，齐用越人蒙而强威、宣。此二国，岂拘于俗，牵于世，系阿偏之辞哉？公听并观，垂名当世。故意合则胡越为昆弟,由余、越人蒙是矣;不合,则骨肉出逐不收,朱、象、管、蔡是矣。今人主诚能用齐、秦之义,后宋、鲁之听,则五伯不足称,三王易为也。

"是以圣王觉悟,捐子之之心,而能不说于田常之贤;封比干之后,修孕妇之墓,故功业复就于天下。何则?欲善无厌也。夫晋文公亲其仇,强霸诸侯;齐桓公用其仇,而一匡天下。何则,慈仁殷勤,诚加于心,不可以虚辞借也。

"至夫秦用商鞅之法,东弱韩、魏,兵强天下,而卒车裂之;越用大夫种之谋,禽劲吴,霸中国,而卒诛其身。是以孙叔敖三去相[35]而不悔,于陵子仲辞三公为人灌园。今人主诚能去骄傲之心,怀可报之意,披心腹,见情素,堕肝胆,施德厚,终与之穷达,无爱于士,则桀之狗可使吠尧,而跖之客可使刺由;况因万乘之权,假圣王之资乎?然则荆轲之湛七族,要离之烧妻子,岂足道哉!

"臣闻明月之珠,夜光之璧,以暗投人于道路,人无不按剑相眄者。何则?无因而至前也。蟠木根柢,轮囷离诡,而为万乘器者。何则?以左右先为之容也。故无因至前,虽出随侯之珠,夜光之璧,犹结怨而不见德。故有人先谈,则以枯木朽株树功而不忘。今夫天下布衣穷居之士,身在贫贱,虽蒙[36]尧、舜之术,挟伊、管之辩,怀龙逢、比干之意,欲尽忠当世之君,而素无根柢之容,虽竭精思,欲开忠信,辅人主之治,则人主必有按剑相眄之迹,是使布衣不得为枯木朽株之资也。

"是以圣王制世御俗,独化于陶钧之上,而不牵于卑乱之语,不夺于众多之口。故秦皇帝任中庶子蒙嘉之言,以信荆轲之说,而匕首窃发;周文王猎泾、渭,载吕尚而归,以王天下。故秦信左右而杀，周用乌集而王。何则？以其能越挛拘之语，驰域外之议，独观于昭旷之道也。

"今人主沉于谄谀之辞，牵于帷裳之制，使不羁之士与牛骥同皂，此鲍焦所以忿于世，而不留富贵之乐也。

"臣闻盛饰入朝者不以利污义，砥厉名号者不以欲伤行，故里㉗名胜母而曾子不入，邑号朝歌㉘而墨子回车。今欲使天下寥廓之士，摄于威重之权，主于位势之贵，故回面污行以事谄谀之人而求亲近于左右，则士伏死堀穴岩岩之中耳，安肯有尽忠信而趋阙下者哉㉙！"

书奏梁孝王，孝王使人出之，卒为上客㊵。

太史公曰：鲁连其指意虽不合大义，然余多其在布衣之位，荡然肆志，不诎于诸侯，谈说于当世，折卿相之权。邹阳辞虽不逊，然其比物连类，有足悲者，亦可谓抗直不挠矣，吾是以附之列传焉。

① 荡阴故地在今河南省汤阴县。
②《魏公子传》作"留军壁邺"，此与《国策》并作"荡阴"，未知孰是？
③ "齐"下原有"湣"字，案时齐湣王死已二十余年，从钱大昕、梁玉绳删。
④ 求复，原作"复求"，从张森楷改。
⑤ "秦"下原有"昭"字，《国策》同，从梁玉绳、张森楷删。
⑥ 容，原作"颂"，颂、容古通，为易解计，从张森楷改。
⑦ 衍为客将军，当非梁人。
⑧ 因齐，《国策》作"婴齐"，案，应作"齐婴"。
⑨ 羑里故地在今河南汤阴县北九里羑城。
⑩ "来"下原无"待"字，从王念孙补。
⑪ 机，几也。与"机"非一字。

⑫倍，古"背"字。
⑬因，景祐本及殿本作"固"，从张森楷改。
⑭"让"下原有"使"字，从王念孙删。
⑮"纷"下原有"乱"字，从王念孙删。
⑯张森楷考，实只九年。
⑰聊城故地在今山东聊城县西北十五里，其地有鲁连台。
⑱伸，原作"信"，信、伸古今字，改"伸"为易解。
⑲平陆故地在今山东汶上县。
⑳此句下殿本考证论史文及遗书可疑者甚详，可参阅原书，不赘录。
㉑背，景祐本及殿本作"外"，从王念孙改。
㉒代，景祐本及殿本作"世"，从金正炜改。代与燕，接壤之地，"捐燕弃代"，即离去燕、代两地之谓。
㉓曹子，指曹沫，然所叙与《刺客传》不合。
㉔"子"原作"下"，难解，从金正炜改。
㉕"劫"，原作"枝"，从《赵策》改。
㉖以上鲁仲连遗燕将书，《国策》所载者，与《史记》文字多异。
㉗梁玉绳云："《国策》，燕将曰：'敬闻命矣。'因罢兵，倒韣而去。吴注云：'《史》称燕将得书自杀，单屠聊城，非事实也。连之大意，在于罢兵息民，而其料事之明，劝以归燕降齐，亦度其计之必可者，迫之于穷而置之于死，岂其心哉？夫其劝之，政将以救聊城之民，而忍坐视屠之，《策》得其实，《史》不可信。'孙侍御云：'聊城齐地，田单齐将，何以反屠聊乎？'"
㉘《汉书·艺文志》儒家有《鲁仲连子》十四篇，久佚，马国翰、严可均皆有辑本，各得三十余节。
㉙《汉书·邹阳传》于游梁前叙仕吴事，足补《史记》之缺。
㉚"与"下原有"故"字，从《汉书》删。
㉛吴，今江苏苏州也。
㉜淮阴故地在今江苏清河县东五里。
㉝枚生名乘。
㉞张森楷考：即李斯《上二世书》《韩非子》《韩诗外传》《淮南子》《说苑》所称之司城子罕，此子罕非与孔子并世者。

㉟三去相为令尹子文事,此误。
㊱蒙,原作"包",从张森楷改。
㊲县名无胜母者,从《汉书》改"县"为"里"。
㊳朝歌故地在今河南淇县东北。
㊴此书又见《新序》《汉书》《文选》,文字有出入。《汉书·艺文志》纵横家有邹阳七篇,久佚,马国翰辑之,所收除此书外,又录《谏吴王》及《说王长君》二篇,此二篇皆见于《汉书》者。
㊵《汉书·邹阳传》此句下,更有为孝王见王先生,说王长君及公孙玃为济北王说孝王事数百字,足补《史记》之缺。

儒林列传

太史公曰：余读功令，至于广厉学官之路，未尝不废书而叹也。曰：嗟乎！夫周室衰而《关雎》作①，幽、厉微而礼乐坏；诸侯恣行，政由强国。故孔子闵王路②废而邪道兴，于是论次《诗》《书》，修起礼乐。适齐闻《韶》，三月不知肉味③。自卫返鲁，然后乐正，《雅》《颂》各得其所④。世以⑤混浊莫能用，是以仲尼干七十余君无所遇，曰"苟有用我者，期月而已矣⑥"。西狩获麟，曰"吾道穷矣⑦"。故因史记作《春秋》，以当王法，其辞微而指博，后世学者多录焉。

自孔子卒后，七十子之徒散游诸侯，大者为师傅卿相，小者友教士大夫，或隐而不见。故子路居卫，子张居陈，澹台子羽居楚，子夏居西河，子贡终于齐。如田子方、段干木、吴起、禽滑厘之属，皆受业于子夏之伦，为王者师。

是时独魏文侯好学。后陵迟以至于始皇，天下并争于战国，儒术既绌焉，然齐、鲁之间，学者独不废也。

于威、宣之际，孟子、荀卿之列，咸遵夫子之业而润色之，以学显于当世。

及至秦之季世，焚《诗》《书》，坑术士，六艺从此缺焉。

陈涉之王也，而鲁诸儒持孔氏之礼器往归陈王。于是孔甲为陈涉博士，卒与涉俱死。陈涉起匹夫，驱瓦合適戍，旬月以王楚，不满半岁竟灭亡，其事至微浅，然而缙绅先生之徒负孔子礼器往委质为臣者，何也？以秦焚其业，积怨而发愤于陈王也。

及高皇帝诛项籍，举兵围鲁，鲁中诸儒尚讲诵习礼乐，弦歌之音不绝，岂非圣人之遗化，好礼乐之国哉？故孔子在陈，曰"归与归与！吾党之小子狂简，斐然成章，不知所以裁之⑧"。夫齐、鲁之间⑨于文学，自古以来，其天性也。故汉兴，然后诸儒始得修其经艺，讲习大射、乡饮之礼。叔孙通作汉礼仪，因为太常，诸生弟子共定者，咸为选首，于是喟然叹兴于学。然尚有干戈，平定四海，亦未暇遑庠序之事也。

孝惠、吕后时，公卿皆武力有功之臣。孝文时颇征用，然孝文帝本好刑名之言⑩。及至孝景，不任儒者，而窦太后又好黄、老之术，故诸博士具官待问，未有进者。

及今上即位，赵绾、王臧之属明儒学，而上亦乡之，于是招方正贤良文学之士。自是之后，言《诗》于鲁则申培公，于齐则辕固生，于燕则韩太傅。言《尚书》自济南伏生。言《礼》自鲁高堂生。言《易》自菑川田生。言《春秋》于齐、鲁⑪自胡毋生，于赵自董仲舒。

及窦太后崩，武安侯田蚡为丞相，绌黄老、刑名、百家之言，延文学儒者数百人，而公孙弘以《春秋》白衣为天子三公，封以平津侯。天下之学士靡然乡风矣。

公孙弘为学官，悼道之郁滞，乃请曰："丞相御史言：制曰'盖闻导民以礼，风之以乐。婚姻者，居室之大伦也⑫。今礼废乐崩，朕甚愍焉。故详延天下方正博闻之士，咸登诸朝。其令礼官劝学，讲议洽闻兴礼，以为天下先。太常议，与博士弟子，崇乡里之化，以广贤材焉'。谨与太常臧、博士平等议曰：闻三代之道，乡里有教，夏曰校，殷曰序⑬，周曰庠。其劝善也，显之朝廷；其惩恶也，加之刑罚。故教化之行也，建首善自京师始，由内及外。今陛下昭至德，开大明，配天地，本人伦，劝学修礼，崇化厉贤，以风四方，太平之原也。古者政教未洽，不备其礼，请因旧官而兴焉。为博士官置弟子五十人，复其身。太常择民年十八已上，仪状端正者，补博士弟子。郡国县道邑有好文学，敬长上，肃政教，顺乡里，出入不悖所闻者，令相长丞上属所二千石，二千石谨察可者，当与计偕⑭，诣太常，得受业如弟子。一岁皆辄试，能通一艺以上，补文学掌故缺；其高第可以为郎中者，太常籍奏。即有秀才异等，辄以名闻。其不事学若下材及不能通一艺，辄罢之，而请诸不称者罚。臣谨案诏书律令下者，明天人分际，通古今之义，文章尔雅，训辞深厚，恩施甚美。小吏浅闻，不能究宣，无以明布谕下。治礼次治掌故，以文学礼义为官，迁留滞。请选择其秩比二百石以上，及吏百石通一艺以上，补左、右内史，大行卒史；比百石已下，补郡太守卒史：皆各二人，边郡一人。先用诵多者，若不足，乃择掌故补中二千石属，文学掌故补郡属，备员。请著功令。佗如律令。"制曰："可。"自此以来，则公卿、大夫、士、吏斌斌⑮多文学之士矣。

申公者，鲁人也。高祖过鲁，申公以弟子从师入见高祖于鲁南宫。吕太后时，申公游学长安，与刘郢同师。已而郢为楚王，令申公傅其太子戊。戊不好学，疾申公。及王郢卒，戊立为楚王，胥靡⑯申公。申公耻之，归鲁，退居家教，终身不出门，复谢绝宾客，独王命召之乃往。

弟子自远方至受业者百余人。申公独以《诗经》为训以教，无传疑⑰，疑者则阙不传。

兰陵王臧既受《诗》，以事孝景帝为太子少傅，免去。今上初即位，臧乃上书宿卫上，累迁，一岁中为郎中令。及代⑱赵绾亦尝受《诗》申公,绾为御史大夫。绾、臧请天子,欲立明堂以朝诸侯,不能就其事,乃言师申公。于是天子使使束帛加璧安车驷马迎申公,弟子二人乘轺传从。至,见天子。天子问治乱之事,申公时已八十余,老,对曰:"为治者不在多言,顾力行何如耳⑲。"是时天子方好文词,见申公对,默然。然已招致,则以为太中大夫,舍鲁邸,议明堂事。

太皇窦太后⑳好老子言,不说儒术,得赵绾、王臧之过以让上,上因废明堂事,尽下赵绾、王臧吏,后皆自杀。申公亦疾免以归,数年卒。

弟子为博士者十余人:孔安国至临淮太守,周霸至胶西内史,夏宽至城阳㉑内史,砀㉒鲁赐至东海㉓太守,兰陵缪生至长沙㉔内史㉕,徐偃为胶西㉖中尉,邹㉗人阙门庆忌为胶东内史。其治官民皆有廉节,称其好学。学官弟子行虽不备,而至于大夫、郎中、掌故以百数。言《诗》虽殊,多本于申公。

清河王太傅辕固生者,齐㉘人也。以治《诗》,孝景时为博士。与黄生争论景帝前。黄生曰:"汤、武非受命,乃弑也。"辕固生曰:"不然。夫桀、纣虐乱,天下之心皆归汤、武,汤、武与天下之心而诛桀、纣,桀、纣之民不为之使而归汤、武,汤、武不得已而立,非受命为何?"黄生曰:"冠虽敝,必加于首;履虽新,必关于足。何者?上下之分也。今桀、纣虽失道,然君上也;汤、武虽圣,臣下也。夫主有失行,臣下不能正言匡过以尊天子,反因过而诛之,代立践南面,非弑而何也?"辕固生曰:"必若所云,是高帝伐秦即天子之位,非邪?"于是景帝曰:"食肉不食马肝,不为不知味;言学者无言汤、武受命,不为愚。"遂罢。是后学者莫敢明受命放杀者。

窦太后好老子书，召辕固生问老子书。固曰："此是家人言耳。"太后怒曰："安得司空城旦书乎㉙？"乃使固入圈刺豕。景帝知太后怒而固直言无罪，乃假固利兵㉚，下圈刺豕，正中其心，一刺，豕应手而倒。太后默然，无以复罪，罢之。

居顷之，景帝以固为廉直，拜为清河王太傅。久之，病免。

今上初即位，复以贤良征固。诸谀儒多疾毁固，曰"固老"，罢归之。时固已九十余矣。固之征也，薛㉛人公孙弘亦征，侧目而视固。固曰："公孙子，务正学以言，无曲学以阿世！"

自是之后，齐言《诗》皆本辕固生也。诸齐人以诗显贵，皆固之弟子也。

韩生者，燕人也。孝文帝时为博士，景帝时为常山㉜王太傅。韩生推《诗》之意，而为内、外《传》数万言，其语颇与齐、鲁间殊，然其归一也。淮南㉝贲生受之。自是之后，而燕、赵间言《诗》者由韩生。韩生孙商为今上博士。

伏生者，济南人也。故为秦博士。孝文帝时，欲求能治《尚书》者，天下无有，乃闻伏生能治，欲召之。是时伏生年九十余，老，不能行，于是乃诏太常使掌故朝错往受之。秦时焚书，伏生壁藏之。其后兵大起，流亡，汉定，伏生求其书，亡数十篇，独得二十九篇，即以教于齐、鲁之间。学者由是颇能言《尚书》，诸山东大师无不涉《尚书》以教矣。

伏生教济南张生及欧阳生，欧阳生教千乘兒宽。兒宽既通《尚书》，以文学应郡举，诣博士受业，受业孔安国。兒宽贫无资用，常为弟子都养㉞，及时时间行佣赁，以给衣食。行常带经，止息则诵习之。以试第次，补廷尉史。是时张汤方乡学，以为奏谳掾，以古法议决疑大狱，而爱幸宽。宽为人温良，有廉智，自持，而善著书、书奏，敏于文，口不能发明也。汤以为长者，数称誉之。及汤为御史大夫，以兒宽为掾，荐之天子。天子见，问，说之。张汤死后六年，兒宽位至御史大夫。九年㉟而以官卒。

宽在三公位，以和良承意从容得久㊱，然无有所匡谏；于官，官属易之，不为尽力。

张生亦为博士。而伏生孙以治《尚书》征，不能明也。

自此之后，鲁周霸、孔安国、雒阳贾嘉，颇能言《尚书》事。孔氏有古文《尚书》，而安国以今文读之，因以起其家。逸《书》得十余篇，盖《尚书》滋多于是矣。

诸学者多言《礼》，而鲁高堂生最本。《礼》固自孔子时而其经不具，及至秦焚书，书散亡益多，于今独有《士礼》，高堂生能言之。

而鲁徐生善为容㊲。孝文帝时，徐生以容为礼官大夫。传子至孙徐延、徐襄。襄，其天姿善为容，不能通《礼经》；延颇能，未善也。襄以容为汉礼官大夫，至广陵㊳内史。延及徐氏弟子公户㊴满意、桓生、单次，皆常㊵为汉礼官大夫。而瑕丘㊶萧奋以《礼》为淮阳㊷太守。是后能言《礼》为容者，由徐氏焉。

自鲁商瞿受《易》孔子，孔子卒，商瞿传《易》，六世至齐人田何，字子庄，而汉兴。田何传东武㊸人王同子仲，子仲传菑川人杨何。何以《易》，元光元年征，官至中大夫。齐人即墨㊹成以《易》至城阳相。广川㊺人孟但以《易》为太子门大夫。鲁人周霸、莒㊻人衡胡、临菑㊼人主父偃皆以《易》至二千石。然要言《易》者本于杨何之家。

董仲舒，广川人也。以治《春秋》，孝景时为博士。下帷讲诵，弟子传以久次相受业，或莫见其面[48]，盖三年董仲舒不观于舍园，其精如此。进退容止，非礼不行，学士皆师尊之。

今上即位，为江都相[49]。以《春秋》灾异之变推阴阳所以错行，故求雨闭诸阳，纵诸阴，其止雨反是。行之一国，未尝不得所欲。中废为中大夫，居舍，著《灾异之记》。是时辽东高庙灾，主父偃疾之，取其书奏之天子。天子召诸生示其书，有刺讥。董仲舒弟子吕步舒不知其师书，以为下愚。于是下董仲舒吏，当死，诏赦之。于是董仲舒竟不敢复言灾异。

董仲舒为人廉直。是时方外攘四夷，公孙弘治《春秋》不如董仲舒，而弘希世用事，位至公卿。董仲舒以弘为从谀。疾弘之，乃言上曰[50]："独董仲舒可使相胶西王。"胶西王素闻董仲舒有行，亦善待之。董仲舒恐久获罪，疾免居家。至卒，终不治产业，以修学著书为事。故汉兴至于五世之间，唯董仲舒名为明于《春秋》，其传公羊氏也。

胡毋生，齐人也。孝景时为博士，以老归教授。齐之言《春秋》者多受胡毋生，公孙弘亦颇受焉。

瑕丘江生为《谷梁春秋》。自公孙弘得用，尝集比其义，卒用董仲舒。

仲舒弟子遂者：兰陵褚大、广川殷忠、温[51]吕步舒。褚大至梁[52]相。步舒至长史，持节使决淮南狱，于诸侯擅专断，不报，以春秋之义正之，天子皆以为是。弟子通者，至于命大夫；为郎、谒者、掌故者以百数。而董仲舒子及孙皆以学至大官。

①梁玉绳云:"以《关雎》为刺诗,说在《十二侯表》。"
②张森楷云:"王路犹王道也。"
③子在齐闻韶,见《论语·述而篇》。
④"子曰吾自卫反鲁",见《论语·子罕篇》。
⑤以,通"已"。
⑥"苟有用我者",见《论语·子路篇》。张森楷云:"今《论语》'已'下有'可'字,'矣'作'也'。"
⑦见哀十四年《公羊传》。
⑧见《论语·公冶长篇》。
⑨张森楷云:"'间'读曰'娴'"。
⑩张森楷云:"孝文与民休息,实行黄老术者;而云本好刑名之言,犹是老、韩合传意也。"
⑪张森楷云:"'鲁'字不当有,下本传云齐人,是其证,汉传亦无'鲁'字,误衍当芟。"
⑫张森楷云:"此言兴学,于婚姻无关,即原文所有,亦当在避免冗叙之列,以其为题外之文也。"
⑬张森楷云:"景祐本及汉传'序'作'庠',与下'周曰庠'三字互易,与孟子不合。师古无注,当是彼误,非其有驳文也。"
⑭张森楷云:"旧读'计偕'句绝,汉传同,唯'当'作'常'。后世以举人赴京会试为计偕入都,本此。"
⑮张森楷云:"《说文》无'斌','斌'字古只作'彬'或作'份',许氏云:'文质备也。'潘岳《籍田赋》:'士女颁斌而咸戾。'始有'斌'字。疑此'斌斌'本作'彬彬',传刻妄改。汉传尚是'彬'字。"
⑯张森楷云:"汉传注,解'胥靡'为'相系而作役',于事为近。即传所云申公礁舂于市是也。徐注非。"
⑰梁玉绳云:"'疑'字衍。谓申公不作诗传,但教授也。而世有申公诗说,岂不妄哉!盖与子贡诗传,皆明鄞人丰坊伪托。"
⑱张森楷云:"代,汉幽州郡,今为山西代县。"
⑲"为治者不在多言,顾力行何如耳",即《论语》"君子欲讷于言而敏于行"意也。
⑳钱大昕云:"当是窦太皇太后。"

㉑城阳,故地在今山东莒县、沂水一带。
㉒砀,汉县名,地当今江苏砀山县南之保安镇。
㉓东海,汉郡名,今山东省滋阳县至江苏邳县,东至于海,皆其地。
㉔长沙,汉刘氏弟子国,今湖南省东部皆其地也。
㉕内史,汉诸王国掌治国民者,秩二千石。
㉖胶西,汉刘姓弟子国,地在今山东高密、诸城、安邱一带。
㉗邹,汉县名。《汉书·地理志》鲁国有驺县,即邹也,其地在今山东胶县东北至平度县一带。
㉘齐,汉时郡名。其地在今山东省北部之临淄、广饶、临朐诸县一带。
㉙《会注考证》:"沈钦韩曰,周礼役诸司空,汉以司空主罪。中井积德曰,司空掌邦土,故亦主刑徒之作役也。愚按司空城旦书,骂儒书也,当时以经义断狱,故云言政刑之书,无所取也。"
㉚利兵,利刃也。
㉛薛故地在今山东滕县西南。
㉜《汉书·地理志》有常山郡,其地在今河北省西北。
㉝淮南,汉刘氏弟子国。地在今安徽中部。
㉞颜师古曰:"都,凡众也。养,主给亨炊者也。"
㉟梁玉绳云:"'九'当作'八',《百官表》:'元封元年宽为御史大夫,八年卒。'太初三年正月延广为御史大夫。则宽必以二年卒矣,适符八年之数,不及九年。此'九'字误,汉传亦承此误。"
㊱王念孙曰:"从容者,从谀也。言承意从谀,故得久居其位也。"
㊲《会注考证》:"沈钦韩曰,《新书》卷六有《容经》,此为容者所诵习也。《礼·玉藻/少仪》亦有说容,知其有名家也。"
㊳广陵,汉刘氏子弟国。地在今江苏江都、仪征、高邮、宝应一带。
㊴钱大昕曰:"《公羊传》有公扈氏。公户,疑即公扈也。"
㊵常,通"尝"。
㊶瑕丘,汉县,地在今山东滋阳县之西。
㊷淮阳,汉刘氏子弟国,地在今河南省东境。
㊸东武,汉县名。属琅邪郡,地在今山东诸城县。
㊹即墨,复姓。《万姓统谱》曰:"即墨,齐将田单守即墨,子孙氏焉。"
㊺广川,汉县名。地在今河北省枣强县之东。
㊻莒故地在今山东省莒县境。

㊼临菑故地在今山东临淄县境。

㊽颜师古曰:“言新学者，但就其旧弟子受业，不必亲见仲舒。”

㊾江都，汉刘氏子弟国，其地在今江苏省江都、仪征、高邮、宝应一带。

㊿梁玉绳曰:“此上当历序胶西王之恶劣行为，以见为相之不易，而后‘乃言上’，云云。此文乃有阙脱。”张森楷云:“汉传有‘胶西王，亦上兄也，尤纵恣，数害吏二千石’十六字，正如梁说。”

(51)温故治在今河北景县西北。

(52)梁，汉刘氏子弟国。故地在今江苏砀山、河南商邱、虞城、山东曹县一带。

货殖列传①

老子②曰:"至治之极,邻国相望,鸡狗之声相闻,民各甘其食,美其服,安其俗,乐其业,至老死不相往来。"必用此为务,挽近世涂民耳目,则几无行矣。

太史公曰:夫神农以前,吾不知已。至若《诗》《书》所述虞、夏以来,耳目欲极声色之好,口欲穷刍豢之味,身安逸乐,而心夸矜势能之荣使。俗之渐民久矣,虽户说以眇论,终不能化。故善者因之,其次利道③之,其次教诲之,其次整齐之,最下者与之争。

夫山西饶材④、竹、榖⑤、纑、旄、玉石;山东多鱼、盐、漆、丝、声色⑥;江南出楠、梓、姜、桂、金、锡、连、丹沙、犀、玳瑁、珠玑、齿革;龙门、碣石北多马、牛、羊、旃裘、筋角;铜、铁则千里往往山出棋置:此其大较也。皆中国人民所喜好,谣俗被服饮食奉生送死之具也。故待农而食之,虞而出之,工而成之,商而通之。此宁有政教发征期会哉?人各任其能,竭其力,以得所欲。故物贱之征贵,贵之征贱,各劝其业,乐其事,若水之趋下,日夜无休时,不召而自来,不求而民出之。岂非道之所符,而自然之验邪?

《周书》⑦曰:"农不出则乏其食,工不出则乏其事,商不出则三宝绝,虞不出则财匮少。"财匮少而山泽不辟矣。此四者,民所衣食之原也。原大则饶,原小则鲜。上则富国,下则富家。贫富之道,莫之夺予,而巧者有余,拙者不足。故太公望封于营丘，地潟卤，人民寡，于是太公劝其女功，极技巧，通鱼盐，则人物归之，繦至而辐凑。故齐冠带衣履天下，海岱之间敛袂而往朝焉。其后齐中衰，管子修之，设轻重九府，则桓公以霸，九合诸侯，一匡天下；而管氏亦有三归，位在陪臣，富于列国之君。是以齐富强至于威、宣也。

故曰⑧："仓廪实而知礼节，衣食足而知荣辱。"礼生于有而废于无。故君子富，好行其德；小人富，以适其力。渊深而鱼生之，山深而兽往之，人富而仁义附焉。富者得势益彰，失势则客无所之，以⑨而不乐。夷狄益甚。谚曰："千金之子，不死于市。"此非空言也。故曰："天下熙熙，皆为利来；天下壤壤，皆为利往。"夫千乘之王，万家之侯，百室之君，尚犹患贫，而况匹夫编户之民乎！

昔者越王勾践困于会稽之上，乃用范蠡、计然。计然曰："知斗则修备，时用则知物，二者形则万货之情可得而观已。故岁在金，穰；水，毁；木，饥；火，旱。旱则资舟，水则资车，物之理也。六岁穰，六岁旱，十二岁一大饥。夫粜，二十病农，九十病末。末病则财不出，农病则草不辟矣。上不过八十，下不减三十，则农末俱利，平粜齐物，关市不乏，治国之道也。积著⑩之理，务完⑪物，无息币。以物相贸易，腐败而食⑫之货勿留，无敢居贵。论其有余不足，则知贵贱。贵上极则反贱，贱下极则反贵。贵出如粪土，贱取如珠玉。财币欲其行如流水。"修之十年，国富，厚赂战士，士赴矢石，如渴得饮，遂报强吴，观兵中国，称号"五霸"。

范蠡既雪会稽之耻，乃喟然而叹曰："计然之策九⑬，越用其五而得意。既已施于国，吾欲用之家。"乃乘扁舟浮于江湖，变名易姓，适齐为鸱夷子皮，之陶⑭为朱公。朱公以为陶天下之中，诸侯四通，货物所交易也。乃治产积居。与时逐而不责于人。故善治生者，能择人而任时。十九年之中三致千金，再分散与贫交疏昆弟。此所谓富好行其德者也。后年衰老而听子孙，子孙修业而息之，遂至巨万。故言富者皆称陶朱公。

子赣既学于仲尼，退而仕于卫，发⑮著⑯鬻财于曹、鲁之间，七十子之徒，赐最为饶益。原宪不厌糟糠，匿于穷巷。子贡结驷连骑，束帛之币以聘享诸侯，所至，国君无不分庭与之抗礼。夫使孔子名布扬于天下者，子贡先后之也。此所谓得势而益彰者乎？

白圭，周人也。当魏文侯时，李克务尽地力，而白圭乐观时变，故人弃我取，人取我与。夫岁孰⑰取谷，予之丝漆；茧出取帛絮，予之食。太阴在卯，穰；明岁衰恶。至午，旱；明岁美。至酉，穰；明岁衰恶。至子，大旱；明岁美，有水。至卯，积著率岁倍。欲长⑱钱，取下谷；长⑲石斗，取上种。能薄饮食，忍嗜欲，节衣服，与用事僮仆同苦乐，趋时若猛兽挚鸟之发。故曰："吾治生产，犹伊尹、吕尚之谋，孙、吴用兵，商鞅行法是也⑳。是故其智不足与权变，勇不足以决断，仁不能以取予，强不能有所守，虽欲学吾术，终不告之矣。"盖天下言治生祖白圭。白圭其有所试矣，能试有所长，非苟而已也。

猗顿㉑用盬盐起。而邯郸郭纵以铁冶成业，与王者埒富。

乌氏㉒倮畜牧，及众，斥卖，求奇缯物，间献遗戎王。戎王什倍其偿，与之畜，畜至用谷量㉓马牛。秦始皇帝令倮比封君，以时与列臣朝请。而巴㉔寡妇清，其先得丹穴，而擅其利数世，家亦不訾。清，寡妇也，能守其业，用财自卫，不见侵犯。秦皇帝以为贞妇而客之，为筑女怀清台。夫倮鄙人牧长，清穷乡寡妇，礼抗万乘，名显天下，岂非以富邪？

汉兴，海内为一，开关梁，弛山泽之禁，是以富商大贾周流天下，交易之物莫不通，得其所欲，而徙豪杰诸侯强族于京师。

关中自汧、雍以东至河、华，膏壤沃野千里，自虞、夏之贡以为上田，而公刘适邠，大王、王季在岐，文王作丰，武王治镐，故其民犹有先王之遗风，好稼穑，殖五谷，地重，重为邪。及秦㉕、德㉖、缪居雍，隙陇、蜀之货物而多贾。献㉗公徙栎邑，栎邑北却戎翟，东通三晋，亦多大贾。孝㉘、昭治咸阳，因以汉都，长安诸陵㉙，四方辐凑并至浮食㉚，地小人众，故其民益玩巧而事末也。南则巴、蜀。巴、蜀亦沃野，地饶巵㉛、姜、丹沙、石、铜、铁、竹、木之器。南御滇、僰、僰僮。西近邛、笮，笮马、旄牛。然四塞，栈道千里，无所不通，唯褒斜绾毂其口，以所多易所鲜。天水、陇西、北地、上郡与关中同俗，然西有羌中之利，北有戎翟之畜，畜牧为天下饶。然地亦穷险，唯京师要其道。故关中之地，于天下三分之一，而人众不过什三；然量其富，什居其六。

昔唐人都河东，殷人都河内，周人都河南。夫三河在天下之中，若鼎足，王者所更居也，建国各数百千岁，土地小狭，民人众，都国诸侯所聚会，故其俗纤俭习事。杨㉜、平阳㉝陈西贾秦、翟，北贾种、代。种、代，石北也，地边胡，数被寇。人民矜懻忮，好气，任侠为奸，不事农商。然迫近北夷，师旅亟往，中国委输时有奇羡。其民羯羠不均，自全晋之时固已患其僄悍，而武灵王益厉之，其谣俗犹有赵之风也。故杨、平阳陈掾其间，得所欲。温、轵西贾上党，北贾赵、中山。中山地薄人众，犹有沙丘纣淫地余民，民俗懁急，仰机利而食。丈夫相聚游戏，悲歌慷慨，起则相随椎剽，休则掘冢作巧奸冶，多美物，为倡优。女子则鼓鸣瑟，跕屣，游媚贵富，入后宫，遍诸侯。

然邯郸亦漳、河之间一都会也。北通燕、涿，南有郑、卫。郑、卫俗与赵相类，然近梁、鲁，微重而矜节。濮上之邑徙野王㉞，野王好气任侠，卫之风也。

夫燕亦勃、碣之间一都会也。南通齐、赵，东北边胡。上谷至辽东。地踔远，人民希㉟，数被寇，大与赵、代俗相类，而民雕捍少虑，有鱼盐枣粟之饶。北邻乌桓、夫余，东绾秽貉、朝鲜、真番之利。

洛阳东贾齐、鲁，南贾梁、楚。故泰山之阳则鲁，其阴则齐。

齐带山海，膏壤千里，宜桑麻，人民多文彩布帛鱼盐。临菑亦海岱之间一都会也。其俗宽缓阔达而足智，好议论，地重，难动摇，怯于众斗，勇于持刺，故多劫人者，大国之风也。其中具五民。

而邹、鲁滨洙、泗，犹有周公遗风，俗好儒，备于礼，故其民龈龈。颇有桑麻之业，无林泽之饶。地小人众，俭啬，畏罪远邪。及其衰，好贾趋利，甚于周人。

夫自鸿沟以东，芒、砀以北，属巨野㊱，此梁、宋也。陶、睢阳亦一都会也。昔尧㊲游成阳，舜渔于雷泽，汤止于亳。其俗犹有先王遗风，重厚多君子，好稼穑，虽无山川之饶，能恶衣食，致其蓄藏。

越、楚则有三俗。夫自淮北沛、陈、汝南、南郡，此西楚也。其俗剽轻，易发怒，地薄，寡于积聚。江陵故郢都，西通巫、巴，东有云梦之饶。陈在楚、夏之交，通鱼盐之货，其民多贾。徐、僮、取虑，则清刻，矜已诺。

彭城以东，东海、吴、广陵，此东楚也。其俗类徐、僮。朐、缯㊳以北，俗则齐。浙江南则越。夫吴自阖庐、春申、王濞三人招致天下之喜游子弟，东有海盐之饶，章山之铜，三江、五湖之利，亦江东一都会也。

衡山、九江、江南、豫章、长沙，是南楚也，其俗大类西楚。郢之后徙寿春，亦一都会也。而合肥受南北湖㊴，皮革、鲍、木之输，亦一都会也。与闽中、干㊵越杂俗，故南楚好辞，巧说少信。江南卑湿，丈夫早夭。多竹木。豫章出黄金，长沙出连、锡㊶，然堇堇物之所有，取之不足以更费。九疑、苍梧以南至儋耳者㊷，与江南大同俗，而扬越多焉。番禺亦其一都会也，珠玑、犀、玳瑁、果、布之凑。

颍川㊸、南阳㊹，夏人之居也。夏人政尚忠朴，犹有先王之遗风。颍川敦愿。秦末世，迁不轨之民于南阳。南阳西通武关㊺、狎关㊻，东南受汉、江、淮。宛亦一都会也。俗杂好事，业多贾。其任侠，交通颍川，故至今谓之"夏人"。

夫天下物所鲜所多，人民谣俗，山东食海盐，山西食盐卤，岭㊼南、沙㊽北固往往出盐，大体如此矣。

总之，楚、越之地，地广人希，饭稻羹鱼，或火耕而水耨，果隋㊾蠃蛤，不待贾而足，地势饶食，无饥馑之患，以故呰窳偷生，无积聚而多贫。是故江、淮以南，无冻饿之人，亦无千金之家。沂、泗水以北，宜五谷桑麻六畜，地小人众，数被水旱之害，民好畜藏，故秦、夏、梁、鲁好农而重民。三河、宛、陈亦然，加以商贾。齐、赵设智巧，仰机利。燕、代田畜而事蚕。

由此观之，贤人深谋于廊庙，论议朝廷，守信死节，隐居岩穴之士设为名高者安归乎？归于富厚也。是以廉吏久，久更富，廉贾归富。富者，人之情性，所不学而俱欲者也。故壮士在军，攻城先登，陷阵却敌，斩将搴旗，前蒙矢石，不避汤火之难者，为重赏使也。其在闾巷少年，攻剽椎埋，劫人作奸，掘冢铸币，任侠并兼，借交报仇，篡逐幽隐，不避法禁，走死地如骛者，其实皆为财用耳。今夫赵女、郑姬，设形容，揳(50)鸣琴，揄(51)长袂，蹑利(52)屣，目挑心招，出不远千里，不择老少者，奔富厚也。游闲公子，饰冠剑，连车骑，亦为富贵容也。弋射渔猎，犯晨夜，冒霜雪，驰坑谷，不避猛兽之害，为得味也。博戏驰逐，斗鸡走狗，作色相矜，必争胜者，重失负也。医方诸食技术之人，焦神极能，为重糈也。吏士舞文弄法，刻章伪书，不避刀锯之诛者，没于赂遗也。农工商贾畜长，固求富益货也。此有知尽能索耳，终不余力而让财矣。

谚曰："百里不贩樵，千里不贩籴。"居之一岁，种之以谷；十岁，树之以木；百岁，来之以德。德者，人物之谓也。今有无秩禄之奉，爵邑之入，而乐与之比者。命曰"素封"。封者食租税，岁率户二百。千户之君则二十万，朝觐聘享出其中；庶民农工商贾，率亦岁万息二千(53)；百万之家，则二十万，而更徭租赋出其中。衣食之欲，恣所好美矣。故曰陆地牧马二百蹄，牛蹄角千，千足羊，泽中千足彘，水居千石鱼陂，山居千章之材。安邑千树枣；燕、秦千树栗；蜀汉、江陵千树橘；淮北、常山已南，河、济之间千树萩；陈、夏千亩漆；齐、鲁千亩桑麻；渭川千亩竹；及名国万家之城，带郭千亩亩钟之田，若千亩卮茜，千畦姜韭：此其人皆与千户侯等。然是富给之资也，不窥市井，不行异邑，坐而待收，身有处士之义而取给焉。若至家贫亲老，妻子软弱，岁时无以祭祀进⁵⁴醵，饮食被服不足以自通，如此不惭耻，则无所比矣。是以无财作力，少有斗智，既饶争时，此其大经也。今治生不待危身取给，则贤人勉焉。是故本富为上，末富次之，奸富最下。无岩处奇士之行，而长贫贱，好语仁义，亦足羞也。

凡编户之民，富相什则卑下之，伯⁵⁵则畏惮之，千则役，万则仆，物之理也。夫用贫求富，农不如工，工不如商，刺绣文不如倚市门⁵⁶，此言末业，贫者之资也。通邑大都，酤一岁千酿，醯酱千瓨，浆⁵⁷千甔，屠牛羊彘千皮⁵⁸，谷粜千钟，薪稿千车，船长千丈，木千章，竹竿万个，其轺车百乘，牛车千两，木器髹者千枚，铜器千钧，素木铁器若卮茜千石，马蹄躈千，牛千足，羊彘千只，僮手指千，筋角丹砂千斤，其帛絮细布千钧，文采千匹，荅布⁵⁹皮革千石，漆千斗，蘖麹盐豉千瓵⁶⁰，鲐鲞千斤，鲰⁶¹千石，鲍千钧，枣栗千石者三之，狐貂裘千皮，羔羊裘千石，旃席千具，佗果菜千钟，子贷金钱千贯，节驵会，贪贾三之，廉贾五之，此亦比千乘之家，其大率也。佗杂业不中什二，则非吾财也。

请略道当世千里之中，贤人所以富者，令后世得以观择焉。

蜀卓氏之先，赵人也，用铁冶富。秦破赵，迁卓氏。卓氏见虏略，独夫妻推辇，行诣迁处。诸迁虏少有余财，争与吏，求近处，处葭萌⁶²。唯卓氏曰："此地狭薄。吾闻汶山之下，沃野，下有蹲鸱，至死不饥。民工于市，易贾。"乃求远迁。致之临邛，大喜，倾滇、蜀之民⁶³，即铁山鼓铸，运筹策，富至僮千人。田池射猎之乐，拟于人君。

程郑，山东迁虏也，亦冶铸，贾魋结之民[64]，富埒卓氏，俱居临邛。

宛孔氏之先，梁人也，用铁冶为业。秦伐魏，迁孔氏南阳。大鼓铸，规陂池，连车骑，游诸侯，因通商贾之利，有游闲公子之赐与名。家致富数千金[65]，然其赢得过当，愈于纤啬，故南阳行贾尽法孔氏之雍容。

鲁人俗俭啬，而曹邴氏尤甚，以铁冶起，富至巨万。然家自父兄子孙约，俯有拾，仰有取，贳贷行贾遍郡国。邹、鲁以其故多去文学而趋利者，以曹邴氏也。

齐俗贱奴虏，而刁闲独爱贵之。桀黠奴，人之所患也，唯刁闲收取，使之逐渔盐商贾之利，或连车骑，交守相，然愈益任之。终得其力，起富数千万。故曰"宁爵毋刁"，言其能使豪奴自饶而尽其力。

周人既纤，而师史尤甚，转毂以百数，贾郡国，无所不至。洛阳街居在齐、秦、楚、赵之中，贫人学事富家，相矜以久贾，数过邑不入门，设任此等，故师史能致七千万。

宣曲任氏之先，为督道仓吏。秦之败也，豪杰皆争取金玉，而任氏独窖仓粟。楚、汉相距荥阳也，民不得耕种，米石至万，而豪杰金玉尽归任氏，任氏以此起富。富人争奢侈，而任氏折节为俭，力田畜。田畜人争取贱贾，任氏独取贵善。富者数世。然任公家约，非田畜所出弗衣食，公事不毕则身不得饮酒食肉。以此为闾里率，故富而主上重之。

塞之斥也，唯桥姚已致马千匹，牛倍之，羊万头，粟以万钟计。

吴、楚七国兵起时，长安中列侯封君行从军旅，赍贷子钱,子钱家以为侯邑国在关东,关东成败未决,莫肯与。唯无盐氏出捐千金贷,其息什之。三月,吴、楚平,一岁之中,则无盐氏之息什倍,用此富埒关中。

关中富商大贾,大抵尽诸田,田啬、田兰。韦家栗氏,安陵、杜杜氏,亦巨万。此其章章尤异者也。皆非有爵邑奉禄弄法犯奸而富,尽推理⑥⑥去就,与时俯仰,获其赢利,以末致财,用本守之,以武一切,用文持之,变化有概,故足述⑥⑦也。

若至力农畜,工虞商贾,为权利以成富,大者倾郡,中者倾县,下者倾乡里者,不可胜数。

夫纤啬筋力,治生之正道也,而富者必用奇胜。田农,拙业,而秦阳以盖一州。掘冢,奸事也,而田叔以起。博戏,恶业也,而桓发用之富。行贾,丈夫贱行也,而雍乐成以饶。贩脂,辱处也,而雍伯千金。卖浆,小业也,而张氏千万。洒削,薄技也,而郅氏鼎食。胃脯,简微耳,浊氏连骑。马医,浅方,张里击钟。此皆诚壹之所致。

由是观之,富无经业,则货无常主,能者辐凑,不肖者瓦解。千金之家比一都之君,巨万者乃与王者同乐。岂所谓"素封"者邪? 非也?

---

①本篇疑有错简,俟详考别定之,兹姑稍稍校正其文。
②引《老子》文与今本略异。
③道,古"导"字。
④材,器材也。下如竹、榖等皆材也,故应自"饶材"绝句。
⑤榖(专下为木)原误为"榖"(专下为禾),从张森楷改。《索隐》音谷雏反,谓为木名,皮可作纸,则原非作"榖(谷)"可证。
⑥张森楷以为声色与鱼盐漆丝并列不伦,声指乐器,色指染料。
⑦今本《逸周书》中无此文,或在所缺八篇中。

⑧下语出《管子》。
⑨以，因也。
⑩⑯著，古"贮"字。
⑪完，《玉篇》云："保守也。"完物即保持实物之意。
⑫食，《玉篇》："消也。"
⑬九，原误为"七"，从《考证》改。
⑭陶故地在今山东定陶县西北。
⑮发，原误为"废"，从《汉书》改，发著，即出其所囤贮者。
⑰孰，古"熟"字。
⑱⑲长，余也。
⑳钱大昕云："案，白圭当魏文侯时，商鞅当秦孝公时，孝公即位，距魏文侯薨已二十五年矣，圭安得称商鞅行法乎？"
㉑猗，地名，故地在今山西猗氏县南；顿，人名，合称猗顿，或顿以地为氏也。下句"邯郸郭纵"，邯郸为地名，郭纵为人名，可证猗为地名，顿为人名也。
㉒乌氏，地名，故地在今甘肃平源县西北。
㉓谷量，谓以山谷计量之也，盖马牛多至不可数计，数时只云有多少谷，以一山谷中之牛马为一计数单位也，今中国西北犹有如此者。
㉔"巴"下原衍"蜀"字，从张森楷删。
㉕"秦"下原衍"文"字，案文公居鄜，子宣公居平阳，子德公居雍，故"文"字不当有也。
㉖德，原误为"孝"，从梁玉绳改。
㉗"献"下原衍"孝"字，从张森楷删。
㉘孝，原误为"武"，从梁玉绳改。
㉙此处有脱误，不可解。
㉚浮食，原误为"而会"，从张森楷改。
㉛卮即南充县特产之红花。
㉜杨故地在今山西洪洞县。
㉝平阳故地在今山西临汾县。
㉞野王故地在今河南河内县。
㉟希，古"稀"字。
㊱巨野故地在今山东东平县东北十五里。

㊲"尧"下原衍"作"字，从张文虎删。
㊳缯故地在今山东峄县东八十里。
㊴湖，原作"潮"；下"之"及"亦一都"四字原无，不可通，从《汉书》改。
㊵干，原误为"千"，从金陵本改。
㊶钱大昕云："江南卑湿，丈夫早夭，《贾生传》言长沙卑湿是也。"又云："豫章出黄金，长沙出连锡，即上文所谓江南金锡连也，篇中江南，皆谓豫章长沙南楚之地，非今之江南。"
㊷儋耳即今海南岛。
㊸颍川故地在今河南禹县。
㊹南阳故地在今河南南阳县。
㊺武关故地在今陕西商县。
㊻狗，原作郧，地名无郧关，从《集解》"一作本"改，狗关故地在今陕西洵阳县北。
㊼岭，原误为"领"，从张森楷改。
㊽沙，谓沙漠，《正义》"池漠"为"沙漠"之误。
㊾"陏"即"隋"之省文。
㊿揳，谓撚揳，使弦紧也。
� 揄，引也、垂也。
㊼利，滑密流利也；利屣，如今跳舞所著者。
㊾"千"下原衍"户"字，从张森楷删。
㊿进，同"赆"，集钱聚餐也。
㉕伯，借作百，犹今世之作佰也。
㉖据《汉书》，此为当时谚语。
㉗浆，原作"酱"，从张森楷改。
㉘"皮"下原衍"贩"字，从张森楷删。
㉙荅布，粗厚之布也。从《正义》作。
㉚瓴，瓦器，受斗六升（引《集解》说）。景祐本讹"瓴"为"谷"，殿本又讹作"荅"，从《集解》改。
㉛鲰，原误为"鲰"，"鲰""鲰"非一字，从王念孙改。
㉜葭萌故地在今四川昭化县东南五十里。
㉝倾滇、蜀之民，景祐本及殿本在"运筹策"下，义短，据《大典》引改

移之于"大喜"下。
㉞原作"椎髻之民",王念孙、张文虎、张森楷从《索隐》本考证改。
㉟家致富数千金,景祐本及殿本皆在"愈于纤啬"句下,义短,据《永乐大典》所引者改。
㊱推理,原误为"推埋",从梁玉绳改。
㊲述,原误为"术",从张森楷改。

太史公书序略①

昔在颛顼，命南正重以司天，火②正黎以司地。唐、虞之际，绍重、黎之后，使复典之，至于夏、商，故重、黎氏世序天地。

其在周，程伯休甫其后也③。当周宣王时，失其守而为司马氏。

司马氏世典周史。惠、襄之间，司马氏去周适晋。晋中军随会奔秦，而司马氏入少梁。

自司马氏去周适晋，分散：或在卫，或在赵，或在秦。其在卫者，相中山。在赵者，以传剑论兵④显，蒯聩其后也。在秦者名错，与张仪争论，于是惠王使错将伐蜀，遂拔，因而守之。

错孙靳，事武安君白起。而少梁更名曰夏阳。靳与武安君坑赵长平军，还而与之俱赐死杜邮，葬于华池。

靳孙昌，昌为秦主铁官。

当始皇之时，蒯聩玄孙卬为武信君将而徇⑤朝歌。诸侯之相王，王卬于殷。汉之伐楚，卬归汉，以其地为河内郡。

昌生无泽，无泽为汉市长。

无泽生喜，喜为五大夫。卒，皆葬高门。

喜生谈，谈为太史公。

太史公学天官于唐都，受《易》于杨何，习道论于黄子。太史公仕于建元、元封之间，愍学者之不达其意而师悖，乃论六家之要指曰：

《易大传》："天下一致而百虑，同归而殊涂。"⑥夫阴阳、儒、墨、名、法、道德，此务为治者也，直所从言之异路，有省不省耳。

尝窃观阴阳之术，太详⑦而众忌讳，使人拘而多所畏；然其序四时之大顺，不可失也。儒者博而寡要，劳而少功，是以其事难尽从；然其序君臣、父子之礼，列夫妇、长幼之别，不可易也。

墨者俭而难遵，是以其事不可遍循；然其强本节用，不可废也。

法家严而少恩；然其正君臣上下之分，不可改矣。

名家使人俭⑧而善失真；然其正名实，不可不察也。

道家使人精神专一，动合无形，赡足万物。其为术也，因阴阳之大顺，采儒、墨之善，撮名、法之要，与时迁移，应物变化，立俗施事，无所不宜，指约而易操，事少而功多。儒者则不然。以为人主天下之仪表也，主倡而臣和，主先而臣随。如此则主劳而臣逸。至于大道之要：去健羡，绌聪明，释此而任术。夫神大用则竭，形大劳则敝。形神骚动，欲与天地长久，非所闻也。

夫阴阳四时、八位、十二度、二十四节各有教令，顺之者昌，逆之者不死则亡，未必然也，故曰"使人拘而多畏"。夫春生、夏长、秋收、冬藏，此天道之大经也，弗顺则无以为天下纲纪，故曰"四时之大顺，不可失也"。

夫儒者以六艺为法。六艺经传以千万数，累世不能通其学，当年⑨不能究其礼，故曰"博而寡要，劳而少功"。若夫列君臣、父子之礼，序夫妇、长幼之别，虽百家弗能易也。

　　墨者亦尚尧、舜道，言其德行曰⑩："堂高三尺，土阶三等，茅茨不翦，采椽不刮。食土簋，啜土刑，粝粱⑪之食，藜藿之羹。夏日葛衣，冬日鹿裘。"其送死，桐棺三寸，举音不尽其哀。教丧礼，必以此为万民之率。使天下法若此，则尊卑无别也。夫世异时移，事业不必同，故曰"俭而难遵"。要曰强本节用，则人给家足之道也。此墨子之所长，虽百家弗能废也。

　　法家不别亲疏，不殊贵贱，一断于法，则亲亲尊尊之恩绝矣。可以行一时之计，而不可长用也，故曰"严而少恩"。若尊主卑臣，明分职不得相逾越，虽百家弗能改也。

　　名家苛察缴绕，使人不得反其意，专决于名而失人情，故曰"使人检⑫而善失真"。若夫控名责实，参五不失，此不可不察也。

　　道家无为，又曰无不为，其实易行，其辞难知。其术以虚无为本，以因循为用。无成势，无常形，故能究万物之情。不为物先，不为物后，故能为万物主。有法无法，因时为业；有度无度，因物与舍⑬。故曰⑭"圣人不巧⑮，时变是守。虚者道之常也，因者君之纲也"。群臣并至，使各自明也。其实中其声者谓之端，实不中其声者谓之窾。窾言不听，奸乃不生，贤不肖自分，白黑乃形。在所欲用耳，何事不成？乃合大道，混混冥冥。光耀天下，复反无名。凡人所生者神也，所托者形也。神大用则竭，形大劳则敝，形神离则死。死者不可复生，离者不可复反，故圣人重之。由是观之，神者生之本也，形者生之具也。不先定其神形⑯，而曰"我有以治天下"，何由哉？太史公既掌天官，不治民。有子曰迁。

迁生龙门，耕牧河、山之阳。年十岁则诵古文。二十而南游江、淮，上会稽，探禹穴，窥九疑，浮于沅、湘；北涉汶、泗，讲业齐、鲁之都，观孔子之遗风，乡射邹、峄；厄困蕃⑰、薛、彭城，过梁、楚以归。

于是迁仕为郎中，奉使西征巴、蜀以南，南略邛、笮、昆明，还报命。是岁天子始建汉家之封，而太史公留滞周南，不得与从事，故发愤且卒。而子迁适使反，见父于河、洛之间。太史公执迁手而泣曰：

"余先，周室之太史也。自上世尝显功名于虞、夏，典天官事。后世中衰，绝于予乎？汝复为太史，则续吾祖矣。今天子接千岁之统，封泰山，而余不得从行，是命也夫，命也夫！余死，汝必为太史；为太史，无忘吾所欲论著矣。且夫孝始于事亲，中于事君，终于立身。扬名于后世，以显父母，此孝之大者。夫天下称诵周公，言其能论歌文、武之德，宣周、邵之风，达太王、王季之思虑，爰及公刘，以尊后稷也。幽、厉之后，王道缺，礼乐衰，孔子修旧起废，论《诗》《书》，作《春秋》，则学者至今则之。自获麟以来四百余岁⑱，而诸侯相兼，史记放绝。今汉兴，海内一统，明主贤君、忠臣死义之士，余为太史而弗论载，废天下之史文，余甚惧焉，汝其念哉！"

迁俯首流涕曰："小子不敏，请悉论先人所次旧闻，弗敢阙。"

卒三岁而迁为太史令，䌷⑲史记石室金匮之书。五年而当太初元年，十一月甲子朔旦冬至，天历始改，建于明堂，诸神受纪。

太史公[20]曰："先人[21]有言：'自周公卒五百岁而有孔子。孔子卒后至于今五百岁[22]，有能绍名[23]世，正《易传》，继《春秋》，本《诗》《书》《礼》《乐》之际？'意在斯乎！意在斯乎！小子何敢让焉。"

上大夫壶遂曰："昔孔子何为而作《春秋》哉？"

太史公曰："余闻董生曰：'周道衰废，孔子为鲁司寇，诸侯害之，大夫壅之。孔子知言之不用，道之不行也，是非二百四十二年之中，以为天下仪表，贬天下，退诸侯，讨大夫，以达王事而已矣。'子曰[24]：'我欲载之空言，不如见之于行事之深切著明也。'夫《春秋》，上明三王之道，下辨人事之纪，别嫌疑，明是非，定犹豫，善善恶恶，贤贤贱不肖，存亡国，继绝世，补敝起废，王道之大者也。《易》，著天地、阴阳、四时、五行，故长于变；《礼》，经纪人伦，故长于行；《书》，记先王之事，故长于政；《诗》，记山川、溪谷、禽兽、草木、牝牡、雌雄，故长于风；《乐》，乐所以立，故长于和；《春秋》，辩是非，故长于治人。是故《礼》以节人，《乐》以发和，《书》以道事，《诗》以达意，《易》以道化，《春秋》以道义。拨乱世反之正，莫近于《春秋》。《春秋》文成数[25]万，其指[26]数千。万物之散聚皆在《春秋》。《春秋》之中，弑君三十四[27]，亡国五十二[28]，诸侯奔走不得保其社稷者不可胜数。察其所以，皆失其本已。故《易》[29]曰'失之毫厘，差以千里'。故[30]曰'臣弑君，子弑父，非一旦一夕之故也，其渐久矣'。故有国者不可以不知《春秋》。——前有谗而弗见，后有贼而不知。为人臣者不可以不知《春秋》。——守经事而不知其宜，遭变事而不知其权。为人君、父而不通于《春秋》之义者，必蒙首恶之名。为人臣、子而不通于《春秋》之义者，必陷篡弑之诛，死罪之名。其实皆以为善，为之不知其义，被之空言而不敢辞。夫不通礼义之旨，至于君不君，臣不臣，父不父，子不子。夫君不君则犯，臣不臣则诛，父不父则无道，子不子则不孝。此四行者，天下之大过也。以天下之大过予之，则受而弗敢辞。故《春秋》者，礼义之大宗也。夫礼禁未然之前，法施已然之后；法之所为用者易见，而礼之所为禁者难知。"

壶遂曰："孔子之时，上无明君，下不得任用，故作《春秋》，垂空文以断礼义，当一王之法。今夫子上遇明天子，下得守职，万事既具，咸各序其宜。夫子所论，欲以何明？"

太史公曰："唯唯，否否，不然。余闻之先人曰：'伏羲至纯厚，作《易》八卦。尧、舜之盛，《尚书》载之，礼乐作焉。汤、武之隆，诗人歌之。《春秋》采善贬恶，推三代之德，褒周室，非独刺讥而已也。'汉兴以来，至明天子，获符瑞，封禅，改正朔，易服色，受命于穆清，泽流罔极，海外殊俗，重译款塞，请来献见者，不可胜道。臣下百官力诵圣德，犹不能宣尽其意。且士贤能而不用，有国者之耻；主上明圣而德不布闻，有司之过也。且余尝掌其官，废明圣盛德不载，灭功臣、世家、贤大夫之业不述，堕先人所言，罪莫大焉。余所谓述故事，整齐其世传，非所谓作也，而君比之于《春秋》，谬矣。"

于是论次其文。七年而太史公遭李陵之祸，幽于缧绁。乃喟然而叹曰："是余之罪也夫！是余之罪也夫！身毁不用矣！"退而深惟曰："夫《诗》《书》隐约者，欲遂其志之思也。昔西伯拘羑里，演《周易》；孔子厄陈、蔡，作《春秋》；屈原放逐，著《离骚》；左丘失明，厥有《国语》；孙子膑脚，而论兵法；不韦迁蜀，世传《吕览》；韩非囚秦，《说难》《孤愤》；《诗》三百篇，大抵贤圣发愤之所为作也。此人皆意有所郁结，不得通其道也㉛，故述往事，思来者。"于是卒述陶唐以来，至于麟㉜止。

自黄帝始㉝：

作五帝本纪第一。
夏本纪第二。
殷本纪第三。
周本纪第四。
秦本纪第五。
始皇本纪第六。
项羽本纪第七。
高祖本纪第八。
吕太后本纪第九。
孝文本纪第十。
孝景本纪第十一。
今上本纪第十二。
三代世表第一。
十二诸侯年表第二。
六国年表第三。
秦楚之际月表第四。
汉兴以来诸侯年表第五。
高祖功臣侯者年表第六。
惠景间侯者年表第七。
建元以来侯者年表第八。
王子侯者年表第九。

（接左）

汉兴以来将相名臣年表第十。
礼书第一。
乐书第二。
律书第三。
历书第四。
天官书第五。
封禅书第六。
河渠书第七。
平准书第八。
吴世家第一。
齐太公世家第二。
周公世家第三。
燕世家第四。
管蔡世家第五。
陈杞世家第六。
卫世家第七。
宋世家第八。
晋世家第九。
楚世家第十。

越王勾践世家第十一。
郑世家第十二。
赵世家第十三。
魏世家第十四。
韩世家第十五。
田敬仲完世家第十六。
孔子世家第十七。
陈涉世家第十八。
外戚世家第十九。
楚元王世家第二十。
荆燕世家第二十一。
齐悼惠王世家第二十二。
萧相国世家第二十三。
曹相国世家第二十四。
留侯世家第二十五。
陈丞相世家第二十六。
绛侯世家第二十七。
梁孝王世家第二十八。
五宗世家第二十九。
三王世家第三十。
伯夷列传第一。
管晏列传第二。
老子韩非列传第三。
司马穰苴列传第四。
孙子吴起列传第五。
伍子胥列传第六。

（接左）
仲尼弟子列传第七。
商君列传第八。
苏秦列传第九。
张仪列传第十。
樗里甘茂列传第十一。
穰侯列传第十二。
白起王翦列传第十三。
孟子荀卿列传第十四。
孟尝君列传第十五。
平原君虞卿列传第十六。
魏公子列传第十七。
春申君列传第十八。
范雎蔡泽列传第十九。
乐毅列传第二十。
廉颇蔺相如列传第二十一。
田单列传第二十二。
鲁仲连邹阳列传第二十三。
屈原贾生列传第二十四。
吕不韦列传第二十五。
刺客列传第二十六。
李斯列传第二十七。
蒙恬列传第二十八。
张耳陈馀列传第二十九。
魏豹彭越列传第三十。
黥布列传第三十一。

淮阴侯列传第三十二。
韩王㉞信卢绾列传第三十三。
田儋列传第三十四。
樊郦列传第三十五。
张丞相列传第三十六。
郦生陆贾列传第三十七。
傅靳蒯㉟成列传第三十八。
刘敬叔孙通列传第三十九。
季布栾布列传第四十。
袁盎晁错列传第四十一。
张释之冯唐列传第四十二。
万石张叔列传第四十三。
田叔列传第四十四。
扁鹊仓公列传第四十五。
吴王濞列传第四十六。
魏其武安列传第四十七。
韩长孺列传第四十八。
李将军列传第四十九。
匈奴列传第五十。
卫将军骠骑列传第五十一。

（接左）
平津侯列传第五十二。
南越列传第五十三。
东越列传第五十四。
朝鲜列传第五十五。
西南夷列传第五十六。
司马相如列传第五十七。
淮南衡山列传第五十八。
循吏列传第五十九。
汲郑列传第六十。
儒林列传第六十一。
酷吏列传第六十二。
大宛列传第六十三。
游侠列传第六十四。
佞幸列传第六十五。
滑稽列传第六十六。
日者列传第六十七。
龟策列传第六十八。
货殖列传第六十九。

维我汉继五帝末流，接三代绝㊱业。周道废，秦拨去古文，焚灭《诗》《书》，故明堂、石室、金匮、玉版，图籍散乱。于是汉兴，萧何次律令，韩信申军法，张苍为章程，叔孙通定礼仪，则文学彬彬稍进，《诗》《书》往往间出矣。自曹参荐盖公言黄、老，而贾生、晁错明申、商，公孙弘以儒显，百年之间，天下遗文古事靡不毕集太史公。太史公仍父子相续纂其职。曰："於戏！余维先人尝掌斯事，显于唐、虞；至于周，复典之，故司马氏世主天官。至于余乎，钦念哉！钦念哉！"罔罗天下放失旧闻，王迹所兴，原始察终，见盛观衰，论考之行事，略推三代，录秦、汉，上记轩辕，下至于兹，著十二本纪，既科条之矣。并时异世，年差不明，作十表。礼乐损益，律历改易㊲，山川㊲鬼神，天人之际，承敝通变，作八书。二十八宿环北辰，三十辐共一毂，运行无穷，辅拂股肱之臣配焉，忠信行道，以奉主上，作三十世家。扶义俶傥，不令己失时，立功名于天下，作七十列传。凡百三十篇，五十二万六千五百字㊳，为太史公书。作序略第七十㊴。

太史公曰：余述历黄帝以来至太初而讫，百三十篇。以拾遗补阙㊵，成一家之言，厥协六经异传，整齐百家杂语，藏之名山，副在京师，俟后世圣人君子。

①今传本《史记》，本篇篇题皆作"太史公自序"；据本篇文内所叙，原篇题实为"太史公书序略"。今据改，说见注㊴。
②火，景祐本及殿本作"北"，从《国语·楚语》《史记·历志》《汉书·司马迁传》改。"火""北"形近而讹。
③诸家于上文所叙，异论纷纭，大意据《左传》误重与黎为二氏，所出各别，司马迁不应合二氏为一。按，周以前世系，原不值深辨。唯《大戴礼·帝系篇》，谓颛顼产老童，老童产重、黎、吴回。是重与黎同为颛顼孙，分掌二正；司马迁谓"其在周，程伯休甫其后也"，谓颛顼之后，实未尝有误也。
④景祐本及殿本无"兵"字，张森楷从殿本考证所疑，论定为脱"兵"字。
⑤各本作"徇"，景祐本及殿本误为"狥"，改。
⑥按，实《易·系辞》文。

⑦ "太"原作"大",古通;"详"原作"祥",古通,《汉书·司马迁传》亦作"详"。
⑧检,景祐本及本作"俭",从殿本考证及梁玉绳改,俭、检古通。
⑨《汉书·司马迁传》王先谦补注:"当年"与"丁壮"对文同意。
⑩《索隐》谓:"自此以下韩子之文,故称曰。"
⑪粱,景祐本及殿本作"梁",从王念孙改。
⑫检,景祐本及殿本作"俭",见注⑧。
⑬舍,景祐本及殿本作"合",从梁玉绳改。
⑭按,下语出《鬼谷子》。《鬼谷子》为纵横家书,考出于道家而好阴谋之陈平,故书中有道家言也。
⑮巧,景祐本及殿本作"朽",从王念孙改,《汉书·司马迁传》亦作"巧"。
⑯景祐本无及殿本"形"字,从张森楷据《汉书·司马迁传》论定补之。
⑰蕃,景祐本及殿本作"鄱",从梁玉绳改,《汉书·司马迁传》亦作"蕃"。
⑱按,鲁哀公十四年获麟,至汉元封元年,实三百七十一年。
⑲籀,景祐本及殿本作"绌",从李慈铭改。籀,读也。
⑳在此之前所谓太史公,皆司马谈之谓,此太史公及此以后之太史公,皆司马迁之谓。
㉑此"先人"及下文之"先人",皆指司马谈。
㉒孔子卒于鲁哀公十六年,至汉武帝太初元年,实三百七十五年。
㉓名,景祐本及殿本作"明",张森楷考此语本《孟子》,应作"名"。名、明音同而讹。
㉔下语出《春秋纬》。
㉕㉖二"数"字应从张文虎说,读如"诉",谓其文计之盈万,其指计之盈千,因《春秋》只一万六千余字,不得谓数万也。
㉗景祐本及殿本作"三十六",梁玉绳就《春秋》检之,实三十四。案"六"古字近似"卯",与"四"形近易误。
㉘梁玉绳、张森楷考其数极详,然有灭而复封者,灭而再见者,灭而未亡者,不知司马迁当时用何标准,故梁、张所考之数,皆不尽可据,兹姑仍其旧。

㉙按,今《易》无其文,实出《易纬》。
㉚此见《易》中,唯文稍异。
㉛按,此节明是司马迁附会古人,以为自己发愤著书地步,语多不实,不一一详辨,《汉书·司马迁传》删之。
㉜按,汉武帝元狩元年获麟,而《史记》记事,则止于太初,中距二十六年,司马迁如此云云者,骆推其故,不外二点:一、因与《春秋》比论。二、本文"至于麟止"句系初稿序文,以下为二稿或后补作。初稿叙事,自陶唐至元狩初,二稿始改为自黄帝至太初。骆以为所推第二点尤近实情,因其与下文相合,以是"自黄帝始"一句,应属下读,为《五帝本纪》小叙之首句。如此则本文矛盾悉可解决矣。
㉝此下原为一百三十篇叙目,《汉书·司马迁传》删一百二十九篇小叙,而存其目,今以除本篇之小叙外,皆从《汉书》删之而仍存其目。
㉞景祐本及殿本脱"王"字。
㉟"剟",殿本误作"剬",从《索隐》改。
㊱绝,景祐本及殿本作"统",从王念孙改。
㊲景祐本及殿本"山川"上原有"兵权"二字,从梁玉绳删。
㊳按今本与此字数不合,盖有增删,司马迁原文当约合此数也。
㊴按各本及《汉书·司马迁传》,此处文字原次如下:

为太史公书序略以拾遗补阙……俟后世圣人君子第七十。
太史公曰余述历黄帝以来至太初讫百三十篇……

"为太史公书序略以拾遗补阙",读法有三:
一、各本多以"为太史公书序"为句;以"略以拾遗补阙"为句。
二、《索隐》本以"为太史公书"为句;以"序略以拾遗补阙"为句。
三、张森楷以"为太史公书序略"为句;以"以拾遗补阙"为句。
据上文"凡百三十篇,五十二万六千五百字",应接"为太史公书"句方合。倘连下"序"或"序略"为句,则一若"百三十篇,五十二万六千五百字",总名为"太史公书序略"者。《史记》原名"太史公书",东方朔署其书曰"太史公",《汉志》亦称"太史公",皆省文也。本文内"太史公"指谈、迁父子,此称"太史公书",示其为书名也。唯如此,下句"序略以拾遗补阙"句又不可解。考上一百二十九篇小叙,末句皆作"作某本纪第若干","作某表第若干",

"作某书第若干","作某列传第若干"。此为末篇小叙,收句应亦相同。疑此末篇之篇题,司马迁原命之曰"序略"。"太史公书"下"序略"上殆脱"作"字,而"第七十"三字则疑原在"序略"二字下,则其文为"作序略第七十"。至"以拾遗补阙,……俟后世圣人君子"一节疑原在后"太史公曰,余述历黄帝以来,至太初而讫百三十篇"一节下,亦即本篇论赞之语。以《史记》他篇论赞文例言之,亦合。骆所度如尚无大谬,则似自后汉时此篇文字已有错乱,故《汉书·司马迁传》与今本《史记》此篇略同。《史记》全书,自迁没即有错乱,已详论于《史记考》中,此亦错乱之一例也。
⑩阙,景祐本及殿本作"蓻",司马贞所见《汉书·司马迁传》则作"阙",于义较长,兹从改。

史记今释

附编

《史记》名称探源

王叔岷

一、史官记事之书通称"史记"

《吕氏春秋·察传篇》："子夏之晋过卫，有读史记者，曰：晋师三豕涉河。"此称"史记"较早之例，谓晋之史记也。（刘勰《文心雕龙·练字篇》："晋之史记：三豕渡河。"即本于此。）又见《孔子家语·弟子解》，"史记"作"史志"，"志"亦"记"也。《周礼·春官·保章氏》："掌天星以志星辰日月之变动。"郑玄注："志，古文识。识，记也。"

司马迁《史记》中称"史记"者凡十见，如《周本纪》："周太史伯阳读史记，曰周亡矣！"《十二诸侯年表序言》称孔子"西观周室，论史记旧闻，兴于鲁而次《春秋》"。又称鲁君子左丘明"因孔子史记，具论其语，成《左氏春秋》"。《六国年表序》："秦既得意，烧天下《诗》《书》，诸侯史记尤甚！"《天官书》："余观史记，考行事。"《陈杞世家》："孔子读史记，至楚复陈。"（又见《孔子家语·好生篇》。）《晋世家》："孔子读史记，至文公。"《孔子世家》言孔子"因史记，作《春秋》"。《太史公自序》载其父谈之言曰："自获麟以来，四百有余岁，而诸侯相兼，史记放绝。"（又见《汉书·司马迁传》。）又自序云："䌷史记石室金匮之书。"（又见《汉书·司马迁传》。）据此，则凡史官记事之书，皆得称"史记"，此通义也。（《公羊》隐公第一疏引《春秋说》云："丘揽史记，援引古图，推集天变，为汉帝制法，陈叙图录。"此说虽不足据，而所称史记,乃指诸国史官记事之书也。)

次如《论衡·超奇篇》:"孔子得史记以作《春秋》。"《汉书艺文志》言孔子"以鲁周公之国,礼文备物,史官有法,故与左丘明观其史记"。同书《司马迁传赞》:"孔子因鲁史记而作《春秋》。"何休《公羊传解诂·昭十二年》言孔子"作《春秋》,案史记"。杜预《春秋序》:"《春秋》者,鲁史记之名也。"凡此所称史记,皆沿袭通义。唐孔颖达《春秋序》疏释"史记"为"史官记事之书"。张守节《史记·周本纪》正义云:"诸国皆有史以记事,故曰史记。"二氏之说并就通义言之,是也。清钱大昕《汉书考异》云:"古者列国之史,俱称史记。"与二氏之说合。

二、司马迁《史记》之本名

1.《太史公书》

《太史公自序》:"于是卒述陶唐以来,至于麟止。……凡百三十篇,五十二万六千五百字,为《太史公书》。"(又见《汉书·司马迁传》。)是司马迁自名其书为《太史公书》。《汉书·东平思王传》:"上疏求诸子及《太史公书》。"《后汉书·班彪传》:"其(后传)略论曰:若《左氏》《国语》《世本》《战国策》《楚汉春秋》《太史公书》。"《杨终传》:"后受诏,删《太史公书》为十余万言。"《汉志》中《诸子略》《儒家》《晏子八篇》,班固自注:"名婴,谥平仲,相齐景公,……有列传。"颜师古注:"有列传者,谓《太史公书》。"此并称司马迁《史记》之本名。(《文选·魏都赋》张载注引《太史公书》作《太史书》,或脱"公"字;或略"公"字;未敢遽断。)

2. 或称《太史公》

《史记·孝武本纪》索隐:"桓谭《新论》以为:太史公造书,书成,示东方朔,朔为平定,因署其下。太史公者,皆朔所加之者也。"《太史公自序》索隐："桓谭云：迁所著书成，以示东方朔，朔皆署曰太史公。"《太史公书》或称《太史公》，盖以官名书与？《汉志》："《太史公》百三十篇。"又云："冯商所续《太史公》七篇。"《晋书·孝友传》："刘殷有七子。五子各授一经，一子授《太史公》，一子授《汉书》。"亦并同例。

3. 或称《太史公记》

《汉书·杨恽传》："恽母，司马迁女也。恽始读外祖《太史公记》，颇为春秋，以材能称。"荀悦《汉纪·十四》言司马迁"为《太史公记》，凡百三十篇，五十余万言"。葛洪《抱朴子·内篇第二·论仙》："按《汉书》及《太史公记》皆云：齐人少翁，武帝以为文成将军。"所谓《太史公记》，即《太史公书》，"书"与"记"同义，《广雅·释言》："书，记也。"

4. 或称《太史公传》

太史褚少孙补《龟策列传》："窃好《太史公传》。太史公之传曰：三王不同龟，四夷各异卜，然各以决吉凶。略窥其要，故作《龟策列传》。"《正义》："传，即卜筮之书。"案"传"为书传之通称，非专指卜筮之书，《正义》说非。凡记载皆可称之为传，"太史公传"，犹言"太史公记"耳。

三、《太史公书》称《史记》之始

《汉书·五行志》称引《史记》者十余事。颜师古注："此志凡称'史记'者，皆谓司马迁所撰也。"钱大昕《考异》："班志所云'史记'，非专指《太史公书》。"案《五行志·中之下》："史记：秦始皇八年，河鱼大上。"见《秦始皇本纪》。《下之上》："史记：秦孝公二十一年，有马生人。"见《六国年表》。又"史记：魏襄王十三年，魏有女子，化为丈夫。"见《魏世家》。类此之例，所称"史记"，当指迁书，盖可无疑。至如《中之下》："史记：秦二世元年，天无云而雷。"又"史记曰：秦武王三年，渭水赤者三日。昭王三十四年，渭水又赤三日。"（又见《御览》五九、六一。《水经·渭水》郦道元注引此为《秦本纪》文，今本无之。）《下之上》："史记：秦始皇帝二十六年，有大人，长五丈，足履六尺，皆夷狄服，凡十二人，见于临洮。"（又略见《左（传）·文（公）十一年》传疏、景宋本白帖七。又《水经四·河水》注："大人来见临洮，身长五丈，足六尺。李斯书也。"）类此之例，并不见于今本迁书，疑是迁书佚文。

盖迁书早有散佚，王充《论衡·命禄篇》："太史公曰：富贵不违贫贱，贫贱不违富贵。"所引亦不见于今本迁书也。又如《中之上》："史记：'晋惠公时童谣曰：恭太子更葬兮，后十四年晋亦不昌。昌乃在其兄。'"见《晋世家》（"兮"作"矣"，义同）。钱大昕《考异》以为《国语》之文，然《国语·晋语三》云："惠公即位，出共世子而改葬之，臭达于外。国人诵之曰：贞之无报也，孰是人斯而有是臭也！贞为不听，信为不诚，国斯无刑，偷居幸生。不更厥贞，大命以倾，威兮怀兮，各聚尔有以待所归兮。猗兮违兮，心之哀兮。岁之二七其靡有徵兮。若狄公子吾是之依兮。镇抚国家为王妃兮。"所载国人之诵，与此童谣大异。是此所称"史记"，乃本迁书，而非《国语》之文也。

《中之下》："史记：鲁定公时，季桓子穿井，得土缶，中得虫若羊。"钱大昕以为《国语》之文，亦见《孔子世家》。唯《国语·鲁语下》作"季桓子穿井，获如土缶，其中有羊焉。"（又见《孔子家语·辩物篇》。）《孔子世家》作"季桓子穿井，得土缶，中若羊"，则此所称"史记"，与《孔子世家》较合。（唯"若羊"上多"得虫"二字，盖浅人妄加。若犹有也，《史记·封禅书》："权火举而祠，若火辉然属天焉。"《汉纪》八"若"作"有"，亦若、有同义之证。）乃本迁书，而非《国语》之文也。

《下之上》："史记：鲁哀公时，有隼集于陈廷而死，楛矢贯之，石砮，长尺有咫。陈闵公使使问仲尼。仲尼曰：'隼之来远矣！昔武王克商，通道百蛮，使各以方物来贡。肃慎贡楛矢石砮，长尺有咫。先王分异姓以远方职，使毋忘服，故分陈以肃慎矢。'试求之故府，果得之。"钱大昕以为《国语》之文，亦见《孔子世家》。唯此所称史记，与《孔子世家》较合，陈闵公，《孔子世家》作陈湣公，"闵"与"湣"同。（《史记·孟尝君列传》："后齐湣王灭宋益骄。"《荀子·臣道篇》杨倞注引"湣"作"闵"，与此同例。）而《国语·鲁语下》作"陈惠公"（《孔子家语·辩物篇》同），明其来源非一。是此亦本于迁书，而非《国语》之文也。类此之例，钱氏皆未细加比验，故昧于所本耳。由以上论证，《五行志》所称"史记"十余事，是否全指迁书，虽未敢遽断；而称迁书为"史记"，则决无可疑。

清梁玉绳《史记志疑》云："史公作书，不名'史记'。'史记'之名，当起叔皮父子，观《汉（书）·五行志》及《后（汉）书·班彪传》可见。盖取古史记之名，以名迁之书，尊之也。"梁氏据《五行志》以为迁书名《史记》，起于班氏，是也。唯据《后汉书·班彪传》而云然，则非。盖班彪仍称迁书为《太史公书》（已详前），而《班彪传》所谓"武帝时，司马迁著《史记》"，乃范晔叙述之辞，非出于彪之口也。

又据《汉志》称《太史公》；《司马迁传》称《太史公书》；《杨恽传》称《太史公记》，则《五行志》称迁书为《史记》，虽取古史记之名，实非专以名迁书。此犹荀悦《汉纪》称司马迁著《史记》，又同时称《太史公记》，《汉纪·十四》云："司马子长既遭李陵之祸，喟然而叹，幽而发愤，遂著史记。始自黄帝，以及秦、汉，为《太史公记》。凡百三十篇，五十余万言。"其称史记者，亦非专以名迁书也。班氏称迁书为"史记",虽非专以名迁书,而迁书之称《史记》,实自班氏始。

唯有一事,殊堪注意,《西京杂记·四》云:"司马迁发愤作《史记》百三十篇,先达称为良史之才。"如《西京杂记》为刘歆所作,则班氏前已有称迁书为《史记》者矣。此不然,盖此正可以证明《西京杂记》之晚出,刘知幾《史通·探赜篇》云:"如葛洪有云:司马迁发愤作《史记》百三十篇。"即本《西京杂记·四》之说,盖以《西京杂记》为晋葛洪所作也。

然则迁书专称《史记》,始于何时?《魏志·王肃传》云:"(明)帝又问司马迁以受刑之故,内怀隐切,著《史记》,非贬孝武,令人切齿。(王肃)对曰:'司马迁记事不虚美,不隐恶,……汉武帝闻其述《史记》,取孝景及己本纪览之,于是大怒,削而投之。'"此盖专称迁书为《史记》之始也。(易培基《三国志补注》以此为迁书名《史记》之始,非也。)

太史公世系、太史公父子年谱及著《史》年代考

——《〈史记〉十八考》第二编

杨家骆

一　王、郑、二张四家太史公年考年谱略评
二　太史公世系释疑
　　太史公世系表
三　司马错至司马无泽六世事迹系年考
四　司马错至司马迁九世生卒年略表
　　司马谈生年及志学之年考
五　太史公父子年谱一——自司马谈生至司马迁生前一年
六　太史公父子年谱二——自司马迁生至司马谈卒
七　太史公父子年谱三——自司马谈卒后一年至司马迁卒
　　司马迁著《史记》年代考

　　右共七章，又附录一篇。第二章至第五章及附录一篇，皆骆新考订者。王、郑、二张书，虽尝稍引旧文，然至不备。且于旧文亦无所论辩，无资于骆所考也。第六章、第七章所列凡六十四事：见于王、郑、二张书，骆无所攻驳者十五事；王、郑、二张书误定其年，或未详考，经骆考证、补订者十六事；骆采诸书新列于谱，为王、郑、二张书之所未及者三十三事。始作于一九五〇年四月八日，至十七日晚而初稿毕。遍检《史》《汉》

全书及相涉诸籍数十种，始稍稍有所得，而与王、郑、二张书异其面目。唯太史公父子事迹阙略，年份不明，今上距其时且二千余载，欲钩沉盘错，以得其真，辗转引证，千头万绪，又务详人所略，略人所详，故文字繁简难期尽适，俟暇当重为理董，使成定稿。兹姑先事清缮，备观览焉。

一九五〇年四月十七日晚骆记

一

太史公世系，司马谈、迁父子事迹，略见迁所撰《太史公书序略》(《太史公自序》原名)。而迁之行踪、交游，散见于《史记》他篇者尤多。班固作《汉书》，仅取《序略》及迁《报任安书》原文合为《司马迁传》(《汉书》卷六十二《列传》第三十二)。唯增"迁既死后，其书稍出。宣帝时，迁外孙平通侯杨恽，祖述其书，遂宣布焉。至王莽时，求封迁后为史通子"数语及论赞一节，殊不足厌学者之望。《史》《汉》诸注，于《序略》能补苴发明之者亦少（张森楷《史记新校注稿》亦然）。自宋迄清，札记、别集中，间有考论，又皆语焉不详。近人王国维作《太史公行年考》、张鹏一作《司马太史公年谱》、张惟骧作《太史公疑年考》、郑鹤声作《司马迁年谱》，始为专书。王考定迁在世年代，诚不易之论。然排比事迹，犹未尽惬。张谱谓稿成始见王考，刊行则在王后。其定迁生卒，与王考同。张考意欲纠王考之谬，寥寥千百字，徒为翻案文章，无甚可取。郑谱据于王考，务广征引，如采及《韩城县志》《同州府志》，实皆无关宏旨。唯条列诸说，颇称明晓。所论次亦多能正王考之误，然所误固亦不少。兹以王、郑二书，世最易得，凡骆以为可取者，唯简举其事，系年分录。至二书所略或有误者，则稍详考之。郑谱后出,于王、张二考,几全部分引于书中,故骆驳郑谱者为多。骆与郑氏,二十载相交,度郑氏当不以为责也。

王、郑、二张之书,皆以迁为主题。于谈除卒年明见于史外,其生年及其所次旧闻,皆无所考。按司马错七传而至于谈,以相距几年与中历几世,参以谈所师唐都、杨何、黄子之事迹,亦可推寻以得谈生年之仿佛。至《史记》中孰为谈所次之旧闻,今已无从分辨。唯自惠帝四年除挟书律;"至孝文皇帝,天下众书,往往颇出"(刘歆语);武帝"广开献书之路,百年之间,书积如邱山"(《七略》),"天下遗文古事,靡不毕集太史公"(《序略》)。则当时群书之出,与谈所次旧闻,不为无关,故今亦并考而系之。迁继父志,成千秋之业,倘归美于迁,于谈不考,此岂迁谆谆以遗命为言之初意耶?

二

作传记年谱,必推寻世系。然推寻过远,难免附会。况古史已在疑信之间,今复于其中求一氏之世系,不亦惑乎?然迁于《序略》首述世系,倘略而不论,又何以慰读其书者所望。故骆唯择其尤难明者,稍论定之。

《序略》所述世系,问题在首四节。郑谱引旧注少所考,兹略订之如下:

第一节曰:"昔在颛顼,命南正重以司天,火正黎以司地。唐、虞之际,绍重、黎之后,使复典之至于夏、商,故重、黎氏世序天地。""火正"今本《史记》皆作"北正",《汉书·司马迁传》作"火正"。乍读其文,似"南""北"对称为顺;考之则作"火"为是。梁玉绳《史记志疑》曰:"案此书楚语。然今本《国语》及经疏中所引,皆作'火正'。自史公有'北正'之文,后儒如郑康成、韦昭、臣瓒皆从之；隋《天文志》同。其实《史（记）·历书序》仍是'火正'。颜师古、司马贞据楚语与班固《幽通赋》作'火正'为是，路史亦以北黎为妄。"应邵曰："黎，阴官也。火数二，故火正司地以属民。"张晏曰："火水配也。水为阴，故命火正黎兼地职。"应邵、张晏之说，皆强为之解。骆按古代森林遍地，多藏野兽，民始知耕，乃焚而用其土。司地之职曰火正，实以此也。《左传》称重为句芒，黎为祝融。祝融火官，故亦称火正。

第二节曰："其在周，程伯休甫其后也。当周宣王时，失其守，而为司马氏。"应邵曰："封于程国，伯，休甫字也。"（骆案："伯"，当系封爵，非字也。）《史记索隐》曰据左氏云："重是少昊之子，黎乃颛顼之胤。二氏二正，所出各别。而迁意欲合二氏为一，故总云在周程伯休甫其后，非也。按司马（原脱司马二字，据张森楷校补）彪之序，及干宝皆云：'司马氏，黎之后，是也。今总称伯休甫是重、黎之后者，凡言地即举天，称黎则兼重，自是相对之文。其实二官亦通职。然休甫则黎之后也。亦是太史公欲以《史》为己任，故言先代天官，所以兼称重耳。'"骆按《大戴礼·第六十三·帝系篇》曰："颛顼产老童，老童产重、黎及吴回。"《世本》亦同。是重与黎同为颛顼之孙，非迁妄合二氏以为一也。迁于五帝时事，据自言尝择《五帝德》、《帝系姓》之言尤雅者著于篇。又谓二篇为孔子所传，宰予所问。注家据《左传》而不据迁所据之《帝系》《世本》，于是争论纷起，益滋读者之惑矣。

第三节曰："司马氏世典周史，惠、襄之间，司马氏去周适晋。晋中军随会奔秦，而司马氏入少梁。"奔秦，《汉书·司马迁传》作"奔魏"，索隐本原作"奔秦、魏"。按《左传》随会自晋奔秦，后乃奔魏还晋。是司马氏从随会奔秦，而未从之更至魏还晋也。《汉书》作"奔魏"或"奔秦、魏"，于随会事虽不误，然就司马事氏云之，则误也。

第四节曰："自司马氏去周适晋，分散：或在卫，或在赵，或在秦。其在卫者相中山。在赵者以传剑、论兵（从张森楷校补）显，蒯聩其后也。在秦者名错，与张仪争论，于是惠王使错将伐蜀，遂拔，因而守之。"诸注定在卫，相中山者为司马喜（与迁祖父同名），尝难墨者师于中山王前，见《吕氏春秋》。在赵者蒯聩前有司马凯；《史记正义》引如淳曰："《刺客传》之蒯聩也。"张文虎《史记札记》曰："此所以别于卫之蒯聩也。《刺客传》实无蒯聩其人。《左传》齐有申蒯，死崔杼之难。《韩诗外传》作蒯芮。《说苑》作邢蒯聩。庄公好勇，或即其人。又《淮南（子）·主术训》：操剑锋以离北宫子，司马蒯聩不使应敌。《楚辞·九怀》：蒯聩登于清府，今与乌获并举。未知即申蒯否？抑何以云刺客传也。"骆案《汉书·（古今）人表》有两蒯聩。《史记正义》所据《史记》本《刺客列传》或有蒯聩事，特今本佚之耳。在秦与张仪争，因命伐蜀者司马错。骆按《史记·六国（年）表》《白起传》称客卿错。盖错在秦，初为客卿，则错为司马氏在秦之始迁祖甚明。

司马错以下世系分明，别详下章。如此，则可表列司马氏世系如下（昭预、宪，从司马氏系本补）：

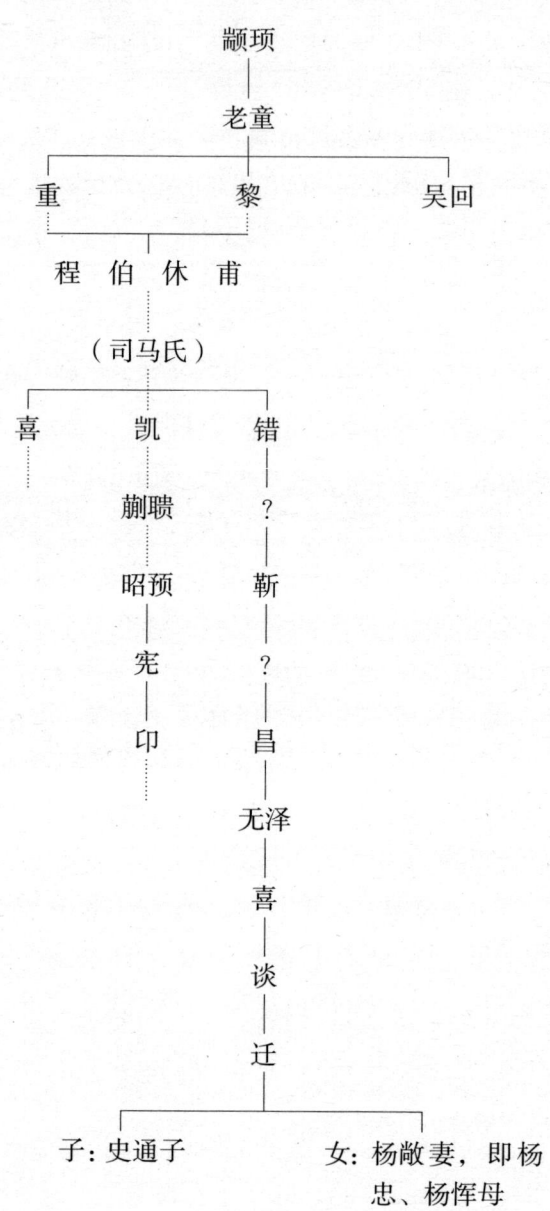

三

迁八世祖司马错,为秦伐蜀,实中国拓殖四川之第一人。《史记》不为立传,殊可怪。诸家书考迁年,论辩甚多。于谈生岁独一字不及。骆矕居蜀,教授于复旦大学,间为诸生讲四川史,作补《史记·司马错传》,并自注之。于是错在世年代略定。错七传至谈,参以靳、昌、无泽、唐都、杨何、黄子事,其生岁亦约略可考。虽不能成确切不疑之定案,要相失必不过远也。

兹依年代先后,论列错、靳、昌、无泽事如下:

公元前	史实及考证
三二七	《秦本纪》:更少梁曰夏阳。
	按:《序略》:"晋中军随会奔秦,而司马氏入少梁。……司马错……孙靳,事武安君白起。而少梁更名曰夏阳。"论者每以迁所叙有误,因少梁更名夏阳事在靳与武安君坑赵长平军前七十年,而迁则叙于靳事武安君句后。不知此处迁用"而"字,系转笔倒叙,读者不应拘拘求之于字句次序也。就前"而司马氏入少梁"句观之,可证司马氏入秦,在少梁更名夏阳之前。再就《六国表》《白起传》称错为客卿观之,则错入秦必不久。错或即司马氏入秦之始迁祖也。
三一六	《秦策》《华阳国志》:秦惠王欲谋楚,司马错、田真黄说惠王不如伐蜀。张仪主伐韩,错争之。秋,惠王使大夫张仪、司马错、都尉墨等伐蜀。十月,蜀平,取苴与巴。
三一四	《华阳国志》:秦惠王封子通国为蜀侯,以陈壮为相。
三〇九	《华阳国志》:陈壮反,杀蜀侯通国。秦遣庶长甘茂、张仪、司马错复伐蜀,诛陈壮。

三〇八　《华阳国志》：封子恽为蜀侯。司马错率巴、蜀众十万，大船舶万艘，米六百万斛，浮江伐楚，取商於之地，为黔中郡。

三〇一　《华阳国志》：蜀王恽献馈于秦王，后母害其宠，加毒以进王。王将尝之，后母曰：馈从二千里来，当试之。王与近臣，近臣即毙。王大怒，遣司马错赐恽剑，使自裁。恽惧，夫妇自杀。

　　按：右五事见于《竹书纪年》《秦策》《六国表》《太史公书序略》《华阳国志》。《华阳国志》所载首尾最备，兹据之。然年份有略与《史记》不合者。唯公元前三〇八年秦无伐楚事，殆即公元前三〇一年秦庶长奂伐楚之役，《华阳国志》误记于公元前三〇一年前。至秦置黔中郡，则又公元前二七七年蜀守张若伐楚时事（见后），而误为错事者。

　　又按：公元前三一六年及公元前三〇九年事，似错于蜀，皆事平即归秦，其为蜀守，当在公元前三〇一年赐恽剑之时也。

二九五　《六国表》：秦尉错击魏，拔襄城。

二九一　《秦本纪》：左更错取轵及邓。

二八九　《秦本纪》：错攻垣、河雍，决桥取之。

二八六　《秦本纪》：错攻魏河内，魏献安邑。

二八〇　《秦本纪》：使司马错发陇西，因蜀攻楚黔中，拔之。

二七七　《秦本纪》：蜀守若伐楚，复取巫郡及江南，为黔中郡。

　　按：上六事，有互见《秦本纪》《六国表》《白起传》《华阳国志》（据《华阳国志》，知蜀守若即张若）者，稍有出入，皆不甚相远，取其可从者。

又按：错事止于公元前二八〇年，错在世之日，凡涉蜀之事，几于无役不与。至公元前二七七年，蜀守已为张若，度错之卒，当在公元前二七九年至公元前二七八年二年间。公元前二八〇年上距公元前三一六年与张仪争，遂伐蜀，时已三十七年。公元前三一六年，错能与位望显赫之张仪争，又能立伐蜀之功，则其年至少亦在三十左右。是其公元前二八〇年发陇西因蜀攻楚，年已近七十矣。张若伐楚得巫郡及江南，称"复取"，明为竟错未竟之功。则错卒之年，尤以公元前二七八年，为得其实。据上所论，定错在世年代为公元前三四六至公元前二七八。其自晋至秦，居于少梁，当在二十岁前，二十岁时秦更少梁曰夏阳。

二七八　《秦本纪》：秦封白起为武安君。

按：《六国表》系于下年。据《白起传》，起尝与错将兵，而年则错长于起。错孙靳之事起，当以此。

二六〇　《秦本纪》：秦兵击赵，武安君白起大破赵军于长平，四十余万人尽杀之。

二五九　《秦本纪》：武安君归，王龁将伐赵。司马梗北定太原，尽有韩上党。

二五七　《秦本纪》：秦武安君白起有罪，赐死。

按：上四事，可参阅《秦策》《六国表》《白起传》。《序略》"靳与武安君坑赵长平军"，即上公元前二六〇年事。又"还而与之俱赐死杜邮"，即上公元前二五七年事。靳，《汉书·司马迁传》作"蕲"，或并为"梗"形音两近之误。因《秦本纪》《白起传》皆有梗之名。考起未归时，秦军分为二，一军属王龁；一军属司马梗，是龁、梗位仅次于起。起归，龁代将，是梗与起俱赐死杜邮，其中当有因也。倘靳非梗，位望不足召君上敌国之忌，亦何至与起俱赐死于杜邮乎？

据上所考，"靳"为"梗"误，梗即错孙。梗能将兵独定太原，时岁当在三十以上。设错二十五岁生子，其子二十五生梗，梗定太原时三十八岁，死杜邮时四十岁。在世年代为公元前二九六年至公元前二五七年。不将梗生年稍移后数年者，观后《司马错至迁九世生卒年略表》自可明之。

二一〇　秦始皇病崩于沙丘。

按《序略》："靳孙昌，昌为秦主铁官。当始皇之时，蒯聩玄孙卬为武信君将。""昌为秦主铁官"不与后"昌生无泽"接书，明昌为主铁官事，在卬为武信君将前，至迟亦应在始皇末年也。

二〇六　刘邦为汉王。

按《序略》："昌生无泽，无泽为汉市长。"无泽为汉市长事，至早不能在公元前二〇六年以前，下章略推之，约在高帝末至景帝中。

本章所考，于司马错至司马谈以前七世事之有年代可推寻者，已略尽。不唯可为推寻谈生年之助，而读《序略》四至八节者，亦可以之为注释也。

四

司马错至迁凡九世，迁生公元前一四五年，上距错生凡二百零一年，平均每世生年相距二十五年强。倘必谓迁前八世，皆二十五岁而生子，竟为定律，当无人能信。然谓每世约二十五岁左右而有子，则又为事理之常，要在与凡有年份可稽之事，一一检对，观其间有无矛盾。如并无矛盾，除谓迁叙事不实外，固无辞以难骆之所定。骆之所定，并非谓某生斯年，决不可移，然亦只能略移于上下数年间，不能过远也。凡此皆为考司马谈生年而设，否则斤斤以求八世生年，亦将至无谓矣。

兹试作《司马错至迁九世生卒年略表》如下，表内卒年除错、梗、谈、迁外，无可考。故表中生年差可信，卒年则有五人不能详。此五人错子不见用而孙显，则错子或早卒。昌为秦主铁官，入汉无闻；喜为五大夫，而迁未述闻于祖者；昌、喜或亦不寿。梗子无闻，当因梗赐死，子不见用。兹于五人卒年无可述，即其生年，读者亦幸勿拘泥（表内数字皆公元前年份）。

346 司马错 278
　　321 错子 ？
　　　　296 错孙梗 257
　　　　　　271 梗子 ？
　　　　　　　　246 梗孙昌
　　　　　　　　　　221 昌子无泽
　　　　　　　　　　　　196 无泽子喜
　　　　　　　　　　　　　　171 喜子谈 110
　　　　　　　　　　　　　　　　145 谈子迁 86

错、梗在世年代，与有年份可考事合，已见上章。昌为秦主铁官，约在三十七岁前。无泽为汉市长约在高帝（前二〇六年至前一九五年在位）末，至文帝（前一七九年至前一五七年在位）中。谈学天官于唐都，受《易》于杨何，习道论于黄子。唐都、杨何、黄子之年，应长于谈，兹假定各长约十年。谈从之学，应在公元前一三六年未仕前，然唐都于公元前一〇四年犹曾与迁定太初历，时谈卒已六年，则都约七十八岁矣。杨何于公元前一三四年征为博士，是年为谈出仕之第二年，从何学，当在何未征、谈未仕之时也。黄子即与辕固争论于景帝前之黄生。黄、辕争论事，在辕固公元前一四七年前出为清河王太傅前。公元前一四七年，谈约二十五岁，从黄子学道论，当在是年，或稍前。颜师古谓黄子为景帝时人，当卒于武帝即位之先；故谈师黄生，当难再晚。

以理衡之，谈受《易》当在学道论前，而学天官当在学道论后。读谈论六家要指可知其学之博，于《易》、道论、天官外，非不学也。特《序略》未志所师耳。《序略》："太史公（谈）既掌天官，不治民。"其始仕即为太史丞，或以学天官有得而膺此命。迁《报任安书》："仆之先人（谈），非有剖符丹书之功，文史星历，近乎卜祝之间。"《易》为卜筮之书，迁著史时，杨何之《易》，为时显学，《史记·儒林传》曰"要言《易》者，本于杨何之家"，而何于《易》唯受谈及京房可考。谈论六家引《易大传》以发篇，则谈之《易》学，于当时亦有地位可知，故迁志其受《易》之师。谈论六家归本于道德，故迁志其学道论之师，谈未仕前，所学如此。及以学天官进，掌文史星历，而天下遗文古事，靡不毕集于所官，痛《史记》之放绝，惧史事之不载，于是次旧闻，欲论著；或谓武帝以谈欲为史，因置太史令以位之，此誉者推美之辞，不可信。谈初仅为丞，后晋为令，为丞以星历，必非记事之职；时遗文古事集其所，乃私欲著史而已。即晋为令后，观封禅书武帝属谈者，不过议祠后土、议主泰畤坛之类；谈发愤且卒者，亦仅为封禅不得从行之憾。迁续谈职之五年，议于朝廷者又仅为改历之事，初未尝涉言于记事之史。故谈迁继业，以成史记，为私家著述，非官撰之书。是衙署有给书之便，而职掌无纂次之责也。明乎此，乃可屏绝附会，考谈、迁之事。明乎此，乃可视为一家之言，以读《史记》之书，故发之如上。

五

太史公父子年谱，以迁生以前为一章，以迁生至谈卒为一章，谈卒以后为一章。

本章王、郑、二张之书皆未述及。谈事虽少，然二十六年来群书之出，皆后谈次旧闻，及迁著《史》之所本。故略取其要以系之：

公元前一七一　汉文帝九年　谈一岁

公元前一七〇　汉文帝十年　谈二岁
　　先是，帝求能治《尚书》者，伏胜老不可征，遣晁错往受。错于是年或稍前还朝，上书称说，《史记》有《儒林伏胜传》。

公元前一六九　汉文帝十一年　谈三岁
　　贾谊卒，有《左氏春秋训诂》及《新书》五十八篇、赋七篇，《史记》有《贾谊传》。

公元前一六八　汉文帝十二年　谈四岁
　　淳于意以医术对诏，有《诊籍》及《仓公对诏》三十四则。《史记·扁鹊仓公列传》，即用其文也。

公元前一六五　汉文帝十五年　谈七岁
　　拜公孙臣为博士，与诸生草改历服色事。

公元前一六四　汉文帝十六年　谈八岁
　　使博士作王制。

公元前一五七　汉文帝后七年，谈十五岁
　　帝崩，有《孝文传》十一篇，当为《史记·孝文帝本纪》之所据也。

陆贾约卒于文帝末,有《楚汉春秋》九篇、《新语》二十三篇、赋三篇,《史记》楚汉事,即据于《楚汉春秋》也。

《史记》有《陆贾传》。

文帝时始置《论语》《孝经》《孟子》《尔雅》等传记博士。

文帝时,韩婴为博士,传韩诗,有经二十八卷。又撰《韩故》三十六卷、《内传》四卷、《外传》四卷。弟子别以所闻为《韩说》四十一卷。今唯《韩诗外传》传于世,《史记》有用其文者。《史记》有《儒林韩生传》。

上三事确年无考,姑附文帝之末。

公元前一五六　汉景帝元年　谈十六岁

毛亨约本年前后在世,有《毛诗》二十九卷、《毛诗故训传》三十卷。

公羊寿约本年前著《公羊传》于竹帛。

胡母生为博士,有《春秋公羊传章句》及《春秋公羊传条理》。《史记》有《儒林胡毋生传》。

公元前一五五　汉景帝二年　谈十七岁

周王孙约本年前后在世,有《易传》二篇。周王孙与王同皆学《易》于田何,王同之子传杨何,杨何传谈及京房。

公元前一五四　汉景帝三年　谈十八岁

晁错遇害,有书三十六篇,《史记》有《晁错传》。

丁宽约本年前后在世,有《易传》八篇。丁宽学《易》于田何,后又事周王孙。

公元前一五二　汉景帝五年　谈二十岁

张苍卒,有书十八篇,言阴阳律历事。汉之言历者,本于苍。《史记》有《张苍传》。

公元前一四八　汉景帝中二年　谈二十四岁

　　谈受《易》于杨何，约在是岁或稍前。

　　辕固以治《诗》为博士，有《齐诗内外传》。

公元前一四七　汉景帝中三年　谈二十五岁

　　谈学道论于黄子，约在是岁前后。

　　辕固与黄子争于景帝前，黄子以汤、武非受命，固以为不然，帝右固。窦太后好《老子》书，召问固，固曰"此家人言"，太后怒，使固刺豕。帝假固利兵，豕应手而倒，太后罢之，帝拜为清河王太傅。《史记》有《儒林辕固生传》。

公元前一四六　汉景帝中四年　谈二十六岁

　　谈学天官于方士唐都，约在是年或稍后。

六

　　本章谱自迁之生，至谈之卒，凡三十六年。郑谱于当时有关诸事皆未书，兹补之。王考、郑谱于谈、迁事之误者，亦一一考正，随文附见，读者可比阅焉。

公元前一四五　汉景帝中五年　谈二十七岁　迁一岁

　　迁生年说法不一，据《索隐》则当生于孝武建元六年（公元前一三五年）；据《正义》则实生于孝景中五年（公元前一四五年）。梁启超在《史记解题》中谓："据《自序》（案原名为《太史公书序略》）云为太史令五年而当太初元年，张守节《正义》云案迁年四十二，以此推算，则知迁生于景帝中五年。"案梁说是也。迁（字子长）生于冯翊夏阳，即今陕西省韩城县芝川镇。韩城县与山西省河津县（旧龙门县）隔黄河相对，龙门山则跨其两岸，芝川镇在山南河曲数十里间，故迁自谓"生龙门"也。

鲁恭王刘余坏孔子宅，于壁中得古文《逸书》《逸礼》（与《书》二十八篇、《礼》十七篇无涉），《论语》《孝经》凡数十篇。孔安国以孔子后，悉得其书，以今文对读，始识其字。

公元前一四三　汉景帝后元年　谈二十九岁　迁三岁

河间献王刘德，先后得古文旧书《周官》《尚书》《礼》《礼记》《孟子》《老子》之属。立《毛氏诗》《左氏春秋》博士。是年董仲舒以治《春秋》为博士，德以书献于朝，与仲舒论五行。

公元前一四二　汉景帝后二年　谈三十岁　迁四岁

求天下礼书，京师士夫皆送官，得吕氏所传家语与诸国事，及七十二子辞。上据西汉年纪，当有所本，俟详考。吕氏所传家语，疑即《吕氏春秋》。诸国事疑即《战国策》。七十二子辞疑即《汉志》所列《曾子》《漆雕子》《宓子》等书。

公元前一四○　汉武帝建元元年　谈三十二岁　迁六岁

《史记·历书》："今上即位，招致方士唐都，分其天部。"谈为都弟子，后谈之为太史丞，当由都荐也。

卫绾奏所举贤良，或治申、商、韩非、苏秦、张仪之言，乱国政，请皆罢，奏可。

公孙弘以贤良征为博士。

夏四月，初置茂陵邑，徙郡国豪杰于茂陵。

公元前一三九　汉武帝建元二年　谈三十三岁　迁七岁

刘安上所作《内书》（即今本《淮南子》），受诏为《离骚传》。申培以疾免归，后数年卒，传《鲁诗》，有经廿八卷、《鲁故》廿五卷、《鲁说》廿八卷。又传《春秋谷梁经》十一卷。《史记》有《儒林申公传》。

帝先后得朱买臣、吾丘寿王、司马相如、主父偃、徐乐、严安、东方朔、枚皋、聊苍、终军、庄葱奇等，并在左右。

河间献王刘德于本年前与毛生等作《乐记》二十三篇，又传《乐元语》。传见《史记·五宗世家》。

公元前一三七　汉武帝建元四年　谈三十五岁　迁九岁

迁是岁及稍前，耕牧河山之阳。郑谱以迁二至五岁耕牧河山之阳，按二至五岁之稚年，岂能耕牧？况据《序略》，耕牧明为紧接十岁以前事。

公元前一三六　汉武帝建元五年　谈三十六岁　迁十岁

谈是岁仕为太史丞，约于公元前一三四年前后晋为太史令。郑谱以为谈建元元年始仕太史公。案迁谓谈"仕于建元、元封间"，不必为元年也（说见后）。《史记集解》臣瓒引《茂陵中书》："谈以太史丞为太史令。"太史公当系为太史令后之称谓。丞为属吏，倘称公，置令于何地？谈仕履所知唯此，或始仕即为太史丞也。

迁是岁始随父至京，居茂陵显武里。从谏大夫孔安国诵古文书。古文可识，始于安国。迁未师安国前，必不能诵古文。迁不随父至京，亦无由师安国。据迁"十岁诵古文"，可知谈始仕亦不至迟于是年也。迁所诵古文书，就《史记》考之，有《诗》《书》《世本》《春秋》《左传》《国语》《论语》《弟子籍》等，或得于孔壁，或传自河间。

武帝置五经博士，《易》主杨何，时何犹未见征，虚位以待之。

公元前一三五　汉武帝建元六年　谈三十七岁　迁十一岁

父谈仕为太史丞；迁随父在京住茂陵显武里，从孔安国习诵古文。见前。

谈是岁夏五月前，作《论六家要指》。郑谱系于元朔五年，非。按窦太皇后好黄、老，是年夏五月窦崩，以田蚡为丞相，黜黄、老、邢、名、百家之言，归尊于儒家。谈以太史为文，尊道家而斥阴阳、儒、墨、名、法，其作此文，必不在窦崩之后可知。

公元前一三四　汉武帝元光元年　谈三十八岁　迁十二岁

父谈仕为太史丞；迁随父至京住茂陵显武里，从孔安国习诵古文。见前。

《史记·儒林传》："自鲁商瞿受《易》孔子，孔子卒，商瞿传《易》，六世至齐人田何，字子庄，而汉兴。田何传东武人王同子仲，子仲传菑川人杨何。何以《易》，元光元年征，官至中大夫。……言《易》者本于杨何之家。"班固作《汉书·儒林传》，不明"元光元年征"为句，"官至中大夫"为句，改为"杨何字元叔，元光中征为大中大夫"。《史记》所谓"征"，征为博士也，后方官至中大夫，非初征即为中大夫。《汉书·儒林传》："武帝立五经博士，……初《书》唯有欧阳、《礼》后、《易》杨、《春秋》公羊而已"，可证武帝立五经博士，《易》用杨何，杨何前不得有《易》博士，迁所谓"征"，征为《易》博士也。

公元前一三三　汉武帝元光二年　谈三十九岁　迁十三岁

父谈仕为太史丞；迁随父在京住茂陵显武里，从孔安国习诵古文。见前。

《太平御览》卷三百三十五引卫宏《汉旧仪》及葛洪《西京杂记》皆谓迁年十三，使乘传行天下，求古诸侯史记。案《太史公书序略》并未提及此事，诚如王国维在《太史公系年考略》中所云："考《自序》（案即《序略》误名）云二十而南游江淮，则卫宏说非也。或本作二十，误例为十二，又讹二为三与。"

公元前一三二　汉武帝元光三年　谈四十岁　迁十四岁

　　父谈仕为太史丞，迁随父在京住茂陵显武里，从孔安国习诵古文。见前。

公元前一三一　汉武帝元光四年　谈四十一岁　迁十五岁

　　父谈仕为太史丞；迁随父在京住茂陵显武里，从孔安国习诵古文。见前。

公元前一三〇　汉武帝元光五年　谈四十二岁　迁十六岁

　　父谈仕为太史丞；迁随父在京住茂陵显武里，从孔安国习诵古文。见前。

　　公孙弘使匈奴，还报，不合意，免归。是年征明世务习圣术者，公孙弘复为博士。

　　命张汤、赵禹增订律令科条，世传《汉律》六十篇。

　　疑瑕丘江公于是年前后著《谷梁传》十一卷于竹帛。

公元前一二九　汉武帝元光六年　谈四十三岁　迁十七岁

　　父谈仕为太史丞；迁随父在京住茂陵显武里，从孔安国习诵古文。见前。

公元前一二八　汉武帝元朔元年　谈四十四岁　迁十八岁

　　父谈仕为太史丞；迁随父在京住茂陵显武里，从孔安国习诵古文。见前。

公元前一二七　汉武帝元朔二年　谈四十五岁　迁十九岁

　　父谈仕为太史丞；迁随父在京住茂陵显武里，从孔安国习诵古文。见前。

　　以孔子十一世孙臧为太常，安国为侍中。臧尝著书十篇，安国即迁师也。

公元前一二六　汉武帝元朔三年　谈四十六岁　迁二十岁

　　父谈仕为太史丞。见前。

迁自谓:"二十而南游江、淮,上会稽,探禹穴,窥九疑,浮于沅、湘,北涉汶、泗,讲业齐、鲁之都,观孔子之遗风,乡射邹、峄,厄困鄱、薛、彭城,过梁、楚以归。"按此所云,当始于二十岁时,而未必为一年之事也。迁后游踪至广。详后《游踪所至表》。主父偃坐法诛,有书二十八篇。《史记》有《主父偃传》。

张骞使大月氏,还,有《出国志》一卷,后为《史记·大宛传》之所据。

公元前一二五　汉武帝元朔四年　谈四十七岁　迁二十一岁

父谈仕为太史丞;迁当遨游大江南北。见前。

公元前一二四　汉武帝元朔五年　谈四十八岁　迁二十二岁

从公孙弘请,始诏礼官劝学,太学置博士弟子员五十人,岁课高第,可以为郎中。太常臧、博士平亦与其议。迁游归,补博士弟子员。

武帝世,书缺简脱,礼坏乐崩。帝敕公孙弘广开献书之路,建藏书之策,置写书之官,下及诸子传说,书积如丘山。外则有太常、太史、博士之藏,内则有延阁、广内、秘室之府(上参用《汉书·艺文志》及《七略》文)。故迁曰:"百年之间,天下遗文古事,靡不毕集太史公。"按《汉书·艺文志》序此事,用《汉书·武帝本纪》元朔五年六月诏语,则其为是年事可知。至迁谓"百年",乃约举之辞。因汉兴百年,为谈卒后四年,上引迁文,继曰"太史公仍父子相续纂其职",可证谈时已有太史之藏。谈之有志次旧闻以论著,亦以此。或谈之由太史丞为太史令,即在是岁或稍后。

公元前一二三　汉武帝元朔六年　谈四十九岁　迁二十三岁

父谈仕为太史令。见前。

迁以博士弟子员岁课高第，始仕为郎中，与李陵同官。郑谱系于去岁，非。按去岁始置博士弟子员，岁课补郎中，必在今年可知。

公元前一二二　汉武帝元狩元年　谈五十岁　迁二十四岁
父谈仕为太史令；迁仕为郎中。见前。
淮南王刘安自杀。安《内书》《离骚传》外，有《易传·淮南道训》十二篇、《中篇》八卷、《外书》三十三篇、赋八十二篇等，盖有门客之作。《史记》有《淮南王安传》。

公元前一二一　汉武帝元狩二年　谈五十一岁　迁二十五岁
父谈仕为太史令；迁仕为郎中。见前。
公孙弘卒，有书十篇。《史记》有《公孙弘传》。

公元前一二〇　汉武帝元狩三年　谈五十二岁　迁二十六岁
父谈仕为太史令；迁仕为郎中。见前。

公元前一一九　汉武帝元狩四年　谈五十三岁　迁二十七岁
父谈仕为太史令；迁仕为郎中。见前。
李陵之父李广自杀，有《李将军射法》三篇。《史记》有《李广传》。

公元前一一八　汉武帝元狩五年　谈五十四岁　迁二十八岁
父谈仕为太史令；迁仕为郎中。见前。

公元前一一七　汉武帝元狩六年　谈五十五岁　迁二十九岁
父谈仕为太史令；迁仕为郎中。见前。
是岁帝令史官择吉日，御史大夫奏献地图。史官当为谈也。司马相如卒，有《蜀本纪》，又有《荆轲论》五篇、赋二十九篇，《史记》有《司马相如传》。

公元前一一六　汉武帝元鼎元年　谈五十六岁　迁三十岁
父谈仕为太史令；迁仕为郎中。见前。

公元前一一五　汉武帝元鼎二年　谈五十七岁　迁三十一岁
　　父谈仕为太史令；迁仕为郎中。见前。
　　杜周约本年前后在世，有《律章句》。《史记》有《酷吏杜周传》。

公元前一一四　汉武帝元鼎三年　谈五十八岁　迁三十二岁
　　父谈仕为太史令；迁仕为郎中。见前。

公元前一一三　汉武帝元鼎四年　谈五十九岁　迁三十三岁
　　《史记·封禅书》谓冬十月有司与太史公、祠官宽舒等议祠后土。文中太史公即司马谈之谓，盖迁避父讳也。故《汉书·郊祀志》改书为"太史令谈"。谈由太史丞为太史令，在本年以前可证。太史令为官名，太史公为敬称，亦可证。
　　迁仕为郎中。见前。

公元前一一二　汉武帝元鼎五年　谈六十岁　迁三十四岁
　　冬十月，武帝郊雍，至陇西，登崆峒，幸甘泉，西临祖厉河而还。迁之西至崆峒，当以郎中扈从得往。
　　《史记·封禅书》谓冬十一月太史公、祠官宽舒等议立泰畤坛。《汉书·郊祀志》改书太史公为太史令谈。

公元前一一一　汉武帝元鼎六年　谈六十一岁　迁三十五岁
　　父谈仕为太史令。见前。
　　冬十月，遣将军李息、郎中令徐自为击西羌，平之，置武都、牂柯、越嶲、沈黎、文山五郡。迁以郎中随军西征巴、蜀以南，南略邛、筰、昆明。至次岁始还报命。《汉书·东方朔传》曰"帝既招英俊，程其器用，自公孙弘以下，至司马迁，皆奉使方外"，即指此役。盖此役迁功亦不少也。唯王考、郑谱不检此役以李、徐为主，而误疑迁为中郎将。以西征巴、蜀以南，南略邛、筰、昆明之功，为迁所独擅，失之远矣。

公元前一一〇　汉武帝元封元年　谈六十二岁　迁三十六岁

春正月，迁自西南还，时武帝以封禅东行，幸缑氏，登崇高，迁乃赴行在报命。谈扈驾至缑氏、崇高间，以病滞留周南，故迁得省谈于河、洛之间。谈以天子始建汉家之封，而滞不得从，发愤且卒执迁手泣，而勉迁著史。迁省父毕，四月，扈从帝封泰山。故《封禅书》曰："余从巡祭天地诸神，名山川而封禅焉。"后复从帝海上，自碣石至辽西，故《齐太公世家》曰："吾适齐自泰山属之琅邪，北被于海，又历北边、九原，归于甘泉。"又《蒙恬传》曰："吾适北边，自直道归。"直道者，自九原至云阳之道，《秦始皇本纪》所谓："除道，道九原，抵云阳，堑山堙谷，直通之者也。"谈之卒，当在是秋，或在迁扈驾之矣（参看王国维《太史公系年考略》）。《汉书·艺文志》有《封禅方说》十八篇、《封禅议对》十九篇，当为是年封禅之文献，惜不传。

七

本章谱自谈卒后一年起，至迁卒。按迁自谈卒后一年撰《史记》，历二十年而成；书成又四年卒。故本章实即迁著《史》年代考也。骆所主迁著《史》年代，与诸家异，故考辨稍详。

公元前一〇九　汉武帝元封二年　迁三十七岁

春，武帝幸缑氏，遂至东莱。夏四月，还祠泰山，至瓠子，临决河，命群臣将军以下皆负薪塞河堤，作《瓠子之歌》。迁扈驾行，从负薪塞宣房，作《河渠书》。则《河渠书》实《史记》最先撰成之一篇。《史记》之作，应以是年为始，郑谱以太初元年迁始著《史》，非。

公元前一〇八　汉武帝元封三年　迁三十八岁

六月己卯，迁继父为太史令，始䌷史记、石室、金匮之书，论次其文。按迁自谓："论次其文，十（今本《史记》误作七，从《汉书·司马迁传》校改）年而遭李陵之祸。"迁遭陵祸，为天汉三年事，前十年正为本岁也。皇甫谧《高士传》谓："挚峻字伯陵，京兆长安人。少治清节，与太史令司马迁交好。……迁既亲贵，乃以书劝峻进曰……"，故迁与挚峻书当在是年或稍后。

杨仆奏《兵录》，为中国第一部书目。

公元前一〇七　汉武帝元封四年　迁三十九岁

迁为太史令。䌷史记、石室、金匮之书。著《太史公书》。见前。

冬十月，武帝幸雍，祠五畤，通回中道，遂北出萧关，历鸣泽（据服虔谓：在涿郡遒县北界，涿鹿亦在涿郡），自代而还，幸河东。迁扈驾行，故《五帝本纪》曰："余……北过涿鹿"。

帝尝问迁于东方朔，朔见迁著书，署曰"太史公"，时书尚未成也。朔本年或稍后卒。《汉书·艺文志·杂家》有朔书二十篇，世又传《东方朔别传》八卷。《史记》有《东方朔传》，褚少孙又采《别传》以补之。

公元前一〇六　汉武帝元封五年　迁四十岁

迁为太史令。䌷史记、石室、金匮之书。著《太史公书》。见前。

冬，迁扈武帝行南巡狩，至盛唐、江陵，望祀虞、舜于九嶷。升庐山岩，观禹疏九江，而眺钟、彭。出枞阳，过彭蠡，北至琅邪，并海上。所过礼祠其名山大川。

公元前一〇五　汉武帝元封六年　迁四十一岁

迁为太史令。䌷史记、石室、金匮之书。著《太史公书》。见前。

公元前一〇四　汉武帝太初元年　迁四十二岁

　　从大中大夫公孙卿、壶遂、太史令司马迁等言议改历。迁受诏始终总其事，为中国历学之一大革命。时专家预事者三四十人，其民间治历者二十余人，不可复考。姓名可稽者如：公孙卿、壶遂、儿宽、博士赐等，尊大、射姓、邓平、司马可、酒泉侯宜君、唐都、洛下闳、淳于陵渠等。《汉志》有《天历大历》十八卷，《隋志》有《太史公万岁历》一卷，当为迁是岁作，已佚。后壶遂为上大夫，迁与论著史之意。与迁议历之唐都，则谈之师也。迁自谓"太初元年十二月甲子朔旦冬至，天历始改，建于明堂，诸神受纪"，即指定历事。

　　前儒及郑谱不明此为定历事，而连下文与壶遂问对诸语读，至误迁太初元年始著史。按谈卒次岁，迁未为太史，即继父志作《河渠书》。次岁为太史令，䌷史记、石室、金匮书，岂有不及时论撰，而必待太初元年，始操笔以事之乎？

　　儿宽卒。《汉志》儒家有儿宽九篇，又有赋二篇。《汉书·儿宽传》："拜宽为御史大夫，从东封泰山，及太史令司马迁等言历纪坏废，汉兴未改正朔，宜可正。上乃诏宽与迁等共定汉太初历。"按《汉书》除《司马迁传》外，记迁为太史令，在《律历志》及《儿宽传》《李陵传》曾三见，亦可证迁官为太史令，太史公特称谓而已。

公元前一〇三　汉武帝太初二年　迁四十三岁

　　迁为太史令。䌷史记、石室、金匮之书。著《太史公书》。见前。

公元前一〇二　汉武帝太初三年　迁四十四岁

　　迁为太史令。䌷史记、石室、金匮之书。著《太史公书》。见前。

公元前一〇一　汉武帝太初四年　迁四十五岁

迁为太史令。紬史记、石室、金匮之书。著《太史公书》。见前。

公元前一〇〇　汉武帝天汉元年　迁四十六岁

迁为太史令。紬史记、石室、金匮之书。著《太史公书》。见前。《汉书·苏武传》谓："武字子卿，少以父仕，兄弟并为郎，稍迁至栘中厩监。时汉连伐胡，数通使相窥观。匈奴留汉使郭吉、路充国等前后十余辈，匈奴使来，汉亦留之，以相当。天汉元年，且鞮侯单于初立，恐汉袭之。乃曰：汉天子，我丈人行也。尽归汉使路充国等。武帝嘉其义，乃遣武以中郎将使持节送匈奴使留在汉者，因厚赂单于，答其善意。武与副中郎将张胜及假吏常惠等募士斥候百余人俱。"

公元前九九　汉武帝天汉二年　迁四十七岁

夏五月，汉贰师将军三万骑出酒泉，与匈奴右贤王战于天山，遣骑都尉李陵将步兵五千出居延北可千里，与单于骑三万战。陵追击，杀数千人，单于大惊，召左右贤王以八万骑攻陵，陵且战且却，相持八日，斩首数千级，距居延百余里，归道已绝，食乏矢尽，而援不至，兵没归汉者仅四百余人，陵遂降，终图报汉。群臣皆罪陵于武帝，帝问迁，迁独排众议，谓陵"举事一不幸，全躯保妻子之臣，随而媒孽其短，诚可痛也！"，"彼之不死，宜欲得当以报汉"，何况，"事已无可奈何；其所摧败，功亦足以暴于天下矣！"。帝以迁诬妄，沮贰师，下之于监。

迁母早逝，无兄弟，观于新莽时求其后封史通子，则有子可知。女嫁杨敞，生杨忠、杨恽。《史记》至恽始宣布也。迁生子女，当在是年以前。王考、郑谱以敞妻助敞预立宣帝之议，此妻即迁女。按宣帝立不数月，敞卒，后母无子，其财尽以与恽，则助敞预立宣帝议者，恽后母也，非迁女也。

公元前九八　汉武帝天汉三年　迁四十八岁

武帝误信李陵教单于兵说，族陵家，母弟妻子皆伏诛。下迁蚕室，被腐刑。时迁著《史》未就，忍辱以冀其成。迁《悲士不遇赋》，疑作于是年。《汉志》有迁赋八篇，今唯存此篇，且亦不完。

公元前九七　汉武帝天汉四年　迁四十九岁

迁在狱中，发愤著《太史公书》。见前。

公元前九六　汉武帝太始元年　迁五十岁

夏六月，赦天下，迁出狱为中书谒者令，省称中书令。仍著《太史公书》。

葛洪《西京杂记》曰："洪家有汉武帝《禁中起居注》一卷。"《隋志》《史通》亦载其书，未知是迁为中书令时所作否？

公元前九五　汉武帝太始二年　迁五十一岁

迁为中书谒者令。著《太史公书》。见前。

武帝诏曰："有司议曰：往者朕郊见上帝，西登陇首，获白麟，以馈宗庙；渥洼水，出天马；泰山见黄金。宜改故名，今更黄金为麟趾褭蹄，以协瑞焉！"迁著《史》叙事"至于麟止"，谓断限于麟趾协瑞之年也。按《史记》叙事断限异说有四：一谓讫于元狩元年，此误以麟止为获麟，不知《史记》中太初、天汉事固至多也。一谓讫于太初，按《序略》既称"至于麟止"，又称"至太初而讫"，盖"始"误为"初"也。《史记》虽亦有记太始二年以后之事者，然确可证出于迁手者固不多，行文涉事，犹抽刀断水，殊难截然而止，断限之意，就其大体言之也。一谓讫于天汉，此据《汉书·司马迁传赞》，今读其文，实作大汉，非天汉也。一谓讫武帝末，见《建元以来侯者表》所附褚少孙言。按武帝在位五十余年，太始二年，已为末期，言"末"亦无不合。况迁卒约在武末、昭初，晚岁续有修订，间及武帝之末，要不能与所立断限，并为一谈也。王国维曰："《汉兴以来诸侯年表》《建元以来王子侯者年表》，皆讫太初四年，此史公原本也。《高帝功臣年表》则每帝一格，至末一格，则云'建元元年至元封六年三十六'，又云'太初元年尽后元二年十八'，以武帝一代，截而为二，明前三十六年事为史公原本，而后十八年事，为后人所增入也。《惠帝间侯者年表》与《建元以来侯者年表》末太初以后一格，亦后人所增。至如《建元以来侯者年表》，元封以前六元，各占一格，而太初以后五元，并为一格，尤为后人续补之证。"按《文选》所载《报任安书》为全文，《汉书·司马迁传》则有所节，据《文选》内有"为十表、本纪十二、书八章、世家三十、列传七十"之语，表列于首，与今本《史记》次序异，表当先成。且天汉二年，迁获罪不在太史之职，无从再读官书，表皆作于是年以前，故或讫元封，或讫太初，倘以此证《史记》纪事以太初为断，又何以解于讫元封者，故王氏举以证表之作年则可，以定全书纪事断限，则犹有未安也。郑谱取王说未加考辨，故详论之。

公元前九四　汉武帝太始三年　迁五十二岁

　　迁为中书谒者令。著《太史公书》。见前。

公元前九三　汉武帝太始四年　迁五十三岁

　　迁为中书谒者令。著《太史公书》。见前。

　　冬十二月，迁扈从武帝幸雍，祠五畤，归，任安予迁书，责以推贤进士，未即报。征和三年冬报书谓"书辞宜答，会东从上来，又迫贱事，相见日浅，卒卒无须臾之间，得竭指意"，即指此。郑谱从王考，谓是年报任安书，非，说见后。

迁尝从董仲舒闻《春秋》之义，董仲舒卒于本年前后。《汉志》有《公羊董仲舒治狱》十六篇，又儒家有董仲舒百二十三篇。《史记》有《儒林董仲舒传》。

公元前九二　汉武帝征和元年　迁五十四岁

迁为中书谒者令。著《太史公书》。见前。

《汉书·武帝本纪》谓是年长安巫蛊起。

公元前九一　汉武帝征和二年　迁五十五岁

秋七月，太子据以巫蛊与丞相刘屈氂战长安，太子召监北军使者任安（字少卿）发兵，安受节而不应，有以安受节上书武帝者，武帝下安于吏。安在狱中，迁以明春之初，将从武帝幸雍，故于十二月先报书于安。书中谓"今少卿抱不测之罪，涉旬月（犹云涉旬兼月，其日已久，非必十月也），迫季冬，仆又薄（犹言迫将）从上上雍，恐卒然不可讳，是仆终已不能舒愤懑以晓左右，则长逝者魂魄永恨无穷。阙然不报（犹言未即报），幸勿过"，即指此。又谓"赖先人绪业，得侍毂下二十余年"；"主上幸以先人之故，使得奉薄技，出入周卫之中"。迁自三十六岁扈从武帝封禅，至此实二十年也。迁《报书》意在舒愤懑，故重申李陵之冤、腐刑之辱，及所以隐忍苟活以完著《史》之业者。

其文有同于《序略》处，考之则《报书》作于《序略》前。兹举一例，即可晓然。《报书》："网罗天下放失旧闻，略考其行事，综其终始，稽其成败兴坏之纪，上起轩辕，下至于兹，为十表、本纪十二、书八章、世家三十、列传七十，凡百三十篇，亦欲以究天人之际，通古今之变，成一家之言。……诚以著此书，藏之名山，传之其人，通邑大都。"《序略》："罔罗天下放失旧闻，王迹所兴，原始察终，……论考之行事，推三代，录秦、汉，上记轩辕，下至于兹，著十二本纪，既科条之矣。并时异世，年差不明，作十表。……作八书。……作三十世家。……作七十列传。凡百三十篇，五十二万六千五百字。……以拾遗补阙，成一家之言，厥协六经异传，整齐百家杂语，藏之名山，副在京师，俟后世圣人君子。"

姑舍其文字详略不论，而举其大端：《报书》时表先本纪，盖初稿如此，与今本《史记》不合。而《序略》所称则与今本《史记》合，应为《报书》后重定其次而传于今者。《序略》："著十二本纪，既科条之矣。并时异世，年差不明，作十表"，此数语，可知将表移后，确出于迁，非后人所更，是《序略》作于《报书》后，其证至确。《序略》又确言字数，则作《序略》时，书已成可知。《报书》作于《序略》前而已言百三十篇，则因《序略》虽尚未作，而拟目已定也。

以此言之，郑谱从赵翼说定本岁为书成之年，实未深考。尤可怪者，郑谱既从王国维说以《报任安书》在太始四年，又从赵翼说谓在本年，以证《报书》之年即《史记》始成之年，互相矛盾，殊难自解。唯赵翼以此年《报书》诚是，而据犹不足，读《汉书·刘屈氂传》，一若征和二年七月巫蛊之祸乱平后，任安即罹腰斩之刑者，再读《史记·田叔传》后褚少孙补记任安事，则小吏上书武帝诬安之后，帝始下之吏，后诛死。盖安非乱定即斩，系狱议罪，其中颇历时日而后诛也。《报书》"少卿抱不测之罪，涉旬月，迫季冬"，可知安诛至早亦在冬季之后，倘乱定即斩，迁将无由而报之书矣。王国维以不得其故，系于前岁，而曲为之说。郑谱依违其间，如此而欲求《史记》成书之岁，何由得之乎？

孔安国献古文书，以巫蛊之祸，未得立。

公元前九〇　汉武帝征和三年　迁五十六岁

迁写定《序略》，《史记》一百三十篇始成。迁自被刑，不在太史之职，而时书又未成，著史取资，遂不能完。今读其书，知终为屡改未定之稿，疏略牴牾，存疑难定，及文字不完之处，在在可见。终迁之世，盖初不能成定本也。此云"《史记》一百三十篇始成"者，谓一百三十篇之文已具，非谓迁即以此为定稿也。是年，李广利降匈奴。王国维云"今观《史记》中最晚之纪事，得信为出自史公手者，唯《匈奴列传》之李广利降匈奴事，余皆出后人续补者也"，可证成余说。

公元前八九　汉武帝征和四年　迁五十七岁

迁为中书谒者令？见后。

公元前八八　汉武帝后元元年　迁五十八岁

迁为中书谒者令？见后。

公元前八七　汉武帝后元二年　迁五十九岁

迁为中书谒者令？见后。

公元前八六　汉武帝始元元年　迁六十岁

王国维考郭穰于次年已为中书谒者令，谓迁时必已去官，或前卒矣，故姑定本年为迁卒岁，其说可从。

《隋志》有《中书令司马迁集》一卷，盖后人汇迁文而编之者。今迁文除《史记》外，唯存《报任安书》《与挚峻书》及《悲士不遇赋》。

《隋志·五行家》："梁有太史公《素王妙议》二卷，亡。"《论衡》引一则，《史记·越世家》注引一则，《北堂书钞》引一则，《太平御览》引三则，皆作《素王妙论》。《史记正义》引《七略》（似是《七录》之误）云："司马迁撰。"王国维谓："殆魏、晋人所依托也。"骆按，《素王妙论》称范蠡"行十术之计，二十一年之间，三致千万，再散与贫"。《汉书》称杨恽"始读外祖太史公记，颇为春秋"。"颇为春秋"一语，不得其解。"素王"一辞，出《春秋纬》，岂《素王妙论》即恽所作耶。再以恽行事考之，《汉书》："恽受父财五百万，及身封侯，皆以分宗族。后母无子，财亦数百万，死皆予恽，恽复尽分后母昆弟。再受訾千余万，皆以分施，其轻财好义如此。"恽《报孙会宗书》："恽幸有余禄，又籴贱贩贵，逐什一之利。"倘《素王妙论》为恽作，今存范蠡一节，岂恽因自况而为之予？

迁墓，据《水经注》在夏阳。今陕西韩城县芝川镇司马坡有迁墓。

迁生平交游，除前文述及者，其散在《史记》各篇而可征者有：贾谊之孙嘉、樊哙之孙他广、朱建之子某、冯唐之子遂、田叔之子仁、苏武之父建等。

迁游踪甚广，郑谱曾列为一表，颇明晓，兹稍正其误，转录之如下：

区域	省份	地名
黄河流域	甘肃	崆峒
	山陕	朔方、长城、龙门
	河南	洛、汭、大邳、大梁、箕山
	河北	涿鹿
	山东	琅邪、泰山、东海、济、薛、汶、泗、邹、峄、鄱
长江流域	四川	岷山、离碓、巴蜀以南、邛、笮
	湖南	沅、湘、楚长沙、九疑
	江西	庐山、九江
	江苏	江、淮、大湟、姑苏、五湖、淮阴、沛、丰
	浙江	会稽、禹穴
	云南	昆明

一九四九年初，骆在沪为美国来华汉学家柯尔曼、牟复礼等讲授《史记》，至一九五〇年四月仍未毕事。骆久蓄去志，因为写此篇以贻之，盖仓猝撰成，初不能尽当于余意焉。后读朱希祖、萧鸣籁、施之勉、曲颖生对王、张二考驳辩之文，及李奎耀、徐震、素痴、钱穆、杨启高、朱东润、泷川资言、桑原骘藏之作，骆对原所撰述者，在细节上颇有拟修改之处。今门下诸生助余编成《史记今释》，径取余箧中原作录为附编二，待骆得校阅时，已艰于改动，谨识于此，以俟再版增删之。

一九七一年八月十五日家骆校后记

《史记今释》参考资料

《史记今释》全书参考资料

《史记集解》八十卷　南朝宋裴骃　影北宋景祐本

《史记索隐》三十卷　唐司马贞　汲古阁本

《史记正义》一百三十卷　唐张守节　故宫博物院藏文渊阁四库全书本（原本三十卷）

　　以上三家注通行者合为一本一百三十卷，版本甚多，不一一著录，今存者以南宋黄善夫本为最早，有影印本行世。

《班马异同评》三十五卷　宋倪思撰，宋刘辰翁评　明刊本

《史记法语》八卷　宋洪迈　说郛本

《班马字类》五卷附《补遗》　宋娄机撰，宋李会伯补遗

《史记辨惑》十一卷　金王若虚　《滹南遗老集》卷九至十九：畿辅丛书本　四部丛刊本

《批点史记琐琐》二卷　明郝敬　明刊山草堂集本

《史诠》五卷　明程一枝　原刊本

《史记考要》十卷　明柯维骐　明刊本

《史汉骈枝》一卷　清成孺　广雅书局本　南菁书院本

《史汉方驾》三十五卷　明许相卿　明刊本

史记部　清陈梦雷　在《古今图书集成·理学汇编·经籍典》中

《史记考证》七卷　清杭世骏　道古堂外集本　食旧堂丛书本卷七至卷十三：乾隆五十三年补史亭刊本

《读史记札记》一卷　清潘永季　昭代丛书本　道光间世楷堂刊本

《史记半解》　清汤谐　康熙刊本

《史记蠡测》一卷　清林伯桐　修本堂丛书本

《史记辨证》十卷　清尚镕持雅堂全集本

《史记志疑》三十六卷　清梁玉绳　清白居士全集本　广雅书局本　会稽章寿康刊本

《史记杂志》　清王念孙　《读书杂志》本

《史记疑问》一卷　清邵泰衢　原刊本

《史记校》二卷　清王筠　故宫博物院图书馆排印本

《史记毛本正误》　清丁晏　广雅丛书本

《校史记杂识》　清钱泰吉　《甘泉乡人稿》卷五：咸丰四年刊本

《校刊史记集解索隐正义札记》　清张文虎　金陵书局刊本

《班马字类附记》一卷　清翁方纲　乾隆五十四年自刊本

《史记札记》　清郭嵩焘　世界书局本

《史记札记》一卷　清李慈铭　北平图书馆排印本

《读史记日记》一卷　清朱锦绶　学古堂日记本

《读史记日记》一卷　清查德基　学古堂日记本

《读史记日记》三卷　清沈惟贤　学古堂日记本

《史记琐言》三卷　清沈家本　《沈寄簃先生遗书》本

《史记探源》八卷　崔适　北京大学排印本

《史记订补》八卷　李笠　瑞安李氏横经堂刊本

《史记纪年考》　刘坦　商务印书馆本

《史汉研究》　郑鹤声　商务印书馆本

《史记考索》　朱东润　开明书局本

《史记识误》三卷　周尚木　民国十七年石印本

《读史记蠡述》三卷　李澄宇　长沙湘鄂印刷公司铅印本

《史记补注》　朱师辙　国学研究社排印国学汇编本

《史记解诂》　吴国泰　民国二十七年排印本

《史记新校注》初稿　张森楷　稿本

《史记新校注》二稿　张森楷　稿本

《史记新校注》三稿　张森楷　稿本

《史记新校注》四稿　张森楷　稿本

《史记新校注》五稿一百三十卷　张森楷　中国学典馆影印稿本

《史记新校注》六稿一百三十卷　张森楷　中国学典馆影印稿本

《史记旧注平议》　王骏图，王骏观　正中书局本

《史记会注考证》一百三十卷　日本泷川资言

《史记会注考证校补》一百三十卷　日本水泽利忠

《史记考异》十五卷　日本大岛贽川　日本金泽大学图书馆藏本

《史记地名考》　钱穆　香港排印本

《史记今注》（未完）　劳榦等　中华丛书委员会本

《史记斠证》（未完）　王叔岷　"中央研究院"历史语言研究所集刊本

《史记疏证》（未完）　杨家骆等

《史记学及张氏新校注检读记》　杨家骆

《史记通论》　杨启高　正中书局本

《太史公书义法》二卷　孙德谦　世界书局本

《太史公书知意》　刘咸炘　民国二十年自刊本

《史记释例》　靳德峻　商务印书馆本

《太史公系年考略》　王国维　学术丛编本

《太史公行年考》　王国维　《王静庵遗书》本

《太史公疑年考》一卷　张惟骧　《小双寂庵丛书》本

《太史公年谱》一卷　张鹏一　民国二十二年改订刊本

《司马迁年谱》一卷、《补遗》一卷　郑鹤声　商务印书馆本

《司马氏世系及谈迁父子年谱》　杨家骆　上海世界书局本

《司马迁之人格与风格》 李长之　开明书局本
《司马迁历史艺术》 李美月　辅仁大学史苑本

专供甲编《项羽本纪》的参考资料

"杂说江东"条　五代邱光庭《兼明书》卷五
"我承其弊"条　同上
"项梁既追章邯……"条　宋袁文《瓮牖闲评》卷二
"楚怀王"条　宋洪迈《容斋随笔》卷九
"《史记·项羽本纪》"条　宋叶适《习学记言》卷十九
《读〈史记·项羽本纪〉说》　明黄凤翔《田亭草》卷九
《读〈项羽本纪〉》　清蒋中和《半农斋集》卷二
《书〈项羽本纪〉后》　清李元度《天岳山馆文钞》卷三十
《读〈项羽本纪〉》　清吴秉礼　见清李根源编《永昌府文征》卷十八
《读〈项羽本纪〉》　清张际亮《张亨甫文集》卷一
《读〈项羽本纪〉》　清吴汝纶《桐城吴先生文集》卷四
《读〈项羽本纪〉》　清姚永概《慎宜轩文集》卷二
《读〈项羽本纪〉》　金天羽《天放楼文言》卷二
《读〈史记·项羽本纪〉》　陈汉章《缀学堂初稿》卷二
《史记汉王劫五诸侯兵考》　朱希祖　见《齐鲁学报》二期：民国三十年七月
《读〈史记·项羽本纪〉札记》　张友铭　见《国文月刊》二十期：民国三十二年三月
《〈项羽本纪〉今注》　屈万里　见《史记今注》第一册卷七
《〈项羽本纪〉斠证》　王叔岷
《〈项羽本纪〉疏证》　杨家骆指导朱瑗撰　稿本

专供甲编《十二诸侯年表》的参考资料

"《史记·二十诸侯年表》乃列十三国者……"条　宋项安世《项氏家说》

"史记表"条　宋叶适《习学记言》卷十九

《读〈史记·十表〉》十卷　清汪越撰，徐克范补　二十五史补编本

《书〈史记·十表〉后》　清方苞《望溪先生文集》卷二

《读〈史记·本纪年表〉》　清张九镡《笙雅堂文集》卷三

《书〈十二诸侯年表〉》　清刘城《峄桐文集》卷八

《〈史记·十二诸侯年表序〉索隐书后》　清俞正燮《癸巳存稿》卷七

《读〈史记·十二诸侯年表〉》　叶百丰　见《群雅》第一集卷三：民国二十九年六月

专供甲编《六国年表》的参考资料

《书〈史记·六国表序〉后》　清方苞《望溪先生文集》卷二

《记项燕事补注〈六国年表〉后》　清全祖望《鲒埼亭集外编》卷四十九

《读〈史记·六国年表〉书后》　清蒋湘南《七经楼文钞》卷三

《论〈史记·六国年表〉序》　清包世臣《安吴四种》卷九

《〈六国表〉订误及其商榷》　日本武内义雄著，王古鲁译　见《金陵学报》一卷二期：民国二十年十一月

《史记六国表订误》　杜呈祥　见《益世报》副刊《读者周刊》十二期：民国二十四年八月廿二日

专供甲编《秦楚之际月表》的参考资料

《书〈秦楚之际月表〉》　清刘城《峄桐文集》卷八

《与梁耀北论〈史记·秦楚之际月表〉》　清钱大昕《潜研堂文集》卷三十四

《史记月表正讹》一卷　清王元启　二十五史补编本
《史记月表考证》　清汪之昌《青学斋集》卷十三
《楚汉之际月表》一卷　清吴非　二十五史补编本

专供甲编《汉兴以来诸侯王年表》的参考资料

"瓞"条　宋王观国《学林》卷六
《读〈史记·汉兴诸侯王表〉》　清全祖望《鲒埼亭集外编》卷二十八

专供甲编《高祖功臣侯者年表》的参考资料

"羹"条　宋王观国《学林》卷六
"汉高功臣"条　同上卷三
"羹音郎"条　宋吴曾《能改斋漫录》卷一

专供甲编《留侯世家》的参考资料

"禄里"条　唐李匡义《资暇集》卷上
"温公《通鉴》不载四皓事……"条　明于慎行《读史漫录》卷三
"胡苑"条　明杨慎《史说》
《书〈留侯世家〉后》　清张履祥《杨园先生全集》卷二十
《读〈留侯世家〉》　清沈寓《白华庄藏稿钞》卷一
《书〈留侯世家〉后》　清萧穆《敬孚类稿》卷三
《书〈留侯世家〉》　清徐经《雅歌堂文集》卷四

专供甲编《平原君虞卿列传》的参考资料

《读〈平原君传〉》　清吴大廷《小酉腴山馆文钞》卷二
《读〈平原君传〉》　清李桢《畹兰斋文集》卷一
《读〈虞卿传〉》　同上
《读〈平原君传〉》　吴闿生《北江先生文集》卷一

专供甲编《廉颇蔺相如列传》的参考资料

"廉颇三遗矢……"　元李治《敬斋古今黈》卷三
《蔺相如列传》　元戴表元《剡源集》卷二十二
《读〈廉颇蔺相如传〉》　吴闿生《北江先生文集》卷一

专供甲编《屈原贾生列传》的参考资料

"搢、倩"条　宋王观国《学林》卷九
《读〈贾生列传〉》　元黄溍《金华黄先生文集》卷三
"搢、倩二字"条　明杨慎《丹铅杂录》卷十
"史记屈原传……"条　明于慎行《读史漫录》卷二
"贾谊晁错"条　明陈懿典《读史漫笔》
《屈贾合传论》　清陶必铨　见《萸江古文存》卷三
《书〈屈原贾生列传〉后》　陈三立《散原精舍文集》卷五
《〈史记·屈原传〉考证》　LM　见《益世报》副刊《国学周刊》：民国十八年八月十九日
《〈史记·屈原贾生列传〉疏证》　苗可秀　见《东北丛刊》十六期：民国二十年四月
《〈屈原贾生列传〉讲记》　陈柱　见《学术世界》一卷七期：民国二十四年十二月
《〈史记·屈原贾生列传〉疏证》　杨家骆指导金荣华撰作　台湾师范大学硕士论文：该校国文研究所集刊本

专供甲编《刺客列传》的参考资料

《书〈刺客传〉后》　宋王安石《临川文集》卷七十一
"太史公权衡"条　明张燧《千百年眼》卷五
"豫让心事最苦……"条　明陈懿典《读史漫笔》
《书〈刺客传〉后》　清方苞《望溪先生文集》卷二

《书〈荆轲传〉后》　清刘大櫆《海峰先生文集》卷二
《〈荆轲传〉书后》　清程畹《啸云轩文集》卷一
《〈史记·刺客传〉书后》　清朱之榛《常慊慊斋文集》卷上
《太史公节取豫让之意论》　清卢绂《四照堂文集》卷二

专供甲编《李斯列传》的参考资料

《书〈李斯传〉后》　清徐枋《居易堂集》卷十
《〈李斯列传〉讲记》　陈柱　见《学术世界》一卷十期：民国二十五年四月
《李斯上书谏逐客事考辨》　黄永年　见《天津民国日报》副刊《史与地》二十三期：民国三十六年六月廿三日

专供甲编《淮阴侯列传》的参考资料

"汉淮阴侯归汉……"条　宋沈作喆《寓简》卷三
"两韩信非"条　宋罗璧《识遗》卷二
"韩师德曰……"条　宋陈长方《步里客谈》卷下
"韩信伐赵……"条　明于慎行《读史漫录》卷三
《书〈淮阴侯列传〉后》　清方苞《望溪先生文集》卷二
《书〈淮阴侯传〉后》　清刘何　见《刘氏清芬集》卷七
《读〈史记·淮阴侯传〉》　清徐经《雅歌堂文集》卷四

专供甲编《万石张叔列传》的参考资料

《读〈万石君传〉》　清刘大櫆《海峰先生文集》卷二
《〈史记·万石君传〉书后》　清陆继辂《崇百药斋文集》卷十四
《读〈史记·万石君传〉》　清张履《积石文稿》卷七
《〈万石君列传〉书后》　清周昌甲　见清谭献编《经心书院续集》卷三

专供甲编《魏其武安侯列传》的参考资料

"魏其侯传"条　宋王楙《野客丛书》卷二十五

"肺腑"条　宋王观国《学林》卷七

"《史记》《汉书》肺腑二字……"条　宋袁文《瓮牖闲评》卷二

"……又蚡以肺腑……"条　元李治《敬斋古今黈拾遗》卷二

"田蚡怒韩安国曰……"条　同上

"灌夫传……"条　同上

"魏其武安等传……"条　明郑瑗《井观琐言》卷上

《读〈魏其侯传〉》　清全祖望《鲒琦亭集外编》卷二十八

《读〈史记·魏其武安传〉后》　清包世臣《安吴四种》卷九

《书〈魏其武安传〉后》　清张裕钊《濂亭文集》卷一

《与梁燿北论〈史记〉书·辨奉邑食鄃》　清钱大昕《潜研堂文集》卷三十四

专供甲编《李将军列传》的参考资料

《书〈李广传〉后》　宋刘邠《彭城集》卷四十

"李广传……"条　宋叶大庆《考古质疑》卷三

"《汉书·李广传》……"条　宋宋祁《宋景文公笔记》卷中《考古》

《读〈李广传〉书后》　清康发祥《伯山文集》卷一

专供甲编《游侠列传》的参考资料

"史记游侠传曰……"条　明郑瑗《井观琐言》卷上

"史记侯之门仁义存……"条　明于慎行《读史漫录》卷三

《读〈游侠传〉》　清蒋中和《半农斋集》卷二

《读〈史记·游侠列传〉》　清方楘如《集虚斋学古文》卷一

《书〈史记·游侠传〉后》　清贺涛《贺先生文集》卷二

《〈史记·游侠列传〉书后》　王宗毅《鹤寮遗稿》卷上

《书〈游侠列传〉后》 陈懋森《休盦集》卷下

专供乙编《平准书》的参考资料

"《史记·平准书》"条 宋叶适《习学记言》卷十九
《〈平准书〉〈食货志〉同异》 明杨慎《太史升庵文集》卷四十七
《书〈平准书〉后》 清徐枋《居易堂集》卷十
《〈平准书〉书后》 清梅曾亮《柏枧山房文集》卷四
《〈史记·平准书〉与〈食货志〉相表里论》 顾鸣凤《念萱池馆文存》卷四
《司马迁〈平准书〉中所含的思想》 仰菴 见《时事新报》副刊《学灯》第十二年十月份

专供乙编《孔子世家》的参考资料

《〈孔子世家〉议》 宋王安石《临川文集》卷七十一
"孔子生"条 宋王观国《学林》卷一
"孔子诔"条 同上卷二
"孔子作《春秋》……"条 宋朱翌《猗觉寮杂记》卷上
"孔子生年"条 宋罗璧《识遗》卷四
"《尚书》孔臧以多为少,《毛诗》太史公以少为多"条 宋吴曾《能改斋漫录》卷十
"孔子诔"条 宋史绳祖《学斋占毕》卷二
"《孔丛子》"诸条 宋叶适《习学记言》卷十七
"《论语》"条 同上卷十三
"诗序周南召南至豳"条 同上卷六
"《孔子家语》"诸条 同上卷十七
"《家语·本姓解》云……"条 元李治《敬斋古今黈》卷三
"年月牴牾"条 明焦竑《焦氏笔乘》卷二

"子见南子"条　同上续集卷五

"南子是南蒯"条　明张燧《千百年眼》卷三

"孔子生卒年月传记所载不同……"条　明陈恂《余庵杂录》卷中

《读〈孔子世家〉》　清姜宸英《湛园未定稿》卷一

《〈孔子世家〉考》二卷　清郑环　嘉庆八年南兰陵郑氏愿学斋刊本

《〈孔子世家〉补订》一卷　清林春溥　咸丰中刊《竹柏山房十五种》本

《〈孔子世家〉书后》　清程鸿诏《有恒心斋文集》卷二

《读〈史记·孔子世家〉后》　清金俶基　见清金锡龄编《学海堂四集》卷十七

《〈史记·孔子世家、弟子列传〉正误》　清王仁　见清阮元辑《诂经精舍文集初集》卷三

《读〈史记·孔子世家〉》　清沈湛钧《知非斋古文录》

《〈孔子世家〉野合辨》　清刘光谟《高石斋文钞》卷二

《论〈史记〉孔子为鲁司寇摄行相事之误》　清帅方蔚《咫闻轩剩稿》卷三

《〈史记·孔子世家〉后识语》　清俞正燮《癸巳存稿》卷九

《考正〈史记·孔子世家〉》　陈朝爵　见《学风月刊》四卷八期：民国二十三年十月　又安徽大学月刊二卷二期：民国二十三年十一月，又《国学论衡》五期上册：民国三十四年六月

《考正〈史记·孔子世家〉》　陈朝爵　《制言》半月刊二期：民国二十四年十月

《〈史记·孔子世家〉补证》　朱桂曜　《之江学报》一卷一期：民国二十四年四月

《〈史记·孔子世家〉疏证》　杨家骆指导朱瑗撰作　台湾中国文化学院史学所硕士论文

专供乙编《陈涉世家》的参考资料

"《汉书·陈涉传》曰……"条　元李治《敬斋古今黈》卷三
"颗颐沈沈字义"条　明张萱《疑耀》卷二
"张楚"条　同上卷六
《〈史记·陈涉世家〉书后》　清陈玉树《后乐堂文钞》卷一

专供乙编《萧相国世家》的参考资料

《书〈萧相国世家〉后》　清方苞《望溪先生文集》卷二
《跋手书〈萧相国世家〉》　清汪由敦《松泉文集》卷二十
《读〈萧相国世家〉》　清钱维乔《竹初文钞》卷二
《书〈史记·萧相国世家〉》　清帅方蔚《咫闻轩剩稿》卷二
《书〈萧相国世家〉后》　清钱泰吉《甘泉乡人稿》卷三
《书〈酂侯世家〉》　清徐经《雅歌堂文集》卷四
《书〈萧相国世家〉》　清吴敏树《柈湖文集》卷五

专供乙编《老子韩非列传》的参考资料

"孔子师"条　宋罗璧《识遗》卷一
"孔子适周……"条　宋人著《木笔杂钞》卷上
"老子"条　宋叶适《习学记言》卷十五
"老子传……"条　元李治《敬斋古今黈》卷三
"聃字韵注他酣切……"条　同上卷五
"史儋"条　明周婴《卮林》卷二
"太史公书多所牴牾……"条　明于慎行《读史漫录》卷一
《读〈老子传〉后》　清方苞《望溪先生文集》卷二
《读〈史记·老庄申韩列传〉》　清徐经《雅歌堂文集》卷四
《再书〈老子传〉后》　同上
《读〈史记·老庄申韩列传〉》　清尹继美《鼎吉堂文钞》卷一

《〈老子与韩非同传〉论》 清刘匹雄　见清谭献编《经心书院续集》卷三

《书〈史记·老韩列传〉后》 清张佩纶《涧于文集》卷上

《读〈史记·老庄申韩列传〉》 曹炳麟《钝庐文集》卷一

《〈史记·老子传〉考正》 谭戒甫　见武汉大学《文哲季刊》五卷二号：民国二十五年

《〈老子传〉与老子书的问题》 张默生　见《重庆文化先锋》二卷二十期：民国三十二年十月

《〈史记·老子传〉笺证》 高亨　见《北强》一卷一期至二期：民国二十三年四月至六月

《〈史记·老子世家〉考》 高亨　见国立北平图书馆馆刊九卷三号：民国二十四年六月

《〈史记·老子列传〉辨论》 徐震　见国立中央大学半月刊一卷十六期：民国十九年六月

《〈老庄申韩列传〉讲记》 陈柱　见《学术世界》一卷十二期：民国二十五年七月

《老子新考述略》 杨家骆　世界书局本

《老庄研究》 灵峰　中华书局本

《〈史记·老庄申韩列传〉疏证》 杨家骆指导刘本栋撰作　台湾师范大学国文研究所硕士论文

专供乙编《伍子胥列传》的参考资料

"倒行逆施"条　宋吴曾《能改斋漫录》卷三

《伍子胥列传》　元戴表元《剡源集》卷二十二

《读〈伍子胥传〉》　清方苞《望溪先生文集》卷二

《读〈伍子胥传〉》　清严昌钰《浣花居文钞》卷下

《〈史记·伍子胥传〉注》　卫聚贤　见《说文月刊》二卷五期：民国

十九年八月

专供乙编《仲尼弟子列传》的参考资料

"常病太史公言……"条　宋苏轼《东坡志林》卷三

"颜子非二十九岁死"条　宋吴枋《宜斋野乘》

"有若"条　宋洪迈《容斋随笔》卷十五

"卜子夏"条　宋洪迈《容斋随笔续笔》卷二

"宰我作难"条　同上卷十五

《〈孔子弟子传〉总论》　元戴表元《剡源集》卷二

《孔子弟子传》　同上卷二十二

"申枨"条　明焦竑《焦氏笔乘》卷一

"仲尼弟子世家"条　明杨慎《史说》

"……《史记》颜回少孔子三十岁……"条　明郑瑗《井观琐言》卷下

"阚止宰我与田常作乱……"条　明陈继儒《群碎录》

"申枨《史记》作申党……"条　同上

《〈孔子弟子传〉论后》　清毕振姬　见《西北文集》卷四

《书〈史记·弟子传〉后》　清丁晏《颐志斋文集》卷七

《〈史记·仲尼弟子列传〉考》　清郑环　嘉庆八年南兰陵郑氏愿学斋刊本

《宰我死齐简公之乱〈史记〉误谓与田常作乱辨》　清丁晏《颐志斋文集》卷三

《读〈仲尼弟子列传·漆雕氏〉》　清沈寓《白华庄藏稿钞》卷一

《书〈史记·仲尼弟子列传〉后》　清严可均《铁桥漫稿》卷八

《读〈家语·弟子行·七十二弟子解〉〈史记·弟子列传〉》　清袁文典　见清李根源编《永昌府文征》卷十二

《书〈仲尼弟子列传〉后》　清诸玉衡《醉月西庐古文》卷下

《书〈史记·仲尼弟子列传〉后》　清周树槐《壮学斋文集》卷七

《〈史记·仲尼弟子列传〉考》　清夏炘《景紫堂文集》卷二
《〈史记·弟子列传〉书后》　清程鸿诏《有恒心斋文集》卷二
《〈史记·仲尼弟子列传〉疏证》　杨家骆指导苏振申撰作　台湾中国文化学院史学研究所硕士论文　该院刊本

专供乙编《苏秦列传》的参考资料

《苏秦传》　元戴表元《剡源集》卷二十二
《读〈史记·苏秦传〉》　清胡嗣运《鹏南文钞》卷十四
《书〈苏秦列传〉后》　清徐乾学《憺园文集》卷三十六
《读〈史记·苏秦列传〉》　虞辉祖《寒庄文编》卷一
《〈鬼谷子〉书考及〈苏秦·张仪列传〉疏证》　杨家骆指导杨宗元撰作　台湾中国文化学院史学研究所硕士论文

专供乙编《张仪列传》的参考资料

《张仪列传》　元戴表元《剡源集》卷二十二
《〈鬼谷子〉书考及〈苏秦、张仪列传〉疏证》　杨家骆指导杨宗元撰作　台湾中国文化学院史学研究所硕士论文

专供乙编《孟子荀卿列传》的参考资料

《孟子荀卿列传》　元戴表元《剡源集》卷二十二
"史迁文章宾主"条　明张燧《千百年眼》卷五
《书〈孟子荀卿传〉后》　清方苞《望溪先生文集》卷二
《〈孟子荀卿列传〉后》　清恽敬《大云山房文稿初集》卷二
《〈孟子列传〉纂》一卷　清林春溥《竹柏山房十五种》本
《〈史记·孟子荀卿列传〉书后》　清陈玉树《后乐堂文钞续编》卷三
《〈孟荀列传〉书后》　清汪之昌《青学斋集》卷十四
《读〈孟荀列传〉书后》　清王宗毅《鹤寮遗稿》卷上

《读〈孟荀列传〉后的稽疑及提要》 罔周 见《中法大学月刊》十卷四期：民国二十六年二月
《孟荀书十考及〈孟子荀卿列传〉疏证》 朱玄撰 台湾师范大学国文研究所硕士论文：该所集刊本

专供乙编《乐毅列传》的参考资料

《乐毅列传》 元戴表元《剡源集》卷二十二
《书〈乐毅传〉后》 明王世贞《读书后》卷一
"望诸泽天柱山"条 明周婴《卮林》卷二

专供乙编《田单列传》的参考资料

"田单使人食必祭……"条 宋袁文《瓮牖闲评》卷一
《田单列传》 元戴表元《剡源集》卷二十二
《读〈田单传〉》 清严昌钰《浣花居文钞》卷下

专供乙编《鲁仲连邹阳列传》的参考资料

"荆轲"条 宋王楙《野客丛书》卷四
《鲁仲连列传》 元戴表元《剡源集》卷二十二
《题〈鲁仲连传〉》 清朱一是《为可堂初集》卷五十
《读〈鲁仲连邹阳传〉》 清恽敬《大云山房文稿初集》卷二
《〈史记·鲁仲连〉书后》 吴曾祺《漪香山馆二集》
《读〈鲁仲连邹阳传〉》 马其昶《抱润轩文集》卷二
《书〈鲁仲连邹阳传〉后》 裘可桴《可桴文存》卷一
《〈史记·鲁仲连列传〉书后二篇》 陈瀚年 见《国学丛刊》第十册：民国卅一年九月

专供乙编《儒林列传》的参考资料

"容颂"条 宋王观国《学林》卷一

"胥靡"条　同上
"董仲舒公孙弘"条　宋王楙《野客丛书》卷二十一
"《史记·董仲舒传》不载《天人三策》……"条　明王鏊《震泽长语》卷下
《书〈儒林传〉》　清姜宸英《湛园未定稿》卷一
《书〈史记·儒林传〉后》　清张九镡《笙雅堂文集》卷三
《〈史记·儒林传〉论》　清杨绍文《云在文稿》卷一
《〈史记〉之〈儒林〉〈游侠〉〈货殖〉三传论》　李澍　见《学术世界》一卷十二期：民国二十五年七月
《〈史汉·儒林传〉疏证》　杨家骆指导黄庆萱撰作　嘉新水泥公司铅印本

专供乙编《货殖列传》的参考资料

《题〈史记·货殖传〉》　宋范浚《香溪集》卷六
"计然意林"条　宋洪迈《容斋续笔》卷十六
"《史记·货殖传》……"条　元李治《敬斋古今黈》卷三
"《史记》载陶朱公中男杀人……"条　同上
《书〈货殖传〉》　清戴名世《潜虚先生文集》卷四
《白白斋〈货殖传〉评》一卷　清姚康　光绪十五年五桂山房刊本
《读〈货殖传〉》　清朱鹤龄《愚庵小集》卷十三
《读〈货殖列传〉》　清恽敬《大云山房文稿初集》卷二
《〈史记·货殖列传〉注》一卷　清刘光蕡　民国八年苏州刊《烟霞草堂遗书》本
《〈史记·货殖传〉书后》　清陈玉树《后乐堂文钞续编》卷三
《〈书货殖列传〉后》　清许新堂《日山文集》卷三
《〈史记·货殖列传〉书后》　清程畹啸《云轩文集》卷一
《〈史记·货殖传书〉后》　清吴翊寅《曼陀罗花室文》卷一

《〈书史·记货殖传〉后》　清张际亮《张亨甫文集》卷一
《〈史记·货殖列传〉今义》　梁启超《饮冰室合集》
《〈史记·货殖列传〉新诠》　潘吟阁　民国二十年商务印书馆排印国学小丛书本
《〈史记·货殖列传〉新诠地理正误》　贺次君　见《禹贡》半月刊三卷四期：民国二十四年四月
《〈禹贡〉〈职方〉〈史记·货殖列传〉所记物产比较表》　孙媛贞　见《禹贡》半月刊一卷三期：民国二十三年四月
《〈史记·货殖列传〉在我国古代经济思想之价值》　孔庆宗　见《北大月刊》九期：民国十一年九月
《〈货殖传〉中之经济学说及其时代背景》　潘文安　见《上海时事新报》副刊《学灯》：民国十三年二月
《〈史记·货殖列传〉论稿》　日本穗积文雄著　高福怡译

专供乙编《太史公书序略》的参考资料

"经根人事作"条　宋罗璧《识遗》卷二
"太史"条　宋黄朝英《缃素杂记》卷六
"茸侔"条　宋王观国《学林》卷十
"《春秋经》字数"条　同上卷二
"卫宏《汉仪注》曰……"条　宋宋祁《宋景文公笔记》卷中《考古》
"《汉仪注》太史公位在丞相上……"条　明于慎行《读史漫录》卷三
《书〈太史公自序〉后》　清方苞《望溪先生文集》卷二
《书〈太史公自序〉后》　清邵懿辰《半岩庐遗集》卷下
《〈太史公自序〉注》一卷　清刘光蕡《烟霞草堂遗书》本
《书〈太史公自序〉后》　清诸玉衡《醉月西庐古文》卷下
《〈太史公〈报任少卿书〉书后》　清吴大廷《小酉腴山馆文钞》卷四
《〈太史公自序〉书后》　甘鹏云　见清潭献编《经心书院续集》卷三

《〈史记·自序〉书后》 沈修《未园集略》卷七

《〈史记·太史公自序〉笺证》 高步瀛 见《女师大学术季刊》一卷一期：民国十九年三月

《〈太史公自序〉窃比〈春秋〉证义》 李国珍 见《大中华》一卷七期：民国四年七月

《〈太史公书序略〉疏证》 杨家骆指导张开乾撰作 台湾中国文化学院史学研究所硕士论文

出版后记

杨家骆先生是我国现代著名的古籍整理研究与编辑出版专家，长期从事图书目录学研究，主编有《四库大辞典》《世界学典》《古今图书集成学典》等大型工具书，兼涉经史子集。

《史记今释》一书是杨家骆先生主持编撰，原为台湾正中书局出版。关于《史记》，杨家骆先生另有《史记疏证》等书，但以其卷帙浩繁，不利于大中学生阅览，故自取其中三十五篇为《今释》。以其书史文兼顾，考据注释颇有可观，足为读者参阅，故引入此书。

此次编加过程之中存在不少存疑之处以及其他问题，于此向读者说明一二：

1. 关于全书体例问题。台版原书为繁体竖排，今改为简体横排，序例中提到的"低二格书"之类的体例，今依照简体版面做了调整变化，与原书所言有所不同。

2. 原书初版是在1971年，成稿时间更早于此，与今时行政区划差异非常大，但因其中有些指向如X县西北XX里，若改为今之区划则无法确定，故一仍其旧。仅绥远省、察哈尔省、热河省上世纪 50 年代已撤并，文中未改称新区划可能导致大范围亦无法指定，故概指区域如"今察哈尔南部"，对应改写为"今内蒙古自治区东部"或删去；"今绥远托克托县"改为"今内蒙古自治区托克托县"。

3. 书中部分注音为古音，与现代汉语中的语音有些出入。编者尽所能一一查证，有未详之处未敢妄改注释，仍其旧。

编者水平有限，但有不妥及错漏，敬请读者指正。

服务热线：133-6631-2326　188-1142-1266

读者信箱：reader@hinabook.com

后浪出版公司

2019 年 9 月

图书在版编目（CIP）数据

史记今释 / 杨家骆编著. -- 北京：北京联合出版
公司, 2019.9
ISBN 978-7-5596-3406-1

Ⅰ. ①史… Ⅱ. ①杨… Ⅲ. ①中国历史—古代史—纪
传体②《史记》—注释 Ⅳ. ①K204.2

中国版本图书馆CIP数据核字(2019)第134775号

Copyright © 1972 杨家骆

由正中书局授权银杏树下（北京）图书有限责任公司在中国大陆独家出版

史记今释

著　者：杨家骆	选题策划：后浪出版公司
出版统筹：吴兴元	编辑统筹：梅天明
责任编辑：肖　桓	特约编辑：李夏夏　魏姗姗
营销推广：ONEBOOK	装帧制造：墨白空间·张　萌

北京联合出版公司出版
（北京市西城区德外大街83号楼9层　100088）
北京天宇万达印刷有限公司印刷　新华书店经销
字数651千字　889毫米×1194毫米　1/32　23印张
2019年9月第1版　2019年9月第1次印刷
ISBN 978-7-5596-3406-1
定价：99.00元

后浪出版咨询（北京）有限责任公司常年法律顾问：北京大成律师事务所　周天晖　copyright@hinabook.com
未经许可，不得以任何方式复制或抄袭本书部分或全部内容
版权所有，侵权必究
本书若有印装质量问题，请与本公司图书销售中心联系调换。电话：010-64010019